浙江大学公法与比较法研究所　编

公法研究

第 23 卷

主编　章剑生

ZHEJIANG UNIVERSITY PRESS
浙江大学出版社
·杭州·

图书在版编目(CIP)数据

公法研究. 第 23 卷 / 章剑生主编. --杭州：浙江
大学出版社，2024.5
ISBN 978-7-308-25060-3

Ⅰ.①公… Ⅱ.①章… Ⅲ.①公法－文集 Ⅳ.
①D90-53

中国国家版本馆 CIP 数据核字(2024)第 111418 号

公法研究·第 23 卷

章剑生 主编

责任编辑	傅百荣	
责任校对	梁 兵	
封面设计	杭州隆盛图文制作有限公司	
出版发行	浙江大学出版社	
	(杭州市天目山路 148 号 邮政编码 310007)	
	(网址:http://www.zjupress.com)	
排 版	杭州隆盛图文制作有限公司	
印 刷	浙江新华数码印务有限公司	
开 本	710mm×1000mm 1/16	
印 张	30.75	
字 数	504 千	
版 印 次	2024 年 5 月第 1 版 2024 年 5 月第 1 次印刷	
书 号	ISBN 978-7-308-25060-3	
定 价	88.00 元	

目　录

特　稿

专题论文

判例评析

域外公法

名作书评

行政赔偿案件审理规则

郭修江[*]

内容提要：人民法院审理行政赔偿案件，要坚持依照行政诉讼法审理行政赔偿案件原则、对行政赔偿行为进行合法性审查原则、实质化解行政赔偿争议原则、原告对其主张的损害事实负举证责任原则、根据违法行为在损害中作用确定赔偿责任原则。要按照法定起诉条件，依法受理行政赔偿案件。行政赔偿案件审理中，重点审查损害事实和侵权的违法行政行为与损害之间的因果关系，按照违法行政行为在损害发生过程和结果中所起的作用大小，确定行政机关承担的行政赔偿责任。要根据行政赔偿行为合法、违法，以及作出的行政赔偿行为、不作为行为的不同违法状态，依照行政诉讼法规定的各类法定判决方式及适用条件，优先选择变更判决、给付判决等有具体赔偿内容的判决方式，作出行政赔偿判决。

关键词：行政赔偿行为；立案审查规则；审理判决规则

《最高人民法院关于审理行政赔偿案件若干问题的规定》（法释〔2022〕10号，以下简称《行政赔偿司法解释》）已于2021年12月6日由最高人民法院审判委员会第1855次会议审议通过，于2022年5月1日起施行。该司法解释是对法发〔1997〕10号《最高人民法院关于审理行政赔偿案件若干问题的规定》的修订和完善。它总结了我国近三十年行政赔偿诉讼司法实践经验，顺应《中华人民共和国行政诉讼法》（以下简称《行政诉讼法》）、《中

　＊　郭修江，最高人民法院行政审判庭副庭长，一级高级法官。

华人民共和国国家赔偿法》(以下简称《国家赔偿法》)相关修改内容的要求，进一步明确行政赔偿诉讼属于行政诉讼案件，要坚持对行政赔偿行为的合法性进行审查；进一步完善了行政赔偿的范围，对行政赔偿诉讼当事人、证据以及起诉受理中的相关疑难问题作出具体、详尽的解释和规范；进一步对行政赔偿责任的承担规则，尤其是多重原因造成损失情形下行政赔偿责任的分担规则作出更加精细的划分，对行政赔偿判决方式作出必要限定。人民法院审理行政赔偿案件的规则更加清晰明了。本文拟结合《行政赔偿司法解释》和《行政诉讼法》《国家赔偿法》相关规定，对行政赔偿案件审理中需要遵循的原则和主要规则进行分析、总结和阐释。

一、审理行政赔偿案件的主要原则

人民法院依照《行政诉讼法》的规定审理行政赔偿案件，对被诉行政赔偿行为的合法性进行审查，依法保护公民法人和其他组织获得行政赔偿的合法权益，实质化解行政赔偿争议。

(一)依照行政诉讼法审理行政赔偿案件原则

近年来，司法实践中对于如何审理行政赔偿案件存在不同认识。有的人认为，行政赔偿属于国家赔偿范畴，区别于普通行政案件，人民法院审理行政赔偿案件应当主要按照《国家赔偿法》规定进行审理，而不是依照《行政诉讼法》。行政赔偿诉讼案件属于区别于一般行政诉讼案件的极为特殊的一类案件。另一种意见认为，行政赔偿诉讼案件本质上属于行政诉讼案件，主要应当依照《行政诉讼法》进行审理，实体规范适用《国家赔偿法》的相关规定，与其他类型行政案件适用相关实体法规则并无两样，不宜扩大行政赔偿案件与其他行政案件的区别，更不宜将行政赔偿诉讼案件从行政诉讼案件中分离出去。两种观点本质的区别在于《行政诉讼法》在审理行政赔偿诉讼案件中的地位和作用。我们认为，行政赔偿诉讼本质上属于行政诉讼的一种类型，人民法院审理行政赔偿诉讼案件原则上适用《行政诉讼法》。主要依据如下。

1.《行政诉讼法》中关于审理行政赔偿案件的特殊规则。《行政诉讼法》

第三十八条第二款规定[1]，在行政赔偿案件中，原告应当对行政行为造成的损害提供证据。因被告的原因导致原告无法举证的，由被告承担举证责任。第六十条第一款还规定，人民法院审理行政案件，不适用调解。但是，行政赔偿案件可以调解。《行政诉讼法》相关条款的特别规定说明，人民法院审理行政赔偿诉讼案件，通常适用《行政诉讼法》的一般规定，但是涉及举证责任、调解方式的适用时，具有一些特殊性，可以适用相关特殊条款。行政赔偿诉讼仅仅是行政诉讼的一种类型。2021年1月1日起实施的《最高人民法院关于行政案件案由的暂行规定》的二级案由中第二十个案由就是"行政赔偿"。

2.《国家赔偿法》中适用《行政诉讼法》的规定。《国家赔偿法》第九条第二款规定的，赔偿请求人可以在提起行政诉讼时一并提出行政赔偿诉讼请求。[2] 第十四条规定，赔偿义务机关在规定期限内未作出是否赔偿的决定的，赔偿请求人可以自期限届满之日起三个月内，向人民法院提起行政诉讼；赔偿请求人对赔偿的方式、项目、数额有异议，或者不服不予赔偿决定的，可以自赔偿义务机关作出赔偿或者不予赔偿决定之日起三个月内，向人民法院提起行政诉讼。[3]《国家赔偿法》第三十八条规定，赔偿请求人因人民法院在民事、行政诉讼中违法采取保全措施、违法实施妨害诉讼强制措施，或者错误强制执行判决、裁定等生效法律文书造成其损失要求赔偿的，适用《国家赔偿法》有关刑事赔偿程序的规定。[4] 但是，《国家赔偿法》未规定当事人提起行政赔偿诉讼的专门程序，也没有规定要适用《国家赔偿法》

---

〔1〕《行政诉讼法》第三十八条规定："在起诉被告不履行法定职责的案件中，原告应当提供其向被告提出申请的证据。但有下列情形之一的除外：（一）被告应当依职权主动履行法定职责的；（二）原告因正当理由不能提供证据的。""在行政赔偿、补偿的案件中，原告应当对行政行为造成的损害提供证据。因被告的原因导致原告无法举证的，由被告承担举证责任。"

〔2〕《国家赔偿法》第九条规定："赔偿义务机关有本法第三条、第四条规定情形之一的，应当给予赔偿。""赔偿请求人要求赔偿，应当先向赔偿义务机关提出，也可以在申请行政复议或者提起行政诉讼时一并提出。"

〔3〕《国家赔偿法》第十四条规定："赔偿义务机关在规定期限内未作出是否赔偿的决定，赔偿请求人可以自期限届满之日起三个月内，向人民法院提起行政诉讼。""赔偿请求人对赔偿的方式、项目、数额有异议的，或者赔偿义务机关作出不予赔偿决定的，赔偿请求人可以自赔偿义务机关作出赔偿或者不予赔偿决定之日起三个月内，向人民法院提起诉讼。"

〔4〕《国家赔偿法》第三十八条规定："人民法院在民事诉讼、行政诉讼过程中，违法采取对妨害诉讼的强制措施、保全措施或者对判决、裁定及其他生效法律文书执行错误，造成损害的，赔偿请求人要求赔偿的程序，适用本法刑事赔偿程序的规定。"

中有关刑事赔偿程序,实质是行政赔偿诉讼程序只能适用《行政诉讼法》。

(二)对被诉行政赔偿行为合法性审查原则

行政赔偿诉讼中,人民法院审查的对象是被诉行政赔偿行为,还是原告的行政赔偿诉讼请求,在审判实践中一直存在争议。有人认为,行政赔偿诉讼案件是原告提起的给付之诉,人民法院应当针对原告的给付诉讼请求进行审查。也有人认为,行政赔偿诉讼属于行政诉讼,当然要坚持对被诉行政行为合法性审查原则,在监督行政机关依法行使行政赔偿职权的同时,保护公民法人和其他组织的合法权益。我们赞同第二种观点,主要理由如下。

1. 对行政赔偿行为的合法性进行审查,体现行政诉讼法监督行政机关依法行使职权的立法目的。监督行政机关依法行政,是我国《行政诉讼法》规定的最为基础的立法目的,合法性审查原则是体现行政诉讼特征的最重要的原则。行政赔偿诉讼属于行政诉讼,也应当体现监督行政机关依法履行行政赔偿法定职责的立法目的,而实现这一目的就必须坚持对被诉行政赔偿行为合法性审查的原则,在行政赔偿诉讼中始终坚持对被诉行政赔偿行为的合法性进行审查。

2. 只有坚持对行政赔偿行为的合法性进行审查,才能明确行政赔偿的标准。行政赔偿案件的赔偿方式、项目、数额等是需要依照《国家赔偿法》等实体法律规定确定的,行政机关与原告协商赔偿也必须在法律规定的自由裁量权范围内进行。这与民事诉讼中双方当事人对自己的民事权利均具有完全的处分权,是有巨大区别的。因此,行政赔偿必须将依法行政放在第一位,不能像民事诉讼一样,将意思自治——尊重当事人处分权,放在第一位。只有将行政赔偿行为作为审查对象,坚持对行政赔偿行为的合法性进行审查,人民法院才能够有效保障依法赔偿、保护赔偿请求人合法权益的底线。

(三)实质化解行政赔偿争议原则

行政赔偿通常是当事人的实质诉求,人民法院通过审理行政赔偿诉讼,让当事人获得实质的、充分的行政赔偿,是实现行政争议实质化解的重要环节。因此,对于行政赔偿案件,人民法院要优先适用行政调解、协调和解原告撤诉方式,促成行政赔偿争议在诉前或诉中依法得到和谐处理。确实无法通过行政调解、协调和解方式解决的,要优先选择变更判决、给付判决等具有明确具体赔偿内容的判决方式,彻底解决行政赔偿争议。要尽可能避免适用撤销重作判决、限期履行行政赔偿法定职责判决,避免行政赔偿诉讼程序空转。

(四)原告对其主张的损害事实负举证责任原则

行政赔偿诉讼不同于一般的行政诉讼案件,原告应当对其提出的行政赔偿请求承担举证责任。其原因在于,行政程序中赔偿请求人对其提出的行政赔偿请求应当承担举证责任,赔偿义务机关根据原告的举证依法作出行政赔偿决定。进入诉讼程序,由原告继续履行对其赔偿请求承担举证责任的义务,更具科学性,符合由提出主张一方承担举证责任的一般原则。同时,诉讼中被告对其在行政赔偿决定中否定原告赔偿请求的主张亦需承担反证义务。即,被告必须对否定原告赔偿主张说明理由,提供足以推翻原告赔偿请求的证据。行政赔偿诉讼中,原告提出行政程序中未提出的赔偿事项,请求增加赔偿的,应当对新增加的相关损失事实承担举证责任。在一并提起的行政赔偿诉讼或者行政机关不履行行政赔偿法定职责不作为行政赔偿案件中,不存在行政机关先行作出的行政赔偿决定,原告对自己主张赔偿的损害事实承担举证责任。

(五)根据违法行为在损害中的作用确定赔偿责任原则

行政法上,行政赔偿与行政补偿的区分标准是,违法行政行为造成损失承担行政赔偿责任,合法行政行为造成损失承担行政补偿责任。因此,行政行为违法仍然是行政机关承担行政赔偿责任的前提条件。但是,对违法行政行为造成的损失,行政机关需承担多大赔偿责任,必须要根据违法行政行为在损失发生和结果形成中的作用大小确定。也就是说,行政赔偿诉讼中,侵权的行政行为违法是行政机关承担行政赔偿责任的基础条件,而行政机关违法行政行为在损失发生和结果形成中的过错大小,则决定行政机关应当承担行政赔偿责任的具体份额。

二、行政赔偿案件的立案审查规则

行政赔偿诉讼可以分为一并提起和单独提起两种情形。两种情形的立案审查规则不同,以下分述之。

(一)一并提起行政赔偿诉讼的立案审查规则

根据《行政赔偿司法解释》和《行政诉讼法》的相关规定,一并提起行政赔偿诉讼本诉应当符合起诉条件,一并提起的行政赔偿诉讼应当在本诉第一审庭审终结前提出,同时法官对一并提起行政赔偿诉讼具有释明义务。

1.本诉必须符合《行政诉讼法》规定的起诉条件。《行政赔偿司法解释》第十九条规定,公民、法人或者其他组织一并提起行政赔偿诉讼,人民法院经审查认为行政诉讼不符合起诉条件的,对一并提起的行政赔偿诉讼,裁定不予立案;已经立案的,裁定驳回起诉。一并提起行政赔偿诉讼,主诉是对侵权行政行为的诉讼。主诉不成立,相应的从诉当然也不符合受理条件。

《行政赔偿司法解释》第六条规定,公民、法人或者其他组织一并提起行政赔偿诉讼的,行政赔偿诉讼当事人的诉讼地位通常按照其在行政诉讼中的地位确定,行政诉讼与行政赔偿诉讼当事人不一致的除外。例如,侵权行政行为诉讼的原告同时又是行政赔偿诉讼的原告,侵权行政行为诉讼的被告同时也是行政赔偿诉讼的被告,只按照当事人在侵权行政行为诉讼中的诉讼地位列明原、被告身份即可,没有必要对当事人在行政赔偿诉讼中的地位重复列举。但是,如果侵权行政行为诉讼中的共同被告,行政赔偿诉讼中原告仅请求其中之一行政赔偿,不要求其余被告赔偿的,其余被告应当作为行政赔偿诉讼第三人参加诉讼的,可以专门列明其第三人诉讼地位。

2.一并提起行政赔偿诉讼应当在主诉侵权行政行为诉讼的第一审庭审终结前提出。《行政赔偿司法解释》第十四条第二款规定,原告在第一审庭审终结前提起行政赔偿诉讼,符合起诉条件的,人民法院应当依法受理。如果原告在第一审庭审终结后、宣判前提起行政赔偿诉讼,是否准许由人民法院决定。人民法院决定受理一审庭审结束后、宣判前提出的行政赔偿诉讼,应当重新开庭对行政赔偿诉讼进行审理。如果原告在第二审程序或者再审程序中提出行政赔偿请求,人民法院可以组织各方调解;调解不成的,只能告知其另行依法单独对行政赔偿部分提起诉讼。二审、再审程序受理行政赔偿诉讼,将会剥夺当事人一审甚至二审的诉讼权利。但是,如果二审撤销一审裁判发回一审重审,或者再审撤销一、二审判决,发回一审重审,在一审法院重审过程中,当事人仍可以按照前述规定一并提起行政赔偿诉讼。

3.法官对一并提起行政赔偿诉讼有释明义务。为了实质化解行政争议,《行政赔偿司法解释》鼓励当事人一并提起赔偿诉讼,并赋予法官向当事人释明一并提起行政赔偿诉讼的法定义务。《行政赔偿司法解释》第十四条第一款规定,原告提起行政诉讼时未一并提起行政赔偿诉讼,人民法院审查认为可能存在行政赔偿的,应当告知原告可以一并提起行政赔偿诉讼。《行政赔偿司法解释》上述释明义务的规定,来源于《行政诉讼法》第五十一条第二款"起诉状内容欠缺或者有其他错误的,应当给予指导和释明"的规定。应当注意的是,当事人对是否一并提起行政诉讼具有选择权,法官尽到释明义务,当事人仍然坚持不一并提起行政赔偿诉讼的,人民法院不得对符合条件的主诉不予立案或驳回起诉。

(二)单独提起行政赔偿诉讼的立案审查规则

《行政赔偿司法解释》第十三条第二款规定,行政行为已被确认为违法,并符合下列条件的,公民、法人或者其他组织可以单独提起行政赔偿诉讼:(一)原告具有行政赔偿请求资格;(二)有明确的被告;(三)有具体的赔偿请求和受损害的事实根据;(四)赔偿义务机关已先行处理或者超过法定期限不予处理;(五)属于人民法院行政赔偿诉讼的受案范围和受诉人民法院管辖;(六)在法律规定的起诉期限内提起诉讼。结合《行政诉讼法》《国家赔偿法》相关规定,单独提起行政赔偿诉讼应当同时具备以下条件。

1.侵权行政行为已经被确认为违法。《行政赔偿司法解释》第十三条第二款规定:"行政行为已被确认为违法,并符合下列条件的,公民、法人或者其他组织可以单独提起行政赔偿诉讼。"根据上述规定,单独提起行政赔偿诉讼,必须要以侵权的行政行为已经被确认违法为前提。但是,第十三条第一款又规定"行政行为未被确认为违法,公民、法人或者其他组织提起行政赔偿诉讼的,人民法院应当视为提起行政诉讼时一并提起行政赔偿诉讼"。该款似乎又在说,即便当事人仅仅是提起行政赔偿诉讼,未对侵权的行政行为提起诉讼,人民法院还是要将其视为一并提起行政赔偿诉讼。如此这般,好像并不存在单独提起行政赔偿诉讼因侵权行政行为未被确认违法而不符合起诉条件的情形。我们认为,这样理解第一款规定是错误的。第一款并非单独提起行政赔偿诉讼的起诉条件规定,而是视为一并提起行政赔偿诉讼的规定。其中"人民法院应当视为提起行政诉讼时一并提起行政赔偿诉讼"是有条件的,只有在侵权行政行为亦符合法定起诉条件的情况下,人民法院才可以视为一并提起行政赔偿诉讼。只是在起诉状的形式上不再作出过于苛刻的要求。但是,在审判实践中,为了便于人民法院对侵权行政行为视为提起诉讼是否符合法定条件进行审查,法官还是需要在诉讼过程中向起诉人释明,要求其确认侵权行政行为、明确是否对该侵权行政行为提起诉讼。经释明,如果起诉人明确表示不同意对侵权行政行为提起诉讼的,或者经审查视为对侵权行政行为提起的诉讼不符合法定起诉条件的,人民法院仍然要对起诉人提起的行政赔偿诉讼,裁定不予立案;已经立案的,裁定驳回起诉。

对于侵权行政行为被确认违法的根据,《行政赔偿司法解释》第十八条规定,行政行为被有权机关依照法定程序撤销、变更、确认违法或无效,或者实施行政行为的行政机关工作人员因该行为被生效法律文书或监察机关政务处分确认为渎职、滥用职权的,属于本规定所称的行政行为被确认为违法的情形。据此,判断侵权的行政行为是否已经被确认违法,可以根据以下法律文书认定:一是人民法院针对侵权行政行为作出的撤销、确认违法或无效、变更等生效行政判决;二是复议机关针对侵权行政行为作出的撤销、变更或者确认违法、无效等生效行政复议决定;三是上级行政机关行使层级监督职权对侵权行政行为作出的撤销、变更等生效行政决定;四是行政机关自我纠错针对侵权行政行为作出的撤销、变更等生效行政决定;五是人民法院将行政机关工作人员侵权行政行为认定为渎职、滥用职权犯罪行为的生效刑事判决;六是监察机关将行政机关工作人员侵权行政行为认定为渎职、滥用职权行为的生效政务处分决定。

应当注意的是,侵权行政行为被确认违法,并非都可以提起行政赔偿诉讼。根据《行政赔偿司法解释》第五条规定,如果公民、法人或者其他组织认为国防、外交等国家行为或者行政机关制定发布行政法规、规章或具有普遍约束力的决定、命令行为被依法确认违法后,当事人认为上述违法行政行为侵犯其合法权益造成损害向人民法院提起行政赔偿诉讼的,人民法院不予受理。《行政赔偿司法解释》未列举"行政机关对行政机关工作人员的奖惩、任免等决定"被确认违法之后,是否可以提起行政赔偿诉讼。我们认为,根据现行法律规定,公务员不服奖惩任免等决定,还是通过《中华人民共和国公务员法》第十五章规定的申诉程序救济,不适用行政诉讼程序。至于"法律规定由行政机关最终裁决的行政行为"被确认违法后,当事人是否可以依法提起行政赔偿诉讼,根据《行政赔偿司法解释》第四条规定,答案是肯定的。即,法律规定由行政机关最终裁决的行政行为被确认违法后,赔偿请求人可以单独提起行政赔偿诉讼。

2.属于行政赔偿诉讼的受案范围。行政赔偿诉讼与其他行政案件一样,公民、法人或者其他组织只有认为行政机关有关行政赔偿的行政行为侵犯其依法获得赔偿的合法权益,才可以依法提起行政赔偿诉讼。为此,《行政赔偿司法解释》第二条规定,公民、法人或者其他组织认为行政机关及其工作人员违法行使行政职权对其劳动权、相邻权等合法权益造成人身、财产损害的,可以依法提起行政赔偿诉讼。第三条规定,赔偿请求人不服赔偿义务机关确定赔偿方式、项目、数额的行政赔偿决定,不予赔偿决定,逾期不作出赔偿决定和其他有关行政赔偿的行为,可以依法提起行政赔偿诉讼。从上述规定可以看出,原则上,对起诉人的人身权、财产权等合法权益产生实际影响的行政赔偿行为,属于行政赔偿案件的受案范围。

行政诉讼受案范围问题除了行政行为的范围,还有权利保护范围问题。修改后的行政诉讼法将权利保护范围由"人身权、财产权"扩大至"人身权、财产权等合法权益"。为了与修改后的行政诉讼法保持一致,《行政赔偿司法解释》第二条规定,认为违法行政赔偿行为对其"劳动权、相邻权等合法权益造成人身、财产损害的",公民法人或者其他组织有权依法提起行政赔偿诉讼。这里关于"劳动权、相邻权等合法权益"的列举,属于不完全列举。除宪法规定的政治民主权利之外的其他合法权益,如受教育的权利、劳动的权利、获得社会保障的权利、取得国家救助的权利等,有可能造成公民法人或者其他组织人身权、财产权损失的,都属于可以提起行政赔偿诉讼的权利保护范围。

同时,《行政赔偿司法解释》还将不作为、事实行为违法造成的损失,亦明确为行政赔偿诉讼受案范围。《国家赔偿法》第三、四条对违法侵权行政行为分别从侵害人身权、财产权两方面进行列举,主要列举的是行政机关作出的违法侵权行政行为。行政机关不作为行为侵权,即,不履行法定职责行为违法造成损失是否属于行政赔偿范围,法律规定不明确。〔1998〕行他字第 19 号《最高人民法院关于公安机关不履行法定职责是否承担行政赔偿责任问题的批复》和〔2011〕行他字第 24 号《最高人民法院关于公安机关不履行、拖延履行法定职责如何承担行政赔偿责任问题的答复》，对公安机关不履行法定职责行为造成损害应当承担行政赔偿责任的属于行政赔偿范围予以明确。2018 年 2 月 8 日起实施的法释〔2018〕1 号《最高人民法院关于适用〈中华人民共和国行政诉讼法〉的解释》第九十八条规定，"因行政机关不履行、拖延履行法定职责，致使公民、法人或者其他组织的合法权益遭受损害的，人民法院应当判决行政机关承担行政赔偿责任"，进一步将不履行法定职责承担行政赔偿责任的行政主体由"公安机关"扩展至所有"行政机关"。在上述规定的基础上，《行政赔偿司法解释》第一条第一项规定，行政机关"不履行法定职责行为"造成当事人损害的，属于行政赔偿的范围。

对于事实行为属于行政侵权的违法行政行为范畴，审判实践没有太大争议。但是，何谓"事实行为"，争议较大。《行政赔偿司法解释》第一条第二项给"事实行为"下了定义，认为"行政机关及其工作人员在履行行政职责过程中作出的不产生法律效果，但事实上损害公民、法人或者其他组织人身权、财产权等合法权益的行为"是"事实行为"。该定义实质是限制了"事实行为"的范围，将能够产生法律效果的行政决定实施行为等不再视为"事实行为"，只有不产生法律效果、仅有事实上损害结果的行为是"事实行为"。例如，行政机关在土地征收过程中违法强制拆除被征收人房屋的行为，不属于事实行为。即便是没有限期搬迁决定，拆除被征收人房屋是行政机关追求的目标，不仅具有事实上的财产损失结果，同时也具有行政强制执行的法律效果，属于行政强制行为。反之，行政机关在强制拆除被征收人房屋过程中，工作人员不慎将房屋内的贵重物品损毁，不是行政机关追求的目标，该行为不发生法律效果，但产生了损害结果，属于"事实行为"。

3. 原告具有行政赔偿请求资格。《行政诉讼法》第二十五条第一款规定，行政行为的相对人以及其他与行政行为有利害关系的公民、法人或者其他组织，有权提起诉讼。行政赔偿诉讼中，与被诉行政赔偿行为有利害关系的人，就是具有行政赔偿请求资格的人。所谓"行政赔偿请求资格"，是指人身权、财产权等合法权益有可能受到违法行政行为侵害，有可能获得行政赔偿的人。如果起诉人不是违法行政行为所侵害的权利主体，或者违法行政行为根本不可能对起诉人的合法权益造成损害，起诉人不具有行政赔偿请求资格，其与被诉行政赔偿行为没有利害关系，也就当然没有原告资格。

行政赔偿诉讼的原告资格可以通过继受取得。《行政赔偿司法解释》第七条作出相应规定:一是受害的公民死亡,其继承人和其他有扶养关系的人可以提起行政赔偿诉讼。但是,起诉时起诉人需提供公民死亡证明、起诉人与死亡公民之间关系的证明。《国家赔偿法》第十二条第二款的规定是:"受害的公民死亡,其继承人和其他有扶养关系的亲属有权要求赔偿。"但是,实践中,"其他有扶养关系的"人往往不限于死者"亲属",为鼓励邻里互助,树立社会新风,倡导社会主义核心价值观,《行政赔偿司法解释》征得全国人大常委会同意,做出扩大解释。二是受害的公民死亡,支付受害公民医疗费、丧葬费等合理费用的人可以依法提起行政赔偿诉讼。这是根据《中华人民共和国民法典》(以下简称《民法典》)第一千一百八十一条第二款"被侵权人死亡的,支付被侵权人医疗费、丧葬费等合理费用的人有权请求侵权人赔偿费用,但是侵权人已经支付该费用的除外"的规定,《行政赔偿司法解释》对公民死亡后的权利继受人范围作出的相应扩大的解释。需要注意的是,《民法典》前述但书内容同样适用于行政赔偿诉讼。三是有权提起行政赔偿诉讼的法人或者其他组织分立、合并、终止的,承受其权利的法人或者其他组织可以依法提起行政赔偿诉讼。《行政诉讼法》第十五条第三款规定"有权提起诉讼的法人或者其他组织终止,承受其权利的法人或者其他组织可以提起诉讼"。实践中,除了法人或其他组织终止外,分立、合并同样存在行政赔偿权利的继受取得问题,为此《行政赔偿司法解释》作出了相应扩大的解释。

4.有明确的被告。明确的被告必须是适格被告。《行政诉讼法》第二十六条第一款规定,公民、法人或者其他组织直接向人民法院提起诉讼的,作出行政行为的行政机关是被告。起诉不履行法定职责行为,具有相应法定职责的行政机关是适格被告。行政赔偿诉讼的适格被告适用行政诉讼法的相关规定。《行政赔偿司法解释》第八、九条对共同实施侵权、复议机关加重损害情形下的共同被告分别作出规定:一是两个以上行政机关共同实施侵权行政行为造成损害的,共同侵权行政机关为共同被告。如果原告坚持对其中一个或者几个侵权机关提起行政赔偿诉讼的,被起诉的机关为被告,未被起诉的机关作为第三人参加诉讼。二是原行政行为造成原告损害,复议决定加重损害的,复议机关与原行政行为机关为共同被告。原告坚持对作出原行政行为机关或者复议机关提起行政赔偿诉讼的,被起诉的行政机关为被告,未被起诉的行政机关作为第三人参加诉讼。

5.有具体的赔偿请求和受损害的事实根据。《行政诉讼法》第四十九条第三项规定,提起行政诉讼应当"有具体的诉讼请求和事实根据"。所谓"具体的诉讼请求",主要是指要有具体明确的被诉行政行为。至于起诉人是请求撤销被诉行政行为,还是请求确认被诉行政行为违法或者无效,抑或请求变更被诉行政行为,并不影响诉讼请求是否明确。所谓"事实根据",主要是指起诉人要能够举证初步证明行政机关侵权行政行为已经发生且造成其人身权、财产权等合法权益损失。行政赔偿诉讼中,"具体的诉讼请求"和"事实根据"不能仅仅理解为起诉人要提出具体的行政给付诉讼请求。行政赔偿案件中,起诉行政机关作出行政赔偿决定时,起诉人要能够初步证明被诉行政赔偿决定行为客观存在,且具体的人身、财产权利损害未得到合法赔偿的事实;起诉行政机关不履行行政赔偿法定职责案件中,起诉人要证明曾向行政机关提出行政赔偿申请,行政机关在法定两个月期限内未作出答复,以及请求人民法院判决赔偿的具体损害事实的情况。起诉人笼统要求人民法院判决予以行政赔偿,未提出具体损害事实及赔偿数额的,人民法院应当向起诉人释明,要求其补充相关具体请求和事实、证据材料。

6.赔偿义务机关已先行处理或者超过法定期限不予处理。《国家赔偿法》第九条第二款规定,赔偿请求人要求赔偿,应当先向赔偿义务机关提出。[5] 赔偿义务机关先行处理,是国家赔偿法规定的当事人申请复议、提起行政诉讼的前置条件,目的在于给赔偿义务机关一个自我纠错的机会,有助于缓和,甚至消除受害人和赔偿义务机关之间的对立情绪,也能够促使赔偿义务机关自我反省,认识到违法行政带来的严重后果,促进依法行政。同时,赔偿义务机关先行处理行政赔偿争议,赔偿义务机关也有更多的资源和处理方式,有助于行政争议的实质化解,符合多元化解、将矛盾化解在基层、防止成为诉讼大国的司法政策导向。

当然,赔偿义务机关先行处理,也可能影响受害人获得行政赔偿的效率。赔偿义务机关不愿赔偿时,可能会采取各种措施和手段,拖延、阻碍行政赔偿程序。因此,《国家赔偿法》对赔偿义务机关的处理期限作出专门限

---

〔5〕《国家赔偿法》第九条规定:"赔偿义务机关有本法第三条、第四条规定情形之一的,应当给予赔偿。""赔偿请求人要求赔偿,应当先向赔偿义务机关提出,也可以在申请行政复议或者提起行政诉讼时一并提出。"

定,赔偿义务机关应当自收到申请之日起两个月内,作出是否赔偿的决定。[6] 赔偿义务机关逾期未作出赔偿决定的,受害人可以依法申请行政复议或者提起行政诉讼。《最高人民法院行政法官专业会议纪要(一)》认为,已通过行政诉讼程序确认行政行为违法的,当事人再行提起行政赔偿诉讼,无需经过赔偿义务机关先行处理程序。主要理由是,赔偿请求人先提起行政诉讼,之后又提起行政赔偿诉讼,表明其没有选择向行政机关直接提出赔偿请求的途径,而是选择由人民法院解决其行政赔偿问题。这种情况下,如果要求赔偿请求人再向赔偿义务机关提出赔偿请求方可提起行政赔偿诉讼,实际上剥夺了赔偿请求人在赔偿程序上的选择权,增加了赔偿程序的复杂性,不利于畅通赔偿渠道。我们认为,上述规定和理由与《行政赔偿司法解释》第十三条第二款第四项,以及《国家赔偿法》第九条第二项规定不一致。根据《国家赔偿法》第九条第二款和《行政赔偿司法解释》第十三条第二款第四项规定,法律和司法解释给予当事人的选择权是一并提起行政赔偿诉讼和单独提起行政赔偿诉讼的选择权利,而不是说当事人放弃一并提起行政赔偿诉讼权利后,生效判决确认侵权行政行为违法,当事人还可以选择向法院直接提起行政赔偿诉讼,或者先行向赔偿义务机关申请行政赔偿。当事人起诉侵权行政行为时未一并提起行政赔偿诉讼的,就是已经放弃一并请求行政赔偿的选择权。在生效判决确认侵权行政行为违法后,另行提起行政赔偿诉讼的,当然属于单独提起行政赔偿诉讼的情形,不存在法律未作规定或者规定不明确的问题。依照《国家赔偿法》第九条第二款规定,单独提起行政赔偿,无论侵权行政行为确认违法是通过人民法院生效行政判决确认,还是其他行政决定、刑事判决、政务处分确认,都必须先行向赔偿义务机关申请,法律和司法解释均未作出例外规定。《行政赔偿司法解释》实施后,与之相抵触的《最高人民法院行政法官专业会议纪要(一)》不应当被继续参照执行。当然,过去已经参照该纪要精神处理的案件,也不宜再审改判撤销实体生效判决、驳回起诉,让已解决的行政赔偿争议再次从头开始处理。

7.属于受诉人民法院管辖。行政赔偿案件的管辖完全适用行政诉讼案

---

〔6〕《国家赔偿法》第十三条规定:"赔偿义务机关应当自收到申请之日起两个月内,作出是否赔偿的决定。赔偿义务机关作出赔偿决定,应当充分听取赔偿请求人的意见,并可以与赔偿请求人就赔偿方式、赔偿项目和赔偿数额依照本法第四章的规定进行协商。""赔偿义务机关决定赔偿的,应当制作赔偿决定书,并自作出决定之日起十日内送达赔偿请求人。""赔偿义务机关决定不予赔偿的,应当自作出决定之日起十日内书面通知赔偿请求人,并说明不予赔偿的理由。"

件管辖的一般规定,包括地域管辖、级别管辖、移送管辖,以及根据《行政诉讼法》第十八条第二款经最高人民法院批准试行集中管辖的相关规定,并无特殊情形。为此,《行政赔偿司法解释》删除了旧司法解释中关于管辖问题的重复规定条款。司法实践中,行政赔偿案件的管辖可以直接适用行政诉讼法和相关司法解释的规定。

8.在法律规定的起诉期限内提起诉讼。行政赔偿诉讼中,起诉期限与赔偿时效的衔接是一个需要明确的问题。为此,《行政赔偿司法解释》第十五条至十七条作出相应规定。[7] 归纳起来有以下几个问题。

一是申请行政赔偿的期限。《国家赔偿法》第三十九条规定,赔偿请求人请求国家赔偿的时效为两年,自其知道或者应当知道国家机关及其工作人员行使职权时的行为侵犯其人身权、财产权之日起计算。[8] 即,赔偿请求人应当自知道或者应当知道侵权行政行为侵犯其人身权、财产权之日起2年内向赔偿义务机关申请行政赔偿。前述"知道或者应当知道……行为侵犯其人身权、财产权之日",通常理解是指当事人应当自行政机关作出违法侵权行政行为之日知道其合法权益受到侵犯;如果损害结果在侵权行政行为作出之日之后才发生的,当事人应当自损害结果发生之日知道其合法权益受到侵犯。行政机关作出侵权行政行为时未通知当事人到场,当事人不知道侵权行政行为或者损害结果发生的,以当事人实际知道侵权行政行为或者损害结果发生之日为其知道合法权益受到侵犯之日。国家赔偿诉讼

---

〔7〕《最高人民法院关于审理行政赔偿案件若干问题的规定》第十五条规定:"公民、法人或者其他组织应当自知道或者应当知道行政行为侵犯其合法权益之日起两年内,向赔偿义务机关申请行政赔偿。赔偿义务机关在收到赔偿申请之日起两个月内未作出赔偿决定的,公民、法人或者其他组织可以依照行政诉讼法有关规定提起行政赔偿诉讼。"第十六条规定:"公民、法人或者其他组织提起行政诉讼时一并请求行政赔偿的,适用行政诉讼法有关起诉期限的规定。"第十七条规定:"公民、法人或者其他组织仅对行政复议决定书中的行政赔偿部分有异议,自复议决定书送达之日起十五日内提起行政赔偿诉讼的,人民法院应当依法受理。""行政机关作出有赔偿内容的行政复议决定时,未告知公民、法人或者其他组织起诉期限的,起诉期限从公民、法人或者其他组织知道或者应当知道起诉期限之日起计算,但从知道或者应当知道行政复议决定内容之日起最长不得超过一年。"

〔8〕《国家赔偿法》第三十九条规定:"赔偿请求人请求国家赔偿的时效为两年,自其知道或者应当知道国家机关及其工作人员行使职权时的行为侵犯其人身权、财产权之日起计算,但被羁押等限制人身自由期间不计算在内。在申请行政复议或者提起行政诉讼时一并提出赔偿请求的,适用行政复议法、行政诉讼法有关时效的规定。""赔偿请求人在赔偿请求时效的最后六个月内,因不可抗力或者其他障碍不能行使请求权的,时效中止。从中止时效的原因消除之日起,赔偿请求时效期间继续计算。"

时效与民事诉讼法时效略有不同。当事人超过国家赔偿诉讼时效,丧失的是按照《国家赔偿法》规定向赔偿义务机关申请行政赔偿的程序权利,并非获得行政赔偿的实体权利。因超过两年国家赔偿诉讼时效,赔偿义务机关决定不予受理赔偿申请,人民法院判决驳回原告诉讼请求后,赔偿义务机关主动予以行政赔偿,或者上级行政机关行使层级监督职权,责令赔偿义务机关予以行政赔偿的,当事人仍可以获得实体赔偿。同时,国家赔偿诉讼时效适用时效中止、中断的相关规定。

二是单独提起行政赔偿诉讼的期限。侵权行政行为发生后,公民、法人或者其他组织应当自知道或者应当知道行政行为侵犯其合法权益之日起两年内,向赔偿义务机关申请行政赔偿。当事人在国家赔偿诉讼时效有效期内申请赔偿义务机关行政赔偿,赔偿义务机关作出行政赔偿决定、不予赔偿决定,或者不予受理赔偿申请决定等行政赔偿行为,赔偿请求人不服提起行政赔偿诉讼的,应当自收到行政赔偿决定书之日起六个月内提起行政赔偿诉讼;赔偿义务机关在法定两个月期限内未作出赔偿决定的,赔偿请求人可以在两个月期限届满后的六个月内,依法提起行政赔偿诉讼。

三是经过复议提起行政赔偿诉讼的期限。对赔偿义务机关作出的行政赔偿决定、不予赔偿决定,或者不予受理赔偿申请决定等行政赔偿行为不服,当事人可以依照《行政复议法》的规定,自知道或者应当知道行政赔偿行为之日起六十日内申请行政复议,对复议决定仍不服的,可以自复议决定书送达之日起十五日内提起行政赔偿诉讼。关于经行政复议行政赔偿案件被告资格的确定,适用《行政诉讼法》相关被告规定。即,复议机关改变原行政赔偿行为的,复议机关是适格被告;复议机关维持原行政赔偿行为的,复议机关与作出原行政赔偿行为的行政机关为共同被告。

四是未告知法定起诉期限的诉权保护期限延长。《最高人民法院关于适用〈中华人民共和国行政诉讼法〉的解释》(以下简称《行政诉讼法适用解释》)第六十四条规定,行政机关作出行政行为时,未告知公民、法人或者其他组织起诉期限的,起诉期限从公民、法人或者其他组织知道或者应当知道起诉期限之日起计算,但从知道或者应当知道行政行为内容之日起最长不得超过一年。复议决定未告知公民、法人或者其他组织起诉期限的,适用前款规定。行政赔偿诉讼属于行政诉讼,亦适用前述规定。因此,《行政赔偿司法解释》第十七条第二款规定,行政机关作出有赔偿内容的行政复议决定时,未告知公民、法人或者其他组织起诉期限的,起诉期限从公民、法人或者其他组织知道或者应当知道起诉期限之日起计算,但从知道或者应当知道行政复议决定内容之日起最长不得超过一年。行政赔偿的复议决定未告知起诉期限的,也适用一年最长起诉期限。但是,行政机关逾期未作出赔偿决定或者复议机关逾期未作出复议决定,当事人起诉行政机关不履行法定职责行为的,根据《行政诉讼法适用解释》第六十六条规定,应当在行政机关履行法定职责期限届满之日起六个月内提出,[9]不适用一年起诉期限。

五是一并提起行政赔偿诉讼的起诉期限。一并提起行政赔偿诉讼,主诉是对侵权行政行为的起诉,适用《行政诉讼法》有关起诉期限的规定,主诉是在法定期限内提起诉讼的,作为从诉的行政赔偿诉讼,只要是认为因主诉行政行为违法造成的损失而提出,符合一并提起条件的,人民法院就无需另行考虑行政赔偿诉讼的起诉期限。为此,《行政赔偿司法解释》第十六条规定,公民、法人或者其他组织提起行政诉讼时一并请求行政赔偿的,适用《行政诉讼法》有关起诉期限的规定。

三、行政赔偿案件的审理和判决规则

人民法院审理行政赔偿诉讼案件,依据法律、法规,参照规章,对被诉行政赔偿行为的合法性进行全面审查,监督行政机关依法履行行政赔偿职责义务;在坚持合法性审查原则的基础上,通过实体赔偿等让原告受到违法侵权行政行为侵犯的人身权、财产权等合法权益获得充分救济;采用最有利于行政赔偿争议解决的审理和判决方式,实质化解行政争议。审理过程中,人民法院必须区分不同的行政赔偿行为,按照行政诉讼法规定的审理和判决方式进行审理判决。

审判实践中,有人认为行政赔偿案件是"给付诉讼",人民法院只需要对原告提出的赔偿请求进行审查,无需全面审查被诉行政赔偿行为的合法性。这种认识不符合我国《行政诉讼法》规定,与《行政赔偿司法解释》的相关规

---

〔9〕《最高人民法院关于适用〈中华人民共和国行政诉讼法〉的解释》第六十六条规定:"公民、法人或者其他组织依照行政诉讼法第四十七条第一款的规定,对行政机关不履行法定职责提起诉讼的,应当在行政机关履行法定职责期限届满之日起六个月内提出。"

定不一致,与三十余年的行政赔偿司法实践做法亦不相符。"给付诉讼"是诉讼类型化的表达方式,而我国《行政诉讼法》始终没有采纳诉讼类型化的立法思路。我国《行政诉讼法》上关于给付判决的规定,是针对被告不履行行政赔偿法定职责类案件的判决方式,并非全部行政赔偿案件的判决方式。对于被告作出的行政赔偿决定,依法不适用给付判决。用诉讼类型化的思路解释我国行政诉讼法上的行政赔偿诉讼审理思路,于法无据。《行政赔偿司法解释》第三条明确规定,赔偿请求人不服赔偿义务机关确定的赔偿方式、项目、数额的行政赔偿决定,不予赔偿决定,逾期不作出赔偿决定等行政赔偿行为,均可以依法提起行政赔偿诉讼,并非只是行政机关不履行赔偿法定职责才可以提起行政赔偿诉讼。三十余年的行政赔偿司法实践也证明,行政赔偿诉讼从来都不仅仅是给付诉讼,大量的行政赔偿案件都是对行政机关作出的行政赔偿决定进行合法性审查。

(一)行政赔偿案件的审理规则

被告行政机关对其违法行政行为造成的损害承担行政赔偿责任。行政赔偿案件中,无论是审理行政机关不作为的不履行行政赔偿法定职责案件,还是行政机关作出的行政赔偿决定案件,人民法院都要按照《行政诉讼法》的规定,对被诉行政赔偿行为的合法性进行全面审查,不受原告诉讼请求和理由的限制。所谓全面审查,对作出的行政赔偿行为而言,人民法院要按照《行政诉讼法》第七十条规定,对行政赔偿决定的主要事实、适用法律、法定程序以及是否存在超越职权、滥用职权、明显不当情形,进行全面审查;对于行政机关不履行行政赔偿法定职责案件而言,人民法院应当对被告行政机关是否属于法定的赔偿义务机关,原告是否先行向赔偿义务机关提出行政赔偿申请,应当予以行政赔偿的相关法定条件,以及侵权的违法行政行为造成原告损失情况,进行全面审查。

鉴于行政赔偿案件审理中超越职权、违反法定程序、适用法律法规错误、滥用职权及明显不当等,与审理其他行政案件的区别不是十分突出,行政赔偿案件审查的核心是赔偿问题,因此,《行政赔偿司法解释》重点对这两方面的审理规则作出规定。为此,我们在这里不再全面介绍行政赔偿案件审理中的所有规则,重点围绕损害事实认定及损害与侵权的违法行政行为之间因果联系两方面的审理规则分别阐释。

1.损害事实认定规则。损害事实主要是指侵权的违法行政行为造成原告合法权益的损失,包括人身权、财产权损失以及精神损害以及相应的举证责任承担问题。

关于财产损失。《国家赔偿法》第三十六条对财产损失的范围进行了列举,并确立"直接损失"赔偿规则。但是,对于"直接损失"如何理解,司法实践存在争议。为此,《行政赔偿司法解释》第二十九条专门作出规定:"下列损失属于《国家赔偿法》第三十六条第八项规定的'直接损失':(一)存款利息、贷款利息、现金利息;(二)机动车停运期间的营运损失;(三)通过行政补偿程序依法应当获得的奖励、补贴等;(四)对财产造成的其他实际损失。"司法解释对"直接损失"进行列举性解释。这里需要注意的是,并非只有列举的损失才属于"直接损失",无论是《国家赔偿法》第三十六条的列举,还是《行政赔偿司法解释》第二十九条的列举,都是对实践中"直接损失"的常见情形列举,并非"直接损失"所有情形的完全列举。凡是违法行政行为造成的当事人合法利益的实际损失,都属于《国家赔偿法》第三十六条规定的应当予以赔偿的"直接损失"。换句话说,《国家赔偿法》上的"直接损失",实质上就是"实际损失",不仅包括直接的物质财产损失,也包括利息、机动车停运的营运损失以及当事人依法应当获得的奖励、补贴等同类性质的可得利益损失。审判实践中,有的法官认为,《国家赔偿法》是对"直接损失"赔偿,不包括间接损失。所以,国家赔偿的损失范围小于民事赔偿范围,通过国家赔偿获得的救济比民事赔偿要少。这种认识是错误的。事实上,《国家赔偿法》上的"直接损失",与民事赔偿中的"实际损失"并无根本区别,甚至有时还超过民事上的"实际损失"的范围。比如,行政法上的奖励、补助损失,就是民事诉讼不能获得的损失赔偿。这一点从《行政赔偿司法解释》第二十八条对"停产停业期间必要的经常性费用开支"的解释也可以得到印证。根据该条规定,《国家赔偿法》第三十六条第六项规定的"停产停业期间必要的经常性费用开支"不仅仅是指水电费,还包括必要留守职工的工资,必须缴纳的税款、社会保险费,保管费、仓储费、承包费以及合理的房屋场地租金、设备租金、设备折旧费等。只要是维系停产停业期间运营所需的、合理的基本开支,都属于"停产停业期间必要的经常性费用开支"。由此可知,国家赔偿的财产损失范围,与民事侵权赔偿中的"实际损失"赔偿并无实质差别,甚至大于民事侵权损失赔偿范围。

关于人身损害。《国家赔偿法》第三十三条,侵犯公民人身自由的,每日赔偿金按照决定赔偿之日的国家上年度职工日平均工资计算。第三十四条规定,侵犯公民生命健康权,造成身体伤害的,应当支付医疗费、护理费,以及赔偿因误工减少的收入。减少的收入每日的赔偿金按照国家上年度职工日平均工资计算,最高额为国家上年度职工年平均工资的五倍;造成部分或者全部丧失劳动能力的,应当支付医疗费、护理费、残疾生活辅助具费、康复费等因残疾而增加的必要支出和继续治疗所必需的费用,以及残疾赔偿金。残疾赔偿金根据丧失劳动能力的程度,按照国家规定的伤残等级确定,最高不超过国家上年度职工年平均工资的二十倍。造成全部丧失劳动能力的,对其扶养的无劳动能力的人,还应当支付生活费;造成死亡的,应当支付死亡赔偿金、丧葬费,总额为国家上年度职工年平均工资的二十倍。对死者生前扶养的无劳动能力的人,还应当支付生活费。生活费的发放标准,参照当地最低生活保障标准执行。被扶养的人是未成年人的,生活费给付至十八周岁止;其他无劳动能力的人,生活费给付至死亡时止。

关于精神损害。《国家赔偿法》第三十五条规定,行政机关及其工作人员在行使行政职权时违法侵犯公民人身权致人精神损害造成严重后果的,应当支付相应的精神损害抚慰金。对于何谓“造成严重后果”,法律未作明确规定。《行政赔偿司法解释》第二十六条第一款规定,有下列情形之一的,属于《国家赔偿法》第三十五条规定的“造成严重后果”:(一)受害人被非法限制人身自由超过六个月;(二)受害人经鉴定为轻伤以上或者残疾;(三)受害人经诊断、鉴定为精神障碍或者精神残疾,且与违法行政行为存在关联;(四)受害人名誉、荣誉、家庭、职业、教育等方面遭受严重损害,且与违法行政行为存在关联。法释〔2021〕3号《最高人民法院关于审理国家赔偿案件确定精神损害赔偿责任适用法律若干问题的解释》第八条规定,致人精神损害,造成严重后果的,精神损害抚慰金一般应当在《国家赔偿法》第三十三条、第三十四条规定的人身自由赔偿金、生命健康赔偿金总额的百分之五十以下(包括本数)酌定;后果特别严重,或者虽然不具有本解释第七条第二款规定情形,但是确有证据证明前述标准不足以抚慰的,可以在百分之五十以上酌定。什么是“后果特别严重”,《行政赔偿司法解释》第二十六条第二款规定:“有下列情形之一的,可以认定为后果特别严重:(一)受害人被限制人身自由十年以上;(二)受害人死亡;(三)受害人经鉴定为重伤或者残疾一至四级,且生活不能自理;(四)受害人经诊断、鉴定为严重精神障碍或者精神残疾一至二级,生活不能自理,且与违法行政行为存在关联。"

关于举证责任。《行政诉讼法》第三十八条第二款规定,行政赔偿案件中,原告应当对行政行为造成的损害提供证据。因被告的原因导致原告无法举证的,由被告承担举证责任。《行政赔偿司法解释》第十一条作出相同规定的同时,还进一步规定,在被告也不能对损失事实进行举证的情况下,人民法院对于原告主张的生产和生活所必需物品的合理损失,应当予以支持;对于原告提出的超出生产和生活所必需的其他贵重物品、现金损失,可以结合案件相关证据予以认定。这个规定弥补了《行政诉讼法》的不足。例如,被告强制拆除房屋造成屋内物品损失,原告除了根据记忆列举损失清单,无法举证证明屋内物品损失的具体事实。因为被告原因造成原告举证不能,应当由被告承担举证责任。但是,被告违法强拆中没有对屋内物品进行登记造册,在屋内物品已经作为建筑垃圾被处理、无法核实的情形下,其实多数情况被告也是不能对损失进行举证证明的。在原、被告都无法对损失举证的情形下,人民法院应当如何判决,《行政诉讼法》没有作出规定。实践中,有的地方是以没有证据证明损失事实为由,判决驳回原告行政赔偿诉讼请求;有的则是以被告应当对损失承担举证责任,原告已经列举损失清单,被告没有证据否定原告主张为由,全盘支持原告提出的行政赔偿诉讼请求。这两种方式其实都是不够理性的。在原、被告对损失事实都不能举证的情况下,实质上法院是要对原告的行政赔偿诉讼请求是否成立进行审查,有证据证明违法强制拆除时原告在被拆除的房内居住生活、或者开展生产经营活动,原告请求赔偿与生产、生活相关的必要物品损失,人民法院应当予以认定,被告没有相反证据否定损失存在的,判决被告予以行政赔偿。但是,如果原告提出超过生产、生活所必需的物品损失的,仅仅提供损失清单并未完成证明责任,需要人民法院结合原告的经济状况、相关物品的来源等案件具体事实进行认定,不能仅凭原告证据清单认定损失事实。反过来说,如果原告没有相关的物品来源,以及拆除时该贵重物品放置于被拆除房屋内,拆除过程中原告也没有向相关人员提出屋内存在贵重物品的特别提醒的,人民法院对其提出的相关贵重物品、现金损失赔偿请求不予支持。

2.关于侵权行为与损害结果存在因果关系的审理规则。违法侵权的行政行为造成原告合法权益的损害,人民法院应当判决被告予以行政赔偿。

其中核心的事实是,侵权的违法行政行为与原告的实际损失之间存在因果关系。侵权的行政行为违法,但是损失并非该违法行政行为造成的,行政机关不承担行政赔偿责任。实践中,侵权行为与损害事实之间是否存在因果关系,主要有以下几种情形:一是原告的全部损失都是由单一违法行政行为造成的。此时,人民法院判决被告赔偿全部损失。二是原告的全部损失都不是违法行政行为造成的。此时,人民法院判决驳回原告的行政赔偿诉讼请求。三是原告损失是由多种因素造成,违法行政行为仅仅是其中原因之一。第一、二种情况下,规则十分清晰。但是,第三种情况就比较复杂,法律没有作出明确规定。为此,结合行政审判实践,参考《民法典》侵权责任编相关规定,《行政赔偿司法解释》第二十一条至第二十五条,分别不同情况作出规定。

第一,共同违法侵权造成损失的,各方承担连带赔偿责任。根据《行政赔偿司法解释》第二十一条规定,两个以上行政机关共同实施违法行政行为,或者行政机关及其工作人员与第三人恶意串通作出违法行政行为,造成公民、法人或者其他组织人身权、财产权等合法权益实际损害的,应当承担连带赔偿责任。一方承担连带赔偿责任后,对于超出其应当承担部分,可以向其他连带责任人追偿。侵权的违法行政行为由两个或者两个以上行政机关基于共同意志、共同实施造成原告实际损失,类似于《民法典》第一千一百六十八条规定的共同侵权,[10]共同实施侵权行政行为的行政机关对全部损失应当承担连带责任。行政机关及其工作人员与第三人恶意串通实施侵权的违法行政行为,实际上是行政机关与第三人共同侵权,由行政机关与第三人承担连带责任,同样符合《民法典》关于共同侵权承担连带赔偿责任的法理基础。承担连带赔偿责任实质上是共同侵权的一方承担了另一方的赔偿责任,根据公平负担原则,承担全部赔偿责任的一方向受害人赔偿后,可以依法向另一方追偿,追偿的范围限于另一方依法应当承担的赔偿份额。

第二,两个以上行政机关分别实施侵权的违法行政行为造成同一损害结果的,按份承担赔偿责任。《行政赔偿司法解释》第二十二条第一款规定,两个以上行政机关分别实施违法行政行为造成同一损害,每个行政机关的违法行为都足以造成全部损害的,各个行政机关承担连带赔偿责任。第二

---

〔10〕《民法典》第一千一百六十八条规定:"二人以上共同实施侵权行为,造成他人损害的,应当承担连带责任。"

款规定,两个以上行政机关分别实施违法行政行为造成同一损害的,人民法院应当根据其违法行政行为在损害发生和结果中的作用大小,确定各自承担相应的行政赔偿责任;难以确定责任大小的,平均承担责任。《行政赔偿司法解释》关于两个行政机关分别实施违法行政行为造成同一损害结果的责任承担,与《民法典》第一千一百七十二条规定的分别侵权承担按份责任[11]极为相似。事实上,两个行政机关分别作出违法行政行为造成同一损害,案件中存在两个独立的行政行为。这两个相互不存在共同意思联络的违法行政行为,造成同一损害结果,按照各自行为对损害结果的作用大小承担相应的赔偿责任。这种规则原则,符合民事侵权中普遍适用的按照过错大小承担相应赔偿责任的一般原则。所以,《行政赔偿司法解释》第二十二条第二款是基本规则,第一款是对基本规则的例外规定。即,如果分别实施的每一个违法行政行为,都足以造成全部损害,或者根据现有证据难以判断每一个违法行政行为在损失结果中的作用大小的,各方平均分摊赔偿责任。由于第一种情形下每一个违法行政行为都足以造成全部损失,违法行为的危害性极大,为充分保障受害人获得赔偿的权利,《行政赔偿司法解释》参照《民法典》第一千一百七十一条关于“分别侵权承担连带责任”的规定,作出更有利于受害人的规定,[12]让两个或两个以上分别实施违法行政行为的行政机关承担连带赔偿责任。

第三,第三人提供虚假材料,行政机关未尽审慎审查义务的,根据违法行政行为在损害发生和结果中的作用大小确定行政赔偿份额。《行政赔偿司法解释》第二十三条规定,由于第三人提供虚假材料,导致行政机关作出的行政行为违法,造成公民、法人或者其他组织损害的,人民法院应当根据违法行政行为在损害发生和结果中的作用大小,确定行政机关承担相应的行政赔偿责任;行政机关已经尽到审慎审查义务的,不承担行政赔偿责任。在过去的行政赔偿司法实践中,对于第三人提供虚假材料导致行政行为违法造成损害的,一些法院采取补充赔偿责任规则确定行政机关的赔偿份额。即,受害人通过民事诉讼程序向提供虚假材料侵权的第三人请求赔偿,第三

---

〔11〕《民法典》第一千一百七十二条规定:“二人以上分别实施侵权行为造成同一损害,能够确定责任大小的,各自承担相应的责任;难以确定责任大小的,平均承担责任。”

〔12〕《民法典》第一千一百七十一条规定:“二人以上分别实施侵权行为造成同一损害,每个人的侵权行为都足以造成全部损害的,行为人承担连带责任。”

人没有能力赔偿的剩余部分全部都由行政机关承担。这样确定行政赔偿责任，对行政机关是不公平的，不符合过错与责任相符的基本原则。第三人提供虚假材料是行政行为违法、造成受害人损失的直接原因。行政机关作出的行政行为违法，只有在其未尽法律规定的审慎审查义务，对损害的发生和结果存在过错时，按照其过错大小确定其承担相应的赔偿责任，才是理性公平、合理合法的。如果行政机关尽到审慎审查义务，尽管根据虚假材料作出的行政行为仍然属于违法行政行为，但是由于行政机关履行了法律规定的全部审查义务，其违法行为与损害结果之间不存在因果关系，当然不应当承担行政赔偿责任。

这里还需要特别强调的是，有一种观点认为，申请人提供虚假材料，行政机关按照法律规定履行了全部审查义务，作出的行政行为应当是合法的，不应当认定违法。我们认为，这种观点是错误的，行政行为合法的基础是主要事实清楚、证据确凿。尽管行政机关依法审查尽到审慎审查义务，但是毕竟该行政行为是基于申请人提供的虚假材料作出的，行政行为客观上事实不清、主要证据不足。因此，该行政行为只能是一个违法的行政行为。尽到审慎的审查义务，体现的是违法行政行为与损害之间不存在因果关系。因此，不能拿是否尽到审慎审查义务，作为判断侵权行政行为是否合法的根据。尽到审慎审查义务是判断行政机关是否承担行政赔偿责任的标准。

第四，第三人侵权，行政机关未尽保护、监管、救助等法定义务的，根据违法行政行为在损害发生和结果中的作用大小确定行政赔偿份额。《行政赔偿司法解释》第二十四条规定，由于第三人行为造成公民、法人或者其他组织损害的，应当由第三人依法承担侵权赔偿责任；第三人赔偿不足、无力承担赔偿责任或者下落不明，行政机关又未尽保护、监管、救助等法定义务的，人民法院应当根据行政机关未尽法定义务在损害发生和结果中的作用大小，确定其承担相应的行政赔偿责任。行政机关未尽保护、监管、救助等法定义务的行政赔偿责任，与《民法典》第一千一百九十八条规定的安全保障义务人责任的情形相似。[13] 需要注意的是，第三人侵权造成损害，全部

---

〔13〕《民法典》第一千一百九十八条规定："宾馆、商场、银行、车站、机场、体育场馆、娱乐场所等经营场所、公共场所的经营者、管理者或者群众性活动的组织者，未尽到安全保障义务，造成他人损害的，应当承担侵权责任。""因第三人的行为造成他人损害的，由第三人承担侵权责任；经营者、管理者或者组织者未尽到安全保障义务的，承担相应的补充责任。经营者、管理者或者组织者承担补充责任后，可以向第三人追偿。"

损失是第三人造成的,第三人应当承担全部赔偿责任,这是第一顺位的赔偿责任。行政机关未尽保护、监管、救助等法定义务,属于补救性质的第二顺位赔偿责任。如果受害人通过民事诉讼等途径,已经从侵权人那里获得全部赔偿,行政机关不再承担赔偿责任;如果受害人通过民事救济未获得充分赔偿,行政机关根据其违法未尽保护、监管、救助等法定义务行为在损害发生和结果中的作用大小确定其赔偿份额。在救济程序上,鼓励受害人先通过民事救济途径向侵权人主张赔偿,赔偿不足的再通过行政赔偿程序要求行政赔偿。但是,如果侵权人明显无力承担赔偿责任或者下落不明的,为保障受害人获得及时赔偿,程序上并不一定要求受害人必须先行提起民事诉讼,可以直接要求行政赔偿,依法提起行政赔偿诉讼。行政机关承担行政赔偿责任后,可以向侵权人追偿。

第五,因不可抗力等客观原因造成损害,行政机关未尽法定救助义务的,根据违法行政行为在损害发生和结果中的作用大小确定相应的行政赔偿责任。《行政赔偿司法解释》第二十五条规定,由于不可抗力等客观原因造成公民、法人或者其他组织损害,行政机关不依法履行、拖延履行法定义务导致未能及时止损或者损害扩大的,人民法院应当根据行政机关不依法履行、拖延履行法定义务行为在损害发生和结果中的作用大小,确定其承担相应的行政赔偿责任。发生自然灾害等不能预见、不能避免且不能克服的客观情况造成公民、法人或者其他组织的合法权益损害,直接的原因是不可抗力,行政机关未尽法定救助义务,仅仅是没有及时止损,不可抗力造成的损害与违法行政行为没有因果关系,行政机关只应当对未尽法定救助义务、不能及时有效止损部分的损害承担行政赔偿责任。

关于侵权行为与损害结果存在因果关系的审查,还有一个举证责任分配的问题。《国家赔偿法》第十五条,人民法院审理行政赔偿案件,赔偿请求人和赔偿义务机关对自己提出的主张,应当提供证据。赔偿义务机关采取行政拘留或者限制人身自由的强制措施期间,被限制人身自由的人死亡或者丧失行为能力的,赔偿义务机关的行为与被限制人身自由的人的死亡或者丧失行为能力是否存在因果关系,赔偿义务机关应当提供证据。[14] 上述规定包含两层含义:第一款是关于证明责任的一般原则规定。即,人民法院审理行政赔偿案件通常情况下采取"谁主张谁举证"的原则进行举证责任的分配。原告主张行政赔偿,应当对其主张赔偿的损害事实及损害与违法行政行为之间存在因果关系承担举证责任;被告认为原告主张不成立的,应当提供反证。第二款是举证责任的例外规定。即被限制人身自由的人死亡或者丧失行为能力的,被告应当对限制人身自由行为与人身伤亡损害是否存在因果关系承担举证责任。为此,《行政赔偿司法解释》第十二条规定,原告主张其被限制人身自由期间受到身体伤害,被告否认相关损害事实或者损害与违法行政行为存在因果关系的,被告应当提供相应的证据证明。

(二)行政赔偿案件的判决规则

人民法院审理行政赔偿案件,应当依照《行政诉讼法》规定,依法作出判决。根据《行政诉讼法》有关判决方式和适用条件的规定,结合行政赔偿审判实践,人民法院应当根据被诉行政赔偿行为合法、违法以及是作出的行为还是不履行法定职责行为,分别不同情形,依法作出如下行政赔偿判决。

1.被诉行政赔偿行为合法,适用驳回原告诉讼请求判决。根据《行政诉讼法》第六十九条规定,又可以分为两种情形:一是对于被告行政机关作出的被诉行政赔偿行为案件,人民法院经审理认为"行政行为证据确凿,适用法律、法规正确,符合法定程序的",判决驳回原告诉讼请求;二是对于被告行政机关不履行非法定职责或者给付义务的案件,人民法院经审理认为"原告申请被告履行法定职责或者给付义务理由不能成立的",判决驳回原告诉讼请求。为进一步细化被告不履行给付义务案件适用驳回原告诉讼请求判决的具体情形,《行政赔偿司法解释》第三十二条又从行政赔偿构成要件的角度,作出列举性的具体规定。即,原告主张的损害没有事实根据、损害与违法行政行为没有因果关系、损失已经通过行政补偿等其他途径获得充分

---

〔14〕《国家赔偿法》第十五条规定:"人民法院审理行政赔偿案件,赔偿请求人和赔偿义务机关对自己提出的主张,应当提供证据。""赔偿义务机关采取行政拘留或者限制人身自由的强制措施期间,被限制人身自由的人死亡或者丧失行为能力的,赔偿义务机关的行为与被限制人身自由的人的死亡或者丧失行为能力是否存在因果关系,赔偿义务机关应当提供证据。"

救济,以及原告请求行政赔偿的理由不能成立的其他情形,[15]人民法院可以依法判决驳回原告诉讼请求。

2.作出的行政赔偿行为涉及款额错误的,判决变更被诉行政赔偿决定。被告行政机关作出的不予赔偿决定或者行政赔偿决定等行政赔偿行为,涉及赔偿项目、范围或者损失计算等错误,导致对款额的确定、认定确有错误的,人民法院依照《行政诉讼法》第七十七条规定,依法作出变更判决。为强化变更判决的适用,实质化解行政赔偿争议,《行政赔偿司法解释》第三十一条第二款规定,人民法院审理行政赔偿案件,可以对行政机关赔偿的方式、项目、标准等予以明确,赔偿内容确定的,应当作出具有赔偿金额等给付内容的判决;行政赔偿决定对赔偿数额的确定确有错误的,人民法院判决予以变更。据此,即便被告违法作出不予赔偿决定,人民法院也可以明确赔偿的方式、项目、标准等,判决变更不予赔偿决定,作出具有赔偿金额等给付内容的判决;对被告作出的行政赔偿决定确定的赔偿方式、项目、标准等错误的,更是要依法变更,作出具体明确、公正合理的行政赔偿判决。

3.作出的行政赔偿行为程序轻微违法但赔偿结果正确、未对原告行政赔偿实体权利义务产生不利影响,或者行政赔偿行为存在重大程序违法但处理结果并无不当,而撤销将会造成程序空转,会给国家利益、公共利益造成重大损害的,判决确认被诉行政赔偿行为违法,但不撤销,保留其法律效力。例如,被告作出行政赔偿决定未听取原告的陈述申辩,存在重大程序违法,但行政赔偿的处理结果正确,如果撤销被诉行政赔偿行为,责令被告限期重新作出相同处理结果的行政赔偿决定,不仅会给被告增加行政程序成本,严重损害国家利益、公共利益,也会造成行政赔偿的延迟支付,严重损害原告合法权益,不利于行政赔偿争议的及时有效化解。在此情形下,适用《行政诉讼法》第七十四条第一款第一项规定,判决确认被告作出行政赔偿决定行为违法,但仍保留该行为的效力。

4.作出的行政赔偿行为违法,但是被告已经改变原违法行政赔偿行为,原告仍要求确认原行政行为违法的,人民法院应当依照《行政诉讼法》第七

---

〔15〕《最高人民法院关于审理行政赔偿案件若干问题的规定》第三十二条规定:"有下列情形之一的,人民法院判决驳回原告的行政赔偿请求:(一)原告主张的损害没有事实根据的;(二)原告主张的损害与违法行政行为没有因果关系的;(三)原告的损失已经通过行政补偿等其他途径获得充分救济的;(四)原告请求行政赔偿的理由不能成立的其他情形。"

十四条第二款第二项规定,判决确认原行政赔偿行为违法。如果原告对改变后的行政赔偿行为仍不服的,可以依法对该行为提起行政诉讼。

5.作出的行政赔偿行为有实施主体不具有行政主体资格或者没有依据等重大且明显违法情形,原告申请确认该行政赔偿行为无效的,人民法院应当依照《行政诉讼法》第七十五条规定,判决确认该行为无效。根据《行政诉讼法适用解释》第九十九条规定,所谓"重大且明显违法"主要是指行政赔偿行为实施主体不具有行政主体资格、行政赔偿决定完全没有法律规范依据、行政赔偿决定确定的内容客观上不可能实施,以及其他重大且明显违法的情形。

6.作出的行政赔偿行为违法,应当恢复到行政赔偿决定之前状态的,依法判决撤销行政赔偿决定。被告作出的行政赔偿决定赔偿的对象错误,导致不该获得行政赔偿的公民、法人或者其他组织获得不当赔偿的,人民法院应当依照《行政诉讼法》第七十条规定,判决撤销行政赔偿决定。赔偿款已经支付、相关物品错误交付的,应当依法予以追回,避免国家利益、公共利益遭受不必要的损失。

7.作出的行政赔偿行为存在主要证据不足,适用法律、法规错误,违反法定程序,超越职权,滥用职权,明显不当情形,经审理确实难以查明案件相关事实,对行政赔偿争议作出实体处理,需要被告进一步查明相关事实,依法重新作出处理的,人民法院依照《行政诉讼法》第七十条规定,判决撤销被诉行政赔偿行为,责令被告限期重新作出行政赔偿决定。需要注意的是,撤销重作判决的适用条件非常严格,必须是穷尽人民法院的调查取证手段,确实难以查明相关事实,无法对行政赔偿争议事项作出实体处理结论的判决,才可以适用撤销重作判决。法官不得嫌麻烦、失职渎职,不去查明本可以查明的事实,对违法行政赔偿行为简单予以撤销,责令被告限期重新作出行政赔偿决定。这样的做法不符合《行政诉讼法》判决方式的适用条件,违反《行政诉讼法》实质化解行政争议的立法目的,二审或再审应当依法予以纠正。

8.行政机关不履行给付义务,经审理查明被告依法负有给付义务的,人民法院应当依照《行政诉讼法》第七十三条规定,判决被告限期履行给付义务。赔偿请求人向赔偿义务机关申请行政赔偿,赔偿义务机关不作为、不予答复、不履行行政赔偿给付义务的,人民法院应当对原告的赔偿请求进行审理,依法作出具有具体赔偿内容的给付判决,实质化解行政争议。原告赔偿请求不明确的,人民法院应当释明,要求其提出具体明确的行政赔偿请求。对于不履行给付义务的行政赔偿案件,人民法院通常不得作出责令被告限期作出行政赔偿决定的判决。以履行判决代替给付判决,属于适用法律错误,判决方式错误。责令被告限期作出行政赔偿决定,利害关系人不服还会再次起诉,将会造成程序空转,浪费行政资源和司法资源,不利于行政争议的实质化解,二审或再审应当依法予以纠正。

9. 行政机关不履行给付义务或者拖延履行给付义务,判决时被告已经全部履行原告不撤诉的,人民法院应当依照《行政诉讼法》第七十四条第二款第三项规定,判决确认被诉不履行给付义务行为违法。

10. 行政机关不履行行政赔偿决定或者行政赔偿协议确定的支付赔偿金、交付房屋以及特定物品等义务,或者不在相关媒体为原告消除影响、恢复名誉、赔礼道歉的,人民法院应当依照《行政诉讼法》第七十二条规定,判决被告限期履行相关义务。为进一步规范精神损害赔偿,《行政赔偿司法解释》第三十条规定,被告有《国家赔偿法》第三条规定情形之一,致人精神损害的,人民法院应当判决其在违法行政行为影响的范围内,为受害人消除影响、恢复名誉、赔礼道歉;消除影响、恢复名誉和赔礼道歉的履行方式,可以双方协商,协商不成的,人民法院应当责令被告以适当的方式履行。造成严重后果的,同时还应当判决支付相应的精神损害抚慰金。

(特约编辑:吕正义)

景观权益在行政诉讼中的生成

——以日本判例为中心

黄安然[*]

内容提要：近来景观破坏事件频发，私主体作为第三人提起行政诉讼主张其景观权益受到侵害的案例愈发多见。景观所具有财产及精神价值的多重性，以及景观相关利害关系人的多元性和集合性，使得景观权益的内涵外延难以界定，且无法当然明确地被划入公共利益或个人利益范畴，位于两者交叉地带。法院首先会在原告资格审查时面对景观权益的界定与属性判断的问题，因此原告资格成为景观权益在行政诉讼中生成的环节。我国相关案件原告资格审查通常直接以景观权益是否符合法定利害关系类型，或者是否属于行政行为根据规范明确列举的保护事项为理由，在缺少概念界定和法律解释的情况下将行政诉讼"合法权益"范围限缩于法定化权利，尚未出现经由行政诉讼而生成个人景观权益的情形。本文对法律概念类似且原告资格判断结构趋近的日本法进行研究，通过分析日本景观相关行政诉讼出现至今的典型判例，试图抽取出日本建构"景观利益"概念的方法以及相关案件行政诉讼原告资格审查的框架，同时结合理论及规范背景分析日本判例思路变化的原因，对我国如何在行政诉讼中依据实体法界定和审查景观权益提供动态的参考视角。

"景观利益"基本是由日本判例通过实体法解释而确立的概念。根据判例对"景观利益"概念界定的差异，按照时间顺序，大致可分为环境利益说、土地所有权派生利益说、人格利益说和公共利益说四种观点。前述观点针对"景观利益"构成要件、法律属性以及行政规范个人利益保护宗旨等问题

---

* 黄安然，上海交通大学凯原法学院宪法学与行政法学专业 2022 届硕士毕业生。

的审查思路存在差异。目前,日本判例就前述问题尚未形成一致结论,在剥离个案事实差异的前提下,仍然存在人格利益说和公共利益说两种立场,人格利益说为多数说。人格利益说以特定景观受法律保护以及具备历史文化价值为依据,认可景观与地区居民生活环境的特殊连结,肯定其人格利益属性,但基于利益要件的不稳定性,否定其权利属性。同时,判例通过相对灵活地解释行政规范,尤其是景观规制事项、居民参与程序以及行政救济方式等具体条文与"景观利益"主体、对象、内容等构成要件的关联,并且强调景观受侵害不可恢复及不可金钱赔偿的特征,肯定原告资格。公共利益说则基于"景观利益"不满足法律利益的明确性和具体性要求而否定个人利益属性,通过相对严格地解释行政规范与利益要件的关联,强调景观价值的劣后性,否定原告资格。通过对日本判例思路变化的原因进行分析,可以发现其受到原告资格待审查法律范围及方法扩张、"景观利益"内涵外延由判例基于实体法解释而固定以及景观保护行政规范体系逐步整合等因素的影响。

以日本"景观利益"概念界定及原告资格审查思路的变化路径为参考,结合我国学理及司法现状,日本将眺望和居住等不同内容的利益分别类型化并依据实体法界定其构成要件的思路,以及定位和解释行政规范个人景观权益保护宗旨的方法具有借鉴意义。

关键词:景观权;景观利益;行政诉讼;原告资格;保护规范理论

一、问题的提出

高速城市化引发高层住宅楼、公共基础设施等开发项目建设与景观保护间的激烈冲突,私主体作为行政第三人就行政机关颁发建设规划许可等行政行为提起诉讼,主张其享有的景观权益[1]受到侵害的案例在我国愈发多见。然而,无论原告主张还是司法裁判,对于如何界定景观权益,如何解释其是否具备个人权益属性,均处于争议状态。一方面,不同原告主张的景观权益,从权益对象来看包含依据法律划定的景观保护区域,也包含未受法

---

〔1〕 我国司法实践层面未特别区分景观利益和景观权利,法院通常基于原告主张而使用相应的概念,未专门阐述观赏景观究竟属于利益还是权利。为避免概念对论述的影响,本文统一使用"景观权益"整合我国已有的"景观权""景观利益""景观观赏权""景观眺望权"等概念。

律保护但具备一定价值的景观;从权益内容来看包含从特定地点眺望景观,或者游览景观而获得的审美价值,也包含因居住于景观周边而获得的生活环境价值。另一方面,司法裁判未对景观权益进行明确定义,对以眺望为核心的主张[2]通常认定为个人权益,对以游览[3]或居住[4]为核心的主张通常认定为公共权益,但缺少论证依据和法律解释过程。

　　景观权益界定及属性判断的困难与景观及其利害关系人的多重结构有关。[5] 首先,景观价值具有多元性,景观的财产价值可以由个人或不特定多数人支配。例如针对特定风景名胜区,其所包含的土地、森林、房屋建筑等构成要素的所有权人可能包括个人、集体和国家。景观的精神价值则可以涵盖观赏景观的各类主体。其次,景观相关利害关系人具有多重性,根据概念界定的差异,利害关系人不仅可能包含居住于景观周边,带有集合性特征的居民,还可能包含游览景观的游客甚至一般公众。基于这种多重结构,景观权益不仅难以界定内涵外延,并且无法当然明确地划入公共利益或个人利益范畴,而是处在公共利益和个人利益接续的"中间地带"。[6]

　　作为行政审判启动要件的原告资格是景观权益生成的关键环节,法院首先会在原告资格审查时面对如何界定景观权益概念及判断其法律属性的问题。《中华人民共和国行政诉讼法》(以下简称《行政诉讼法》)第二条所规定的"行政行为侵犯其合法权益"以及第二十五条第一款所规定的"相对人或利害关系人"表明我国行政诉讼在主观维度保护的是个人权益。就我国

---

　　〔2〕　例如,"王莉莉、祖素环等诉葫芦岛市自然资源局建设工程规划许可案"。该案中,房地产公司准备在原告居住地前修建高楼,葫芦岛市自然资源局向公司核发建设工程规划许可。原告主张案涉许可将导致高楼阻挡观海视野,侵害观景权益。法院认为"观景权"或"眺望权"强调在特定场所眺望景色不受阻挡的权利,是基于良好视野或美好景观而获得的精神利益,具有私权属性,应当属于地役权。参见辽宁省葫芦岛市中级人民法院(2021)辽 14 行终 65 号行政裁定书。

　　〔3〕　例如,"金奎喜诉杭州市规划局建设规划许可案"。原告作为杭州市民,主张杭州市规划局批准在西湖景区内建设老年大学,将损害其游览西湖观赏景观的权利。法院认为原告主张的是由不特定多数人享有的公共利益。参见湛中乐、尹婷:《环境行政公益诉讼的发展路径》,《国家检察官学报》2017 年第 2 期。

　　〔4〕　例如,"施耀煌、顾文琪诉南京市规划和自然资源局、南京市人民政府行政复议案"。该案中,房地产公司准备在秦淮河周边修建公寓,南京市规划局向公司核发建设工程规划许可,两原告居住在公寓建设用地周边,原告主张案涉许可对秦淮河风光带的景观造成严重损害,法院认为该主张涉及的是社会公共利益。参见江苏省南京市中级人民法院(2020)苏 01 行终 46 号行政判决书。

　　〔5〕　角松生史「「景観利益」概念の位相」新世代法政策学研究 20 巻(2013 年)273-306 頁。

　　〔6〕　見上崇洋「「現代都市法論」の特徴と行政法学への影響」社会科学研究 61 巻 3 号(2010年)27-48 頁。

相关行政案件原告资格的审查思路而言,首先,针对未居住在景观周边的一般市民或外来人员,通常认为其主张属于公共利益,否定原告资格。[7] 其次,针对居住在景观周边的居民,裁判主要有三种思路:第一,认为景观权益属于公共利益,否定原告资格;[8]第二,认为景观权益不属于法定利害关系类型,否定原告资格;[9]第三,承认景观权益的个人利益属性,但认为景观权益并非行政根据规范明确规定的考虑因素,否定原告资格。[10] 从判断方法的角度来看,前述案例或未正面界定景观权益的概念,或直接以景观权益是否符合法定利害关系类型,是否为行政根据规范明确列举的保护事项为依据,在未进行法律解释的情形下,将《行政诉讼法》"合法权益"的范畴局限于法定化权利,[11]存在说理上的缺失。

然而,保护规范理论在我国司法审判中的引入为景观权益的解读提供了其他路径。保护规范理论以被诉行政行为所依据的行政规范是否包含个人权益保护宗旨为准据,使得对原告权益是否受保护的判断,不再依赖于诉讼法及司法解释的明确列举,而回归对行政实体法的解释。[12] 进而,景观权益这类未法定化的新型权益,存在基于解读行政规范而生成的空间。[13] 这一路径下,法院的审查思路是:景观权益如何界定? 一般意义上,景观权

---

〔7〕 例如,"金奎喜诉杭州市规划局建设规划许可案"。该案法院认为原告主张涉及由不特定多数人享有的公共利益,原告不具备利害关系。参见湛中乐、尹婷:《环境行政公益诉讼的发展路径》,《国家检察官学院学报》2017 年第 2 期。

〔8〕 例如,"施耀煌、顾文琪诉南京市规划和自然资源局、南京市人民政府行政复议案"。原告主张案涉许可对秦淮河风光带的景观造成严重损害,法院认为该主张涉及社会公共利益,原告不具备利害关系。参见江苏省南京市中级人民法院(2020)苏 01 行终 46 号行政判决书。

〔9〕 例如,"念泗三村 28 幢居民诉扬州市规划局行政许可案",该案中原告主张的权益可以归纳为两类:①通风、采光、日照等常见的相邻权;②作为景观周边居民,享受瘦西湖景区景观的权益。法院未针对原告主张的第②项无法归入相邻权保护范畴的景观权益审查其原告资格,实际未认可景观权益属于法定利害关系类型。参见《最高人民法院公报》2004 年第 11 期。

〔10〕 例如,"王莉莉、祖素环等诉葫芦岛市自然资源局建设工程规划许可案"。法院认为"观景权"或"眺望权"不属于法定利害关系中的相邻权,应属于地役权,而现行行政规范仅明确保护相邻权,并且未明确规定观景权是否属于行政审批过程中应考虑的因素,故原告不具备利害关系。参见辽宁省葫芦岛市中级人民法院(2021)辽 14 行终 65 号行政裁定书。

〔11〕 参见王世杰:《行政法上第三人保护的权利基础》,《法制与社会发展》2022 年第 2 期。

〔12〕 参见赵宏:《中国式保护规范理论的内核与扩展——以最高人民法院裁判为观察视角》,《当代法学》2021 年第 5 期;耿宝建:《主观公权利与原告主体资格——保护规范理论的中国式表述与运用》,《行政法学研究》2020 年第 2 期;章剑生:《行政诉讼原告资格中"利害关系"的判断结构》,《中国法学》2019 年第 4 期。

〔13〕 山本隆司『行政上の主観法と法関係』(有斐閣,2000 年)175-186 頁。

益是否能够成为个人权益？如何识别和解读行政行为根据规范,判断其是否包含保护原告个人景观权益的宗旨？

针对我国在概念界定和属性判断时面临的论证难题,观察外国法相关概念及权益生成过程,梳理构成要件,具有参考意义。从比较法的视角切入,日本法可供借鉴。一方面,日本"景观利益"概念同样出现于行政诉讼原告资格审查环节,且同样以"受法律保护的利益→原告资格"为判断框架,[14]分析日本相关裁判结论从否定到部分个案肯定"景观利益"构成原告受法律保护的个人利益,进而成立原告资格的变化,有助于分析我国保护规范理论引入后的审查动向。另一方面,日本"景观利益"基本是一项由判例确立的概念。自20世纪50年代日本出现居民个体为维护自身"景观利益"而提起行政诉讼的判例且数量众多。随着学理和司法的长期互动,"景观利益"概念逐步明确,针对"景观利益"法律属性和相关原告资格的判断已形成相对固定的审查要件,使得日本判例具有研究价值。在梳理日本各阶段理论及规范背景的基础上,总结日本判例有关"景观利益"界定与原告资格审查的思路,对我国在行政诉讼中如何识别景观权益相关行政规范,如何解释相关行政规范是否包含保护个人景观权益的宗旨,进而基于司法裁判生成具有个人属性的景观权益概念,具有借鉴意义。

二、已有研究综述

(一)国内学界的研究

景观权益在国内尚属一种新型环境权益概念,相关研究集中于基本理论的建构,国内判例评析,域外相关概念、理论、法制度与判例的介绍,以及国内立法及司法相关内容的完善建议等方面。仅少数学者直接将景观权益作为研究对象,更多的讨论是将景观权益作为环境权的一项子权利,在有关环境权的概念、权利类型化、权利属性以及司法救济方式等讨论中提及。

基本理论研究涉及概念界定、法律属性判断、法律保护模式选择。其一,概念界定方面,学者们使用的概念表述,如"景观权"、"景观利益"和"观

---

〔14〕 黄宇骁:《行政诉讼原告资格判断方法的法理展开》,《法制与社会发展》2021年第6期。

赏权"等没有明确界限,没有特别区分权利和利益,也没有形成稳定的概念。具体到权益构成要件,既有研究仅在景观权益强调"景观审美价值"层面达成一致,对于景观权益的主体,[15]景观权益的对象,[16]景观权益与眺望权益等类似概念间关系[17]等问题仍有争议。其二,法律属性层面,多数论著都直接或间接地分析了景观权益的个人或公共属性,可分为公益说、私益说、双重属性说。公益说从环境权公权性、[18]景观国有属性等角度论证景观权益的公共属性。私益说以环境权私权性、[19]景观纠纷私法救济必要性等为依据论证其个人属性。以有关公私法融合、环境权双重属性的讨论为背景,部分学者开始主张景观权益具有公共和私人权益双重属性。[20]其三,学者们对司法救济模式的选择延续了权益属性的判断倾向。公益说提倡行政规制和客观公益诉讼;私益说和双重属性说则从侵权行为构成要件与行政诉讼原告资格角度切入,以国内外判例为样本,讨论民事和行政主观

〔15〕 刘勇揭出景观权益具有相当的地域性,主体应限于"当地"并依据个案确定;付淑娥则认为主体应扩张到所有自然人。参见刘勇:《论景观利益的侵权法保护》,载张仁善主编:《南京大学法律评论》2016 年春季卷,法律出版社 2016 年版,第 321 页;付淑娥:《论环境人格权》,吉林大学 2015 年博士学位论文,第 95 页。

〔16〕 裴敬伟主张具备良好优美特征的所有景观(包括城市和乡村景观、自然和历史文化景观等)都属于景观权益的对象;刘勇将其限缩于城市景观;杨朝霞等学者则将其限缩于自然景观。参见裴敬伟:《略论景观纠纷的私法解决及其路径选择》,《法学评论》2014 年第 1 期;刘勇:《论景观利益的侵权法保护》,载张仁善主编:《南京大学法律评论》2016 年春季卷,法律出版社 2016 年版,第 316 页;杨朝霞:《论环境权的性质》,《中国法学》2020 年第 2 期。

〔17〕 付淑娥等学者指出景观权益强调不特定多数人对良好景观的享受,眺望利益强调特定主体从特定地点对特定景观的眺望;廖志敏、蔡守秋等学者则认为眺望利益等同于或隶属于景观权益。参见付淑娥:《论环境人格权》,吉林大学 2015 年博士学位论文;廖志敏:《法律如何界定权利——科斯的启发》,《社会科学战线》2014 年第 7 期;蔡守秋:《环境权实践与理论的新发展》,《学术月刊》2018 年第 11 期。

〔18〕 环境权公权说认为环境权从产生背景与行使目的来看,具有不同于民事权利的特征,其公权属性排斥私权属性。即便存在个体享有的环境权,这种权利也无法被独占,最终会被公权吸收。参见朱谦:《论环境权的法律属性》,《中国法学》2001 年第 3 期;徐祥民:《对"公民环境权论"的几点疑问》,《中国法学》2004 年第 2 期。

〔19〕 环境权私权说通过证成环境财产权、环境人格权和环境享有权等子权利,主张环境权具有民事权利属性。参见汪劲:《论环境享有权作为环境法上权利的核心构造》,《政法论丛》2016 年第 5 期;付淑娥:《环境人格权的宪法确认与保护》,《甘肃社会科学》2017 年第 4 期。

〔20〕 参见吴卫星:《环境权的中国生成及其在民法典中的展开》,《中国地质大学学报(社会科学版)》2018 年第 6 期;裴敬伟:《略论景观纠纷的私法解决及其路径选择》,《法学评论》2014 年第 1 期;刘惠明:《景观利益私人化的可贵尝试——日本最高法院第一小法庭 2006 年 3 月 30 日判决评析》,《河海大学学报(哲学社会科学版)》2012 年第 1 期。

诉讼救济的可行性。[21]

　　随着环境权研究开始关注实践,部分论著开始立足于实体规范和司法判例讨论景观权益的形成,但相关研究集中于私法领域,较少涉及公法规范及诉讼。有学者指出,我国实体法在保障公共环境利益方面主要以环境权力为法权形式,以职权和权限为具体表现方式。环境权利尚未作为独立的权利类型被承认,但有部分个人环境利益依附于人身权和财产权得到认可和保障。其中,享受居住区规划景观的环境利益是私有物权的派生,享受公共景观的环境利益是个人对国有财产使用权的附属。[22] 另外,针对相关行政判例的讨论,原告主张或法院裁判思路通常不是分析对象而是强化结论的依据,用于论证景观权益成为法定权益的必要性及可行性、现有行政规制和环境行政公益诉讼手段的有效性、经由诉讼生成景观权益的可能性等。[23]

　　域外理论和判例也是国内学界研究的重要素材,国内关注美国、欧盟、日本法的成果占多数。对美欧理论的介绍多见于法律权利或利益的证成[24],而对日本理论和判例的引入,研究视角更加多元,相关研究或聚焦日本“景观利益”理论学说的引介[25],或选取典型判例,介绍其突破性和借鉴

〔21〕 参见王树良:《我国景观行政诉讼的现状与探讨——以日本景观行政诉讼为参考》,《暨南学报(哲学社会科学版)》2018 年第 3 期;裴敬伟:《试论环境权私法救济之可能性——来自日本国立市景观纠纷案件的启示》,载高鸿钧、王明远主编:《清华法治论衡》第 22 辑,清华大学出版社 2014 年版,第 260-270 页;辛帅:《论民事救济手段在环境保护当中的局限》,中国海洋大学 2014 年博士学位论文。

〔22〕 参见郭延军:《环境权在我国实在法中的展开方式》,《清华法学》2021 年第 1 期。

〔23〕 参见王贵松:《论行政诉讼的权利保护必要性》,《法制与社会发展》2018 年第 1 期;王倩莹:《私法语境下的景观权》,海南大学 2019 年硕士学位论文;徐祥民,辛帅:《环境权在环境相关事务处理中的消解——以景观权为例》,《郑州大学学报(哲学社会科学版)》2015 年第 1 期;路国连:《论行政公益诉讼——由南京紫金山观景台一案引发的法律思考》,《当代法学》2002 年第 11 期;姜培永:《市民状告青岛规划局行政许可案——兼论我国建立公益诉讼制度的必要性与可行性》,《山东审判》2002 年第 1 期。

〔24〕 参见付淑娥:《论环境人格权》,吉林大学 2015 年博士学位论文;侯海燕:《论景观权及其法律保护》,南京大学 2014 年硕士学位论文。

〔25〕 参见张挺:《日本生态环境损害的民事责任:私法的意义与界限》,《法治研究》2020 年第 2 期;李成玲:《现代行政法意义上的城市空间利益》,《北京行政学院学报》2019 年第 3 期;罗丽:《日本环境权理论和实践的新展开》,《当代法学》2007 年第 3 期。

意义[26]。理论方面,有学者通过梳理日本城市空间利益理论,指出应在我国行政法体系中构建作为公法权利的、强调利益集合和多元特征的"城市空间利益"概念,景观权益属于一项子概念。同时,作者假设在认可控制性详细规划可诉性的前提下,特定地域范围内群体所拥有的规划程序参与权可作为承认其原告资格的基础。[27] 民事判例方面,有学者借鉴日本各级法院典型判例思路,论证景观权益能够基于我国《侵权责任法》落入我国侵权责任保护范畴内,同时指出违法性判断和侵权责任形式选择的具体考量因素。[28] 行政判例方面,国内少有关注,现有文献仅对 2009 年广岛地方法院"鞆浦案"判决有所涉及。[29] 针对原告资格审查,有学者指出,我国《行政诉讼法》设定的利害关系标准包括财产和人身关系,并且从逻辑上将景观权益认定为人身权益并无不妥,相较于日本,我国对可能涉及个人利益的情形均承认原告资格,原告资格审查更宽松。[30] 然而,这类研究未注意到我国和日本既有概念之间的差异,论证时直接引用日本法上的概念与审查思路,缺乏对其可移植性的讨论。

总体而言,首先,国内有关景观权益概念及构成要件的研究,尽管已有关注国内立法和司法实践的讨论,更多研究偏重理论推演或域外制度借鉴,其中关于域外制度的讨论缺乏与国内法律制度和法律解释框架契合度的论证。其次,针对景观权益在实体法中的存在方式以及在司法判例中的生成

---

〔26〕 参见王树良:《我国景观行政诉讼的现状与探讨——以日本景观行政诉讼为参考》,《暨南学报(哲学社会科学版)》2018 年第 3 期;刘勇:《论景观利益的侵权法保护》,载张仁善主编:《南京大学法律评论》2016 年春季卷,法律出版社 2016 年版,第 316-326 页;裴敬伟:《试论环境权私法救济之可能性——来自日本国立市景观纠纷案件的启示》,载高鸿钧、王明远主编:《清华法治论衡》第 22 辑,清华大学出版社 2014 年版,第 260-270 页;裴敬伟:《略论景观纠纷的私法解决及其路径选择》,《法学评论》2014 年第 1 期;张挺,解永照:《论景观利益之私法保护》,《南都学坛》2012 年第 4 期,刘惠明:《景观利益私人化的可贵尝试——日本最高法院第一小法庭 2006 年 3 月 30 日判决评析》,《河海大学学报(哲学社会科学版)》2012 年第 1 期。

〔27〕 参见李成玲:《现代行政法意义上的城市空间利益》,《北京行政学院学报》2019 年第 3 期。

〔28〕 参见刘勇:《论景观利益的侵权法保护》,载张仁善主编:《南京大学法律评论》2016 年春季卷,法律出版社 2016 年版,第 316-326 页;刘惠明:《景观利益私人化的可贵尝试——日本最高法院第一小法庭 2006 年 3 月 30 日判决评析》,《河海大学学报(哲学社会科学版)》2012 年第 1 期;罗丽:《日本环境权理论和实践的新展开》,《当代法学》2007 年第 3 期。

〔29〕 参见王树良:《我国景观行政诉讼的现状与探讨——以日本景观行政诉讼为参考》,《暨南学报(哲学社会科学版)》2018 年第 3 期;索肖娟:《预防性不作为诉讼研究》,西南政法大学 2017 年硕士学位论文。

〔30〕 参见王树良:《我国景观行政诉讼的现状与探讨——以日本景观行政诉讼为参考》,《暨南学报(哲学社会科学版)》2018 年第 3 期。

路径,相关研究较少涉及公法领域。最后,针对日本相关行政判例的研究,集中于个别典型判例,未考虑到日本相关概念及法院裁判思路的动态变化,以及日本特定的理论和规范背景。

(二)日本学界的研究

"景观利益"在日本是公共利益与个人利益交错问题的典型研究对象,它基本是一项由判例确立的法律概念,因此日本学界研究也侧重判例分析。由于日本私法和公法学界针对"景观利益"的讨论具有互动性,公私法领域的研究脉络均值得梳理。

日本有关"景观利益"的讨论源自居民在主观诉讼中主张自身权益的实践。原告若想通过主观诉讼保护其享有的"景观利益",首先需要证明"景观利益"构成日本《民法》第 709 条"法律上保护的利益",[31]或者日本《行政事件诉讼法》第 9 条"法律上的利益"。[32] 相关行政判例最早出现在 1955 年,[33]民事判例最早出现在 1966 年。[34] 20 世纪 70 年代"环境权"理论[35]出现后,诉讼数量明显增加。2001 年"国立公寓案"出现前,日本学界对"景观利益"的研究大多处在"环境权"理论的延长线上,此后随着典型判例增多,更多学者开始单独将"景观利益"作为研究对象,在民事侵权行为保护射程和行政诉讼原告资格的框架下基于判例进行法律解释,同时拓展新的理论。

具体而言,首先,针对"景观利益"概念及其属性的研究基本集中在民法领域,这与日本受到多数说认可的"景观利益"概念首先在 2006 年最高法院"国立公寓案"民事判决中得到确立有关。"国立公寓案"指出"景观利益"是"居住于良好景观附近区域内的居民,日常享受良好景观惠泽的利益","良好景观"是指"能够成为居民历史或文化环境,以及丰富生活环境的组成部

---

〔31〕 日本《民法》第 709 条:因故意或过失侵害他人权利或法律上保护的利益时,承担损害赔偿责任。

〔32〕 日本《行政事件诉讼法》第 9 条:处分的撤销之诉和裁决的撤销之诉只能由对请求该处分或者裁决的撤销具有法律上的利益的人(包括在处分或者裁决的效果因期间经过及其他原因而消失后仍具有以处分或者裁决的撤销来恢复的法律上的利益的人)提起。

〔33〕 東京地方裁判所 1955 年 10 月 14 日判决,行集 6 卷 10 号 2370 頁。

〔34〕 前橋地方裁判所 1966 年 9 月 14 日判决,判例タイムズ122 号 93 頁。

〔35〕 日本环境权理论最早由大阪律师协会提出,主张环境权同时具备宪法权利和私法权利的性质。参见大阪弁護士会環境権研究会『環境権』(日本評論社,1973 年)。

分的景观",[36]并且认可符合前述要件的"景观利益"是一种受私法保护的利益。但由于"景观利益"构成要件的不稳定性,判决也指出"景观利益"尚不符合成为一项权利应当具备的"主体、内容及范围明确及具体性,第三人可预测性"条件。以前述判例的出现为契机,日本民法学界围绕"景观利益"的法律属性及利益来源展开了较为集中的讨论,大体形成"私法保护肯定说"和"私法保护否定说"两派观点,以"私法保护肯定说"为多数说。[37]"私法保护肯定说"认可景观利益的私法法益属性,但以具体理论依据的分歧来看,又分为土地所有权派生利益说、[38]人格利益说、[39]环境权说、[40]地域性规则说[41]等。人格利益说是被最高法院及较多下级法院判例认可的多数说。"私法保护否定说"则认为基于"景观利益"内容的不明确性,由私主体提出主观诉讼将损害法的安定性和预测可能性,应优先使用立法或行政规制手段实现景观保护。[42]

其次,随着私法判例及学说对"景观利益"概念及其个人利益属性形成多数说,公法学界开始使用在私法中形成的"景观利益"概念,讨论这一概念在公法层面成立的可能性。学者们或通过梳理历史行政判例来展示法院裁

---

〔36〕 最高裁判所民事判例集 60 卷 3 号 948 页。

〔37〕 大塚直「国立景観訴訟最高裁判決の意義と課題」ジュリスト1323 号(2006 年)76 页。

〔38〕 土地所有权派生利益说认为"景观利益"是特定区域内土地所有者基于持续性自我限制而使土地所有权产生的派生利益。牛尾洋也「景観利益の保護のための法律構成について」龍谷法学 38 卷 2 号(2005 年)30-33 頁。

〔39〕 人格利益说认为"景观利益"属于"扩张性人格权"范畴,以日本民法 709 条所规定的"自由"作为法律依据。富井利安「意見書:景観利益の侵害の私法的救済について」広島法学 29 卷 2 号(2005 年)253 頁。

〔40〕 环境权说认为"景观利益"是环境权的一项子权利,日本判例虽然没有明确承认基于环境权理论的景观权,但实质已经认可作为私权利的景观权。淡路剛久「景観権の生成と国立大学通り訴訟判決」ジュリスト1240 号(2003 年)68-78 頁。

〔41〕 地域性规则说认为"景观利益"是基于居民共同利用特定环境而形成的习惯法上的利益。习惯法产生于特定地域内居民为维护良好景观而持续自主限制土地利用的事实,这种习惯法的出现早于行政法。大塚直「環境訴訟における保護法益の主観性と公共性序説」法律時報 82 卷 11 号(2010 年)121-122 頁;吉田克己「景観利益の法的保護:民法と公共性をめぐって」慶應法学 3 号(2005 年)79-117 頁。

〔42〕 阿部泰隆「景観権は私法的(司法的)に形成されるか(上)」自治研究 81 卷 2 号(2005 年)3-27 頁;阿部泰隆「景観権は私法的(司法的)に形成されるか(下)」自治研究 81 卷 3 号(2005 年)3-27 頁;大野武「都市景観をめぐる紛争と法──私法と公法の役割と限界」日本土地法学会編「借地借家法の改正新景観法」(有斐閣,2006 年)106-151 頁。

判观点转变的历程,[43]或针对典型判例分析法院如何通过解释行政规范抽离出个人利益保护宗旨,[44]在此基础上对审查方法进行抽象类型化,[45]或讨论景观保护行政规范调整对"景观利益"概念及性质认定的影响。[46]

值得注意的是,部分日本学者指出景观虽然由私人财产构成,但其"惠泽"可以由众多利害关系人享有,兼具公益和私益属性,无法与公私益二分结构契合,[47]因此尝试定义能够涵盖集合性特征的新型利益类型,代表性理论有"共同利益"、"共通利益"以及"凝集利益"。[48]各类理论都通过不同解释方法,尝试论证集合性利益能够成立行政诉讼原告资格,以解决公私益二分结构对行政第三人利益侵害救济的短板。

日本针对"景观利益"的研究虽然涉及各个方面,但系统性研究集中于私法领域,尚未出现专门梳理不同历史阶段行政判例对"景观利益"构成要件及原告资格的审查思路,并且讨论相关理论和规范背景的研究。

三、研究方法

(一)比较分析法

本文以日本法为研究对象的理由是:第一,居民等私主体以个人"景观利益"受到侵害为由提起行政诉讼的情形出现较早,判例数量丰富,不同历

〔43〕参见谷口聡「行政事件訴訟による景観保護の萌芽」地域政策研究 18 巻 2、3 合并号(2016 年);谷口聡「行政事件訴訟による景観保護の形成期」地域政策研究 18 巻 4 号(2016 年);谷口聡「行政事件訴訟による景観保護の確立と展開」地域政策研究 19 巻 1 号(2016 年)。

〔44〕参见福永実「自然歴史的景観利益と仮の差止め」大阪経大論集 60 巻 1 号(2009 年);角松生史「景観利益と抗告訴訟の原告適格—鞆の浦世界遺産訴訟をめぐって」日本不動産学会誌 86 巻 3 号(2016 年);長谷川佳彦「埋立免許の差止訴訟と景観利益の保護」法学教室 468 号(2009 年)。

〔45〕参见板垣勝彦「景観利益と原告適格」横浜法学 25 巻 1 号(2016 年);角松生史「「景観利益」概念の位相」新世代法政策学研究 20 巻(2013 年)273-306 頁;横山信二「抗告訴訟における原告適格」広島法学 35 巻 4 号(2012 年)。

〔46〕参见野呂充「都市景観行政と建築の自由」阪大法学 62 巻(2012 年);亘理格「土地利用規制論と景観法」ジュリスト 1314 号(2006 年)。

〔47〕角松生史「都市空間の法的ガバナンスと司法の役割」角松生史編「現代国家と市民社会の構造転換と法」(日本評論社,2016 年)21-44 頁。

〔48〕亘理格「共同利益論と「権利」認定の方法」民商法雑誌 6 号(2013 年);見上崇洋「地域空間をめぐる住民の利益と法」(有斐閣,2006 年);仲野武志『公権力の行使概念の研究』(有斐閣,2007 年)。

史时期判例针对"景观利益"概念、属性及原告资格都形成了相应审查思路，能够观察到司法裁判路径的变化，同时可以看到基础理论学说、行政规范体系对判例的影响。第二，日本行政诉讼原告资格审查适用保护规范说，该学说由"刘广明案"进入我国行政审判，由此我国对于"利害关系"的判断出现以原告主张权益是否属于"被诉行政行为依据行政规范所保护的权益"的方式，与日本原告资格的判断结构一致。[49]梳理日本相关判例如何定位被诉行政行为根据规范和关联规范，如何解读行政规范是否具备保护个人"景观利益"的宗旨，有助于为我国相关判例提供规范识别和法律解释层面的借鉴。第三，我国现有理论对日本"景观利益"研究参考较多，本文进一步梳理日本行政判例中"景观利益"概念、属性以及原告资格审查要件的历史性演变，有助于分析日本概念及审查思路是否具备可移植性，同时有助于考察我国判例目前的到达点以及未来可能的发展走向。

(二)历史分析法

日本行政判例中，无论是界定"景观利益"概念及属性，还是审查原告资格进而判断特定行政诉讼中能否生成具有个人属性的"景观利益"，都处于持续变化状态。因此，本文以不同历史阶段的代表性判例为重点，分析判例形成的特定理论和规范背景，总结相应阶段判例中的"景观利益"构成要件以及原告资格审查路径，能够观察到历史层面的变化性以及现状层面的差异性。

(三)判例分析法

本文以判例研究为主，同时围绕判例讨论相关基础理论和行政规范体系。就判例的选取而言，由于日本使用"景观利益"及其关联概念"景观权"、"观赏景观的权利"等概念的行政判例数量庞大，除日本最高法院"国立公寓案"民事判例从侵权行为保护射程角度对"景观利益"概念及属性作出界定以外，行政诉讼中还未出现最高法院判例，相关判例集中在下级法院，并非所有判例都有研究价值。本文依据以下标准选取判例。第一，日本学界认为具有代表意义且获得文献较多关注的判例，包括"国立公寓案"判决、"鞆浦案"判决以及"铜御殿案"判决。第二，案情类似的情况下，选择就"景观利益"界定及原告资格审查的说理更完整、清晰，且经过两审的判例。第三，审查思路存在差异的情况下，选择案情类似并具有可比较性的判例。例如同

---

〔49〕　黄宇骁：《行政诉讼原告资格判断方法的法理展开》，《法制与社会发展》2021 年第 6 期。

样涉及《建筑基准法》建筑确认撤销诉讼的"川平湾案"与"鸭川风致地区案",根据规范同样涉及行政参与程序规定的"铜御殿案"及"金刚生驹纪泉国定公园案"等。第四,尽可能覆盖日本学理及实践中出现的景观类型和诉讼类型。按照前述标准,本文最终分析以下 10 个行政判例,其中重点分析"国立公寓案"判决、"鞆浦案"判决以及"铜御殿案"判决。

序号	判例名称	涉及景观类型	诉讼类型	被诉行政行为	是否成立原告适格
1	1974 年 4 月 30 日东京高等法院"国立天桥案"判决[50]	都市景观	撤销诉讼	天桥设置许可	否
2	1986 年 1 月 23 日京都地方法院"京都市风致地区案"判决[51]	自然风致景观	撤销诉讼	建筑确认	否
3	1994 年 1 月 31 日京都地方法院"京都佛寺案"判决[52]	都市景观	撤销诉讼	建筑确认	否
4	2001 年 12 月 4 日东京地方法院"国立公寓案"行政判决[53]	都市景观	法定外抗告诉讼	建筑确认	是
5	2009 年 1 月 20 日那霸地方法院"川平湾案"判决[54]	自然景观	停止诉讼	建筑确认	是
6	2009 年 10 月 1 日广岛地方法院"鞆浦案"判决[55]	自然景观	停止诉讼	公有水面填埋许可	是
7	2010 年 7 月 30 日大阪高等法院"大阪风致地区案"判决[56]	自然风致景观	课予义务诉讼	纠正命令	否
8	2013 年 10 月 23 日东京高等法院"铜御殿案"判决[57]	都市景观	课予义务诉讼	环境保护命令	否
9	2014 年 4 月 25 日大阪高等法院"金刚生驹纪泉国定公园案"判决[58]	自然景观	停止诉讼	特别地域建设许可	是
10	2017 年 3 月 30 日京都地方法院"鸭川风致地区案"判决[59]	自然风致景观	撤销诉讼	建筑确认	否

[50] 判例時報 743 号 31 頁。
[51] 判例時報 1191 号 78 頁。
[52] 判例地方自治 126 号 83 頁。
[53] 判例時報 1791 号 3 頁。
[54] 判例時報 1337 号 131 頁。
[55] 判例時報 2060 号 3 頁。
[56] 裁判所ウェブサイト。
[57] 判例時報 2221 号 9 頁。
[58] 裁判所ウェブサイト。
[59] 判例地方自治 436 号 78 頁。

四、研究意义

本文尝试分析日本自1955年首次出现涉及景观保护的行政判例至今，不同历史阶段判例如何界定"景观利益"概念内涵外延，如何判断根据规范及关联规范是否包含保护个人"景观利益"宗旨，进而讨论具有个人利益属性的"景观利益"如何在日本行政诉讼中生成。在分析判例的同时，通过研究与判例相关的行政规范体系状态以及理论学说背景，一方面，针对日本法院裁判观点由完全否定到个案肯定"景观利益"属于受行政规范保护的个人利益的变化，探讨这种变化产生的原因；另一方面，针对日本法院目前裁判思路就"景观利益"界定以及原告资格审查方法的差异，分析差异的具体内容与产生原因。进而，通过研究日本法，对我国如何依据行政实体法解读景观权益概念及其构成要件，如何依据行政行为根据规范及关联规范解读个人景观权益保护宗旨，以及如何分析我国行政诉讼生成个人景观权益的可能性等问题提供借鉴。

五、研究思路

本文主要研究不同历史阶段的日本行政判例如何解释"景观利益"概念及属性，如何解读特定行政行为根据规范及关联规范以判断其是否包含保护个人"景观利益"宗旨，进而判断能否成立原告资格以及能否在行政诉讼中生成个人"景观利益"。首先分析早期在原告资格解释严格限制以及"环境权"理论提出的背景下，相关判例如何解读以环境利益为特征的"景观利益"属性，如何审查原告资格。其次分析在原告资格解释灵活化与德国互换利害关系理论引入的背景下，相关判例如何建构以土地所有权派生利益为特征的"景观利益"，如何移植互换利害关系理论以审查原告资格。再次在分析原告资格解释路径分化与景观保护行政规范体系和概念要件转变的基础上，讨论当前人格利益和公共利益并存状态下，相关判例对"景观利益"个人属性及原告资格审查的不同立场及方法。复次总结日本法院裁判观点发生由完全否定到个案肯定"景观利益"属于受行政规范保护的个人利益这种变化的原因,以及当前人格利益和公共利益两种立场中原告资格审查思路的差异。最后从概念界定和个人权益生成判断要件的角度,讨论对中国法的启示。

六、萌芽:环境利益说

日本自 1955 年起就有特定景观周边居民主张其针对行政处分[60]享有"观赏景观的权利",[61]产生与景观相关的权益概念以及行政诉讼。随着"环境权"理论的出现,自 20 世纪 70 年代相关诉讼数量明显增加。[62]

2001 年"国立公寓案"行政判决以前,一方面,就原告主张而言,"环境权"理论的出现与国家及地方景观保护行政规范的施行给原告主张提供了理论和规范依据,然而此类涉及"景观利益"的主张尚不明确,具体表现在:第一,利益对象范围宽泛,包含自然、历史文化、都市、农村景观等类型;第二,利益内容多元,既有主张"视觉能够捕捉到的某个区域的外观"的美感价值,也有主张"创造健康且舒适的都市生活"的居住价值;第三,多数基于"环境权"理论提起主张,也有从实体法中抽取"景观利益"的尝试;第四,与"眺望利益"等概念的边界模糊,部分原告主张在解释"景观利益"的内涵时,也包含"眺望利益"所指"从居住场所的特定地点能够观望到的特定的视野范围"的内容。[63]

另一方面,从法院裁判来看,首先,判例并未正面界定"景观利益"概念,而是一般性地认为"景观利益"由于景观价值评价主观性、利益要件不明确性而无法成为受法律保护的利益。其次,在判断原告资格时,当时日本原告

〔60〕 "行政处分"是由行政机关所实施具备权力性且带来行政相对人权利义务变化的法律行为。根据日本《行政事件诉讼法》第 3 条,包括"行政机关的处分以及其他相当于公权力行使的行为"。可以认为行政处分与我国《行政诉讼法》规定的"行政行为"属于类似概念。

〔61〕 東京地方裁判所 1955 年 10 月 14 日判决,行集 6 卷 10 号 2370 頁。

〔62〕 谷口聡「行政事件訴訟による景観保護の萌芽」地域政策研究 18 巻 2 号(2016 年)51-70 頁;谷口聡「行政事件訴訟による景観保護の形成期」地域政策研究 18 巻 4 号(2016 年)69-87 頁。

〔63〕 佐伯祐二「景観法景観条例」芝池義一ほか編『まちつくり環境行政の法的課題』(日本評論社,2007 年)305 頁。

资格条文及判例理论严格将"法律"限定为行政处分根据规范,并且认为根据规范存在明确的公益目的条款时,难以解释为同时包含私益目的。因此,判例通常认为"景观利益"只是因法律保护一般国民观赏景观的公共利益而获得的附随的反射性利益。[64]

(一)判例产生的背景

1.原告资格解释的严格性

成文法规定以及判例理论是日本法院在判断个案中原告主张能否成立原告资格的依据。1948 年日本开始施行《行政事件诉讼特例法》,该法未规定原告资格条款,判例和学说在发展中逐步摒弃了严格的实体权利侵害标准,倾向于承认对行政处分享有"法律上的利益"者的原告资格。[65] 随后,1962 年日本施行《行政事件诉讼法》延续前述发展,在第 9 条明确规定,只有对请求处分或裁决的撤销具有法律上的利益者能够提起撤销诉讼。换言之,原告对行政处分所享有的利益如果落入"法律上的利益"范畴,则具备原告资格。如果不能被解释为属于"法律上的利益",则归于反射性利益,不具备原告资格。

对于如何认定"法律上的利益",日本最高法院判例在坚持"法律上被保护的利益"说的同时,逐步对这一概念及构成要件展开解释。[66] 代表性的判例是 1978 年"主妇联案"判决,[67]法院将"法律"范围解释为行政处分根据规范整体,"利益"解释为"私人的个别性利益"。这种区分公共利益和个人利益的判断方式在 1982 年"长沼耐克基地案"判决[68]中被进一步详细阐述,该案基于利害关系人意见书提出权等行政参与程序规定肯定原告资格。法院还指出,如果根据规范明文规定了公益目的,那么意味着相关行政处分

---

〔64〕 这一时期的典型的行政判例包括東京高等裁判所 1974 年 4 月 30 日判决,参见判例时报 743 号 31 頁;福井地方裁判所 1974 年 12 月 20 日判决,参见訟務月報 21 卷 3 号 641 頁;横浜地方裁判所 1980 年 11 月 26 日判决,参见判例时报 1013 号 13 頁;京都地方裁判所 1986 年 1 月 23 日判决,参见判例时报 1191 号 78 頁;甲府地方裁判所 1992 年 2 月 24 日判决,参见判例时报 1457 号 85 頁;京都地方裁判所 1994 年 1 月 31 日判决,参见判例地方自治 126 号 83 頁。

〔65〕 原田尚彦『訴えの利益』(弘文堂,1973 年)88 頁。

〔66〕 芝池義一『行政救済法判講義(第三版)』(有斐閣,2006 年)40 頁。

〔67〕 最高裁判所民事判例集 32 号 2 号 211 頁。

〔68〕 最高裁判所民事判例集 36 卷 9 号 1676 頁。

是以公益保护为目的,难以同时解释为还包含有个别利益保护宗旨。

由此,当"法律"被狭义解释为行政处分根据规范,并且绝大多数行政规范存在明确的公共利益保护目的条款的情形下,裁判中行政处分第三人基本不具备原告资格。[69]

2."环境权"理论的提出

1972 年日本大阪律师协会提出"环境权"理论[70]以后,景观保护相关行政诉讼的原告较多地引用该理论,将"景观利益"作为"环境权"的子权利,并基于该理论主张其针对特定行政处分享有的"景观利益"属于"法律上的利益"。

"环境权"理论认为,"环境权"是环境共有人享受大气、水、日照、景观等资源的权利,既是宪法基本权利,也是私法排他性支配权。当环境资源被破坏时,环境共有人都享有提起主观行政诉讼的原告资格,而不要求其自身权益实际受到侵害。尽管"环境权"理论尝试建构涵盖共享环境资源各类主体的权利概念,但由于缺乏实体法基础,该理论并未被日本判例认可。

例如,1974 年 4 月 30 日东京高等法院"国立天桥案"判决[71]中,原告主张"大学大道树木由国立市民于 1930 年出资种植并培育至今,国立市民日常在大学大道通行往来并享受此环境。市民所属的国立市地域社会促成并维持着这一环境,因而市民具有享受该良好环境的环境权"。面对原告基于"环境权"提出的"景观利益"主张,法院从利益受侵害程度分析,认为该类基于维持生活环境而享有的利益,没有达到侵害生命、健康的程度,对风致美观的损害更多属于主观、情绪层面的价值评价问题,不会导致附近住民健康舒适的生活受损,因而不构成"法律上的利益"。对于"环境权",判决还特别指出"个人以环境权的名义通过司法手段来阻止行政施策,将会麻痹行政机能,最终导致公共利益损害"。

3.景观保护规范体系的建构

日本与景观形成及维持相关的法律制度由来已久。尽管规制建筑物、都市及农村土地、海洋等景观类型的行政规范未明确规定保护景观的公益

---

〔69〕 朱芒:《行政诉讼中的保护规范说——日本最高法院判例的状况》,《法律适用》2019 年第 16 期。

〔70〕 大阪弁護士会環境権研究会編『環境権』(日本評論社,1973 年)22-24 頁。

〔71〕 判例時報 743 号 31 頁。

或私益目的,但这些规范实质上影响着景观的构成要素,在结果意义上塑造和保护了景观。[72] 当原告依据这类与景观形成及维持存在一定关联的行政规范主张其就行政处分享有"景观利益"时,法院需要判断原告援引规范是否属于行政处分根据规范和关联规范,以及是否实质包含个人"景观利益"保护宗旨。

依照所涉景观的不同类型,可以梳理出景观保护规范体系。首先,与都市街道景观相关的要素,例如建筑物的用途、规模(高度、容积率、色彩等)、建筑物间连接状况、建筑物与自然要素的调和等,受到《都市计划法》《建筑基准法》等法律的调整。1919 年施行的《都市计划法》设定美观地区、风致地区[73]等地域地区制度,同时与《建筑基准法》相关规制内容配套以维持都市空间内的自然人文景观。其次,历史建筑物及其周边环境要素受到《文化财保护法》《古都历史风土保存特别措施法》的规制。1950 年施行的《文化财保护法》设定传统建造物群保存地区及文化景观保护制度,使得文化财保护由关注单体财产到注重历史整体性风貌维护。1966 年施行的《古都历史风土保存特别措施法》划定历史风土特别保存地区和保护区域,其对指定古都的整体历史风貌进行规制。最后,由森林、农地、海洋等主要由自然要素构成的非都市景观,与 1957 年施行的《自然公园法》、1952 年施行的《农地法》、1969 年施行的《农业振兴地域整备法》、1973 年施行的《濑户内海环境保全特别措施法》等规范有关。

此外,随着都市计划的分权化,地方公共团体开始制定自主条例性质的景观条例以推动地域特定景观的形成与维持。例如,1978 年神户市颁布了《神户市都市景观条例》,将《都市计划法》中的"美观地区"与《文化财保护法》中的"传统建造物群保存地区"进行统一规划,使得国家法律与地方景观行政相协调。

这些景观保护规范一方面被原告作为行政处分根据规范或关联规范援引,作为原告主张其享有"景观利益"的依据,另一方面由法院依据当时的成文法及判例理论具体审查个案中的原告资格情况。

---

〔72〕 亘理格「土地利用規制論と景観法」ジュリスト 1314 号(2006 年)21 頁。

〔73〕 美观地区是为维持城市街道美观而指定的区域。风致地区是为维持都市自然要素丰富,形成良好自然景观而指定的区域。

(二)1986 年"京都风致地区案"判决

1986 年 1 月 23 日京都地方法院"京都风致地区案"判决[74]没有判断原告所主张"景观利益"本身是否属于受法律保护的利益,而是认为被诉建设许可的根据规范明文规定有公益保护目的条款,并且从行政程序参与规定无法定位到特定居民个体,否定原告资格。这是该时期较为典型的判断思路。[75]

1.案情概要及裁判要旨

京都市于 1970 年颁布《京都市风致地区条例》,该条例依据《都市计划法》有关"风致地区"的规定[76]对京都市风致地区内建筑物建设、树木采伐等行为规制设定必要事项。1984 年 11 月 15 日,京都市长向房地产建设公司颁发在京都市风致地区内建设宾馆的许可。宾馆周边居民就此提起诉讼请求确认建设许可无效。1986 年,京都地方法院作出判决,否定原告资格并驳回原告诉讼请求。

本案争点之一为宾馆周边居民就确认之诉是否具备原告资格,即居民就建设许可是否具有"法律上的利益"。原告主张"案涉土地是绿意盎然的山地区域,周边居民每日享受眺望景色的乐趣,获得日常生活的疗愈,这种风致是居民生活不可或缺之物。这类景观不仅是审美对象,其对治愈市民压力,缓和人际关系,创造柔和、健康、富有文化的都市生活而言十分重要"。京都地方法院认为,首先,风致地区是都市计划的环节之一,风致地区指定及建设规制是为实现《都市计划法》及《京都市风致地区条例》目的及基本理念条款的宗旨。其次,《京都市风致地区条例》所规定享有举行听证会、阅览都市计划草案、提出意见书等权利的主体是范围广泛的一般居民,并未特定到某个区域的居民,并且条例未规定居民有申请风致地区指定或解除指定的权利。据此,判决得出结论,与风致地区相关的建设许可并未包含将周边居民利益作为区别于一般公益的个别利益进行保护的宗旨。

---

〔74〕 判例時報 1191 号 78 頁。

〔75〕 谷口聡「行政事件訴訟による景観保護の形成期」地域政策研究 18 巻 4 号(2016 年)72 頁。

〔76〕《都市计划法》第 58 条第 1 项:风致地区内建筑物建设、住宅营建、树木采伐等行为,可以依照政令规定的标准,就都市风致的维护通过地方公共团体条例进行必要的规制。

2. 法律解释:居民权利规范体现公益保护目的

本案法院直接通过解读根据规范的公益保护目的否定了原告资格。判决以风致地区属于都市计划环节,将根据规范划定为《京都市风致地区条例》和《都市计划法》,从根据规范是否包含有关"景观利益"的保护主体和利益内容等事项展开。

首先,判决依据根据规范整体的立法目的条款进行解读。根据《都市计划法》第 1 条"实现都市的健全发展,秩序整备,由此实现国土均衡发展,促进公共福祉"的立法目的规定,以及第 2 条"通过合理利用土地保障健康且富有文化的都市生活"的立法理念规定,所谓"公共福祉"是都市居民整体的利益,并非居民个体权利。风致地区属于都市计划的一个环节,为实现《都市计划法》目的而设置,故其宗旨与《都市计划法》一致。

其次,判决集中审查了《京都市风致地区条例》有关"住民"的规定能否解释为针对案涉景观周边的特定居民。一方面,《京都市风致地区条例》第 3 条有关居民协助义务的规定、第 16 条举办听证会的规定、第 17 条阅览都市计划草案和提出意见书的规定没有针对特定居民个体。另一方面,居民就指定和解除风致地区也不享有不服申诉等救济权利。由此,与风致地区有关的建设许可所保护的景观周边居民利益为一般公益所吸收消解,周边居民享有的是因公益保护而产生的附随的、反射性的利益。

(三)小结

景观行政诉讼出现早期,原告的"景观利益"主张所涉利益主体、对象和具体内容都较为宽泛,并且多依赖"环境权"理论而非基于成文法规范解释利益内容。法院通常以两种判断方式否定原告资格。第一,从利益属性出发,认为"景观"价值不可量化和固定,受主观评价影响较大,"景观利益"的主体、对象及内容不具有明确性、具体性和第三人可预测性,不满足成为一项受法律保护利益的条件,不再进入法律解释环节。第二,从法律解释出发,认为与景观规制有关的根据规范存在明确的公共利益保护目的条文,且无法从参加人范围广泛的行政参与程序条文解读出对特定景观周边居民的个别利益保护宗旨,因此无法从公共利益中分离出个人利益。

七、突破：土地所有权派生利益说

2001 年东京地方法院"国立公寓案"行政判决[77]是日本第一例承认特定景观周边居民对行政处分享有"景观利益"并认可原告资格的行政判例。

这一时期，绝大多数判例与环境利益说阶段对原告资格的解释方法一致，而"国立公寓案"行政判决的突破意义在于，首先，将"景观利益"解释为一种土地所有权派生利益。对于主要由居民个人财产构成的景观，行政规范为保护景观而设定的个人财产规制事项，使得居民共同负有限制个人财产所有权的义务，由此良好景观得以维持。居民享受景观的个人利益派生于该等被限制的个人权利，在本案就体现为土地所有权派生利益。其次，结合当时判例理论将"法律"范围从根据规范扩张到关联规范，并将受侵害利益内容、性质和程度纳入考虑事项的判断方法，运用"互换利害关系"理论，证成空间规制的正当性来源于个体共同负担的义务，为实现空间利用秩序的公益目的，应当赋予个体维护其个别利益的请求权，使得特定景观规制区域内的居民能够被认可原告资格。

尽管随着 2006 年最高法院在"国立公寓案"民事判决中围绕居住事实重新界定"景观利益"，本案对"景观利益"的界定不再沿用，但本案引入的"互换利害关系"理论对于规制范围广泛的行政规范解释原告资格具有方法论意义，不再局限于既有判例理论只能对能够识别出"利益侵害发生点"的情形以利益受侵害严重程度解释个别利益保护性。[78]

（一）判例产生的背景

1. 原告资格解释的灵活化

随着判例发展，日本最高法院解释"法律上的利益"的倾向进一步缓和。较为著名的判例是，1989 年"新潟机场案"判决将"法律"的形式范围从行政

---

〔77〕 判例時報 1791 号 3 頁。

〔78〕 参见角松生史「「互換的利害関係」概念の継受と変容」水野武夫先生古稀記念論文集刊行委員会編『行政と国民の権利：水野武夫先生古稀記念論文集』（法律文化社，2011 年）150-178頁。

处分的根据规范扩张到与根据规范具有共同目的的关联规范,1992 年"文殊案"判决将受侵害利益内容、性质、程度纳入考虑事项。

这种缓和倾向影响着"景观利益"相关行政诉讼对原告资格的解释思路,下级法院遵循了最高法院判例的演变动向。在 2001 年"国立公寓案"行政判决中可以看出,法院审查的"法律"范围从《建筑基准法》扩大到国立市地区计划、地区整备计划以及国立市《建筑物限制条例》,对判决运用互换利害关系理论从地方性条例中解读个别利益保护宗旨创造了基础。

2. 互换利害关系理论的引入

"互换利害关系"理论源于德国的"互换交换关系"理论,最初由山本隆司介绍进入日本。[79] 该理论引入时,针对空间规制所涉及居民利益,对于能够识别出固定的"利益侵害发生点"(例如噪声、危险等的实际发生地)的情形,日本法院通常采用"距离发生点远近"的标准判断利益受侵害严重程度,并综合其他因素识别个别利益保护宗旨,比较灵活地承认原告资格,而除此以外的情形,一般否定原告资格。

"互换交换关系"理论由德国联邦行政法院在"车库案"判决[80]中提出,其功能在于实现"客观法规范的主观化"。[81] 基于"互换交换关系"理论,山本隆司提出"互换利害关系"概念,即"存在多个同时享有权利与负担义务的主体,且这些主体无法相互对立"[82]。具体而言,空间行政规制基于私人间相互约束才得以成立,即行政规制正当性来源于多个个体所共同负担的义务,应当赋予个体权利或利益,过去因考虑周边空间利用而负有义务的人,

---

〔79〕　参见山本隆司『行政上の主観法と法関係』(有斐閣,2000 年)。

〔80〕　德国联邦行政法院在判决中指出,建筑规划法具有实现个别地块相互间协调使用的任务。建筑规划法层面邻人保护的基础是互换交换关系思想。土地所有者的土地利用行为以及邻人关系处理均应当遵守公法限制。这一建筑规划法层面的原则主要适用于建筑用途指定,受到建筑规划限制的主体,在土地使用方面得以结合为一个法律命运共同体。只有每个土地所有者都服从土地使用限制,该等限制才可能真正实现。因此,当市镇基于《建筑利用法》获得指定用途地区(Baugebiet)的授权时,该项授权还包含着用途地区指定应当保护邻人的原则。当市镇作出的用途地区指定不符合邻人保护原则时,该指定将违反《建设法典》第 1 条第 6 款的衡量标准。参见 BVerwGE 94,151。

〔81〕　長谷川貴陽史「景観権の形成と裁判:国立大学通りマンション事件訴訟を素材として」法社会学 63 号(2005 年)134 頁。

〔82〕　山本隆司『行政上の主観法と法関係』(有斐閣,2000 年)261-263 頁、305 頁。

可以享有要求新的空间利用者承担同样义务的权利。[83]

　　基于行政规制而共同负有义务的空间利用者应当被赋予请求其他空间利用者承担义务的个人权利,这一观点突破了日本既有判例理论在涉及空间规制的行政诉讼中,只对能够识别出固定的"利益侵害发生点"的情形才采用灵活解释原告资格方法的状况。

(二)2001 年"国立公寓案"判决

1.案情概要及裁判要旨

　　国立市大学大道为林荫大道,大道沿线树木与高度相当的建筑物呈现出和谐优美的景观,是国立市景观社区营造运动的标志性成果。大道周边土地多数属于要求建筑物不得高于 10 米的"低层住宅专用地"。明和地所于 1999 年 7 月购买大学大道南端的建筑用地,该土地为"第二种中高层住宅专用地",未限制建筑物高度。明和地所于 2000 年 1 月取得建筑确认并开工建设高 44 米的公寓。为阻止公寓建设,1999 年 12 月,国立市颁布了依据《建筑基准法》第 68 条之 2[84]制定的关于国立市地方规划区域内的《建筑物限制条例》,并于 2000 年 2 月颁布了将案涉地块加入规制区域的《建筑物限制条例修正案》。根据该修正条例,案涉地块建筑物高度应低于 20 米,但明和地所取得建筑确认在前。

　　2001 年,以大学大道高度限制区域内土地所有权人为主体的周边居民作为原告提起诉讼,请求判决确认东京都多摩西部建筑指导事务所长[85]未发布禁止建筑命令及拆除超过 20 米部分的命令的行为违法,并课予事务所长发布前述命令的义务(课予义务诉讼)[86]。2001 年 12 月,东京地方法院一审判决确认被告不作为行为违法,驳回其他诉讼请求。2002 年 6 月,东

---

　　〔83〕　参见長谷川貴陽史「景観権の形成と裁判－国立大学通りマンション事件訴訟を素材として」法社会学 63 号(2005 年)127-142 頁。

　　〔84〕　《建筑基准法》第 68 条之 2:市町村对于地区计划内有关建筑物的用地、结构、建筑设施或用途的事项,拥有制定条例对前述事项进行限制的权限。

　　〔85〕　依据《建筑基准法》第 9 条第 1 款,东京都多摩西部建筑指导事务所长是拥有对案涉建筑物发出禁止命令职权的特定行政厅。

　　〔86〕　课予义务诉讼在 2004 年日本《行政事件诉讼法》修法以前并非法定诉讼类型,属于法定外抗告诉讼。修法前的判例理论认为,课予义务诉讼能够进入司法程序,应满足三项要件:一义明白性、紧急性、补充性。参见江利红:《日本行政诉讼法》,知识产权出版社 2008 年版,第 528 页-559 页。

京高等法院判决驳回原告全部诉讼请求。两审均肯定大学大道高度限制区域内土地所有权人具备原告资格。2005 年 6 月,最高法院裁定不受理上诉请求。

本案一审争点之一是大学大道周边居民就确认被告未发布禁止建筑命令及拆除命令违法是否具有"法律上利益"。[87] 法院审查了根据规范《建筑基准法》及其关联规范有关大学大道地区建筑物的高度限制规定是否包含保护居民个人"景观利益"的宗旨。

判决首先明确,依据《建筑基准法》《都市计划法》、地区计划、地区整备计划以及《建筑物限制条例》作出的大学大道周边建筑物的高度限制,使国立市民得以享受大学大道景观,这种利益是"具体、客观的公共利益"。

进一步,法院运用"互换利害关系"理论抽离出根据规范保护受《建筑物限制条例》直接规制的土地所有者的个人利益。首先,法院一般性地指出,"景观通常只是行人单方面享有的利益",但在"某些建筑物构成特定景观的主要要素"的情形中,该景观所处空间范围内的所有空间利用者(居住者、建筑物所有者等),为持续享有该景观利益,都必须遵守为维护景观而订立的规则。其次,具体到本案,大学大道周边区域的高度限制使得"该区域内土地所有者因遵守该限制而财产权受限,同时获得享受大学大道景观的利益,形成互换利害关系。若出现违反该规制的空间利用者,其他利用者维持景观的意欲也会消失,导致景观破坏的结果。因此,如果该区域空间利用者对景观享有的个人利益未得到充分保护,维持景观的公益性目的也难以实现"。考虑到这种互换利害关系的存在,本案根据规范不仅包括"维持大学大道景观的公益性目的",还包括"保护受《建筑物限制条例》20 米限高直接规制的土地所有者对于大学大道景观所享有的个别利益的目的"。

2. 利益界定:派生于土地所有权具备私益属性

"国立公寓案"行政判决通过强调高度限制区域内居民私人财产与景观形成的关系,以及景观内容的特定性和明确性,将"景观利益"解释为派生于

---

〔87〕 此项争点在法院审查本案课予义务诉讼是否符合法定外抗告诉讼的"一义明白性要件"时被提出,该要件要求法院判断发布禁止及拆除命令是否属于行政厅"一义明白"的义务,建筑违反《建筑基准法》时行政厅就发布禁止及拆除命令是否具有裁量余地。判断行政厅的裁量余地需要考虑案涉建筑造成居民受损害的内容及程度等事项,而居民是否享有《建筑基准法》上受保护的"景观利益"是其中一项要点,判断要素与原告资格基本重合。参见角松生史「国立マンション訴訟」法学セミナー 584 号(2003 年)20-23 頁。

土地所有权的个人利益。

首先,利益主体是作为土地所有权人的景观规制区域内居民。案涉景观主要是由作为居民私有财产的建筑物组成,景观形成与维持都"强烈依存于该空间利用者之间的共同意识。"因此,不同于一般市民,高度限制区域内的居民既是景观的享受者,也是景观的维持者,为维护特定景观而使个人的土地所有权而受到建筑物高度限制。可见,本案建筑物高度限制区域内的居民作为土地所有权人的地位是"景观利益"能够归属于个人的基础。[88]其次,利益对象基于国立市《建筑物限制条例》等行政规范而具有明确客观的范围,即由大学大道沿线树木和低于 20 米建筑物构成的景观,景观范围和内容判断不受主观性评价和不可量化因素影响,符合法律利益的"明确性、具体性和第三人可预测性"条件。最后,利益内容强调土地基于景观而附加的财产价值,"景观利益"具有财产利益属性。

从判例的问题意识来看,将"景观利益"解释为土地所有权派生利益,是为与成文法框架内的所有权体系相契合,建构一项"足以与建筑物业主财产权相抗衡的利益",[89]这种在成文法框架内解释"景观利益"的方法,尝试解决了"环境权"理论难以与原告资格基于成文法的解释方法相契合的问题。另一方面,学界也从土地所有权派生利益无法解释景观所带来土地附加价值提升的不确定性、景观与土地之间联系的非必然性以及完全排除了"景观利益"的公共利益属性等角度进行了批判。[90]

3. 法律解释:共负义务规范体现私益保护目的

本案中,为解读根据规范《建筑基准法》及关联规范《都市计划法》、地区计划、地区整备计划以及国立市《建筑物限制条例》的建筑物高度限制规范是否包含保护特定区域内居民个人"景观利益"宗旨,判决采纳了原告主张的"互换利害关系理论"。

判决指出,根据规范及关联规范有关大学大道周边地区建筑物高度限制的规定,使得该地区居民都负担了限制自身财产权的义务,在居民之间形

---

〔88〕　角松生史「2 つの景観訴訟における 2 つの景観利益:国立市マンション訴訟と鞆の浦世界遺産訴訟」都市住宅学 91 号(2015 年)27 頁。

〔89〕　角松生史「「景観利益」概念の位相」新世代法政策学研究 20 号(2013 年)273-306 頁;吉田克己「判例評釈不動産「景観利益」の法的保護」判例タイムズ1120 号(2005 年)67-73 頁。

〔90〕　相关讨论参见淡路剛久「景観権の生成と国立大学通り訴訟判決」ジュリスト1240 号(2003 年);吉田克己「判例評釈①不動産「景観利益」の法的保護」判例タイムズ1120 号(2005 年)。

成一种"互换利害关系"。具体而言,"景观只有在特定空间利用者都遵守规制时才能得到维持。只要有一人违反规制,其余受规制者维持景观的意欲就会消失。因此,如果不给予该特定区域内的空间利用者对景观所享有的个人利益充分保护,那么规制维持景观的公益性目的将难以实现。"因此,本案建筑物高度限制规定不仅包含维护大学大道景观的公共利益宗旨,也包含保护限高地区居民就大学大道景观所享有的个人利益宗旨。

本案运用"互换利害关系理论"是移植德国法概念并在日本法中适用的过程。有学者从决定法律移植可行性的两项标准,即"微观适合性"和"宏观适合性"进行分析,对前者作出消极评价,后者作出积极评价,但没有否定这一理论再次发挥作用的可能。[91] 从 2009 年最高法院"卫星大阪案"判决[92]可以看出,围绕"生活环境利益"争议的行政诉讼原告资格认定,依旧着眼于特定个体利益受侵害的显著程度。如果今后判例脱离利益受侵害程度的判断方法,而直接以受行政规范规制的主体之间的互换关系来判断原告资格,那么这项基础解释理论仍有价值。

(三)小结

"国立公寓案"行政判决在概念界定方面,将"景观利益"概念置于成文法框架内的土地所有权之下,成为能够契合于成文法的个人利益概念;在原告资格审查方面,尝试从空间规制规范为实现维护景观的公益目的而使规制区域内个人共负义务的角度,解读出居民个人应享有要求其他主体同样受到行政规制的请求权。

然而,这种突破具有个案特征,一方面,土地所有权派生利益说因其无法解决景观和土地间联系的非必然性等问题而具有局限性;另一方面,本案禁止建筑命令的根据规范国立市《建筑物限制条例》,是为将大学大道地块

---

〔91〕 理论上,"微观适合性"指与输入国现行法律体系构造间的契合性;"宏观适合性"指与输入国现行政治经济制度间的契合性。角松生史指出,在微观适合性层面,鉴于景观利益私益化的日本本土理论,如作为环境权子权利的景观权理论,难以找到进入行政诉讼原告适格保护规范理论的切入点,相较而言"互换性利害关系"理论的可适用性更强。然而最高法院国立公寓案判例创造了全新的判断理论,使其微观适合性降低;在宏观适合性层面,2001 年司法改革以来原告适格扩大化的讨论以及 2003 年以来日本国内对景观问题的高度关注,使其宏观适合性较高。参见角松生史「互换的利害関係」概念の継受と変容」水野武夫先生古稀記念論文集刊行委員会編『行政と国民の権利:水野武夫先生古稀記念論文集』(法律文化社,2011 年)150-178 頁。
〔92〕 最高裁判所民事判例集 63 巻 8 号 1711 頁。

纳入建筑物高度规制区域而特别修订,因此规范条文对于案涉景观的范围和内容进行了明确限制,使得该案中的"景观利益"具有特定性和具体性。基于该前提成立的"互换利害关系"解释方法,能否扩展到更具一般性的景观规制情形,尚有疑问,日本后续未再出现适用该理论的判例,更倾向于在最高法院判例理论框架内寻找更具普遍意义的解释方法。

八、现状:人格利益说与公共利益说并存

2004 年以来,《行政事件诉讼法》原告资格条款的修订以及最高法院"生活环境利益"[93]相关判例理论的发展,使得附属于"生活环境利益"的"景观利益"相关行政诉讼的原告资格审查也呈现出不同思路倾向。此外,《景观法》的出台不仅从"景观与地域居民生活密切关联"的角度对"景观利益"概念的解释提供了人格利益视角,而且以单行法的形式设定景观规制事项,其他关联规范同时进行修订整合,使得景观保护规范体系更加明确,有助于行政处分根据规范的识别与解释。同时,最高法院"国立公寓案"民事判决对"景观利益"概念提供了具有到达点意义的界定,这一定义随后被行政判决引用,并在公法规范的基础上重新展开论证。

整体来看,这一时期,以行政判例对"景观利益"属性的界定差异为标准,大致可以分为肯定原告资格的人格利益说和否定原告资格的公共利益说两类。肯定原告资格的这类判例的特征是:第一,通过强调特定景观塑造居民历史文化及生活环境的功能而肯定景观的客观价值,并以"居住"事实要件将这种客观价值的享受赋予居民个体,肯定"景观利益"一般性地具有人格利益属性;第二,较为宽松地解释根据规范与关联规范有关居民参与程序和救济权利的规定,使其与案涉"景观利益"的主体、内容等构成要件具体相关;第三,从景观价值与损害不可恢复的角度强调行政处分对景观损害的显著性。另一方面,否定原告资格判例的思路为:第一,从"景观利益"的主体、内容、对象范围等不具有明确性的角度,否定"景观利益"的个人利益属

---

〔93〕 "生活环境利益"是在日本成文法及判例中被广泛使用的概念,生活环境利益的具体内容包括日照、景观、历史及文化遗产等。参见吉村良一「都市における生活環境の保護と私法—公私協働の視点からの検討」立命館法学 5 号(2011 年)619-646 頁。

性;第二,严格解释根据规范和关联规范,要求条文包含案涉"景观利益"的特定要件内容,即在利益主体、对象等方面能够特定到景观周边居民个体;第三,一般性地判断行政处分侵害景观无法达到显著程度。根据个案差异,判例对前述内容的论述侧重点存在不同,且并非同时具备以上所有特征。

(一)判例产生的背景

1.原告资格解释的路径分化

随着最高法院判例对原告资格判断方法的扩展,2004 年修订的《行政事件诉讼法》将先前判例逐步积累的审查思路成文法化,在第 9 条原告资格条款新增第 2 款,要求法院在判断第三人对被诉行政处分或裁决是否具有"法律上的利益"时,除考虑根据规范的宗旨和目的以外,还应当考虑与根据规范具有共同目的的关联规范的宗旨,行政机关作出行政处分时应当考虑的利益内容和性质,以及行政处分侵害利益的内容和性质、利益受侵害状态和程度。这一新增条款使得原告资格审查框架在成文法中体现更为灵活的特征。

另外,最高法院适用新增条款审查涉及"生活环境利益"案件的原告资格,并且出现了利益界定和解释方法层面的分化。

2005 年 12 月 7 日最高法院"小田急案"判决[94]肯定了有关城市规划项目许可的《都市计划法》规定包含对于"因噪声、震动等对项目土地周边居民的健康或生活环境造成严重损害"这一范围内的"生活环境利益"的个别保护宗旨,判决归纳的"生活环境利益"包含"不受噪声、震动等严重损害"的利益内容。这种解读有着对"生活环境"概念"从狭义人格秩序到更广泛的环境宜居性利益"的扩张倾向。[95]"小田急案"并未将"生活环境利益"一般性地划定为公共利益,而是通过综合考虑根据规范《城市规划法》以及关联规范具体条文宗旨,以及原告基于距离侵害发生地的远近受到利益侵害的严重程度,最终得出结论认为《城市规划法》有关城市规划项目许可的规定包含防止噪声、震动等损害项目土地周边居民的健康或生活环境的宗旨,与这些因素密切相关的利益属于个人利益。

---

〔94〕 最高裁判所民事判例集 59 卷 10 号 2645 頁。

〔95〕 参见角松生史「まちづくり環境訴訟における空間の位置づけ」法律時報 79 卷 9 号 (2007 年)32 頁;角松生史ほか編『環境法判例百選』(有斐閣,2011 年)178-179 頁。

2009 年 10 月 15 日最高法院"卫星大阪案"判决[96]与"小田急案"未一般性地判断"生活环境利益"属性的方式不同,该案首先将设置博彩设施可能损害的周边居民的利益界定为"交通、风纪、教育等广义"层面的"生活环境利益",并做出"广义生活环境利益"受侵害劣后于"生命、身体的安全与健康受到威胁"以及"财产遭受显著损害"的判断。基于该立场,判决认为"只有法规范中存在明确的根据规定,才能解释出规范包含将生活环境利益作为个人的个别利益予以保护的宗旨"。进而,判决认为《自行车竞技施行规则》有关博彩设施设置的位置基准规定包含将医疗设施等设置者享有的"在健全安静的环境中开展业务的利益"作为个人利益保护的宗旨,但针对一般居民并无此类明文规定,因此对前者原告资格予以肯定,对后者予以否定。

尽管两判例对于"生活环境利益"内容的抽取,对解释立场和方法的选择具有个案性,但这两种解释路径实际使得日本下级法院对同属于"生活环境利益"类别的景观行政案件原告资格的审查呈现出不同倾向。

2.景观保护规范体系的重构

这一阶段法律规范层面的变化还有 2004 年 12 月 17 日《景观法》的施行。《景观法》施行前日本主要通过土地和建筑利用规制来维持景观,这类规制手段目的是保障居住安全、卫生和便捷,并且保护重点是具有文化价值的单体构造物。相较而言,《景观法》目的则是保障生活环境的丰富性和地域社会的个性与活力,[97]保护对象拓展到居民周边的各类景观。《景观法》的施行与以《景观法》为中枢的景观保护规范体系的重新建构,不仅影响了判例对"景观利益"概念及属性的判断,也为行政处分根据规范的定位与解读提供了引导。

首先,就"景观利益"概念的变化而言,"国立公寓案"最高法院判决对"景观利益"的解读方式与《景观法》及其施行规则、运用指南等界定"景观"的标准一致,即良好景观应当展现当地的地域特征,与当地居民生活和经济

---

〔96〕 最高裁判所民事判例集 63 卷 8 号 1711 页。

〔97〕《景观法》第 1 条:为促进都市及农山渔村形成良好景观,形成优美风格的国土,创造滋润丰饶的生活环境及实现富个性与活力的地域社会,为对改善国民生活及国民经济的健全发展有所贡献,制定本法。

活动协调。[98]

其次,就景观保护规范体系的整合而言,一方面,《景观法》设定景观计划、景观地区、景观重要建造物等制度,并与配套修订的《都市计划法》《建筑基准法》《文化财保护法》等法律法规联动,改变了此前不同景观类型各自受不同行政规范规制的状况。另一方面,《景观法》将景观行政权赋予景观行政团体[99],使其能够独立制定地方景观计划,指定景观地区,并对地区内景观事项进行规制。有关《景观法》设定的具体制度,第一,由景观行政团体针对形成集聚的都市、农山渔村等地域制定有关良好景观形成的景观计划,在景观计划中可以就建筑高度、形态、色彩等意匠、墙面位置及土地面积等事项设定规制基准,可以申请景观重要建造物、景观重要公共设施或景观重要树木的认定,同时设置有申报、劝告及变更命令等保证规制实效性的方法。针对景观计划的制定、变更还设置有住民提案、公听会等居民参与程序。第二,景观行政团体在城市规划区域内指定景观地区或在非城市规划区域内指定准景观地区,在这些地区内实施建筑物建设等行为将受到建设申报等限制,同时某些特定事项还受到建筑确认、除却命令等《建筑基准法》上的规制。另外,针对景观地区内工作物的建设及开发行为,景观行政团体可以通过单独制定条例的方式设定规制事项。[100]

随着《景观法》的施行,原告将《景观法》作为根据规范或关联规范以主张"景观利益"的情形增多。当前尚未出现对此进行审查的最高法院行政判例,而下级法院对于《景观法》相关规定能否解读出"景观利益"归属于景观周边居民个体的宗旨,存在不同见解。

3. 最高法院明确界定"景观利益"

2006 年 3 月 30 日最高法院"国立公寓案"民事判决[101]对"景观利益"的界定具有到达点意义,从人格利益视角阐释了"景观利益"的概念和性质,

---

〔98〕《景观法》第 2 条第 2 款:良好景观由地域的自然、历史、文化等要素与人们的生活和经济活动协调形成。有必要通过适当的限制以协调土地使用等措施来维护景观。第 2 条第 3 款:良好景观与地域固有的特性密切相关。有必要基于地区居民的意向,促进地域个性和特色的发展,以实现景观多样化。

〔99〕依据《景观法》第 7 条,景观行政团体包括都道府县、政令指定都市、中核市以及市町村,其中市町村与都道府县协商成为景观行政团体。

〔100〕亘理格「土地利用規制論と景観法」ジュリスト 1314 号(2006 年)21-28 頁。

〔101〕最高裁判所民事判例集 60 巻 3 号 948 頁。

该论述在此后行政判例对"景观利益"概念的界定中被广泛援引。

判决通过强调特定景观塑造居民历史文化及生活环境的功能而肯定景观的客观价值,并以"居住"事实要件将这种客观价值的享受赋予居民个体。具体而言,判决认为,"景观利益"是指"居住于良好景观附近区域内的居民,日常享受良好景观惠泽的利益","良好景观"是指"能够成为居民历史或文化环境,以及丰富生活环境的组成部分的景观"。根据这一定义,享受景观客观价值的利益不仅是一种由不特定多数人享有的公共利益,还是能够被特定个体主张的个人利益。

可以归纳出概念要点为:第一,利益主体是良好景观附近区域居民,强调居住事实,而不要求居民对景观形成有特殊贡献;第二,利益对象是良好景观,包括自然、历史文化等景观类型,同时"良好"标准强调景观具有客观价值,这种客观价值尤其包括景观视觉美感以外的历史文化价值、"景观与居民生活环境形成连结"的价值;第三,利益内容是良好景观"惠泽",即居民对景观客观价值的享受,具有人格性;第四,否认超越利益的权利属性,由于"景观利益"的具体内容无法明确,因个案景观性质、形态以及社会变化等存有差异,尚不构成一种权利。

针对最高法院判例的定义,学者肯定了该定义在突破公私益二分理论方面的贡献,也有围绕定义内容和论述思路展开的疑问与批判,例如认为该定义使用的"居住"和"日常享受"语词使得利益主体过于广泛,难以划定具体范围;[102]"景观利益"受侵害状态一般劣后于健康侵害、生活妨害,侵权行为判断标准严苛;[103]罗列《景观法》《东京都景观条例》等景观保护规范后直接得出个人与景观客观价值也有利害关系,进而享有个别性利益,说理存在跳跃。[104]

尽管存在前述争议,最高法院判例的界定及其对"景观利益"兼有公共利益和个人利益属性的判断已经成为日本的多数说。[105]

---

〔102〕　大塚直「国立景観訴訟最高裁判決の意義と課題」ジュリスト1323 号(2006 年)77 頁。

〔103〕　富井利安「景観利益判決を超える地平」修道法学 32 巻 2 号(2010 年)583 頁。

〔104〕　吉田克己「景観利益」中田裕康ほか編『民法判例百選Ⅱ債権第 6 版』(有斐閣,2009 年)157 頁。

〔105〕　大塚直「国立景観訴訟最高裁判決の意義と課題」ジュリスト1323 号(2006 年)77 頁。

(二)人格利益说:2009 年"鞆浦案"判决

2009 年 10 月 1 日广岛地方法院"鞆浦案"判决[106]是《行政事件诉讼法》修改后第一例认可私主体享有"景观利益"的判例。"鞆浦案"对"景观利益"概念的界定处于最高法院"国立公寓案"民事判决的延长线上,对原告资格的判断集中于审查行政参与程序规定的个别保护宗旨以及景观受侵害严重性。

"鞆浦案"判决肯定原告资格的思路可以归纳为三项要点:第一,确认鞆浦自然景观的历史及文化价值,使其与鞆町居民的生活环境形成密切关联,进而证成鞆町居民就鞆浦景观享受的利益具备人格利益特征。第二,在规范层面论证景观周边居民意见提出权等行政程序参与规定包含个别利益保护宗旨。第三,在事实层面确认填埋行为对景观价值的侵害严重性及恢复的困难性。三项要点并非各自独立而是相互支撑,共同强化论证了根据规范及关联规范包含保护鞆町居民就鞆浦景观享有的个别性利益的宗旨。

1.案情概要及裁判要旨

位于广岛县福山市的港口城市鞆町中心的鞆浦海湾,拥有日本唯一完整保留近代港湾设施要素的港口鞆港,留存有古战场、常夜灯等大量历史文化遗产,作为风景名胜区闻名于世。广岛县及福山市计划将鞆浦海湾的一部分公有水域填埋,并在其上修建跨海桥梁。广岛县知事于 2007 年 5 月向实施工程的福山市颁发公有水面填埋许可,并于 2008 年 6 月向国土交通大臣提出认可申请。[107]为保护具有历史和文化价值的鞆浦景观,2007 年 4 月,以鞆町居民为主体的当地居民共 163 人以广岛县知事为被告,提起请求禁止县知事向广岛县和福山市颁发公有水面填埋许可的行政诉讼(停止诉讼)。2009 年 10 月 1 日,广岛地方法院作出判决,禁止广岛县知事颁发许可,原被告均未上诉。

本案争点之一为原告资格,即提起诉讼的鞆町行政区划范围内的居民就公有水面填埋许可颁发行为是否具有"法律上的利益",原告对此主张其

---

〔106〕 判例時報 2060 号 3 頁。

〔107〕《公有水面填埋法》第 4 条规定了都道府县知事颁发许可的前提条件,主要包括:(填埋申请)①合理适当地利用土地;②充分考虑环境保护和灾害防止;③填埋用途不得违反国家及地方公共团体制定的土地利用和环境保护计划;④依照填埋地的用途,合理配置公共设施及其规模等。

享有"案涉公有水面及其周边地域良好景观惠泽的利益"。广岛地方法院以《行政事件诉讼法》第 9 条第 2 款列举的考虑要素以及最高法院"小田急案"判决形成的判断框架为前提,推导出本案公有水面填埋许可的根据规范包含将"景观利益"作为鞆町居民的个人利益进行保护的目的。

第一,判决结合鞆浦风景的具体构成,如弓形海岸线、海岛海面景色等,认可该风景的美观价值,接着认定鞆浦风景承载的历史、政治、文化故事,肯定该风景的历史、文化价值。依据以上事实,判决确认鞆铺景观"构成了附近区域居民丰富的生活环境"。结合最高法院"国立公寓案"民事判决对作为私法上受保护的"景观利益"的定义,[108]认可鞆浦居民所主张"景观利益"为受法律保护的利益。

第二,判决定位公有水面填埋许可的根据规范《公有水面填埋法》及其关联规范《濑户内海环境保全特别措施法》(以下简称《濑户内海法》)、《景观法》等,并分析以上规范的立法宗旨。对于关联规范的定位,首先,依据《濑户内海法》第 13 条第 1 款有关县知事颁发公有水面填埋许可时应充分考虑濑户内海特殊性(包括国民享受其风景名胜惠泽的特殊性)的规定,[109]《濑户内海法》被确定为关联规范;其次,依据《濑户内海法》针对濑户内海环境保护要求政府制定基本计划,相关府县知事制定府县计划的规定,[110]有关濑户内海环境保护的政府基本计划以及广岛县计划被列为关联规范;最后,《景观法》《景观法运用指南》以及国土交通省制定的各种指引包含适用于公有水面填埋的内容,因此也属于关联规范。

而就前述规范个别利益保护宗旨的论证,首先,根据规范《公有水面填埋法》第 3 条[111]规定填埋行为利害关系人享有意见书提出权。判决指出

---

〔108〕　最高裁判所民事判例集 60 卷 3 号 948 页。

〔109〕　《濑户内海环境保全特别措施法》第 13 条第 1 款:相关府县知事就濑户内海范围内作出的,依据《公有水面填埋法》第 2 条第 1 款规定的许可时,应当充分考虑到本法第 3 条第 1 款规定的濑户内海的特殊性。

〔110〕　《濑户内海环境保全特别措施法》第 3 条第 1 款:濑户内海不仅在日本,在世界范围内都是无可比拟的风景胜地,并且对日本国民而言是重要的渔业资源宝库,考虑到这些惠泽应由国民享受并由后代继承,政府为有效推进濑户内海环境保护相关政策的实施,应当就水质保护、自然景观保护等有关濑户内海环境保护的基本方面制定基本计划。第 4 条:相关府县的知事应当依据本法第 2 条之 2 基本理念以及基本计划,就该府县区域内有关濑户内海环境保护政策,应当制定府县计划。

〔111〕　《公有水面填埋法》第 3 条第 3 款:与填埋有利害关系的,可以在本条第 1 款规定的阅览期满前向都道府县知事提交意见书。

"填埋行为将对景观造成巨大侵害,故享有景观利益的人应属于填埋行为利害关系人",认为该条规定考虑"与填埋行为具有利害关系的人的个别利益,赋予其参与行政决策程序,发表意见的机会"。其次,关联规范政府基本计划以及广岛县计划规定"颁发填埋许可时应根据《濑户内海法》第 13 条第 2 款[112]基本方针充分考虑环境保护",相关计划应"努力反映当地居民有关填埋项目的意见",判决认为以上规定包含"保护区别于一般国民的、与濑户内海密切相关的当地居民就濑户内海的景观所享有的利益"。

第三,判决综合考虑了填埋和架桥行为对景观价值的侵害及恢复的困难性,得出结论认为"从《公有水面填埋法》及其相关法规的宗旨来看,对于值得法律保护的(居民)享受景观的利益,可以理解为个人利益"。

最后,判决确定原告适格具体范围,认可在鞆町行政区划内实际居住者的原告资格。判决以"鞆町行政区划范围较窄且鞆浦海湾居于其中心"为依据,推定鞆町区划范围内的居民均具有原告资格。

2.利益界定:基于特定地域连结具备私益属性

对于"景观利益"的定义,"鞆浦案"判决处于最高法院"国立公寓案"民事判决的延长线上,脱离了既有判决强调土地所有权人地位或地域利害共同体的脉络,仅以"居住于良好景观附近区域内"这一事实作为判断居民享有"景观利益"的标准。

相较于"国立公寓案"民事判决所涉大学大道景观的都市性和人工性,鞆浦景观更具有自然特征。[113] 为论证当地居民因鞆浦景观而享有的利益的个别性,"鞆浦案"更进一步强调了景观的历史文化价值。鞆浦景观所包含的港湾设施以及街道建筑物遗迹等使其承载了当地经济、政治、文化等方面的历史,这样的景观带给当地居民的不只是一般国民也能享受到的视觉美感,更通过"居住"这一连结点,与当地居民的生活环境产生历史悠久的有机联系,使当地居民能够日常享受到景观的惠泽,成为其人格利益的一部分。

总之,具有历史文化价值的景观与居民生活环境间的密切关联,是地区

---

〔112〕 《濑户内海环境保全特别措施法》第 13 条第 2 款:就第 1 款具体运用作出的规定的基本方针,应当由中央环境审议会进行调查审议。

〔113〕 野吕充「原告適格論の再考」法律時報 82 卷 8 号(2010 年)16 頁。

居民享有的个别利益和全体国民享有的公共利益之间的根本区别。[114]

3.法律解释:居民权利规范体现私益保护目的

判决定位的根据规范和关联规范均表明当地居民享有针对可能破坏鞆浦环境的行政处分提出意见的权利,据此法院推导出规范保护个人"景观利益"的宗旨。

具体而言,首先,要解释利害关系人意见书提出权相关条文对居民"景观利益"的个别保护意旨,需要判断根据规范《公有水面填埋法》条文表述的"环境保护"是否包含"景观保护"的内涵。《公有水面填埋法》第4条并未明确填埋许可颁发要件规定的"充分考虑环境保护"是否包含有景观内容,判决指出,依据关联规范《濑户内海法》第13条规定,濑户内海作为风景胜地给予国民惠泽的特殊性也是填埋许可的考虑事项,因此至少在濑户内海填埋的情形下,《公有水面填埋法》条文中的"环境"概念包括"景观"。

其次,对于如何推导利害关系人意见书提出权包含个别利益保护宗旨,判决认为当地居民作为填埋许可利害关系人,被赋予了参与行政意思形成程序并发表意见的机会,体现出相关规范保护当地居民的个人利益,有别于对国民一般利益的保护。

将视野抽离出本案,由于《公有水面填埋法》第3条对具有意见书提出权的利害关系人的范围没有限制,理论上认为这类行政程序的功能主要在于为居民提供信息,作为个别保护要件的论证依据较弱,日本既有的《公有水面填埋法》相关行政判例也没有出现过单纯依据该条肯定某项利益个别保护宗旨的情形。[115] 有学者指出这类参与对象范围广泛的程序性规定只能作为辅助性解释,仅根据该类条文就判断个别保护性还无法达到论证完整的要求。[116]

最后,判决定位的行政规范所涉及行政规制内容均针对的是濑户内海而非案涉具体的鞆浦海湾景观,有一定间接性。被告亦指出据此难以解读出本案个别利益保护宗旨的意见。法院则认为"濑户内海区域广大,景观多

---

[114] 角松生史「「景観利益」概念の位相」新世代法政策学研究 20 号(2013 年)290 頁。

[115] 福永実「自然歴史の景観利益と仮の差止め」大阪経大論集 60 巻 1 号(2009 年)78 頁。

[116] 島村健「公有水面埋立免許差止めの訴えが認容された事例」増刊ジュリスト 平成 22 年度重要判例解説 1420 号(2011 年)64 頁;交告尚史「鞆の浦公有水面埋立免許差止め判決を読む」法学教室 354 号(2010 年)11 頁。

样,由《濑户内海法》一概就景观保护作出具体行政规制相当困难,以缺乏具体规定为由并不能推翻相关规范就景观利益具有个别保护宗旨的结论"。

从没有要求相关规范明确体现针对鞆浦海湾景观的具体行政规制内容以及针对特定居民个体的利益保护内容来看,法院整体采用了相对宽松的解释方法。

4. 利益侵害:景观受侵害显著性

判决就填埋行为对景观价值的侵害严重性及恢复困难性的分析,从事实层面弥补了前述行政程序参与权规定析出个别保护性论证的不足。就审查思路而言,法院强调将鞆浦景观作为一个整体看待,海面填埋及桥梁架设行为导致部分历史遗迹不可逆地毁损,还使得鞆浦海湾景观被横跨海面的桥梁割裂。由此,构成景观的各个要素之间的有机联系被破坏,鞆浦景观不仅难以恢复原状,给当地居民带来的损害也无法用金钱赔偿弥补。

法院在原告资格审查环节对本案"景观利益"受侵害的状态及程度并未详细分析,有学者认为这与原告资格只是启动行政诉讼的程序性要件有关。[117] 本案系停止诉讼,另外两项争点涉及颁发填埋许可是否构成《行政事件诉讼法》第 37 条规定"可能产生重大损害"以及"裁量权逾越或滥用"要件,因此填埋许可对鞆浦景观造成损害的重大程度与居民"景观利益"受侵害严重程度是以上两项争点成立的关键内容。就利益受侵害状况的判断,前述两项实体要件相比原告资格有更高的审查标准,故存在分析内容详略的差异。

尽管判决未详细阐述,较多学者仍然强调了在事实层面确认景观价值受侵害严重性对推导个别保护宗旨的重要作用。在规范层面仅以行政程序规定对景观的顾虑程度较高来论证"景观利益"个别保护性,尚不完整。[118]再加上事实层面分析填埋许可侵害利益的内容与性质(历史、文化价值较高的景观),以及利益受侵害的样态和程度(景观被毁损后不可恢复,居住于附近利益受侵害程度更大),突破了"景观利益"弱于"生命和身体安全"相关利

---

[117] 参见長谷川佳彦「埋立免許の差止訴訟と景観利益の保護」法学教室 468 号(2019 年)27 頁;角松生史「2つの景観訴訟における2つの景観利益:国立市マンション訴訟と鞆の浦世界遺産訴訟」都市住宅学 91 号(2015 年)27 頁。

[118] 参见交告尚史「鞆の浦公有水面埋立免許差止め判決を読む」法学教室 354 号(2010年)11 頁;橋本博之「行政事件訴訟法改正」法学教室 351 号(2009 年)25 頁。

益属性的瓶颈,整体来看能够满足《行政事件诉讼法》第 9 条第 2 款的审查
要求。[119]

5. 其他判例的情况

前述"鞆浦案"的根据规范《濑户内海法》与特殊地区的景观规制事项有
关,此后判例也出现了更具普遍性的、涉及《景观法》及地方性《景观条例》的
情形。

例如,2009 年 1 月 20 日那霸地方法院"川平湾案"判决[120]同样涉及海
湾自然景观,但属于更具一般性的、根据《都市计划法》与《景观法》设定的景
观地区。因房地产公司准备在川平湾周边土地建设高层公寓,公寓用地周
边居民提起禁止建筑主事向房地产公司颁发建筑确认[121]的行政诉讼。本
案所界定"景观利益"没有超出最高法院"国立公寓案"民事判决中的定义。
进一步,根据规范《建筑基准法》规定有限制景观地区内建筑物高度、墙面位
置、用地面积的内容,[122]这些内容是案涉行政处分应当审查的事项。结合
涉及景观地区制度具体内容的关联规范《景观法》的立法目的规定、市町村
指定景观地区及设定具体规制事项的规定,[123]可以认为景观地区内建筑负
有符合城市规划所设定建筑规制内容的义务,而建筑是否符合规制要求是
建筑确认的审查对象。据此,判决认为《建筑基准法》虽然明确规定的立法
目的是"保护国民生命、健康和财产,增进公共福祉",但根据该法景观地区
内建筑规制相关规定可以解读出保护景观周边区域居住者个人"景观利益"
的宗旨。

又如,2014 年 4 月 25 日大阪高等法院"金刚生驹纪泉国定公园案"判
决[124]涉及国定公园自然风致景观。国定公园特别地域内预备建设一般废

---

[119]　参见板垣胜彦「景観利益と原告適格」横浜法学 25 卷 1 号(2016 年)148 页。

[120]　判例时报 1337 号 131 页。

[121]　依据《建筑基准法》第 6 条,特定建筑物在工事着手前应获得建筑主事的建筑确认。

[122]　依据《建筑基准法》第 68 条,针对景观地区内的建筑物,景观地区相关都市计划如果就
建筑物高度规定有最高或最低限度,则建筑应符合该限度;如果就墙面位置规定有限制,则建筑不
得违反该限制;如果就用地面积规定有最低限制,则建筑不得超过该限度。

[123]　依据《景观法》第 61 条,市町村为在市街地形成良好景观可以在都市计划中确定景观地
区,与景观地区相关的都市计划可以限制建筑物形态、高度、墙面位置、用地面积等事项。

[124]　大阪高判 2014 年 4 月 25 日;一审判决参见奈良地裁 2013 年 8 月 20 日。

弃物处理设施,公园周边居民提起禁止知事向葛城市颁发许可[125]的行政诉讼。本案所涉国定公园景观被特定为自然环境与历史文化要素密切结合的"自然风致景观",公园特别地域邻近居民享有"自然风致景观利益"。判决认为,根据规范《自然公园法》存在考虑公园地域内土地所有者等权利的规定,[126]同时国定公园特别地域包含在景观计划内时,关联规范《景观法》就景观计划规定有听取住民意见、赋予住民提案权的内容,再结合一般废弃物处理设施对自然风致景观带来显著障碍及严重损害的事实,判决指出,根据规范包含保护将处理设施周边土地用于居住或其他重要生活需要的人的个人"自然风致景观利益"宗旨。

(三)公共利益说:2013年"铜御殿案"判决

2013年10月23日"铜御殿案"判决较为典型地体现出最高法院"卫星大阪案"判决改变"生活环境利益"案件原告资格的解释立场和方式以后,下级法院审查思路相应的变化。[127]

"铜御殿案"判决否认环境保护命令的根据规范包含保护铜御殿周边居民个人的"景观利益"宗旨,其论点可以归纳为三项:第一,强调"景观利益"对象、内容、范围的不明确性,进而认为"景观利益"一般性地属于公共利益。第二,审查根据规范及关联规范,认为相关规范不具备与原告主张"景观利益"主体、内容、范围、保护状态等要件的明确关联性,因此无法得出个别利益保护宗旨。第三,通过比较,概括性地判断"景观利益"相较于生命健康权、财产权的价值劣后性,因此利益侵害不具备显著性。

1.案情概要及裁判要旨

铜御殿建造于明治时代末期,是东京都内少见的古代与近代木工技术相融合的建筑,被指定为日本重要文化财产。某房地产公司准备在铜御殿

---

[125] 依据《自然公园法》第20条,被指定为特别地域的国定公园,该特别地域内如果要进行新建、改建或增建建筑物的行为,必须得到都道府县知事许可。厚生省颁布的《自然公园法施行规则》第11条规定了具体的许可基准。

[126] 依据《自然公园法》第4条,本法适用时应当尊重相关人的所有权、矿业权及其他财产权,注意调整国土保全及开发等公益。第43条规定,出于保护国立公园等自然风景地的必要时,环境大臣或地方公共团体或公园管理团体可以与公园区域内的土地所有者等就自然风景地管理方法等缔结风景地保护协定。

[127] 板垣勝彦「景観利益と原告適格」横浜法学25卷1号(2016年)148頁。

建筑用地的相邻土地上建设 12 层约 40 米高的公寓。铜御殿所在地附近的居民作为原告主张：因公寓建设而形成的强风、地基及地下水位变动、震动等因素将对铜御殿建筑本身造成损害，并且破坏以铜御殿为中心的"汤立坂"的良好景观，并提起行政诉讼，请求：第一，课予文化厅长官（被告）依据《文化财保护法》第 45 条第 1 款[128]发布环境保护命令，禁止建设超越峰值风力系数的构造物的义务（课予义务诉讼）；第二，确认文化厅长官就待建公寓负有履行《文化财保护法》第 43 条第 1 款[129]规定的许可手续的义务（确认诉讼）。2011 年 2 月 17 日东京地方法院作出一审判决，驳回原告所有诉讼请求；2013 年 10 月 23 日东京高等法院作出二审判决，维持原判。两审均否定原告就课予义务之诉享有原告资格。

　　本案争点之一为铜御殿所在地周边居民就课予义务诉讼是否原告适格，即铜御殿所在地附近的居民就文化厅发布环境保护命令是否具有"法律上的利益"，原告对此主张其享有"铜御殿及以铜御殿为中心的汤立坂的良好景观惠泽的利益"。

　　一审判决[130]认为，首先，从案涉利益的内容和性质来看，"景观利益内容及范围无法直接明确划定，利益所含价值受个人主观评价因素影响较大，对其侵害的有无或程度，不同于生活妨害或健康侵害，更多依据主观性评价"，一般属于公共利益。由此，判决引用了"卫星大阪案"的判断思路，认为"如果处分的根据规范及其关联规范与该处分所应保护利益的内容、范围以及保护状态没有具体关联，则难以认为根据法令包含将景观利益作为超越一般公益的、归属于特定个人的具体个别利益进行保护的宗旨"。其次，判决定位环境保护命令的根据规范与关联规范并分析其宗旨，认为作为根据规范的《文化财保护法》以及作为关联规范的《景观法》等均"未包含将景观利益作为重要文化财产附近的居住者的具体个别利益进行保护的宗旨"，故否定原告适格。

---

　　[128]　《文化财保护法》第 45 条第 1 款：文化厅长官在认为存在保护重要文化财产必要性时，有权命令划定地区限制或禁止某些行为，或作出必要设施。

　　[129]　《文化财保护法》第 43 条第 1 款：若要对重要文化财产现状进行变更，或者作出影响其保存的行为，必须获得文化厅长官的许可。但是，采取维护措施或者因非常灾害采取必要的应急措施而致现状变更时，或者影响保存的行为所致影响轻微时，不在此限。

　　[130]　判例タイムズ1387 号 126 页。

二审判决[13]对一审内容予以认可并进一步展开分析。首先,判决定位根据规范《文化财保护法》第 45 条第 1 款,认为作出环境保护命令的条件是"存在保护重要文化财产必要性",未规定以"保护重要文化财产周边景观或保护景观利益"为条件。同时,《文化财保护法》未规定"景观利益"归属于特定景观附近居民,就重要文化财产指定时,未规定应考虑"景观利益",未规定附近居民意见听取程序等。判决还分析了关联规范《景观法》、《东京都景观条例》、《文京区景观条例》及《历史社区营造法》,认为以上规范均未规定"景观利益"归属主体即"居民"或"当地居民"的具体覆盖范围,以及案涉"景观利益"的具体归属主体。据此,判决认为环境保护命令的根据规范和关联规范未包含防止景观受到侵害或保护"景观利益"的宗旨,亦未包含将"景观利益"作为个人利益进行保护的宗旨。

其次,二审判决还围绕上诉人主张进行回应。上诉人主张在"景观利益"已被认可为私法法益,并且隶属于"小田急案"界定的"生活环境利益"的情形下,从有效救济国民权利的法理出发,应当依照《行政事件诉讼法》第 9 条第 2 款及"小田急案"设定的考虑要素及柔性解释认可原告资格。对此,法院认为"国立景观案"最高法院判决有关景观利益属于私法上"受法律保护的利益"的结论不能直接推导出行政诉讼原告适格。另从景观利益的相对性以及相对于财产权等权利的劣后性来看,难以认为景观利益已经在一般意义上成为个人利益。同时,结合"小田急案"和"卫星大阪案"对"生活环境利益"的分析,法院认为"不会给周边居民的生命及身体的安全、健康、生活环境等带来严重损害的生活环境利益,除非处分作出的根据规范明确规定将该利益作为个别利益保护,否则一般认为该利益为公益所吸收"。本案原告主张的景观利益只是"案涉建筑物周边居民在通勤、散步时享受进入视野内的案涉建筑物及周边景观惠泽的、广泛意义上的生活环境利益,不会直接给周边居民的生命及身体安全、健康、财产等带来严重损害",故一般认为系公共利益。

2.利益界定:因不明确和主观性属于公共利益

不同于"鞆浦案"对"景观利益"的界定方式,"铜御殿案"基于案涉景观的视觉美感特征以及"景观利益"构成要件的不明确性、主观性,而将其一般

---

[13]　判例时报 2221 号 9 頁。

性地划入公共利益范畴。这种界定既与"铜御殿案"所涉景观特征与其他判例的差异有关,也与法院对"景观利益"整体性的解释倾向有关。

首先,本案原告主张的"景观利益"是"享受铜御殿及以铜御殿为中心的汤立坂的良好景观惠泽的利益",强调基于景观与周边居民生活环境的连结而形成的人格利益属性。法院则将本案"景观利益"界定为"铜御殿建筑物周边居民在通勤、散步时享受进入视野内的铜御殿及其周边景观惠泽的、广泛意义上的生活环境利益",强调景观视觉美感价值,弱化了与周边居民的人格性关联。

其次,判决指出最高法院"国立公寓案"民事判决并没有将"景观利益"确认为一般性的、具有客观价值的私法层面的个人法益,因为"景观利益"的内容及范围无法直接明确界定。具体而言,第一,个案中"景观利益"的具体内容因景观性质、形态的不同而存有差异,并且可能伴随社会变化而变化。第二,"景观利益"的对象是广阔且连贯的区域内形成的风景,能够享受其惠泽的主体不仅包括景观周边居民,还包括来访者等不特定多数人。第三,对于"景观利益"是否受侵害及其受侵害程度的判断,相较于健康侵害或生活妨害,更受主观评价影响。[132] 因此,由于"景观利益"无法被直接明确界定,行政机关作出行政处分时,该处分直接影响到的所谓"景观利益"范围及程度也无法当然确定。

3.法律解释:居民权利规范体现公益保护目的

以"景观利益"一般属于公共利益的结论为前提,判决指出,除非案涉环境保护命令的根据规范及关联规范明确包含有将"景观利益"作为重要文化财产附近的居住者的具体个别利益进行保护的宗旨,否则应认为"景观利益"被一般性公益吸收和消解。就判断前述宗旨的方法而言,判决分别分析了根据法令及相关法令的条文,审查条文内容与"景观利益"的主体、内容、范围、保护状态等是否具体相关。

首先,针对根据规范《文化财保护法》,判决的分析主要围绕"景观利益"的主体和保护状态展开,即从相关条文中能否解读出"景观利益"明确归属于特定景观周边居民,能否解读出行政处分作出时应考虑景观周边居民的

---

〔132〕 以上观点基本沿用了最高法院"国立景观案"民事判决对于"景观利益"尚不具备超越利益的权利属性的判断理由。最高裁判所民事判例集 60 卷 3 号 948 頁。

特定利益。

第一，根据《文化财保护法》第 1 条"保护并利用文化遗产，推动国民及世界文化进步"的立法目的规定，第 3 条有关要求政府、地方公共团体正确理解文化遗产重要性与贯彻本法宗旨的规定，第 4 条有关要求一般国民及文化遗产所有者实施协助及公开等文化遗产保护措施的规定，难以肯定文化遗产所在地周边居民已被法律认可为"景观利益"的归属主体。第二，从《文化财保护法》第 27 条有关文部科学大臣指定重要文化遗产职权的规定，第 43 条有关重要文化遗产变更或受影响应获许可的规定，第 45 条及第 154 条有关作出环境保护命令时应听取特定人员意见的规定来看，无论是指定重要文化遗产还是颁发环境保护命令，本法均未规定行政处分作出时应考虑到文化遗产及其周边的景观，或者文化遗产及其周围景观附近的居民的利益，并且未规定针对特定的周边居民的意见听取或不服申诉程序。

其次，判决对关联规范《景观法》集中审查了法律条文中有关"住民"或"地域住民"的规定能否特定到案涉景观周边居民。第一，《景观法》第 1 条及第 2 条立法目的和基本理念规定无法解读出保护某一特定景观周边居民的利益。第二，根据《景观法》第 6 条有关"住民"负有理解并促进良好景观形成义务的规定，第 9 条有关景观行政团体制定或变更景观计划前应听取"住民"意见的规定可知，该等"住民"范围是一般广泛的居民，无法特定到良好景观周边居民，并且未规定周边居民就景观计划享有不服申诉等权利。第三，《景观法》第 15 条有关景观协议会成员结构的规定表明景观行政团体将住民追加为协议会成员系出于形成景观计划区域内良好景观的公益目的。

最后，判决对铜御殿所在地施行的《东京都景观条例》《文京区景观条例》以及有关维持历史风致的《历史社区营造法》具体条文采用了与前述《景观法》类似的审查思路，从法律目的、住民针对景观计划或历史风致维持提升计划制定或变更等的行政参与程序等规定来看，其维护良好景观系出于公益目的，所涉住民主体并非特定范围，故难以认为包含将"景观利益"作为重要文化财产附近的居住者的具体个别利益进行保护的宗旨。

4. 利益侵害：景观价值劣后性

本案判决延续了最高法院"卫星大阪案"判决对于广泛意义上的"生活环境利益"性质及受侵害程度的判断方式，认为一般而言，侵害"景观利益"

只会带来生活环境的利益减损，而不会造成生命或身体安全、健康以及财产的显著损害。因此，无论原告主张受侵害事实为何，从行政处分侵害利益的内容、性质以及侵害状态、程度来看，都无法满足《行政事件诉讼法》第9条的要件要求。

5.其他判例的情况

与建筑确认处分相关的有 2017 年 3 月 30 日京都地方法院"鸭川风致地区案"判决。[133] 前文所述"金刚生驹纪泉国定公园案"与本案的差异在于前者所涉许可因国定公园特别地域包含在景观计划内而与《景观法》产生关联，本案所涉风致地区则只与《都市计划法》的风致地区规定相关。本案中，房地产公司准备在鸭川风致地区内的土地建设两栋建筑物，建筑物周边居民提起撤销建筑确认的行政诉讼。围绕原告资格，居民主张其就建筑确认依据《京都风致地区条例》享有"景观利益"。法院主要否定保护范围要件的成立。判决认为颁发建筑确认所依据的建筑基准相关规定[134]不包括《都市计划法》第 58 条 1 项风致地区内建筑规制规定以及《京都风致地区条例》，故《都市计划法》第 58 条 1 项与《京都风致地区条例》并非建筑确认的关联规范。另外，判决对《建筑基准法》立法目的及景观地区建筑规制规定以及《景观法》保护宗旨的解读与前述"铜御殿案"类似，不同于"川平湾案"或"金刚生驹纪泉国定公园案"的思路。本案法院认为《建筑基准法》立法目的规定不包括景观保护内容，《建筑基准法》景观地区内建筑规制规定及《景观法》立法目的、基本理念规定无法解读出个别利益保护宗旨，并且《景观法》也未规定周边居民就景观计划享有不服申诉等权利，不足以认为关联规范包含保护景观周边区域居住者个别性"景观利益"的宗旨。

2010 年 7 月 30 日大阪高等法院"大阪风致地区案"判决[135]主要认为根据规范及关联规范无法解读出包含"景观利益"的特定构成要件。因建筑

〔133〕 判例地方自治 436 号 78 页。

〔134〕《建筑基准法》第 6 条规定的"建筑基准相关规定"包括《建筑基准法》以及依据《建筑基准法》制定的命令及条例规定，有关建筑物土地、构造及建筑设备的法律以及依据该法律以政令形式制定的命令及条例规定。依据作为前述政令的《建筑基准法施行令》第 9 条、《都市计划法》第 58 条 1 项有关风致地区内建筑规制的规定以及基于第 58 条 1 项制定的《京都风致地区条例》不属于"建筑基准相关规定"。

〔135〕 大阪高裁 2010 年 7 月 30 日裁判所ウェブサイト。一审参见大阪地裁 2010 年 2 月 17 日判例地方自治 334 号 74 页。

公司为修建公寓在风致地区内采伐树木,公寓土地周边居民依据《大阪市风致地区内建筑等规制条例》(以下简称《大阪市风致地区条例》)第 10 条 1 项[136]提起请求课予大阪市长向建筑公司发出纠正命令的义务的行政诉讼。法院对案涉"景观利益"属性的判断承袭"卫星大阪案",将其归类为属于一般性公益的"广义的生活环境利益"。经考察根据规范《大阪市风致地区条例》第 5 条至第 8 条有关颁发风致许可的判断基准规定、第 10 条纠正命令要件规定,前述规定并无保护该公寓土地周边居民个别利益的宗旨。另审查作为上位法的关联规范《都市计划法》第 58 条有关风致地区内建筑规制的规定,以及《有关风致地区内建筑等规制条例制定基准的政令》第 3 条及第 4 条有关风致许可及其基准的规定,前述规定只是对建筑行为的一般规制,也无法解读出个别保护性。

(四)小结

由判例分析可知,虽然最高法院"国立公寓案"尝试一般性地定义"景观利益",但基于不同个案所涉景观特征的复杂性、景观与周边居民间关联的多元性以及私法法益和公法法益在实体法基础层面的差异,部分法院并不认可某些个案中原告主张的"景观利益"与最高法院的定义属于同一范畴,而是针对个案重新界定"景观利益"。甚至部分法院并不认可最高法院的定义,仍然坚持"景观利益"因不满足利益要件明确性和客观性的要求而不能成为法律利益的观点。

"小田急案"在没有一般性判断"生活环境利益"公益或私益属性的立场下,灵活审查个案中"生活环境利益"的具体范围以及根据规范保护宗旨,这种思路使部分下级法院判例较为宽松地解释景观规制、居民行政参与等规定以认可相关规范对"景观利益"的个别保护性。[137] 另一方面,"卫星大阪案"作出"广义生活环境利益"受侵害劣后于"生命、身体的安全与健康受到威胁"以及"财产遭受显著损害"的判断并设置"规范应存在明确的根据规定"的审查标准,这种思路使得此后部分判例倾向于严格解释,如果条文中

---

[136] 依据《大阪市风致地区条例》第 2 条,在风致地区内实施新建、增建、改建或移建建筑物,填埋水面、采伐竹木等行为,应当事前获得大阪市长的许可。另依据第 10 条 1 项,针对违反第 2 条的行为,大阪市长在为维持风致的必要限度内,可以命令相对人采取停止建设,在一定期限等改建、移建、拆除等必要措施。

[137] 板垣勝彦「景観利益と原告適格」横浜法学 25 巻 1 号(2016 年)148 頁。

没有明确体现对案涉特定景观的特定规制事项,或者对景观周边特定范围内居民个别权益保障等内容,那么认为相关规范不包含个别保护宗旨。

九、"景观利益"的司法生成与理论延伸

自 20 世纪 50 年代首次出现"景观利益"相关行政判例至今,对于私主体能否主张就行政处分享有"景观利益"进而具备原告资格的问题,日本判例呈现出从完全否定到部分个案肯定的变化。

一方面,能够产生以"鞆浦案""川平湾案""金刚生驹纪泉国定公园案"等为代表的肯定景观周边居民享有原告资格的判例,主要受到原告资格范围的逐步扩张、"景观利益"界定由抽象理论转向成文法、景观保护规范对利益要件的明确化这三项因素的影响。首先,自 20 世纪 80 年代起,最高法院通过灵活解释《行政事件诉讼法》第 9 条"法律上的利益"概念及其构成要件,实际扩张了原告资格的范围。[138] 一方面个案中待审查的根据规范和关联规范的范围扩大,另一方面解释方法的灵活化使得景观规制和居民参与等规范有被判断为具备个别利益保护性的可能。其次,21 世纪后的判例脱离"环境权"理论,尝试以《民法》和《景观法》条文为依据,通过扩张土地所有权和人格权的边界来解释"景观利益",使得"景观利益"在概念上具有被解读为个人利益的可能性。最后,景观保护规范体系的完善使得待审查的行政规范范围扩张,并且具体条文对于景观规制事项、居民参与程序及救济权利等的细化规定,使得法院能够解读出行政规范与"景观利益"主体、对象和内容等的关联性,进而认可个别保护宗旨。

另一方面,目前判例仍有肯定和否定原告资格两种观点。尽管存在个案事实方面的差异,通过分析类似判例,可以看出裁判观点的差异基本与判例对案涉"景观利益"人格利益或公共利益属性的认定、对根据规范及关联规范与"景观利益"构成要件的关联强度、对特定景观受侵害程度的把握有关。本部分将结合判例进行总结分析。

行政诉讼原告资格的理论前提是个人利益与公共利益的二分结构。然

---

〔138〕 芝池義一『行政救済法判講義(第三版)』(有斐閣,2006 年)40 頁。

而,若从原告资格判断框架中抽离,将与地域范围内不特定多数人存在关联的景观置于二分结构中,将会存在论理层面的矛盾。[139] 为解决这种矛盾,日本学界也发展出将"景观利益"解释为区域性共通利益的理论。本部分将对判例理论进行总结,并对相关学理展开延伸讨论。

(一)裁判观点变迁的影响因素

1.原告资格范围的逐步扩张

从最高法院判例对原告资格判断的发展来看,1978 年"主妇联案"判决将"法律上的利益"概念中的"法律"范围解释为行政处分根据规范整体,"利益"解释为"私人的个别性利益",并在其他最高法院判例中被详细解释。1989 年"新潟机场案"与 1992 年"文殊案"判决将"法律"的形式范围扩张到关联规范,并将受侵害利益内容、性质、程度纳入考虑事项。2004 年《行政事件诉讼法》修订新增第 9 条第 2 款,将前述判例积累的审查思路成文法化。随后,2005 年"小田急案"判决与 2009 年"卫星大阪案"判决又更为具体地在"生活环境利益"类型下适用该新增条款进行审查。最高法院判例理论的扩张方向影响着"景观利益"相关案件的解释思路。例如,从 2001 年"国立公寓案"行政判决可以看出,法院待审查"法律"范围从根据规范《建筑基准法》扩张到包含关联规范国立市地区计划、地区整备计划以及国立市《建筑物限制条例》,这为判决能够从地方性条例中解读出个人利益保护宗旨提供了先例。

值得注意的是,"小田急案"在没有一般性判断"生活环境利益"公益或私益属性的立场下,灵活审查个案中"生活环境利益"的具体范围以及根据规范的保护宗旨的方式,影响了此后"鞆浦案""川平湾案"等判决较为宽松地解释景观规制、居民行政参与等规定以认可"景观利益"个别保护性的思路。"卫星大阪案"则一般性地认定"生活环境利益"属于公共利益,并对根据规范作严格解释,要求规范条文中明确出现对案涉景观的特定规制事项,或者对案涉景观周边居民特定的个人权益保障事项等内容,"铜御殿案""鸭川风致地区案"等判决就明确援引"卫星大阪案"并适用了这一思路。

下级法院对"景观利益"相关诉讼原告资格的审查并未在"卫星大阪案"

---

[139] 長尾秀彦「「景観権」論の現状」横浜法学 40 卷 1 号(2006 年)16 頁。

出现后完全趋向严格解释。但结合前文的判例分析可知,"卫星大阪案"判决使得下级法院对"景观利益"属性以及根据规范保护宗旨的审查出现了立场和方法分歧,进而出现案件事实类似但裁判结论不同的差异。

2."景观利益"基于实体法界定

"景观利益"是在判例中生成并不断被解释的概念,这一概念逐步突破公共利益范畴,在特定要件前提下成为一项个人利益,这种变化与原告主张和法院裁判从理论学说向成文法体系靠拢有关。

"景观利益"或"景观权"自 20 世纪 70 年代开始频繁在行政诉讼中出现,此时原告的主张多依据 1972 年大阪律师协会提出的"环境权"理论或基于《宪法》第 25 条有关国民应享有健康且具有文化的最低限度生活的"生存权"规定。"环境权"理论尝试建构涵盖共享环境资源主体的权利,但这种解释缺乏实体法基础,因此法院通常从"环境权"主张不构成法律利益或不满足原告资格个别保护要件的角度予以否定。20 世纪 70 年代以后也有基于行政实体法解读"景观利益"的主张,但这类主张只在形式上援引了行政规范,实际内核仍然是"环境权"理论,多数被法院以根据规范存在明确的公益保护目的条款为理由驳回。

21 世纪以后的判例尝试在成文法框架内限定"景观利益"的内涵外延并解释其个人利益属性。2001 年"国立公寓案"行政判决以土地所有权合理限制为基点,把"景观利益"解释为土地所有人享有的土地所有权派生利益,2006 年"国立公寓案"最高法院民事判决结合《景观法》及其施行规则、运用指南对"良好景观"的界定标准,将"景观利益"解释为景观周边居民享有的人格利益。这两种思路一方面使得"景观利益"脱离抽象理论而具备成文法基础,另一方面明确限定了"景观利益"主体、对象、具体内容等构成要件,由此"景观利益"得以与"眺望利益"等类似概念区分,进而可以在诉讼中被明确且独立地主张及审查。

3.景观保护规范对利益要件的明确化

景观保护规范体系的整合完善以及具体规范条文涉及景观规制事项的细化,使得法院有可能扩大行政诉讼原告资格环节审查的根据规范及关联规范的范围。

以日本常见的建筑确认撤销诉讼为例,对比 1994 年"京都佛寺案"判决[140]和 2009 年"川平湾"判决可以看出《建筑基准法》新增景观地区内建筑物规制事项,使得法院判断建筑确认处分是否包含对"景观利益"的个别保护宗旨产生了变化。"京都佛寺案"中,判决首先认为原告所主张"地域美观、历史文化环境权"尚未被肯定为法律权利,同时 1992 年修订的《建筑基准法》第 1 条规定直接保障的是"健全的建筑秩序、火灾等危险、生活环境"等公共利益,并且通览全法没有条文包含保护个人的个别具体的生活利益的宗旨,原告主张系反射性利益。然而,2004 年伴随《景观法》施行,《建筑基准法》相应进行修订,第 6 条建筑确认规定新增景观地区内建筑规制事项审查的内容,新增第 68 条对建筑物高度、墙面位置、用地面积等景观保护规制内容的规定。同时,基于景观地区制度规定,《景观法》成为关联规范。由此,在 2009 年"川平湾"案中,法院在肯定"景观利益"人格利益属性的前提下,进一步依据《景观法》立法目的规定、市町村指定景观地区及设定具体规制事项的规定认可了建筑确认处分对"景观利益"的个别保护宗旨。

前述《建筑基准法》的变化同样发生在《都市计划法》、《自然公园法》、《文化财保护法》等法律中。尽管类似判例对同一规范条文能否解读出个人利益保护宗旨,仍然存在解释立场和方法层面的差异,但与早期相比,目前景观保护行政规范的整合与细化实际有助于部分判例积极地肯定原告资格。

(二)当前裁判思路的具体差异

结合判例可知,对于"景观利益"概念及其在行政诉讼中能否构成"法律上的利益",目前日本尚未形成一致的裁判观点。尽管判例仍然存有分歧,通过对比与分析判例呈现的两种解释路径,可以抽象出法院在认可景观周边居民就特定行政处分享有"景观利益"时的判断要件差异。

1.利益界定:个人利益与公共利益的认定差异

判例对"景观利益"在概念上是否具备个人利益属性的判断将会影响随后在原告资格审查环节对受侵害利益内容、性质的判断。最高法院"国立公寓案"民事判决在民事侵权行为保护射程框架下解释了"景观利益"作为受

---

[140]　判例地方自治 126 号 83 页。

私法保护的个人利益属性,大多数行政判例援引该界定并在行政规范中找到解释基础,但也有行政判例并未采纳这一基于私法的定义,仍然主张"景观利益"不满足法律利益明确性和客观性要件,属于纯粹的公共利益。因此,对于"景观利益"在公法层面是否能被界定为个人利益的问题,判例理论仍处于争议状态。

一方面,认可"景观利益"个人属性的观点,主要从景观客观价值及其与特定区域居民的生活环境紧密联系角度承认其人格属性。具体而言,第一,案涉景观具有客观价值而能被评价为"良好",客观价值包含视觉、历史、文化等层面,尤其强调历史及文化价值。一般通过确认该景观符合某项特定标准,例如依据《景观法》被指定为景观地区、根据《自然公园法》被指定为国立公园、依据《都市计划法》被指定为风致地区等,同时强调该景观包含某些地域性历史或文化特征的事实,使得景观除视觉美感以外,兼与居住于景观附近居民的生活环境产生联系。这种强调景观地域性人文价值的思路使得广域或单体景观、都市或自然景观等多种景观类型都能与居民个体形成连结,进而论证周边居民享有景观的"惠泽"具有不同于一般国民的人格专属性。第二,享有"景观利益"的主体以"居住"事实为核心判断要件,居住于景观所在土地附近区域内的居民都一般性地认可其享有"景观利益"。而在划定原告资格的具体范围时,通常以"行政区划"或"景观周边特定距离"为标准,由法院依据个案判断。例如,"鞆浦案"以"鞆町行政区划范围较窄且鞆浦海湾居于其中心"为依据推定鞆町行政区划内的居民均具有原告资格。"川平湾案"以"川平湾所在土地周边1千米范围内"为基准认定原告资格。

另一方面,也有行政判例持公共利益立场。部分判例认为,最高法院仅在民事侵权行为保护射程的框架内认可"景观利益"属于私法法益,能否在行政诉讼中直接援引存在疑问。另外,还有判例指出《景观法》或地区《景观条例》等法律未明确承认作为个人利益的"景观利益"。相较于日照权、眺望利益等可量化的权益,景观构成要素更加复杂多元且具有主观性,不满足法律上利益的明确具体条件,不构成个人利益。例如,"铜御殿案"判决认为"景观利益"是"在通勤、散步时享受进入视野内的铜御殿及其周边景观惠泽的、广泛意义上的生活环境利益"。

2.法律解释:景观保护规范与利益要件的关联强度

判例在一般意义上承认"景观利益"具备个人属性,还无法得出原告就特定行政处分享有原告资格的结论,需要进一步考察根据规范及关联规范是否包含保护原告个人"景观利益"的宗旨。

"景观利益"相关行政诉讼就诉讼类型而言主要包括撤销诉讼、课予义务诉讼及停止诉讼,其中请求撤销建筑确认、撤销或停止建设许可、课予特定行政厅发布停止命令的情形占多数。一方面,《景观法》的施行以及《建筑基准法》《文化财保护法》等法律的配套修订在一定程度上扩展了"景观利益"相关行政诉讼中法院考虑纳入审查的法律规范范围。另一方面,基于对"景观利益"属性的立场差异,判例对根据规范和关联规范的解释倾向也存在差异。

整体来看,认可"景观利益"个人属性的判例,对于相关规范与"景观利益"主体、内容等要件的关联强度采用较为宽松的法律解释,强调"景观利益"公共属性的判例则采用更加严格的法律解释。

具体而言,判例依据《行政事件诉讼法》第 9 条第 2 款以及"小田急案""卫星大阪案"等生活环境利益类最高法院行政判例理论审查根据规范的保护宗旨时,主要考察根据规范及关联规范的条文与个人利益属性下"景观利益"的主体、内容、范围、保护状态等是否具体相关。相关条文能否解读出保护主体是景观周边特定居民是判例考察的重点。法院通常从公众参与程序规定、行政团体成员构成规定、不服申诉等救济权利规定等条文着手审查。最高法院"卫星大阪案"出现以前,多数法院采用较为宽松的解释,对条文中设定有对特定景观保护地区(如景观地区或风致地区)内建筑规制具体事项、地区内居民行政参与等规定的情形,一般认可其具有个别保护性。"卫星大阪案"以后,多数法院则倾向于严格解释,如果条文中没有明确体现对案涉特定景观的规制事项,或者对特定景观周边范围内居民个别权益保障的内容,应当认为根据规范未包含将"景观利益"作为该景观周边居民的具体个别利益进行保护的宗旨。

进一步分析可知,法律分歧比较明显的情况出现在根据规范或关联规范包含《景观法》时,并且以针对居民行政参与规定个别利益保护宗旨的解释分歧为典型。

第一,根据规范及关联规范包含《景观法》时呈现出的法律解释差异比较典型。以同样涉及景观周边居民请求撤销建筑确认的"川平湾案"和"鸭川风致地区案"判决为例,两案争议焦点均包括依据《建筑基准法》第 6 条颁发的建筑确认处分是否存在保护个案中景观周边居民个人利益的宗旨,而二者对关联规范《景观法》的分析存在区别。建筑确认的审查事项包含《建筑基准法》第 68 条景观地区内建筑规制内容,因此《景观法》属于关联规范。"川平湾案"结合《景观法》第 1 条立法目的规定、第 61 条市町村指定景观地区及设定具体规制事项的规定指出,《建筑基准法》第 68 条为本案所涉景观地区内的建筑物设定了建筑物高度、墙面位置、用地面积等景观保护规制内容,可以认为涉及景观地区的建筑确认包含保护个人"景观利益"的宗旨。"鸭川风致地区案"则结合《景观法》针对指定或变更景观地区未设定居民不服申诉程序等权利救济规定,指出建筑确认相关规范不包含个人利益保护宗旨。

第二,法律解释分歧明显的是居民参与程序规定能否被解读为特定于景观周边居民个体。以"金刚生驹纪泉国定公园案"和"铜御殿案"为例,对于《景观法》第 9 条第 1 项"景观行政团体拟定景观计划时,应先举办公听会等反映住民意见的必要措施,听取当地居民意见"规定的解读,"金刚生驹纪泉国定公园案"认为该条表明《景观法》考虑了景观地区内居民的个别利益,"铜御用殿案"则认为该条所指"住民"是一般广泛的居民,并不能定位到案涉景观周边的特定居民,同时《景观法》也没有规定周边居民就景观计划享有不服申诉等救济权利,因此《景观法》虽然规定有住民参与程序,但该规定不能解释为具有对特定范围内居民的个别保护性。

3.利益侵害:景观受侵害的显著程度

对于行政处分侵害"景观利益"的内容、性质以及受侵害的状态、程度的分析,通常不是判例论述的重点,但不乏学者强调在事实层面确认景观价值受侵害严重性对于强化个别保护宗旨结论的作用。[14]

肯定原告资格的判例主要从建设行为对景观侵害的不可逆转及不可金钱赔偿的角度阐释景观价值受行政处分侵害的显著性。例如,"鞆浦案"认为海面填埋及桥梁架设行为导致部分历史遗迹被不可逆地毁损,还使得鞆浦海湾景观被横跨海面的桥梁割裂,造成景观各要素间的联系被破坏,因而景观不仅难以恢复原状,给当地居民带来的损害也无法用金钱赔偿弥补。

---

[14]　板垣勝彦「景観利益と原告適格」横浜法学 25 卷 1 号(2016 年)148 頁;橋本博之「行政事件訴訟法改正」法学教室 351 号(2009 年)25 頁。

又如,"金刚生驹纪泉国定公园案"指出废弃物处理设施建设行为以及设施建成后的状态都将对公园内自然风致带来不可逆损害,并且这种损害相较于一般国民,对设施周边居住者而言是更加现实、直接的损害。

对比来看,将"景观利益"在一般意义上理解为公共利益的判例,则直接指出侵害"景观利益"只会带来生活环境的利益减损,不会造成生命或身体安全、健康以及财产的显著损害,因此普遍而言,景观价值受行政处分侵害不会达到严重程度。

可见,参酌景观客观价值以及景观被毁损后不可恢复,居住于附近利益受侵害程度更大事实的解释方式,尝试在突破"景观利益"在性质层面一般性地弱于"生命和身体安全"相关利益的瓶颈。

(三)集合性利益的建构

景观作为特定城市空间的一种类型,是"多数人共同进行活动、居住和生活的场域"。[142] 生活在特定景观空间内的人员,基于共同享有或维持景观的事实,将会形成具有集合性或共同性利害关系的群体。[143] 考虑到这种共同体特征,即便法院在原告资格审查环节存在认可行政规范包含保护景观周边居民个人"景观利益"宗旨的可能,这种基于公共利益和个人利益二分结构的结论也无法体现出"景观利益"的地域性和集合性特征。因此,日本学界也在展开针对位于公私交错地带的利益类型的理论建构。

1.公私益二分结构的局限

在日本法的语境下,与城市空间相关的法律制度,在规制层面,其模式基本是私法首先对城市空间设定所有权,然后行政秩序再从公共利益视角进行限定或调整。[144] 随着日本地方分权化的发展,一方面作为地方自治机关的地方公共团体更加积极地针对地域性景观制定地方性保护条例,另一方面,地方居民通过公众参与程序、个人土地所有权等权利的自主规制等方式,共同参与到地域性景观保护之中,有意识地创造和保护景观,这使得景观形成过程本身就带有特定的地域集合性特征。因此,尽管景观的构成要

---

〔142〕 原田純孝「都市の発展と法の発展」岩村正彦『現代の法 9 都市と法』(岩波書店,1997年)14 頁。

〔143〕 李成玲:《现代行政法意义上的城市空间利益》,《北京行政学院学报》2019 年第 3 期。

〔144〕 見上崇洋『地域空間をめぐる住民の利益と法』(有斐閣,2006 年)60 頁。

素通常是私权性的所有物,例如土地或建筑,但景观的保护实际是由所有权人、景观周边特定地域内的居民共同实现,基于景观所产生的效益能够由所有权人、景观周边居民共同享有。在这种情形下,"景观利益"由于其地域性和集合性特征,从性质上难以被划分到公益与私益二分结构中的任意一端,而处在"公共"与"私人"之间的"共通"领域。[145]

另外,在行政救济层面,客观和主观行政诉讼相区分的基础是公益与私益二分结构。如果景观周边居民要通过行政诉讼实现景观保护目的,在日本行政诉讼制度中主要选择主观诉讼,[146]此时需要证成行政处分的根据规范包含个人利益保护宗旨,因此"景观利益"需要被还原为归属于个体的个人利益,这种还原就与"景观利益"本身的集合性特征存在矛盾。

2.集合性利益概念的展开

与景观相关的法律规制和利益建构问题可以回归到对于城市空间秩序和城市空间利益分配的讨论。自 20 世纪 80 年代起,日本学界对于城市法的研究经历了由土地所有权规制到城市空间规制的重心转移。[147] 以土地所有权为中心的研究关注的是行政法对私人财产权的限制,聚焦于行政主体与行政相对人间的关系。随着城市的高速发展,城市所涉及的利益不再局限于土地等财产性权利,与"安全、便利、舒适"等要素相关的城市生活环境利益也受到关注。针对行政法的讨论不再仅关注对私人财产权限制的正当性和限度,更扩展到私人财产权所涉及周边地域的居民集体的生活秩序,乃至城市整体的规划秩序。以 1987 年五十岚敬喜的著作《都市法》为标志,在"城市法"这一概念下,日本学界对于城市更多从"居民共同生活和活动的空间",而非"土地所有权及其上的空间"角度来把握城市空间的特征。在这种视角下,城市空间中形成的利益,不仅包括居民个体的私人财产权,也包

---

〔145〕 参见见上崇洋「都市法論における共通利益と行政計画」立命館法学第 5、6 号(2006年)。

〔146〕 日本《行政事件诉讼法》规定的诉讼类型在学理上可以分为主观诉讼和客观诉讼。主观诉讼类型包括抗告诉讼(撤销诉讼、确认诉讼、课予义务诉讼、停止诉讼)和当事人诉讼,客观诉讼类型包民众诉讼、机关诉讼。提起民众诉讼的前提是个别法作出有关民众诉讼的特别规定,类型包括基于地方自治法而针对地方公共团体的机关或其职员的财务行为而提起的住民诉讼、基于公职选举法的有关选举效力的诉讼等。机关诉讼则是针对国家和地方公共团体间权限行使的诉讼。参见江利红:《日本行政诉讼法》,知识产权出版社 2008 年版。

〔147〕 高橋寿一「「土地法」から「都市法」への展開とそのモメント」『(東京大学)社会科学研究』61 号(2010 年)5-25 頁。

含具有特定地域居民共同特征的利益。[148]

针对具有集合性特征的城市空间利益如何进入行政法体系的问题，部分学者从利益界定、生成基础以及行政诉讼救济等方面展开讨论，代表性的有"共同利益"理论与"共通利益"理论。尽管使用的概念不同，学者们讨论的都是位于公益和私益中间地带的集合性利益，但不同研究对利益的正当性来源，以及如何与行政诉讼，尤其是原告资格审查环节相衔接等问题存在不同见解。

亘理格指出，《景观法》施行后，除受到既有法律重点保护的国立公园、历史风土特别保存地区等"一流景观"，"普通的良好景观"以及"展示地域特色的景观"等也能够通过《景观法》设定的景观计划区域或景观地区而成为法律保护对象。进而，基于国家法律的认可而带有公共利益属性。然而，地域景观原本就具备的"共同利益"属性不能因此消灭，体现公私交错特征的"共同利益"应当作为独立的法律概念获得认可。环境保护领域享受景观、历史遗产等的利益，公共服务领域享受道路、公园等的利益，这些利益对特定个体而言是个体独立享有，但一定地域范围内多个个体又共同享有同样的利益，基于这种社会现实状态以及行政参与程序等制度保障而形成的利益就是"共同利益"。亘理格并未将共同利益的存在等同于行政诉讼原告资格的成立，而认为"共同利益"究其本质可以被"分解"为个人的个别性利益，"共同利益"享有者仍然在个别保护要件成立的前提下享有原告资格。[149]

见上崇洋从调整原告资格审查要件的问题意识出发提出了"共同利益"，其观点实际突破了只有个人的个别性利益才能通过原告资格审查的判例理论。鉴于既有判例理论将绝大多数地方居民的生活环境利益解消于公共利益，见上崇洋主张特定地域范围内居民享有"共通利益"应当直接成为原告资格成立的前提。不同地域空间内"共通利益"的内容可以由《城市规划法》规定的区域区分规划、地域地区规划来确定，由城市规划划定的同一地域内居民的生活环境利益应当受到共通的法律保障。[150]

城市空间利益相关理论的提出，尝试突破公私益二分结构，建构集合性

---

〔148〕 代表性的研究，参见五十岚敬喜『都市法』（ぎょうせい，1987 年）；磯部力「都市の土地利用と「都市法」の役割」石田頼房編『大都市の土地問題と政策』（日本評論社，1990 年）；原田純孝ほか編『現代の都市法』（東京大学出版会，1993 年）。

〔149〕 亘理格「共同利益論と「権利」認定の方法」民商法雑誌 6 号（2013 年）513-550 頁。

〔150〕 見上崇洋『地域空間をめぐる住民の利益と法』（有斐閣，2006 年）126-143 頁。

利益并将其与行政诉讼制度契合以补足当前模式下对第三人利益侵害救济的短板。尽管日本部分判例已经认可特定情形下景观周边居民就行政处分所享有的个人"景观利益",但从目前法院对"景观利益"的界定,以及对原告资格的审查要件来看,排除微观层面的个案事实差异,法院的解释路径仍存在分歧与不稳定性,这与目前"景观利益"概念本身的不确定性及其与公私益二分结构的矛盾性不无关联。

(四)小结

整体来看,对于景观周边居民就特定行政处分的原告资格审查存在肯定性判例,可以从原告资格审查的宽松化、"景观利益"概念的人格利益解释、景观保护规范对利益要件的明确化角度分析原因。但景观行政诉讼原告资格审查具有个案特征,判例对个案中"景观利益"性质的认定、对相关规范与利益要件关联性的审查强度、对利益受侵害程度的判断都会带来结论差异。以"面"的视角观察,日本判例对于景观行政诉讼原告资格的判定存在肯定和否定并存的状况,以"点"的视角分析,这种并存不仅有宏观上解释路径的差异,也有微观上个案事实细节的差异。因此,在观察日本判例时,尽管可以概括出差异化的审查要件,这些要件的可适用性仍然需要回归个案具体分析。

十、中国法上的启示

(一)景观权益概念的界定

1.以实体法为解释基础

划定景观权益概念的内涵和外延,是回答景观权益属性及其能否由私主体在主观行政诉讼中主张等问题的前提。就行政诉讼而言,我国目前较为接近日本环境利益说阶段的情况,原告主张中景观权益的对象和具体内容等都较为宽泛。具体而言,第一,权益对象包括自然景观、历史文化景观、都市街区景观等类型;第二,权益内容包括从特定场所眺望而获得的审美价值,前往景观区域游览而获得的审美价值,也包括居住于景观周边区域获得的生活环境价值;第三,景观权益和其他近似概念,例如眺望权益之间的界限模糊。针对前述主张,司法裁判也未形成统一的定义,法院对以眺望为核心的主张[151]通常认定为个人权益,对以游览[152]或居住[153]为核心的主张通常认定为公共权益。

由于我国并未出现明确定义,较多学者在研究中直接借用了日本"景观利益"概念来讨论我国景观权益应然的界定方式以及原告资格的审查思路。[154]然而这种移植能否成立值得考虑。不同法域背景下,景观权益的内涵外延及其法律属性,受到概念生成的历史背景和法律规范依据的影响,难以用日本"景观利益"的具体内容以及法院认可的个人归属性直接推导出我国景观权益也可以包含相同内容或具备个人利益性质。

首先,从目前被广泛援引的日本最高法院"国立公寓案"民事判决定义来看,该定义通过强调特定景观具有塑造居民历史文化及生活环境的功能而肯定景观与特定居民的连结,并以"居住"事实要件将享受景观价值的利益赋予居民个体,这种解读方式与日本《景观法》强调特定区域居民生活及经济活动环境与良好景观形成之间的联系,[155]以及日本特定地域居民长期通过社区营造等运动自主塑造和维持景观的历史背景有关。基于客观法律规范和社会事实状态对特定地域居民权益的强调,"景观利益"这一概念通

---

〔151〕 例如,"王莉莉、祖素环等诉葫芦岛市自然资源局建设工程规划许可案"。该案中,房地产公司准备在原告居住地前修建高楼,葫芦岛市自然资源局向公司核发建设工程规划许可。原告主张案涉许可将导致高楼阻挡观海视野,侵害观景权益。法院认为"观景权"或"眺望权"强调在特定场所眺望景色不受阻挡的权利,是基于良好视野或美好景观而获得的精神利益,具有私权属性,应当属于地役权。参见辽宁省葫芦岛市中级人民法院(2021)辽 14 行终 65 号行政裁定书。

〔152〕 例如,"金奎喜诉杭州市规划局建设规划许可案"。原告作为杭州市民,主张杭州市规划局批准在西湖景区内建设老年大学,将损害其游览西湖观赏景观的权利。法院认为原告主张的是由不特定多数人享有的公共利益。参见湛中乐、尹婷:《环境行政公益诉讼的发展路径》,《国家检察官学院学报》2017 年第 2 期。

〔153〕 例如,"施耀煌、顾文琪诉南京市规划和自然资源局、南京市人民政府行政复议案"。该案中,房地产公司准备在秦淮河周边修建公寓,南京市规划局向公司核发建设工程规划许可,两原告居住在公寓建设用地周边,原告主张案涉许可对秦淮河风光带的景观造成严重损害,法院认为该主张涉及的是社会公共利益。参见江苏省南京市中级人民法院(2020)苏 01 行终 46 号行政判决书。

〔154〕 参见王树良:《我国景观行政诉讼的现状与探讨——以日本景观行政诉讼为参考》,载《暨南学报(哲学社会科学版)》2018 年第 3 期;裴敬伟:《试论环境权私法救济之可能性——来自日本国立市景观纠纷案件的启示》,载高鸿钧、王明远主编:《清华法治论衡》第 22 辑,清华大学出版社 2014 年版,第 260-270 页。

〔155〕 日本《景观法》第 2 条第 2 款及第 3 款。

过与居住事实联结,获得不同于"眺望利益"的人格属性。

其次,学理层面的建构可以为法院裁判提供思路,但法院解释终究需要回归行政实体法。我国尚未出台有关景观形成及保护的专门法律,但已有较多实质上影响景观构成的行政规范。国家法律层面,部分法律对特定类型景观保护作出概括式规定,例如《中华人民共和国海洋环境保护法》第二十条、《中华人民共和国环境保护法》第三十五条、《中华人民共和国海岛保护法》第十六条有关保护特定类型自然景观的规定。行政法规层面,以《风景名胜区条例》等为代表的景观区域相关条例就景观保护区域的设立、区域内景观保护等设定具体规制事项。另外,还有部分地区以地方性法规及规章的形式,针对城市景观风貌及特定单体景观保护进行规定,例如《浙江省城市景观风貌条例》《杭州西湖文化景观保护管理条例》等。总体而言,这些规范主要从景观构成要素协调和审美价值层面界定什么是值得保护的"景观",[156]未体现景观与特定地域或个人的关联,使得基于我国行政规范,享受景观的权益更倾向于被解释为由一般公众享有的公共利益。

2.景观权益的构成要件

尽管无法直接移植日本的"景观利益"概念,但其建构思路仍具有借鉴意义。就我国有关景观权益的研究而言,目前仅在景观权益强调"景观审美价值"方面达成共识,享有景观权益的主体是限定在特定区域范围内的居民,还是包含游客或全体国民,何种类型或达到何种标准的景观能够成为景观权益的对象,景观权益与"眺望权""环境权"是否存在区别,这些问题尚存争议。

如果在我国要建构一种具有个人属性的景观权益概念,对照日本"景观利益"概念的发展路径,可以看出,最有可能的方式是通过法院实体审查,肯定其权利保护必要性,进而生成个体的法律权益。[157]而这就需要实体法首先对利益内容及要件提供一定的规范解释依据,尤其需要强调特定景观与区域居民人格属性之间的关联,同时将概念主体、对象及内容进行限定,才能使得内容宽泛的景观权益得以与类似权益类型区分,成为相对独立明确的概念。

---

〔156〕 例如《浙江省城市景观风貌条例》第3条从自然山水、历史文化、建筑空间等环境要素相互协调和有机融合的角度界定城市景观风貌。

〔157〕 王贵松:《论行政诉讼的权利保护必要性》,《法制与社会发展》2018年第1期。

观察日本"景观利益"概念的主体、对象、具体内容等要件,可以为我国解读实体法提供一定思路。

第一,具有个人属性的景观权益,其主体应当限定在特定范围内。这种限定可以依据特定行政法律法规划定的景观范围,例如依据我国《风景名胜区条例》被指定为风景名胜区,或者由法院依据"景观所在行政区划"或"距景观特定范围以内"为标准进行个案判断。

第二,景观客观价值除审美价值外,还包含历史文化价值,且历史文化价值能够与特定区域居民产生更强的人格关联性。可以通过景观符合某些客观标准来确认其价值,例如依据我国《历史文化名城名镇名村保护条例》被指定为历史文化名城名镇名村。同时还应考虑该景观是否对特定群体或个体带来特殊价值,例如对周边居民带来生活环境层面的助益,使得该景观对特定个体能够形成不同于一般国民的人格专属性。

第三,目前我国理论和实践均未特别区分景观权益和眺望利益。尽管基于我国学理和司法既有的脉络,并无像日本法一样明确区分景观权益和眺望利益的必要,但在讨论个案中景观权益的属性时,应当注意区分以眺望、居住和游览等以事实为核心的权益主张,而不能概括性地认定景观权益均属于公共利益或个人利益。

(二)个人权益生成的判断要件

主观行政诉讼中有关景观权益的判断首先出现在原告资格环节。从原告资格判断思路来看,随着 2017 年"刘广明案"[158]引入保护规范理论,我国对"利害关系"的判断出现以原告所主张权利是否属于"被诉行政行为依据行政实体法所保护的权利和利益"的方式,与日本证成原告主张利益属于"法律上利益"即成立原告资格的判断模式一致。因此,在保护规范说这一种判断方法下,日本对原告资格的审查思路具有借鉴价值。

就景观周边地区的居民主张其景观权益受到侵害而提起行政诉讼的情况而言,裁判主要有三种思路:第一,认为景观权益属于公共利益,否定原告

---

〔158〕　参见最高人民法院(2017)最高法行申 169 号行政裁定书。

资格；[159]第二,认为景观权益不属于法定利害关系类型,否定原告资格；[160]第三,承认景观权益的个人利益属性,但认为景观权益并非行政根据规范明确规定的考虑因素,否定原告资格。[161] 从判断方法的角度而言,前述案例或未正面界定景观权益的概念,或直接以景观权益是否符合法定利害关系类型,是否为行政根据规范明确列举的保护事项为论据,并未与我国《行政诉讼法》"合法权益"不再局限于法定化权利的解释方向契合,[162]且存在概念界定与法律解释的缺失。

若要在保护规范说框架下判断景观权益类案件原告资格,日本法可供借鉴的经验主要是对行政规范保护宗旨的解释方法。一般性地认定景观权益属于公共权益还是个人权益时,相关判例在判断原告资格时,都要回归到被诉行政行为的根据规范和关联规范,对其是否包含将原告主张的景观权益作为个人利益进行保护的宗旨进行分析。这种方法能够弥补说理层面的割裂与断层。

具体而言,首先,可以从行政行为根据规范及关联规范与景观权益的主体、内容、范围等要件的关联强度进行判断。

第一,审查景观权益是否属于根据规范及关联规范所保护的利益范围。值得关注的是,我国除专门制定保护特定景观的行政规范以及包含景观保护条文的行政规范,还存在大量未明确规定但在实质意义上保护景观的行政规范,例如《中华人民共和国森林法》第三条及第十五条虽未明确规定保护森林景观,但在结果上通过要求保护和合理利用森林资源实现了维持森林景观的结果。对于这类行政规范如何判断景观权益是否属于其保护的利益范围,日本法院采用较为严格的解释基准,区分"景观"和其他近似概念,

---

〔159〕 例如,"施耀煌、顾文琪诉南京市规划和自然资源局、南京市人民政府行政复议案"。原告主张案涉许可对秦淮河风光带的景观造成严重损害,法院认为该主张涉及社会公共利益,原告不具备利害关系。参见江苏省南京市中级人民法院(2020)苏 01 行终 46 号行政判决书。

〔160〕 例如,"念泗三村 28 幢居民诉扬州市规划局行政许可案",该案中原告主张的权益可以归纳为两类:①通风、采光、日照等常见的相邻权;②作为景观周边居民,享受瘦西湖景区景观的权益。法院未针对原告主张的第②项无法归入相邻权保护范畴的景观权益审查其原告资格,实际未认可景观权益属于法定利害关系类型。参见《最高人民法院公报》2004 年第 11 期。

〔161〕 例如,"王莉莉、祖素环等诉葫芦岛市自然资源局建设工程规划许可案"。法院认为"观景权"或"眺望权"不属于法定利害关系中的相邻权,应属于地役权,而现行行政规范仅明确保护相邻权,并且未明确规定观景权是否属于行政审批过程中应考虑的因素,故原告不具备利害关系。参见辽宁省葫芦岛市中级人民法院(2021)辽 14 行终 65 号行政裁定书。

〔162〕 参见王世杰:《行政法上第三人保护的权利基础》,《法制与社会发展》2022 年第 2 期。

即应当在根据规范或关联规范中找到明确的"景观保护"条文。例如在"鞆浦案"中,公有水面填埋许可的根据规范《公有水面填埋法》仅将"环境保护"作为许可考虑事项,法院依据关联规范《濑户内海法》等确定有"保护濑户内海景观"的规定后,才认可"景观利益"属于填埋许可根据规范所保护的利益范围。

第二,审查景观权益是否属于根据规范及关联规范所保护的特定个体的个别利益,主要通过解读行政参与程序规定、行政复议或诉讼等救济权利规定的具体条文,分析规范保护的主体能否具体到特定个体。日本法院在解释倾向上仍存在较大分歧,部分法院采用较为宽松的解释,如果具体条文设定有针对特定地区景观的规制事项,例如景观周边建筑高度限制、用地面积等,有针对地区居民的行政参与程序,有针对地区居民的复议或诉讼等救济程序,那么一般认可具有个别保护性;部分法院采用较为严格的解释,如果具体条文没有针对案涉景观的特定规制事项,没有针对案涉景观周边居民的个别权益保障内容,那么一般否定具有个别保护性。回归中国的判例,以"青岛市民诉青岛市规划局撤销建设用地及建设工程规划许可案"[163]为例,本案规划局针对住宅核发建设用地及建设工程规划许可,导致青岛市音乐广场海滨景观被破坏,影响原告眺望海滨景观以及景观周边整体的居住环境。法院未正面判断原告主张景观权益的性质,而认为"法律上的利害关系"同时包括公共利益和个人利益,无论原告主张属何种利益都应认可其原告资格。如果从保护规范理论的解释来看,本案可以通过解读根据规范有关"禁止破坏音乐广场风景区自然景观,禁止审批建设商业建筑"的规定,来判断是否包含个别保护宗旨。[164] 参考前述不同的解释倾向,将会得出不同结论。

其次,从景观价值受侵害的状态、程度着手分析景观权益受侵害的显著性。景观破坏带来的是生活环境方面的利益减损,不会导致生命或身体安全、健康以及财产的显著损害,我国法院在分析时通常也认为属于"超出满

---

〔163〕 参见姜培永:《市民状告青岛规划局行政许可案——兼论我国建立公益诉讼制度的必要性与可行性》,《山东审判》2002 年第 1 期。

〔164〕 青岛市人大十二届二次会议 2 号议案及青岛市政府(1999)130 号文件规定,严禁破坏风景区的自然景观。自海岸线至陆域 200 米范围内禁止审批建设住宅、公寓、别墅、商住楼(含办公楼)及宾馆、饭店等建筑。

足正常生活最低需要限度的利益"。[165] 而如果要尝试突破景观权益一般性地弱于生命和身体安全相关利益的瓶颈,可以从建设行为对景观侵害的不可逆转及不可金钱赔偿的角度阐释景观价值受行政处分侵害的显著性。

另外,就行政诉讼模式而言,私主体主张个人景观权益受到行政行为侵害而提起行政诉讼,最终目的是保护景观。以日本主观行政诉讼原告资格审查中"景观利益"由反射性利益到"法律上的利益"的数十年变化历程为参考,并不涉及相邻关系的、单纯因居住或游览而享受景观的情形。未来在我国能否通过明确界定具有个人利益属性的景观权益并通过原告资格审查,还具有不确定性。

我国2017年修订的《行政诉讼法》第二十五条第四款新增环境行政公益诉讼,对于生态环境保护等领域负有监督管理职责的行政机关不行使或违法行使职权的行为,检察机关可以提起行政诉讼。该条款在客观诉讼维度提供了利用行政诉讼实现景观保护的功能。从功能视角来看,不同于日本以界定具有个人利益属性的"景观利益"并运用主观诉讼制度实现景观保护的路径,环境公益诉讼或许是另一种方式。这种方式同样需要解释行政公益诉讼启动条件"生态环境和资源保护"与"景观"概念之间的关联,"鞆浦案"等日本判例针对行政规范中"环境保护"与"景观保护"表述之间关系的解释思路仍然具有参考价值。

十一、结语

在实体法未将景观权益作为一项法定化权益予以保护的情形下,由法院通过法律解释来划定景观权益的内涵外延并判断其法律属性具有可能性。尽管景观价值以及相关利害关系人的多重结构使得景观权益具有无法归属于公益或私益的集合性特征,但在目前主观行政诉讼的框架下,相关案件要想进入实体审查,首先需要在原告资格审查环节证成个人权益侵害。然而我国既有判例概括性地将以眺望为核心的景观权益界定为个人权益,将以游览和居住为核心的景观权益界定为公共权益,并且通常以法定利害

---

〔165〕 参见辽宁省葫芦岛市中级人民法院(2021)辽14行终65号行政裁定书。

关系类型和行政根据规范明确列举的保护事项为依据判断原告资格,使得我国景观权益无论是内涵外延还是法律属性都处于模糊状态。针对如何划定景观权益的范围,如何通过解读行政实体法以分析其是否包含保护个人景观权益的宗旨,日本法提供了动态变化的思路。

虽然总体而言,目前日本行政判例对于"景观利益"概念、属性以及原告资格审查尚未达成一致的裁判结论,但无论是多数说人格利益说还是少数说公共利益说,均已形成较为固定的裁判思路。首先,概念界定方面,多数说通过强调特定景观的审美及历史文化价值而肯定景观与特定居民生活环境的连结,并以"居住"事实要件将享受该等景观价值的利益赋予居民个体,这种界定方式与日本《景观法》等实体法以及社区营造活动等社会事实一贯强调景观形成与地域特性的关联,景观维持与特定区域居民活动的关联密切相关。鉴于我国相关实体法主要从景观构成要素协调和景观审美价值角度界定什么是值得保护的"景观",并不强调景观与特定地域个人的联系,日本概念可移植性较低,但其依据实体法界定景观权益构成要件,明确区分以眺望、游览和居住为核心的权益类型的审查方法,具有参考意义。其次,原告资格审查方面,多数说采用相对宽松的解释,在根据规范具体条文设定有针对特定地区景观的规制事项,例如景观周边建筑高度限制、用地面积等,有针对地区居民的行政参与程序、复议或诉讼等救济程序,且景观侵害达到严重程度的情况下,认可个别保护性。少数说采用相对严格的解释,要求根据规范具体条文明确体现针对案涉景观的特定规制事项或者针对案涉景观周边居民的个别权益保障内容,并且景观侵害一般劣后于生命身体安全利益侵害,否定个别保护性。这种思路对于我国如何判断未明确包含"景观保护"目的条款的根据规范所保护的利益范围,如何解读建筑物限高等景观规制条文、听证会等行政参与条文、复议诉讼等行政救济条文所包含的保护宗旨,如何判断景观受侵害严重程度,具有参考价值。

值得注意的是,在主观行政诉讼框架下由司法裁判生成的景观权益,终究附属于个人利益,这与景观权益本身具备的集合性特征存在偏差。日本城市空间利益相关研究在如何重构利益概念及来源,如何与行政诉讼制度衔接等问题上,已经开始尝试突破公私益二分结构。中国法视角下,抽离出行政诉讼的主观权益保护框架,如何在集合性利益视角下把握景观权益,如何设定相应的救济制度,有待进一步研究。

[推荐人及推荐理由]

观察城市发展与法律变迁之间关系时,在国内外的文献中近来时常会遇到"景观利益"概念。这个具有空间属性的权益之所以会出现以及受到关注,其源于高速城市化引发的高层住宅楼、公共基础设施等开发项目建设与城市或自然景观保护之间的激烈冲突。从比较法的视野看,值得研究的是本世纪集中出现在日本的相关案件的判决。

"景观利益"在法学上或法解释的定位具有一定的难度。理论层面,景观财产和精神价值可支配主体以及利害关系结构的多元性和集合性,使得景观权益概念难以界定,且难以判断其公共利益或个人利益属性;实践层面,行政诉讼原告资格审查是景观权益生成的环节,包括我国在内的判例上,对于定位及解释根据规范的具体思路争议较多。一般而言,当提到"景观"而生的"利益"时,人们往往理所当然地将其定位为公共利益的一种,由公共秩序保障。然而,在日本的判例中,"景观利益"成为行政诉讼中抗告诉讼(类似于我国行政诉讼中的撤销诉讼)原告请求救济的主张,同时也构成了原告适格要件中的诉的利益。换言之,这里的"景观利益"在公法诉讼中表现为私益属性。由此,在实体法中,这里的利益具有了公私双重属性的复杂结构,因而该被重新定位为属于公共利益与个人利益中间地带的"共通利益"或"凝集利益"。在"共通利益"的理论框架下,依存于客观法秩序的"景观利益"享有者,可以直接针对侵害"景观利益"的行政行为提起主观行政诉讼。

论文对法律概念类似且判例出现更早,原告资格判断结构趋近的日本法进行研究,依据学理代表性、说理完整性和可比较性的标准筛选日本20世纪50年代至今的10个行政判例,抽取各阶段"景观利益"概念的构成要件、定位行政规范并解读保护宗旨的思路。在此基础上在剥离出基于日本特定规范和社会背景而难以借鉴的因素后,从我国判例现有的保护规范说和实际影响说两个层面,讨论我国景观权益概念包含的眺望、居住和游览三种类型,探讨如何定位和解释根据规范,如何分析行政行为与实际侵害间因果关系等问题,为我国在相应方面的行政法学发展寻找可能的路径。

——朱芒,上海交通大学凯原法学院教授、博士生导师

Abstract：Recently, landscape destruction incidents have occurred frequently, and cases in which private parties file lawsuits against specific administrative acts, claiming that their landscape rights and interests have been infringed become more common. The multiplicity of property and spiritual values of landscapes, as well as the diversity and aggregation of landscape stakeholders, make it difficult for landscape rights and interests to be categorized into public or individual categories. The court will first face the problem of definition and attribute judgment of landscape rights and interests when examining the plaintiff's qualification, so the plaintiff's qualification becomes the link of generation of landscape rights and interests in administrative litigations. The plaintiff's qualification examination in relevant cases in China is usually based on whether the landscape rights and interests fall within the scope of statutory interest relationships, or whether the landscape rights and interests fall within the scope of the protection items explicitly listed in the relevant regulations of the administrative act. In the absence of concept definition and legal explanation, the scope of "legitimate rights and interests" in administrative litigation is limited to statutory rights, and no landscape rights and interests is generated by administrative litigation in China. Through analyzing typical cases of Japanese landscape-related administrative litigation since its appearance, this paper tries to extract the method of constructing the concept of "landscape interest" and the frame of examining the plaintiff's qualification in administrative litigation. At the same time, it analyzes the reasons for the change of Japanese cases combined with theoretical and normative background, and provides a dynamic reference for defining and examining the landscape interest according to the substantive law in administrative litigation in China.

The concept of "landscape interest" is basically established by Japanese cases through legal interpretations. Since the 1950s, there have been precedents in Japan that private parties claim that their "landscape interests" have been infringed by administrative acts. According to the differences in the definition of "landscape interest" in precedents, it can be divided into four viewpoints according to the chronological order, namely environmental interest theory, land ownership derivative interest theory, personality interest theory and public interest theory. On the basis of discussing the theoretical and normative background in each stage, this paper discusses the examination ideas of the precedents on the constitutive elements and the legal attributes of "landscape interests", and the individual interest protection purpose of administrative norms. At present, the Japanese courts have not reached a consistent conclusion on the above-mentioned issues. On the premise of stripping the difference of case facts, there are still two standpoints, personality interest theory and public interest theory, and the former has become the majority. Based on the legal protection of a particular landscape and its historical and cultural value, personality interest theory recognizes the special connection between the landscape and the local inhabitants' living environment and affirms the attribute of personality interest. However, based on the instability of the constitutive elements of "landscape interest", it is denied that it constitutes a right. Through a relatively flexible interpretation of the relationship between the administrative norms, especially provisions on landscape regulation, procedures for residents' participation, as well as administrative remedies, and the elements of "landscape interests", and by emphasis on the irreparable and non-compensable nature of landscape damage, the purpose of protecting individual interests in administrative norms was recognized. On the other hand, public interest theory denies the attribute of personal interests on the ground that "landscape interests" do not meet the requirements of clarity and specificity of legal interests, and denies the plaintiff's qualification through relatively strict interpretation of the connection between administrative norms and elements of interests, as well as emphasis on the inferiority of landscape values. Meanwhile, through analyzing the reasons for the change of the judicial ideas in Japan, this paper finds that the change is influenced by the case law theory of the Supreme Court that expands the scope of laws and incorporates the content, nature, state and degree of the infringed interest into the interpretation method, the establishment of the concept of "landscape interest" based on the interpretation of substantive law, and the gradual integration of the landscape protection regulation system.

Based on the changing path of the definition of "landscape interest" and the plaintiff's qualification examination in Japan, and the analysis of the current situation of theory and litigation in China, this paper believes that the tendency of Japanese cases to distinguish the different kinds of interests such as sightseeing and dwelling, the idea of explaining the elements of interests, and the ways of distinguishing and interpreting the purpose of protecting individual interests in administrative norms are of reference significance.

(特约编辑:吕正义)

论行政许可对民事合同效力的影响

章许睿[*]

内容提要：我国《民法典》第五百零二条第二款将行政许可与民事合同效力实质关联，由此产生行政许可介入民事合同的效力问题。行政许可对合同效力的影响，根本上是国家管制对私法自治的影响，但是该效果却未得到法学理论的系统阐释，以至于造成国家管制与私法自治不相协调、公法与私法衔接不畅的法域结构困境。作为私法形成性行政行为的行政许可，依托于公法与私法融合现象，存在于从宪法基本权利限制到行政行为类型化的公法理论之中，其介入并对民事合同效力产生影响理固宜然，在公法层面属于形成性行政行为的功能类型，在私法层面系作为民事合同的特别生效要件。在行政法理论视野中，行政行为对合同关系具有积极实现的形成作用、延缓履行的限制作用以及相对否定的阻却作用，依此范式方能具体阐述行政许可对民事合同的作用体系。

关键词：行政许可；合同效力；法律行为；形成性行政行为

一、公私法域交界面释义学的形成

准确界定行政许可对合同效力的影响，对平衡国家管制与私法自治具有重要意义。我国《民法典》第五百零二条第二款将合同效力与"批准"行为

---

* 章许睿，对外经济贸易大学法学院 2022 级博士研究生，华东政法大学法律学院宪法学与行政法学专业 2022 届硕士。

实质联结,将须经批准的合同效力交由法律、行政法规决定。[1] 虽然该条款开辟了行政许可介入私法关系的通道,但行政许可介入民事合同的具体效果,在理论界长期缺少共识和定论。[2] 《民法典》第五百零二条第二款将合同效力判断的依据限定在"法律、行政法规",但规范范围的不确定性易使得司法裁判存在较大分歧。从规范范围上看,目前仅有少部分法律、行政法规从规范上明确了行政许可对合同效力的影响。从规范性质上看,有些行政许可规范属于管理性强制性规定,有些属于效力性强制性规范,这些规范中的行政许可行为,是否能产生介入民事法律行为的层次化作用,尚有疑窦。现有理论和实践鲜有从行政法规范解释论的视角探讨行政行为影响民事法律行为之问题。若采用传统的规范性质区分方法,将法律规范分为效力性强制性规定和管理性强制性规定,进而将行政许可影响合同效力的问题,化约为涉行政许可规范性质的问题,[3] 则其并未解释行政行为为何能影响私法关系,未能从行政法视角看待行政行为的作用,因而具有法学视野的局限性。当下并不能完全根据行政性规范性质来判断民事合同效力,原因有二,其一是效力性强制性规范和管理性强制性规范的区分存在适用性不足的问题,其二是行政性规范常缺失民事行为法律效果的规范构成部分。以公法私法转化论为基础,从行政行为的功能视角看待这个问题,方可厘清法释义学的思路。以实现公共利益为目的的公法和以释放个人自利动机而设的私法虽平行存在,但当规范内涵冲突时,只能由私法来承接公法。体系

---

〔1〕 "批准"一般是法律用语,作为语义用词载于法律规范之中,其涵盖范围也是广泛的,既包括介入法律行为的行政许可,也包括介入事实行为的行政许可。本文所论述的"批准",系指针对私主体所为法律行为的赋权型行政许可,不包括针对事实行为的行政许可,也不包括行政机关上级对下级的内部行政审批。其直接涉及的双方主体为行政机关和行政相对人,这里的相对人仅指从事民事法律行为的私主体。

〔2〕 在判断行政许可影响合同的效力时,法院通常适用旧的《合同法》第四十四条第二款、《最高人民法院关于适用〈中华人民共和国合同法〉若干问题的解释(一)》(法释〔1999〕19 号,以下简称《合同法解释(一)》)第九条,认定民事合同未生效。在理论界,通常区分规范性质以判断民事合同的效力,但"规范性质说"本身存在适用性不足的问题。具体可参见王轶:《民法典的规范配置——以对我国〈合同法〉规范配置的反思为中心》,《烟台大学学报(哲学社会科学版)》2005 年第 3 期;王轶:《行政许可的民法意义》,《中国社会科学》2020 年第 5 期。

〔3〕 此方法的最明显问题是,法院的裁判路径和结论不尽相同,根本原因在于规范性质难以判断以及行政许可立法存在有意的真空。具体案例可见最高人民法院执行裁定书(2017)最高法执监 136 号、最高人民法院民事判决书(2011)民提字第 307 号、最高人民法院民事判决书(2007)民一终字第 84 号。

化的结果就是按规范的远近去分门别类,先在制定法的基础上进行归总,建立某种门类的认知后又会反过来影响立法,渐渐就会形成轮廓越来越清晰的法域,法释义学也在法域的基础上,更有意识地对制定法的内容及制定法间的关系进行体系研究。[4]行政行为相对民事法律行为,具有积极保障的功能和消极制衡的功能,积极保障旨在实现法律行为的自治,起到辅助配合的作用;消极制衡旨在维护社会秩序和公共利益,实现国家管制目的,对民事法律行为有限制性和阻却性的作用,进而调和管制与自治,平衡整体法秩序。易言之,行政许可能够影响私法权利义务关系,可通过公权行为给合同中尚未确定的权属关系赋予确定力。是故,行政许可影响合同效力论题的研究,可以为《民法典》与行政法规范的衔接机制提供一种公法解释视角与契机,不仅有利于实现行政行为类型化视野的私法化拓展,也有利于加强行政法规范与民法典中行政性规范的衔接性。本文将分析行政许可介入民事合同的理论基础、判断逻辑以及作用阐释,解释公私法域介面释义学领域中行政许可的私法功能,以期助益于形成性行政行为之研究和法规范解释之拓展优化。

二、行政许可影响合同效力的既有讨论和核心问题

(一)行政许可介入民事合同之影响

有关行政许可介入民事合同的问题,主要的争论集中于行政许可介入民事合同的效果以及责任之承担。对法律效果而言,基于国家管制和私法自治的关系,行政许可应介入民事合同并对其效力产生影响,此由《民法典》第五百零二条第二款予以明确。从根源上讲,合同的法律效力源自法律,是合同法等法律赋予合同的,由国家的强制力保障,[5]因而合同的生效需同时兼顾意思自治和国家管制之要求。但是,关于行政许可是否应介入民事

---

〔4〕　苏永钦:《法域介面解释学》,《法令月刊》第 69 卷第 6 期(2018 年)。

〔5〕　崔建远:《编纂民法典时务必注意行政因素》,《国家行政学院学报》2018 年第 1 期。

合同及其产生的影响,现有的理论学说不一而足,主要有"有效说"、[6]"无效说"、[7]"未生效说"、[8]"效力待定说"。[9]"有效说"主要是否认了行政许可影响合同效力的作用。"效力待定说"忽视了效力待定和未生效的区别,即效力待定的民事法律行为一定有真正权利人,而未生效的民事法律行为却不涉及真正权利人的问题。"无效说"虽然一定程度上支持行政许可的介入,但认为应区分情形而作不同对待。这些学说的分歧反映在司法实践上,即为规范适用的混乱。法律规定的有意缺失与法律漏洞填补之间常存在矛盾,《民法典》第五百零二条第二款中"法律、行政法规的规定"这一转介条款的不确定性,导致司法实践中存在较大的裁判分歧甚至乱象。[10]法院对具体的法律、行政法规影响合同效力的结果认识不一,而实际上并非所有的批准行为均能影响合同的效力,因而关于未经批准的合同效力,无论是理论还是实践上,均有分歧。[11]这种现象主要见诸土地使用权转让、矿业权转让、重要国企的重要事项或者国有股权转让致使国家不再拥有控股地位、以未申请办理建设工程规划许可证的房屋为租赁标的物等情形的司法裁判。[12]此种分歧之原因主要有二,其一是未能准确区分行政许可的作用以及合同当事人的意思表示,杂糅公权行为与私人意思而使得合同效力难以判断;其二是未从法理基础层面探讨行政许可是否以及为何介入民事合同之中。而法学应不断地由法秩序、其内含的意义脉络出发,赓续发展,借此

---

〔6〕 关于合同"有效说",参见马新彦:《论民法对合同行政审批的立法态度》,《中国法学》2016 年第 6 期;蔡立东:《行政审批与权利转让合同的效力》,《中国法学》2013 年第 1 期;李昊:《论须批准法律行为在民法总则中的规范方式》,《法学论坛》2017 年第 1 期。

〔7〕 关于合同"无效说",参见王玉飞、谢颖:《涉外股权转让合同效力认定》,《人民司法》2009 年第 24 期。

〔8〕 关于合同"未生效说",参见王轶:《合同效力认定的若干问题》,《国家检察官学院学报》2010 年第 5 期;刘贵祥:《论行政审批与合同效力——以外商投资企业股权转让为线索》,《中国法学》2011 年第 2 期;吴光荣:《行政审批对合同效力的影响:理论与实践》,《法学家》2013 年第 1 期。

〔9〕 关于合同"效力待定说",参见韩世远:《合同法总论》(第四版),法律出版社 2018 年版,第 197 页;杨永清:《批准生效合同若干问题探讨》,《中国法学》2013 年第 6 期;朱广新:《合同未办理法定批准手续时的效力——对〈中华人民共和国合同法〉第 44 条第 2 款及相关规定的解释》,《法商研究》2015 年第 6 期。

〔10〕 参见谭佐财:《未经批准合同的效力认定与责任配置——〈民法典〉第 502 条第 2 款解释论》,《法学》2022 年第 4 期。

〔11〕 参见黄薇主编:《中华人民共和国民法典合同编释义》,法律出版社 2020 年版,第 97 页。

〔12〕 参见谭佐财:《未经批准合同的效力认定与责任配置——〈民法典〉第 502 条第 2 款解释论》,《法学》2022 年第 4 期。

显示出作为意义脉络的整体法秩序,并由此得出应有的结论。[13] 因此,现有的学理主要是从民事合同的性质及其效力瑕疵上,看待未经许可之合同效力问题,间或杂糅了行政行为和意思表示的不同影响,因而从整体法学秩序上看,证成行政许可影响民事合同效力的关键,就在于说明行政许可的性质及公权力所代表的整体法秩序。

(二)行政许可对民事合同生效的意义

行政许可的法律结构之目的在于私性自由与公益性一般禁止,行政相对人被行政机关的许可行为所解除的是由法律设定的一般性不作为义务。[14] 行政许可的主要目的在于规范、控制某些领域的行为与活动,同时对于权利而言,也具有创设性质,无许可则无此项权利。[15] 依我国民法通说,合同法学明确区分合同成立与合同生效,并将行政许可作为合同的生效要件,而非成立要件,行政许可与附生效条件或者期限一起,被作为法律行为的特别生效要件。[16] 苏永钦教授认为,成立要件与生效要件的区分旨在分别落实私法自治与国家管制,在二者之间,"民法"显然还有其他的"积极"而直接涉及效力发生与否的规定。在用语上,既非"不成立",也非"无效",而是"不生效力"(unwirksam)或"始生效力"(wirksam)。在类型化上,把这些"不生效力"或"始生效力"的规定定性为狭义的"生效要件"或"积极生效要件"。[17] 因此,行政许可在民法意义上就是由法律规范明确的特别生效要件,具体反映在民事合同效力上,即单纯未经许可的民事合同依照法律规定而未生效,未生效合同则处于效力不确定状态,可以通过补救而成为有效合同。无效的法律行为因行为本身有反社会性而不能见容于法律秩序,也不可能借转换而继续生效。只有已成立而因欠缺特别生效要件未生效的行为,当该要件可经由当事人、第三人或国家为一定行为而嗣后具备时,才有转换生效的可能。[18] 司法实践中常有混淆合同无效和未生效之情形。法

---

〔13〕 [德]卡尔·拉伦茨:《法学方法论》,陈爱娥译,商务印书馆 2003 年版,第 44 页。

〔14〕 参见朱芒:《日本的行政许可——基本理论和制度》,《中外法学》1999 年第 4 期。

〔15〕 江必新:《论行政许可的性质》,《行政法学研究》2004 年第 2 期。

〔16〕 参见刘贵祥:《论行政审批与合同效力——以外商投资企业股权转让为线索》,《中国法学》2011 年第 2 期。

〔17〕 参见苏永钦:《私法自治中的经济理性》,中国人民大学出版社 2004 年版,第 160 页。

〔18〕 参见苏永钦:《私法自治中的国家强制》,中国法制出版社 2005 年版,第 42、43 页。

院在引用《探矿权采矿权转让管理办法》第三条时多判合同无效,而引用《探矿权采矿权转让管理办法》第十条时,合同多被判为未生效。[19] 例如,在"景泰县太平煤矿诉高生前采矿权纠纷案"中,法院认为,按照《探矿权采矿权转让管理办法》的有关规定,但凡规模化勘查开采矿产资源,必须办理探矿权和采矿权手续,从业人员还需具备相应的从业资质,其目的是保证矿产资源开发的合理有序和安全生产。本案被告以个人名义与原告景泰县太平煤矿签订采挖煤炭合同,属无资质的自然人签订的合同,且按照法律、法规规定采矿权转让还应当办理相关审批手续而未办理,故涉案《煤炭合作开发协议》应认定无效。[20] 因此,无效的法律行为必须本身具有严重的反社会性或者违法性,单纯的程序上未经许可之瑕疵并不产生法律行为无效之结果。《最高人民法院关于审理矿业权纠纷案件适用法律若干问题的解释》第六条第二款对此也作出肯定,即仅以矿业权转让申请未经自然资源主管部门批准为由请求确认转让合同无效的,法院对此不予支持。王泽鉴教授指出,应严格区别契约拘束力与契约效力,前者是指契约合法成立后不能由一方任意撤销,后者是指契约所生之私法上权利义务。契约通常于其成立时,即具有拘束力;契约效力的发生,以契约有效为前提。[21] 民事合同成立后自有拘束力,但是否具有合同效力则依行政许可和合同当事人意志共同为之。行政许可的意义就在于,通过许可而使得合同中的私法权利义务得以生效,进而使得民事合同整体生效。

(三)影响合同效力的行政许可的法定类型

界定行政许可能在多大范围内影响民事合同及其效力,是明确行政许可介入民事合同限度的重要依据。目前,虽然《民法典》第五百零二条第二款将影响合同效力的行政许可规范限定在法律、行政法规,但其他涉及行政许可的禁止规范有可能结合《民法典》第一百五十三条第二款,认定违反公共秩序的民事合同无效。准此以观,首先应识别何种规范依据表明了确定的规范效果,其次再结合民事合同是否须经许可及其适法性,方能对合同效力有综合的确切判断。从规范上看,能够影响合同效力的行政许可的法定

〔19〕 参见马新彦:《论民法对合同行政审批的立法态度》,《中国法学》2016 年第 6 期。
〔20〕 参见甘肃省白银市中级人民法院民事判决书(2014)白中民二初字第 4 号。
〔21〕 参见王泽鉴:《债法原理》(第二版),北京大学出版社 2013 年版,第 204 页。

类型主要有:探矿权、采矿权转让许可,[22]技术进口、出口许可,[23]军品出口合同许可,[24]外商投资企业设立、变更等过程中的许可,[25]房地产开发经营许可,[26]建筑业企业资质许可,[27]矿产资源勘查、采矿、转让许可,[28]企业出售合同许可。[29] 以行政许可的功能和作用为标准,目前影响合同效力的行政许可主要类型主要有三种,其一是涉及公共利益的资质管制类许可,例如涉及金融秩序的特许经营、涉及公共安全领域的特许经营、违法移转特许资质等情形;[30]其二是涉及国家垄断的资源配置类许可,例如前述的探矿权转让许可、技术进出口许可以及军品出口许可等等,由于这类许可具有赋权性质,因此也被称为特许许可;其三是涉及人身财产安全的危害控制类许可,这是为预防和控制有社会危害性的法律行为而设定和实施的许可。[31] 从司法实践上看,此三类行政许可的应用场域确为合同效力受到影响的主要情形。申言之,行政许可所涉及的私法行为,要么是原本私人可以自由从事的活动(一般许可),要么是私人无权而国家授权其从事的活动(特许)。根据具体的申请,当申请者无不适当情况时行政机关即给予许可,解除其权利的禁止或者赋予其从事国家经营的权利能力。因此,具有形成性功能的行政许可,其功能具体指向赋予权利和解除不作为义务,从而使得相关民事法律行为产生履行力进而生效。此外,由于行政许可涉及的法律规范一般属于强制性规范,但它往往缺失了法律效果要件,因而主张从规范目的探求法律真意的"规范目的说"逐渐兴起,该说也确乎符合理论逻辑,但遗憾之处在于,论者大都止步于此,未能正面回答识别规范目的的具体标准或

---

〔22〕　参见《探矿权采矿权转让管理办法》第十条第三款。

〔23〕　参见《技术进出口管理条例》第十六条、第三十五条。

〔24〕　参见《军品出口管理条例》第十五条。

〔25〕　参见《最高人民法院关于审理外商投资企业纠纷案件若干问题的规定(一)》第一条。

〔26〕　参见《最高人民法院关于审理涉及国有土地使用权合同纠纷案件适用法律问题的解释》第十三条。

〔27〕　参见《最高人民法院关于审理建设工程施工合同纠纷案件适用法律问题的解释(一)》第一条。

〔28〕　参见《最高人民法院关于审理矿业权纠纷案件适用法律若干问题的解释》第五条、第六条。

〔29〕　参见《最高人民法院关于审理与企业改制相关的民事纠纷案件若干问题的规定》第十七条。

〔30〕　陈树森:《识别影响合同效力强制性规定的路径思考》,《中国应用法学》2021年第5期。

〔31〕　参见王克稳:《论行政审批的分类改革与替代性制度建设》,《中国法学》2015年第2期。

者实现方式。[32] 当法律规范的目的难以识别时，考察该规范的构成重心是否为行政许可产生的法律效果，考察其规制对象是合同行为本身还是其履行行为，考察其是否禁止该合同行为后果之发生，将规范目的与行为后果结合以观，将管制后果考量作为补充规范目的之裁量手段，如此方可对法律行为效力有更为明确的判断。

在梳理了既有裁判和学理讨论的思路后，下文对行政许可的探讨将聚焦于以下问题：其一，由于行政许可规范的要件和效果完全依公法而决定，那么这种行政许可介入私法行为的法理基础为何？其二，影响合同效力的行政许可，在行政法体系和行政行为类型中的定位如何？其三，如果审查相关民事合同是否生效的要点不仅在于民事合同行为是否客观适法，而且包括其是否有违行政机关作出行政许可的要件和效果，那么行政许可介入民事合同效力具备何种作用类型及适用条件，并影响此类案件的实体审理。

三、介入私法关系的行政许可的法理基础

行政许可介入民事合同作用的体系化思考，应立足于阐释行政许可介入私法关系的理论正当性，在国家管制和私法自治的关系向度上，应从宪法基本权理论、行政行为类型理论以及公法私法转化理论中作探讨。

（一）基本权利限制论

基本权利为公民构筑起了一个自由的私人领域和生活空间，但也允许国家出于公益或其他价值的考虑而对基本权利予以干预。从这个意义上说，宪法规定的基本权利的限制要件，正是国家介入私人领域的合宪性理由。在具备这些要件时，公权力介入公民的私人领域被认为是宪法所允许的，是对"基本权利的合宪干预"。[33] 从规范来源的现代宪法基础上思考，可以解释行政行为何以介入民事法律行为，即证成公法规范影响私法行为的正当性。我国《宪法》具有明确的社会主义宪法的特征，集体利益、公共利

〔32〕 谭佐财：《未经批准合同的效力认定与责任配置——〈民法典〉第 502 条第 2 款解释论》，《法学》2022 年第 4 期。

〔33〕 赵宏：《限制的限制：德国基本权利限制模式的内在机理》，《法学家》2011 年第 2 期。

益占据主导地位,国家一开始便有干预私人行为的政治基础,私人自由的正当性在于人民总体福祉的实现,且一切法律、行政法规必须以《宪法》为根本准据。在权利考量上,《宪法》第五十一条明确了权利冲突的界限。其一是私权利违法损害公共利益;其二是私权利合法抵触公共利益。前者为基本权利的界限,不能在此界限之外行使基本权利;后者是基本权利的合法化,但在适用范围上具有矛盾之处。[34]

私权利的行使不得损害公共利益和第三人利益。其一,如果有损害的现实或者风险,则这种私行为需要受到否定效力之评价。然而,效力的评价往往交由司法机关最终裁决,但限于司法机关的中立性,制止风险则需要行政机关的积极介入。其二,为了防止行为风险的最初发生,法律、行政法规赋予公权介入私权以正当性,将行政机关的同意作为某些私人行为生效的前提。行政机关的同意,是一种意思表示,也是行政行为的核心要素,在行政法中可称为"依申请的行政行为",由此行政登记或者行政许可等,便可成为民事法律行为的特别生效要件。对基本权利的限制是衡诸公益和私益的结果,行政许可是公权力对基本权利的事前限制手段,即时行政许可的作出属于授益性行政行为,但其实质上是对自由权的解禁,故行政许可制度的意旨总体仍在限制人民自由权以实现公益。对于特别生效要件中的批准等行政许可而言,相关行为若未经批准而为之,在私法上不生效力。[35]从限制的结果上看,限制的法律效果应综合考量行为、目的、手段和法益等,关键问题是私人利益与公共利益的博弈。[36]原则上处于国家垄断或者政府严格管制的领域,被管制者对此种交易后果有比较充分的预见,同时交易内容之管制具有相当程度的必要性,国家也能通过行政行为的实体法规范进行强有力的事前效力控制,由此通过行政行为限制宪法基本权利便有充实的正当性基础。

---

〔34〕　胡锦光、王锴:《我国宪法上"公共利益"的界定》,《中国法学》2005年第1期。

〔35〕　章程:《论行政行为对法律行为效力的作用——从基本权理论出发的一个体系化尝试》,《中国法律评论》2021年第3期。

〔36〕　汪进元:《基本权利的保护范围:构成、限制及其合宪性》,法律出版社2013年版,第64页。

（二）形成性行政行为论

行政机关在一定程度上能干预私主体的活动,能发挥干预私法活动及其效力的阶段性裁决作用,而这种作用对于私法活动而言,便是形成私法关系之功能。对于行政行为的类型而言,这种行政行为被称为私法形成性行政行为。我国行政行为类型化理论主要源于德国,而德国行政行为的类型标准则是借鉴于司法裁判的类型。依据行政行为的内容,可将行政行为分为形成性行政行为、确认性行政行为、命令性行政行为。[37] 形成性行政行为即指产生、变更或消灭某种法律关系的行政行为,其要件和效果完全依公法决定。德国法学将行政许可等批准行为称为私法形成性行政行为,它有私法上的形成效力,又兼具公法行为的地位,理应适用公法,但是关于何时生效、有否溯及力、可否撤销或撤回、可否拒绝或豁免,又常常要结合其私法形成效果来决定。[38]

日本将行政许可分为许可、特许和认可。依日本行政法的经典理论,行政行为分为法律行为性行政行为和准法律行为性行政行为,法律行为性行政行为又进而分为命令性行政行为和形成性行政行为。[39] 命令性行政行为进而可以分为命令及禁止、许可、免除;形成性行政行为进而可以分为特许及变更、剥夺权利的行为、认可、代理。[40] 形成性行政行为是指赋予权利能力、行为能力特定的权利或设定概括性法律关系、使法律上的效力发生、变更、消灭的行为。特许(为特定人设定新权利,赋予其法律效力或法律地位的行为)、认可(对法律行为予以补充,使其法律效果得以完成的行为)属于形成性行政行为。由此可见,形成性行政行为是行政行为的一种特定类型,行政许可在特定情形下具备形成私法关系的功能。

（三）公法私法转化论

民事法律规范在确认和保护公民各项民事权利的同时,也具有保障公权机关依法行使职权的作用。与此相对应,公法规范在促进国家权力依法

---

〔37〕　［德］哈特穆特·毛雷尔:《行政法学总论》,高家伟译,法律出版社 2000 年版,第 207 页。
〔38〕　汤文平:《德国法上的批准生效合同研究》,《清华法学》2010 年第 6 期。
〔39〕　朱芒:《日本的行政许可——基本理论和制度》,《中外法学》1999 年第 4 期。
〔40〕　杨建顺:《日本行政法通论》,中国法制出版社 1998 年版,第 366 页。

行使的同时,也有着确认和保护民事权利的作用。公法与私法之间,不能通过假定其本质而为区分,理论上对公法与私法的区分是一个技术性的释义问题,不具有普遍的适用意义,仅在于通过对公私法二元化相关规范的解释,而反求二元论结论的正当性,不足之处则由此显现。德国法上公法与私法的区分标准,有主观权利(die subjektiven Rechte)、法律关系(die Rechtsverhältnisse)、法律规范(die Rechtsnomen)等。[41] 对于公法与私法的区分标准,又可以细分为许多理论。例如,在探讨法律规范的区分时,德国法上又存在利益说(Interessen)、服从或从属说(Subjektions bzw. Subordinations)、特别权利说(Sonderrechtstheorie)等。[42] 然而,这些理论旨在证明公法与私法在一定程度上是截然可分的。与其秉持二元化的逻辑,不如接受公法与私法,特别是二者规范之间相互影响的事实,并探讨这种影响及相互关系对于法治的发展具有何种法律意义。在法治国家中,公法与私法存在相互转化、融合适用以及私法的公法化的现象。

首先,从法律上看,公法对私法具有重大影响,公法和私法在现代行政任务中可以结合适用。行政采用私法方式执行行政任务时,仍受公法规范的拘束,产生行政私法的问题。行政法对私法的拘束力的突出表现,就在于"行政法对违反其强制或禁止规定之私法法律行为,有时直接明文规定,排除其法律效力"。[43] 第一,公法对私法的强制力,常以行政机关的许可介入私法法律关系而得以体现,行政许可能够成为私法法律关系的特别生效要件。[44] 第二,法理行为违法行政法规,但该规定未明确合同法律后果,仍然能使得合同无效。[45] 但是,该强制性规定不导致该民事法律行为无效的除外。此外,违反公共利益的法律行为亦属无效。所以,若包括合同在内的法律行为,违反了涉及行政许可的法律、行政法规的效力性强制性规定,其效力也当然归于无效。

---

〔41〕 Vgl. Manfred Zuleeg, Die Rechtsform der Subventionen, Bern: De Gruyter, 2017, S. 26.

〔42〕 Vgl. Gerrit Manssen, Privatrechtsgestaltung durch Hoheitsakt: Verfassungsrechtliche und verwaltungsrechtliche Grundfragen, Tübingen: Mohr, 1994, S. 53 f.

〔43〕 陈敏:《行政法总论》,台湾新学林出版有限公司 2019 年版,第 43 页。

〔44〕 依照《最高人民法院关于审理建设工程施工合同纠纷案件适用法律问题的解释(一)》第一条,建设工程施工合同的承包人未取得建筑业企业资质或者超越资质等级的,该合同应认定为无效。

〔45〕 依照我国《民法典》第一百五十三条,违反法律、行政法规的强制性规定的民事法律行为无效。

其次,公法对私法具有指引和限制作用。行政法的规定的事项有时对私法行为具有指引作用,有时对私法行为具有限制作用。例如,依照《中华人民共和国行政许可法》第十三条,行业组织或者中介机构能够自律管理事项,通常不设行政许可,私主体作出的自律管理的事项不受公法强制力的干预。同时,若涉及该法第十二条可设定的行政许可的事项,私主体不能就这些事项而无限制从事相关活动,这也能体现行政法对私法行为的限制作用。

最后,私法对公法具有补充适用的作用。行政权自应适用为行政而设立之行政法,但行政若立足于私法层面,以私法形式完成特定之行政任务时,亦应适用私法。[46] 例如,由政府采购合同而生之争议,自应适用《民法典》合同编的相关规定,此为行政立足于私法层面的法律适用。当行政立足于公法层面时,适用行政法的同时,有可能产生援引私法的情况,以补足行政法规范自身的漏洞。例如,行政机关作出的行政许可的意思表示的撤销,能够产生何种法律后果,则应援民法关于意思表示的理论和规范,以对该行为作出公法上的评价,此种援引可能是直接适用也可能是类推适用,无论是哪种适用,都是行政法中缺失关于行政法律关系的产生以及消灭的法规范的结果。

在公私法相互交融的背景下,行政许可也有着促进公法与私法关系的良性互动与发展的作用。因许可而生效的合同,其履行过程中所产生的争议,自应由民事程序予以解决,但该合同也受到行政许可依法介入的影响。由此,在法域结合面之中,产生了行政许可与合同行为的交叉法学的问题。

四、行政许可介入民事合同效果的体系化展开

介入民事关系的行政许可,系针对法律行为的行政许可,而非针对事实行为的认可或核准,也非行政机关内部上级对下级的审批。行政许可干涉民事合同的效力,在行为上有作出和拒绝作出两种形式。在作为授益性行政行为的同时,行政许可能够成为合同行为的特别生效要件,其所依据的规范目的在于保障私法秩序和交易安定。行政机关拒绝作出行政许可,除形

---

〔46〕 陈敏:《行政法总论》,台湾新学林出版有限公司 2019 年版,第 45 页。

式上为拒绝授益之负担性决定外,实质上亦使原来仅为保留审查机关而设定的禁止,成为终局之禁止,干涉私主体的自由权和财产权。[47] 在作为负担性行政行为的基础上,行政机关拒绝作出行政许可能够干预合同行为,在特定情形下能够限制合同履行或者阻却合同生效,其所依据的规范目的在于维护整体法秩序而排除私人的违法行为因素。

(一)形成作用:行政许可促成合同缔结

行政许可的形成作用,也是私法形成性行政行为形成功能的一种,旨在促成或消灭私法法律关系。我国行政许可的作出旨在直接促成私法关系者,皆为私法形成性行政行为。例如,根据《探矿权采矿权转让管理办法》第十条第三款之规定,审批管理机关批准转让探矿权或采矿权的,转让合同自批准之日起生效。因此,行政许可决定了某些债权行为的生效,可以作为债权行为的特别生效要件。法律规范明确合同须经批准方能生效,一般是基于公共利益的考虑,因为民事法律行为效果的发生,以当事人意思表示为要件尚有例外,还须基于公益考虑而具备其他要件。[48] 此外,我国涉行政许可规范尚未有直接消灭私法关系之存在者,因而,在我国实定法中,主要存在的是直接促使民事法律行为发生的私法形成性行政许可。此外,在部门行政法视域中,授益性行政许可旨在实现服务行政的功能,对应的目标是促成人民的社会权益,对相关的法律行为具有促成作用,例如,在社会行政法中,以民生行政法为代表,无论是个体民生还是集体民生,都有赖于国家义务和他人利他社会义务的贯彻与兑现,在保障残疾人就业、男女平等、环境质量与安全、强制缴纳失业保险费等事项上,公民、法人或者其他组织必须承担合理的利他社会义务。[49] 需要明确的是,在民事合同缔结之前作出的行政决定,因其对私法形成没有直接影响,不属于合同的构成要件,不能直接决定合同的效力,但具有促成合同成立的间接效力影响。[50] 尽管有时行

---

〔47〕 陈敏:《行政法总论》,台湾新学林出版有限公司 2019 年版,第 343 页。

〔48〕 参见王泽鉴:《民法总则》,北京大学出版社 2009 年版,第 237 页。

〔49〕 于立深:《民生行政法的主题变迁及实现路径》,《浙江学刊》2019 年第 4 期。

〔50〕 《公益事业捐赠法》第十四条规定,捐赠人单独捐赠的工程项目或者主要由捐赠人出资兴建的工程项目,可以由捐赠人提出工程项目的名称,报县级以上人民政府批准。对此类法律行为形成的合同,行政权不应过度介入,行政权的介入目标在于积极促成此类法律行为的实施,以保障人民权益的实现。

政许可申请人的资质尚不齐备,行政机关也应积极履行释明义务,保证相对人在可履行范围内顺利取得相应资质,不仅立足于行政机关与相对人间的法律关系,也立足于相对人与利害关系第三方的权益关系,最终实现民生保障的目标。同理,相关规范还有《电影产业促进法》第二十四条、《慈善法》第九十条第一项、《民办教育促进法》第十七条、《社会保险法》第五十条第二款、《固体废物污染环境防治法》第三十九条第一款、《基本医疗卫生与健康促进法》第三十八条第二款。其中,上述条款分别涉及了部门行政法中的民生行政法、环境行政法、卫生行政法。其中的批准行为不产生私法形成性的效力,类似登记具有宣示性的作用,旨在借助公权力保障相关产业的促进与发展。行政机关在此间扮演的角色是基本权利的保护主体,若行政机关怠于作出行政许可职责,则其负有相应的法律责任。事实上,批准行为除了具有促成人民权益实现之作用外,也能促成法律行为关系产生法律效力,此类许可相对于指向的特定法律行为而论,在相关情境下具有形成民事法律关系之效果。例如,《城市房地产管理法》第二十二条第一款的土地使用权出让许可、《劳动合同法》第五十七条第二款的劳务派遣业务许可、《森林法》第十六条第一款的国有林地使用权转让许可等,其中的行政许可皆有促成特定法律行为履行并且产生拘束力的作用。总之,我国的行政许可相对于特定的民事法律行为具备形成作用,惟行政许可消极作用于民事合同的后果需要详加研讨。

(二)限制作用:行政许可限制合同履行

行政许可与民事合同效力之间,存在消极的限制履行作用。行政许可的限制作用,系指行政许可限制合同的履行以达到阻碍其存续之作用。[51] 未生效合同因欠缺法律、行政法规规定或当事人约定的特别生效条件,在该生效条件成就前,合同效力处于浮动状态,虽然其未产生履行效力,但并非不具有任何法律约束力,合同依法成立后,负有报批义务的一方应依照合同

---

〔51〕 我国旧的《合同法解释（一）》（法释〔1999〕19 号）明确规定,法定须办理批准手续的合同而未办理批准手续的,法院应认定该合同未生效。该条的立法理念延续至《全国法院民商事审判工作会议纪要》第 37 条之中,其明确行政许可是合同的法定特别生效要件,未经批准的合同因欠缺法律规定的特别生效条件而未生效。

的约定或者法律的规定履行报批的义务,否则,即应承担相应的违约责任。[52] 由此,若民事合同业已成立,只要不违反有效要件,则经许可之前合同在履行效力上处于未生效之状态,须待完成行政许可手续后,才能产生请求相对方履行合同主要权利义务的法律效力。此外,我国实证法一般不承认物权行为无因性理论,买卖合同无效后,原物权人可以行使返还原物请求权,这一点在《全国法院民商事审判工作会议纪要》中亦有体现。我国《民法典》原则上采债权形式主义的物权变动模式,是公私协力的具体表征,物权因法律行为发生变动时,当事人间除有债权合意外,尚需践行登记或交付之法定方式。债权形式主义的物权变动模式之下,物权变动法律效果的发生,并非法律行为的单一作用,而是以债权行为与交付或登记相互结合产生效力。[53] 就此而言,我国民法实际上是区分了合同的生效与合同的履行,前者不以登记为要件,登记不过是合同履行的内容。是否登记以及是否能够办理登记,是合同履行的问题,而非合同生效的问题。[54]

限制作用具有如下三重涵义:

1. 命令规范

法律规范有命令规范和禁止规范之分。[55] 前者系指要求特定主体必须为一定行为的规范。命令规范一般属于强制性规范涵义之中,由于强制性规范以公益为其目的,行政许可规范都关乎公益,因而都属于强制性规范。基本权利的行使限度由法律规范予以规定,所谓法无禁止即可为,行政权对于权利的违法行使具有限制作用,自由权仅能在法律规定的范围之内行使。法律明确规定法律行为的实施需要行政机关介入的,私主体排除这种介入是对法律的抵触,因而其权利应受到限制。在德国行政法上,区分压制性的"附免除保留的禁止"和预防性的"附许可保留的禁止"。[56] 于前者

---

〔52〕 刘贵祥:《论行政审批与合同效力——以外商投资企业股权转让为线索》,《中国法学》2011 年第 2 期。

〔53〕 参见王轶:《民法原理与民法学方法》,法律出版社 2009 年版,第 86、87 页。

〔54〕 刘贵祥:《论行政审批与合同效力——以外商投资企业股权转让为线索》,《中国法学》2011 年第 2 期。

〔55〕 参见雷磊:《法律规范冲突的逻辑性质》,《法律科学(西北政法大学学报)》2016 年第 6 期。

〔56〕 参见[德]哈特穆特·毛雷尔:《行政法学总论》,高家伟译,法律出版社 2000 年版,第 209 -212 页。

而言,如果符合法律要求,私人就有要求授予许可证的权利;于后者而言,行政机关具有正式授予许可的自由裁量权。这种区分基本上承认了行政许可的私法约束力。但作为一种规则,法定的批准要求并不导致订立事先禁止的合同,而是导致合同尚未生效。[57] 归根结底,这是因为在契约合意与不合意之间没有宪法规定的界限。立法机关创造的规则可能导致中间阶段和过渡区域,如果合同当事人在完成交易时享有基本权利的保护,行政机关也应酌情作出行政许可,但行政许可一般只涉及对某些案件的特定问题的规制。

对我国而言,行政许可限制私法行为的规定,基本来源于命令规范之中。原则上私法行为的批准,若其属于肯定性表达,则都属于命令性规定,而不受所谓"应当"和"必须"表述之限定,否则该批准就没有必要规定在法律中。禁止规范有时也能产生限制作用,但禁止规范之目的本身,并非仅在于限制法律行为的行使,而是使得其禁止的法律行为溯及既往地消解,而其并未造成合同无效之结果。因而此情形的限制作用并非由禁止规范本身产生,而是禁止规范所关涉的事项程度、政策因素、管制效果或者私法行为之关联性所决定。合同作为双方主体的私法行为,若其排除命令规范的适用,则合同中涉及规范内容的条款自当受到履行限制。例如,我国《探矿权采矿权转让管理办法》第十条第三款明确规定探矿权、采矿权转让合同自批准之日起生效,若对其进行文义解释,则可以明确批准为探矿权、采矿权转让合同的特别生效要件,未经批准的,探矿权、采矿权转让合同未生效。由于该条明确将"批准"作为"行为构成要件",因而便于解释行政许可对合同效力的影响。例如,在"于红岩与锡林郭勒盟隆兴矿业有限责任公司执行监督案"中,最高人民法院便根据该条认定,涉案《矿权转让合同》未经批准,合同成立但未生效。[58] 但是多数命令规范形式上并未明确"生效"之"行为后果"。有仅存在"行为条件"和"行为命令"的规范结构,[59] 所谓"行为后果"不能直接由文义解释得出,因而增添了规范释义的难度。例如,关于预售许可是否对预售合同效力产生影响争论已久,时而落入"过度解释"和"简单问

---

〔57〕　Vgl. Gerrit Manssen, Privatrechtsgestaltung durch Hoheitsakt: Verfassungsrechtliche und verwaltungsrechtliche Grundfragen, Tübingen: Mohr, 1994, S. 121 f.

〔58〕　参见最高人民法院执行裁定书(2017)最高法执监 136 号。

〔59〕　在《城市房地产管理法》第四十五条第一款第四项中,商品房预售应当向房产管理部门办理预售登记,取得商品房预售许可证明。

题复杂化"的法释义学困境。未取得商品房预售许可则不能从事商品房预售行为,该行为非指合同行为本身,而系指合同的履行行为。商品房预售合同存在瑕疵,其效力是否受阻虽存争议,但行政许可实质上限制了商品房预售合同义务的实际履行。在经济行政法中,行政许可也存在上述限制作用,虽然经济行政法关涉国家利益,但并非其中的法律行为未经批准就定然无效,应具体分析规范之问题。[60] 例如,在"陈发树与云南红塔集团有限公司股权转让纠纷上诉案"中,最高人民法院认为,未获批准的国有股权转让协议为未生效合同,股权受让人不能据此取得股权——国有股权转让协议在未获得批准前为未生效合同。未能获得批准或者由于案件情况不可能再获得批准的,股权转让协议为确定的不生效。股权转让协议被认定不生效后,股权受让人不能根据该协议取得拟转让的股权。[61] 由此可见,当民事合同由于情况变更而不可能获得批准时,其效力由可以补足的未生效转化为确定的不生效。

2. 一般事项

行政法的规制事项决定于行政法的调整对象,而当代行政法理论更愿意使用规制事项或者规制对象的概念来表述行政法规范的调控过程。[62] 行政许可的行为对象若属一般规制事项,则该许可也能产生限制作用。何谓一般规制事项,现有理论未有明确解答。若以部门行政法的视角观之,并采禁止事项之反向推论,若事项属于经济行政、工业行政法、药品行政法等关系社会秩序及民生的一般事业,原则上私主体符合条件即可从事相关经营活动,并且该事项并非原则上绝对禁止私主体从事,只是否认私主体在未取得事项资格时从事,则该事项属于针对私主体的一般规制事项。在一般规制事项中,私主体从事的私法行为原则上不受绝对禁止,这种原则作为一般观念来源于宪法,具体映射到私主体之合同行为中,则行政许可对民事合同效力至多产生未生效之影响,这种影响的前提是合同未存在其他更为严重的效力瑕疵。依据《民法典》第五百零二条第三款的规定,民事合同的

---

〔60〕 根据《国务院关于鼓励外商投资的规定》第十五条第二款之规定,外商投资企业的合同由国务院主管部门审批,外商投资企业有权在批准的合同范围内,自行制定生产经营计划或销售产品。

〔61〕 参见最高人民法院民事判决书(2013)民二终字第 42 号。

〔62〕 张淑芳:《行政法规范衔接瑕疵及整合》,《法学杂志》2021 年第 3 期。

未生效并不影响报批条款的效力,所以未积极申请报批则会限制合同的顺利履行。行政许可对私法关系具有形成性作用,通过批准,最初未生效的交易行为溯及既往地生效。[63] 这不仅是因为,行政许可的限制作用系针对一般管制领域的事项,也是因为,未取得相关领域行政许可的合同应予其补正的可能,以待合同顺利缔结,从而在保障私法自治实现的同时,确保管制目标得以适当落实。在这个意义上,应允许未申请或未具备资格的合同当事人有所行动,积极申请许可或者取得相关资质。

3. 效力自治

契约自由与私法自治无本质区别,概因其是私法自治的集中体现。在讨论权力对权利的影响时,不可否认的是,权利自身享有自我决定的意志自由。行政许可的介入,不是单方面的,而是与私法行为一起产生其所期待的法律效力。从私法自治的观念而言,必须尊重合同当事人的意思自治,行政许可需私人共同参与,才能产生对合同关系乃至于效力的影响,这种参与不仅包括缔结合同的意思表示,还包括解除或撤销合同的意思表示。

合同包括债务行为须批准者和履行行为须批准者。[64] 若准予实施法律行为的规范系针对合同行为本身,则未取得批准者,原则上朝着未生效的方向作推论;若准予实施法律行为的规范系针对合同的履行行为,则未取得批准者,仅部分影响合同的债之关系,对合同的整体效力不生影响。行政许可欲使合同关系变更或者解除,则需要民事合同双方具有一致变更或者解除合同关系的意思。例如,在"杭州忆上投资管理合伙企业诉中珠医疗控股股份有限公司股权转让纠纷案"中,最高人民法院认为,已经成立的合同具有形式拘束力,受到双方合意的拘束,而成立后的合同产生效力则表现为当事人应当按照合同约定履行义务,否则将承担债务不履行的法定责任。由于合同成立未生效时也对当事人有形式上的拘束力,故成立尚未生效的合同,合同当事人有权解除合同。[65] 此外,效力自决还指合同当事人具有意定使得行政许可作为合同的生效要件的权利。一方面,若将行政许可作为

---

[63]　Vgl. Zacharias, Rücknahme und Widerruf von Vertragsgenehmigungen, NVwZ 2002, S. 1307.

[64]　[德]卡尔·拉伦茨:《德国民法通论》(下册),王晓晔等译,法律出版社 2003 年版,第 674 页。

[65]　参见最高人民法院民事判决书(2020)最高法民终 137 号。

合同生效之要件，则附条件合同仍需批准方能生效，对合同意定变更或解除之条件而言，只要不违反禁止性规范，亦需意思表示一致方能产生法律效果；另一方面，若合同当事人约定即便未经批准也应完全履行合同，那么这意味着当事人一开始便意在排除命令规范的适用，因而这种排除约定不得生效。此外，须经批准合同是由双重行为创立的，即合意约定和行政批准。由于二者都是合同成立的基本要素，若其中之一不存在或者无效，则作为整体的合同在法律上是无效的。[66] 在我国民事规则中，例如，若采矿权受让人欲取得采矿权，则需要矿山企业变更采矿权主体和行政许可共同为之，方能使得采矿权转让合同生效，否则采矿权转让无法履行。[67]《矿产资源法》第六条第一款第一项则是指事实行为与批准共同形成私法关系之情形。依法批准转让探矿权之前，探矿权人须完成规定的最低勘察投入。也即，他人若意图受让探矿权，并与探矿权人缔结转让合同，则不仅需要行政机关依法批准，也需要探矿权人具有勘察投入之意思。此外，司法实践中也有类似案例。在"七天快捷酒店管理（北京）有限公司等诉上海松瓯实业有限公司等房屋租赁合同纠纷案"中，二审法院认为，若强制性规定的意旨是加强行政管理，而非否定私法行为的效力；所规制的是合同履行前提条件，而非合同本身，则该强制性规定不导致合同无效。租赁房屋未经竣工验收并不导致租赁合同无效；如承租人因此无法使用房屋的，承租人有合同解除权。[68]所以，在建造过程中"竣工验收"环节存在的瑕疵，已经限制了房屋租赁合同的实际履行，承租人因此而享有合同解除权，基于合同已解除的事实状态，合同对当事人再无拘束力。行政许可对合同产生限制作用的同时，也会因为涉及政策因素或者私主体行为违法性之程度，对合同效力产生更严格的阻却影响。作为中间地带，行政许可的限制作用所涉及的一般管制事项，本身就没有严格的界分限制，更缺少对合同效力影响的具体规定，因而该领域中的行政法部门所涉及的行政许可，应依赖规范解释方法。

---

〔66〕　Vgl. Katja Kiebs, Staatliche Regulierung durch Privatrechtsgestaltung, Diss. Chemnitz, 2005, S. 125.

〔67〕　我国《矿产资源法》第六条第一款第二项规定，已取得采矿权的矿山企业，因企业合并、分立，与他人合资、合作经营，或者因企业资产出售以及有其他变更企业资产产权的情形而需要变更采矿权主体的，经依法批准可以将采矿权转让他人采矿。此项系民事法律行为与批准共同形成私法关系之情形。

〔68〕　参见上海市第一中级人民法院民事判决书（2012）沪一中民二（民）终字第 3152 号。

(三)阻却作用:行政许可阻却合同生效

行政许可的阻却作用,系指行政许可对私法行为所产生的阻却其效力存续的作用。限制作用主要影响合同的履行状态,未经许可的合同是未生效的;阻却作用主要影响合同的最终效力形态,民事合同若不存在补正许可的可能性,其效力由浮动的未生效归于确定的不生效力。从行政许可的性质上看,行政许可未作出具有法律状态的不确定性,作为授益性行政行为的行政许可并不具有法律上的强制力,也不能赋予合同以违法性,但可以使得合法缔结的合同履行不能,最终使其效力由未生效转化为确定的不生效,此时合同当事人得引用《民法典》第一百五十七条主张相应的责任。[69] 易言之,行政许可的阻却作用体现在限制合同履行进而使其确定不生效力。国家赋予私主体基本的私法自治和缔约自由,并且仅在必要的范围内有选择地进行干预。

阻却作用具有如下三重涵义:

1. 基本情形

若民事合同非经法律、行政法规规定直接归于无效,则行政许可对合同效力的影响存在一个转化过程,即先使得合同履行受限,又由于该瑕疵嗣后无法弥补,则合同效力最终是不生效的。该转化过程是基于对合同当事人权益保障的需要,合同存在履行治愈的可能,虽然在订立时存有缺陷甚至不成立,但当事人可以通过事后履行行为使得合同成立,这种履行行为自然包括积极申请行政许可。这需要行政机关及时履行材料释明义务,督促行政相对人补齐申请许可的材料,不能直接以申请人不符合申请条件为由拒绝作出许可,否则即为行政不作为,申请人则可依据保护规范基础提起诉讼。阻却合同效力并非行政许可的目的,而是其产生影响的结果。在此情形下,欲使未经批准的合同效力永久存续,自与相应的强制性规范不符,更无实际的法律意义。但是,行政许可不能直接在后果层面宣布合同无效,必须经由诉讼程序决定合同的法律效力。又由于合同第三方可能会受到无效的附加

---

〔69〕《民法典》第一百五十七条规定,"民事法律行为无效、被撤销或者确定不发生效力后,行为人因该行为取得的财产,应当予以返还;不能返还或者没有必要返还的,应当折价补偿。有过错的一方应当赔偿对方由此所受到的损失;各方都有过错的,应当各自承担相应的责任。法律另有规定的,依照其规定。"

消极影响,若导致对第三人基本权利的潜在侵犯,则可能存在诉讼程序缺失的困境。事实上,行政许可业已产生合同履行不能并不得存续的后果,只不过此后果需经由诉讼程序而为确认。另言之,行政许可的阻却作用的基本情形,仅适用于根本不具备许可条件的情况,否则对合同的过度约束自会与宪法理念抵触。因为,行政行为可能存在违法但有效的情形,或者虽然违法,但具有行政法理论上承认的公定力或构成要件效力,所以其效果可能远超出规范预期的效果,必须对其前提条件予以严格限制。行政许可阻却作用的发挥,应处在行政许可的规制预期范围之内。[70] 当合同当事人未获得相应资质时,若允许合同履行或使其整体生效,则未经批准的合同对国家利益自会造成严重损害,只要该民事合同生效并履行就会产生损害公共利益之效果,且该行为与行政机关赋予许可之间具有必要因果关系,即未经批准不能具有法律效力(或即使具有法律效力也毫无意义),合同因具有严重违法性而属无效。例如,在"林及时等诉林艳平农村建房施工合同案"中,最高人民法院认为,承包建筑工程的单位应当持有依法取得的资质证书,并在其资质等级许可的业务范围内承揽工程。本案工程的承包人林艳平不具有法律规定的施工资质,案涉厂房的鉴定结论为该幢建筑主体结构安全性的评级可定为 D 级,即该建筑物的安全性极不符合国家标准规范的安全性要求,已严重影响整体安全。原审判决认定涉案农村建房施工合同无效,并无不当。[71] 由此可见,合同无效虽然与行政许可存在一定的关联性,但合同及其履行行为尚需具备严重违法性,合同才能确定归于无效。

　　虽然依照规范本身可能无法解释或推导出阻却合同生效之结果,但经由司法调查和审理,法官本身的观点存在先于规范的情形。例如,在"湖北省宜昌永富物流有限公司与依宁执行异议之诉纠纷案"中,法院认为涉案股权转让行为尚未完成,股权转让协议未能生效。[72] 由于该案是评析案例,一审法院法官在评议中认为,司法裁判应当发挥重要的桥梁作用,在兼顾管制与自治之需要的基础上,为公法与私法的融合创造条件。违反金融监管

---

　　[70]　例如,《出口管制法》第二十四条规定,军品出口经营者应当根据管制政策和产品属性,向国家军品出口管制管理部门申请办理军品出口合同审查批准手续。重大军品出口合同,应当经国家军品出口管制管理部门会同有关部门审查,报国务院、中央军事委员会批准。虽然该规范属命令规范,但决定合同效力并非规范性质,而属管制事项的预期目的。

　　[71]　参见最高人民法院民事裁定书(2020)最高法民申 4081 号。

　　[72]　参见湖北省高级人民法院民事判决书(2016)鄂民终字 278 号。

法规的要求,对交易各方的权利义务会产生消极影响,若全然忽视金融监管的介入作用,不仅不能有效保障交易行为,同时还可能对善意第三人施加不利益。无论如何认定金融合同之效力都不应当肆意破坏当事人之间权利义务的公平分配。[73] 的确,金融行政法须着重于市场秩序的建设,相关管理性规范虽不必然指向民事行为的法律效力,但并不能以此为依据阻断行政行为与法律行为之间的关联。

2. 禁止规范

禁止规范系指要求特定主体不得为一定行为的规范,禁止规范进入私法,主要是对行为进行调控,其中的重要方面就是对民事法律行为效力施加影响。[74] 违反禁止规范的民事合同可能归于无效,但须明确,此并非意味"违反禁止规范"是"合同无效"的充分条件,"合同无效"也并非能推导出其系"违反禁止规范"之结果。根据禁止规范对合同效力的影响,可将禁止规范分类为效力规范和取缔规范,违反效力规范的合同,为绝对无效的合同;违反取缔规范的合同,并不当然导致合同绝对无效。[75] 前者着重违反行为之法律行为价值,以否认其法律效力为目的;后者着重违反行为之事实行为价值,以禁止其行为为目的。[76] 何者为效力规范,何者为取缔规范,应综合法律规定的意旨,衡酌相冲突的利益、法益的种类、交易安全等加以认定。[77] 取缔规范仍可类型化,若其系与市场准入资格或交易场所等有关的禁止规范,即其与交易活动的前提条件相关,法律以及行政法规之所以设置这些前提条件,一方面是充分发挥事前规制作用,另一方面是及时弥补行为所造成的事后损失。实现管制目标和维持经济秩序的同时,行政机关亦可及时取缔违反此类禁止规范的行为,以维护公益和社会秩序。此类禁止规范指向的合同若尚未履行,认定为绝对无效比较合理。[78]

在我国的禁止规范中,若法律、行政法规明确规定违反则无效,则自当

---

〔73〕 车志平:《执行异议之诉中商业银行股权转让效力的认定》,《人民司法（案例）》2017 年第 32 期。

〔74〕 参见许中缘:《禁止性规范对民事法律行为效力的影响》,《法学》2010 年第 5 期。

〔75〕 王轶:《民法典的规范配置——以对我国〈合同法〉规范配置的反思为中心》,《烟台大学学报（哲学社会科学版）》2005 年第 3 期。

〔76〕 史尚宽:《民法总论》,中国政法大学出版社 2000 年版,第 330 页。

〔77〕 参见王泽鉴:《民法概要》,北京大学出版社 2011 年版,第 74 页。

〔78〕 王轶:《行政许可的民法意义》,《中国社会科学》2020 年第 5 期。

适用法律规范之规定,但多数禁止规范并未规定"无效"的后果。"禁止"与
"无效"之间实际无本质的区别,事前禁止某一法律行为,则该行为未经批准
不得形成,否则其效力应受到否定评价。由于司法解释是司法经验的提炼
总结,禁止规范未涉及的法律效果常在司法解释中有所体现。在《最高人民
法院关于审理城镇房屋租赁合同纠纷案件具体应用法律若干问题的解释》
(法释〔2020〕17号)第二条中,建设工程规划许可对租赁合同具有效力阻却
作用,此在该规范中有明确表达,出租人与承租人订立房屋租赁合同,若其
房屋未取得建设工程规划许可证,则该租赁合同无效。在《最高人民法院关
于审理建设工程施工合同纠纷案件适用法律问题的解释(一)》(法释〔2020〕
25号)第一条中,建设工程施工合同具有"承包人未取得建筑业企业资质"
情形的,应当认定无效。在司法实践中也有相关案例,在"杨某某诉陆某某
租赁合同纠纷案"中,二审法院认为,本案租赁合同标的物并未取得建设工
程规划许可,且该事实在订立合同时即存在,故案涉租赁合同自始无效。[79]
此外,禁止规范基本以"不得"为命令性表述,所以应区分"不得"之行为是合
同行为本身还是其履行行为,若是履行行为,则合同效力并非直接无效;若
是合同行为,则"不得"和"无效"之间无本质的不同。

3.管制效果

行政许可针对的内容若属重要管制事项,则该许可一般产生针对私法
行为的效力阻却作用。若以部门行政法的视角观之,若事项属于国防行政
法、金融行政法等原则上禁止私主体从事之事业,只是有限度地例外允许,
或者该事项由国家垄断而绝对禁止私主体从事,则该事项属于针对私主体
的重要管制事项。国家管制包括管制事项和管制效果,其中管制效果考量
是判断合同效力的重要因素。有时虽然某种规定并非效力规范,但考量管
制效果能够明确管制强度之所在,从而可判断合同归于无效。[80]《民法典》
第五百零二条亦遵循超越经营范围订立的合同"例外无效"的规则。由此可
知,若经营范围属于特许经营或国家重要管制事项,则其涉及的越权合同效
力应受否定评价。若依我国《出口管制法》第二十四条第一款之规则,该规

---

〔79〕　参见江苏省常州市中级人民法院民事判决书(2021)苏04民终3002号。

〔80〕　该观点在《合同法解释(一)》(法释〔1999〕19号)中亦有体现,该解释第十条规定,当事
人超越经营范围订立合同,人民法院不因此认定合同无效。但违反国家限制经营、特许经营以及法
律、行政法规禁止经营规定的除外。

范并未从语义表述上禁止军品出口经营者未经批准出口军用产品。从管制事项上看,此类军用产品属于国家重要管制事项,原则上绝对禁止私主体从事;从管制效果上看,禁止私主体从事军用产品出口活动,乃是基于国家利益和公共目的考量,因而军品出口经营者虽例外具备军品出口资格,但当其军品出口合同未经审查批准时,若使其有效,规避国家审查手续向境外提供军品,则必然产生侵害国家利益之后果,因而应使该合同归于无效为宜。从管制效果上看,若合同未经批准并无取得批准之可能时,该合同主要义务自不得履行,其效力也自始受限。若按照民法观点,则应考察规范保护利益是否超过合同自由的利益,若规范保护利益涉及金融安全、市场秩序以及国家宏观政策等公序良俗的,违反该规范应认定合同无效;若违法行为从根本上违反社会公共利益,或具有严重的社会危害性(通常构成刑事处罚),亦可认定合同无效。从反面推之,若具有无效之结果不利于保护受害人利益时,则不应认定其无效。

此外,《城乡规划法》第三十九条第二句的规定,属于行政许可介入合同的后续问题。此类问题系指行政许可经撤销后,是否亦对私法行为产生效力阻却作用。对此,如果合法交易行为从一开始就未经批准,那么它就没有生效,要么是因为它从未逃脱待生效状态,要么是因为待生效已因拒绝批准而进入最终无效状态。也有观点认为,经批准后的合法交易行为已受私法程序约束,公法批准与私法交易行为由此丧失关联性,若如此,则私法形成性行政行为的撤销将不再影响私法行为。但该言论并不具有说服力。行政许可的撤销可以发挥其作为反向行为的功能,该功能由最初作出的行政许可所赋予。行政许可的撤销后果当然包含其形成的私法关系,若剥离撤销行政许可与私法行为之间的关联,认为私法交易效力不受影响,则撤销行为本身便失去了民法释义学的意义。[81] 所以行政许可若被撤销,则合同效力亦受到影响,从效果上作考量,若撤销建设用地规划许可证,则相关民事合同效力因违法性而受到否定性评价,此是属于行政撤销行为而非行政许可所造成的直接影响。在行业准入资格或市场经营活动等领域中,行政许可对合同效力可能会产生限制作用或者阻却作用,具体应视法律行为的个案情形而判断,也可根据特定时期的政策、经济等因素而判断。合同自治也是

[81] Vgl. Zacharias,Rücknahme und Widerruf von Vertragsgenehmigungen,NVwZ 2002,S.1308.

需要考虑的范畴,若涉及行业准入资格的合同尚未履行,且相关经营行为未经批准,认为该合同无效比较适合;若涉及行业准入资格的合同已经履行,且相关经营行为未经批准,从保护合同自治和当事人权益的视角出发,认为该合同并非绝对无效比较适合,只不过未经批准的行为应负行政法上之责任。在行政许可的阻却作用中,合同效力应由管制效果裁量和规范目的而决定,其一,已受许可的民事合同,其行为本身有法律上的瑕疵时,纵使已经许可,该许可也因民事合同本身的瑕疵而无效或可撤销,该民事合同不能因许可而补正其瑕疵,因为行政许可无代替合同当事人意思之效力;[82]其二,若行政机关通过管制裁量而不为行政许可,法院结合立法目的明确合同行为具有严重违法性,则所涉合同的效力应当归于无效。

综上所述,行政许可影响民事合同的类型定位、效果体系以及行政许可和民事合同适法性的对应关系,可归纳如下(见图1)。第一,行政许可旨在维护交易秩序、实现基本的自由权利,则其对应的是具备促成功能的行政行为,因而行政许可属于民事合同的特别生效要件,不满足特别生效要件的民事合同尚未生效。第二,行政机关作出行政许可,若其发挥了促成性法律作用,则其属于私法形成性行政许可;行政机关未作出行政许可,若其发挥了限制性作用,则合同主要内容不得履行,此时合同效力属于未生效,涉及的规范性评价是命令性规范或者管理性规范,民事合同效力的最终确定则需法院予以裁判;若其发挥了阻却性作用,则合同的效力存在两种可能:待补正后生效,未存补正之可能即确定不生效。此时民事合同可经当事人解除而失效,该民事合同并不具有严重违法性;若民事合同关乎公益,当事人违反了禁止性规范或者效力性规范,则民事合同的效力由未生效归于无效。第三,法律行为的效力应受限于国家为保障基本权的实现而构建的客观法秩序。行政许可对合同效力的影响,并非仅基于民事合同或者其所依据的规范性质而作为构成要件,而是基于国家管制介入民事合同的需要,从而实现管制目标预期的管制效果。第四,由于公法规则远未发展至行为效果清晰可见的程度,所以应反对这种倾向:将私法形成性行政行为与一般意义的行政行为所产生的结果,作根本不同的处理;将所有的私法形成性行政行为产生的结果一概而论。

---

〔82〕 参见[日]美浓部达吉:《公法与私法》,黄冯明译,中国政法大学出版社2003年版,第186页。

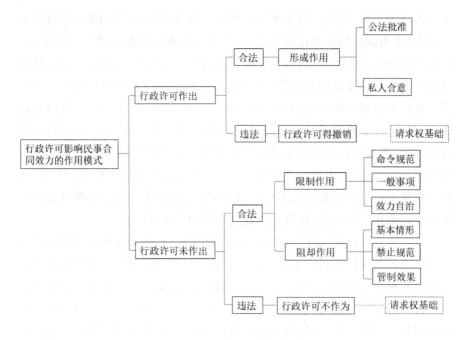

图 1   行政许可影响民事合同效力的作用模式

结 语

行政治理格局愈是开放,行政法研究愈有丰厚积淀,公法与私法就愈以融合为交互特征。融合并非指二者的单纯堆砌,而是在承认二者差异的基础上,使得公法与私法之间形成相互协作的新态势。之所以务求研究此命题,是因为法释义学的发展路径在触碰法域边缘时即戛然而止,公法和私法并未真正交流起来,公私法域交介面释义学的拼图仍处于零碎状态。[83] 例如,其他论者在述及行政许可时,未曾脱离行政许可矫正市场失灵的传统特征,尚未实质关注行政行为在跨越公私法域以及发挥分配正义之重要功能。对须经批准民事合同效力之论述,也不外于探讨未经批准民事合同的未生效和无效及其责任之区分,未注意到行政行为也能基于功能最适原则发挥

---

〔83〕 参见苏永钦:《多元法域的六个介面——现代法教义学的最后几片拼图》,载张志铭主编:《师大法学》2019 年第 2 辑,法律出版社 2020 年版,第 3-30 页。

影响民事法律行为效力之各阶段作用。行政行为在充分发挥公平分配和正义维持的功能之上,民法的研究路径亦能充实行政行为理论研究的发展。因此,本文尝试通过对行政许可影响合同效力的问题、基础、类型、作用等核心议题的脉络性论述,以期为构建公私法互通的教义学体系有所助益。

行政行为影响民事法律行为领域问题丛生,它们并非非此即彼的内容,常存在法学理论和规范表述的模糊之处,需要在寻求二者的最大共识的基础上,做好不同类型的层次化研究。通过对涉及行政许可的现有问题以及规范基础的梳理,应从行为性质、规范事项、管制效果、私法自治等面向分析行政许可的作用,即行政许可的私法形成性作用以及未予行政许可决定之限制作用和阻却作用。除具有积极面向的形成作用之外,限制作用和阻却作用仍然是抽象化的层次概念,须从事项性质、效果转化、规范体系及合同自治等方面予以考虑,依此可以明确私法形成性行政行为影响民事合同关系的作用阶段及模式。行政的本质并不在于侵入而在于保护,任何脱离行政的(民事)法律行为都不是充分自由的,私法形成性行政行为体系化应找寻宪法基础,并以公法与私法由二元对立转向协作为导向,以落脚于法规范的目的创造及其解释适用。公法与私法当下仍存在矛盾和冲突之处,未来的诸多繁杂问题应在立法和司法中得到更为详尽的解决。

✎▇[推荐人及推荐理由]

行政许可对民事合同产生的影响,不仅是公法与私法的具体问题,也是国家管制与私法自治的调和问题。随着公法与私法交互理念的逐渐兴起,一种强调从公私法思维去观察整体法秩序的理论模式正在生成。文章的研究观察兼顾行政法与合同法理论视角,第一部分通过《民法典》的视角引出了公私法域交界释义学的问题;第二部分通过梳理现有理论争议及法律条文,阐释了行政许可影响民事合同效力的既有讨论和核心问题;第三部分探讨基础理论并证成了行政许可介入民事合同的正当性;第四部分提出了行政许可介入民事合同的三种类型的作用。本文适应了公法与私法融合发展的需要,有利于推进我国行政行为类型及其作用的深入研究。我国《民法典》中存在多种涉行政性规范,标志着我国公法与私法进入了融合与发展的新阶段,因此本文也是适应《民法典》出台背景下公法研究发展的需要。总之,文章为公法与私法交汇背景下行政行为的功能类型提供了积极有益的思考。

——章志远,华东政法大学法律学院教授、博士生导师

Abstract: Article 502 (2) of The Civil Code in China essentially links the validity of contracts with the act of "approval", and submits the validity of contracts requiring approval to laws and administrative regulations, thus producing the effect of administrative licensing intervening in the civil contract. The influence of administrative licensing on the effectiveness of contract is basically the influence of state regulation on autonomy of private law. The key is to strengthen the normative theory interpretation from the perspective of administrative law, so as to realize the integration of state regulation and private law autonomy. As administrative action with constitutional nature, administrative licensing relies on fusion phenomenon of private law and public law, existing in the restriction theory of constitutional basic rights and administrative action of public law theory. Its intervention and influence on the civil contract effectiveness is inevitable. In the aspect of public law, it belongs to the administrative action with constitutional nature. In the aspect of private law, it belongs to special effective elements of civil contract. In the view of administrative power, administrative action has positive effect on the formation of contractual relations, the restrictive effect of delaying performance and the resistant effect of relatively negating. According to the paradigm, the function system of administrative licensing on civil contracts can be specifically elaborated.

（特约编辑：吕正义）

涉执行司法赔偿之"程序终结"要素释论

陈婕婷[*]

内容提要:前置程序终结要素最直接地衔接前置诉讼、执行程序与司法赔偿,对实现个案公正执法、依法当赔则赔的目标尤为重要。司法解释有关"申请错误执行赔偿应当在执行程序终结后提出"的规定,在裁判上呈现出程序审、实体审和不予受理、予以受理这两组标准下的四象限类型化构造。裁判规则中存在的形式上认定"前置程序未终结""救济途径未穷尽"等多样态限制赔偿受理的情形,以及例外情形适用局限、实体判定标准不一等现象,共同造成赔偿申请人救济权难以保障的结果。司法解释在一定程度上拓宽了实质审理的路径,与部分裁判思路相契合,但仍设置了较为严格的限制。根据司法赔偿的权利救济原则、及时救济原则与程序终结要素的终局性救济目的,程序终结要素条款仍有进一步解释适用的必要和空间,可在不需满足前置程序终结的例外情形兜底条款中以执行期限、损失确认为必要裁量因素,清偿能力、可执行财产等为选择裁量因素进行解释适用。

关键词:司法赔偿;错误执行;程序终结;执行程序

---

* 陈婕婷,华东政法大学法律学院 2020 级硕士研究生,主要研究方向为宪法学与行政法学。本文选题曾在陈越峰教授主持的行政法学习会上报告。陈越峰教授以及浙江大学博士研究生张怡静、中国人民大学博士研究生陈洁、清华大学博士研究生张怡静、华东政法大学硕士研究生高戬、盛嘉炜、潘靖、刘洪阳、何越秀、祝瑞、王若灵等学友对本文提出了宝贵的修改意见,谨申谢忱。

一、问题的引出

　　"执行难"问题一直是影响和损害司法公信力的顽症固疾。司法实践中,因为被执行人已经丧失实际履行能力而无法执行,申请执行人往往归咎于法院,对司法公正产生怀疑。[1] 社会信用系统不完善、法院权威不够、执行制度设计上的欠缺、社会风气等都是引起"执行难"的原因。[2] 但法院司法不公可能也是影响法院判决执行的一个重要原因。[3]

　　因"执行难"问题具有重要性和复杂性,解决该问题成为现阶段人民法院执行工作的重点之一。《人民法院执行工作纲要(2019—2023)》提出了巩固和深化"基本解决执行难"工作成果的总体目标,加强从源头解决执行难的问题。[4] 要实现这一阶段性目标,也要坚决解决法院内部在执行中存在的问题,不回避自身短板,依法当赔则赔。[5] 在此背景下,诉讼、执行程序与司法赔偿的衔接尤为重要。司法赔偿是指人民法院在民事诉讼、行政诉讼过程中,违法采取对妨害诉讼的强制措施、保全措施或者对判决、裁定及其他生效法律文书执行错误,造成损害的,赔偿请求人要求赔偿的程序。[6] 司法赔偿是较为特殊的一类国家赔偿,关切赔偿请求人前置诉讼、执行程序中的正当权利保障。

　　"执行难"也带来司法赔偿"启动难"的现状。一则,司法解释规定,一般

---

〔1〕 李少平:《全面推进依法治国背景下的司法改革》,《法律适用》2015 年第 1 期。

〔2〕 季卫东、徐昕:《"执行难"的理论争鸣:公力救济与私力救济之间的竞争与互补》,《时代法学》2007 年第 1 期。

〔3〕 马怀德、解志勇:《行政诉讼案件执行难的现状及对策——兼论建立行政法院的必要性和可行性》,《法商研究》1999 年第 6 期。

〔4〕 参见《人民法院执行工作纲要(2019—2023)》,载中国法院网 2019 年 6 月 11 日,https://www.chinacourt.org/article/detail/2019/06/id/4030793.shtml,2022 年 2 月 15 日访问。

〔5〕 参见《人民法院国家赔偿和司法救助典型案例》,载最高人民法院网 2018 年 11 月 13 日,https://www.court.gov.cn/zixun-xiangqing-129281.html,2022 年 2 月 20 日访问。

〔6〕 本文研究对象为现行《国家赔偿法》第三十八条所规定的非刑事司法赔偿,且检索所得相关司法赔偿案例完全被《最高人民法院关于审理涉执行司法赔偿案件适用法律若干问题的解释》(法释〔2022〕3 号)所调整的涉执行司法赔偿所涵盖。由于相关司法解释的调整范围基本一致,笔者在论文标题中添加"涉执行"前缀,以更精准界定本案的研究案例,在正文统称为"司法赔偿"以实现不同司法解释间的统一衡量。

情形下司法赔偿应当在民事、行政诉讼程序或者执行程序终结后提出赔偿请求,[7]该规定最直接地衔接前置诉讼、执行程序与司法赔偿。二则,司法实务中存在前置程序长期处于未终结状态,从而无法启动司法赔偿的情形。虽然6个月是执行案件法定的结案期限,[8]但有学者指出,执行案件的法定办案期限会因执行主体的经常性违反和缺乏相应制裁,从而失去刚性约束力。[9] 在执行期限过长甚至难以执行的前提下,司法赔偿中反映出多种样态的问题。首先,"执行程序未终结"成为最常见的驳回司法赔偿的裁决理由,赔偿申请人数年乃至十数年赔偿申请无法进入实体审理之情况不在少数。其次,由于当事人在"终结本次执行"状态下可以无限制地提起恢复执行申请,执行机关也可以主动恢复执行,这导致"救济途径未穷尽"也成为驳回破产申请人的说明理由。最后,虽然对不需在程序终结后提出赔偿的例外情形有规定,却仅有极小一部分情形适用,无法涵盖大部分情形。因此,在前置程序形式上未终结时,赔偿申请人之申请基本处于无可能获得受理的境地,从而整体影响了审判职能的发挥、审判质效的体现以及司法保障功能的实施。

学理上,对有关程序终结要素的研究寥寥无几,零星的学者从执行期限等角度提出观点,却无法形成完整的解释适用框架。[10] 笔者通过检索相关案例发现,司法赔偿案例主要集中于违法保全司法赔偿和错误执行司法赔偿,本文也以涉执行司法赔偿案例作为案例研究对象。此外,自2022年3月1日起施行的《涉执行司法赔偿解释》,该司法解释也涵盖本文相关案例。笔者将结合新旧司法解释与司法案例,对程序终结要素进行法释义学分析。

---

〔7〕 参见《最高人民法院关于适用〈中华人民共和国国家赔偿法〉若干问题的解释(一)》(法释〔2011〕4号,以下简称《赔偿解释一》)第8条、《最高人民法院关于审理民事、行政诉讼中司法赔偿案件适用法律若干问题的解释》法释〔2016〕20号(以下简称《司法赔偿解释》)第十九条以及《最高人民法院关于审理涉执行司法赔偿案件适用法律若干问题的解释》(以下简称《涉执行司法赔偿解释》)第五条。

〔8〕 《最高人民法院关于人民法院办理执行案件若干期限的规定》(法发〔2006〕35号)第1条规定,被执行人有财产可供执行的案件,一般应当在立案之日起6个月内执结。

〔9〕 刘红:《国家赔偿法司法解释中的"程序终结"之探讨》,《鄂州大学学报》2014年第2期。

〔10〕 刘红:《国家赔偿法司法解释中的"程序终结"之探讨》,《鄂州大学学报》,2014年第2期。

二、司法赔偿及程序终结要素制度架构

在裁判分析前,需要明晰司法赔偿的制度架构以及程序终结要素条文沿革。首先需要确认司法赔偿决定程序具有独立终局的实体审判权能,确认程序终结要素影响实体权利的判断。其次确认程序终结要素在立案阶段的考量,确认该要素对司法赔偿实体审查前进行程序限制的可能性。最后,分析程序终结要素条文沿革,确认核心条款,并据此展开裁判分析及法律解释适用。

(一)具备独立、终局的实体审判权能的决定程序

在司法赔偿中,终局解决司法赔偿纠纷的程序是人民法院赔偿委员会的决定程序。1995 年实施的《国家赔偿法》规定了司法机关的违法行为首先需要由其自己确认,当事人才可获得赔偿,[11]这赋予了赔偿义务机关判断自身行为的终局确认权,却违背了"任何人不得为自己案件的法官"的程序正义的要求。因此在针对 1995 年《国家赔偿法》的相关文献分析中,一般将国家赔偿决定程序视为非诉讼程序,并且认为决定程序是解决诉讼过程中当事人已有实体争议之外的程序性事项必须依据的程序规则,国家赔偿决定程序作为决定程序的一种,具备决定程序的一般法律特征。[12] 受害人能否通过程序获得救济的前提是司法机关对自己司法行为违法之确认,法院无法监督,赔偿委员会更无权对司法机关的行为违法进行确认,人民法院仅具有有限的裁决权。[13] 2010 年《国家赔偿法》修正时删去了司法机关违法行为自身确认的要求,从该修改历史以及目前实务现状可以看出,若进入人民法院赔偿委员会审理阶段,赔偿义务机关是否违法,应当由赔偿委员会在决定程序中进行实质认定,仅有如此,才能实现赔偿义务主体与赔偿审判主体的分离,实现赔偿审判权的独立审理。因此,虽然其他诉讼法之中的决

---

〔11〕《国家赔偿法》(1995 年实施,已被修改)第二十条第一款:赔偿义务机关对依法确认有本法第 15 条、第 16 条规定的情形之一的,应当给予赔偿。

〔12〕 吴立香:《国家赔偿案件决定程序制度创新的几点思考》,《人民司法》2005 年第 3 期。

〔13〕 李俊:《司法赔偿程序论》,西南政法大学 2006 年博士学位论文,第 110 页。

定程序属于程序性事项规则,国家赔偿法中的决定程序因其特殊性,实际上负责解决国家赔偿中的实体争议。也就是说,司法赔偿的决定程序具备独立、终局的实体审判权能,这也是展开下述裁判分析和执行程序要素论证的先决条件。

(二)程序终结要素作为立案阶段考虑因素

根据 2011 年颁布的《最高人民法院关于人民法院赔偿委员会审理国家赔偿案件程序的规定》(法释〔2011〕6 号),决定程序主要由立案、审理、决定三个阶段构成。[14] 立案阶段,需要赔偿请求人具备法律规定的主体资格、被申请法院是赔偿义务机关、具有具体的申请事项和理由、且具备《国家赔偿法》第三十八条之情形。[15] 审理阶段,赔偿委员会对赔偿义务机关或复议机关决定的认定事实和适用法律进行审查。[16]这两条规定总体而言较为原则性,单从文义而言不够周延,也并不能涵盖实践中各种情形。《涉执行司法赔偿解释》第五条明确规定,"公民、法人和其他组织申请错误执行赔偿,应当在执行程序终结后提出,终结前提出的不予受理",即程序终结要素关乎应否受理,确定了程序终结要素在立案阶段加以考量。确定了该要素属于立案阶段,这也明确了其与实体审理的前后顺位,以便后续的案例评析与论证展开。

(三)程序终结要素条文沿革

本文裁判分析以及程序终结要素条款分析主要围绕《司法赔偿解释》第十九条展开。

《司法赔偿解释》第十九条规定:

公民、法人或者其他组织依据国家赔偿法第三十八条规定申请赔偿的,

---

〔14〕 参见《最高人民法院关于人民法院赔偿委员会审理国家赔偿案件程序的规定》第三条、第七条、第十四条等条文。

〔15〕 参见《最高人民法院关于国家赔偿案件立案工作的规定》(法释〔2012〕1 号)第四条。

〔16〕《最高人民法院关于人民法院赔偿委员会审理国家赔偿案件程序的规定》第十九条规定,赔偿委员会审理赔偿案件应当按照下列情形,分别作出决定:

(一)赔偿义务机关的决定或者复议机关的复议决定认定事实清楚,适用法律正确的,依法予以维持;……

应当在民事、行政诉讼程序或者执行程序终结后提出,但下列情形除外:

(一)人民法院已依法撤销对妨害诉讼的强制措施的;

(二)人民法院采取对妨害诉讼的强制措施,造成公民身体伤害或者死亡的;

(三)经诉讼程序依法确认不属于被保全人或者被执行人的财产,且无法在相关诉讼程序或者执行程序中予以补救的;

(四)人民法院生效法律文书已确认相关行为违法,且无法在相关诉讼程序或者执行程序中予以补救的;

(五)赔偿请求人有证据证明其请求与民事、行政诉讼程序或者执行程序无关的;

(六)其他情形。

赔偿请求人依据前款规定,在民事、行政诉讼程序或者执行程序终结后申请赔偿的,该诉讼程序或者执行程序期间不计入赔偿请求时效。

《司法赔偿解释》第十九条总共罗列出不须在前置程序终结后提起司法赔偿的五种具体情形和兜底条款。其分类标准为"已确认违法或者撤销原措施""已确认合法权利""事实行为""相对独立性"四类标准。[17]

《涉执行司法赔偿解释》第五条[18]在《司法赔偿解释》第十九条的基础上进行了扩充和修改。首先,"无法在相关诉讼或者执行程序中予以补救"成为所有在执行程序终结前提起赔偿之必要前提。其次,增加了一条具体的例外情形:自立案执行之日起超过五年,且已裁定终结本次执行程序,被

---

〔17〕 司法解释起草小组:《非刑事司法赔偿中的若干重大法律问题——对〈最高人民法院关于审理民事、行政诉讼中司法赔偿案件适用法律若干问题的解释〉的理解》,《法律适用》2016年第11期。

〔18〕《最高人民法院关于审理涉执行司法赔偿案件适用法律若干问题的解释》第五条:

公民、法人和其他组织申请错误执行赔偿,应当在执行程序终结后提出,终结前提出的不予受理。但有下列情形之一,且无法在相关诉讼或者执行程序中予以补救的除外:

(一)罚款、拘留等强制措施已被依法撤销,或者实施过程中造成人身损害的;

(二)被执行的财产经诉讼程序依法确认不属于被执行人,或者人民法院生效法律文书已确认执行行为违法的;

(三)自立案执行之日起超过五年,且已裁定终结本次执行程序,被执行人已无可供执行财产的;

(四)在执行程序终结前可以申请赔偿的其他情形。

赔偿请求人依据前款规定,在执行程序终结后申请赔偿的,该执行程序期间不计入赔偿请求时效。

执行人已无可供执行财产的,并且无法在相关诉讼或者执行程序中予以补救的,可在执行程序前提起赔偿。最后,将前置程序中常见的终结本次执行情形也纳入考量因素。《涉执行司法赔偿解释》第五条的突破在于,无论是对执行时间、被执行人是否有可供执行财产的审查,均是在实体上判断前置执行程序之状态,能更全面地保障赔偿申请人的合法权益。由于本文写作时该条文尚未生效,暂无适用新司法解释之案例以供评析,笔者以检索所得适用《司法赔偿解释》第十九条的相关案例展开下文分析。《涉执行司法赔偿解释》第五条以《司法赔偿解释》第十九条为增改基础,大体上延续了第十九条的规范目的,并着眼于解决已有裁判之漏洞,因此现有裁判案例也反映出《涉执行司法赔偿解释》第五条增改之优劣。笔者也借现有裁判参考评析《涉执行司法赔偿解释》第五条,进一步完善程序终结要素适用的法教义学分析。

三、程序终结要素的裁判分析

该部分以 178 份案例文书为研究对象,[19]对实务中程序终结要素的适用情形进行类型化分析。梳理后得出,实务中主要有程序审和实体审两种情形,个案中,赔偿委员会又基于不同的事实与裁量因素,作出受理或不予受理这两种决定。此处的程序审,限定为仅依据《司法赔偿解释》第十九条,以及前置程序的形式上执行阶段,判断程序是否终结,或者是否属于例外情形,最终决定是否受理赔偿申请。而实体审是指,在前置诉讼或执行程序形式上已经属于未终结情形时,通过对其他因素的综合考量,认定前置程序实质终结或认定无需达成此要求,甚至直接分析赔偿义务机关之行为是否违法,赔偿申请人得否获得赔偿。

笔者以程序审和实体审为第一层分类依据(类型 A—B),以是否受理的裁判结论为第二层分类依据(类型 1—2)。类型 A 与类型 B 反映不同的审理进路,类型 1 与类型 2 从不同面向进一步观察差异化的个案裁判逻辑,

---

〔19〕 笔者在"北大法宝司法案例数据库"以"程序终结"为全文关键词检索司法赔偿案由案例,共检索出 301 份裁判文书,逐一分析后,共得相关案例 178 份。最后检索时间:2022 年 2 月 26 日。

从而搭建出四象限结构的裁判思路分析,以此在周延分析相关裁判时具备周延性。

(一)四象限构造下的案例类型化

1. A-1:程序审-不予受理类型

表 1

序号	法院说理	判断因素
1	申请人前置诉讼的执行程序尚未终结,且不存在解释十九条规定的除外情形,故国家赔偿的申请应予驳回[20]	纯粹执行过程中
2	法院对该执行案件目前仅作出终结本次执行程序的裁定,该执行案件程序并未终结,条件具备的情况下可以恢复执行[21]	终结本次执行
3	终结本次执行程序并不是执行程序的完结,在条件具备的情况下随时可以恢复执行[22]	救济途径未穷尽

程序性不予受理类型是最为常见的裁判类型,并展现出多种样态。如表 1 所示,首先是缺乏对前置诉讼程序、执行程序的具体情形判断。其次是需要赔偿申请人具备极高的举证责任,需要证明已经穷尽所有救济手段。但根据条文规定,赔偿申请人可以无限制提起恢复执行,[23]致使无法证明

---

〔20〕 李杰申请焦作市山阳区人民法院错误执行赔偿案,河南省焦作市中级人民法院决定书(2021)豫 08 委赔 1 号;刘国臣等申请通辽市中级人民法院错误执行赔偿案,最高人民法院决定书(2021)最高法委赔监 28 号;曹旭申请东辽县人民法院违法保全赔偿案,吉林省高级人民法院通知书(2021)吉委赔监 14 号等。A−1 类型是检索案例中占比最多案例,因裁判思路相似,该类型仅标注参考性案例案号,不再逐一罗列。

〔21〕 张毅明申请通江县人民法院错误执行赔偿案,四川省巴中市中级人民法院决定书(2021)川 19 委赔 1 号等。

〔22〕 王变娜申请河南省郑州市中级人民法院错误执行赔偿案,最高人民法院决定书(2020)最高法委赔监 205 号等。

〔23〕 参见《最高人民法院关于严格规范终结本次执行程序的规定(试行)》(法释〔2016〕373号)第九条第一款以及《最高人民法院关于适用〈中华人民共和国民事诉讼法〉的解释》第五百一十七条。

"穷尽救济手段",甚至在赔偿申请人提出申请后,赔偿义务机关主动恢复执行,[24]从而实际上关闭了赔偿申请人通过司法赔偿获得救济的通道。[25]基于上述成因,赔偿申请人的赔偿申请数年无法受理,使得赔偿申请人与被申请义务机关间的因果关系处于悬而未决之状态。

　　2. A-2:程序审-予以受理类型

　　程序审下予以受理类型主要表现为认定属于《司法赔偿解释》第十九条中的例外情形,例外情形可进一步分为程序终结相关(A-2-1)与程序终结无涉(A-2-2)两类。

　　《司法赔偿解释》第十九条五种例外情形可首先分类为人身伤害和财产损害两类。其中人身伤害属于事实行为,并因其不可在程序中加以补救的特殊性,不以前置程序的终结为前提。财产损害中,又可进一步分类为程序终结相关以及程序终结无涉两类。撤销对妨碍诉讼的强制措施,即提起司法赔偿的前置情形不再延续,而确认违法,也意味着对赔偿义务机关的行为进行了实质判断,这两种情形仍与前置程序有直接关系。财产非属被保全人或被执行人,以及赔偿请求人有证据证明其请求与诉讼程序无关的,均具有相对独立性,与前置程序无涉。因此该条列举情形中与"程序终结"要素直接相关的仅有撤销对妨害诉讼的强制措施和法院生效文书确认行为违法且无诉讼中程序加以补救之情形。

　　如表2所示,A-2-1类案例涉及第十九条中"生效法律文书已确认相关行为违法"类型(表2序号1)。A-2-2类案例涉及第十九条中"不属于被保全人或者被执行人的财产",以及"赔偿请求人有证据证明其请求与民事、行政诉讼程序或者执行程序无关"等(表2序号2、序号3)。从例外类型而言,与实践中存在的最普遍问题无法匹配,因此难免使人产生例外情形略有被边缘化之感受。从案例数量而言,实践中对程序终结要素的例外情形适用较为局限,样本比例低,也凸显对例外情形进行扩张反思的重要性。

---

　　〔24〕　刘续俭申请重庆市云阳县人民法院违法保全赔偿案,重庆市第二中级人民法院决定书(2021)渝02委赔2号。

　　〔25〕　阚云香申请哈尔滨市道外区人民法院错误执行赔偿案,黑龙江省哈尔滨市中级人民法院决定书(2021)黑01委赔8号等。

表 2

序号	法院说理	判断因素
1	案涉行为被确认违法并被撤销,属于司法解释规定的例外情形,赔偿请求人可以提出国家赔偿申请[26]	生效法律文书已确认相关行为违法
2	在此情况下,申请人针对该具体执行程序提出国家赔偿申请,显然独立于全案执行程序,符合第十九条第一款第五项规定的除外情形[27]	赔偿请求人有证据证明其请求与民事、行政诉讼程序或者执行程序无关
3	申请人不属于本案被执行人,人民法院执行的财产系执行案外人财产。如果人民法院违法执行案外人财产,执行行为一旦发生,损害即已造成,执行程序是否终结与受害人没有法律上的关联性,受害人不用等待执行程序终结即可提出国家赔偿申请[28]	不属于被保全人或者被执行人的财产

3. B-1：实体审-不予受理类型

实体审下不予受理类型主要表现出两种审理思路。一是即便在认定前置程序形式上未终结情形下,也对被申请赔偿机关进行实体审查,判断其行为性质(B-1-1)。另一种思路是对前置程序的状态进行实质判断,从而认定是否终结(B-1-2)。

B-1-1 类型,委员会说理为"本案中,本院解除某公司部分商铺的保全措施是依法解除,不存在违法解除保全的行为。赔偿请求人依据生效民事判决申请执行的执行案件只是本次执行程序终结,并非实体终结,且不存在

---

〔26〕 欧栋申请化州市人民法院错误执行赔偿案,广东省高级人民法院通知书(2021)粤委赔监 14 号。

〔27〕 唐德媛等申请安徽省合肥市中级人民法院错误执行赔偿案,最高人民法院决定书(2020)最高法委赔监 142 号。

〔28〕 达县蜀川木业有限责任公司申请达州市达川区人民法院错误执行赔偿案,四川省高级人民法院决定书(2019)川委赔监 64 号;淄博鼎威自控设备有限公司申请淄博市临淄区人民法院错误执行赔偿案,山东省淄博市中级人民法院决定书(2020)鲁 03 委赔 8 号。

上述法律规定的除外情形,故申请人提出国家赔偿申请本院应当不予受理"[29]等。B-1-1 类型,在《涉执行司法赔偿解释》第五条明确程序终结要素为受理考量因素后,是否足够合理,值得商榷。其一方面,增加了法院之负担,消耗了额外的司法资源,另一方面,若以最终结论之判断,架空前置程序要素,则无视了该条的规范意义。

B-1-2 类型,委员会通过论证前置程序相关的实质要素,从而确认前置程序是否终结,如表 3 所示,该类案件中同样有不同的判断因素。

---

〔29〕　张成艳申请涟水县人民法院错误执行赔偿案,江苏省涟水县人民法院决定书(2020)苏 0826 法赔 1 号;何其辉申请浙江省金华市中级人民法院错误执行赔偿案,最高人民法院决定书(2018)最高法委赔监 137 号;王军等申请大连海事法院错误执行赔偿案,最高人民法院决定书(2017)最高法委赔监 251 号;代淑芝申请东港市人民法院错误执行赔偿案,辽宁省丹东市中级人民法院决定书(2020)辽 06 委赔 4 号;朱建明申请邵武市人民法院错误执行赔偿案,福建省邵武市人民法院决定书 (2020)闽 0781 法赔 1 号。

表 3

序号	B-1-2 案型下具体情形
1	被申请赔偿法院证明确有被查封、冻结财产或其他可执行财产[30]
2	被申请赔偿法院证明被执行企业未破产且终结本次执行程序时间较短,且赔偿申请人未证明本案无恢复执行可能[31]
3	被申请赔偿法院证明被执行人因服刑等原因暂时无法执行[32]
4	涉及民刑交叉,以刑事审理为前提[33]
5	财产得在另案进行补救[34]
6	被申请赔偿法院证明预期可执行[35]

〔30〕 聂放申请浑南区人民法院错误执行赔偿案,辽宁省沈阳市中级人民法院决定书(2021)辽 01 委赔 7 号;杨秋元申请山西省临汾市中级人民法院错误执行赔偿案,最高人民法院决定书(2020)最高法委赔监 160 号;金双兴装饰工程有限公司申请贵州省高级人民法院错误执行赔偿案,最高人民法院决定书(2020)最高法委赔 27 号;蓝安群申请贵州省高级人民法院错误执行赔偿案,最高人民法院决定书(2020)最高法委赔 26 号;长春邮电电话设备厂申请长春市绿园区人民法院赔偿案,吉林省长春市中级人民法院决定书(2020)吉 01 委赔 7 号;江苏锦上花家纺有限公司申请东台市人民法院赔偿案,江苏省盐城市中级人民法院决定书(2020)苏 09 委赔 5 号;李仁财申请大连市中山区人民法院错误执行赔偿案,辽宁省大连市中级人民法院决定书(2020)辽 02 委赔 16 号;梁存龙申请宁夏回族自治区石嘴山市人民法院违法保全赔偿案,最高人民法院决定书(2018)最高法委赔 54 号;梁存龙申请宁夏回族自治区石嘴山市中级人民法院违法保全赔偿案,最高人民法院决定书(2018)最高法委赔监 55 号;秦昕申请湖南省株洲市中级人民法院违法保全赔偿案,最高人民法院决定书(2016)最高法委赔监 65 号;王晓军申请天津市河西区人民法院违法保全赔偿案,天津市第三中级人民法院决定书(2019)津 03 委赔 1 号;杨弘申请沈河区人民法院错误执行赔偿案,辽宁省沈阳市中级人民法院决定书(2021)辽 01 委赔 4 号;赵群申请天津市红桥区人民法院错误执行赔偿案,天津市第一中级人民法院决定书(2021)津 01 委赔 2 号;江阴市蓝宝石纺织有限公司申请江阴市人民法院违法保全赔偿案,江苏省无锡市中级人民法院决定书(2020)苏 02 委赔 3 号;韩莉萍申请浑南区人民法院错误执行赔偿案,辽宁省沈阳市中级人民法院决定书(2021)辽 01 委赔 3 号;许水仙申请焦作市山阳区人民法院错误执行赔偿案,河南省焦作市中级人民法院决定书(2020)豫 08 委赔 8 号;徐友军申请邳州市人民法院违法保全赔偿案,江苏省徐州市中级人民法院决定书(2020)苏 03 委赔 8 号;刘勇申请盐城市亭湖区人民法院错误执行赔偿案,江苏省盐城市中级人民法院通知书(2020)苏委赔监 40 号;重庆帝烨电产投资有限公司申请违法保全赔偿案,重庆市高级人民法院决定书(2018)渝委赔 3 号;易瑞姣申请永州市中级人民法院错误执行赔偿案,湖南省高级人民法院决定书(2020)湘委赔 13 号;周爱云申请永州市中级人民法院错误执行赔偿案,湖南省高级人民法院决定书(2020)湘委赔 12 号;河北永久建设劳务有限公司北京分公司申请北京市顺义区人民法院错误执行赔偿案,北京市第三中级人民法院决定书(2020)京 03 委赔 7 号。

〔31〕 黄能强申请四川省成都市中级人民法院错误执行赔偿案,四川省高级人民法院决定书(2021)川委赔 1 号。

〔32〕 芮东楼申请北京市石景山区人民法院违法保全赔偿案,北京市第一中级人民法院决定书(2012)一中法委赔字第 17 号。

〔33〕 刘春贵申请濮阳市华龙区人民法院错误执行赔偿案,河南省濮阳市华龙区人民法院决定书(2020)豫 0902 法赔 3 号。

〔34〕 于继荣申请东港市人民法院错误执行赔偿案,辽宁省东港市人民法院决定书(2020)辽 0681 法赔 5 号;孙志强申请东港市人民法院错误执行赔偿案,辽宁省东港市人民法院决定书(2020)辽 0681 法赔 6 号;张柳虎申请金湖县人民法院错误执行赔偿案,江苏省高级人民法院通知书(2020)苏委赔监 48 号。

〔35〕 宜州市金龙房地产开发有限责任公司申请巴马瑶族自治县人民法院错误执行赔偿案,广西壮族自治区河池市中级人民法院决定书(2020)桂 12 委赔 6 号。

B-1-2 类型意义具有两个层面的意义。一方面,提供了分析《涉执行司法赔偿解释》第五条的途径,该类型中的论证均能实体上证明"在诉讼或执行程序中仍能补救"或是"被执行人仍有可执行财产"。另一方面,B-1-2 的论证意味着举证责任的转换。无需申请人证明至损害无法补救以及无可执行财产,而是由被申请赔偿法院证明被执行人确有财产。审理法院对执行程序实体要素的判断是举证的前提,而举证责任的分配减轻了赔偿申请人的负担,其正当性将在后文进一步展开论述。

4. B-2:实体审-予以受理类型

实体审下予以受理一类,反映出赔偿委员会在面对形式上前置程序未终结情形和赔偿申请人维权困境的两难困局下,所作出的分析和评判,由于没有足够明确的条文规定和司法惯例,个案中基于不同的考量因素,如表 4 所示,形成了不同的判断依据。

表 4

序号	法院说理	判断因素
1	人民法院执行裁定启动执行监督程序逾四年,但至今亦未有结果。根据本案实际情况,应已无继续执行可能。[36]	a. 执行期限 b. 清偿能力
2	超 5 年未执行终结,且经该院查明被执行人无其他可供执行的财产。[37]	a. 执行期限 b. 可执行财产
3	被执行人已被吊销营业执照,且长达 11 年未执行终结。[38]	a. 执行期限 b. 被执行人现状
4	执行行为长期无任何进展且预期无进展,被执行人实际上已经彻底丧失清偿能力,申请执行人等已因错误执行行为遭受无法挽回的损失。[39]	a. 执行期限 b. 清偿能力 c. 损失确认

〔36〕 蔡可地申请安徽省宿州市中级人民法院错误执行赔偿案,最高人民法院决定书(2018)最高法委赔监 60 号;李术伟申请天津市宁河区人民法院错误执行赔偿案,天津市第三中级人民法院决定书(2020)津 03 委赔再 1 号。

〔37〕 袁琼申请四川省成都市中级人民法院错误执行赔偿案,最高人民法院决定书(2020)最高法委赔监 294 号。

〔38〕 何小英申请陕西省汉中市中级人民法院错误执行赔偿案,最高人民法院决定书(2020)最高法委赔监 296 号。

〔39〕 丹东益阳投资有限公司申请辽宁省丹东市中级人民法院错误执行赔偿案,最高人民法院决定书(2018)最高法委赔提 3 号。

续表

序号	法院说理	判断因素
5	被执行人已被吊销营业执照或者处于长期歇业状态,中止或终结本次执行程序等后长期未能恢复执行,且事实上被执行人已经没有清偿能力。[40]	a. 执行期限 b. 清偿能力 c. 终结本次执行 d. 被执行人现状
6	终结本次执行程序至今已逾 10 年,被执行人一直未有财产可供执行且已被吊销营业执照,损害已经确定且无法补救。[41]	a. 执行期限 b. 终结本次执行 c. 被执行人现状 d. 损失确认
7	被执行公司法定代表人下落不明,无财产可供执行,裁定终结本次执行程序至今已近 9 年。[42]	a. 执行期限 b. 终结本次执行 c. 被执行人现状 d. 可执行财产

在适用《司法赔偿解释》第十九条的前提下,B-2 类型案例反映出个案裁量中赔偿委员会对实质审理的探索。执行期限尤为受到重视,该类型所有案例将执行期限纳入裁量考量因素,除此之外,一半案例对执行的终结本次执行状态进行确认。被执行人现状和清偿能力涉及对被执行人预期清偿能力之评价,可执行财产是对被执行人现有财产之评价。一般而言,能力评价结合财产评价才能较为周延地确认赔偿申请人的损失,部分案例降低了损失确认的评判标准,仅对清偿能力作出要求,另外部分案例也并不要求证明至损失确认,只要符合期间及能力或财产的评价,也可受理司法赔偿申请。

(二)规则总结

在适用《司法赔偿解释》第十九条情形下,A-1 类是最为常见的案型。《涉执行司法赔偿解释》第五条的规定中,增加了对前置执行程序实体情形

---

〔40〕 辛培东申请辽宁省营口市中级人民法院错误执行赔偿案,最高人民法院决定书(2020)最高法委赔监 259 号;张庆祝申请辽宁省营口市中级人民法院错误执行赔偿案,最高人民法院决定书(2020)最高法委赔监 258 号;辛国厚申请辽宁省营口市中级人民法院错误执行赔偿案,最高人民法院决定书(2020)最高法委赔监 272 号;杭州金曦工具有限公司申请永康市人民法院错误执行赔偿案,浙江省金华市中级人民法院决定书(2020)浙 07 委赔 2 号。

〔41〕 北京市天水泽龙律师事务所申请成都铁路运输中院错误执行赔偿案,最高人民法院决定书(2020)最高法委赔监 146 号。

〔42〕 李金胜申请吉林省四平市中级人民法院错误执行赔偿案,最高人民法院决定书(2018)最高法委赔监 10 号。

之审查,并从现象结论入手,放宽对执行超五年案件司法赔偿的受理条件,在满足"执行超五年＋已裁定终结本次执行＋被执行人已无可供执行财产"时,即可受理司法赔偿申请。即便如此,也仅能解决 A-1-2 类中部分年限时间长的案例,并不能尽数涵盖 A-1-1 类和 A-1-3 类案型。并且,由于《涉执行司法赔偿解释》第五条中对所有例外情形增设的"无法在相关诉讼或者执行程序中予以补救"要件,可能会导致 A-1-3 类案型成为《涉执行司法赔偿解释》实施后,赔偿义务机关新的规避司法赔偿启动的理由。同样,本来符合 A-2 类型的案例,在适用《涉执行司法赔偿解释》第五条时,也可能会面临相同的问题。B-1-2 类型案例契合《涉执行司法赔偿解释》第五条增设条文的规范目的,是 A-1-2 类案例从形式审到实体审的突破。此外,B-1-2 类也可从另一个角度进行解读,可以理解为增加了被申请赔偿机关的举证责任。B-2 类型则最为直接地和 A-1 类型以及《司法赔偿解释》第十九条形成对比。相对而言,《涉执行司法赔偿解释》设定了较为严格的可在程序终结前审理的实体分析缺口,"损失无法补救"内含对财产和能力的双重评价,同时以五年为限,还要求处于终结本次执行的状态,仍有许多赔偿申请人的合法权益无法通过此条加以保障。

　　总而言之,《涉执行司法赔偿解释》第五条虽然在《司法赔偿解释》第十九条基础上推进了受理阶段的实体审理,但仍然存在两个较大的缺陷。第一,无法涵盖 A-1-3 类案型,并且由于条件的增设,可能成为赔偿义务机关新的规避方式。第二,实体审查的条件设定过于限缩,无法与已有司法案例形成的个案裁量完全匹配,有增加赔偿申请人证明责任和证明程度的风险。《涉执行司法赔偿解释》第五条在"损失确认"的前提下,设定了"其他情形"的兜底条款,笔者试以此为突破口,分析兜底条款解释适用的必要性,以及解决上述弊端的可能途径。

四、程序终结要素兜底条款适用探讨

(一)程序终结要素体系价值必要性

1.司法赔偿原则分析

如何更好地解释适用程序终结要素,仍需回到规范目的进行考量。目的是整个法的创造者。[43] 每条法律规则的产生都源于一种目的,即事实上的动机。[44] 动机可能是目标的、立法者的、法政策学的形成意志,规范中确定的规范目的因为有效的、符合宪法的立法而具有约束力。[45] 对正义的要求是法律规范的内核之一。对程序终结要素的讨论源自法院内部回避执行短板从而导致司法不公的隐忧。人民期待法服务于正义,并实现正义,[46]但法律固有之缺陷致使保障具有较大局限性。立足于我国国情,公平正义是现代法治的核心价值追求,也是中国特色社会主义的内在要求。[47] 因此,对由于制度安排不健全造成的有违公平正义的问题要抓紧解决,使我们的制度安排更好体现社会主义公平正义原则,更加有利于实现好、维护好、发展好人民是根本利益。[48] 从现实意义看,"社会秩序乃是为其他一切权利提供基础的神圣权利,权利建立在约定之上",[49]对公民权利侵害的救济是维护社会秩序的根本保证,也是公民幸福和社会和谐的保障。权利是人性尊重的表现,任何侵害不管是否存在损害后果都是对个人尊严和价值的贬损,都必须采取救济手段加以救济。[50]

　　是否存在切实有效的救济途径,是衡量公民基本权利实现状况的重要标准,也是公平正义的体现之一。在公法领域,依托国家赔偿制度对当事人所受损害予以弥补同样是法治国家的题中应有之义。[51] 由于司法赔偿属于国家赔偿内容之一,国家赔偿法中对司法赔偿制度的目的也没有作出特殊的规定,据此也可以将国家赔偿制度的目的理解为司法赔偿的目的。[52]

　　〔43〕　F. Wieacher, Privatrechtsgeschichte der Neuzeit, 2. Aufl. , Göttingen 1967, S. 582, Fußnote. 59。转引自[德]伯恩·魏德士:《法理学》,丁晓春、吴越译,法律出版社 2013 年版,第 233 页。

　　〔44〕　[美]E. 博登海默:《法理学——法律哲学与法律方法》,邓正来译,中国政法大学出版社 1999 年版,第 109 页。

　　〔45〕　[德]伯恩·魏德士:《法理学》,丁晓春、吴越译,法律出版社 2013 年版,第 307 页。

　　〔46〕　[德]伯恩·魏德士:《法理学》,丁晓春、吴越译,法律出版社 2013 年版,第 155 页。

　　〔47〕　张文显:《法治与国家治理现代化》,《中国法学》2014 年第 1 期。

　　〔48〕　习近平:《切实把思想统一到党的十八届三中全会精神上来》,《人民日报》2014 年 1 月 1 日,第 2 版。

　　〔49〕　[法]卢梭:《社会契约论》,何兆武译,商务印书馆 1980 年版,第 8 页。

　　〔50〕　陈焱光:《公民权利救济论》,武汉大学 2005 年博士学位论文,第 47 页。

　　〔51〕　马怀德、孔祥稳:《我国国家赔偿制度的发展历程、现状与未来》,《北京行政学院学报》2018 年第 6 期。

　　〔52〕　参见张红:《司法赔偿研究》,中国政法大学 2006 年博士学位论文,第 16 页。

《宪法》第四十一条第三款规定,由于国家机关和国家工作人员侵犯公民权利而受到损失的人,有依照法律规定取得赔偿的权利,该条确定了赔偿申请人依法提起司法赔偿是由宪法保障的权利。而依法求偿权最直观地体现在《国家赔偿法》第一条和第二条。有学者从国家、公务员和受害者三个主体出发,提出国家赔偿应当实现的四个目标,分别为:受害人受到国家侵权,应当得到充分或公平的救济;维护公务人员执行公务的积极性;在法律规定的范围内,追究公务人员侵权行为的责任,避免其乱作为;考虑国家财政因素,确保国家财政对国家侵权的负担,防止为公务员个人过错负责。[53] 此外,也有观点认为,社会主义民主原则、公平原则、服务原则和效率原则是我国国家赔偿法的理论基础。[54] 也有学者从赔偿义务机关的角度,提出违法与明显不当责任原则,及国家机关和国家机关工作人员在执行职务时因违法或明显不当行为侵犯了公民权益,国家应当承担赔偿责任,这是对合法性原则和合理性原则的双重要求。[55]

此外,及时性也是公平正义的要求之一。及时救济原则要求行政救济应当迅速、高效地解决行政纠纷,使行政机关合理协调可能发生冲突的各种权利最大化保障,借此提高行政的效率和灵活性。[56] 权利救济是矫正正义的体现,而正义的一条公理是:正义必须得到实现,迟来的正义非正义。正义在救济时间上体现为及时,权利救济的不及时会带来不同权利主体间连锁的权利受损的效应。[57]《国家赔偿法》第二条第二款特别指出,赔偿义务机关应当依照本法及时履行赔偿义务。基于此,也有观点认为,国家赔偿法立法之精神应为督促国家机关工作人员应尽勤勉谨慎之义务,即国家机关工作人员在行使和运用公权力时应尽到普通谨慎的处于相同或相似的地位和环境下所应有的合理的勤勉和认真仔细。[58]

综合上述法律规定和学理观点,公民受到国家侵权时,要求有公平、充

---

〔53〕　沈岿:《国家赔偿:代位责任还是自己责任》,《中国法学》2008 年第 1 期。

〔54〕　张锋:《论制定我国的国家赔偿法》,《中国法学》1987 年第 1 期。

〔55〕　参见罗豪才,袁曙宏:《论我国国家赔偿的原则》,《中国法学》1991 年第 1 期。

〔56〕　[德]汉斯·J.沃尔夫、奥拓·巴霍夫、罗尔夫·施托贝尔:《行政法》(第二卷),商务印书馆 2002 年版,第 205 页。

〔57〕　陈焱光:《公民权利救济论》,武汉大学 2005 年博士学位论文,第 49 页。

〔58〕　黄蓓、叶鹏:《国家赔偿法立法精神之思考》,载赖梁盟主编:《当代法学论坛》,中国方正出版社,2006 年第 4 辑,第 83-84 页。

分、及时的救济,并且对遭受的侵权行为要进行合法性和合理性的双重判断。虽然《国家赔偿法》规定的是依法求偿权,但上述内容无一不反映出对公民求偿权的重心偏向。

比较法上的国家赔偿制度原则或许可以作为论证参考。德国国家赔偿制度遵循无漏洞权利救济原则,即有权利必有救济。行政诉讼之"无漏洞"救济源于德国《基本法》的规定,德国《基本法》第十九条第四项规定了保障人人均有对抗公权力不法侵害之权利保护机制,这被联邦宪法法院称之为"整部行政诉讼法之基本规范",保障人民享有无漏洞之权利保护。[59]德国《国家赔偿法》旨在调整公民在国家活动侵害其权利时而提出的损害赔偿等请求,从防御请求权逐步发展到赔偿请求权,国家不法行为赔偿责任的依据为《基本法》第三十四条,该条标志着法治国家观念的最终形成,该条文结合《基本法》第十九条第四款予以保障公民权利并约束国家权力。[60]

由于司法赔偿是国家赔偿的一部分,就本文所涉裁判类型,笔者倾向于其应当在依法赔偿的要求下,在个案中作出更有利于公民求偿权的解释和裁量。国家赔偿是公民合法权利在其他途径已经无法获得救济的唯一选择,应当在法律解释以及个案裁量中,尽可能降低受理赔偿的门槛,确保公平正义的实现。

2.程序终结要素规范目的分析

比较《国家赔偿法》第二条[61]与《行政诉讼法》第二条[62],国家赔偿是在公民得以提起行政诉讼的基础上,增加了对公民造成损害的要件。对此,有学者指出,司法赔偿程序与行政赔偿程序基本一致,这里的行政赔偿程序指的是单独提起的程序,属于行政诉讼。[63]因此,司法赔偿虽由人民法院赔偿委员会通过决定程序审理,纠纷解决的方式实质上与行政诉讼具有相

---

〔59〕 Thomas Würtenberger:《德国行政诉讼法之新发展》,刘建宏译,《中正大学法学集刊》2009 年第 5 期。转引自陈伏发:《无漏洞救济视角下的行政诉讼受案范围》,《法律适用》2012 年第 2 期。

〔60〕 [德]哈特穆特·毛雷尔:《行政法学总论》,高家伟译,法律出版社 2000 年版,第 615-618 页。

〔61〕《国家赔偿法》第二条规定,国家机关和国家机关工作人员行使职权,有本法规定的侵犯公民、法人和其他组织合法权益的情形,造成损害的,受害人有依照本法取得国家赔偿的权利。

〔62〕《行政诉讼法》第二条规定,公民、法人或者其他组织认为行政机关和行政机关工作人员的行政行为侵犯其合法权益,有权依照本法向人民法院提起诉讼。

〔63〕 沈岿:《国家赔偿法原理与案例》(第二版),北京大学出版社 2011 年版,第 347、365 页。

似之处,同时由于司法赔偿程序终结要素的相关规定较少,以及相关的学理研究较为薄弱,基于这两点,笔者参照行政诉讼的权利保护必要性理论进行分析。

在诉讼制度启动环节中,需要"一般的"法律保护需要,也称为权利保护必要性。权利保护必要性是指原告请求法院以裁判的方式解决纠纷、保护其权利的必要性或者实效性,无司法救济即无法有效地实现原告的合法权益。原告提起任何诉讼,请求法院裁判,均应以具有权利保护的必要性为前提。具备权利保护必要性的,其起诉才具有值得保护的利益。[64] 事实上,"诉讼能力""诉权"等也属于权利保护必要性讨论之范畴,一般而言,笼统的"权利保护必要性"仅作为兜底性范畴。[65] 现实中,权利保护必要性多显现为消极功能,体现为缺乏保护必要性并导致裁定驳回。[66] 欠缺权利保护必要性的现象中包含适时性标准,其中包含不适时的权利保护。不适时的权利保护包括为时尚早与为时已晚,为时尚早是指诉讼时机尚未成熟,包含案件时机不成熟的情形和未穷尽行政救济的情形。案件成熟是指"行政程序必须发展到适宜由法院处理的阶段,即已经达到成熟的程序,才能允许进行司法审查";而"穷尽行政救济是指当事人没有利用一切可能的行政救济以前,不能申请法院裁决对他不利的行政决定"。[67]

《涉执行司法赔偿解释》第五条与《司法赔偿解释》第十九条之立法目的沿袭《赔偿法解释一》第八条的规定,前置程序终结之限制是因司法赔偿以穷尽其他救济途径为其责任发生之特别原则,以避免诉讼执行与国家赔偿程序并存,从而作为终局性权利途径。[68] 该立法目的与诉讼制度中的权利保护必要性的适时性标准相契合,并因国家赔偿的特殊性,同时内含"案件时机成熟性"和"穷尽其他救济情形"两种情形之目的,即在穷尽其他救济路径时,才能视为具有启动国家赔偿程序的案件成熟性。

---

〔64〕 王贵松:《论行政诉讼的权利保护必要性》,《法制与社会发展》2018 年第 1 期。

〔65〕 参见[德]弗里德赫尔穆·胡芬:《行政诉讼法》,莫光华译,法律出版社 2003 年版,第 386 页。

〔66〕 参见王贵松:《论行政诉讼的权利保护必要性》,《法制与社会发展》2018 年第 1 期。

〔67〕 王名扬:《美国行政法》(下),中国法制出版社 1995 年版,第 642、651 页。

〔68〕 孙际泉、孙仕浩、苏戈:《关于适用国家赔偿法若干问题的解释(一)的理解与适用》,《人民司法》2011 年第 9 期。

3. 价值冲突与衡量

根据前文，《涉执行司法赔偿解释》第五条与《司法赔偿解释》第十九条的目的在于避免诉讼执行与国家赔偿程序并存，从而使司法赔偿作为终局性权利途径。笔者认为，若前述的国家赔偿制度目的与该条文之目的在具体个案中形成难以避免的冲突，则国家赔偿制度目的应当优先于该条文目的进行衡量。如果单一进行形式审理，已经违背及时救济原则，迟来的正义非正义，根本上违背了国家赔偿的立法精神。因此，从《司法赔偿解释》第十九条至《涉执行司法赔偿解释》第五条的增改，其也由纯粹的程序审理过渡到有限度的实体审理，无论是《国家赔偿法》的修订过程，还是所涉的司法解释的增改过程，均体现出对公民求偿权的逐步重视。

此外，在对个案进行价值衡量时，不应当忽视比例原则的适用。比例原则包括妥当性原则、必要性原则和平衡性原则。比例原则是行政法中应当优先考量的原则，当研究个案时，宜运用比例原则进行具体分析。妥当性要求所采取的手段能够达到所追求的目的，必要性是要求所使用的手段在可以选择的诸多方式中侵害性最小，平衡性要求在价值层面进行衡量，做到法益相称。[69]

（二）兜底条款展开的标准分析

兜底条款展开之标准具有两方面的内容，一方面，无需在立案阶段增加过量实质审查的工作量；另一方面，又要进一步完善《涉执行司法赔偿解释》第五条之要求，形成在利益衡量下适用该条文之优势。首先，《涉执行司法赔偿解释》第五条将损失确认作为不需满足程序终结要素的例外情形中的必要考量条件，从条文规范目的出发考虑，损失需要首先确认，有其合理性。第五条的实质审例外情形也增加了对执行期限的要求，作为迟来的正义非正义的法理以及实务结果出发的考量条件。在解释适用第五条兜底条款时，也宜将这两个条件作为必要裁量因素，只是适用标准值得再探讨。其次，结合 B-1 案型分析，清偿能力和可执行财产作为未来面向和现状面向的对被执行人执行情况的评价，有其裁量价值，但并非必选项。因此可作为选择裁量因素，且作为论证损失确认的条件或者论证程序终结要素例外情形的条件。最后，举证责任问题也需要考虑。虽然一般而言，主张消极事实不

---

〔69〕　余凌云：《论行政法上的比例原则》，《法学家》2002 年第 2 期。

应承担举证责任,但程序终结要素条文因其条文设定、要素特征和裁判惯例,消极事实的举证责任大部分由赔偿申请人提出,适度减轻赔偿申请人的举证责任,也是对 B-1 案型裁判思路的总结提炼。因此,申请人举证责任不应当为当前且未来可预期的损害无法补救以及无可执行财产,而是由被申请赔偿法院证明被执行人确有财产,适当的举证责任转换是保障赔偿申请人权益的应有之义。

1. 必要裁量因素

(1)执行期限

以时间为一种衡量尺度是最为直观且容易判断的方式,上述 A-1 类赔偿申请受限的情形下,也以前置程序久拖不决,从而数年影响司法赔偿的提起,最为影响司法效率。一种观点认为,若能同时符合下列两个方面的条件,则应认定属于实质上的"程序终结"范畴:一是案件执行经历的时间跨度中,绝对时间满两年,并且相对时间满一年。二是案件处于无法继续采取有效执行措施的搁置情形,呈连续状态,持续时间满一年。[70]

《涉执行司法赔偿解释》第五条以执行满五年计算能一定程度解决因未终结导致的受理障碍。但另一方面,六个月是执行案件一般情形的结案期限,五年相对于六个月,仍然存在时间过长的问题。另一方面,若要求处于终结本次执行状态,根据《关于严格规范终结本次执行程序的规定(试行)》的规定,作出终结本次执行的要求是较为严格的,包含限制被执行人消费并纳入失信人名单、穷尽财产调查措施、自执行案件立案之日起已超过三个月等,每一点还有更为细致的要求。[71] 因此,在已经如此严格的状态下适用兜底条款,若其他条件满足,更宜放宽对执行期限的绝对要求,或是降低五年的要求。

(2)损失确认

损失确认也即无法再在相关诉讼、执行程序中补救,造成终局性的损害。《涉执行司法赔偿解释》第五条将之作为所有例外情形均需满足的条件。该要求从实质上符合"案件时机成熟性"和"穷尽其他救济情形"的目的要求。但根据上文分析可知,A-1-3 类型可能导致赔偿申请人合法权利程

---

〔70〕 刘红:《国家赔偿法司法解释中的"程序终结"之探讨》,《鄂州大学学报》2014 年第 2 期。

〔71〕 参见《关于严格规范终结本次执行程序的规定(试行)》第一条、第三条、第四条及第五条。

序性受阻,却无法被该要求涵盖。在实务中,也出现由于赔偿申请人提起申请,被申请法院随后恢复执行的情形,以此规避司法赔偿的展开。又由于适用兜底条款也需要损失确认,所以仍需根据个案,限缩解释"穷尽其他救济情形"之要求。

　　2.选择裁量因素

　　结合 B-2 案型以及逻辑推演,笔者认为,除穷尽救济手段外,司法实务中证明损失确认无法补救一般基于两点,一是清偿能力,二是可执行财产,二者共同证成损失确认是最周延的,但也有司法实务降低了证明标准。不可否认,在理想状态下对损失的终局确认,需要过去、现状和未来三个面向。执行期限可视作过去的面向,可执行财产是现状面向,而清偿能力则为未来面向。前已述及,执行期限和损失确认作为必要裁量因素加以考量,一方面,现状与未来面向可从过去长期的状态进行推演和间接证明,另一方面,也不宜对赔偿申请人施加过重的举证义务,因此,在兜底条款降低对"穷尽其他救济情形"的要求下,这两者可结合比例原则进行分析,从而作为可选裁量因素,形成对损失确认的推论,以保障在价值衡量中,实现程序终结要素的规范目的。

五、结　语

　　《涉执行司法赔偿解释》一定程度上拓宽了涉执行司法赔偿实质审理的路径,但仍设置了较为严格的限制。基于裁判分析和利益衡量,笔者认为程序终结要素条款仍存进一步有利于赔偿申请人权利保障的适用必要,并以执行期限、损失确认作为必要裁量因素,以清偿能力和可执行财产等作为选择裁量因素,探讨兜底条款个案裁量适用的可能,进一步优化程序终结要素的解释适用空间。

　　程序终结要素作为诉讼、执行程序与司法赔偿的衔接,发挥着对赔偿申请人权益保障至关重要的作用。本文所完成之工作,是在现有司法解释基础上,就进一步优化程序终结要素条文的体系构造提出见解。但因考虑的不尽完善、个案事实的不同、适用情形的变化等原因,程序终结要素问题仍有很大的讨论余地,体系构造仍需不断优化,从而进行更好具体化和全面化考量。

　　　　　　　　　　　　　　　　　　　　　　　　　　　(特约编辑:张怡静)

行政诉讼判决既判力客观范围扩张的条件与路径

——王怀学诉徐州市泉山区人民政府房屋面积认定案评析

徐云鹏[*]

内容提要：既判力理论是诉讼法学经典的基本命题，然而不同于民事诉讼法学界，行政诉讼法学界对于行政判决既判力的客观范围研究寥寥。或是囿于规范的粗放，现有的行政判决既判力理论基本借鉴民事诉讼法上的通说，认为判决主文具有既判力。而对于判决理由是否具有既判力或与之类似的效力，未有定论。在王怀学诉徐州市泉山区人民政府房屋面积认定案中，裁判法院在坚持以往法院对于行政判决既判力客观范围理解的基础上，通过改造域外诉讼法中的争点效理论，以此解释我国生效行政裁判羁束力的法规范，明晰了我国行政诉讼判决既判力的概念与羁束的客观范围，实现了行政判决中既判力客观范围向有关合法性判断的判决理由的扩张，为既判力客观范围的扩张提供了较为明确的途径。

关键词：行政诉讼；既判力；争点效

一、问题的提出

生效裁判的既判力作为民事诉讼中的基本理论之一，是民事诉讼法学中经久不衰的讨论主题。[1] 相比较于民事诉讼学界对于民事诉讼裁判既判力理论如火如荼的讨论，脱胎于民事诉讼的行政诉讼裁判的既判力理论

---

* 徐云鹏，南开大学法学院 2023 级博士研究生。

〔1〕 参见江伟：《市场经济与民事诉讼法学的使命》，《现代法学》1996 年第 3 期。

仿佛是一个被学者们忽略的角落。[2] 在若干行政诉讼判决既判力的理论研究中,既判力客观范围是其中极为重要的内容。客观范围如果过窄,会引发有关主体滥用诉权、司法资源浪费乃至法的安定性动摇等后果;但客观范围如果过宽或者延伸不当,则也会导致有关主体诉权被剥夺,陷入救济无门的窘境。因此,如何拉伸好既判力客观范围这一"弹簧",是一个难解的问题。

我国行政法规范中若干甚至特有条款,如《最高人民法院关于适用〈中华人民共和国行政诉讼法〉的解释》(法释〔2018〕1 号,以下简称《行诉解释》)第六十九条第一款第六项和第九项涉及了行政判决的既判力,但却不甚明晰。对此,行政法学界形成了诸多观点,但却未有定论。在法规范解释相对不足的背景下,进退维谷的最高人民法院在"王怀学诉徐州市泉山区人民政府房屋面积认定案"[3](以下简称"王怀学案")中实现了突围,依据前述规定,在一定条件下将既判力的客观范围拓展至了判决理由。并且,在"事实上的裁判拘束效力"[4]的影响下,业已有判决采纳了最高人民法院的论证思路与裁判方式。[5] 因此,明确引进域外争点效埋论的"王怀学案"无疑是我们观察与分析行政诉讼判决既判力客观范围及其扩张的极佳样本。[6]

本文将在整理学界以及最高人民法院在此案之前对于行政诉讼裁判既判力的认识的基础上,基于我国行政法规定,对于"王怀学案"的判决文书和

<hr>

　〔2〕 这只是相对而言。事实上,行政诉讼法学者们也有关于行政裁判既判力的讨论。代表性论著参见杨建顺:《论行政诉讼判决的既判力》,《中国人民大学学报》2005 年第 5 期;梁君瑜:《论行政诉讼中的重复起诉》,《法制与社会发展》2020 年第 5 期;汪汉斌:《行政判决既判力研究》,法律出版社 2009 年版;田勇军:《行政判决既判力扩张问题研究—兼与民事判决既判力相关问题比较》,武汉大学 2011 年博士学位论文。
　〔3〕 参见王怀学诉徐州市泉山区人民政府房屋面积认定案,最高人民法院行政裁定书(2017)最高法行申 244 号。
　〔4〕 章剑生:《行政诉讼原告资格中"利害关系"的判断结构》,《中国法学》2019 年第 4 期。
　〔5〕 如参见鲁某 1 诉甘南藏族自治州国土资源局行政复议案,甘肃省高级人民法院行政裁定书(2020)甘行申 28 号;陈华、彭锐、彭龙诉被告桑植县自然资源局行政处理案,湖南省张家界市武陵源区人民法院行政裁定书(2020)湘 0811 行初 36 号。
　〔6〕 已有学者对于同案"王世友诉江苏省徐州市泉山区人民政府房屋面积认定案,最高人民法院行政裁定书(2017)最高法行申 265 号"作出评析,但其没有注意到"争点效"这一域外学说在本案中的引入。参见章剑生、胡敏洁、查云飞主编:《行政法判例百选》,法律出版社 2020 年版,第 398-402 页。

争点效理论作出阐述,希冀从中提炼出行政判决既判力扩张至判决理由的一般裁判逻辑与规则,并讨论其引进或者改造域外理论的正当性,发现其适用的条件与路径。

二、基本案情与问题整理

(一)基本案情

2014 年泉山区政府启动金山东路东延(七里沟棚改)项目,并于 2014 年 5 月 23 日作出徐泉征字〔2014〕第 5 号《徐州市泉山区人民政府房屋征收决定》(以下简称 5 号征收决定)并予以公告。因未与王怀学达成房屋征收安置补偿协议,泉山区政府于 2014 年 9 月 12 日作出泉房征补字〔2014〕第 158 号《房屋征收补偿决定书》(以下简称 158 号补偿决定),认定王怀学房屋合法建筑面积为 228.20 平方米。王怀学不服 158 号补偿决定提起行政诉讼,江苏省徐州市中级人民法院于 2015 年 10 月 13 日作出行政判决,驳回王怀学的诉讼请求。王怀学不服提起上诉后,江苏省高级人民法院于 2016 年 3 月 21 日作出(2015)苏行终字第 00746 号行政判决,驳回上诉,维持一审判决。在江苏省高级人民法院审理(2015)苏行终字第 00746 号案件审理过程中,王怀学以泉山区政府未按照法律规定认定其房屋合法面积、侵犯其合法权益为由,提起本案诉讼,请求确认泉山区政府未依法认定其房屋合法面积行为违法。

(二)裁判理由与问题整理

法院在审理该案时认为"本案的争议焦点一是王怀学诉请审查的房屋面积认定行为的合法性,是否已为前诉生效裁判所羁束;二是前诉有关征收补偿决定合法的裁判,是否对房屋面积认定形成既判力"。因此,最高人民法院将本案的争议焦点分为了本案是否受到生效裁判文书羁束以及前诉有关裁判是否对本案形成既判力。最高人民法院表示:"一般认为,已经生效的前诉裁判具有既判力,后诉不得作出与前诉相反的判断;已经前诉裁判羁束的内容,当事人不得再次诉请裁判……"通说认为,行政判决具有既判力、拘束力、执行(实现)力等效力。[7] 拘束力作用对象是行政主体,[8]执行力的内涵是赋予行政判决强制执行的作用。由此观之,除既判力之外,行政判决书并无拘束法院的其他有关诉讼上的效力。本案两个争议焦点,后诉是否受到生效裁判文书的羁束与后诉是否受到前诉有关裁判的既判力影响其实并无区分实意。相比于"羁束",既判力则是更为明确和具体的用语。为有的放矢,本文认为,本案中值得进一步挖掘的内容在于:

1.行政判决既判力的客观范围。与民事诉讼法学界聚焦于民事判决既判力不同,行政判决既判力本身并非行政法学界关注的焦点。现有为数不多的研究也未能将司法实务中的情况进行详尽的梳理。对"王怀学案"裁判之前或与其时间上相近的判例进行梳理可以窥见到实践中对于既判力的态度,以便在一定基础上理解本案。又由于本案与既判力羁束的主体、时间范

---

〔7〕 参见姜明安主编:《行政法与行政诉讼法》(第 7 版),北京大学出版社、高等教育出版社 2019 年版,第 523-524 页。事实上,行政法学者们所言的"拘束力"大致有三种内涵。具体而言,其一,指作出判决的法院以及其他法院非经法定程序不得随意撤销或更改判决。使用该内涵的学者认为,与拘束力相近的,判决还有拘束当事人不得争辩与上诉的"形式确定力"。参见田勇军:《行政判决既判力扩张问题研究——兼与民事判决既判力相关问题比较》,武汉大学 2011 年博士学位论文,第 12-15 页;江必新、梁凤云:《行政诉讼法理论与实务》(第 3 版),法律出版社 2016 年版,第 1590-1593 页。其二,指确定的行政判决对当事人、法院和其他社会产生的拘束力,当事人必须遵守判决、法院非经法定程序不得随意撤销或更改判决,其他社会主体应尊重判决。使用该内涵的论著舍弃了"形式确定力"这一概念,而扩大拘束力的主体范围,使之包含了前一用法中的"形式确定力"。参见汪汉斌:《行政判决既判力研究》,法律出版社 2009 年版,第 32 页。其三,指行政判决特有的、拘束行政机关的效力,此效力使得行政机关在诉讼外负有特定义务。参见王贵松:《行政诉讼判决对行政机关的拘束力——以撤销判决为中心》,《清华法学》2017 年第 4 期。笔者认为,第一种用法中,形式确定力与拘束力只是作用主体不同,但效果基本相同,可用"形式确定力"或者"拘束力"任一概念涵盖之。又因,行政判决有特殊的拘束力指代其他内容,且既判力一般指"实质确定力"。因此,本文用"形式确定力"指代导致当事人不得上诉、法院不得随意撤销或改变判决的效力,用"拘束力"指行政判决产生的,使行政机关在诉讼外负有义务的效力,以"羁束力"作为确定力、拘束力、执行力等效力的上位概念,代指生效行政裁判的效力。

〔8〕 有关行政诉讼裁判效力的梳理,参见王贵松:《行政诉讼判决对行政机关的拘束力——以撤销判决为中心》,《清华法学》2017 年第 4 期。

围问题无涉,[9]本文将对此案之前可检索到的最高人民法院有关既判力的客观范围裁判进行整理,同时总结行政法学界对于既判力的学说认识,尝试总结出学理与实务对于行政判决既判力客观范围所持的立场。

2. 争点效与既判力客观范围的扩张。在"王怀学案"中,最值得关注的地方在于最高人民法院引进了"争点效"这一概念,以此对既判力的客观范围进行扩张。然问题在于,同样属于舶来品的"争点效"在被引进过程中是否发生了本土化的改造? 以及,按照本案中法院对于争点效的定位,其是单独的效力,还是既判力客观范围扩张的途径,如果是扩张,那么其条件与路径为何? 并且,不论此答案如何,均需回答原因何在。

三、行政诉讼既判力的客观范围

诚如学者所言,"如果判决很容易受到干扰,法律程序便无法有效解决纠纷:纠纷可能被一拖再拖或者再次激发。"[10]通说认为,生效判决具有既判力,既判力是指判决实质上的确定力,羁束法院以及当事人,[11]即所谓"既判之事项,应视为真实"。具体而言,法院对于诉讼中争议的事项作出了权威判断之后,当事人不得对此再提起诉讼、不得在后诉中主张与该判决相反的内容,法院也不得作出相反的裁判,而是要以前诉判决为基础作出判

---

〔9〕 既判力羁束范围,具体分为主体范围、客体范围以及时间范围,分别指既判力对哪些主体、由哪些内容生效以及何时生效。民事诉讼法学界主流观点认为,民事判决既判力的羁束主体范围限于当事人,发生羁束作用的内容限于判决主文。具体到"王怀学案",法院引用的对本案产生羁束力的判决,是王怀学、周秀娟与徐州市泉山区人民政府行政补偿案,江苏省高级人民法院行政判决书(2015)苏行终字第00746号。前案与本案裁明的被告均为徐州市泉山区人民政府,原告从前案的王怀学与周秀娟变为王怀学一人,本案当事人被前案所涵盖,并不涉及其他第三人。故既判力的主体范围等问题不在本文的讨论范围之内。同时鉴于在本案一审裁判作出前,2016年3月21日作出的"前案"案的终审判决已经生效,言词辩论显然终结,因此对于既判力的时间范围延伸讨论也不在本文之列。参见江伟、肖建国主编:《民事诉讼法》(第8版),中国人民大学出版社2018年版,第327页。

〔10〕 [美]米尔伊安·R.达玛什卡:《司法和国家权力的多种面孔》,郑戈译,中国政法大学2015年版,第188-189页。

〔11〕 与此相对的为判决的形式确定力,即判决一旦生效,非经法定程序,不得被撤销或变更。

决。[12] 既判力的价值主要在于维护法的安定性,防止司法资源浪费以及矛盾裁判。但这只是学理上对于既判力的笼统认知,我们还需要对现行法规范进行检视,寻求有关既判力的规定。

(一)有关行政判决既判力的法规范

与《民事诉讼法》一样,《行政诉讼法》的确没有直接规定行政判决的既判力。通常认为,1979 年的《行政诉讼法》第六十五条第一款"当事人必须履行人民法院发生法律效力的判决、裁定"在一定程度上是对行政判决效力的肯定。[13] 然该规定的确过于笼统,难以对其展开解释。

在我国,司法解释实质上起到"补充立法"之作用,以行政诉讼的正式法源的地位存在。[14] 最高人民法院通过的若干司法解释在一定程度上填补了《行政诉讼法》未规定行政判决既判力的漏洞。法院在"王怀学案"判决中所依据的正是《最高人民法院关于适用〈中华人民共和国行政诉讼法〉若干问题的解释》(法释〔2015〕9 号,已失效,以下简称《适用解释》)第三条第一款第九项的规定。尽管《适用解释》已经失效,但现行有效的《行诉解释》)第六十九条关于驳回起诉的规定中保留了该两项规定,并对第九项中产生羁束力的诉讼文书范围扩张至调解书。[15]

实际上,驳回起诉条款最早可以追溯到最高人民法院 1999 年通过的《最高人民法院关于执行〈中华人民共和国行政诉讼法〉若干问题的解释》(法释〔2000〕8 号,已失效,以下简称《若干解释》)第四十四条。其中,"起诉人重复起诉的"与"诉讼标的为生效判决的效力所羁束的"赫然在列。由于既判力的消极作用即表现为法院对于已决事项不得再行审理,因此该条款在一定程度上被认为是行政判决既判力的规范表述。[16] 然令人遗憾的是,

---

〔12〕 参见江伟、肖建国主编:《民事诉讼法》(第 8 版),中国人民大学出版社 2018 年版,第 326 页。

〔13〕 现行《行政诉讼法》第九十四条基本沿袭了该条款,只不过扩张须履行的对象至人民法院作出的发生法律效力的调解书。

〔14〕 参见何海波:《行政诉讼法》(第 2 版),法律出版社 2015 年版,第 65 页。

〔15〕 《最高人民法院关于适用〈中华人民共和国行政诉讼法〉的解释》第 69 条。但"王怀学案"不涉及调解书,本文不对此讨论。

〔16〕 参见江必新、梁凤云:《行政诉讼法理论与实务》(第 3 版),法律出版社 2016 年版,第 1595 页。

相关的立法资料未能为我们解释该条款提供足够的参考。[17]

　　另外值得考虑的规定是"重复起诉"。《若干解释》与《适用解释》均有重复起诉的规定,且都将其与"诉讼标的已为生效裁判所羁束的"被列举在法院驳回起诉的情形之中。[18] 根据此规定安排,重复起诉与"诉讼标的已为生效裁判所羁束的"应属不同的情形。本案中,法院认为"王怀学在前诉中有关房屋面积认定违法的主张未得到支持后,又提起本案诉讼,构成重复起诉"。令人疑惑的是,后续驳回起诉的法律依据却是"诉讼标的已为生效裁判所羁束的"。参考当时的民事诉讼中关于重复起诉的规定,重复起诉其实包括了两种驳回根据,一者为诉讼系属,二者为既判力,前者不在本文讨论范围之内。[19] 重复起诉构成要件为:(1)前后诉当事人相同;(2)前后诉的诉讼标的相同;(3)诉讼请求相同或者后诉诉讼请求实质否定前诉裁判结果。[20] 无论根据哪一种诉讼标的说法,[21]"王怀学案"与江苏省高级人民法院行政判决书(2015)苏行终字第 00746 号(以下简称"前案")中的诉讼标的都不可能相同,[22]因此法院在此认定其构成重复起诉的理由值得商榷。[23]

---

〔17〕　最高人民法院曾就该项作出过答复,但只是说明"行政诉讼的标的为人民法院生效判决书、裁定书和调解书所羁束的,人民法院应当依法裁定不予受理;已经受理的,应当依法裁定驳回起诉"。但其仍未对诉讼标的如何受到羁束作出说明。见《最高人民法院对如何理解〈最高人民法院关于执行《中华人民共和国行政诉讼法》若干问题的解释〉第四十四条第一款第(十)项规定的请示的答复》。

〔18〕　《最高人民法院关于适用〈中华人民共和国行政诉讼法〉若干问题的解释》(已失效)第三条,《最高人民法院关于适用〈中华人民共和国行政诉讼法〉的解释》第六十九条。

〔19〕　参见陈晓彤:《重复起诉识别标准的统一与分立——诉讼系属中与裁判生效后重复起诉的"同异之辨"》,《甘肃政法学院学报》2019 年第 5 期。

〔20〕　2018 年通过的《最高人民法院关于适用〈中华人民共和国行政诉讼法〉的解释》第一百零六仿照民事诉讼法司法解释也规定了重复起诉的"三同要件"。

〔21〕　参见本文(二)行政判决既判力客观范围的学理认识部分。

〔22〕　参见梁君瑜:《论行政中的重复起诉》,《法制与社会发展》2020 年第 5 期。

〔23〕　根据既判力理论,同一诉讼标的不得被当事人提起诉讼和争议。因此,"诉讼标的已为生效裁判所羁束的"实际上不仅可以涵盖重复起诉的情形,甚至存在以"诉讼标的相同"导致重复起诉规定的虚置的空间。如果认为法规范之间并无冲突,那么"生效裁判所羁束的"的客观范围需要加以限定,排除"诉讼标的相同"。由此,行政裁判既判力实际上由司法解释中驳回起诉情形的第 6 项与第 9 项规范构成。本案中法院先认定原告构成了"重复起诉",又以"诉讼标的已为生效裁判所羁束的"为依据驳回其起诉,为误用。但是本文意不在讨论"重复起诉"与"为生效判决的效力所羁束的"之间的区别,容待他文详述。

重复起诉也是民事诉讼中驳回起诉的情形,[24]而民事诉讼法及其司法解释却没有规定"诉讼标的为生效判决的效力所羁束的",因此,后者应当是行政诉讼法中独有的规定。最高人民法院的法官认为,"诉讼标的已为生效裁判或者调解书所羁束的"规定的理论基础是既判力。[25] 而另一位法官在对该条款进行解释时,则认为这是生效裁判的"拘束力"导致的,该"拘束力"并非前文论及的羁束行政机关的效力,而是羁束裁判法院以及其他法院的效力。但是,该法官又表示,"对于已经发生法律效力的判决,如果同一当事人以同一事实、同一理由和同一诉讼标的重新起诉的,法院不得审理"[26]。此番解释显然将该条与同属于驳回起诉情形的重复起诉混淆了。在"王怀学案"中,最高人民法院同样将两者相混同,"有关房屋面积认定的合法性问题,已经受到前诉判决羁束;王怀学在前诉中有关房屋面积认定违法的主张未得到支持后,又提起本案诉讼,构成重复起诉。"凡此种种,从侧面展现了"诉讼标的已为生效裁判(或者调解书)所羁束的"的解释困境。

相对来讲,《最高人民法院关于行政诉讼证据若干问题的规定》(法释〔2002〕21 号,以下简称《行政诉讼证据规定》)第七十条是一个比较清晰的条款。根据该条规定,行政诉讼中被生效裁判确认的事实可被法院直接适用,并且不可被推翻。[27]

我们可以得出一个大致的结论是,最高人民法院或许早已注意到行政裁判效力与民事效力的不同,行政裁判的效力需要具有更强的羁束力。但何谓"诉讼标的为生效判决的效力所羁束的"仍是一个悬而未决的问题。尽管通过体系解释,我们可以认为,行政生效判决中发生羁束的内容至少包括判决中认定的事实。但是仍留有问题和挑战——我国行政裁判文书分为首

---

〔24〕 《最高人民法院关于适用〈中华人民共和国民事诉讼法〉的解释》(法释〔2015〕5 号)第247 条。2022 年修正的《最高人民法院关于适用〈中华人民共和国民事诉讼法〉的解释》未对该条修改。

〔25〕 参见最高人民法院行政审判庭编著:《最高人民法院行政诉讼法司法解释理解与适用》,人民法院出版社 2018 年版,第 356 页。尽管该理解与适用基于 2017 年的司法解释,但考虑到该条文并无变化,因此仍具有参考意义。

〔26〕 参见梁凤云:《行政诉讼法司法解释讲义》,人民法院出版社 2018 年版,第 200 页。

〔27〕 而在该规定之前通过的《最高人民法院关于民事诉讼证据的若干规定》第九条第四项中规定当事人对于"已为人民法院发生法律效力的裁判所确认的事实"无需举证证明,除非当事人有相反证据足以推翻的除外。这通常被民事诉讼法学者称为"预决效力"。参见王亚新、陈杭平、刘君博:《中国民事诉讼法重点讲义》(第 2 版),高等教育出版社 2021 年版,第 336-337 页。

部、案件事实、判决理由、判决结果(判决主文)、尾部和可能的附录等部分。[28]《行政诉讼证据规定》第七十条规定的效力限于案件事实部分,但实际上也被可能被判决理由部分吸收。在大陆法系深厚的影响与学界主张既判力等同于诉讼标的的共识之下,行政判决具有的更强羁束力无疑是对传统既判力理论的冲击。而且,如果法院一旦在未解释清楚依据与理由下径行驳回起诉,关闭当事人寻求救济的大门,会严重地损害公民的诉权,因此必须谨慎对待。

(二)行政判决既判力客观范围的学理认识

现有为数不多的关于行政判决既判力客观范围的研究,总体上以民事诉讼法研究成果为镜鉴,在此基础上比较行政诉讼与民事诉讼,提出行政诉讼判决的若干主张。行政法学者同样认为,在行政判决既判力中,具有决定性作用的是诉讼标的。[29]我国行政法学界对于行政裁判的客观范围的研究,基本移植了民事诉讼法学界判决既判力的客观范围等于判决主文,也就等于诉讼标的的观点。然而行政诉讼的标的论说众说纷纭,大致有行政行为、行政行为的违法性[30]以及行政行为违法和权利受损[31]的统一等三种学说,未有通说可定于一尊。

在"王怀学案"中,原告王怀学请求法院确认被告认定原告房屋合法面积的行为违法,而"前案"中法院驳回的是王怀学请求撤销被告对其房屋作出的征收补偿决定。既判力的作用,包括法院不得作出与前诉判决相左判决的消极作用与法院必须以前诉为基础作出判决的积极作用。[32]无论我们采用何种诉讼标的学说,由于"王怀学案"和"前案"中涉及的行政行为并

---

〔28〕　参见最高人民法院行政审判庭编:《行政诉讼文书样式(试行)》,人民法院出版社 2015 年版,第 1-8 页。

〔29〕　参见[德]弗里德赫尔穆·胡芬著:《行政诉讼法》,莫光华译,刘飞校,法律出版社 2003 年版,第 586-587 页。

〔30〕　参见何海波:《行政诉讼法》(第 2 版),法律出版社 2016 年版,第 38 页;江必新、梁凤云:《行政诉讼法理论与实务》(第 3 版),法律出版社 2016 年版,第 1595 页;林莉红:《行政诉讼法学》(第 4 版),武汉大学 2015 年版,第 195 页;王贵松:《行政诉讼判决对行政机关的拘束力——以撤销判决为中心》,《清华法学》2017 年第 4 期。

〔31〕　参见王贵松:《行政诉讼判决对行政机关的拘束力——以撤销判决为中心》,《清华法学》2017 年第 4 期。

〔32〕　参见任重:《论中国民事诉讼的理论共识》,《当代法学》2016 年第 3 期。

非同一。因此按照"既判力客观范围限于诉讼标的"的学说,"王怀学案"中的诉讼标的无法被"前案"的诉讼标的所羁束。但最高人民法院却在该案中认为判决理由具有既判力,由此驳回了原告的起诉。[33] 那么,此番认识,有其依据吗?

行政判决的判决理由是否具有既判力,在行政法学界也是聚讼已久的问题。总体而言,分为四种观点:

1. 可以具有说。该观点认为行政判决的既判力客观范围可以扩张至判决理由。杨建顺教授支持该观点,但其并没有给出具体的理由。[34] 贾亚强认为,如果判决理由具备以下条件:(1)为论证行政行为合法性的决定性因素;(2)经过当事人充分举证、质证和辩论;(3)法院进行了实质审查并做出判断,那么其具有既判力。[35]

2. 应当具有说。该观点认为行政判决的既判力客观范围应当包括判决理由,如李金勇、吕成表示,行政主体行使公权力之时负有"职权责任",赋予判决既判力目的是防范行政主体恣意,使其"不得以同一理由再做出相同的行为"。[36] 同前一观点相同,该理由受制于当时研究情况,无法注意到既判力与拘束力的分野,在当下不足为据。

3. 区分具有说。该说认为行政判决理由可进一步区分为法定的判决理由以及作为主要争点事实理由。如学者田勇军认为,《行政诉讼法》所列举

---

〔33〕一审与二审法院仅比较笼统且模糊地以《最高人民法院关于适用〈中华人民共和国行政诉讼法〉若干问题的解释》第三条第一款驳回原告起诉。一审法院依据的是该条款第九项"诉讼标的已为生效裁判所羁束的",二审法院依据的是第十项"起诉不符合其他法定起诉条件"。

〔34〕参见杨建顺:《论行政诉讼判决的既判力》,《中国人民大学学报》2005年第5期。

〔35〕其理论理由之一认为,行政判决理由是行政主文的基础,如果不赋予行政判决理由既判力,则会削弱判决主文的既判力,反之则可以防止行政机关重复原先的行政行为,确保权利救济的实效性,实质性解决争议。该理由透露出作者对于行政判决的既判力与拘束力的模糊认识。事实上,长久以来,行政判决的拘束力与既判力都是难以区分明晰的一对概念。但如今已有学者对于撤销判决中的两者关系作出了清晰明确的界分,既判力羁束的范围为法院及当事人,效果是构成要件效力与一事不再理;而拘束力针对相关行政主体发生作用,主要是为了在诉讼程序之外使行政主体作出或不作出特定行为实现判决的实效性。此结论以诉讼程序的"内"与"外"为标准将二效力进行区分,殊值赞同。所以该理论理由不成立,其余理由如巩固既判力、判决理由中含有对行政行为效力判断等则具有一定参考性。参见贾亚强:《试论行政判决既判力及其司法实践》,载《全国法院系统第二十二届学术讨论会论文集》,第5页,2011年1月20日于福州;王贵松:《行政诉讼判决对行政机关的拘束力——以撤销判决为中心》,《清华法学》2017年第4期。

〔36〕值得注意的是,两位学者受到了争点效理论的启发。参见李金勇、吕成:《论行政判决的既判力——兼与民事判决既判力比较》,《南华大学学报(社会科学版)》2005年第6期。

的撤销判决作出情形是法定判决理由,应当赋予其与判决主文相同的既判力;而对于主要争点事实的判决理由可以参照民事诉讼法学界的"争点效"理论。[37]

4. 不可具有说。该学说认为,行政判决既判力应严格限制在判决主文中,不能扩展至判决理由。主要理由为既判力拓展会妨碍行政主体裁量权行使,可能会损害相对人权益。[38] 而晚近的研究中,学者梁君瑜也认为,判决理由不可被赋予禁止重复起诉的效果。[39]

概而观之,现有学说尽管众说纷纭,但仍有共同点可言:其一,都是在行政诉讼与民事诉讼比较的基础上得出的结论,这是学界在行政判决既判力理论相对不发达的背景下形成的路径依赖与共识;其二,大多学者都注意到了争点效学说可能对于行政判决既判力的客观范围有所影响,但在是否采纳争点效理论上分歧严重;其三,在拘束力与既判力未有详细区分的时间维度下,若干观点之依据模糊了两种效力的界限,在当下难以保有说服力;其四,除少数学者以法规范作为论证根据,多数学者均未对既判力作出法解释论上的论述。那么,法院在司法实践中究竟如何理解行政判决既判力的客观范围?

(三)以往及相近时间段内法院的实践

苏力曾言,"实践中的法律解释是一个制度的产物,即一个权力结构的产物,是一个集体活动的产物,而不是纯粹个人性的智识探讨的结果。"[40] 法院在作出判决时当然需要对规范进行解释,也必然需要进行整体上的价值判断以及参考法官群体以往之做法。笔者整理了当下可以检索到的最高

---

〔37〕 参见田勇军:《论我国行政诉讼中法定判决理由既判力——以撤销诉讼为视角》,《政治与法律》2011 年第 2 期;亦可参见田勇军:《论行政判决之既判力——以与民事判决既判力比较为视角》,载姜明安主编:《行政法论丛》第 13 卷,法律出版社 2011 年版,第 130-133 页。

〔38〕 学者邓辉辉以及向忠诚即持此立场,表示"如果让判决理由具有既判力或者拘束力,就会妨碍行政主体自由裁量权的依法行使,并且也不一定对行政相对人有利""行政判决的判决理由并不完全取决于当事人双方的攻击与防御,如果让其产生既判力或者拘束力就缺乏必要的程序法依据。"见邓辉辉:《行政判决与民事判决既判力客观范围之比较》,《广西社会科学》2007 年第 6 期;向忠诚:《论行政判决既判力的效力范围》,《政法论丛》2008 年第 2 期。

〔39〕 但作者似乎没有给出理由。参见梁君瑜:《论行政诉讼中的重复起诉》,载《法制与社会发展》2020 年第 5 期。

〔40〕 苏力:《解释的难题:对几种法律文本解释方法的追问》,《中国社会科学》1997 年第 4 期。

人民法院于本案之前或相近时间段内作出的有关既判力的案例,从中发现了最高人民法院对于行政判决既判力的若干态度。[41] 在本案之前或相近的时间段内,涉及行政判决既判力客观范围的最高人民法院裁判整理如表 1 所示:[42]

表 1　最高人民法院有关既判力客观范围表述的裁判

序号	案号	裁判理由中有关既判力客观范围的表述
1	(2016)最高法行申2720号	本院认为,构成重复起诉的要件之一是后诉与前诉的诉讼标的相同。该要件对应的是既判力。所谓既判力是指,判决确定后,无论是否违法,当事人及法院均受其拘束,不得就该判决之内容再为争执。而既判力的客观范围恰恰是诉讼标的。
2	(2016)最高法行再2号	本案被诉行政行为是海口市政府为鑫铭公司进行土地登记并颁发002259号土地证的行政行为,故应当对被诉登记及颁证行为的合法性问题作出判断……根据生效判决的既判力,澄迈县政府为鑫铭公司进行土地登记并颁发0541号土地证的行为侵害了华琦公司的合法权益,而海口市政府为鑫铭公司颁发的002259号土地证承继自0541号土地证,故本院对于海口市政府为鑫铭公司进行土地登记并颁发002259号土地证的违法性予以确认。

---

[41]　笔者曾以“既判力”与“羁束”分别为关键词对《最高人民法院公报》刊载的案例进行检索,仅有两份行政判例涉及既判力,为莫学锦申请国家赔偿案,汪崇余、杭州华娱文化艺术有限公司再审无罪赔偿案。(分别载于《最高人民法院公报》2013 年第 12 期、2017 年第 9 期)两份判决均为国家赔偿案件,且裁判摘要都表明国家赔偿案件审理要受到生效的民事或刑事裁判的羁束。因为本文讨论的是行政判决的既判力问题,并非行政判决如何受到民事或者刑事判决既判力的影响问题,故而在此种意义上,本文参考公报案例的价值有限。值得注意的是,莫学锦申请国家赔偿案的裁判摘要还指出“坚持生效刑事、民事裁判事实认定和主义对刑事赔偿案件的羁束力”,从一定程度上表明最高人民法院对于裁判理由中的事实认定既判力的认可。参见莫学锦申请国家赔偿案,载《最高人民法院公报》2013 年第 12 期;汪崇余、杭州华娱文化艺术有限公司再审无罪赔偿案,载《最高人民法院公报》2017 年第 9 期。最后检索时间:2021 年 9 月 11 日。

[42]　笔者在中国裁判文书网上选定如下检索条件“全文:既判力”“案由:行政案由”“法院省份:最高人民法院”“裁判年份:2016”共检索到 5 份裁判文书。在其他检索条件不变的条件下,将裁判年份改为“裁判年份:2017”,共检索到 71 份裁判文书。在检索到的共 76 份裁判书之中,限于篇幅,剔除同时间段内不同当事人诉相同行政行为的裁判、前诉是民事裁判的案件以及主要涉及既判力主观范围、时间范围的案件,最终保留 5 份判例。最后检索时间:2021 年 9 月 11 日。

序号	案号	裁判理由中有关既判力客观范围的表述
3	（2017）最高法行3899号	本院经审查认为，依据《最高人民法院关于适用〈中华人民共和国行政诉讼法〉若干问题的解释》第三条第一款第（九）项的规定，对诉讼标的已为生效裁判所羁束的，已经立案的，应当裁定驳回起诉。本案中，就宋久群、沈云蓉在四川省泸州市江阳区茜草镇黎明村汤坳社25号的房屋被强行拆除的事实，已在四川省泸州市中级人民法院（2016）川05行终87号一案中进行审理，该案终审判决已确认张坝办事处于2012年2月29日强制拆除宋久群、沈云蓉案涉房屋的行为违法，该生效判决已发生既判力。
4	（2017）最高法行申3796号	对再审申请人张嘉祥提出的征收决定合法性问题，上海市第三中级人民法院、上海市高级人民法院已分别作出一、二审行政判决，形成既判力，故本院仅主要审查补偿决定合法性问题。
5	（2017）最高法行申1312号	尽管前诉是请求撤销，本诉是请求确认违法，但因在前诉中法院判决驳回了再审申请人要求撤销被诉行政行为的诉讼请求，即产生了被诉行政行为并非违法的既判力，则再审申请人不得在后诉中再行主张该行政行为违法。因此，原审法院认定再审申请人提起本案诉讼构成重复起诉，并裁定驳回其起诉，并无不当。

从整理出的5份判例中，至少可以得出如下结论：

首先，在"王怀学案"之前，最高人民法院在论及既判力客观范围时并没有使用"争点效"之概念。[43]那么，"王怀学案"是最高人民法院明确引进且使用"争点效"理论的行政判决第一案。

其次，由于案件只需要以前案中的"诉讼标的"作为裁判依据，不涉及案件事实认定以及判决理由，因此前述有关行政判决既判力的法规范，如《行政诉讼证据规定》第七十条、"重复起诉"条款等没有在这些判例中得到直接体现。

再次，在这些裁判中，最高人民法院将既判力的客观范围限于诉讼标

---

〔43〕事实上，笔者也曾以"争点效"为关键词在中国裁判文书网上进行全文检索，并未发现在"王怀学案"之前有法院在行政案由的裁判中明确采用该概念。笔者在中国裁判文书网上选定如下检索条件"全文：争点效""案由：行政案由"，共检索到26份文书，裁判日期均为在本案之后。最后检索时间：2021年9月11日。

的,以此发挥既判力的消极作用或积极作用。换言之,最高人民法院对于行政判决的既判力客观范围的适用是稳定的,并未逸出"既判力的客观范围=判决主文=诉讼标的"的经典公式。

最后,这些判例均为原告主张行政行为违法或无效,法院均需要对行政行为的违法性进行审查,甚至进行全面审查。[44] 撤销之诉通常被认为具有客观诉讼的色彩,即诉讼目的在一定程度上是为了维护客观的公法秩序,法院可以在原告的主张与诉讼请求之外对行政行为的合法性进行判断,[45]至于其他诸如给付判决、履行义务判决是否也具有这样的既判力,尚待进一步研究。

因此,"王怀学案"与以往最高人民法院适用既判力理论的案件在诉讼类型上保持了一致,裁判法院在阐明、适用"争点效"理论之前,在行政判决既判力客观范围的认识上与先前判例实现了连贯性。但如果坚持认为既判力的客观范围限于判决主文,难免出现类似于"王怀学案"原告反复诉讼的情况。[46] 在以往既判力的客观范围等于诉讼标的、法院不得对已决事项再做判断或仅能在前诉诉讼标的已确定的基础上判断的前提下,法院仅能在特定条件进行"向后"一步推论的判断,例如征收补偿决定违法,那么征收决定也为违法,而不能进行"向前"的回溯,例如征收补偿决定违法,由于导致其违法的因素诸多,法院不可直接确认房屋面积认定违法,因此法院不得不对前诉中作为诉讼标的的合法性构成要件或作为前一阶段的某一事项反复地审理。这无疑会动摇法的安定性、损害司法裁判的权威,并且浪费司法资源。如此看来,法院在"王怀学案"中引进新的理论,有其合理性。又因,我国法规范上业已具有对行政裁判事实认定内容等效力的认定,因此具有规范上依据。但是,争点效的理论的面貌究竟为何? 法院又是如何引用该理论?

---

〔44〕 参见何海波:《行政诉讼法》(第 2 版),法律出版社 2016 年版,第 443 页。

〔45〕 参见薛刚凌、杨欣:《论我国行政诉讼构造:"主观诉讼"抑或"客观诉讼"?》,《行政法学研究》2013 年第 4 期。

〔46〕 相关裁判文书参见金海、王永健等 59 人诉徐州市泉山区人民政府行政征收决定公告案,江苏省高级人民法院行政裁定书(2014)苏行诉终字第 315 号;王永健等诉徐州市泉山区人民政府征收决定案,江苏省徐州市中级人民法院行政裁定书(2015)徐行监字第 6 号;王永健等诉徐州市泉山区人民政府行政征收再审复查与审判监督案,江苏高级人民法院行政裁定书(2015)苏行申字第 387 号。

四、争点效理论的引进与改造

(一)争点效理论简介

争点效理论是日本诉讼法学者新堂幸司的创造。[47] 新堂教授认为,既判力理论也会导致出现纠纷未能全部解决的情形。正如前文所表述的"王怀学案"的原告,当事人一旦对于原诉中判决理由的判断事项提起诉讼,就存在这样一种可能——法院于后诉中对前诉判决理由中已判断过的事项作出相左认定,继而导致前诉与后诉裁判矛盾,前诉裁判实际被推翻。[48]

新堂教授表示,如果当事人将判决主文的前提问题作为主要争点展开争议,那么其也需要尊重法院在此基础作出的判断,这样无损于传统既判力学说,并与之相辅相成。其理论根据在于诚实信用原则与公平原则。[49] 具体而言,所谓争点效,是指"在前诉中,被双方当事人作为主要争点予以争执,而且,法院也对该争点进行了审理并做出判断,当同一争点作为主要的先决问题出现在其他后诉请求的审理中时,前诉法院有关该争点所做判断的通用力"。[50] 其效果是"既不允许后诉当事人提出违反该判断的主张及举证,也不允许后诉法院做出与之相矛盾的判断"。[51]

值得注意的是,新堂教授所提出的争点效理论不是既判力的一部分,判决理由具有此种羁束力并非既判力客观范围扩张的结果,既判力与争点效二者皆为独立的判决效力。争点效与既判力既在效力作用以及依据等方面存有共同点,又有若干差异。其中较为显著的是,其一,既判力的客观范围限于判决主文,而争点效的范围则为裁判理由中对于主要争点的判断;其二,主要争点只有在当事人充分进行攻击、防御以及法院对此作出实质性判断后才能产生争点效,而既判力则无需前述条件;其三,既判力可由法院查

---

[47]　参见丁宝同:《论争点效之比较法源流与本土归化》,《比较法研究》2016 年第 3 期。

[48]　参见张卫平:《民事诉讼法》(第 5 版),法律出版社 2019 年版,第 446-447 页。

[49]　参见[日]新堂幸司:《新民事诉讼法》,林剑锋译,法律出版社 2008 年版,第 495-496 页。

[50]　[日]新堂幸司:《新民事诉讼法》,林剑锋译,法律出版社 2008 年版,第 429 页。

[51]　[日]新堂幸司:《新民事诉讼法》,林剑锋译,法律出版社 2008 年版,第 429 页。

明之后主动适用,而争点效必须被当事人援用才可发生作用;其四,既判力可发生"一事不再理"之效果,法院可径行根据该效果驳回起诉,而争点效仅羁束当事人不得争议,法院不得作出矛盾裁判,不阻挡当事人就被羁束事项提起诉讼。而要产生争点效,则需要以下条件:第一,该争点左右着判决结论,也必须是在言词辩论终结之后生效;第二,当事人在前诉就该争点穷尽了主张和举证;第三,法院对于该争点业已做出实质性判断;第四,前诉的系争利益大于或等于后诉;第五,当事人援用。[52] 然而,或许是由于日本《民事诉讼法》第 119 条明确规定了确定判决的既判力限于判决主文,引起学界巨大关注的争点效理论在实践中却未能受到广泛使用,日本最高裁判所的判决也否定了该理论。[53]

我国学界对于争点效理论的介绍较早,在 1996 年,大陆即有学者在对既判力的客观范围展开讨论时引进了争点效理论,明确将其与既判力相区分。[54] 时至今日,民事诉讼法学界仍对于既判力的客观范围以及争点效理论保持着高度关注。[55] 而行政诉讼法学者在讨论行政判决既判力客观范围时,也基本都受到了争点效之启发。行政判决的实践中,争点效却一直无人问津。

(二)"王怀学案"中法院的裁判逻辑

1.传统既判力理论的局限

在"王怀学案"中,裁判法院首先坚持了既判力的传统观点,指出了既判力的作用以及客观范围,并强调"显然,并不是前诉裁判文书记载的所有内容均具有既判力,也不意味着当事人均不得另行起诉或者均要受到羁束",具体地排除了当事人主张、法院认定的一般性事实以及次要事实的既判力,肯定诉讼标的以及"前诉裁判所依据的主要事实和列为争议焦点经质证辩论后认定的事实"的既判力。但根据传统既判力客观范围理论,即便法院引用"前案"中的判决主文,即房屋征收补偿决定合法,也无法以既判力理论推导出作为前案诉讼标的合法性要件之一的房屋面积认定的合法性,这显然

---

〔52〕 参见[日]新堂幸司:《新民事诉讼法》,林剑锋译,法律出版社 2008 年版,第 499-502 页。

〔53〕 参见[日]新堂幸司:《新民事诉讼法》,林剑锋译,法律出版社 2008 年版,第 493 页。

〔54〕 参见江伟、肖建国:《论既判力的客观范围》,《法学研究》1996 年第 4 期。

〔55〕 参见丁宝同:《论争点效之比较法源流与本土归化》,《比较法研究》2016 年第 3 期。

具有一定缺陷。

2.争点效的引入:误用还是改造?

"王怀学案"的裁判法院并未止步于既判力等同于诉讼标的的判断,而是笔锋一转,指出"前诉的裁判理由,是建立在对主要法律事实和争议焦点问题判断的基础之上的,后者是前者的理由和根据,承认裁判主文的既判力,必然也要赋予裁判理由中对案件争议焦点和主要法律事实的判断以一定程度的既判力"。此时法院的主张已呼之欲出,意图赋予判决理由以既判力。

在说理过程中,法院使用了既判力一词,并且引进了"争点效"这一在以往裁判文书中未出现的概念。尽管,裁判法院似乎有"混淆"既判力与争点效的痕迹,但其实是清楚地认识二者的区别,本案裁判理由中"通常情况下,前诉生效裁判的既判力,仅限于裁判主文确定的范围,裁判主文对被诉行政行为合法性的评价构成该裁判既判力的客观范围"即是有力的证明,或许可以推断,法院将争点效改造成为了既判力的一个部分,其发生效力的范围是判决理由。

在本案中,法院承认"通常情况下,前诉生效裁判的既判力,仅限于裁判主文确定的范围"。换言之,行政裁判既判力的客观范围在"不通常情况下"可扩张至"裁判主文确定的范围"以外的范围。在此前提下,我们可以梳理出法院的裁判逻辑大致为:(1)裁判理由是裁判主文的理由和根据,要承认裁判主文的既判力就必须承认裁判理由一定的既判力。法院在此处回避了一些民事诉讼法学者对于既判力扩张至裁判理由的诘难,如"会使既判力的客体界限过宽,对受其不利影响的一方当事人至为不公"[56]。民事诉讼法学者一般从纠纷解决的彻底性以及维护法的安定性切入论证裁判理由也应该具有羁束力。但如前所述,在行政诉讼中,由于行政诉讼法相比较于民事诉讼法更加明确地规定了行政行为违法判断情形,[57]有行政诉讼法学者认

---

〔56〕 吴明童:《既判力的界限研究》,《中国法学》2001 年第 6 期。但本文作者实际上也赞同赋予裁判理由一定的羁束力,原因在于诚实信用原则的贯彻。

〔57〕《行政诉讼法》第七十条。

为在行政诉讼中,部分判决理由也具有既判力。[58] 所以,本案中的法院之理由看似与民事诉讼法学者的说法更为接近,但实际上更接近于行政法学界的认识,始终强调判决理由是有关行政行为合法性的部分。(2)因为争议焦点经过当事人充分辩论而导致法院对其判断有既判力。举轻以明重,争议焦点中导致权利义务变动的"直接且必要的主要事实,即发生争点效,形成既判力"。法院在这里通过对民事诉讼法学上争点效理论的借鉴,论证被当事人争议、法院判断的直接且必要的事实具有禁止当事人提出争议的效力。(3)将前案和本案中的相关事实涵摄于前述理论,"人民法院在前诉案件中对征收补偿决定合法性审查时,已经在当事人质证辩论基础上,对房屋面积认定问题进行了审查并作出了合法性认定。因此,有关房屋面积认定的合法性问题,已经受到前诉判决羁束"。

3. 裁判的规范依据

前述法院对争点效改造、适用的规范根据,正是《适用解释》第三条第一款第九项之规定"诉讼标的为生效判决的效力所羁束的"。前述已论及,对于该条的解释并无通说理论,这倒也为法院对"既判力"与该条规范的解释提供了极为广阔的空间。而《行政诉讼证据规定》第七十条尽管没有在裁判文书中直接得以展现,但该条款规定较为明确且易判断,根据法院的相关表述,也应认定其为本案隐含的规范依据。

实际上,裁判的既判力问题在民事诉讼领域也是一个聚讼已久的问题,如果我们从贯彻诚实信用、公平原则以及"一事不再理"、维护法的安定性的功能出发,本案法院将争点效纳入到"既判力"范畴之中,赋予其既判力之效果的做法无可厚非。毕竟,我们的法规范中明确规定在了"诉讼标的已为生效裁判所羁束的"情形下法院须驳回原告起诉,而且也明确规定"生效的人民法院裁判文书或者仲裁机构裁决文书确认的事实,可以作为定案依据"。本案的裁判法官即依据此规范,将争点效理论进行改造,在当事人没有援用的情形下径行依职权查明了本案诉讼标的为前案裁判理由中争诉且法院实质判断过的事项所羁束的事实,直接赋予了争点效之前所不具有的"阻止涉

---

〔58〕 参见田勇军:《论我国行政诉讼中法定判决理由既判力——以撤销诉讼为视角》,《政治与法律》2011 年第 2 期;贾亚强:《试论行政判决既判力及其司法实践》,载《全国法院系统第二十二届学术讨论会论文集》,第 5 页,2011 年 1 月 20 日于福州。

及同一争议事项的后诉进入诉讼程序"[59]的强效力。

本文认为,最高人民法院在审理本案时对于大陆法系的争点效和既判力的问题有比较清楚的认识,并且由于我国行政诉讼司法解释对前诉对于后诉的羁束作用做出了不同于比较法上的规定,比较法上以及民事诉讼法上关于争点效、既判力的相关论述在我国行政诉讼制度上不一定具有完全相同的适应性。由此,最高人民法院对争点效理论进行了适应我国行政诉讼的改造,纳入"既判力"的范畴之中。

4. 小结

由此可见,"王怀学案"的裁判法院依据我国行政诉讼特有的法规范,对于新堂幸司教授创设的"争点效"理论进行了适应我国诉讼制度和行政诉讼构造改造,使行政判决既判力的客观范围在特定条件下扩张至判决理由。质言之,争点效并非独立的效力类型,这已与原本的争点效学说发生了巨大的不同。在"王怀学案"的裁判文本表面,本案裁判法院修改了争点效的适用条件,将前述争点效的五项适用条件缩减为了三项,并将既判力的效力作用赋予了符合争点效条件的判决理由。然而,虽然裁判法院并没有明确提出判决理由扩张还需要前诉的系争利益大于或等于后诉的条件,但"王怀学案"的系争利益小于前案。且如果前诉系争利益小于后诉时,前诉的羁束力并不能直接导出后诉的裁判结论。因此本文仍认为,前诉的系争利益大于或等于后诉为行政判决既判力客观范围扩张的条件。并且,基于不同类型的行政诉讼,法院审查与裁判方式也不尽相同。学界通说和以往判例只对撤销之诉的客观诉讼属性有相当共识,本案前诉也属于撤销之诉,仅在此类型有适用性。又因,本案中法院多次强调发生既判力的内容是对于行政行为合法性的判断,行政诉讼与民事的诉讼的显著不同也基于法院能够主动对行政行为合法性进行判断。因此,应增添"判决理由限于对行政行为合法性判断的有关部分"。[60] 图像化的裁判逻辑如图1所示:

---

[59] 丁宝同:《论争点效之比较法源流与本土归化》,《比较法研究》2016年第3期。

[60] 其实,参照前述学者田勇军的观点,既判力客观范围扩张至判决理由的前提是该理由为法定的撤销判决理由。但在本案中法院并没有此区分。

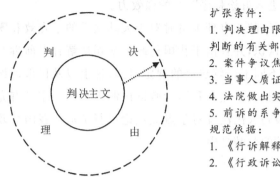

图 1　行政诉讼判决既判力客观范围扩张的条件

(三)争点效改造的正当性

通过前一部分我们可知,"王怀学案"的裁判法院在一定程度采纳了以往学界,尤其是有实务面向的学说观点,并且直接以《适用解释》第三条第九项为规范依据,将争点效的适用条件转化为既判力客观范围扩张的条件。但即便在争点效诞生地的日本国内,其民事诉讼的司法实践也并没有完全接纳争点效理论,漂洋过海之后,我国行政判决将其如此改造的正当性何在?

民事诉讼限制既判力的范围理论依据在于,处分原则是民事诉讼法的基本原则之一,诉讼标的界定了当事人争议以及法官审理和裁判的对象。[61] 行政诉讼也不例外,同时其与民事诉讼也都强调诚实信用以及公平原则,根植于这些原则的争点效理论放在行政诉讼中因而也具有一定的正当性。并且,争点效理论要求发生该效力的争议问题须经过程序意义上争议以及法院判断,因为行政诉讼基本围绕着行政行为合法性展开,也可参照争点效之理论。但这仍只完成了争点效产生根据正当的第一步。进一步的诘问是,能赋予法院主动适用争点效的职权以及赋予判决理由以"禁止当事人提起诉讼"的效力吗?

首先,从与该问题直接相关的法规范依据上讲,我国《行政诉讼证据规定》第七十条明确规定"生效的人民法院裁判文书或者仲裁机构裁决文书确

---

〔61〕　参见任重:《论中国民事诉讼的共识》,《当代法学》2016 年第 3 期。

认的事实,可以作为定案依据"。因此,法院可以直接以生效的裁判文书确认的事实作为依据,而认定的事实当然会存在判决理由中存在。其次,即便《行诉解释》第三条规定模糊,但留下了极大的解释空间。"王怀学案"中法院即以该条作为直接依据赋予了行政判决判决理由以既判力,正是对该条款的主动解释与适用。

其次,我国诉讼带有更多的职权主义色彩,与英美法系诉讼法的当事人主义有着极大不同。而新堂教授的争点效理论就是在英美法上"争点排除规则"的影响下产生的,因此其认为争点效须由当事人援用。"王怀学案"裁判法院主动查明前诉的判决理由中认定的事实,进而径行驳回原告起诉,这或许是我国诉讼职权主义的体现。

再次,行政诉讼负有"监督行政机关依法行使职权"的监督行政功能,行政诉讼具有一定"客观诉讼"的性质。[62] 相比于民事诉讼,行政诉讼中法院往往对原告的主张事项进行更为积极主动审查,甚至可以超越原告诉讼请求,对行政行为的合法性径行判断。争议焦点的判断也就有更为完善的程序保障,赋予其更强效力不无道理。同时,民事诉讼争点效理论需要当事人援用才能够发生效力,其实是体现其处分原则之特征,[63] 而行政诉讼中允许当事人处分的空间较小,法院主动将既判力审查、适用,体现了行政诉讼的特征。即便允许"诉讼标的已被前诉生效裁判所羁束"的案件进入诉讼程序,基于行政诉讼中法院的主动性,法院仍需要在诉讼过程中对前诉中有关行政行为合法性结论再次肯定,倒不如在其起诉时即设定消极要件,避免司法资源浪费。而且,国内有学者批判传统争点效理论的一个依据也就是争点效需要当事人援用,如此便存有一旦当事人不援用,法院仍有可能做出矛盾裁判之虞。[64] 而既判力和争点效被创设的重要原因就在于二者可避免矛盾裁判,为实现该目的,有必要禁止当事人对于已产生争点效的判决理由再次起诉。

复次,民事诉讼更多是为了对平等主体之间的纠纷进行解决,一般不关

---

〔62〕　参见梁凤云:《新行政诉讼法讲义》,人民法院出版社 2015 年版,第 14-21 页。

〔63〕　《民事诉讼法》第十三条。

〔64〕　参见古强:《"争点效理论"应用的问题及解决》,《河北法学》2018 年第 8 期。

涉到其他人的利益。[65] 行政诉讼还要考虑司法权与行政权之间的关系。[66] 行政法更加强调维护法的安定性,一旦受理案件,被诉行政行为就存在被法院裁定中止效力的可能。[67] 有法院表示:"具体行政行为一经作出,即具有约束力,人民法院不能反复审查。"[68]同时,行政诉讼的构造也受到行政权与司法权关系的影响。[69] 在后案的系争利益小于前案时,为避免行政行为以及法秩序处于不确定的状态、也为避免司法过多干涉行政权,尽快使得行政权利义务稳定,行政诉讼中法院不允许当事人对于已经争诉过的诉讼标的之外的内容提起诉讼也成为一种选择。[70]

最后,正如判例中提到的,许多原告对某一阶段内的多个行政行为多次提起行政诉讼,其实是原审判决不服。[71] 如果再允许原告对原判决中有关争议焦点等问题提起一审诉讼,那么就可能虚置再审程序启动的严格限制。"王怀学案"中法院驳回原告起诉,或多或少也是对《最高人民法院关于加强和改进行政审判工作的意见》(法发〔2007〕9 号)要求尊重生效裁判效力的回应。[72]

五、初步结论

在"王怀学案"中,裁判法院在坚持以往法院对既判力客观范围认识的

---

〔65〕 参见纪格非:《"争点"法律效力的西方样本与中国路径》,《中国法学》2013 年第 3 期。

〔66〕 参见邓辉辉:《行政判决与民事判决既判力客观范围之比较》,《广西社会科学》2007 年第 6 期;向忠诚:《论行政判决既判力的效力范围》,《政法论丛》2008 年第 2 期。

〔67〕 参见章剑生:《现代行政法总论》(第 2 版),法律出版社 2019 年版,第 528 页。

〔68〕 张绍宇等诉淮安市清浦区人民政府房屋征收再审案,最高人民法院行政裁定书(2015)行监字第 447 号。

〔69〕 参见何海波:《行政诉讼法》(第 2 版),法律出版社 2016 年版,第 443 页。

〔70〕 参见贾亚强:《试论行政判决既判力及其司法实践》,载《全国法院系统第二十二届学术讨论会论文集》,第 5 页,2011 年 1 月 20 日于福州。

〔71〕 参见崔兴华诉辽宁省盘锦市人民政府等强制拆除房屋及行政赔偿案,最高人民法院行政裁定书(2016)最高法行申 1966 号。

〔72〕 该意见第二十条为:"充分尊重生效裁判的既判力,防止对同一事实或者同一法律问题作出不同裁判。无论是行政案件还是民事案件,在裁判发生法律效力后未经法定程序改判之前,对当事人、司法机关以及其他主体都具有拘束力,其他法院均不得作出与生效裁判不一致的裁判。即使生效裁判确有错误,也必须通过法定程序依法予以纠正,不得无视生效裁判的存在。"

基础,引进了域外诉讼法上争点效之概念,但并未采纳某一学界观点,而是将争点效理论改造,使之成为既判力理论所涵盖的部分。由此,既判力的客观范围在特定情况下可以从判决主文延伸至裁判理由之中。法院通过对争点效理论的借鉴,对我国行政诉讼法司法解释中被列为驳回起诉情形之一的"诉讼标的已为生效裁判所羁束的"进行了较为精妙的解释,将其适用条件具体化,使其具备了可操作性和可预测性。

在本案之后的裁判中,行政诉讼中裁判理由发生既判力须经过以下论证:(1)前诉裁判理由中有关行政行为的合法性被列为争议焦点,且经过了两造举证、质证与辩论。(2)在(1)中的特定争议焦点为导致权利、义务发生、变动或消灭法律效果的直接且必要的主要事实,例如被诉行政行为的前一阶段行为。(3)前诉法院已经就(1)中的有关行政行为合法性的特定争议焦点问题进行了实质判断。

通过将争点效理论内化于既判力的做法,一方面注意到行政诉讼解决纠纷的功能,在避免司法资源浪费以及矛盾裁判的面向上具有独特作用;但另一方面,行政诉讼作为公民、法人和其他组织合法权益救济的渠道属性似乎被忽略了。尽管认为行政生效判决确有错误可对其申请再审,但由于行政诉讼的原告只能是行政相对人,所以驳回起诉针对的对象也限于行政相对人。如果法院滥用本案创设的行政判决理由的既判力制度,武断地将行政相对人拒之门外,那么当事人的受损合法权益可能救助无门、行政争议无法解决。同时需要注意本案法院不断强调,涉及行政行为合法性的判决理由才具有既判力,其他判决理由是否具有该效力容待后续研究。因此,法院在适用该理论时,必须严格按照本案中扩张前提与论证模型,说理清晰,兼顾保护权益、监督权力与诉讼经济。[73]

(特约编辑:张怡静)

---

[73] 从现有适用争点效的判决中我们得以窥见,部分法院对此保持了相当的警醒与自觉,如最高人民法院行政裁定书(2018)最高法行再56号。但也有法院未对该效力的适用进行详细的说理,如湖南省张家界市武陵源区人民法院行政裁定书(2020)湘0811行初36号。也有法院将该效力扩张至民事判决的判决理由中,如甘肃省高级人民法院行政裁定书(2020)甘行申28号。这是值得进一步关注的问题。以上判例参见青海省花宝蜂业股份合作公司诉青海省西宁市人民政府收回国有土地使用权批复案,最高人民法院行政裁定书(2018)最高法行再56号;陈华等诉桑植县自然资源局行政处理案,湖南省张家界市武陵源区人民法院行政裁定书(2020)湘0811行初36号;鲁某1诉甘南藏族自治州国土资源局土地行政复议案,甘肃省高级人民法院行政裁定书(2020)甘行申28号。

行政执法中行政机关的回避及其司法审查

——上海笛爱建筑材料有限公司诉上海市浦东新区人民政府事故调查报告批复案评析

聂 政[*]

内容提要:上海笛爱建筑材料有限公司诉上海市浦东新区人民政府事故调查报告批复案的焦点问题是行政执法中行政机关是否应当适用回避制度。在法律规范没有明确规定的情况下,本案一审和二审法院分别利用法解释技术和正当法律程序原则完成了从法律规范到法律原则两个层面的行政机关回避正当性论证。在此基础上,本案法院在裁判理由中提出与执法对象存在直接利害关系是法院审查行政机关是否应当回避的标准,直接利害关系的判断需要遵循四条规则:与执法对象存在关联的应当是行政机关的整体利益、行政机关的先行行为使其对案件的发生负有直接、具体的防止义务、行政机关与案件的发生具有盖然的因果关系和可能直接承担行政执法的不利后果。此外,考虑到行政机关可替代性较弱,当法律规范明确规定某一行政机关参与执法或者在联合执法中不担任组织协调功能的行政机关,且其职能不可替代时,该行政机关可以不予回避。但是,为了保证执法公正,不予回避的行政机关需要遵循特殊的限制措施。

关键词:行政执法;行政机关;回避;司法审查

---

* 聂政,华东政法大学法律学院宪法学与行政法学专业博士生。

一、引　言

　　"公正是法治的生命线",〔1〕行政执法是"行政机关行使行政权、履行行政管理职责时的一种行政活动"。〔2〕行政执法〔3〕的公正与否,不仅直接关系公众的切身利益,更关系着法律的权威与生命力,因此,推进依法治国,不仅需要建立公正的司法制度,更需要建立严格规范公正文明的行政执法制度。行政执法的公正性取决于多个因素,程序公正是其中必不可少的因素之一。程序公正的功能在于确保行政执法的公正性与可接受性,只要行政执法决定是依据程序公正的要求作出的,即便其结果不符合行政相对人的预期,行政相对人依然可以认可该决定是公正、无偏私的,"在纯粹程序正义中,不存在判定正当结果的独立标准。而是存在一种正确的或公平的程序。这种程序若被人们恰当地遵守、其结果也会是正确的或公平的,而无论它们可能会是一些什么样的结果。"〔4〕程序公正对执法者提出了诸多的要求,其中,执法者的中立无偏私是行政执法程序公正的最基本要求,"程序公正的第一要义是,程序的操纵者与程序的结果应当没有任何利害关系。"〔5〕行政回避制度可以在行政执法中预先排除有可能影响公正执法的因素,防止执法者为了自身利益扭曲执法程序,作出对相对人不公正的决定。可以说,行政回避是保证公正执法的底线要求之一,也是"支撑行政公正原则的基本制

　　〔1〕《中共中央关于全面推进依法治国若干重大问题的决定》,2014 年 10 月 23 日中国共产党第十八届中央委员会第四次全体会议通过。

　　〔2〕 胡建淼:《政府法治建设》,国家行政学院出版社 2014 年版,第 72 页。

　　〔3〕 行政执法的内涵在我国理论界尚未形成共识。依据学者胡建淼的归纳,可以将行政执法的内涵分为广义与狭义两类,其中广义的行政执法指的是行政机关利用法律管理和组织国家事务的所有行政行为,包括但不限于行政许可、行政确认、行政处罚、行政裁决、行政强制等。狭义的行政执法指的是"行政机关依法对相对人采取的具体的直接影响其权利义务,或者对相对人权利的行使和义务的履行情况进行监督检查的具体行政行为"。考虑到回避制度的重要性以及我国回避制度适用的广泛性,狭义的行政执法概念可能无法涵盖现实中所有需要适用回避制度的执法行为,因此本论文所指行政执法采取广义的理解。参见胡建淼:《政府法治建设》,国家行政学院出版社 2014 年版,第 72 页。

　　〔4〕 [美]约翰·罗尔斯:《正义论》,何怀宏、何包钢、廖申白译,中国社会科学出版社 2009 年版,第 67 页。

　　〔5〕 章剑生:《现代行政法总论(第 2 版)》,法律出版社 2019 年版,第 228 页。

度之一"〔6〕。

在我国的行政法治建设中,行政回避制度始终占据着重要地位。早在 1996 年我国制定的首部《中华人民共和国行政处罚法》(以下简称《行政处罚法》)的第三十七条第三款就明确规定了"执法人员与当事人有直接利害关系的,应当回避"。这是我国第一次以法律的形式正式建立起行政回避制度。此后,在 2003 年出台的首部《中华人民共和国行政许可法》(以下简称《行政许可法》)中也规定了"听证程序的主持人与行政许可有利害关系的,应当回避"。2004 年,国务院出台的《全面推进依法行政实施纲要》(国发〔2004〕10 号,以下简称《实施纲要》)也明确提出:"行政机关工作人员履行职责,与行政管理相对人存在利害关系时,应当回避。"《实施纲要》将回避规定列在"依法行政的基本要求"章节的做法更意味着其将行政机关工作人员的回避制度提升到了依法行政基本要求的高度。在《实施纲要》出台之后,行政回避制度迅速在各类行政执法规范中建立起来。2020 年修订的《公务员回避规定》可以说是目前对行政回避规定得最为全面的规范,其将公务员的行政回避范围扩展到"巡视、巡察、纪检、监察、审计、仲裁、案件侦办、审判、检察、信访举报处理"以及"税费稽征、项目和资金审批、招标采购、行政许可、行政处罚"和"其他应当回避的公务活动"。此外,其又将需要回避的主体由公务员扩大到"参照公务员法管理的机关(单位)中除工勤人员以外的工作人员"〔7〕。可以说,《公务员回避规定》几乎已经将所有可能的行政执法行为都纳入到了执法人员的回避范围之内。随着行政法治建设的推进,行政回避制度逐渐趋于完善。

但是,目前我国行政回避制度还存在一个亟待解决的问题,那就是作为单位而非个人的行政机关在行政执法活动中与执法对象存在利害关系时是否应当回避? 如果应当,那么行政机关回避的标准如何界定? 在"上海笛爱建筑材料有限公司诉上海市浦东新区人民政府事故调查报告批复案"〔8〕(以下简称"笛爱公司案")中,原告上海笛爱建筑材料有限公司(以下简称笛爱公司)认为张江镇政府作为涉案工程的建设方,在事故调查的过程中应当

---

〔6〕 苏庆原、钟穗青:《关于行政回避制度的法律思考》,《云南大学学报(法学版)》2009 年第 1 期。

〔7〕《公务员回避规定》第二十二条:"参照公务员法管理的机关(单位)中除工勤人员以外的工作人员的回避,参照本规定执行。"

〔8〕《最高人民法院公报》2022 年第 7 期(总第 311 期)。

回避,但是上海市浦东新区张江镇人民政府(以下简称张江镇政府)以及被告上海市浦东新区人民政府(以下简称浦东区政府)却认为《生产安全事故报告和调查处理条例》(以下简称《事故条例》)没有明确对行政机关的回避作出规定,因此即便张江镇政府是涉案工程的建设方也无需回避。为了解决行政机关是否应当回避的问题,本案的一审、二审法院共同努力,从与执法对象有利害关系的行政机关回避的正当性和行政机关回避的司法审查标准等方面对行政机关适用回避制度进行了论证。

本文以"笛爱公司案"为研究对象,通过对本案一审、二审裁判的评析,探讨在行政执法中行政机关的回避规则,以期对行政回避制度的进一步完善以及人民法院对类案的审理有所帮助。

二、案情简介及问题的梳理

(一)案情简介

张江镇政府将涉案工程发包给上海市浦东新区建设(集团)有限公司(以下简称浦建公司),浦建公司又将其分包给上海元讯建设发展有限公司(以下简称元迅公司)。上海祎晨建筑材料有限公司(以下简称祎晨公司)是元迅公司道路石材铺设供货单位。就其中人行道砖供货业务,祎晨公司转给了笛爱公司。笛爱公司委托王某运输涉案工程工地货物,并与王某结算货物运输款。2018年11月19日下午,王某驾驶涉案工程工地上的叉车,通过自制铁架斜坡从地面往货车厢板倒车,铁架东侧支撑承受不住叉车重量,变形断裂,叉车失去重心侧翻将王某压在了叉车下。现场工友见状后,立刻拨打了"120"急救电话,"120"急救人员到场后,确认王某已死亡。

浦东区政府委托原上海市浦东新区安全生产监督管理局(以下简称浦东安监局)对本事故组织事故调查组进行调查。随后,原浦东安监局、上海市公安局浦东分局、张江镇政府等政府及部门组成调查组赴现场调查取证,拟写了《事故调查报告》。2019年1月25日,调查组人员讨论通过《事故调查报告》,原浦东安监局于2019年2月12日将《事故调查报告》报送被告浦东区政府,被告于2019年2月22日作出被诉批复,并于2019年3月13日将《事故调查报告》及《批复》送达原告笛爱公司。原告笛爱公司不服《事故调查报告》及《批复》，认为张江镇政府作为发包方负有安全生产管理职责，其作为事故调查组成员参与调查，影响本案的调查和处理，因此向法院起诉，请求法院判决撤销被告作出的《批复》及《事故调查报告》。

(二)裁判要旨

事故调查过程中，事故调查组的主要职责在于查明事故情况、认定事故责任并提交事故调查报告。调查组成员参与事故调查属于职务行为，为维护事故调查的客观公正，调查组成员所在行政机关与事故调查结果之间存在利害关系的，该行政机关与其工作人员均应当回避。

本案中，张江镇政府作为涉案工程的建设单位，对建设工程的安全生产负有相应责任，可能是本事故的被调查对象，因此不应在调查之前即被排除出调查范围。张江镇政府派员参与事故调查组有违程序正当原则。被告浦东新区政府不应当要求、认可或者接受张江镇政府派员参加事故调查组。被告批复同意该调查组作出的《事故调查报告》，显属不当。

(三)问题的梳理

从"笛爱公司案"的案情简介与裁判要旨可以看出，本案的焦点问题在于，张江镇政府作为涉案建设工程的建设方与发包方，是否有资格作为调查组的成员参与涉案工程的事故调查工作。即在行政执法过程中，与执法对象存在关联的行政机关是否应当回避？结合行政回避制度、本案被告浦东区政府的辩论意见以及一审、二审法院的裁判理由来看，这一焦点问题包括三个具体问题：

第一，要求行政机关回避的正当性何在？在"笛爱公司案"中，对于张江镇政府是否应该回避这一问题，被告浦东区政府从正反两个方面予以否定。从正面来说，"属地政府派员参加事故调查组是法定制度，调查组成员在事故调查中有明确的、不可替代的职责分工"，《事故条例》第二十二条第二款规定："根据事故的具体情况，事故调查组由有关人民政府、安全生产监督管理部门、负有安全生产监督管理职责的有关部门、监察机关、公安机关以及工会派人组成，并应当邀请人民检察院派人参加。"因此，张江镇政府参加事故调查有明确的法律依据。从反面来说，《事故条例》第二十三条规定"事故调查组成员应当具有事故调查所需要的知识和专长,并与所调查的事故没有直接利害关系",因此,"调查组由具体调查人员组成,依据相关规定,回避的对象应该是调查组的组成人员,而不是成员单位"。从被告的辩论意见来看,对于法院而言,要求行政机关回避的最大难题在于目前行政执法的相关规范缺少直接要求行政机关回避的规定。在缺少明确法律依据的情况下,如果不能提供足够的正当性,无论是法院还是行政相对人都很难要求与执法对象有关联的行政机关予以回避。那么,在"笛爱公司案"中,一审和二审法院是如何完成正当性论证,从而撤销浦东新区政府作出的《关于〈上海笛爱建筑材料有限公司"11.19"车辆伤害死亡事故调查报告〉的批复》? 一审和二审法院的论证逻辑有何区别? 二者之间的区别有何意义?

　　第二,行政机关回避的司法审查标准如何界定? 除了正当性外,行政机关回避的另一个难题在于是否应当回避的审查标准界定,如果没有明确的标准,即便解决了行政机关回避的正当性问题,行政机关依然有能力为自己不予回避的行为提供种种理由。例如在"笛爱公司案"中,被告浦东区政府就辩称"事故调查组有充分的制度设计确保调查的公正性",因此,张江镇政府不予回避也不会影响行政调查程序的公正性。而且,张江镇政府只对建设工程施工过程负有责任,对运输服务工程不负有安全监管的责任,张江镇政府与本案没有关联。那么,现行针对行政执法人员的回避标准能否适用于行政机关的回避? 在"笛爱公司案"中,一审和二审法院又是如何构建行政机关回避的司法审查标准,从而作出张江镇政府符合回避标准应当回避的判断?

　　第三,行政机关回避的例外情形为何? 行政机关回避的例外情形是由"笛爱公司案"所延伸出的一个重要问题,也是讨论行政机关回避不可或缺的问题。上海市高级人民法院2021年第二批参考性案例在收录"笛爱公司案"时,在裁判要旨中对行政机关回避的例外情形进行了专门的讨论。那么,为什么要讨论行政机关适用回避的例外情形? 行政机关回避的例外情形有哪些? 如何保证行政执法程序在例外情形中保持公正合理?

三、案例评析

　　规则的建构大体需要明确两个问题:一是为什么需要适用该规则,二是该规则的主要内容是什么。在"笛爱公司案"中，一审和二审法院就是沿着这一路径，分别探讨了行政机关适用回避制度的正当性和行政机关是否应当回避的司法审查标准。此外，考虑到行政机关较低的可替代性，行政机关回避的例外情形自然而然就成为本案所延伸出的另一个需要探讨的问题。

（一）行政机关适用回避制度的正当性

目前无论是党中央关于依法行政的政策性文件，还是规范行政执法行为的具体法律规范，都没有对行政执法过程中行政机关的回避问题作出明确、直接的规定。在此种情况下，"笛爱公司案"的一审法院通过法解释技术对《事故条例》的相关条款进行解释，为张江镇政府适用回避制度提供法律规范依据。在此基础上，二审法院进一步援引正当法律程序原则，为行政执法中行政机关适用回避制度提供法律原则依据。

1. 行政机关适用回避制度的规范性依据

从前文中"笛爱公司案"的被告浦东区政府的辩论意见来看，无论是对于行政执法活动中的行政相对人，还是对于司法审判中的法官来说，要求行政机关在行政执法活动中予以回避所面临的最大困境就在于缺少明确的法律规范依据。目前我国无论是政策性文件还是法律规范，都只强调行政执法人员的回避，而对行政机关的回避问题无所涉足。虽然 2004 年出台的《实施纲要》将行政回避制度提高到依法行政基本要求的地位，但是，从《实施纲要》的表述来看，其明确规定只有"行政机关工作人员"在履行职责时与相对人有利害关系，才应当回避。"行政机关工作人员"这一指向性明确的表述将行政机关和行政机关的工作人员予以割裂，只有工作人员适用回避制度，行政机关不适用回避制度。这种行政回避的双轨制暗含了对行政机关和行政机关工作人员的二元定位，即只有作为个人的工作人员才有自身利益，才有可能因与相对人存在利害关系等原因操纵执法程序，作出对相对人不公正的决定，而行政机关虽然是由人组成的，但是其存在的本身只是为了维护公共利益，行政机关不拥有自身的私利益，因此，行政机关不会与相对人存在利害关系，也不需要适用行政回避。《实施纲要》的出台是我国行政法治建设的里程碑，是"建设法治政府的行动纲领"。[9] 因此，《实施纲要》对行政回避制度的规定对后续行政执法领域相关立法有极大的影响，此后修订的《行政处罚法》以及 2004 年实施的《行政许可法》等法律对回避的规定都主要是围绕执法人员或者听证程序的主持人员展开。较为可惜的是，在《实施纲要》之后，中央层面关于法治建设的相关政策没有再进一步对行政回避制度予以完善，无论是 2014 年出台的《中共中央关于全面推进依法治国若干重大问题的决定》还是最新出台的《法治中国建设规划（2020—2025 年）》以及《法治政府建设实施纲要（2021—2025 年）》都没有提及行政回避制度，这也使得《实施纲要》所建立的行政回避双轨制被延续至今。在"笛爱公司案"中，事故调查所依据的《事故条例》延续了行政回避的双轨制，该条例第二十三条明确规定"事故调查组成员"与所调查事故应当没有利害关系。根据这一规定，事故调查组的组成单位与事故调查组的组成成员受到的约束程度是不同的，作为个人的组成成员受到的约束力度远大于作为事故调查组组成单位的行政机关。

　　由于明确法律依据的缺失，在司法审判过程中，法院常常很难对与案件有关联的行政机关不予回避的做法作出相应的回应。例如在"徐金娇与丽水市建设局及第三人丽水市城市建设发展有限公司房屋拆迁补偿安置行政争议上诉案"[10]中，丽水市中级人民法院就因《城市房屋拆迁管理条例》未规定行政机关的回避，无奈驳回了原告要求丽水市建设局回避的诉求。[11]

　　为了打破行政回避的双轨制难题，"笛爱公司案"中的一审法院选择运用法律解释技术，对《事故条例》第二十八条关于事故调查工作的原则性条

---

〔9〕　袁曙宏：《建设法治政府的行动纲领——学习〈全面推进依法行政实施纲要〉的体会》，《国家行政学院学报》2004 年第 3 期。

〔10〕　浙江省丽水市中级人民法院行政判决书，(2002)丽中行终字第 19 号。

〔11〕　在"徐金娇与丽水市建设局及第三人丽水市城市建设发展有限公司房屋拆迁补偿安置行政争议上诉案"中，被上诉人丽水市建设局对上诉人徐金娇所有的房屋作出了拆迁安置补偿的裁决，并由另一被上诉人丽水市城市建设发展有限公司支付徐金娇住宅补偿费、住改店房屋补偿费、店面房屋补偿费、附属物补偿费、搬家补偿费和临时安置补偿费共计人民币 383034.70 元。对此，徐金娇提出，作出拆迁补偿安置裁决的丽水市建设局和支付补偿费等费用的丽水市城市建设发展有限公司的法定代表人为同一人，在这种情况下，丽水市建设局应当予以回避，否则其作出的拆迁安置补偿裁决程序违法。对于上诉人的诉求，丽水市中级人民法院却无奈地提出"现行的国务院《城市房屋拆迁管理条例》仅规定'房屋拆迁管理部门是被拆迁人的，由同级人民政府裁决'，未规定其他应当回避的事由。"在法律没有明确规定的情况下，上诉人提出的拆迁裁决程序违法的理由并不充分，最终判决驳回上诉，维持原审法院所作拆迁安置补偿裁决合法的裁判。

款进行文义解释，为行政机关适用回避制度提供规范依据。《事故条例》第二十八条规定"事故调查组成员在事故调查工作中应当诚信公正、恪尽职守，遵守事故调查组的纪律，保守事故调查的秘密"。对于该条款，一审法院认为此处所指的"公正"，应当"不仅包括实体公正，还包括程序公正"。而无论是实体公正还是程序公正，都要求行政机关在执法中适用回避制度。

第一，行政机关适用回避制度符合程序公正。程序公正是执法公正必不可少的要素，执法程序的中立无偏私是程序公正的最基本要求。中立无偏私要求的是排除行政执法过程中可能与执法对象存在关联、影响执法决策的任何因素而无论该因素以何种主体展现。从我国行政回避双轨制普遍存在的现实来看，我国在制定相关法律规范时对无偏私的认识过于注重作为个体的行政机关工作人员因利益、人情等原因产生的偏见，而忽视了行政机关出于部门利益而产生偏见的可能性。然而在我国的政治实践中，行政机关部门利益的存在以及因部门利益影响行政机关履职行为的现象已经受到了广泛的关注。所谓行政机关的部门利益，指的是"掌握公共权力、承担公共管理职责的政府部门，利用自身行政权力和资源控制优势，通过或者合法和合政策的，或者钻法律和政策空子的，或者非法和非政策的手段，为本部门及其组成人员谋取的、非公共利益的小团体和个人的私利"。[12] 恰如利益是个人行为的根本动力，部门利益同样是行政机关积极行为的根本动力之一，当部门利益与公共利益保持一致时，政府部门维护自身利益的行为也有利于公共利益的促进，但是当二者相违背时，政府部门就存在为了自身私利益而损害公共利益的可能性。事实上，我国的行政法学者很早就关注到行政机关为了部门利益损害公共利益的可能性，早在 20 世纪 80 年代，学者王名扬在介绍英国行政法时就提到了行政机关回避的问题，其提出"在行政程序上没有偏私，不仅指实际上没有偏私存在，而且在外观上也不能令正直人士有理由怀疑为可能有偏私"，[13] 只有在法律明确规定某种职权由某行政机关行使时，其不予回避的行为才不属于偏私。学者何海波认为，"在普通法中，有利害关系的机构应当回避被认为是自然正义的一部分"，[14] 而

〔12〕 石亚军、施正文：《我国行政管理体制改革中的"部门利益"问题》，《中国行政管理》2011年第 5 期。

〔13〕 王名扬：《英国行政法》，中国政法大学出版社 1987 年版，第 154 页。

〔14〕 何海波：《行政诉讼法》（第二版），法律出版社 2016 年版，第 246-247 页。

我国一些法律允许行政机关做自己案件法官的规定令人生疑。余凌云也认为"程序主持机构应该独立,彻底贯彻无偏见原则"。[15] 较为遗憾的是,学者们零星的呼吁并没有得到立法者的重视,行政机关的回避在法律规范当中始终没有明确规定。

在"笛爱公司案"中,张江镇政府作为政府部门,安全事故的调查情况与其部门利益有直接的关系。作为涉案建设工程的发包方,如果调查结果证明张江镇政府对事故的发生负有责任,那么依据《事故条例》第三十七条、第三十八条,不仅张江镇政府需要承担相关法律责任,该政府的负责人可能也要承担不利的法律后果。[16] 除了直接的法律后果,张江镇政府还可能面临绩效考核结果负面、取消评奖评优等一系列不利的后果。这些后果无疑会直接影响张江镇政府的部门利益,因此,张江镇政府存在为了部门利益左右调查过程的可能性,这也成为一审法院要求张江镇政府回避的理由。

第二,行政机关适用回避制度符合实体公正。实体公正是行政执法公正必不可少的要素,老百姓对法治的公平正义感知最强的就是实体公正,"中国传统的朴素正义观尤为强调实质正义的实现",[17]因此无论是司法还是行政执法,都应当重视实体公正。行政执法的实体公正要求执法者在查清客观事实的基础上作出公正合理的执法决定,它包括两个方面:一是执法决定所依据的事实是客观真实的;二是执法决定本身是公正合理的。但是,由于社会的复杂性和时间的不可逆性,行政执法很难再现已经发生的案件事实,执法决定的公正与否也会因社会、心理、经济等因素而拥有不同的标准,绝对的实体公正是难以在现实中得以实现的。但是这并不意味着实体公正是虚妄的,人们可以在对非公正达成共识的基础上,总结出实体公正的

---

〔15〕　余凌云:《行政法讲义》,清华大学出版社 2010 年版,第 103 页。

〔16〕《生产安全事故报告和调查处理条例》第三十七条:"事故发生单位对事故发生负有责任的,依照下列规定处以罚款:(一)发生一般事故的,处 10 万元以上 20 万元以下的罚款;(二)发生较大事故的,处 20 万元以上 50 万元以下的罚款;(三)发生重大事故的,处 50 万元以上 200 万元以下的罚款;(四)发生特别重大事故的,处 200 万元以上 500 万元以下的罚款;第三十八条:事故发生单位主要负责人未依法履行安全生产管理职责,导致事故发生的,依照下列规定处以罚款:属于国家工作人员的,并依法给予处分;构成犯罪的,依法追究刑事责任:(一)发生一般事故的,处上一年年收入 30％的罚款;(二)发生较大事故的,处上一年年收入 40％的罚款;(三)发生重大事故的,处上一年年收入 60％的罚款;(四)发生特别重大事故的,处上一年年收入 80％的罚款。"

〔17〕　孙徹、张奠:《司法的实体公正、程序公正及法官的行为公正》,《法律适用》2022 年第 3 期。

最低限度。与执法对象存在关联的行政机关不予回避,就从两个方面严重影响了行政执法的实体公正:一是可能影响对客观事实的调查。一方面,公正的行政执法需要对所有可能与案件存在关联的主体进行调查,尽可能全面的还原案件的事实,如果某一行政机关与案件有关,那么自然应当成为被调查对象。而与案件有关的行政机关参与行政执法,本身就意味着该行政机关不再是被调查对象而是执法者,那么案件事实中与该行政机关有关的部分就很难再成为行政执法的调查范围,使得执法者对案件事实的调查从一开始就是不完整的,所查明的事实也很难称为客观真实。另一方面,参与了行政执法的行政机关还有充分的动机影响、左右对案件事实的调查方向甚至是调查结论,最终可能导致执法决定所依据的事实与客观真实之间差之千里。二是可能影响执法决定的公正合理。执法决定的公正合理要求执法者在决策时只考虑相关因素,摒弃与案件本身无关的因素。然而与案件有关联的行政机关如果不回避,那么就势必会参与到相关执法的决策过程,在部门利益的驱使下,相关行政机关就可能为了自身利益的最大化而影响决策过程,导致保护行政机关的部门利益被纳入到执法决定的考虑因素当中,有违执法决定只考虑相关因素这一行政行为合理性的最低要求。

在"笛爱公司案"中,张江镇政府作为涉案工程的发包方,一旦参与事故调查,势必会对调查结果的实体公正性造成影响。

基于《事故条例》第二十八条中"公正"所要求的程序公正和实体公正,最终一审法院认为"被告浦东新区政府不应当要求、认可或者接受张江镇政府派员参加事故调查组。被告批复同意该调查组作出的《事故调查报告》,显属不当。"由于"公正"这一要求直接出自法律规范,因此法律规范中执法公正的条款就成为行政机关适用回避制度的规范性依据。

一审法院通过法律解释技术为行政机关适用回避制度提供法律依据的做法对于其他法院的类案审理和行政机关的公正执法都具有很强的示范效应。对于法院的类案审理而言,公正是所有行政执法的基本追求,因此在其他类型的行政执法中,法院也可以对行政执法相关法律规范中约束执法者公正执法的条款进行文义解释,作为要求行政机关回避的法律依据。例如《行政处罚法》第五条第一款"行政处罚遵循公正、公开的原则"就可以经由文义解释后作为行政处罚中行政机关回避的法律依据。对于行政机关的公正执法而言,在法院有足够的依据对行政机关不予回避的行为作出否定性评价后,为了确保行政行为的合法性以及在行政诉讼中不败诉,行政机关也会逐渐积极主动适用回避制度,促进行政执法的严格规范公正文明。

2.行政机关适用回避制度的原则性依据

在一审法院论证的基础之上,二审法院引入了正当法律程序原则作为要求行政机关回避的依据。正当法律程序原则最早源自英国的自然正义法原则并由美国宪法中的正当法律程序原则予以继承、发扬。正当法律程序原则在我国法律当中有重要的地位,是刑法、民法、行政法等众多部门法的基本原则之一。正当法律程序原则的功能在于弥补法律规范对程序性规定的缺失,"广义而言,正当程序可被理解为由'自然法背景'酝酿而来:它不仅可用来检验、衡量法定程序是否'合法',同时也在行政行为没有明确法律程序规定时提供补充性适用。"[18]在行政法领域,该原则适用的功能是为了在缺少法律明确规定的情况下,保证行政行为符合基本的程序公正要求,进而实现行政行为的实体公正。正当法律程序原则所要求的最基本程序公正包括两个方面:一是在作出可能影响行政相对人合法权益的执法决定时,应当告知相关事由并听取当事人的意见;二是行政行为作出的过程应当排除偏见。如前文所述,在部门利益的影响下,行政机关在执法过程中同样有可能产生偏见。因此,正当法律程序原则自然要求行政机关在行政执法中适用回避制度。

依据正当法律程序原则,二审法院认为"作为涉案新建工程项目建设单位的张江镇政府,在有可能作为被调查对象的情况下,应当主动回避"。由于并非以具体的法律条文作为依据,因此正当法律程序原则构成行政机关适用回避制度的原则性依据。

如若仅从论证结果来看,似乎一审和二审法院的论证过程是类似的,但实际上二者之间的论证逻辑并不相同。一审法院对行政机关回避正当性的论证立足于法律规范,在没有直接的规范条款要求行政机关回避的情况下,一审法院选择了法律规范中含有执法公正内容的原则性条款并对该条款进行法律解释,将行政机关的回避纳入到该条款的内涵之中。不过,此种立足于法律规范的正当性论证有一定的局限性,那就是必须要有相关的法律规

───────────────

〔18〕 蒋红珍:《正当程序原则司法适用的正当性:回归规范立场》,《中国法学》2019 年第 3 期。

范,且该规范需要有涉及执法公正的相关条款。随着我国社会的快速发展,各式各样新型的行政执法手段不断出现,而由于立法的滞后性,很多新型的行政执法方式尚且还没有足够的法律规范予以制约,例如作为柔性行政执法或非强制行政行为而存在的行政约谈。[19] 虽然在实践中行政约谈已经被广泛使用,但是目前尚且没有一部统一的《行政约谈法》,而围绕约谈所出台的大量规章、地方性法规等也尚且没有涉及到"公正约谈"的条款。在此种情形下,这种立足于法律规范,对法律规范进行解释的方法就难以完全满足行政执法中要求行政机关回避的现实需要。二审法院对行政机关回避正当性的论证立足于正当法律程序这一法律原则。在法律的司法适用过程中,如果法律规则缺位,则需要依靠法律原则予以补充。[20] 二审法院利用正当法律程序原则,巧妙地将行政机关回避的正当性与具体法律规范相剥离,即便对于某些缺少法律规范的新型行政执法行为,依据正当法律程序原则,同样可以完成对行政机关适用回避制度的正当性论证。

综上而言,当行政执法行为存在明确法律规范时,可以对该规范中涉及到执法公正的条款进行法律解释,作为行政机关适用回避制度的依据;当行政执法行为没有明确法律规范或者法律规范没有涉及执法公正的相关内容时,则可以将正当法律程序原则作为行政机关适用回避制度的依据。一审和二审法院的论证过程在逻辑上前后衔接,共同完成了行政执法中行政机关回避的正当性论证。

(二)行政机关回避的司法审查标准

行政机关回避的司法审查标准指的是法院在司法审查中,判断行政机关不予回避行为是否正当的标准,如果不予回避的行为有违该标准,那么法院就可以认为该不予回避的行为与程序公正和实体公正的要求相背离,对其作出行为违法的评价。确定行政机关回避的司法审查标准具有两个方面的意义:一方面为法院审理类似案件提供统一的审查标准,确保司法审查尺度的一致性,另一方面为行政机关的执法活动提供明确指引,使行政机关能够在明确的司法审查标准指引下主动、正确适用回避制度。

---

〔19〕 参见孟强龙:《行政约谈法治化研究》,《行政法学研究》2015 年第 6 期。

〔20〕 参见林来梵、张卓明:《论法律原则的司法适用——从规范性法学方法论角度的一个分析》,《中国法学》2006 年第 2 期。

1.直接利害关系：行政机关回避的司法审查标准

目前我国的法律规范对于行政执法过程中执法人员的回避已经有了较为统一的标准，通过对法律规范的归纳，可以将执法人员的回避事由总结为四个方面：[21]一是执法人员本人与本案有利害关系；二是执法人员的近亲属是本案的当事人；三是执法人员的近亲属与本案有利害关系；四是其他可能影响公正执法的事项。上述行政执法回避的事由可以进一步归纳为两个方面：涉及到执法人员的个人利益和人情关系。

以人情和利益作为执法人员回避的标准是出于对人性的现实考量。利益是左右人行为的最重要动机之一，"人首先要求维持和实现个体的生存和发展，从而必然表现出自利的一面。"[22]执法者对利益的追求意味着其在有利可图或者自身利益将要受损的情况下具有滥用执法权的可能性，这种可能性构成执法人员与执法对象间存在利害关系时应当回避的理论基础。除了利益，在中国社会，人情关系同样是左右人行为的最重要动机之一。从古至今，人情对我们的一举一动始终发挥着举足轻重的影响。在传统之中国，家族成员、乡里居民之间互相支持的生活方式所产生的特殊情感，使得传统中国社会"在适用法律的基础上大量使用'情'与'理'是普遍的做法"。[23]这种情、理、法并存的社会传统对当下之中国同样有着深远的影响，对于直面社会矛盾的执法者而言，约束其行为的最大力量常常不是法律，而是情理，"枉法者往往有寻常之人难以抗拒的情理压力，往往有碍于情面不得

---

〔21〕　例如《公务员回避规定》第十五条第一款规定："公务员公务回避按照以下程序办理：（一）本人或者利害关系人及时提出回避申请，或者主管领导提出回避要求。（二）所在机关及时进行审查作出是否回避的决定，并告知申请人。（三）对需要回避的，由所在机关调整公务安排。"此外，《公安机关办理行政案件程序规定》第17条的规定也十分类似："公安机关负责人、办案人民警察有下列情形之一的，应当自行提出回避申请，案件当事人及其法定代理人有权要求他们回避：（一）是本案的当事人或者当事人近亲属的；（二）本人或者其近亲属与本案有利害关系的；（三）与本案当事人有其他关系，可能影响案件公正处理的。"除了中央的规定，地方对于回避事由的规定也大体类似，例如《湖南省行政程序规定》第18条第1款："行政机关工作人员执行公务时，有下列情形之一的，本人应当申请回避；本人未申请回避的，行政机关应当指令回避，公民、法人或者其他组织也可以提出回避申请：（一）涉及本人利害关系的；（二）涉及与本人有夫妻关系、直系血亲关系、三代以内旁系血亲关系以及近姻亲关系的亲属有利害关系的；（三）其他可能影响公正执行公务的。"

〔22〕　陈庆云、曾军荣、鄞益奋：《比较利益人：公共管理研究的一种人性假设——兼评"经济人"假设的适用性》，《探索与争鸣》2005年第6期。

〔23〕　吴运时：《通过法律与情理的社会控制——以南宋"名公"淫祠邪祀治理为视角的分析》，载谢晖、陈金钊、将传光主编：《民间法》第26卷，研究出版社2021年版，第17页。

然的一番苦衷。我们可以斥责这些官员因私情而害公益,但是真要设身处地,其实我们自己也未必能有什么不同。"[24]正是考虑到人情关系对执法者的巨大影响,在行政回避制度中,才会把执法者近亲属与案件存在关联作为回避的标准之一。

但是,无论如何对行政机关进行拟人化,都必须要承认,作为单位的行政机关可能有自身的立场、利益,但绝不可能有自身的情感,更不可能有类似于行政机关工作人员的人情关系。在此种情况下,基于人情而制定的执法人员回避标准不能直接适用于行政机关回避的情形。因此,必须要立足于行政机关的特点,制定有别于执法人员的回避标准。

在"笛爱公司案"中,一审和二审法院对张江镇政府是否应当回避的审查标准为是否与被调查事故有直接利害关系,"基于正当程序原则,为防止偏见、排除合理怀疑,派出调查组人员参与组成调查组的单位也理所应当与所调查的事故没有直接利害关系,故作为涉案新建工程项目建设单位的张江镇政府,在有可能作为被调查对象的情况下,应当主动回避,不参与涉案事故调查过程以及对事故原因的分析判断和事故责任的认定处理"。根据"笛爱公司案"中法院的论述,法院对行政机关是否应当回避的司法审查标准为行政机关与执法对象是否有直接利害关系,如果是,则该行政机关在执法过程中应当回避。"笛爱公司案"所采用的审查标准符合回避制度中行政机关的定位,第一,作为单位而非个人的行政机关不具有独立的社会关系和情感,因此,行政机关不具有行政机关工作人员基于个人情感和社会关系所形成的亲属、朋友、同乡、师生等人情关系。因此,我国行政回避标准中防止执法者因人情关系而影响执法公正的内容在行政机关回避中可以不予适用。第二,行政回避双轨制假定行政机关不具有自身的私利益,只是实现公共利益的工具,但是,事实上行政机关的部门利益不仅存在而且十分广泛。无论是通过合法途径还是钻法律、政策的空子,所有的行政机关都有自身的部门利益,具体表现为权力的部门化、公共利益的部门化和部门权力的利益化。考虑到部门利益对行政机关履职行为的巨大影响,当行政机关与执法对象存在直接利害关系时,该行政机关应当予以回避。

2.直接利害关系的判断

虽然我国已有行政法学者关注并呼吁行政机关适用回避制度,但是对

---

〔24〕 凌斌:《法律与情理:法治进程的情法矛盾与伦理选择》,《中外法学》2012 年第 1 期。

于行政机关回避的标准则几无涉及。不过,在"笛爱公司案"中,一审和二审法院论证了张江镇政府应当回避的理由,通过对法院论证过程进行概括,可以为直接利害关系的判断提供基本的准则。

在"笛爱公司案"中,一审法院认为"张江镇政府就涉案项目建设的安全生产具有相应的安全生产责任,是涉案生产安全事故的被调查对象,可能承担相应的安全生产责任"。二审法院认为"张江镇政府是涉案工程的建设单位,在此特定情形下,张江镇政府就涉案工程建设的安全生产具有相应的安全生产责任,有可能是涉案生产安全事故的被调查对象,不应在调查之前即将其排除出调查范围"。通过对一审和二审法院论述的概括,直接利害关系的判断包括四个方面:主体、义务、因果关系和法律后果。

第一,与执法对象存在关联的应当是行政机关的整体利益。唯有作为单位的行政机关与执法对象存在关联才适用直接利害关系的判断标准,如果是个人与执法对象存在利害关系,则应当适用针对个人的回避标准。与执法对象存在直接利害关系的只能是行政机关的整体利益而非机关内个人的利益,即该利益属于行政机关,利益的损失由行政机关而非个人承担。

第二,行政机关的先行行为使其对案件的发生负有直接、具体的防止义务。在直接利害关系的判断中,首先应当判断行政机关是否存在先行行为,使得其与行政执法所涉及的案件的发生具有直接、具体的防止义务。在"笛爱公司案"中,张江镇政府作为涉案工程的建设方,其将工程予以发包的行为构成直接利害关系判断中的先行行为。依据《民法典》第七百九十三条第三款,发包人对建设工程不合格造成的损失有过错的应当依法承担相应的责任,张江镇政府的先行行为使其负有防止建设工程事故的相应责任。对此,一审和二审法院都提出"张江镇政府就涉案工程建设的安全生产具有相应的安全生产责任"。对行政机关直接、具体义务的判断需要注意两点:一是该义务必须是直接、具体的,即应当指向特定对象,针对特点事项。因此,政府部门依法承担的监管职责不属于直接利害关系判断中的防止义务,因其对象是不特定的。例如在"笛爱公司案"中,依据《安全生产法》第十条第一款,原浦东安监局对本辖区内的安全生产行为负有监管职责,但是这一职责并不构成其在本案中回避的理由。二是行政机关只对其先行行为所引发的义务负责,因此,在直接利害关系判断中应当注意先行行为与后义务间的因果关系。例如行政机关以单位的名义从某厂家订购一批办公用品,随后该厂家发生安全生产事故，由于行政机关购买办公用品的行为并不引发其对该厂商安全生产的相应义务，因此，该行政机关与安全生产事故不存在直接利害关系。

第三，行政机关与案件的发生具有盖然的因果关系。所谓因果关系，指的是行政机关未履行或未有效履行先行行为引发的义务，导致了案件的发生。这种因果关系并不需要在决定回避前就予以明确，盖然的因果关系即可要求行政机关回避。这种盖然性只需要达到可能与案件发生有关系或者需要执法者予以调查即可。在"笛爱公司案"中，张江镇政府需要回避的原因就是这种盖然性达到了"有可能是涉案生产安全事故的被调查对象"。

第四，可能直接承担行政执法的不利后果。行政机关可能需要承担行政执法带来的不利后果是要求行政机关回避的直接原因。只有可能因行政执法行为遭受不利，行政机关才有为了部门利益扭曲行政执法程序的动力，也才有要求行政机关回避的必要。这种后果必须是行政执法行为直接带来的，即只需要依据执法决定就足以对行政机关带来直接的不利后果，例如在"笛爱公司案"中，一旦事故调查确定张江镇政府对涉案事故负有责任，则其直接承担该结论带来的不利后果。需要注意的是，在决定回避时，同样不需要确定行政机关承担不利后果，只需要根据行政机关的先行行为义务和盖然的因果关系认定存在承担不利后果的可能性即可。

（三）行政机关回避的例外

目前我国关于行政回避的相关法律规范并未规定回避的例外情形，不过考虑到行政机关与行政机关工作人员之间的巨大差异，在行政机关回避制度中设置例外情形确有必要。但是，行政机关回避的例外必须要予以严格限制，只有在必不可少的情况下才能允许例外，且应当设置必要的程序将行政机关不予回避的影响降至最低。

1. 行政机关回避存在例外情形的必要性

行政执法人员的回避不存在例外情形，但是行政机关的回避却需要考虑例外情形，原因在于行政机关工作人员和行政机关的可替代性存在较大的差异。一个行政机关常常具有较多数量的工作人员，其中有能力和资格参与行政执法的工作人员通常也不止一人。此外，目前我国正在大力推进依法行政建设，严格规范行政执法的程序，同时加大执法人员培训力度，当下绝大多数行政执法活动都遵循着标准化的执法流程,同一行政机关的执法人员也同样接受着标准化的执法培训。这就使得不同的执法人员素质相差不大,加之执法流程的标准化,即便某一执法人员,乃至行政机关负责人需要回避,其他予以替代的行政机关工作人员也完全能够胜任执法任务,不会导致行政执法质量的显著降低。

然而行政机关的可替代性远没有行政机关工作人员那么强。我国的行政机关设置非常注重精简高效,《国务院行政机构设置和编制管理条例》和《地方各级人民政府机构设置和编制管理条例》都明确提出政府机构的设置应当遵循精简、统一和效能的基本原则。[25] 为了提升政府机构的效能、优化政府机构的职能配置,自 1982 年以来,我国基本上每五年进行一次国务院机构改革,国务院的机构改革又通常伴随着地方政府的机构改革。经过多轮机构改革,我国基本已经构建起职责明确的政府治理体系,机构冗杂、职权重复等现象在我国已经得到了极大的改善。目前,我国一个行政区域内承担某一职责的行政机关通常仅有一个,这就导致有相当数量的行政机关可替代性较低。行政机关较低的可替代性主要体现在两个方面:一是法律规范明确规定某一行政机关必须参与行政执法活动。以"笛爱公司案"所涉及的安全事故行政调查为例,《事故条例》第十九条第二款规定:"重大事故、较大事故、一般事故分别由事故发生地省级人民政府、设区的市级人民政府、县级人民政府负责调查。省级人民政府、设区的市级人民政府、县级人民政府可以直接组织事故调查组进行调查,也可以授权或者委托有关部门组织事故调查组进行调查。"依据该条款,与事故级别相对应的事故发生地人民政府必须要负责事故调查,无论是直接组织还是委托、授权,最终都应当由事故发生地人民政府对调查负责,如果相应人民政府不负责调查,则可能涉及违反法定职责。在"笛爱公司案"中,如果与案件有关联的是浦东区政府而非张江镇政府,那么依据《事故条例》,浦东区政府就很难找到相应的替代机关。除了一般性的事故调查,在一些特殊的安全事故调查中,也存在法律规范明确规定某一行政机关予以调查的情况,例如在民用航空器事

---

〔25〕《国务院行政机构设置和编制管理条例》第二条:"国务院行政机构设置和编制管理应当适应国家政治、经济、社会发展的需要,遵循精简、统一、高效的原则。"《地方各级人民政府机构设置和编制管理条例》第三条:"地方各级人民政府机构设置和编制管理工作,应当按照经济社会全面协调可持续发展的要求,适应全面履行职能的需要,遵循精简、统一、效能的原则。"

件调查领域，《民用航空器事件调查规定》第十二条对民航局和地区管理局负责组织调查的范围进行了明确的规定，[26]且没有规定例外情形。在此情况下，要求民航局或者地区管理局在事故调查中予以回避就有可能导致相关机构违反法定义务。事实上，由于法律规范的明确规定导致行政机关难以回避的情形并不仅存在于行政执法领域，例如 2023 年新修订的《行政复议法》第二十五条、第二十六条就明确规定国务院部门和省级人民政府应当对自己作出的行政行为进行复议。二是专业性壁垒要求某一行政机关不得不参与。随着科技的发展，不同行业之间的专业壁垒越来越高，这就导致某一领域的执法机关很难由其他领域的机关代替。例如在民航事故调查领域，民航领域的专业性极高，民航事故发生的原因又多种多样，这就导致民航事故的调查需要非常高的专业性，同时，由于不同地区航空环境的差异，即便是不同地区的航空管理局之间也很难互相替代。最重要的是，《民用航空器事件调查规定》也规定了由民航局负责调查的事故范围，相关事故涉及到的专业性通常更高，因此，不仅国务院其他部门难以替代民航局，即便是地区管理局也很难在这些案件中替代民航局履行职责。综合上述分析，在行政机关的回避规则中设置例外情形确有现实必要性。

2. 行政机关回避的例外情形

行政机关难以回避的情形主要有两种：一是法律法规明确要求行政机关参与执法；二是专业性壁垒要求行政机关参与执法。对此，应当分别予以讨论。

第一，法律法规明确规定的情形。为了保证权责明确，我国立法通常会明确规定政府、政府部门在该领域的监管职责，因此，为了防止行政机关回避制度被架空，对法律法规明确规定的情形应当从严认定。在"笛爱公司

---

〔26〕《民用航空器事件调查规定》第十二条："对于由民航局和地区管理局组织调查的事件，调查范围如下：（一）民航局组织的调查包括：1. 国务院授权组织调查的特别重大事故；2. 运输航空重大事故、较大事故；3. 外国公共航空运输承运人的航空器在我国境内发生的事故；4. 民航局认为有必要组织调查的其他事件。（二）地区管理局组织本辖区内发生的事件调查，包括：1. 运输航空一般事故；2. 通用航空事故；3. 征候和一般事件；4. 外国公共航空运输承运人的航空器在我国境内发生的严重征候；5. 民航局授权地区管理局组织调查的事故；6. 地区管理局认为有必要组织调查的其他事件。未造成人员伤亡的一般事故、征候，地区管理局可以委托事发民航生产经营单位组织调查。一般事件原则上地区管理局委托事发民航生产经营单位自行调查，地区管理局认为必要时，可以直接组织调查。"

案"中,对于张江镇政府是否属于回避的例外情形,一审法院认为"《安全事故条例》第二十二条规定……并未明确规定由哪一级地方人民政府参与事故调查组,且根据该条规定,事故调查组的组成应当根据事故的具体情况决定"。《事故条例》第二十二条第二款的规定为"根据事故的具体情况,事故调查组由有关人民政府、安全生产监督管理部门、负有安全生产监督管理职责的有关部门、监察机关、公安机关以及工会派人组成,并应当邀请人民检察院派人参加"。从该条款的内容来看,《事故条例》只规定了事故调查组应当由有关政府、安全生产监督管理部门等组成,但是并未明确说明应当由哪一级政府组成。根据一审法院的论述,即便法律规范规定了行政机关的具体职责,只要没有明确规定负责行政机关的具体级别,都不应当属于行政机关回避的例外情形。根据这一论述,因法律的规定而不予回避仅限于"级别+部门"同时被法律规范明确规定的情形,二者缺一不可。

第二,专业性较强的情形。随着社会分工的细化,不同领域的专业性壁垒越来越高,对于行政机关来说,一些专门领域的行政执法专业性要求也越来越高,并非所有行政机关都能胜任。那么,应当如何兼顾行政机关回避制度与行政执法的专业性?对于这一问题,公报案例在收录"笛爱公司案"时并没有作出明确说明,但是在参考性案例中,"笛爱公司案"在裁判要点部分作出了说明"如果该行政机关因其职权的内容和特点,在事故调查过程中负有不可替代的辅助性职责的,该行政机关可以派员参与事故调查组,但应当设置相应的程序确保该行政机关的工作人员不能参与事故调查过程及调查报告的讨论和决定程序"。[27] 依据参考性案例裁判要点的论述,涉及专业性较强的执法事项,行政机关回避的例外情形是在行政执法中有不可替代的辅助性职责。该论述的要点有二:一是行政机关在执法中必须具有不可替代的职责,不可替代性要求其他任何行政机关替换该行政机关后,都无法完成行政执法任务,但是对于不可替代性的判断,更多有赖于法院依据具体执法内容进行裁量。二是行政机关在执法中只起到辅助性的功能,这就意味着,如果某行政执法只有一家行政机关参与,则该行政机关不属于起辅助性职责,不符合行政回避的例外情形。如果是多家行政机关联合执法,那么负责组织、协调的牵头行政机关同样不符合行政机关的例外情形。只有在

---

〔27〕 上海笛爱建筑材料有限公司诉上海市浦东新区人民政府事故调查批复案,上海市高级人民法院 2021 年第二批参考性案例第 120 号。

联合执法中不担任组织协调功能的行政机关，其职能不可替代时，才能适用行政机关回避的例外。

3. 例外情形下行政机关参与执法的限制

虽然出于法律规范和专业壁垒的考量，允许符合条件的行政机关在于执法对象存在直接利害关系时不予回避，但是出于执法公正的考量，有必要对不予回避的行政机关设置特别的限制措施，尽可能防止其对执法公正的影响。对此，作为参考性案例的"笛爱公司案"裁判要点提出"应当设置相应的程序确保该行政机关的工作人员不能参与事故调查过程及调查报告的讨论和决定程序"。根据前文论述，行政执法的实体公正主要包括事实调查客观真实、执法决定公正合理，行政执法的实体公正与否直接决定行政相对人的合理权益是否能够得到保障，也直接决定公民对执法公正与否的感受。因此，"笛爱公司案"的裁判要点提出不予回避的行政机关工作人员不能参与事故调查中的事实调查环节和调查报告作出环节。根据"笛爱公司案"的论述，不予回避的行政机关不能参与行政执法中的案件事实调查、执法决定作出等实体性环节，而只能参与诸如告知送达、材料报送等程序性环节和检测检验、勘探监测等辅助性环节。这一程序限制也与回避例外情形中只有发挥辅助性职责的行政机关可以不予回避的要求相符合。

四、结 语

"笛爱公司案"对行政机关回避正当性、审查标准和例外情形的论述不仅对实现行政执法的严格规范公正文明有着积极的推动作用，也为法院面对类案时的审理提供了较为详实的借鉴。不过，考察我国政治实践，"笛爱公司案"对行政机关回避问题的探讨似乎还有未尽之处。在"笛爱公司案"中，行政机关回避的审查标准主要立足于行政机关自身的部门利益，对于行政机关之间的关系如何影响行政执法行为却没有足够的重视。事实上，在我国纵横交错的权力分配体制下，上级部门对下级部门、一级政府对其所属部门的影响力实属不可小视。虽然行政机关不存在人情关系，但是这种基于权力结构而产生的政府间关系对行政执法公正性的影响又让人难以否认。如此看来，似乎政府间关系也应该纳入行政机关回避的审查标准。但是,这种制度设计的可操作性又实在令人生疑,如果某级政府与执法对象存在直接利害关系则其所属部门都需要回避或者某上级部门与执法对象存在利害关系则其下级部门也需要回避,那么为了完成执法任务,就势必需要其他地区、其他部门行政机关跨地域、跨部门执法。这种动辄异地管辖,频繁跨区域、跨部门行使职权的做法会对我国行政机关属地管辖、权责明确、精简高效的基本准则造成极大的破坏,打乱我国稳定的权力运行机制。恐怕这也是"笛爱公司案"并未将这一因素纳入行政机关回避的审查标准的重要原因。因此,如何在尊重我国现有权力结构的情况下不断提升行政执法的公正性,又是另一个值得深度思考的问题。

(特约编辑:郭轩臣)

行政争议实质性化解的路径及其限定

——段传江等诉衡阳市人民政府等强制拆除行为及行政赔偿再审案评析

郭轩臣*

内容提要："行政争议实质性化解"这一司法政策的提出,是法院在对行政案件作出裁判时追求案结事了效果的体现。然而法院并未具体阐明"行政争议实质性化解"的意涵以及该项司法政策在行政审判中所起到的作用。段传江等诉衡阳市人民政府等强制拆除行为及行政赔偿再审案涉及征收范围内的房屋被违法拆除后行政补偿与行政赔偿竞合的问题,法院以"实质性化解纠纷"为宗旨并从中解读出"及时解决行政争议"和"减轻当事人诉累"的要求,支持了原告的赔偿诉请。该案在一定程度上明晰了这一司法政策的适用条件、适用中所存在的张力以及适用中所暗含的价值取向;该案的后续发展也提示了该政策存有的边界,即所谓"实质化"不可忽视的局限。在裁判过程中应以权利救济为导向实现行政争议实质性化解,但不可忽视行政诉讼制度内部及外部所带来的限定。

关键词:行政争议实质性化解;立法目的;司法政策

一、引 言

美国学者达玛什卡将目的定位于解决冲突和纠纷的司法称为"纠纷解

---

* 郭轩臣,浙江大学光华法学院司法文明博士生。

决型司法",〔1〕而我国法院在行政案件的处理中,正从原本消极的、被动的角色逐步转变为积极的、主动的参与者,暗合了达玛什卡所追求的理想司法。需要注意的是,我国司法能动性之深入并非借鉴西方理论所作之制度构建,而是为了回应司法实践中行政案件审理的迫切需要。数据显示在2010 年时我国行政案件的上诉率已达到了创纪录的 70.46%。〔2〕故在2010 年 4 月举行的全国法院行政审判基层基础工作座谈会上"行政争议实质性化解"被首次提出后,〔3〕短短四年,"解决行政争议"就作为立法目的正式被规定于新修订的《中华人民共和国行政诉讼法》(以下简称《行政诉讼法》)第二条。但是,法院之作用在于依律明断是非,法官之职责在于依法作中立裁判,"行政争议实质性化解"却有使法院的功能偏离裁判之危。当下学界每言及"行政争议实质性化解"必提调解,〔4〕法院每发布相关之典型案例也几近全部以调解结案〔5〕。似无调解则无行政争议实质性化解,行政争议实质性化解之实现必然依靠"双方握手言和"式的结局。在我国特殊国情之下调解固然有其存在的合理性,〔6〕但"小诉讼、大调解"的趋向只会愈加忽视"行政争议实质性化解"这一司法政策在裁判中所发挥的特殊作用。同时,《行政诉讼法》新增之目的为"解决行政争议"而并无"实质性"三字,这也是目前学界多数研究易混淆之误区,〔7〕即:"解决行政争议"为立法之目的,

---

〔1〕　参见[美]米尔伊安·R.达玛什卡:《司法和国家权力的多种面孔——比较视野中的法律程序》(修订版),郑戈译,中国政法大学出版社 2015 年版,第 14-15 页。

〔2〕　参见李广宇、王振宇:《行政诉讼类型化:完善行政诉讼制度的新思路》,《法律适用》2012年第 12 期。

〔3〕　参见赵大光:《夯实基层 打牢基础 苦练基本功 全力推动行政审判工作迈上新台阶——在全国法院行政审判基层基础工作座谈会上的讲话》,载最高人民法院行政审判庭编:《行政执法与行政审判》(总第 40 集),中国法制出版社 2010 年版,第 6 页。

〔4〕　参见施立栋:《合意型行政争议解决机制刍议》,《法制与社会发展》2015 年第 4 期;程琥:《解决行政争议的制度逻辑与理性构建——从大数据看行政诉讼解决行政争议的制度创新》,《法律适用》2017 年第 23 期;章志远:《新时代行政审判因应诉源治理之道》,《法学研究》2021 年第 3期等。

〔5〕　如上海市高级人民法院发布的 2020 年 12 例行政争议实质解决案例中 10 例以撤诉结案,2 例以调解结案,无一是以判决的形式结案。

〔6〕　参见应松年:《行政争议实质性化解应重视调解》,《人民检察》2020 年第 40 期。

〔7〕　在判决中研究"实质性解决行政争议"的学者多数将之作为目的进行研究而非司法政策。参见刘群:《实质解决行政争议视角下的行政履行判决适用研究》,《行政法学研究》2019 年第 2期;李傲、章玉洁:《实质性解决行政争议视角下我国行政诉讼补救判决之完善》,《重庆社会科学》2020 年第 8 期。

"行政争议实质性化解"为审判之司法政策，两者对"法适用—法裁判"这一框架所产生之影响并非在同一层面，故而不可混为一谈。[8] 陷入这种误区的原因之一便是"行政争议实质性化解"这一司法政策过于抽象以致意涵不明。

本文选取段传江等诉衡阳市人民政府等强制拆除行为及行政赔偿再审案（以下简称"段案"，(2017)最高法行再 97 号行政判决书）作为分析"行政争议实质性化解"司法政策适用的研究对象。为何选择段案作为研究对象？是因为该案在"行政争议实质性化解"之后，当事人又因同一赔偿问题再一次诉到了最高人民法院，[9]同一行政争议前前后后共进行了 6 次诉讼，占用司法资源不可谓不多，那是否意味着在段案（前案）中"行政争议实质性化解"的失败？为解此惑本文选取其为主要研究对象，从该司法政策在嵌入司法裁判中的适用前提、适用张力、适用局限等三方面分析，确定其促进"行政争议"之实质性化解的作用与限定，以期在法理上较现有研究进一步明确该司法政策在法适用中所辐射的"疆域"和存有的界限。

二、案情梗要与问题整理

（一）案情梗要

1994 年 11 月 29 日，衡阳县国土资源局颁发《衡阳县城乡个人建房用地许可证》，批准段传江在茅茶亭村××组集体土地上的住房用地 195 平方米，其中改建 88 平方米，扩建 107 平方米。段传江在该土地上建有二层住房，建筑面积共 390 平方米。2010 年至 2012 年，段传江、段家书未经任何报批手续，又自行在该房旁建房 430 平方米。2015 年 6 月 17 日，衡阳市石鼓区控规拆违大队（以下简称石鼓区拆违大队）向段传江、段家书作出石控

---

[8] 章剑生教授对此有精辟论述："作为一种司法政策目标，通过司法裁判达到'实质性'解决行政争议无可厚非，但是，它不可以替代作为行政诉讼立法目的之'解决行政争议'。"章剑生：《行政诉讼"解决行政争议"的限定及其规则—基于〈行政诉讼法〉第 1 条展开的分析》，《华东政法大学学报》2020 年第 4 期。

[9] (2019)最高法行申 10574 号行政裁定书。

违字 0000151 号《违章通知书》。段传江、段家书不服该通知书,申请行政复议。2015 年 9 月 11 日,石鼓区政府作出石府复决字〔2015〕10 号行政复议决定,撤销石鼓区拆违大队作出的《违章通知书》。2015 年 7 月 10 日及 13 日,衡阳市城乡规划局分别向段传江、段家书送达《行政处罚听证告知书》《行政处罚事先告知书》,限段传江、段家书在 15 日内自行拆除 430 平方米违章建筑。同年 7 月 14 日,段传江、段家书向衡阳市城乡规划局提交听证申请,衡阳市城乡规划局于 7 月 24 日就段传江、段家书的违章建筑举行听证会,段传江委托子女段家书、段家娇参加听证会。2015 年 7 月 25 日,石鼓区政府组织对段传江的 390 平方米二层房屋及段传江、段家书 430 平方米建筑予以拆除。石鼓区城管执法局与石鼓区拆违大队系"两块牌子,一套人马"。根据段传江、段家书提供的强制拆除房屋照片显示,实施强制拆除段传江、段家书房屋的人员均穿着城管人员制服或公安人员制服。段传江、段家书对强拆行为不服,申请行政复议。2015 年 9 月 30 日,衡阳市政府作出衡府复决字(2015)60 号行政复议决定(以下简称 60 号复议决定),确认石鼓区政府拆除段传江合法建设的 310 平方米房屋的行政行为违法,责令依法予以赔偿;维持石鼓区政府拆除段传江、段家书违法建设的 430 余平方米房屋的行政行为。2015 年 10 月 20 日,段传江、段家书提起行政诉讼,请求撤销衡阳市政府作出的 60 号复议决定,确认石鼓区政府强制拆除其 740 平方米合法房屋的行政行为违法并赔偿因违法强制拆除行为造成的经济损失 1880140.9 元。

(二)裁判理由

本案中,案涉房屋系在征收拆迁范围内,在案涉房屋被强制拆除后,原有的补偿问题依法可以通过赔偿解决,法院应该直接进行实体审理并就赔偿问题作出判决。行政案件审理应当以实质性化解纠纷为宗旨,及时解决行政争议,在当事人已经提出明确的赔偿请求的情况下,无需将房屋损失视为另一法律关系,判决当事人另行通过征收补偿程序解决。人民法院直接判决赔偿更有利于公平、公正解决问题,避免行政机关在行政行为被确认违法后对补偿问题不予处理、拖延处理或者作出不合理的补偿,最后当事人仍然需要通过司法裁判寻求救济,增加当事人的诉累。本案中,一、二审虽判决责令石鼓区政府予以安置补偿,但是在本院再审审查阶段经过询问查明,从二审判决作出至今,石鼓区政府未就补偿问题作出任何补救措施或者行政行为。一、二审判决未对段传江、段家书提出的赔偿请求进行审理、作出判决,适用法律错误,裁判方式不当,应予纠正。

(三)问题整理

1."行政争议实质性化解"的前提。"行政争议实质性化解"这一司法政策所追求之目标在于"案结事了",然此内含前提在于"事"所衍生之争议皆包含于"案"中,若当事人所提诉讼请求由于遗漏甚或是主观上未将争议之"事"皆包含其中,那法院应当如何审理? 本案裁判理由中已然明示,"行政案件审理应当以实质性化解纠纷为宗旨,及时解决行政争议,在当事人已经提出明确的赔偿请求的情况下……",似反向解释可得,若无明确的赔偿请求便不可触发作为宗旨(司法政策)的"行政争议实质性化解"从而一揽子解决,如何理解这种限定,是本文要讨论的第一个问题。

2."行政争议实质性化解"的适用。如何适用? 适用之目的"实质化"如何判断? 就前者而言,本案裁判理由中认为:"……无需将房屋损失视为另一法律关系,判决当事人另行通过征收补偿程序解决。人民法院直接判决赔偿更有利于公平、公正解决问题……",似乎是在判决方式的选择上进行了适用,那是否可以说"行政争议实质性化解"就是一个诉讼法上的司法政策呢? 就后者而言,依《行政诉讼法》第二条之规定,"公民、法人或者其他组织认为行政机关和行政机关工作人员的行政行为侵犯其合法权益,有权依照本法向人民法院提起诉讼。"可知行政争议产生之根源乃是合法权益遭受侵犯,公民据此提起诉讼,若裁判能完全回应诉讼请求(弥补合法权益之损失),是否就意味着"行政争议实质性化解"已经达成? 法院如何在现行《行政诉讼法》的框架内实现"行政争议实质性化解",这是本文要讨论的第二个问题。

三、评析

(一)适用"行政争议实质性化解"之前提

1."行政争议实质性化解"的适用对象。从语义分析上看,其适用对象无可厚非应当是"行政争议"。存有龃龉之处在于依据现行《行政诉讼法》第六条的规定,人民法院审理行政案件是对行政行为是否合法进行审查,换言之,行政诉讼标的为行政行为的合法性,即行政诉讼的结果是对行政行为的合法性作出判定,那么"行政行为的合法与否"是否可以和"行政争议"画上等号呢? 答案是否定的,因为若如此将不再存在"实质化"的问题。那如何将"行政行为"合法性的审查与"行政争议"的实质化解决勾连起来是我们理解该政策适用对象的关键。

　　通说认为,"行政争议"的解决统共有三种渠道:行政复议、行政诉讼、信访,而这也是行政相对人寻求权利救济之三渠道。如上文所言,"行政争议"的发端在于行政相对人认为自己的合法权益遭受侵害遂寻求救济,而当行政机关与行政相对人产生所谓行政法权利义务上之"争议"时直接运用公权力对"行政争议"进行处理,所以导入到三渠道之"行政争议"具有单方性的明显特征。按此逻辑径路我们可以推出,"行政争议"的实质性化解,其源头应当在于行政相对人所诉请保护的合法权益得到实质性的救济。段案的裁判理由中对此亦有明示:"避免……,最后当事人仍然需要通过司法裁判寻求救济……",即认为依"行政争议实质性化解"之要旨在于争取行政相对人在一次诉讼中权利即可得到救济,而避免行政相对人反复诉之于司法。所以对"行政争议实质性化解"的适用对象作深层次理解应当是权利有否得到救济的问题。限于目下行政诉讼乃围绕行政行为之合法性作审查的现实,无可避免在实践中法院为贯彻这一司法政策的意旨有时只能寻求裁判外的方式去实现,但并不应该成为一种主流化的趋势。这种"各打五十大板"的方式,对法院和行政机关而言,面上是"实质化"解决了行政争议,因为行政相对人被踢出了法院,而对于行政相对人而言,"行政争议"离所谓的"实质化"解决仍相去甚远。

　　2."行政争议实质性化解"的适用条件。在民事诉讼中,诉讼活动受到处分原则的支配,即民事诉讼当事人在法律规定的范围内,有权按照自己的意愿支配自己的民事权利和诉讼权利,这意味着法院不得就超出当事人诉讼请求外的事项作出裁判,而行政诉讼的结构正是仿造民事诉讼所设计,故而处分原则也当然适用于行政诉讼。正是基于此,处分原则筑起了"行政争议实质性化解"以适用对象为圆心所作圆之半径,即法院只能在当事人提出诉讼请求的基础上对相关争议作出处理,对权利加以救济,不可越俎代庖。

这一点在段案的裁判理由中有明确表述:"在当事人已经提出明确的赔偿请求的情况下,无需将房屋损失视为另一法律关系,判决当事人另行通过征收补偿程序解决。"在段案中,法院认为核心争议点之范围应当为房屋损失赔偿问题,即依段案的裁判理由,若当事人未明确提出赔偿请求,法院不可适用"行政争议实质性化解"这一司法政策,从而以其认为的更有利于行政相对人房屋损失得到救济方式——赔偿去解决"争议"。

(二)适用"行政争议实质性化解"之张力

依前述分析,"行政争议实质性化解"的适用对象限定于救济行政相对人之合法权益,适用条件则要求由行政相对人的诉讼请求所触发,但这并不意味着必然能够由此岸抵达"行政争议"得到实质化解决的彼岸。作为不成文法源的司法政策其效力位阶原则上低于成文法源,这意味着司法政策的适用必然不能够与法律相冲突,更不可与现行制度框架相冲突。就行政争议的解决而言,这艘开往彼岸的船能开多远,取决于司法权的手能够伸得多长。换言之,司法裁判中法院只能在司法权的范围内去解决行政争议,即便适用"行政争议实质性化解"也不得不面临司法权与行政权之间两权张力的问题,遂导致行政争议解决的不彻底性。那在适用的过程中该如何处理此种张力?

1.检讨:我国语境下对张力的学理回顾。权力的严格分立规定了司法与行政间不得互相逾越,由于行政诉讼区别于民事诉讼、刑事诉讼的特殊性,这种映射在行政诉讼领域表现得特别明显。但由于我国政制与西方不同,且我国学界当下对司法权与行政权交叉界面的学理探讨并未形成系统的理论学说,故而对张力所生之映射的学理溯源可将视域转向国外。日本法上的行政首次判断理论就是权力分立理论在行政诉讼领域的映射和投影。[10] 这一理论最初是由日本行政法学界田中二郎通过吸收美国"司法界限"理论所创制[11]:"法院在司法审查的过程中,应尊重行政机关对行政事务优先判断及处理的权力;对于行政机关职权范围内未予判断处理的事项,法院不得代替行政机关作出决定,需待行政机关先行处理后,法院再对其作

---

〔10〕 参见梁君瑜:《行政诉讼变更判决的适用范围及限度》,《法学家》2021 年第 4 期。

〔11〕 参见肖军:《田中二郎的行政法思想》,《行政法学研究》2010 年第 1 期。

出的行政行为是否合法进行审查。"[12]行政首次判断权理论对行政诉讼领域的影响是多方面且严格的,例如曾一度是日本法学界否定课予义务诉讼和预防性不作为诉讼的理论基础。[13] 其所带来的影响也是实质性的:行政在免受法院过度干预的情况下,能够高效地处理行政事务。行政首次判断权要求的是法院做好其消极、被动的角色,未决事项必须待行政机关作出处理后法院才能通过审判的方式加以审查。虽行政首次判断权理论在我国并无明确的法律条文规定,但该理论自 2014 年以来,司法实践对之援引颇多并有进一步增加的趋势,行政赔偿案件是该理论被援引的主要案件类型之一。[14] 对这种映射理论的移植意味着对司法权和行政权间不可逾越之鸿沟的承认,但此显然与我国"行政争议实质性化解"所要求的法院尽可能运用司法权解决行政争议之政策导向存在明显张力。

　　如此泾渭分明地强调两权界别不仅极有可能会强化我国当下"强行政,弱司法"的糟糕局面,亦存有挤压"行政争议实质性化解"之可能性。笔者之意并非在于主张忽视两权之界别,而是认为在我国国情加之"行政争议实质性化解"司法政策下,应当去寻找我国的那条"界限"在哪里。笔者在此提出两问:(1)我国政制并非采三权分立结构,"立法、行政、司法"三分范式的西方话语在我国语境下并不拥有相同的含义,有学者认为我国是功能性分权结构即决策权、执行权、监督权,[15]在这样的情况下,我国行政与司法间的区隔是否还应当如此泾渭分明?权力分立的制度土壤是自由主义意识形态下个体对权力天然不信任的表现,以期权力间的相互掣肘制约能防"利维坦"对个人权利的吞噬。我国是中国共产党领导下人民当家作主的社会主义国家,全国人民代表大会为最高权力机关,无论是行政还是司法皆由其产生。既然皆为人民服务,那为人民之利益是否可以成为司法伸入行政之正当化理由?(2)在当下强调司法治理的环境下,法院应当也被要求将自身作为治理中的一环,"行政争议实质性化解"这一司法政策本身便带有强烈的治理意味。治理本身便天然抗拒国家权力的碎片化而要求集中行使,那么

---

〔12〕 黄先雄:《行政首次判断权理论及其适用》,《行政法学研究》2017 年第 5 期。

〔13〕 同上注。

〔14〕 参见李荣珍、王南瑛:《论行政首次判断权原则及其司法适用》,《海南大学学报》(人文社科版)2019 年第 3 期。

〔15〕 参见陈国权、皇甫鑫:《功能性分权体系的制约与协调机制——基于"结构—过程"的分析》,《浙江社会科学》2020 年第 1 期。

既然要求法院具有一定的争议解决能力,则需要允许司法适当的扩权,即在当前的基础上司法权将触手的一部分伸入行政权的领域,如若不然,就会出现"既要马儿跑,又不给马儿吃草"的尴尬局面。

2.反思:段案中对张力的适度消弭。在段案中,强制拆除所引发的国家赔偿在裁判上本不存在争议,其依据便是《最高人民法院关于适用〈中华人民共和国行政诉讼法〉的解释》(法释〔2018〕1 号)第九十五条:"人民法院经审理认为被诉行政行为违法或者无效,可能给原告造成损失,经释明,原告请求一并解决行政赔偿争议的,人民法院可以就赔偿事项进行调解;调解不成的,应当一并判决。人民法院也可以告知其就赔偿事项另行提起诉讼。"可本案裁判作成之日为 2017 年 12 月,彼时尚未有司法解释出台,故而其依据应为《行政诉讼法》第七十六条:"人民法院判决确认违法或者无效的,可以同时判决责令被告采取补救措施;给原告造成损失的,依法判决被告承担赔偿责任。"该条文并未明示在原告请求一并解决行政赔偿争议的情况下,一并判决是唯一选择。且在段案中所征房屋又恰好在征收拆迁范围之内,这便一般的行政赔偿案件有所区别。故而在段案中,摆在法官面前的是一个选择题:一是选择将拆迁范围内的房屋强拆所引发的损失视为补偿关系,二是选择将之视为赔偿关系。若将其视为补偿关系,由于补偿的额度涉及类目繁多的补偿种类和标准,行政机关仍有一定的裁量空间,故而法院受制于行政首次判断权,在裁判中只能判决行政机关履行补偿职责,而无法确定补偿数额。若依后者,法院则可以就赔偿的具体数额直接作出裁判,减少当事人诉累,实现"行政争议实质性化解"。段案中裁判法官在此处的选择是后者。按照通说,司法政策可以作为法源援引支持法官的裁判,[16]那是否意味着法官通过援引"行政争议实质性化解"这一司法政策便可以直接剥夺行政机关行使行政首次判断权的机会?段案为缓解两者间存在的张力,也给出了相应的理由:"从二审判决作出至今,石鼓区政府未就补偿问题作出任何补救措施或者行政行为。"即行政首次判断权的怠惰行使。段案的"高明之处"在于通过"行政争议实质性化解"这一司法政策给司法权开了一个口子,允许司法权伸入行政权的领域,但又点到即止,即只有在行政首次判断权怠惰行使的情况下,才能够突破这个界限。换言之,在"有明确诉讼请

---

〔16〕　参见章剑生:《现代行政法总论》(第二版),法律出版社 2019 年版,第 75 页。

求"的前提下,为了实现"及时解决行政争议及减少当事人诉累"这一具体效果,"援引'行政争议实质性化解'这一司法政策在一定情况下可以允许法院在司法权和行政权交叉界面上将争议事项通过司法路径加以处理,从而实现一揽子式解决行政争议。

3. 展望:跳出段案。在段案中,法官的论证路径是从"行政争议实质性化解"导出"及时解决行政争议"与"减少当事人诉累"的要求,从而选择支持原告的赔偿的诉请。但由此引申的问题在于:"行政争议实质性化解"的意涵能否与"及时解决行政争议"与"减少当事人诉累"画等号? 显然并不能认为"行政争议实质性化解"只能就此作解读,因为这无法回答——"行政争议实质性化解"引入的意义究竟为何? 如此为何不直接以"及时解决行政争议"与"减少当事人诉累"作为裁判的理由? 裁判于段案之后的张学良、王君等诉枣庄市薛城区人民政府行政赔偿案(下称"王案")[17]中,法官将"行政争议实质性化解"理解为司法最终原则适用,在裁判理由中写道:"行政案件审理应当以实质性化解纠纷为宗旨,及时解决行政争议,减少当事人诉累。……赔偿请求人先提起行政诉讼,之后再提起行政赔偿诉讼,就是选择通过司法途径解决其赔偿问题。基于司法最终原则,人民法院对赔偿之诉应当依法受理并作出明确而具体的赔偿判决,保护赔偿请求人的合法权益,行政争议实质性化解。"如果按上述理解,王案中司法最终原则又和"行政争议实质性化解"是什么关系也无法得到回答。笔者以为,"实质化"本身是抽象的,其具体化既在语义上存在难度,故而司法政策也更加适合作为一种价值判断来补充。段案可以加深我们对"行政争议实质性化解"的理解,但我们也应当切忌因此而狭隘地看待这一司法政策。从规范意义上去解读"行政争议实质性化解"是值得尝试的努力,但正如上文所解读的,在原告提出诉讼请求的前提下,"行政争议实质性化解"是在行政诉讼之目的"解决行政争议"下以行政相对人合法权益得到救济的一种政策理念。例如和王案一样,有学者在特定个案中将"行政争议实质性化解"理解为行政赔偿中应用"司法最终原则"的观点,笔者以为是恰当的。[18]将"行政争议实质性化解"理解为一种政策理念也意味着其更适合作为司法裁判中有利于行政相对人的规则、原则如司法最终原则等适用的支持理由与论据,亦可作为如行政首

---

〔17〕 (2019)最高法行申 8132、8135、8137 号行政裁定书

〔18〕 参见熊俊勇、周觅:《行政赔偿诉讼中的司法最终原则》,《法律适用》2020 年第 10 期。

次判断权等对当事人权利救济存在潜在阻碍的域外理论在我国个案中适用与否、如何适用的试金石。

(三)适用"行政争议实质性化解"之局限

如果说"行政争议实质性化解"的效果应当是案结事了,那么段案应当在案件发回湖南省衡阳市中级人民法院之后就赔偿部分重新审理后就戛然而止,而不会再有当事人再次上诉与申请再审。可在再次上诉中段传江、段家书诉称:"1. 原审参照的赔偿标准没有事实和法律依据。应当按照赔偿时或者作出赔偿决定时的价值时点,以周边房价的折中价和屋内物品实际价值进行赔偿。2. 石鼓区政府不能证明或拒绝证明造成的损害,应当承担举证不能的法律后果,应当推定段传江、段家书的主张成立,按照其列明的财产损失清单的各项目进行赔偿。3. 行政机关违法强制拆除,在赔偿时应体现对违法拆除行为的惩戒,维护行政相对人的合法权益。请求撤销原判,发回重审或依法改判。"[19] 其诉求主要是围绕赔偿的数额展开,即对段案发回衡阳中院再审后的赔偿数额认定表示不服,那这能否说明段案"行政争议实质性化解"的失败?

探讨是否失败的前提是明确"行政争议实质性化解"的定义,但由于制定者并未明确阐释"行政争议实质性化解"的具体内容,学界已按照各自的理解对到底何为达成"行政争议实质性化解"下定义,笔者观之统共有三种下定义的表述方式:定性式表述、效果型表述、手段型表述。定性式表述指出"行政争议实质性化解"应当具有三性即妥善性、一次性和迅速性;[20] 效果型则认为应当以程序得以实质终结、实体法律关系得以实质处理为宜,[21] 也有学者认为在此基础之上还应增加预防争议的效果;[22] 手段型则通过归纳司法案例从行政审判权的运用空间、运用方式、运用重心、运用结果四方面提出具体的要求。[23] 笔者以为就目前三种表述而言,存在缺陷与

〔19〕 (2019)湘行再 52 号行政判决书。

〔20〕 参见贾亚强:《论行政诉讼实质性解决行政争议的实现——以争讼行政法律关系的确定为研究进路》,《法律适用》2012 年第 4 期。

〔21〕 参见王万华:《行政复议法的修改与完善——以"实质性解决行政争议"为视角》,载《法学研究》2019 年第 5 期。

〔22〕 参见江必新:《论实质法治主义背景下的司法审查》,《法律科学》2011 年第 6 期。

〔23〕 参见章志远:《行政争议实质性解决的法理解读》,《中国法学》2020 年第 6 期。

误区：缺陷是过分夸大了"行政争议实质性化解"的内涵，例如有学者要求程序的实质终结，然而程序的终结与否乃被当事人所掌握，非法院能力所及。限于当下行政诉讼皆围绕行政行为"合法性审查"为核心展开，且受因于行政诉讼判决类型简单，在部分情况下裁判甚至并不能回应当事人的诉讼请求，在该种情况下当事人也倾向于继续诉讼，若按此标准则更妄谈"行政争议实质性化解"。[24] 泛化的内涵会出现两个极端，一是"全说了等于没说"，包罗万象的内涵会使概念失去其本身的规范能力；二则是"把事做过了头"，盲目地为了达到理想化的效果反而会使得所获结果偏离政策的初衷。

　　笔者以为误区在于，"行政争议实质性化解"是司法政策而非目的，不能仅因其在立法目的之前加上"实质化"三字故而将其与作为目的的"解决行政争议"相混淆。作为目的的"解决行政争议"在逻辑上周延的分类可分为"形式性解决行政争议"和"实质性解决行政争议"。而"行政争议实质性化解"作为司法政策，在法官适用法律实现作为目的之"解决行政争议"时具有指引作用：在法官面对行政争议时有"形式性解决"和"实质性解决"二选一之抉择时，应以后者为优先考虑；但同时司法政策亦有其固有之谦抑性，[25]由于"实质性解决"与《行政诉讼法》之部分制度设计与规则间存在张力，故法院在现有制度框架下无力直接或创造条件达至"实质性解决"之效果时，断不可偏执追求治理之效果而强行"实质性解决"，否则恐有司法政策超越与凌驾法律之嫌疑。进一步说，"行政争议实质性化解"这一司法政策所起的作用只能是在法适用的价值判断过程中提供一种以"当事人权利救济"为导向的价值，一种追求一次性解决纠纷的偏重，但其意涵的边界仍要受到作为目的的"解决行政争议"之统摄，不能想当然地认为其可以替代作为目的的"解决行政争议"，更不应当将其量化为各个要素后作为案件裁判成功与否的检验标准。

　　具体到段案中，裁判理由已将"行政争议实质性化解"之内容作了明示，通过"以实质性化解纠纷为宗旨"可以导出"及时解决行政争议"和"避免增加当事人诉累"之要求，是裁判者所认定的"行政争议实质性化解"的价值取向。换言之，在"有明确诉讼请求"的前提下，"及时解决行政争议及减少当事人诉累"是该司法政策所要追求的具体效果。该案中当事人所提之"一并

〔24〕　参见江必新：《论行政争议的实质性解决》，《人民司法》2012 年第 19 期。
〔25〕　参见刘武俊：《司法政策的基本理论初探》，《中国司法》2012 年第 3 期。

赔偿"诉讼请求,由于被拆房屋属征迁之范围,赔偿关系与补偿关系存在重叠的情况。裁判法官秉着诉累增加可能性的考虑,选择赔偿关系而非补偿关系。段案此处的意义在于表明了在行政裁判中适用"行政争议实质性化解"这一司法政策的可能性,同时提示了对"行政争议实质性化解"的狭隘理解可能将案件大面积导向调解的危险性。所以从理解了"行政争议实质性化解"存有局限的基础上来说,段案在"行政争议实质性化解"上是成功的。

四、结　语

在当下大调解的背景下,段案的裁判有其积极意义。这意味着"行政争议实质性化解"这一司法政策并非只能将争议引流至调解,而是可以在规范上探讨和明确其适用价值的。对段案的分析我们不难得出一个结论:在救济与监督并重的我国行政诉讼法下,"行政争议实质性化解"对"救济"面向无疑是更为偏重的。其将行政争议中原告的权利是否得以救济为关注对象,在个案中注入对原告更周延保护的价值取向,从而为有利于原告的规则提供正当性的论证,同时限制不利于原告的理论适用。

对"案结事了"的美好追求应当转为对"行政争议实质性化解"的正确理解,段案的几起几落也提示着我们"行政争议实质性化解"在裁判中也并非一剂包治百病的良药。如何在其适用的领域之内,将"行政争议实质性化解"这一中国特有的司法政策解读好发展好;如何正确理解适用的界限,不可泛化理解"行政争议实质性化解"的意涵,甚至偏执追求"实质化"从而对现有的行政诉讼法体系造成冲击,这皆有待于在将来的司法判例中作进一步明晰。

（特约编辑：吕正义）

空白行政协议的司法审查路径

——从金华市光跃商贸有限公司诉金华市金东区人民政府拆迁行政合同案切入

冯 莉*

内容提要:空白行政协议的司法审查标准与判决方式一直是行政审判的难点,"光跃案"为我们提供了一个良好的范本。在案涉协议仅有签订主体及收购标的,房屋已经拆除但协议双方未能就补偿内容协商一致,行政机关又不作出补偿决定的情况下,法院首先认定该空白行政协议成立并有效,接下来突破原告诉讼请求范围作出补救判决,且补救判决明确可执行。该案的裁判最大程度地保护了相对人的合法权益,实质性解决了行政争议。以此为基础,法院在审查空白行政协议成立要件时可从合意与形式两方面着手;效力审查则可以从主体、意思表示与内容三个维度展开。由于空白行政协议本身要件不完备,而行政机关的过错又是造成纠纷的直接原因,倘若行政机关能够采取补救措施弥补缺陷,此时法院宜倾向于事实认定,即在确认空白行政协议有效的前提下,不受原告诉讼请求的限制直接作出补救判决。当然,为了提升补救判决的实效性,法院应明确补救措施的主体、内容和期限。

关键词:空白行政协议;补救判决;实质性解决行政争议

在土地征收与房屋拆迁领域,土地、房屋征收补偿与安置协议的签订是关键环节。实践中,一些行政机关为了尽快完成搬迁、拆除等任务,通过口头承诺,令被征收人签订补偿方式、补偿金额、支付期限、安置面积等主要内

---

* 冯莉,法学博士,东北财经大学法学院讲师。主要研究方向:行政法、行政诉讼法。

容空白的行政协议；而被征收人由于法律知识存在盲区、对行政机关的信任以及期望获得搬迁奖励等原因草率签署了协议。鉴于空白行政协议存在诸多的不确定性，后续出现纠纷的概率便大大提高。截至2023年1月15日，笔者在中国裁判文书网上以"空白"和"撤销行政协议"为关键词进行搜索，共检索到136篇文书；以"空白"和"行政协议无效"为关键词进行搜索，共检索到411篇文书，且近年来案例数量呈逐渐上升的趋势。然而，尽管行政协议兼具公私法双重属性，在适用行政法律规范的同时，亦可补充适用民事法律规范，但目前立法对于行政协议内容空白的规定仍然不甚清晰，司法实践中关于空白行政协议的司法审查标准、判决方式等均不明确。金华市光跃商贸有限公司诉金华市金东区人民政府拆迁行政合同案（以下简称"光跃案"）是最高人民法院发布的行政协议典型案例，该案对空白行政协议的司法审查路径进行了积极有益的探索，本文尝试从实质解决争议的视角对该案进行详细的剖析，以期为今后的裁判提供些许指引。

一、案情梗概及问题凝炼

（一）基本案情

2017年，金华市金东区政府为了加快旧城区的改造，设立下属机构——多湖中央商务区征迁指挥部（以下简称征迁指挥部）具体负责征收补偿事宜。同年3月4日，原告金华市光跃商贸有限公司法定代表人严某某与被告金华市金东区人民政府设立的征迁指挥部签订《房屋及土地收购货币补偿协议书》，尽管双方未就房屋的性质、面积及收购的补偿金额等内容进行约定，但原告同意被告收购其所有的房屋，严某某亦作出书面承诺，同意先行拆除华丰市场所有建筑物。次日，征迁指挥部对原告所有的案涉房屋实施了拆除，后双方就补偿金额一直在磋商。2017年3月8日和7月11日原告先后两次向征迁指挥部共预支了补偿款305万元。2018年3月8日，因原告对征迁指挥部委托凯宝评估公司作出的评估报告有异议，征迁指挥部向原告作出告知书，告知其可以再次进行评估以完善收购协议。但原告并不满意，双方对补偿金额一直未能达成一致。故原告起诉请求：确认

《房屋与土地收购货币补偿协议》无效；被告恢复原状并赔偿损失或按现行同类附近房地产价格赔偿原告损失。

本案历经一审、二审，一审法院认为，根据《中华人民共和国合同法》（以下称简称《合同法》）及相关司法解释可以认定双方协议成立并已部分履行了协议，不予支持原告要求确认该协议无效的请求。同时，双方可以协商解决涉案房屋的损失补偿，协商不成的，被告应及时作出补偿的处理意见。因此，判决责令被告于本判决生效之日起三个月内对原告房屋的损失采取补救措施。[1]光跃公司不服，向浙江省高级人民法院提起上诉。二审法院围绕涉案协议是否成立及无效、责令限期采取补救措施是否明确等问题进行阐释后，判决驳回上诉，维持原判。[2]

(二)问题凝炼

最高人民法院在公布"光跃案"时的裁判要旨为，"行政机关采用签订空白房地产收购补偿协议方式拆除房屋后，双方未能就补偿内容协商一致，行政机关又不作出补偿决定的，人民法院应当判决行政机关限期采取补救措施。"[3]仔细斟酌裁判要旨并结合两审法院的裁判文书，对法院的裁判逻辑、争议焦点以及需要延展思考的问题作以下三个层次的总结：

第一层次——案涉空白行政协议是否成立及效力如何。法院在审理行政协议案件时，首先需要判定行政协议客观上是否存在，即该行政协议是否成立，然后才能进一步研判该行政协议是否生效、纠纷当事人是否构成违约以及承担何种法律责任等问题。"光跃案"所涉协议内容仅有协议签订主体及收购标的，没有就房屋的性质、面积及收购的补偿金额等内容进行约定，故判断该行政协议能否成立便成为审理该案的前提。接下来，还需进一步审查其效力，这主要是因为行政协议不仅作为行政行为存在，而且具有法源性质，也就是"作为规范的契约"。[4]在行政协议纠纷中，行政协议是双方当事人行为正当性的基础，而行政协议的效力则是判断当事人的行为是否

〔1〕 参见浙江省金华市中级人民法院(2018)浙07行初128号行政判决书。
〔2〕 参见浙江省高级人民法院(2019)浙行终1068号行政判决书。
〔3〕 《行政协议案件典型案例》，载最高人民法院官方网站，https://www.court.gov.cn/zixun-xiangqing-208691.html，2023年1月18日访问。
〔4〕 ［奥］凯尔森：《法与国家的一般理论》，沈宗灵译，中国大百科全书出版社1996年版，第160页。

"合约"的关键。[5] 行政协议是双方当事人履行约定义务的根基所在,正所谓"约定是因,义务是果,约定无效,义务不发生",[6] 而空白行政协议对于主要内容并未进行约定,则更须关注其效力状态。在"光跃案"中,两审法院对于案涉空白行政协议的成立与效力均进行了阐释,只是仍然还有进一步研究的空间。

第二层次——法院应否突破原告诉讼请求范围作出补救判决。"光跃案"所反映的问题是:在不能确认涉案空白行政协议无效,原告的诉讼请求无法得到支持的前提下,人民法院能否及应否突破原告诉请范围,作出责令行政机关采取补救措施的判决。有学者指出,行政协议补救判决需要具有信赖利益保护请求权或者结果除去请求权作为请求权的基础;[7] 同时也有学者旗帜鲜明地提出质疑,认为补救判决并不依赖于请求权的行使而更多的是法院依职权作出,该类判决不宜作为结果除去请求权在行政诉讼中的实现途径。[8] 实际上,补救判决的确定不仅回应了实质性解决行政争议的要求,更能够依法及时维护因签订空白协议造成原告权益迟迟未能得到有效救济的问题,[9] 从而实现纠纷解决的彻底性与高效性。因此,本文将梳理补救判决的适用基础,为进一步分析"光跃案"提供理论依据。

第三层次——法院判决责令采取补救措施内容是否明确可执行。尽管《中华人民共和国行政诉讼法》(以下简称《行政诉讼法》)和《最高人民法院关于审理行政协议案件若干问题的规定》(法释〔2019〕17 号,以下简称《行政协议规定》)明确规定了补救判决,但规定的较为原则,法条中采用"可以""或者"等表述予以规范,看似赋予法官自由裁量的空间,但对补救判决的适用条件与判决内容等问题不甚明了,可能导致司法实践中的类案不同判。诚然,补救判决的主要功能在于合法性治愈,尤其是空白行政协议对于关键内容并未约定,通过明确且具有可执行性的补救判决实现对违法侵害事实

---

〔5〕 参见胡宝岭:《行政合同争议司法审查研究》,中国政法大学出版社 2015 年版,第 235页。

〔6〕 尹磊:《行政约定义务与责任研究》,载杨解君主编:《行政责任问题研究》,北京大学出版社 2005 年版,第 116 页。

〔7〕 参见陈思融:《论行政诉讼补救判决的请求权基础》,《中外法学》2016 年第 1 期。

〔8〕 参见蒋成旭:《论结果除去请求权在行政诉讼中的实现途径》,《中外法学》2016 年第 6期。

〔9〕 参见郭雪、杨科雄:《行政协议判例精解与实务指引》,中国法制出版社 2021 年版,第 409页。

状态的排除,不仅减少了当事人的诉累,而且有利于争议及时并实质性化解,当然,在这一过程中法院也要保持谦抑性原则,保持对行政权的适度尊重。"光跃案"给我们提供了一个良好的样本,通过深入剖析该案的补救判决,为今后类似案件提供借鉴思路。

二、空白行政协议成立且有效

空白协议并非法律概念,只是因为其在实践中争议不断方引起理论界与实务界的关注。通常而言,空白协议包括两类:一类是符合合同成立的形式要件,但未对具体内容进行约定,即合同内容处于空白状态,这类空白协议极少出现;另一类是格式合同中的空白条款,本应由双方当事人在订立合同时合意补充完整,但由于种种原因并未填写,此类则较为常见。[10] 空白行政协议主要发生在土地房屋征收领域,一些行政机关为了尽快完成征迁任务,与相对人签署补偿方式、补偿金额、支付期限、安置面积等关键内容空白的合同。鉴于空白行政协议要件不完备,法院首先要从行政协议的成立与效力入手进行审查。

"光跃案"法院的判决思路如下:第一,阐释以"收购"代替"征收"行为的合法性。在房屋征迁领域,行政机关与相对人签订的多为房屋征收补偿协议,但是现有的法律规定并未对其他形式予以限制,为了提高征迁效率,尤其是在充分保障被征收主体合法权益的基础上,行政机关可以采用不同形式完成征迁任务。一审法院从协议实质是地方政府实现公共利益、有利于提高旧城改造的效率、行政机关愿意对房屋所有权人进行公平合理的并不低于当时当地同区位同类房屋市场评估价格的补偿安置等角度论证了以"收购"代替"征收"具有现实合理性和可行性。二审法院则从《国有土地上房屋征收与补偿条例》(以下简称《征补条例》)未禁止类似协议的签订,不存在违反法律、行政法规强制性规定的情形进行论证。第二,认定案涉空白行政协议成立。一审法院认为,虽然双方未就收购的补偿金额等合同主要内容进行约定,但原告已承诺先行拆除案涉建筑物,并两次向征迁指挥部预支

---

〔10〕 参见翟寅生:《格式合同中空白条款效力的认定》,载《人民法院报》2014年8月6日,第7版。

补偿款共计 305 万元及要求重新评估,根据《最高人民法院关于适用〈中华人民共和国合同法〉若干问题的解释(二)》(法释〔2009〕5 号,以下简称《合同法》解释(二))第一条第一款的规定,可以认定双方协议成立并已部分履行了协议。二审法院结合预支部分补偿款、双方多次协商补偿标准等事实,进一步认定诉讼双方当事人对先拆再行协商解决补偿的意思表示是达成一致的。第三,确认案涉空白行政协议有效。一审法院认为原告有继续通过磋商完善协议的意愿,且所涉协议不存在《合同法》第五十二条等规定的以欺诈、胁迫等手段签订收购协议情形。因此,不予支持原告要求确认协议无效的请求。二审法院则以案涉空白行政协议不存在《行政诉讼法》第七十五条规定的无效情形确认其有效。通过梳理法院的判决,可以看出两审法院对于空白行政协议成立与效力的阐释并不完全一致,因此,需要进一步深入剖析。

(一)空白行政协议成立的司法审查要件

在我国行政法上,几乎没有关于行政协议成立制度的相关法律规定。《行政诉讼法》和《行政协议规定》没有提及;作为行政协议单行法律规范的《土地承包法》第二十三条仅规定"承包合同自成立时生效",至于成立要件却语焉不详;作为地方专门行政协议立法(包括地方行政机关合同规定、地方政府合同规定以及地方行政程序规定)也仅有关于合同形式的规定,[11]仍然没有行政协议成立的系统规定。然而,合同成立是合同效力的前提,若合同根本不成立,则谈不上生效或无效的问题。尤其是空白行政协议,双方对于合同的主要条款并没有进行明确约定,判断其是否成立就成为司法审查的首要环节。行政协议的成立属于事实判断,在没有明确行政法律规范适用的情况下,可以参照民事法律规定。民法学界通说认为,"合同成立的根本标志在于,合同当事人就合同的主要条款达成合意",至于"什么是合同的主要条款? ……只要具备了标的和数量条款,则一般就可以认定合同已经成立。"[12]《合同法》解释(二)第一条第一款的规定亦是对这一理论的践行。"光跃案"二审法院精准地抓住了这一要点,基于事实,得出了协议双方

---

〔11〕 例如《湖南省行政程序规定》第九十五条规定:"行政合同应当以书面形式签订。"《杭州市行政机关合同管理办法》第十条规定:"市政府、市政府各部门与公民、法人和其他组织经协商达成协议的,应当签订书面合同。国家已印制格式合同文本的,应当按照格式合同文本签订合同,并不得对主要条款进行修改、调整。"

〔12〕 王利明:《合同法研究》,中国人民大学出版社 2011 年版,第 215-216 页。

对先拆再协商补偿款事项已然达成了合意,尽管协议没有就房屋的性质、面积及收购的补偿金额等内容进行约定,但是拆迁的房屋为"座落于金华市金东区浮桥东路88号华丰市场综合楼",标的与数量条款显然确定,已经具备了合同成立的主要条款要求,故而认定双方的空白行政协议成立并已部分履行了协议。

需要补充的是,由于行政协议关涉公共利益,原则上应当采用书面形式,德国、葡萄牙、希腊的行政程序法中均明确规定行政协议须以书面形式订立。在法国,以书面形式缔结行政协议已经成为惯例。[13] 在我国,虽然没有行政程序法对行政协议的订立形式作出明确规定,但是涉及行政协议的各单项法律法规以及地方行政程序规定、地方行政机关合同和政府合同的规定中一般要求采用书面形式订立行政协议。《征补条例》尽管没有类似规定,但第二十五条详细列举了房屋征收补偿协议所应包含的内容,可以推定其以书面形式为原则。综上,作为土地房屋征收补偿领域出现的空白行政协议,法院审查其成立要件适宜从以下两方面展开:一是行政协议双方对于征收补偿事宜的意思表示达成一致;二是双方在空白行政协议上签名盖章。

(二)空白行政协议效力的司法审查维度

2015年《行政诉讼法》修订之前,我国行政法领域基本没有行政协议效力的相关规定。同年最高人民法院《关于适用〈中华人民共和国行政诉讼法〉若干问题的解释》(法释〔2015〕9号)第十五条首次规定了行政协议的确认无效判决,《行政协议规定》第十二条进一步细化了行政协议无效制度,同时第十四条创设了行政协议撤销判决,至此,我国立法确立了"确认协议有效"、"确认协议无效"和"撤销协议"三种行政协议判决形式,行政协议效力体系的架构基本完整。

根据我国行政法律规范和《民法典》的规定,并结合土地房屋征收领域的特性,法院对于空白行政协议效力的审查可以尝试从主体、意思表示和内容三个维度开展。其一,主体维度。行政协议系行政职权行使的另一种方式,故行政机关须有缔结之权限,始得订立行政协议。[14]《征补条例》第四

---

〔13〕 参见王名扬:《法国行政法》,北京大学出版社2016年版,第150页。
〔14〕 参见李慧宗:《行政法要义》,元照出版公司2010年版,第392页。

条规定,市、县级人民政府负责房屋征收补偿工作,但实践中的签约主体往往比较多元化,如征迁指挥部、旧城办、管委会、街道办事处、乡镇政府等。法院通常认为如果由签约主体所属政府承担相关法律后果的,即可认定为该政府委托签约主体缔约,协议有效。有学者通过梳理目前征收补偿协议的相关司法案例,得出"征收方签约主体不适格,一般不影响协议效力"这一结论。[15]"光跃案"中,尽管协议的签订主体为多湖中央商务区征迁指挥部,但法律后果由金东区政府承担,故不符合《行政诉讼法》第七十五条"实施主体不具有行政主体资格"的无效条件。其二,意思表示维度。行政协议兼具行政性与合同性,其中合同性是其重要属性。合同性要求行政协议尊重契约自由与意思自治,这也是"契约是当事人之间的法"这一命题的应有之义,所以"当事人的意思表示的真实性成为判断协议效力的标准",[16]行政协议中存在意思表示瑕疵将会影响其效力。"光跃案"一审法院便是通过确认该案不存在《合同法》第五十二条等规定的以欺诈、胁迫等手段签订收购协议情形,从而肯定了案涉行政协议有效。诚然,《中华人民共和国民法典》(以下简称《民法典》)出台后,《合同法》第五十二条中的因欺诈、胁迫损害国家利益的"合同无效"条款被废止,因欺诈、胁迫等实施的民事法律行为属可撤销民事法律行为,再结合《行政协议规定》第十四条的规定来看,存在欺诈、胁迫等意思表示瑕疵的行政协议只存在被撤销的可能。其三,内容维度。行政协议内容的载体为合同的条款,系双方协商一致的结果,也正是行政协议"合同性"的体现,故行政协议内容的审查宜聚焦在协议内容或者双方的协商意向是否与法律、行政法规的强制性规定相抵触以及是否存在"重大且明显"的无效认定标准。以房屋征收补偿协议为例,法院对被征收房屋的补偿还须审查是否违反《征补条例》第十九条的规定,即是否按照当时当地同区位同类房屋市场评估价格进行补偿安置。在"光跃案"中,二审法院从"《征补条例》未禁止类似被诉国有土地上房地产收购补偿协议的签订,不存在违反法律、行政法规强制性规定的情形"角度首先肯定以"收购"代替"征收"行为合法。接下来通过"重大且明显"的无效认定标准的审查肯定案涉空白行政协议不存在《行政诉讼法》第七十五条规定情形,进而认定

〔15〕 陈无风:《行政协议合法性审查对协议效力的影响—基于征收补偿协议的考察》,《浙江社会科学》2022 年第 5 期。

〔16〕 王敬波:《司法认定无效行政协议的标准》,《中国法学》2019 年第 3 期。

协议有效。

行政协议作为政府行使行政职能的重要手段,法院对其进行全面审查自为应有之义,但我们同时也应认识到,合同性亦是行政协议的根本属性,公法规范的过度干预可能导致行政协议违法风险加大,进而极大地挤压了意思自治的空间。王利明教授就曾指出,若动辄以行政行为不合法为由否定行政协议的效力,将会使大量的行政协议效力处于不确定状态。[17] 尤其是空白行政协议实践中常见的情况是,被征收人基于各种原因签署了协议,并同意先行拆除房屋及相关设施后再磋商补偿相关事宜,后续协商达不成一致意见时房屋及相关设施已然拆除,此时对于被征收人而言,无论是确认协议无效还是撤销协议恐怕都不是保障其权益的最佳方案。同时,空白行政协议本身的要件不完备,行政机关在未与相对人就补偿标准、方式、金额、支付期限、安置面积等条款协商一致的情况下即行签订协议,足见行政机关存在过错。因此,法院在对空白行政协议进行效力审查时的一条可尝试的改革路径,乃是先采用确认协议有效的判决,并通过补救判决实现对违法侵害事实状态的排除。详言之,空白行政协议本身不完备和行政机关其后未积极履责是导致后续出现纠纷的直接原因,倘若行政机关能够通过采取补救措施弥补缺陷的,法院不宜判决该行政协议无效或者撤销该协议,而是确认协议有效,同时责令行政机关履行法定职责、采取补救措施,将无效或可撤销状态治愈成合法状态,如此便能够最大程度地体现行政诉讼实质性化解行政争议的功能。

三、法院应当突破原告诉请范围作出补救判决

《行政诉讼法》第七十六条规定了一种新的判决方式——补救判决,第七十八条系七十六条在行政协议领域的具体体现,根据第七十八条的规定,被告不依法履行、未按约定履行或者违法变更解除行政协议的,人民法院判决采取补救措施等责任。《行政协议规定》第十五条进一步规定,"因被告的原因导致行政协议被确认无效或者被撤销,可以同时判决责令被告采取补

---

〔17〕　参见王利明:《论行政协议的范围——兼评〈关于审理行政协议案件若干问题的规定〉第1条、第2条》,《环球法律评论》2020年第1期。

救措施。"通过上述规定可以看出,法院作出补救判决的前提在于行政协议被确认无效、被撤销以及行政机关履约或变更解除行为违法。然而,"光跃案"折射出两个问题:一是一审法院在不予支持原告行政协议无效的请求后直接作出补救判决,该补救判决是否为主判决;二是在不能确认涉案空白行政协议无效,原告的诉讼请求无法得到支持的前提下,人民法院应否突破原告诉请范围,作出责令行政机关采取补救措施的判决。

(一)补救判决具有附随性

补救判决并非法律概念,《行政诉讼法》和相关司法解释的表述为"责令采取补救措施"或者"判决采取补救措施",但其作为法学概念在学术研究中并不鲜见。[18] 诚如上文所言,作出补救判决的前提是行政协议被确认无效或者被撤销,《行政诉讼法》第七十八条尽管没有采用"同时判决责令采取补救措施"这一表述以彰显其辅助地位,但实质上亦隐含着行政机关履约或变更解除行为被确认违法这一前提。在确认违法、无效或撤销判决无法实质性化解纠纷的情况下,通过补救判决作为补充与完善,不仅可以消弭尚未解决的实体争议,而且能够切实保障原告的合法权益,真正实现原告订立行政协议的目的。由此,补救判决是依附于确认违法、确认无效或者撤销判决的从判决,其与主判决均为完整判决不可或缺的组成部分,这一点在司法实践中也得到了充分的验证。[19]

然而,在"光跃案"中二审法院在说理部分阐释了不予认定案涉协议无效便径直作出补救判决,能否说明补救判决可以作为主判决作出呢?答案显然是否定的,理由在于案涉空白行政协议要件不完备,而被告行政机关对于该协议的签订存在过错,换言之,空白行政协议的签订违法,法院完全可以根据案件事实作出确认违法、撤销或者无效的判决。但如上文所言,法院在选择恰当的裁判方式时需要进行综合的考量,如果合同要件不完备可以通过进一步协商、裁量权的行使或者采取补救措施予以消除的,那么补救判

---

[18] 参见陈思融:《论行政诉讼补救判决的适用——基于 104 份行政裁判文书的统计分析》,《法学研究》2015 年第 2 期;陈思融:《论行政诉讼补救判决的请求权基础》,《中外法学》2016 年第 1 期;李傲、章玉洁:《实质性解决行政争议视角下我国行政诉讼补救判决之完善》,《重庆社会科学》2020 年第 8 期。

[19] 陈思融:《论行政诉讼补救判决的适用——基于 104 份行政裁判文书的统计分析》,《法学研究》2015 年第 2 期。

决就具有现实的合理性和可行性。因此,"光跃案"二审法院以主判决的形式展现补救判决,仅仅就是一种表象,实质上隐含一个前提,即法院认定被告签订空白行政协议的行为违法。综上,"光跃案"的裁判并没有否定补救判决的从属地位,相反该案的裁判充分反映了法院对于补救判决的准确把握与灵活应用。

(二)补救判决的作出不应受原告诉讼请求的限制

诉讼请求是原告主张自我权利的宣言书,关系着案件的审理思路、内容与裁判结果,在司法审查过程中起到至关重要的作用。根据诉讼法的原理,当事人的诉讼请求具有限制法院裁判范围的效力,法院应当遵循诉判一致的规则进行裁判。在民事诉讼中,法院一般按照诉讼请求审理案件,处分原则得以严格执行。处分原则的基本理念在于,当事人享有自行限定争议范围及自主确定法院裁判事项的排他权利。[20] 换言之,处分原则要求当事人自主决定权利是否主张与行使,他人不得干涉。[21] 然而,尽管行政诉讼脱胎于民事诉讼,但是行政诉讼更侧重行政权的监督与公共利益的维护,故原告的诉讼请求并不能严格限制法院的裁判范围,法院更多依职权进行审查。

首先,行政诉讼适当适用处分原则,诉讼请求对法院具有相对的拘束力。当前行政诉讼理论的主流观点认为,人民法院主要围绕被诉行政行为的合法性进行审查,不受原告诉讼请求的限制。[22] 有学者甚至提出,"行政诉讼监督目的决定了行政裁判应以评价被诉行政行为的合法性为主要内容","原告起诉什么并不重要"。[23] 德国法院在审理行政案件时也可以在原告诉讼请求范围内进行职权调查,并不受诉状的限制。[24] 而且,行政诉讼关涉公共利益,不仅被告的处分权受到一定的限制,有时还会影响原告撤诉权的行使,国家干预色彩较为强烈。正如我国台湾地区的学者所言,"凡

〔20〕 参见[日]谷口安平:《程序的正义与诉讼》,王亚新、刘荣军译,中国政法大学出版社1996年版,第25-26页。

〔21〕 参见赵钢:《民事诉讼法学专题研究(一)》,中国政法大学出版社2015年版,第283页。

〔22〕 参见邓刚宏、马立群:《对行政诉讼之特质的梳理与反思》,《政治与法律》2011年第6期;郭修江:《以行政行为为中心的行政诉讼制度——人民法院审理行政案件的基本思路》,《法律适用》2020年第11期。

〔23〕 付荣、江必新:《论私权保护与行政诉讼体系的重构》,《行政法学研究》2018年第3期。

〔24〕 参见张松波:《论私权保护与行政诉讼体系的重构》,《行政法学研究》2019年第1期。

若涉及公共利益实现之诉讼程序，法院有权限亦有义务不顾当事人之陈述及行为或证据声明，而应依职权探知事实。"[25]此外，由于行政诉讼被告恒定，如果仅依据原告的诉讼请求审理案件，恐怕无法完全达到监督行政的目的，基于此，我国引入了情况判决，以实现行政行为合法性审查与回应原告诉讼请求的双赢。

其次，当前对诉讼请求的定位为起诉要件。诉讼程序进行的终极目的是作出实体裁判，在这一过程中，需要进行起诉要件和诉讼要件的审查。起诉要件系诉讼正式开始的号角，接下来法院方能对诉的理由及合法性进行审查。换言之，起诉要件关涉诉的启动而诉讼要件则涉及诉的适法。张卫平教授曾指出，"起诉的功能应当定位于单纯的诉讼程序启动，所有程序问题和实体问题的实质调查、审查都应置于诉讼开始以后。"[26]《行政诉讼法》第四十九条要求提起行政诉讼应当有"具体的诉讼请求和事实理由"，这里的具体诉讼请求即为起诉条件，是进入法院大门的敲门砖。至于原告是请求被诉行政行为变更，还是确认违法、无效或撤销，均不影响法院的审理与判决。

再次，法院应当突破原告的诉讼请求对空白行政协议作出补救判决。《行政诉讼法》第七十八条将采取补救措施与继续履行和赔偿损失并列作为被告违反行政协议的责任承担形式，法院可以进行选择；《行政协议规定》第十五条则授权法院"可以"同时判令被告采取补救措施。由此可见，在行政协议诉讼中，无论原告是否提出采取补救措施的诉讼请求，法院均可以依职权作出判决。有法官针对 2015—2019 年全国涉及的 90 份行政协议补救判决进行梳理后发现，原告直接提出"补救措施"请求的只有 15 份，[27]这也一定程度反映出法官适用补救判决时并不严格以原告诉讼请求为依据，更多的是依职权径直作出。另外，空白行政协议主要发生在土地、房屋征收领域，现实争议发生时往往案涉房屋已经征收完毕并已实施了拆除或者土地已经另作他用。因此，法院在审理空白行政协议纠纷时，宜更倾向于事实认定，即使原告未提出采取补救措施的诉讼请求，法官基于保障原告合法权益

---

〔25〕　陈清秀：《行政诉讼法》，翰芦图书出版有限公司 1999 年版，第 359 页。

〔26〕　张卫平：《起诉条件与实体判决要件》，《法学研究》2004 年第 6 期。

〔27〕　参见周瑶：《行政协议补救判决适用的类型化构建——从诉判关系的统一出发》，载马世忠主编《司法体制综合配套改革中重大风险防范与化解——全国法院第 31 届学术讨论会获奖论文集（下）》，人民法院出版社 2020 年版，第 868 页。

的需要亦应作出补救判决,以扭转行政机关因订立要件不完备的行政协议对原告已经造成的不利后果。

四、补救判决的内容宜明确可执行

法院是否应明示补救措施的具体内容,司法实践中的做法并不一致。根据行政诉讼的一般理论,法院对行政权应予以适度的尊让,这"不但是行政和司法两个系统职能分工的需要,也是司法审查获取合法性的策略",[28]正是基于这一考虑,多数法院在适用补救判决时仅仅原则性作出"责令采取补救措施",并未明确具体内容。例如"上诉人范明山与被上诉人青岛市人民政府、原审第三人张焕芹、青岛市黄岛区胶南经济开发区广城村民委员会土地行政登记案"中,针对上诉人提出的"一审判决要求被告应于判决生效之日起三十日内采取相应补救措施不是明确具体的具有可执行性的判决",二审法院认为,"被上诉人作出的具体行政行为被确认违法后采取何种补救措施,应由被上诉人视个案具体情况而定,属于行政机关自由裁量范畴,一审判决未予明确并无不当。"[29]然而,也有法院从司法的监督功能与争议实质化解角度出发作出具体明确的补救判决。如"上诉人株洲市腾云科技发展有限公司与被上诉人株洲市荷塘区人民政府以及原审第三人湘煤立达矿山装备股份有限公司房屋征收补偿协议案"中,二审法院认为,"原审判决虽判决采取补救措施,但并未明确具体补救内容,导致行政判决无可执行的内容,既增加了当事人的诉累,不利于本案行政争议及时且实质化解,也不利于人民法院监督行政机关依法行政。"故判决将案涉"865803元征收补偿费,由株洲市荷塘区人民政府在本判决生效后六十日内直接支付给株洲市腾云科技发展有限公司,并支付相关利息(利息自2019年6月14日起至付清之日时止,按同期银行贷款基准利率计算确定)"。[30] 诚然,在行政诉讼中法院对行政权的审查需要保持必要的克制,遵循谦抑性原则,但是,司法的尊让并不存在确定的边界,而在很大程度上取决于具体的情境,如果司法

〔28〕　何海波:《行政诉讼法》,法律出版社2022年版,第105页。
〔29〕　参见山东省青岛市中级人民法院(2014)青行终字第419号行政判决书。
〔30〕　湖南省高级人民法院(2020)湘行终603号行政判决书。

过于审慎则可能使补救判决沦为一纸空文。

补救判决的主要功能在于实质性解决行政争议,将无效、撤销或者确认违法判决所并未确定的当事人之间的权利义务关系及尚需救济的原告合法权益等问题予以全方位覆盖。2015年《行政诉讼法》将"解决行政争议"写入了第一条的立法目的中,并基于此新设了补救判决,体现了《行政诉讼法》在"保障权利、监督权力"这一立法宗旨基础上,对"争议解决"这一诉讼机制基本功能的回应。同时,由于补救判决是一种履行判决,自身含义本就模糊,倘若判决书用词空泛,不仅原告的实际补救无从获得,而且也增加了被告执行的难度。因此,在实质解决争议的背景下,法院判决责令行政机关采取补救措施,应尽可能内容明确具体,以便于行政机关实施和法院之后的强制执行。

空白行政协议由于其关键条款留白,不确定性贯穿于该类协议的始终。在法院认可空白行政协议有效的前提下,通过适用补救判决能够明确原、被告双方的权利义务,解决后续法律关系的不确定性,进而消除争议和缓解矛盾。为了让补救判决具有可执行性,法院应明确补救措施的主体、内容和期限。

其一,确定补救措施的实施主体。补救措施的实施主体是依法承担补救责任以消弭违法行政行为造成不利后果的机关和组织,侧重于对相对人现实损害的救济。《行政诉讼法》第七十六、七十八条和《行政协议规定》第十五条均将补救措施的实施主体限定为被告,但若诉讼中出现共同被告则分两种情况进行处理:一是空白行政协议涉及两个以上行政主体且成为共同被告,此时需要法官予以综合衡量,确定一个或多个主体共同承担补救责任。当然,在多个主体共同承担补救责任时,法院需要明确每个主体各自的补救措施内容和期限。二是经过复议的案件,若复议维持,则由对空白行政协议承担责任的行政机关和复议机关担任共同被告,由于复议机关作出的维持决定并未形成新的权利义务,故原则上应由原来对空白行政协议承担责任的行政机关作为补救措施的实施主体。

其二,限定补救措施的履行期限。对于补救判决是否应当限定履行期限问题,法院的认识并不统一。在"马志远与民和土族自治县人民政府、海东市人民政府拆迁行政征收案"中,青海省高级人民法院认为,"《国有土地上房屋征收与补偿条例》对房屋征收补偿方案的公布、征求意见等程序和期限有明确规定,民和县政府应按照上述规定采取补救措施,法院不宜界定采取补救措施的期限。"[31]而在"谭秋林与湘乡市人民政府强制腾地及行政赔偿案"中,二审法院认为,"鉴于一审法院未明确责令湘乡市政府采取补救措施的时间和方式,可操作性不强,本院明确补救措施为:在本判决生效之日起三十日内进行协商,协商不成由湘乡市政府作出处理决定。"[32]"光跃案"中二审法院也作出了责令被告三个月内作出补救措施的判决。实际上,补救措施的履行期限是判决实效性产生与否的重要因素,尤其是对于空白行政协议更是如此。诚如前文所言,行政机关在未与相对人就关键条款达成一致即签订空白行政协议,且往往在后续协商未果的情况下,未及时就补偿等相关事宜作出决定,由此,对补救措施履行期限进行量化限定可以督促行政机关尽快履责,更好地保障相对人的权益。具体而言,如果相关法律法规已经对补救期限进行规定,此时法官宜在法定期限内指定具体的履行期限并在判决中予以明示。由于法院审理空白行政协议的主要依据为《征补条例》,而该条例仅仅在第十条规定了征补方案征求意见的期限,制度供给不足。同时,土地房屋征收补偿纠纷往往后续涉及补偿程序、审批手续、评估等问题,周期较长,法官可以根据行政机关实施补救措施的难易程度及相对人的可接受程度确定具体的履行期限。另外,鉴于行政协议的合意属性,倘若原被告双方协商确定了补救措施履行期限,亦可作为法官确定补救期限时的参考意见。[33]

　　其三,明确补救措施的具体内容。补救措施涉及的相关行政管理活动较为复杂,使得补救措施的具体内容范围广泛,若要穷尽行政管理的所有领域来确定补救措施内容并非易事,这便需要法院在法律、法规、规章规定的前提下综合考量,确定明确可执行的补救措施。具体到空白行政协议纠纷的补救措施,司法实践中基本上以恢复原状、履行职责、支付具体数额的征收补偿款方式呈现。当然,基于个案的需要,可以借鉴《民法典》第五百八十二条关于采取补救措施的规定,也可以参照《海南省土地征收补偿安置管理办法》中"安排一定数量的土地给被征地集体发展农业生产""培训被征地农民"等规定,抑或参考《阜阳市城市规划区内集体土地征收补偿安置暂行办

---

　〔31〕　青海省高级人民法院(2016)青行终 33 号行政判决书。

　〔32〕　湖南省高级人民法院(2017)湘行终 934 号行政判决书。

　〔33〕　张旭勇:《行政判决的分析与重构》,北京大学出版社 2006 年版,第 133 页。

法》中"支持被征地农民自谋职业、自主创业，督促指导用地单位优先安置被征地农民就业"的规定。总而言之，凡属能够扭转行政机关因订立空白行政协议所造成的不利后果，而需要行政机关采取的措施皆可作为补救措施的内容。

毋庸置疑，补救判决作为行政诉讼的一种判决方式，相关内容理应体现在判决书的主文当中。一般而言，主文的内容越明确，判决的可执行性越强。[34] 但有时候，鉴于补救措施的具体内容较为丰富，确实难以在判决书的主文中予以释明的，法院则可以在主文中明确实施主体与履行期限，并同时在判决理由中陈述具体补救措施内容，以便为行政机关下一步的补救行为作出指引。

五、结 语

近年来，在土地征收与房屋拆迁领域，一些行政机关为了尽快完成征收、搬迁等任务，与相对人采用签订空白行政协议的方式来完成房屋拆除及其他征收行为，由此产生的纠纷可谓屡见不鲜，此时法院如果仅根据个案情况确认空白行政协议无效或者撤销该协议，并不能充分保障相对人的合法权益。"光跃案"二审法院从实质解决行政争议的视角出发，认定案涉空白行政协议成立并有效。接下来在双方未能就补偿内容协商一致，行政机关又不及时作出补偿决定的情况下，突破原告诉讼请求范围作出了责令行政机关限期采取补救措施的补救判决。"光跃案"为法院提供了一种崭新的解决问题的思路，也给其后类案提供了可资借鉴的经验。当然，该案带给我们思考的还远不止这些，诚如章剑生教授所言，法院如何"在依法裁判的框架内'创造性'解决行政争议，将是一个持久性的话题。"[35]

（特约编辑：郭轩臣）

---

〔34〕 参见何海波：《行政诉讼法》，法律出版社 2022 年版，第 496 页。

〔35〕 章剑生：《行政允诺的认定及其裁判方式——黄银友等诉湖北省大冶市政府、大冶市保安镇政府行政允诺案评析》，《交大法学》2016 年第 2 期。

行政法教学模式改革中的判例研读*

罗文燕　石红卫**

内容提要：在"新文科"建设的背景下，判例研读教学法可作为行政法教学模式改革的有力抓手。判例研读覆盖具有"参照—拘束力"的指导性案例及具有"参考—说服力"的非指导性案例，包括群案研读、个案研读及例证研读多种形式。除克服传统案例教学缺陷、契合新兴授课模式及适用不同行政法教学阶段等优势外，判例研读教学法还具备有利于法律职业共同体塑造、可有效回应行法教学研究特殊需求等积极意义。可通过实施内容优化以满足多重教学目标需要，探索形式创新以超越课堂教学模式的方式使行政判例研读教学成效得到进一步提升。

关键词：判例研究；法学教育；行政法教学

引　言

进入新时代，"新文科"建设对文科学科提出了"文科中国化"的建设目标，实现教育教学内容的中国化、培养目标和方法的中国化等具体要求不断成型。作为文科学科体系中的重要组成部分，法学教育同样面临着新时代法治需求带来的全新挑战，回应前沿实践的能力不足、知识教育与实践教育

*　本文是浙江工商大学研究生教育改革资助项目成果，项目名称为"行政判例研读：研究生科研能力的培养与强化"，编号3100JYN4118002G-129。

**　罗文燕，浙江工商大学法学院教授、法学博士。石红卫，浙江工商大学法学院副教授。

融合程度较低、教学手段单一、教学组织生硬等问题[1]较为明显。

在我国的法学理论体系中,行政法学兼有对域外学术体系和话语体系依赖性较强以及研究对象含有丰富本土色彩两大鲜明特点,故而行政法教学模式面临着尤为紧迫的"新文科"改革需求。为了加强对学生科研和创新能力的培养,实现增强行政法教学的实践回应能力的改革目标,判例研读在行政法教学中的特殊价值以及作为长效机制得以推行的可行性应当得到充分重视。

一、行政判例研读教学的基本实施范式

行政判例研读方法,或称行政判例研究方法,即倡导学生运用判例研究方法,以裁判事例为对象,判断其中法官对成文法概念的认识方式和论证逻辑,在法律论证中揭示和积淀裁判规范,抽取出法规范,进而融通法教义学方法和价值判断,探讨法背后的理论问题,由此掌握理论知识、产出科研成果。判例研究的基本范式是先例性规范抽取型研究,关注判例中的核心法律论证。[2] 在教学实践中,行政判例研读的实施包括以下三个部分的内容与要求。

(一)判例的选择

判例,即生效判决形成的先例。每一个生效判决,客观上都有对今后类似案件处理的一种拘束效力,其拘束效力的最小范围为作出生效判决的法院。也就是说,任何一级法院对于类似案件若无充分的理由,不得背离上级法院和自己以往作出的生效判决。确立这样一种规则,目的在于达到"类案类判",实现国家法治的统一,在整个社会树立起法律的权威。若这样的规则被确立,那么法的安定性、法的可预测性这两大法律价值就可以获得一种制度性担保。[3] 虽然我们并不是判例法国家,但对于判例作为先例的作

〔1〕 冯果:《新理念与法学教育创新》,《中国大学教学》2019 年第 10 期。
〔2〕 陈越峰:《判例研究的体系图景与方法自觉》,《湖湘法学评论》2022 年第 4 期。
〔3〕 章剑生等主编的《行政判例百选》的自序部分对判例及关注判例的意义之阐述非常具有启发意义。

用,已经基本达成共识。

判例有很多种类,在指导学生开展判例研读之前,需指导学生选择恰当的判例。目前我国判例可以分成两大类:

1.具有"参照—拘束力"的指导性案例

《人民法院改革纲要》(2004—2008)规定:"建立和完善案例指导制度,重视指导性案例在统一法律适用标准、指导下级法院审判工作、丰富和发展法学理论等方面的作用。最高人民法院制定关于案例指导制度的规范性文件,规定指导性案例的编选标准、编选程序、发布方式、指导规则等。"最高人民法院于 2010 年出台了《关于案例指导工作的规定》(以下简称《规定》),要求"各级人民法院审判类似案例时应当参照",致力于保证各地判决的统一性和协调性。从《规定》明确的遴选指导性案例的条件看,主要是在法律适用方面具有典型性、疑难复杂或者新类型等具有指导意义的案例。因而研读这类判例,更具理论和实践意义。

2.具有"参考—说服力"的非指导性案例

除了指导性案例之外,其他案例都可以归为非指导性案例。虽然它们不像指导性案例那样具有参照拘束力,但在司法实践中也有重要作用。2020 年 7 月最高人民法院发布了《关于统一法律适用加强类案检索的指导意见(试行)》(法发〔2020〕24 号,以下简称《指导意见》),要求人民法院办理特定案件时需要进行类案检索,检索的范围除了指导性案例外,还包括最高人民法院发布的典型案例及裁判生效的案件、本省(自治区、直辖市)高级人民法院发布的参考性案例及裁判生效的案件、上一级人民法院及本院裁判生效的案件。[4] 这些案例也是判例研读可以选择的范围,是重要的素材来源。

(二)判例研读模式的确定

1.个案研读

个案研读即"一个主题、一个判例"研读模式。在选定主题时,可以是从归纳整理出的案例事实来提炼学术问题,或先确定研究主题再去选取恰当个案并展开研究。学生应当尽可能选择符合自己研究能力、研究时间以及

---

〔4〕 该《指导意见》对类案作了界定:"是指与待决案件在基本事实、争议焦点、法律适用问题等方面具有相似性,且已经人民法院裁判生效的案件。"

研究目的的议题。

2. 群案研读

群案研读即"一个主题、一群案例"研读模式。群案的选取需要确定时间边界或跨度，如 2022 年 1 月至 2022 年 12 月一年时间内的案例，时间跨度可长可短，服务于研究主题和研究目的。[5] 在方法论上，群案研读主要是基于一连串（群）判例整理列出有关研究主题若干情形，比较客观地描述当下司法实践的状况，在学理上进一步作类型化提炼、处理，进而给出一个抽象化的判断标准，这种通过对判例整理研究所得出的相关结论，既丰富了理论依据，为今后该主题的拓展性研究提供了较为充分的实证基础，也会为实践中司法审查提供一种规范性的指引，尽可能地接近"类案类判"这一统一法律适用的目的。

3. 例证研读

例证研读方法相对比较传统，即在开展理论阐述时运用一定数量的判例作为讨论的支撑、素材，梳理分析理论与实务的呼应与碰撞，为理论的建构或完善提供有力的支撑，增强说服力。这种方法尤其在研究"老问题"时会达到"旧瓶装新酒"的效果。

我国行政法学界判例研究方法起步于 2008 年左右，经过近 15 年的探索发展，已经产出了一系列高质量的判例研究论文，可以作为范文组织学生进行学习。经过系统、长时间的培养、训练，来提升学生的问题意识、写作能力和创新能力。

（三）判例研读的具体展开

判例研读需要以法规范为中心展开思考。我国改革开放以来，经过 40 多年的法制建设，以宪法为核心的中国特色社会主义法律体系已基本形成。党的十一届三中全会提出的"有法可依"问题已经基本解决。这些法规范是今天思考法律问题的基点。判例研读方法本质上就是一种分析法律规范的方法，必须在实定法框架下展开。

---

〔5〕 群案研究典型的范文是何海波教授的《司法判决中的正当程序原则》(《法学研究》2009 年第 1 期)和章剑生教授的《再论对违反法定程序的司法审查——基于最高人民法院公布的判例(2009—2018)》(《中外法学》2019 年第 3 期)。

1."判例—规范"构成我国行政法的本土化体系

"个案或群案—规范"应当构成我国行政法的"经验",这种"经验"来源于我国宪法给定的框架性制度中的现实生活的事实。我国行政法理论应当源于这种"经验"的凝炼,由此构建的行政法理论才具有本土化特质,才能足够解释中国问题的能力。

2.法规范体系具有自我修复功能

法规范所构成的行政法律体系是一个具有自我修复功能的法体系。无论是理论还是实务,都应当充分尊重现行行政法律体系,并提升它的权威性。自我修复功能的基本方法是,基于对个案的解释,只有在穷尽解释后仍然无法得到解决问题的"规范"时,才能寻求"修法"的方案。现在学生写作中动辄提出修法的建议,是需要认真反思的。法律需要具有稳定性,但又不可能一成不变,在法规范不变的前提下,法的不适应性只能通过判例来缓和。在某种程度上,这也是判例所具有的"法的续造"功能。

二、行政判例研读教学开展的合理性基础

开展判例研读教学是对既往行政法教学模式的改革,判例研读法区别于案例教学法的积极属性,有利于法律职业共同体建设要求的实践意义以及其与行政法研究需求的契合共同构成了行政判例研读教学的合理性来源。

(一)判例研读教学法本身的积极意义

作为一项独特的法学研究方式,判例研究植根于我国编纂判例的文化传统,也获得了大量学者的青睐。当判例研究的精神被引入行政法教学,行政判例研读的教学模式旋即产生,判例研读法本身的积极意义是该教学模式得以运用的合理性根基,应当将判例研读法与在传统教学模式中已广获运用的案例教学法予以区分。

首先,二者在案例(判例)使用方式和使用目的方面均存在区别。作为传统以理论讲授为中心的课程教学的辅助配套手段,案例教学法对案例的使用服务于解读课本知识或法条内容的教学目标,所使用的案例通常经过

简化或加工,对案例的使用意在帮助学生对关键知识点的理解,或呈现相对标准的法规范构成要件中的案件事实,整体教学过程是简单而封闭的,教学安排并不着重于深入解读案例内容。判例研读法则以现实的司法判例为关注对象,重点针对法官实施司法裁判时的演绎过程,旨在使学生深入法律推理,明确法律后果发生的逻辑进路,以达成对法规范的理解认识,乃至实现对法规范的完善发展。事实上,判例研读法也兼有案例教学法"以案说法"的功能,是具有多重意义的教学方式。

其次,判例研读法与新兴的授课模式具有较高的契合度。传统课堂讲授模式将学生置于被动地位进而不利于发挥学生知识摄取积极性的弊端客观存在,近年来,以"反转课堂"等为代表的新兴的授课模式,将学生置于课堂主导者的位置,赋予其更多的表达空间,通过课堂氛围的调动实现更好的教学效果。作为理论讲授辅助工作的案例教学法与课堂主导者位置的转换存在天然的扞格,特定案例有限的解读空间不利于学生实施具有一定丰度的法律推理,案例所涉的理论知识也与其余课堂教学内容相对应,学生实际上仍处于被动接受的状态。而判例研读法为学生主导教学提供了巨大的实践空间,学生可以参与从判例遴选到判例研读的全过程,现实复杂的案件同样提供了立体的法律论证逻辑,更有利于满足新兴授课模式对学生参与度的追求。

最后,判例研读法具备嵌入不同行政法教学阶段的广泛适应性。针对本科生及针对研究生的行政法教学具有不同的侧重点,案例教学法因其可挖掘内涵较为有限,难以提供除知识理解辅助之外的教学价值,故在本科生教学中的积极效果更为集中,但并不适应以科研能力培养与强化为目的的研究生教学。而判例研读法"丰俭由人"的适用形式使其得以兼顾本科生及研究生行政法教学的需求,在本科生教学中,可使用类似案例教学法的方式,使用具有典型性的司法判例为理论知识的注解,[6]使学生在搭建行政法基本理论体系的同时开始了解判例研究这一独特的研究视角。在研究生教学中,判例研读可以取得相对独立的教学活动形式,以专题问题研究等为契机,组织学生进行一定量判例的检索分析工作,在锻炼学生的行政法研究能力的同时塑造面向司法实践的科研意识,培养分析解决实际问题的理论

─────────

〔6〕 以何海波教授所著《行政诉讼法》(法律出版社 2022 年版)为典例。

研究能力。

(二)塑造法律职业共同体的要求

2018 年《法学类专业教学质量国家标准》指出,法学专业教育是以素质教育和专业教育为基础的职业教育,这一定性明确了法学教育极为浓重的实践性色彩,以及培养专业知识扎实、专业技能过硬的法律工作者及其后备队伍的教育目标。[7] 这一教育目标也被"打造法律职业共同体"的规划所印证。徐显明教授认为,法律职业共同体首先是知识的共同体,相同的法学教育训练背景使法律职业者具有相同的知识结构、运用法科知识的能力,具有相同的思维方式和法律素质,使得不同法律职业者个体在范畴、理论、思想和价值上是相通的。[8] 法学教育在法律职业共同体的进程中尤为重要,而运用判例研读教学又对为这一进程注入实践性色彩具有决定性意义。

法律职业共同体由法官、检察官、律师等代表性职业人群结成。在既往的研究中,有学者指出,法律职业共同体建设存在"法律职业间的互动交流量少质弱""法律职业共同体成员间的认同感低"等问题,主张通过优化法律职业间的互动交流机制以实现共同体的深化建设。[9] 事实上,在不同法律职业尚未分化时借助法学教育植入贯穿不同法律职业的职业伦理并促成潜在不同职业者之间的相互理解是事半功倍的共同体建设手段。而司法裁判是串联不同法律职业者的关键场域,通过判例研读使学生对司法裁判的推理路径及生成过程形成深刻的认识有助于从源头上消弭共同体建设的内部张力,也可为职业伦理的形成奠定基础。

法律职业共同体塑造的实践性追求是实施判例研读教学的另一重要缘由。判例研读教学可衍生出多元法律思维,以适应真实法律实践为教学导向。如学者指出,其不仅得出一个在法律社会中被普遍接受的某一项法律理念或法律原则,更重要的是要让受训者去感受获得这些法律知识的过程,去体验法律职业的思维方法和解决实际问题能力的具体运用。[10] 作为优

---

〔7〕 刘坤轮:《为什么法学教育是职业教育》,《人民法治》2019 年第 24 期。

〔8〕 徐显明:《对构建具有中国特色的法律职业共同体的思考》,《中国法律评论》2014 年第 3 期。

〔9〕 谭世贵、曾宇兴:《我国法律职业共同体建设的实践、问题与对策》,《海南大学学报(人文社会科学版)》2020 年第 5 期。

〔10〕 邹育理:《从美国的法律教育谈"判例教学法"》,《现代法学》2000 年第 2 期。

秀的法学实践教学范式,判例研读教学有利于促成教育机构法学教育与实务部门法律实践的深度融合,[11]实现法学教育中的"法律真实",改革案例教学法等传统模式疏于培养学生实践精神与能力的弊端。

（三）行政法教学研究性质的特殊要求

在我国法学教育的学科序列中,行政法学是较为特殊的存在。基于行政主导国家治理的现实以及行政转型与行政法学变革间的函变关系,自20世纪末中国行政法基本理论成型以来,对行政法的内涵外延、形式本质、行政法学的研究对象及范围、研究方法和学科性质等进行调整革新,一直是行政法治实践对行政法理论研究提出的要求。[12] 不断变动的行政法治实践及理论研究走向使行政法教学具有知识体系庞大、内容分散、理论复杂等特点,这也是导致行政法本科知识体系营造教学效果不佳、研究生专题理论教学难以促成科研能力的提升的原因之一,而行政判例研读教学的实施可以帮助实现相关状况的改善。

三、行政判例研读教学的实践创新与优化

判例研读教学积极意义的落实体现需要以适应既有行政法教学模式为前提。如前所述,判例研读教学可以采用"案例教学升级版"的形式呈现其基本价值,而经过教学内容和教学形式的创新优化,行政判例研读教学可以实现针对行政法教学培养过程的深度嵌入,从而实现教学成效的更大幅度提升。

（一）内容优化:针对行政判例研读多重教学目标的回应

前文已经提及,行政判例研读可以嵌入不同行政法教学阶段。本科行政法教学以知识体系的营造为主要追求,判例研读居于"服务者"的地位,应当将掌握相关知识点以及培养分析司法判决中法律推理逻辑的能力设置为

---

〔11〕 魏建新:《法学教育中的实践与法律实践中的教育》,载田士永主编:《中国法学教育研究》2021年第4辑,中国政法大学出版社2022年版,第4页。

〔12〕 江国华:《行政转型与行政法学的回应型变迁》,《中国社会科学》2016年第11期。

主要教学目标。因而,当主要关注司法判决文本的分析梳理,理解案件审理者的思考过程,区分裁判的支撑性理由与其余承担辅助职能的细节,查明法官实际上所持有的法律意见,并在该过程中穿插行政法知识点的讲授。

研究生阶段的判例研读则扮演着更为重要的角色。在科研能力培养的核心教学目标指引下,判例研读教学便不能局限于对司法判决中法律意见的呈现,更应以学术研究的视角实现对司法意见的"深加工",使其服务于制定法的解释和发展工作,避免判例研读流于表面。

首先需要明确的是,在借助判例研读实施"不确定法律概念"澄明等法律解释工作时,应当审慎看待司法判例中的法律意见,其通常并不直接等同于科学的法律解释,仍需通过系列性的解释加工来实现对特定法律条文、规范命题涵义的澄清。即指:"法院倾向于对当时的待决案件表达(至少就其表达形式而言)超越裁判该案件必要限度的法律见解,而且法院甚至很可能是有意地采取此种做法……解释的任务即在于:将原本过宽的表达形式限制在法院所意指的由案件事实的关联性能得出的较为狭窄的适用范围内。"[13]需谨慎防范"规范—判例"关系的认识倒挂,不可一概将判决文书所载立场奉为圭臬,根据判例研读所得的法律解释结论还应当得到法规范文义解释、体系解释等方法的验证,确保理论的融贯性。

其次,由于制定法相对于现实情况无可避免的相对滞后性,规范漏洞填补以及新法律思想落实发展之需求客观存在。故而,除法律规范解释以外,司法判例中通常也会包含为需要调整的案件提供并未明确见于制定法规范的法律解决方案,即法官的法续造活动。法续造是司法实践精神的集中体现,同样也是研究生行政法判例研读教学不可回避的关注对象。作为法解释之继续,法续造处于法规范的文义射程之外及制定法目的范围之内,是更难以识别的法律意见,包括"制定法内在的法续造"及"超越制定法的法续造"两个类型。由于法官的法续造权利仍未获得完全意义上的认可,应当引导学生正确看待,包括特定法律意见法续造属性的确证以及合理的抽象提取,明确在以法续造形式发展制定法时,应当确保该结论具备一定量的实践基础。

最后,须强调判例研读不能自锢于案件审理者意志的边缘。判例研读

---

〔13〕　[德]卡尔·拉伦茨:《法学方法论》,黄家镇译,商务印书馆 2020 年版,第 451 页。

不仅应当着眼于从法官法律意见中抽象出科学的法解释、法续造结论，还应当调动学术研究的主观能动性，将研究目标延伸至对法院说理本身的超越，即"判决理由中根本未提及或者只是隐约提及、法院本身可能也尚未意识到的法律思想，但这种法律思想却可以对裁判结果做更恰当的说明，通过学术批判，它在意识中清晰起来并明确了其适用范围。"[14]为判例研读教学设置具有三重层次的任务序列将更有利于追求研究生科研能力培养的目标。

（二）形式创新：探索超越课堂教学的行政判例研读实践模式

区别于以培养法官为目标的德国式法学教育体系，我国的法学教育与锻造法律职业共同体深度缀连，突破了以某一法律职业为中心的藩篱，力图实现法治实践和法学教育的双向促进。如若将判例研读教学视作法律职业共同体的形成助推，通过追求多主体参与（多角度观察）来实现对传统课堂教学模式的创新即是必然选择。对课堂教学模式的超越最直接的做法是，在研读判决文书文本的基础上与司法裁判参与者开展接触，主要对象包括法官与律师。裁判参与者的介入研读包含两种形式：其一，在对部分具备典型代表意义的重要判例进行个案研读时，通过与裁判参与者交流的方式，实现对其法律推理过程的深度认识，全面了解其法律意见形成过程中的影响因素及影响程度；其二，在选取某一时间或空间范围内的判例样本实施群案研读时，参照了解该类案件审理者对部分常见问题的考虑，促进对司法实践立场的梳理呈现。部分教学科研单位组织的"判例研读沙龙"活动同样具有一定的借鉴价值，可作为课堂教学之外的常态化判例研读活动组织形式。

需要特别明确的是，法律职业者对司法判例固然拥有独到的理解认识，但不同于以往与实务部门开展合作的教学尝试，形式创新下的判例研读教学务必坚持"以我为主"的立场，将目光坚定聚焦于法规范的科学解释与有限续造这两项既定研究目标，法律职业者个人化的技术经验需得到仔细甄别以及适当排除。

此外，还应格外注意判例研读中新兴技术手段的运用。随着司法实践的不断深入，处于同一法规则体调整范围内但案件事实存在一定程度差异的判例普遍存在，提取一定数量判例中共同法律意见精神并实施抽象将更

---

〔14〕〔德〕卡尔·拉伦茨：《法学方法论》，黄家镇译，商务印书馆 2020 年版，第 453 页。

有助于法解释或续造结论的生成。同时，由于此类法律意见具备庞大的实践基础支撑，其科学性可以获得更大程度的担保。然而，由于判例样本的纷繁复杂，常规的判例选取和分析手段并不能充分满足研读需求，故此应当对Python、citespace 等技术手段的运用保持积极的立场，适时适度地向社会科学乃至自然科学开放，及时探索法律数据处理及法律大数据分析与判例研读的对接，使学术研究在广度和深度上获得技术层面的支持，这同样也是法律技术介入法律职业和法学教育之未来趋势的要求。[15]

结　　语

行政判例以其固有的流动性解释方法[16]为法律解释工作赢得了应对不断变化的社会现实的能力，与之相应，经过数十年发展的行政判例研究也已取得了丰硕成果。以判例研读教学的方式将判例研究的精神融入法学教育，不仅有利于补齐成文法教学短板，提升学生法律职业技能水平，更可助推面向司法实践的研究人才的培养，这是法学这一应用学科的教学模式改革的应有之义。同时，经受过判例研读训练的法律职业者将能更加敏锐且全面地注意到司法裁判对国家法治发展的多重意义，使从实践端沉淀而来的裁判规则形成不断更新的体系，焕发出蓬勃的生命力。

（特约编辑：吕正义）

---

〔15〕　杨学科：《液态教育：未来法学教育和法学教育未来》，载范九利主编：《法学教育研究》第39 卷，法律出版社 2022 年版，第 234 页。

〔16〕　章剑生：《行政诉讼原告资格中"利害关系"的判断结构》，载《中国法学》2019 年第 4 期。

美国行政法上的无害错误规则

李孟锐

内容提要:行政行为的错误对当事人权利没有造成实质影响的,法院审查时应予以忽略。无害错误概念肇始于 19 世纪中期英国普通法的上诉裁判规则,此后美国《联邦行政程序法》正式确立行政无害错误规则。法院审查的核心在于错误的严重性,而不是错误是否存在。法院在司法审查中先将行政错误区分为实体错误和程序错误,前者适用基于结果的标准,后者适用基于记录的标准,据此判断错误是否"无害"。行政无害错误的举证义务在例外情况下分配给行政机构。该审查框架简单明确,易于操作,但自桑德斯案后有模糊适用的倾向,应剔除这种无序适用的做法,并且增加基于贡献的标准,以提升公众参与的质量。此外,为避免行政机构在无害错误规则的庇护下产生更多的错误,应向当事人施加及时反对要件,促使机构在行政程序中纠正错误。

关键词:无害错误;轻微瑕疵;效果裁量;有限司法

在裁判行政案件的法官看来,并不存在完美的行政行为,那么对于存在错误的行政行为是否一律予以撤销? 倘若不是,对于行政行为的错误,按照什么标准确定应该忽略还是不应该忽略? 忽略错误将带来怎样的影响? 美国司法审查中一直面临上述问题,对此,美国法院在几十年的判例中积累了

　　* 李孟锐,厦门大学法学院宪法学与行政法学博士研究生。本文系国家社科基金重点项目"中国征收法的体系化"(21AFX006)的阶段性成果。

行政"无害错误"(harmless error)规则,即法院应当忽略对当事人的权利没有造成实质性影响的错误。无害错误规则被称为"美国司法审查诞生以来影响最为深远的教义变革",[1]梳理这一规则的曲折演变,可以为类似问题的研究提供参考。

一、美国法上行政无害错误规则的肇始

无害错误概念肇始于 19 世纪中期英国普通法的上诉裁判规则,此后美国《联邦行政程序法》正式确立了既约束上诉裁判又约束行政行为司法审查的行政无害错误规则。

(一)无害错误植根于 19 世纪中期的英国普通法

无害错误规则的诞生与刑事上诉程序存在密切的关系。虽然直到 20 世纪才在美国法中正式确立无害错误规则,但司法审查中处理无害错误的实践,可以追溯到 19 世纪中期的英国普通法。[2] 1830 年,在多伊诉泰勒案(Doe v. Tyler)中,上诉法院认为即使存在错误的证据,但只要有足够的其他证据证明陪审团的裁决,也不应推翻下级法院的判决,[3]无害错误规则初具雏形。但无害错误规则在英国的发展一波三折,1835 年英国财政法院(Court of Exchequer)在克里斯诉巴雷特案(Crease v. Barrett)中形成与之相反的"有害错误"规则,[4]即下级法院因采纳某项证据而产生的裁判错误,甚至是轻微的证据错误,也会被上诉法院认定为存在偏见,需要重新审理。由于偏见推定适用过于严格,所以重审变得极为普遍。英国议会不得不在 1873 年的《司法法》中作出回应,规定上诉法院不得以"不恰当地采纳或拒绝证据"或误导陪审团为由重新审理,除非上诉法院认为这构成了"重

---

　　[1] Steven Alan Childress & Martha S. Davis, *Federal Standards of Review* (4th ed.), Lexis Nexis,2010, § 7.03,p.7.

　　[2] John M. Greabe, *The riddle of harmless error revisited*,54 Houston Law Review 59, 66(2016).

　　[3] Doe v. Tyler, English Reports Full Reprint Vol. 130, 1397 (Common Pleas. 1830).

　　[4] Crease v. Barrett,English Reports Full Reprint Vol. 149,1353 (Exchequer. 1835).

大错误".[5]

早期的美国法院接受英国法中的无害错误规则。在 1867 年的沃克诉霍克斯赫斯特案(Walker v. Hawxhurst)中,[6]上诉法院认为初审法院采纳证据的错误不影响上诉方的权利,该错误不能成为撤销判决的理由。但此后微不足道的错误引起的重审越来越多,甚至起诉书中存在印刷错误也会引起重审,美国的上诉法院被批评为"坚不可摧的诉讼细节的堡垒".[7]公众对于刑事上诉案件中法院苛求技术细节的"形式主义"的抗议日益强烈。在此种背景下,旨在提升程序效率的无害错误规则再度复兴。美国国会模仿英国 1873 年的《司法法》,于 1919 年通过《司法法典》,导入"无害错误"规则,规定在审理上诉案件时,无论是民事案件还是刑事案件,法院都应在审查整个记录后作出判决,而不应当考虑不影响当事人实质性权利的技术错误、瑕疵或例外情形。[8]

1919 年的无害错误立法为各州的改革提供了范本,直到 1927 年,大约有 18 个州通过了自己的无害错误制定法,另外有多达 10 个州废除了有害错误规则。[9]这种立法类似于"没有伤害,没有犯规"(no harm,no foul)的体育规则,容忍瑕疵的存在,并突出案件结果的正确性,避免进行"一场重复的游戏"。[10] 1935 年,联邦最高法院在伯杰诉美国案(Berger v. United States)中解释了 1919 年无害错误的立法目的,指出国会意在结束适用过于严苛的状况,并建立更加合理的规则,将非实质性偏见的错误认定为"无害"。[11] 刑事程序的改革浪潮在延续,直到 1946 年《联邦刑事诉讼规则》生效,其中第 52(a)条规定,"不影响实质性权利的错误、缺陷、不规范或不一

---

〔5〕 John M. Greabe, *The riddle of harmless error revisited*,54 Houston Law Review 59, 66(2016).

〔6〕 Walker *v.* Hawxhurst, 5 Blatchf,494 (1867).

〔7〕 参见 Kavanaugh, *Improvement of administration of criminal justice by exercise of judicial power*, The Virginia Law Register,vol. 11. No. 2,p. 82(1925).

〔8〕 Judicial Code,act of February 26, Pub. L. No. 65-281, 40 Stat. 1181(1919).

〔9〕 Edson R. Sunderland,*The problem of appellate review*,5 Texas Law Review 126,147 (1927).

〔10〕 Linda E. Carter, *The sporting approach to harmless error in criminal cases:the Supreme Court's "no harm, no foul" debacle in Neder v. United states*,28 American Journal of Criminal Law 229,230(2001).

〔11〕 Berger *v.* United States,295 U.S. 82 (1935).

致均应不予考虑。"[12]刑事诉讼领域的"无害错误"规则正式确立。

(二)美国《联邦行政程序法》正式确立行政无害错误规则

上诉法院在行政案件中适用无害错误规则之前,也倾向于以"技术细节"的理由推翻下级法院的裁判,但刑事程序改革的影响逐渐外溢,刑事诉讼领域从偏见推定规则到无害错误规则的转变慢慢波及到行政裁判领域。1946年,《联邦行政程序法》第706节确立了行政法意义上的无害错误规则,规定法院在认定行政行为不合法并予以撤销时,"应充分注意法律对产生有害结果的错误所作出的规定。"[13]这被视为刑事诉讼领域的无害错误规则在行政法中的规范表达,[14]而且为了操作的便捷化,法院在行政案件的司法审查中开始直接援引刑事上诉中的无害错误规则。

无害错误规则进入《联邦行政程序法》后,适用领域扩大了:不仅约束对初审法院裁判的上诉审查,还一般性约束法院对行政行为的司法审查。《联邦行政程序法》颁布时,法律界已形成共识,对行政行为进行审查使用上诉审查模式。[15]法院对待行政机构的错误行为就如同对待下级法院的错误判决一样,上诉法院可以宣布下级法院的错误判决无效或者将案件发回下级法院重审,同样,法院审查行政行为时,也可以宣布错误的行政行为无效或者责令行政机构重新作出行政行为。这体现在《联邦行政程序法》第702节,该节要求联邦法院对个人造成不利影响或损害的行政行为进行审查,[16]但法院不得预先假定行政错误影响到了私人的实质性权利。

上诉裁判中的无害错误规则与审查行政行为时的无害错误规则也存在很大的差异。首先,两者针对的对象不同。前者针对效力尚未确定的判决,目的在于避免初审裁判中存在的错误,以确保行政裁判的适法性,而后者针对行政分支的职权行为,目的在于避免对行政行为的过度钳制,以提升程序效率和避免执法资源的浪费。其次,两者提出的程序不同。在上诉裁判的语境中,由于要确保裁判的终局性,上诉法院对于初审法院的判决予以很大

---

〔12〕　18 U. S. C. A. § 52(a).

〔13〕　5 U. S. C. A. § 706(2).

〔14〕　参见李烁:《论美国行政程序违法的法律后果》,《比较法研究》2020年第2期。

〔15〕　参见 Thomas W. Merrill, *Article III, agency adjudication, and the origins of the appellate review model of administrative law*, 111 Columbia Law Review 939,1001(2011).

〔16〕　5 U. S. C. A. § 702.

程度的尊重,并确立了当事人在初审裁判中未提出错误便视为放弃的规则(waiver rule),[17]而在审查行政行为时并没有"未提出视为放弃"的严格规定。最后,两者适用的法律不同。前者适用证据法和诉讼程序法,后者适用具体的行政制定法及判例。

二、美国法上行政无害错误规则的演变

在裁判行政案件的法官看来,并不存在完美的行政行为,只有行政行为对当事人的权利造成实质性损害的情况下,行政机构才必须更正自己的错误。

(一)行政无害错误基本内涵的成型:从奥弗顿公园案到佛蒙特扬基核电案

1.奥弗顿公园案[18]

交通部长批准了一笔在公园用地上建设高速公路的联邦资金,该行为被提起诉讼。根据《交通部法案》和《联邦援助公路法案》规定,交通部长不能批准使用公园用地的项目,除非没有可行的替代方案。[19]但书要求行政机构排除在现有情形之下没有可行或谨慎的方案之后,使用最小损害的方式使用公园用地。法院首先认定这不属于审查豁免的裁量权范围,然后在该案中使用合理性审查框架,以确定是否存在"决定的明显错误"。行政机构有理由认为没有可行的和谨慎的替代方案,而且改变既定计划并不能减少对公园的损害。这种合理性的审查强度不是很高,仅要求法院注意行政决定的明显错误。法院在审查行政行为时首先区分明显错误(plain error)

[17] Katerina Kokkas,*Fourth Amendment Standing and the General Rule of Waiver*,2018 University of Chicago Legal Forum 309,320(2018).

[18] Citizens to Preserve Overton Park, Inc. *v.* Volpe,401 U.S. 402 (1971).

[19] 49 U.S.C.A. §1653(f);23 U.S.C.A. §138.

和无害错误。[20] 该案确立的规则是,法院仅仅需要注意行政决定的明显错误,能够影响到实质性权利的错误或缺陷就是明显错误,反之,不构成明显错误的"无害错误"会被法院忽略。

2. 克莱斯勒公司案[21]

如何具体认定无害错误?克莱斯勒公司案指示法院需要调查错误对最终决定所造成的影响。克莱斯勒公司请求审查美国国家公路交通安全管理局的一项管制,该管制允许在 1974 年 1 月 1 日至 1976 年 9 月 1 日期间制造的机动车上使用指定尺寸的矩形前大灯。管理局的拟议规则通知中没有提及 32 个月的时间限制,但在最终规则通过时,管理局增加了时间限制。克莱斯勒公司提出时间限制不符合安全需要,并且该时间限制参与竞争的汽车制造商的竞争优势,管理局没有增加规则制定程序中的第二轮通知和评论,存在程序错误。法院认为,增加时间限制的变化太小,不需要第二轮通知和评论,因为最终规则并不包括拟议规则公告未有说明的主要事项。换言之,增加时间限制只是次要事项,并不影响最终规则的通过,因此这是一个无害错误。

3. 佛蒙特州扬基核电公司案[22]

联邦巡回法院审查了核管制委员会关于核反应堆许可的决定,法院认为只有在管制机构的错误显然与所使用的程序或达成决定的实质不存在关联的情况下,不提供通知和评论才是无害的。该案上诉至联邦最高法院,多数意见认为核反应堆许可的决定涉及高度技术性的事实,如果国会的制定法没有提出强制的程序,那么法院也不能施加额外的要求,管制机构可以自由选择程序作出决定,这涉及管制机构裁量的范围,法院应予以尊重。该案确立的规则是,法院不能以自己认为的最佳的裁量选择强加给管制机构,从而认定行政裁量是错误的,这意味着管制机构在裁量范围内的选择错误,法院很大程度上应该容忍。

---

〔20〕 法院在诉讼中则采纳了颇具影响力的司法部长《〈联邦行政程序法〉手册》中对"无害错误规则"作出的简明扼要的定义,行政无害错误规则是指"对当事人的最终权利没有实质性影响的错误 将被忽略"。参见 U. S. Department of Justice, *Attorney General's Manual on the Administrative Procedure Act*, WM. W. GAUNT & SONS, INC. 110 (1947).

〔21〕 Chrysler Corp. *v.* Department of Transportation, 515 F. 2d 1053 (1975).

〔22〕 Vermont Yankee Nuclear Power Corp. *v.* Natural Resources Defense Council, 435 U. S. 519 (1978).

　　经过上述重要案件的裁判,行政无害错误的基本内涵已经成型,后续案件除变更举证规则外,一直沿用上述判例的解释,并进一步明确认定标准,使行政无害错误审查框架更具可操作性。

(二)行政无害错误认定标准的确立:从库尔松案到格伯案

　　法院会忽略不构成明显错误的"无害错误",但没有直接提及不构成明显错误的具体认定标准,在此后的库尔松诉美国邮政署案及格伯诉诺顿案中,法院归纳了两种认定标准:基于结果的标准(outcome-based standard)与基于记录的标准(record-based standard)。

　　1.库尔松诉美国邮政署案[23]:基于结果的标准

　　库尔松拥有的公司邮寄一款名为 Prostex 的非处方药的广告,美国邮政署检查了这家公司,并举行了听证会,该过程中负责裁决工作的行政法官(judicial officer)制作了一份行政记录,认定 Prostex 广告声称治疗了某些疾病,而实际上并没有,构成美国法典第 39 条 S3005(a)项下的"虚假陈述",美国邮政署据此作出停止邮寄的命令。库尔松随后提起诉讼,联邦第一巡回法院审查后指出,行政法官认定 Prostex 广告存在误导性事实的认定有充分证据支撑,但行政记录中定义前列腺增生是由感染等疾病引起的,而事实上前列腺增生是一种独立的疾病,这存在定义错误。联邦第一巡回法院认为定义错误并不影响 Prostex 广告构成"虚假陈述"的最终结论,即使不存在定义错误,也不影响美国邮政署发出停止邮寄的命令,该错误是无害的,因此法院拒绝作出停止邮寄命令无效的判决。该案确立的规则是,法院会询问案涉错误是否导致行政机构作出了不同的选择。[24] 假设案涉错误不存在,行政机构仍然作出这一决定,那么案涉错误是无害的。反之,如果案涉错误不存在,行政机构会作出不同的决定,那么案涉错误就影响了行政决定的结果,此时案涉错误就是有害的,这一认定标准被称为"基于结果的标准"。

　　基于结果的标准充分尊重行政机构执法资源有限这一现实。如果案涉错误存在与否不影响最终决定,撤销行政行为实际上是对行政执法资源的

---

　　[23]　Kurzon *v.* United States Postal Service,539 F. 2d 788(1st Cir. 1976).

　　[24]　参见 Craig Smith, *Taking "due account" of the APA's prejudicial-error rule*, 96 Virginia Law Review 1727,1740(2010).

浪费。但该标准客观上可能放任行政机构逃脱制定法的约束：如果是实体错误，行政机构会在诉讼中极力陈述案涉错误按照行政处理的逻辑并不会影响最终的决定；如果是程序错误，原告很难证明行政机构因为未遵守法定程序会影响最终决定。

2. 格伯诉诺顿案[25]：基于记录的标准

在"基于结果的标准"之外，法院在后续的格伯诺诉顿案中发展出"基于记录的标准"。一家房地产开发商申请在《濒危物种法》规定的栖息地建造房屋，按照《濒危物种法》规定的许可申请程序，美国内政部鱼类和野生动物管理局（U.S Fish and Wildlife Service，简称 FWS）需要公布该申请和许可信息，并接受公众的评论。格伯是一名喜欢观赏松鼠的野生动物学家，他住在拟开发地区附近，野生动物保护者组织是一家全国性的组织，其成员同样喜欢观察和研究松鼠，格伯和该组织共同参与了评论过程。FWS 认为房地产开发商申请的施工不影响松鼠存活，但公开信息时没有附加松鼠搬迁地图，野生动物保护者组织提出没有查阅到地图就无法评估松鼠栖息地的适宜性。FWS 发布最终计划时，公布了搬迁地图，但法定的查阅时间已过，野生动物保护者组织申请延长查阅时间，但被 FWS 拒绝。一个月后，FWS 颁发了施工许可证。随后格伯和野生动物保护者组织向法院提起诉讼，被告为时任美国内政部长的诺顿。哥伦比亚特区巡回法院审查后认为，即使生物保护团体查阅到松鼠搬迁地图，并提供完整评论意见，FWS 仍然会颁发许可证，从结果的标准上看这是无害的行政错误，但是基于行政记录的完整性，法院认为没有公布松鼠搬迁地图，就接受公众评论，显然是一个有害错误，因此判决行政许可无效。

格伯诉诺顿案确立的规则是，法院需要探究行政错误是否改变行政记录。"基于记录的标准"只针对程序错误，当事人需要证明行政程序错误导致了特定事实或论点未能提交给行政机构，行政记录因此发生改变。[26] 换言之，就是这个错误是否妨碍了行政机构对特定事实或证据的收集，这些事实或证据未被记载到行政记录中。

法院究竟何时选择适用"基于结果"的标准，何时选择"基于记录"的标

〔25〕　Gerber *v.* Norton，294 F. 3d 173(D. C. Cir. 2002).

〔26〕　参见 Craig Smith, *Taking "due account" of the APA's prejudicial-error rule*, 96 Virginia Law Review 1727,1744(2010).

准? 从上述案例我们可以看出,法院先将行政错误分为实体错误和程序错误,前者是指行政行为侵犯了当事人的实体权利,而后者是指行政行为阻止了当事人相关信息进入行政记录。对于实体错误,法院适用基于结果的标准;对于程序错误,法院适用基于记录的标准。

(三)"无害"的证明责任新变化:辛塞奇诉桑德斯案

不管采用何种规则,法院一直将行政错误"无害"的证明责任归给行政机构:如果当事人提出一个行政错误有害,行政机构就有义务证明这个错误无害,否则推定行政机构存在偏见,这个规则被称为"偏见推定"规则。联邦最高法院在 2009 年辛塞奇诉桑德斯案中推翻了偏见推定规则,[27]确立起主要以当事人承担举证义务的规则。

退伍军人事务部以桑德斯右眼失明与服兵役无关为由,拒绝给付他要求的残疾福利。桑德斯向退伍军人事务法庭诉称,退伍军人事务部没有告知他申请残疾福利必须提供的信息,存在通知错误。退伍军人事务法庭确认了这个错误,但认为错误是无害的。桑德斯上诉到联邦巡回法院,巡回法院推翻了一审判决,理由是退伍军人事务部没有在信息通知中载明必要的申请条件,也没有载明不符合申请福利的情形,属于有害错误,退伍军人事务部没能证明自己没有偏见,因此推定退伍军人事务部存在偏见。

退伍军人事务部不服巡回法院判决,上诉到联邦最高法院,联邦最高法院推翻了联邦巡回法院的判决,理由是偏见推定规则过于严苛,要求行政机构承担证明错误无害的责任给行政机构带来过高负担。联邦最高法院指示下级法院在适用无害错误规则审查行政行为时,应考虑行政错误的性质,行政错误给最终决定造成的影响,法院还要求由桑德斯具体说明行政行为存在的错误,并且证明该错误如何不公平地影响最终决定。

联邦最高法院在该案中强调应个案分析行政无害错误,不能笼统推定行政机构存在偏见,这就意味着证明损害的义务通常由当事人承担,例外情况下由给行政机构承担。例外情况仅限于行政机构违反重要的制定法规则,比如《联邦行政程序法》第 553 条规定的通知与评议期规则。该规则是《联邦行政程序法》最重要的条款之一,若行政机构对拟议的规则没有发布

---

〔27〕　Shinseki *v.* Sanders,129 S. Ct. 1708 (2009).

评论通知,或没有告知公众有发表意见的机会,这种错误无害的证明义务由行政机构承担。

(四)行政无害错误认定标准适用变得模糊:小姐妹会宗教团体诉宾夕法尼亚州案与自然资源保护委员会诉惠勒案

相较于前述清晰的无害错误判断标准,存在很多案例没有引用基于结果的标准或基于记录的标准,因此无法对它们进行合理的归类。这些案例的大致特征是简单援引美国《联邦行政程序法》第 706 条无害错误的表述,仅仅是基于事实的分析(fact-based analysis)。[28] 自辛塞奇诉桑德斯案要求基于事实的分析以来,[29] 这种趋势愈加明显,典型案件如小姐妹会宗教团体诉宾夕法尼亚州案和自然资源保护委员会诉惠勒案。

1.小姐妹会宗教团体诉宾夕法尼亚州案[30]

卫生资源和服务管理局(HRSA)根据《病人保护和平价医疗法案》(ACA)赋予的权力,制定了暂行最终规则(interim final rules,简称 IFRs),其中包含系争的"避孕强制令"(contraceptive mandate)。避孕强制令要求雇主为雇员购买避孕保险,许多宗教性质的雇主担心这会侵犯他们的宗教自由,为此卫生资源和服务管理局于 2013 年修改 IFRs 以创设所谓的宗教与道德豁免。新通过的 IFRs 规定广泛的宗教性质的雇主含义,不限于非营利性实体,而且这些实体仅需提交一份自我认证(self-certification)表格就可以不用执行避孕强制令。即使不属于宗教性质的雇主,也可以因为对避孕持有"真诚的反对意见",从而避免强制执行,这被称为"道德豁免"。新规则颁布不久后,宾夕法尼亚州对 IFRs 提出挑战,认为该规则在实体上和程序上都是无效的。旨在为老年人提供服务的罗马天主教团体小姐妹会(Little Sisters of the Poor Saints Peter & Paul Home)为捍卫自己的宗教权益参与诉讼,在宾夕法尼亚东部地区法院的判决中,宾夕法尼亚州胜诉。[31] 小姐妹会上诉至第三巡回上诉法院,法院维持地区法院的判决,该

〔28〕 Cannon Jurrens, *The not-so harmless error rule:how § 706 of the APA could be applied in a more effective manner*,6 Administrative Law Review 287,302(2021).

〔29〕 Shinseki *v.* Sanders, 556 U.S. 396, 406-407 (2009).

〔30〕 Little Sisters of the Poor Saints Peter & Paul Home v. Pennsylvania,140 S. Ct. 2367 (2020).

〔31〕 Pennsylvania *v.* Trump, 281 F. Supp. 3d 553 (2017).

案最终提交到美国联邦最高法院。

托马斯大法官作为代表撰写了本案的多数意见,指出在审查 IFRs 的程序时一份名为《暂行最终规则的征求意见》的文件已表明满足《联邦行政程序法》第 553 条规定的程序性要件。对于是否存在偏见错误的分析,托马斯大法官简单引用美国《联邦行政程序法》第 706 条,提到 IFRs 符合美国《联邦行政程序法》规定的拟议规则通知的所有要素,所以规则制定程序的参与人没有遭受损害。托马斯大法官对偏见错误进行了基于事实的分析,但他同时指出规则制定程序的参与人无法证明他们受到了行政机构命名错误的文件的侵害,这又显然是基于结果的标准。对于程序错误,托马斯大法官使用了基于事实和基于结果的分析,但基于记录的标准在认定程序错误时显然更有帮助。根据格伯诉诺顿案的标准,这份错误命名的文件会使得规则制定程序的参与人误认为行政机构已就相关问题作了决定,所以会引发不鼓励利害关系人对拟议规则进行评论的结果,可以得出结论认为利害关系人可能遭到了损害。[32] 因而该案被视为简单引用美国《联邦行政程序法》第 706 条的表述,并且混淆判例法中各个尤害错误认定标准的典型。

2. 自然资源保护委员会诉惠勒案[33]

国会于 1990 年通过《清洁空气法》的修正案,要求公司停止使用会损耗臭氧的物质,随后很多公司将将氢氟烃(HFCs)作为替代物使用。2015 年,美国环保署发现 HFCs 是导致气候变暖的有害温室气体,所以通过一项规定禁止公司使用氢氟烃作为替代物。两家化学制品公司请求华盛顿特区巡回法院推翻该规定,法院于 2017 年判决美国环保署可以禁止公司使用氢氟烃作为替代物,但不能要求这些使用氢氟烃的公司改用其他的替代物。所以,法院撤销了部分规则,并将其发回美国环保署。[34] 在发回之后,特朗普执政背景下的环保署于 2018 年径直撤销了对氢氟烃的全部限制,这引起了很多组织的不满,其中自然资源保护委员会等随后向华盛顿特区巡回法院请求推翻环保署于 2018 年对相关规定的修改。原告诉称根据《联邦行政程序法》的规定,环保署对相关规定的修改必须经过通知与评论程序,环保署

---

[32]　Cannon Jurrens, *The not-so harmless error rule: how § 706 of the APA could be applied in a more effective manner*, 6 Administrative Law Review 287, 304(2021).

[33]　Natural Resources Defense Council *v.* Wheeler, 955 F. 3d 68, 94-95 (D. C. Cir. 2020).

[34]　Mexichem Fluor Inc. *v.* Envtl. Prot. Agency, 866 F. 3d 451 (D. C. Cir. 2017).

跳过该程序进行修改是违反法律程序规定的,环保署则辩称对相关规定的修改是解释性而非立法性的,因而无需经过规则制定的通知与评论程序。

华盛顿特区巡回法院最终判决美国环保署对相关规定的修改是立法性的,必须经过通知与评论程序,理由是根据《联邦行政程序法》第706条的分析,发现美国环保署存在一个有害的错误。然而,法院并没有援引基于结果的标准或基于记录的标准,而是引用了一个其他判例,称环保署借解释之名规避通知与评论程序,是违反公众参与要件的最严重的情形。如果沿用华盛顿特区巡回法院这一分析,就意味着行政机构只要没有适当地向利害关系人发出通知,阻碍了利害关系人参与评论规则制定的程序,都将被视为一个有害的错误。法院的结论与基于记录的标准得出的结论是一致的,但与基于记录的标准进行分析不同,法院使用基于事实的分析,指出美国环保署于2018年对相关规定的修改使得评论者丧失了评议的最佳时机,因而该程序错误是有害的。法院未沿用此前清晰的认定标准,导致利害关系人和行政机构的可预测性降低,而且无害错误的标准适用显得愈加模糊,这种分析致使该案与同一年判决的小姐妹会宗教团体诉宾夕法尼亚州案存在不同结果。

三、美国法上行政无害错误规则的检视

行政无害错误规则的实践也出现了一些弊端,自桑德斯案后标准适用稍显混乱,而且认定一个行政错误"无害"意味着行政机构的疏忽大意和走捷径的行为得到了法院的许可,这激励行政机构更多地逃离制定法的约束。有些法院为了限制行政机构产生更多的错误,而将举证负担分配给行政机构,但这反过来激励原告选择在审判阶段而不是行政程序阶段指出错误,这没有达到节约成本的初衷。通过检视行政无害错误规则存在的"有害性",学者提出了不同的改进方案。

(一)有序适用无害错误认定标准

既有判例中已经形成了稳定和清晰的审查框架:对实体错误适用基于结果的标准,对程序适用基于记录的标准。桑德斯案后的法院对标准适用显得较为模糊,尽管基于事实的分析也很重要,但是不同法官会因为同一认定事实得出错误有害与否的认定,这类分析缺乏完整的逻辑链条,从而引起诸如自然资源保护委员会诉惠勒案和小姐妹会宗教团体诉宾夕法尼亚州案出现判决结果不一致的情形,这会引起下级法院的判决的混乱,同时降低当事人和行政机构的可预测性,所以法院不应随意选择无害错误的认定标准。为此,联邦最高法院应澄清行政无害错误的认定标准,严格限定无害错误的分析,指示下级法院根据不同情形适用基于结果的标准或基于记录的标准,并避免仅对《联邦行政程序法》第706条的简单复述,从而提高当事人和行政机构的可预测性。[35] 通过剔除法院对判例的无序引用,能够凸显既已确立的、清晰的认定标准,而且能为法官提供更为便捷的操作指南。

(二)对程序错误适用基于贡献的标准(Contribution-Based Standard)

在确立前述清晰的审查框架的基础上,有学者进一步指出法院不应该仅从行政机构的角度审查程序错误,而应当考虑该错误是否阻碍了挑战者参与相应的行政程序。如果挑战者希望获得法院的支持,应证明自己要向行政机构提供哪些信息,并且由于行政机构的错误,挑战者无法达成向行政机构提供信息的目标。在既有的审查中,法院主要适用基于记录的标准,但这对保护当事人的权益而言还存在局限,应当改进为基于贡献的标准。[36] 基于贡献的标准是从可能的行政程序参与人的角度出发,认为只要参与人可能为最终记录的形成提供贡献,那么行政机构的错误便阻碍了该参与人提供贡献的机会,这就会被法院认为是有害的错误。

基于贡献的标准和基于记录的标准是存在差异的,以格伯诉诺顿案为例,如果有其他当事人就争议地图提供相应的评论,即使野生动物保护者组织没有提交相应的意见,法院也会认为行政记录是完整的,基于记录的标准会认为这个错误是无害的。假如适用基于贡献的标准,只要行政机构剥夺了野生动物保护者组织提供评论意见的机会,该错误都是有害的,而不论其他参与人是否已经提供了类似的评论。基于贡献的标准相较于基于记录的标准存在更多的优势,它更强调被管制各方的参与,显现出积极公众参与的

---

〔35〕 Cannon Jurrens, *The not - so harmless error rule: how § 706 of the APA could be applied in a more effective manner*, 6 Administrative Law Review 287, 308-310(2021).

〔36〕 参见 Craig Smith, *Taking "due account" of the APA's prejudicial - error rule*, 96 Virginia Law Review 1727, 1755-1757(2010).

意涵。适用基于贡献的标准能够确保受行政决定影响的各方都能参与进相应的行政程序中。而且公平对待每个利害关系人的程序参与机会是平等原则的体现,进而有可能改善公众对行政机构的看法。[37] 总的来讲,基于贡献的标准是站在程序参与者的视角,更多强调每个被管制者平等参与程序的机会,由于被管制者的广泛参与,基于贡献的标准已经涵盖了行政记录的完整性,其内涵得到更多的延展,也更能体现公众参与的真实内涵。

(三)向利害关系人施加及时反对要件(seasonable - objection requirement)

行政机构脱离制定法的行为经常得到法院的许可,这不利于公众形成对于制定法的稳定期待,从而削弱了法治的价值,从这个角度而言,行政无害错误规则本身也可能是有害的。行政无害错误规则隐含着形式合法性与经济价值以及实质救济价值之间的张力,如果行政机构每一个违反制定法的细小瑕疵都将被撤销,这最能够完美地实现形式法治价值,但即使没有这些细节错误,也不会改变行政决定和案件判决的结果,最终结果只能是程序的空转,这不符合成本收益分析的要求。此外,"无害"的错误意味着没有对当事人的权利造成实质影响,对案涉行政行为予以撤销对于实现实质的救济价值而言并没有太多的意义。出于价值平衡的考量,确立无害错误规则可以说是一种不得已的、次优的选择,它确实激励了行政机构逃脱制定法的约束而不承担不利后果,那么现实的问题是如何防止行政机构在无害错误规则的庇护下产生更多的错误?

针对上述问题,有学者提出为减少行政机构出错的机会,利害关系人应在行政程序阶段及时提出错误,由行政机构自行纠正,从而避免到了审判阶段由法院再行纠正。[38] 如果法院审查后认为利害关系人本可以在行政程序中提出反对意见而没有提出,那么该错误会被法院默认为是无害的,这就使得利害关系人注意到如果没有提醒行政机构存在错误会让后续的司法审查变得毫无价值可言。在未进入诉讼程序之前,由行政机构自己纠正错误

---

〔37〕 参见 Craig Smith, *Taking "due account" of the APA's prejudicial - error rule*, 96 Virginia Law Review 1727, 1757-1758(2010).

〔38〕 参见 Craig Smith, *Taking "due account" of the APA's prejudicial - error rule*, 96 Virginia Law Review 1727, 1761-1762(2010).

比由法院进行纠正成本更低。如果挑战者需要推翻某个有错误的行政行为，需要提前在行政程序中提出，这提醒当事人在行政程序中就要作出及时的反对，以免将案件直接送上法庭。如果连当事人都没有直接向行政机构表达行政行为存在的错误或问题，法院会对错误的严重性持有怀疑的态度。及时反对要件倒逼当事人和行政机构在行政程序中解决存在的错误问题，而不是将问题直接引入诉讼程序当中。

向利害关系人施加及时反对要件有许多优势。第一，利害关系人提供的反对意见使得行政机构获得了更多纠正错误的机会，让行政机构自行纠正错误比法院纠正更有效率。第二，利害关系人有动力在行政程序阶段提出能够导致他们重大损害的错误，这使得法院在后续的审查中更为便捷地关注到审查的重点，假如行政程序中的其他错误连利害关系人都没有提出关切，法院很大程度上有理由认为这很可能不是一个有害的错误，可以说利害关系人的反对具有一种信号价值（signaling value）。[39] 要求利害关系人在合理期限内提出自己的反对意见是有多种意义的，它能够帮助行政机构与利害关系人进行更好的辩论，在辩论的基础上形成相应的行政记录，这就降低了后续司法审查的成本。

四、结语

美国行政法中对无害错误的审查框架简单明确，易于操作，这种在美国司法实践中生长出来的处理行政错误的智慧具有一定的启发性：不能简单地"一撤了之"，这会以保护利害关系人权利的名义害了利害关系人，利害关系人需要的不是简单的撤销行政行为或者确认行政行为无效这个"口惠"，他们需要的是用较低的诉讼成本保护自己的合法权益这个"实惠"；也不能简单地听之任之，这会最终以不降低行政效率为由放纵行政机构的恶行，长期积累下来的形式法治的利好会烟消云散。在制度与实践、权利与效率的龃龉中，法院左冲右突，生长出了处理行政无害错误的实践智慧。

（特约编辑：刘雪鹂）

---

〔39〕 参见 Craig Smith, *Taking "due account" of the APA's prejudicial-error rule*, 96 Vrginia Law Review 1727, 1763(2010).

《第一修正案》与公开权

[美]罗伯特·C.波斯特　珍妮弗·E.罗斯曼* 著　王旭** 译

内容提要：公开权保护自然人免受他人未经授权而使用其身份，典例如姓名、形象或声音。这项权利显然与言论自由之间存在着紧张关系。法院试图将这项权利与《第一修正案》相调和，然而迄今为止，只是产生了广受诟病的混乱的、不协调的宪法学说。在本文中，我们提出了一种摆脱混乱的方法。我们提议，运用一种相对简明易懂的框架，来分析如何使得公开权与《第一修正案》原则相协调。

造成当前的宪法混乱的一个根源是，未能清楚地表达出公开权促进的

---

* 罗伯特·C.波斯特，耶鲁大学法学院 Sterling 讲席教授。珍妮弗·E.罗斯曼，洛约拉·玛丽蒙特大学洛约拉法学院 William G. Coskran 讲席教授。感谢 Shyamkrishna Balganesh、Jane Ginsburg、Wendy Gordon、Amy Kapczynski、Genevieve Lakier、Mark Lemley、J. Thomas McCarthy、Elizabeth Pollman、Lisa Ramsey、Pamela Samuelson、Frederick Schauer、Brian Soucek、Rebecca Tushnet、Eugene Volokh、James Weinstein、Christopher Yoo 以及波士顿大学知识产权研讨会（Boston University Intellectual Property Colloquium）、宾夕法尼亚大学法律与技术研讨会（the University of Pennsylvania's Law & Technology Colloquium）、佩珀代因卡鲁索法学院教师工作坊（the Pepperdine Caruso School of Law faculty workshop）、耶鲁言论自由学者会议（the Yale Freedom of Expression Scholars Conference）、德保罗大学知识产权学者会议（the Intellectual Property Scholars Conference at DePaul University）和圣克拉拉大学的进展中工作知识产权会议（the Works-in-Progress Intellectual Property Conference at Santa Clara University)的与会者对本文草稿的评论。感谢 Alejandro Nava Cuenca、Gavin Holland 和 Alex Zhang 的助研工作。

本文原载于《耶鲁法律杂志》第 130 卷，2020 年第 1 期，第 86-172 页，在线访问地址：https://ssrn. com/abstract＝3553946。

** 王旭，北京大学法学院 2018 级民商法学博士研究生。感谢耶鲁大学法学院法律科学博士（JSD)研究生肖炜霖对译文的细致审校和专业意见。

明确的政府利益(state interest)。*** 我们拆分出了四种不同的公开权所想要保护的政府利益,以期弥补这种不足。我们认为,在任何案例中,对公开权的典型引用都是想要对如下四种利益(中的一种或以上)施加保护:原告表演的价值、原告身份的商业价值、原告的尊严、原告的人格自主(autonomous personality)。

原告基于身份的利益经常必须与被告言论中的宪法利益相权衡。因此,我们区分出三种不同的宪法上的交流类型,每种都伴随着一种《第一修正案》保护的不同形式。被告对原告身份的不当盗用,可能发生在公共话语(public discourse)、商业言论(commercial speech)或我们称之为"商品(commodities)"的情形中。接下来,我们讨论了对这三种言论的宪法保护,应当如何与公开权请求所典型保护的四种不同利益相交融。

本文的结论并不是一个产生正确的宪法结果的机械算法,而是一个对任何公开权诉讼中有争议的宪法风险的解释。我们希望,通过小心地拨开笼罩在公开权和《第一修正案》间冲突的迷雾,使得潜藏其中的宪法和政策风险得以浮出水面,从而为那些必须在这片混乱领域中探索的人,绘制出一张有实质性帮助的地图。

关键词:公开权;第一修正案;侵权;宪法****

导 论

公开权被广泛地定义为一种州法上的侵权行为,用于防止对个人身份

*** 译者注:《元照英美法词典》将"compelling state interest"解释为"国家必须保护的、较个人权利更为重要的利益。当国家为保护这种利益而采取的国家行为因侵犯了公民所享有的受平等保护或宪法第一条修正案赋予的权利而受到攻击时,该国家行为为应予支持"。薛波主编、潘汉典总审定:《元照英美法词典》,法律出版社 2003 年版,第 268 页。在本文提到的宪法审查中,审查的对象可能是州的法律或联邦的法律,因此,为了避免可能的歧义,本文将"state interest"与"governmental interest"均翻译为"政府利益"。后文中的"state"亦视情况翻译为"政府"。

**** 内容提要及关键词系译者根据文章内容所添加。

的未经授权使用,典型例子是对个人姓名、肖像或声音的盗用。[1] 因为公开权限制了可以被说出、展示或听到的内容,所以它与言论自由有着潜在的冲突。对于这个冲突的司法分析,因其缺乏逻辑性与连贯性,而广受诟病。

问题的本质在于,对身份的未经授权使用是出于许多不同原因而被规定的,这些原因经常混淆在一起,呈现在含混不清的州禁令中,被普通法的侵权法或成文法所强制执行。有说服力的《第一修正案》分析需要对明确的政府利益进行仔细说明,从而为政府限制言论提供正当化理由。因此,毋庸置疑,对于被当代公开权硬塞到一起的许多截然不同的法律利益,法院并没有清楚充分地完成哪怕一次《第一修正案》的检验。

在大部分表述中,公开权指的是一种明显的侵权行为,被宽泛地定义为了被告的"使用或利益"而对原告身份的盗用。[2] 不过单一的侵权行为能够损害许多截然不同的法律利益。想想来源于好色客杂志公司诉福尔维尔案(Hustler Magazine, Inc. v. Falwell)的一个例子:如果我指控你与你的母亲发生性关系,我就能损害你在你的社区中的声望,并因此触犯一项侵犯行为——诽谤。或者,我能特别故意地导致你的精神损害,并因此触犯一项侵权行为——故意精神伤害(intentional infliction of emotional distress)。或者,我能通过披露你深藏的秘密来侵犯你的尊严,并因此触犯一项侵权行为——公开披露私人事实(public disclosure of private facts)。[3] 虽然这些不同的侵权行为是由同一行为引发的,但每种侵权行为都具有不同的要件(elements),来探求该侵权行为旨在救济的特定损害。

公开权潜在的困难是,它在尚未详细说明该侵权行为试图解决的特定

---

〔1〕 尽管法律最初仅限制对个人姓名和肖像的使用,但现在法律也对"身份"其他标记的使用设置了责任。参见,例如 White v. Samsung Elecs. Am. , 971 F. 2d 1395,1399 (9th Cir. 1992)(该案认为,公开权请求可以基于仅仅是使用机器人时能让人想起原告);Midler v. Ford Motor Co. ,849 F. 2d 460,463-464 (9th Cir. 1988)(允许公开权请求基于对与原告相似声音的声音表演的使用);Motschenbacher v. R. J. Reynolds Tobacco Co. ,498 F. 2d 821,827 (9th Cir. 1974)(允许公开权请求基于对与原告有关的红色汽车的使用);又见 JENNIFER E. ROTHMAN, THE RIGHT OF PUBLICITY: PRIVACY REIMAGINED FOR THE PUBLIC WORLD 88-96 (2018)(追寻了公开权在姓名和肖像之外的扩张)。

〔2〕 参见 RESTATEMENT (SECOND) OF TORTS § 652C (AM. LAW INST. 1977).

〔3〕 Hustler Magazine,Inc. v. Falwell,485 U. S. 46,56-57 (1988)(该案认为,这种被诉称在杂志上恶搞(parody)的指控受到《第一修正案》的保护,使之免受故意精神伤害请求的指控;原告还提出歪曲报道(false light)和诽谤指控)。

译者注:对于 false light 一词,国内亦有学者翻译为"虚光性隐私"。

损害时,就禁止了行为。[4] 由此带来的不严密已经在鼓励该侵权行为不受控制地扩张,正如一位评论者所说,变得像"无法的西部(Wild West)"。[5]不仅涉及公开权的案件数量已经大幅增加,[6]不同司法判决对公开权的界定也在变得越发不一致。[7] 在某些州,公开权被限定为只存在于商业情形之中,而其他州则不然。[8] 在有些州,只有在原告声称他们的身份具有商业价值时,公开权才成立,而其他州则不然。[9] 在有些州,公开权指向经济损害,而在其他州,它同时包括经济损害和人身损害。[10] 因为对该侵权行为救济的损害是不确定和不清晰的,所以《第一修正案》对这项侵权行为的处理也是如此。

这引发了现实且重要的后果。如果有人想要创造具有表现力的作品,但其中包含了真实人物的身份,或者如果有人想要在线发布有关真实人物的图片或评论,那么他们就将被剥夺重要的《第一修正案》权利施加的可信

---

〔4〕 参见,例如 CAL. CIV. CODE § § 3344,3344.1 (West 2019); NEV. REV. STAT. § 597.770 (2019); N. Y. CIV. RIGHTS LAW § § 50,51 (McKinney 2019); Eastwood v. Superior Court,198 Cal. Rptr. 342,349-352 (Ct. App. 1983); Martin Luther King,Jr., Ctr. for Soc. Change, Inc. v. Am. Heritage Prods., Inc.,296 S. E. 2d 697,705-706 (Ga. 1982).

〔5〕 Brian D. Wassom, *Identity and Its Consequences: The Importance of Self-Image, Social Media, and the Right of Publicity to IP Litigators, in* LITIGATION STRATEGIES FOR INTELLECTUAL PROPERTY CASES: LEADING LAWYERS ON ANALYZING KEY DECISIONS AND EFFECTIVELY LITIGATING IP CASES 37, 43 (Aspatore Books ed. 2012); 参见 ROTHMAN,前注〔1〕,61-62 及 87-97。

〔6〕 在 1977 年,9 个州已经有了某种形式的成文法的公开权或盗用侵权。如今,这一数字增加到 25 个。绝大多数没有规定成文法权利的州也会承认某种普通法上的权利。参见 ROTHMAN'S ROADMAP TO THE RIGHT OF PUBLICITY, https://www. rightofpublicityroadmap. com〔https://perma. cc/78DR-NBFA〕(提供了对不同州公开权法律的分析)。为了粗略地了解过去 40 年中涉及公开权的判决的增长情况,20 世纪 70 年代大约公布了 18 件公开权判决,20 世纪 80 年代为 53 件,20 世纪 90 年代为 63 件,21 世纪前 10 年为 105 件,21 世纪 10 年代为 112 件。这些数字可能低估了意见的数量,因为它们基于我们对 Westlaw 已发布裁判的调查,我们仅在案件概要/摘要(synopsis/digest)中使用搜索词"公开权"来搜寻案件。公开权申请的增加要比此多得多。

〔7〕 对于该权利上各州之间的不同,参见 ROTHMAN,前注〔1〕,96-98;以及 ROTHMAN'S ROADMAP TO THE RIGHT OF PUBLICITY,前注〔6〕。

〔8〕 参见下注〔23〕-〔24〕,〔29〕-〔32〕及附随的文字。

〔9〕 同上。

〔10〕 正如我们将要讨论的,在大多数州,公开权同时处理基于市场的利益和人格利益。

赖和可预见的保护。对于在电子游戏、[11]新闻报道、[12]海报、[13]桌游及纸牌游戏、[14]印刷制品(prints)、[15]漫画书、[16]商品(merchandise)[17]和电影[18]等场景中使用受《第一修正案》所保护的名人身份的行为,法院已经表示了反对。对该侵权行为的不同处理方式和其不可预测性,以一种广泛和

────────────

〔11〕　对比下列案件:*In re* NCAA Student-Athlete Name & Likeness Licensing Litig.,724 F. 3d 1268,1284 (9th Cir. 2013)(对于涉嫌在电子游戏中使用运动员肖像的情形,驳回《第一修正案》的抗辩),Noriega v. Activision/Blizzard, Inc.,42 Media L. Rep. 2740 (Cal. Sup. Ct. 2014)(认为《第一修正案》使电子游戏制造商免于承担在电子游戏中使用前独裁者肖像的责任)。

〔12〕　对比下列案件:Zacchini v. Scripps-Howard Broad. Co.,433 U. S. 562 (1977)(在展示原告表演的夜间新闻广播中,驳回《第一修正案》的抗辩),Joe Dickerson & Assocs., LLC v. Dittmar,34 P. 3d 995,997 (Colo. 2001)(当在新闻通讯中使用某人的身份并且该使用被认为具有"新闻价值"时,驳回公开权请求)。

〔13〕　对比下列案件:Montana v. San Jose Mercury News, Inc.,40 Cal. Rptr. 2d 639,643 (Ct. App. 1995) (结论是,在一张含有著名四分卫的海报的情形中,公开权请求被《第一修正案》所驳回)和 Paulsen v. Personality Posters, Inc., 299 N. Y. S. 2d 501,509 (Sup. Ct. 1968)(在被告出售含有喜剧演员肖像的海报的情形中,否认了公开权请求),Factors, Etc., Inc. v. Pro Arts, Inc., 496 F. Supp. 1090,1104 (S. D. N. Y. 1980)(对在纪念海报中使用猫王的名字和形象,支持公开权请求并驳回《第一修正案》的抗辩),以其他理由被改判,652 F. 2d 278 (2d Cir. 1981)和 Brinkley v. Casablancas,438 N. Y. S. 2d. 1004,1014-15 (App. Div. 1981)(在展示了原告模特形象的海报的情形中,支持公开权请求)。

〔14〕　对比下列案件:Rosemont Enters., Inc. v. Urban Sys., Inc.,340 N. Y. S. 2d 144,147 (Sup. Ct. 1973)(在关于霍华德·休斯的桌游中,支持公开权请求),Aldrin v. Topps Co., No. CV-10-09939,2011 WL 4500013, at *3(C. D. Cal. Sept. 27,2011)(在交易卡游戏的情形下,支持《第一修正案》的抗辩)。

〔15〕　对比下列案件:Comedy III Prods., Inc. v. Gary Saderup, Inc., 21 P. 3d 797, 810-11 (Cal. 2001)(在出售含有喜剧演员图画的多份平版印刷品和 T 恤的情形中,驳回《第一修正案》的抗辩),ETW Corp. v. Jireh Publ'g, Inc., 332 F. 3d 915, 936-38 (6th Cir. 2003)(在出售多份含有著名高尔夫球手的绘画印刷品的情形中,支持《第一修正案》的抗辩)。

〔16〕　对比下列案件:Doe v. TCI Cablevision, 110 S. W. 3d 363, 376 (Mo. 2003)(对于在漫画书中使用冰球运动员名字的变体,驳回《第一修正案》的抗辩),Winter v. DC Comics, 69 P. 3d 473, 480 (Cal. 2003) (结论是,《第一修正案》保护作者免于因在漫画书中使用原告姓名和肖像的变体而承担责任)。

〔17〕　对比下列案件:Rosa & Raymond Parks Inst. for Self Dev. v. Target Corp., 90 F. Supp. 3d 1256, 1263-1265 (M. D. Ala. 2015)(对于在大量生产的牌匾上使用民权英雄的名字和形象,支持《第一修正案》的抗辩),以其他理由被维持原判,812 F. 3d 824 (11th Cir. 2016),Martin Luther King, Jr., Ctr. for Soc. Change, Inc. v. Am. Heritage Prods., 296 S. E. 2d 697, 706 (Ga. 1982)(在出售大量生产的民权领袖半身像的情形中,驳回《第一修正案》的抗辩)。

〔18〕　对比下列案件:Porco v. Lifetime Entm't. Servs., LLC, 47 N. Y. S. 3d 769, 772 (App. Div. 2017)(在纪录片的情形中,支持公开权请求),De Havilland v. FX Networks, LLC, 230 Cal. Rptr. 3d 625, 647 (Ct. App. 2018) (在纪录片连续剧的情形中,根据《第一修正案》驳回公开权请求)。

难以计量的方式使言论产生寒蝉效应。

我们希望改善公开权法中的不足,正如威廉·普洛瑟(William Prosser)六十年前对隐私权做的那样。他看到了隐私法上"处于飓风中的干草堆",并通过区分隐私侵权行为的四种不同类型来试图理清隐私法。[19] 在本文中,我们试图对公开权实施一种类似的做法,并且在这个过程中阐明对该侵权行为的宪法分析。

我们区分了公开权试图澄清的四种典型的不同利益。对于解决当前的困惑,分解这些利益是必要的第一步,因为这四种利益中的每一种都需要它自身特定的《第一修正案》分析。作为一种有所助益的启发,人们甚至可以想象这些利益中的每一种都体现在自己独特的侵权行为中,并具有自己的一套初步要件(prima facie elements)。

为了有助于理清,我们将这四种理想的侵权行为命名为表演权、商业价值权、控制权和尊严权。这些侵权行为分别保护原告控制使用他们表演的利益、保护他们身份商业价值的利益、保护他们人格自主的利益,以及维护他们个人尊严的利益。在任何已有的公开权诉讼中,这四种利益至少有一种可能会处于争议之中。[20] 当综合在一起时,我们认为这四种利益涵盖了目前根据州公开权法对未经授权使用身份进行补救的绝大多数案件。

在第一部分,我们界定了四种不同的公开权。在第二部分,我们描述了关于公开权请求的《第一修正案》分析的当前令人遗憾的状态。在第三部分,我们证明如果将公开权请求分解为我们识别出的四个利益,《第一修正案》分析的清晰程度将大大提高。尽管艰难的宪法裁判当然会继续存在,但我们希望,我们提出的框架会产生比目前盛行的混乱更可信赖、更可预测和更加健全的宪法结果。我们也希望为进一步的批判和对潜在的实质性侵权行为的改革提供助益。

---

〔19〕　William L. Prosser, *The Right to Privacy*, 48 CALIF. L. REV. 383, 407 (1960).

〔20〕　未经授权使用个人身份有时也会牵涉到受其他侵权行为保护的利益。例如,原告有时可能会声称,未经授权使用他们的身份使他们遭受了歪曲报道、诽谤或商标侵权。参见,例如, *ETW Corp.*, 332 F. 3d at 915(对用原告赢得大师赛的作品进行印刷的艺术家提出商标、不正当竞争和公开权请求);*De Havilland*, 230 Cal. Rptr. 3d at 625(由于迷你连续剧角色使用了原告的姓名和个性,在引发的诉讼中提出歪曲报道和公开权请求)。

一、四种公开权

在这部分,我们界定了四种不同的公开权请求。每个都涉及原告可能会试图通过公开权诉讼来维护的独特利益。这四种利益中的每一种都能在当代公开权诉讼中见到。在一个理想的世界中,每项利益的保护都需要它自己的一套初步要件和《第一修正案》的分析。但是,无论对这些利益的保护是否正式划分为不同的侵权行为,在这些利益被分解和单独评估之前,都无法进行有说服力的法理分析和宪法审查。[21]

一个多世纪以来,美国法一直在保护原告身份的商业和人格利益。正如本文作者之一曾证明的,早在 20 世纪 50 年代杰罗姆·弗兰克(Jerome Frank)和梅尔·维尔尼默(Melville Nimmer)思考"公开权"之前,这项法律的主体就已经存在很久了。[22] 目前,禁止未经授权使用身份的理由既包括

---

〔21〕 参见 Eric E. Johnson, *Disentangling the Right of Publicity*, 111 NW. U. L. REV. 891, 894, 928-932 (2017) (指出公开权的基本问题之一是它被视为单一的权利,但它"实际上是多重权利")。将公开权分为四种不同的侵权行为,对于指导有关该侵权行为令人伤神的问题的裁判特别有用,例如可继承性和可转让性,迄今为止这一直是特别有争议的。

〔22〕 ROTHMAN,前注〔1〕,11-29 ("当公开权据称出现在 20 世纪 50 年代时,对身份被盗用和不必要公开的担忧并不新鲜。相反,它们由来已久,并且在很大程度上是煽动性的发展隐私权本身的事件。")。弗兰克和尼默在图片中添加的是对自己身份的权利可以转让的可能性。同上,45-64 及 68-71;另见 Haelan Labs., Inc. v. Topps Chewing Gum, Inc., 202 F. 2d 866, 868 (2d Cir. 1953) (Frank, J.) (表明存在可转让的"公开权");Melville B. Nimmer, *The Right of Publicity*, 19 LAW & CONTEMP. PROBS. 203, 221-223 (1954) (主张在海兰案(Haelan)裁判之后采用广泛且可转让的"公开权")。在海兰案作出裁判之后,法院甚至花了几十年时间才考虑公开权可能与隐私权的盗用侵权有所不同。ROTHMAN,前注〔1〕,67-86。

保护基于市场的利益,又包括保护基于人格的利益。[23] 虽然一些法院(和学者)区分了盗用隐私侵权(他们定义为保护身份中的人格利益)与公开权侵权(他们定义为保护身份的市场价值),[24]但许多州认为这两种侵权行为是可以互相替换的。[25] 即使在声称区分了公开权侵权和盗用隐私侵权的州,这两种诉因的要件也常常是相同的。正如密苏里州最高法院坦率地观

〔23〕 参见,例如,Waits v. Frito-Lay, Inc., 978 F. 2d 1093, 1102-1104 (9th Cir. 1992)(承认在加利福尼亚州普通法公开权之下,歌手因相似声音的使用而受到经济和人身损害);Baugh v. CBS, Inc., 828 F. Supp. 745, 753 (N. D. Cal. 1993)(提出,根据《加利福尼亚州民法典》第 3344 条提出的请求"可能[作为]两种理论之一被呈现"——一种基于商业利用,另一种基于"对情感的伤害"(引用了 Dora v. Frontline Video, Inc., 18 Cal. Rptr. 2d 790, 792 (Ct. App. 1993)));Bullard v. MRA Holding, LLC, 740 S. E. 2d 622, 625 (Ga. 2013)(承认佐治亚州的公开权可以保护尊严和财产免受伤害);另见 RESTATEMENT (SECOND) OF TORTS § 652C & cmt. a (AM. LAW INST. 1977)(将公开权和盗用视为单一的侵权行为,并指出这种侵权行为可以防止"精神痛苦"和经济伤害。我们注意到,尽管《反不正当竞争重述(第三版)》采取狭义的观点,将公开权视为主要是不正当竞争的侵权行为,但它也将该侵权描述为同时保护基于市场和基于人格的利益。参见 RESTATEMENT (THIRD) OF UNFAIR COMPETITION § 46 cmt. c (AM. LAW INST. 1995)(注意到"公开权保护个人在个人尊严和自主方面的利益"以及个人的"商业价值")。

〔24〕 参见 Joe Dickerson & Assocs., LLC v. Dittmar, 34 P. 3d 995, 1000 (Colo. 2001)(注意到虽然一些法院"遵循普洛瑟对这项侵权行为的表述并为人格损害和商业损害提供救济",但其他法院"部分拒绝普洛瑟的表述,而选择将因未经授权使用原告身份而导致的个人情感损害的请求('隐私权')与试图救济因盗用原告身份的商业价值而导致的金钱损失的请求相区分('公开权')");Crump v. Beckley Newspapers, Inc., 320 S. E. 2d 70, 85 n. 6 (W. Va. 1983)("隐私权保护个人人格和情感,公开权保护姓名或肖像的商业价值。")。

〔25〕 参见,例如,Zacchini v. Scripps-Howard Broad. Co., 351 N. E. 2d 454, 458-460 (Ohio 1976)(解释了俄亥俄州的隐私权包括对"盗用原告姓名和肖像"的要求,并且"隐私的这一方面"被称为"公开权"),以其他理由被改判,433 U. S. 562, 565-566 (1977)(将原告声明的隐私权请求理解为侵犯公开权的一种);另见 Prima v. Darden Rests., Inc., 78 F. Supp. 2d 337, 346 (D. N. J. 2000)("路易斯安那州法律……没有明确规定公开权。相反,路易斯安那州的法院将路易斯安那州的隐私权解释为保护个人姓名或肖像免遭商业利用。"(引用了 Prudhomme v. Procter & Gamble Co., 800 F. Supp. 390, 396 (E. D. La. 1992)));Brinkley v. Casablancas, 438 N. Y. S. 2d 1004, 1012 (App. Div. 1981). 加利福尼亚州的法律提供了一个生动的例子。加州法定的生前公开权,现在经常被用来保护身份的商业价值,它最初是以"隐私"的名义通过的,旨在为身份缺乏商业价值的普通公民提供获得法定损害赔偿的机会。Act of Nov. 22, 1971, ch. 1595, 1971 Cal. Stat. 3426 (codified at CAL. CIV. CODE § 3344);ROTHMAN,前注[1],208 n. 40;Letter from Assemb. John Vasconcellos to Governor Ronald Reagan (Nov. 10, 1971) (on file with the Governor's Chaptered Bill File, California State Archives). 因此,加利福尼亚州基于隐私的盗用侵权和公开权的成文法是相同的,普通法版本的侵权也是如此,两者都允许对基于人格的和基于市场的损害进行救济。参见 Eastwood v. Superior Court, 198 Cal. Rptr. 342, 346-348 (Ct. App. 1983);另见 RESTATEMENT (SECOND) OF TORTS § 652C (AM. LAW INST. 1977)(将基于隐私的盗用侵权和公开权视为同一的)。

察到该州据称不同的诉因，"这两种侵权行为的要件本质上是相同的。"[26]因为这两种侵权行为实际上都是为了防止未经授权使用身份，我们将在本文中将这两者视为同一种重要公开权的变体。

公开权模糊性的一个例子是《侵权法重述（第二次）》（下称《重述（第二次）》），它将"盗用姓名或肖像"侵权定义为："某人为了自己的使用或利益而盗用他人的姓名或肖像，属于对隐私的侵犯，应当对他人承担责任。"[27]这一定义将盗用侵权的重点放在被告的行为上，而对于其试图保护的原告利益的性质，则保持了沉默。[28]

盗用侵权是《重述（第二次）》中描述的四种隐私侵权行为之一。与其他三项隐私侵权行为相比，盗用并不需要原告证明被告以"高度冒犯性"的方式行事。[29] 这种省略并非偶然。"高度冒犯性"的行为违反了基本的社区规范，因此被视为对尊严的压制和侮辱。[30] 但《重述（第二次）》盗用侵权的意图并非只是为了维护原告的尊严。相反，它规定的这项侵权可以涵盖在某种意义上可以说是使被告"受益"的所有盗用行为，在文义上包括传记作者、历史学者、报纸、信用报告机构、电话号码簿出版商等的使用。

为了遏制这种难以容忍的宽泛，许多州对这项侵权施加了额外的积极要件（affirmative elements）。例如，一些州要求原告的身份具有商业价值，

---

〔26〕　Doe v. TCI Cablevision，110 S. W. 3d 363，368 (Mo. 2003).

〔27〕　RESTATEMENT (SECOND) OF TORTS § 652C (AM. LAW INST. 1977)；参见 Prosser，前注〔19〕，401-407。许多州都采用了第652C条的表述。例如，加利福尼亚州的普通法公开权要求证明(1)被告使用了原告的身份；(2)对原告身份的盗用是为了被告的利益，无论是商业上的还是其他方面的；(3)原告没有同意这种使用；(4)造成了损害。参见 *Eastwood*，198 Cal. Rptr. at 346；另见 *Dittmar*，34 P. 3d at 1002(科罗拉多州法律采用了类似表述)。

〔28〕　RESTATEMENT (SECOND) OF TORTS § 652C cmts. a & d (AM. LAW INST. 1977).

〔29〕　比较前注 § § 652B，652D，652E 与前注 § 652C.

〔30〕　Robert C. Post，*The Social Foundations of Privacy*，77 CALIF. L. REV. 957，961 (1989)〔hereinafter Post，*Social Foundations*〕；另见 Robert C. Post，*The Constitutional Concept of Public Discourse：Outrageous Opinion，Democratic Deliberation，and* Hustler Magazine v. Falwell，103 HARV. L. REV. 601，616-626 (1990)〔hereinafter Post，*The Constitutional Concept of Public Discourse*〕.

或者要求被告的使用出于商业目的、广告目的或交易目的。[31] 然而,这些要求通常既不需要证明市场损害,也不排除展示人格损害。[32]

这项侵权行为未能专注于它所维护的确切利益,因此很难将公开权请求与《第一修正案》的保护相协调。例如,让我们想想在 2001 年,科罗拉多州最高法院确定,盗用侵权不能超越"《第一修正案》的特权,该特权允许在涉及具有新闻价值或公众合法关注的事项的出版物中,或与之合理相关时,使用原告的姓名或肖像。"[33]然而在 1977 年,美国最高法院允许在推定具有新闻价值的夜间新闻广播的情形中,提出公开权之诉。[34] 只有当这两个法院是在裁决维护完全不同的政府利益的公开权主张时,这两个案例才能协调,事实上它们正是如此。[35]

在这部分,我们界定了公开权请求通常寻求维护的四种不同的利益。这四种利益分别涉及保护表演、保护身份商业价值、保护人格自主和保护人格尊严。在实践中,在任何特定诉讼中,原告可能会以这些利益中的一项以上为基础提出损害指控。但是,因为这些利益中的每一种都需要进行单独的宪法分析,所以我们认为想象四种理想的侵权行为最有帮助,每种侵权行为都精确地面向特定单一利益的保护。

(一)表演权

首先,我们考虑我们所说的**表演权**,我们将其定义为旨在授权表演者保护其表演不被盗用的请求。广义上说,当被告未经同意使用他人的表演时,即侵犯了表演权。

---

〔31〕 参见,例如,765 ILL. COMP. STAT. ANN. 1075/1 (West 2020); N. Y. CIV. RIGHTS LAW §§ 50, 51 (McKinney 2019); 42 PA. STAT. AND CONS. STAT. ANN. § 8316 (West 2020); 另见 Jennifer E. Rothman, *Commercial Speech, Commercial Use, and the Intellectual Property Quagmire*, 101 VA. L. REV. 1929, 1950-1955, 1959-1964 (2015)(注意到围绕商业性的公开权条款具有多样性和可变性)。

〔32〕 参见,例如,CAL. CIV. CODE § 3344 (West 2020); Downing v. Abercrombie & Fitch, 265 F. 3d 994, 1001 (9th Cir. 2001); Brinkley v. Casablancas, 438 N. Y. S. 2d 1004, 1012-1013 (App. Div. 1981).

〔33〕 Joe Dickerson & Assocs., LLC v. Dittmar, 34 P. 3d 995, 1003 (Colo. 2001).

〔34〕 Zacchini v. Scripps-Howard Broad. Co., 433 U. S. 562, 564, 566 (1977).

〔35〕 科罗拉多州最高法院那时在处理一种公开权的形式,旨在防止因原告身份被盗用而引起的"精神痛苦",*Dittmar*, 34 P. 3d at 1002-1003, 而美国最高法院 1977 年时在讨论旨在防止盗用原告表演的一种公开权的形式,*Zacchini*, 433 U. S. at 564, 566, 569, 572-579.

　　表演权是被普遍主张的。运动员起诉以阻止他们的比赛被播放；[36]艺人起诉以阻止他们的表演被播放；[37]播音员起诉以阻止他们的评论被复制；[38]演员起诉以阻止未经授权发行他们出演的电影；[39]歌手起诉以阻止他们的曲目被循环播放。[40]

　　美国最高法院曾经明确考虑过的唯一一项公开权请求是表演权的案件——查西尼诉斯克里普斯-霍华德广播公司案（Zacchini v. Scripps-Howard Broadcasting Co.）[41]原告是雨果·查西尼（Hugo Zacchini），他表演了"从大炮射向约 200 英尺外的网中的壮举。整个表演持续了大约 15 秒。"[42]在一家新闻台试图在俄亥俄州展会上拍摄他的表演时，查西尼表示了反对。新闻台无视他的反对，录下了他的表演，随后在晚间新闻上播出了这段视频。查西尼控诉称，"被告在未经他同意的情况下展示并商业化利用了［他的］表演……的视频，被告的这种行为是非法盗用原告的专业财产。"[43]

　　俄亥俄州最高法院将查西尼的请求概念化为"他人通过盗用来侵犯隐

---

　　[36] 参见，例如，Ettore v. Philco Television Broad. Corp. , 229 F. 2d 481, 490（3d Cir. 1956）；同上，at 497（Hastie, J. , dissenting）. 埃托尔（Ettore）是一名拳击手，他试图阻止与乔·路易斯（Joe Louis）的比赛的重播。埃托雷同意拍摄他的表演，但不同意在电视上使用他的表演——这是他同意拍摄和使用他的表演时没有考虑过的技术。在他的控诉中，埃托尔还主张，重播通过省略他的最佳回合，从而反映了他在拳击技巧方面的不充分，给他带来了负面影响，进而损害了他的尊严。同上，at 484（majority opinion）.

　　[37] 参见，例如，Gautier v. Pro-Football, Inc. , 304 N. Y. 354（1952）.

　　[38] 参见，例如，Facenda v. N. F. L. Films, Inc. , 542 F. 3d 1007（3d Cir. 2008）；Ventura v. Titan Sports, Inc. , 65 F. 3d 725（8th Cir. 1995）.

　　[39] 参见，例如，Jules Jordan Video, Inc. v. 144942 Canada Inc. , 617 F. 3d 1146（9th Cir. 2010）；Fleet v. CBS, Inc. , 58 Cal. Rptr. 2d 645（Ct. App. 1996）.

　　[40] 参见，例如，Laws v. Sony Music Entm't, Inc. , 448 F. 3d 1134（9th Cir. 2006）；Armstrong v. Eagle Rock Entm't, Inc. , 655 F. Supp. 2d 779（E. D. Mich. 2009）.

　　[41] 433 U. S. 562（1977）. 我们注意到，可以说，最高法院审理的第一个公开权案件要更早得多，即 *Sperry & Hutchinson Co. v. Rhodes*, 220 U. S. 502（1911）. 在该案中，在原告反对未经其同意在交易邮票上使用其照片的情形中，法院支持了纽约隐私权法规的合宪性，该法规也是确立其公开权的法规。同上，505.

　　[42] Zacchini v. Scripps-Howard Broad. Co. , 351 N. E. 2d 454, 455（Ohio 1976），以其他理由被改判，433 U. S. 562（1977）.

　　[43] 同上，456. 查西尼的控诉被广泛地申辩，但没有具体提及公开权、隐私权或普通法上的版权。Petition for Writ of Certiorari app. at A49-A50, *Zacchini*, 433 U. S. 562（No. 76-577）.

私权",这在俄亥俄州是公开权的同义词。[44] 法院指出,该侵权行为所指的"根本错误"是"将他人姓名、肖像或身份的利益盗用给自己,无论该利益是否是金钱上的,错误都是一样的"。[45] 法院指出,"决定性问题是……**被告拍摄和使用原告表演的视频是否**……构成了对**被告自身肖像和身份的专有权的盗用**。"[46]

虽然俄亥俄州法院的修辞似乎将查西尼保护其表演价值的权利与保护其身份的更广泛的权利混为一谈,但该裁判特别注重对使用查西尼表演的分析:

原告寻求保护的正是这种权利,一种对其表演进行公开的排他性控制权。对于表演者来说,这项权利是他的才能和努力可能获得的利益的重要组成部分,与之前的一些案例相反,我们认为这项权利应该受到法律的保护。[47]

查西尼的表演并未被形式所固定,因此根据联邦或州版权法不受版权保护。[48] 但俄亥俄州法院得出结论,即使是未固定的表演也应受到法律保护。它试图通过支持查西尼根据该州公开权提出的请求,来弥补它察觉到的版权法范围内的漏洞。[49]

俄亥俄州法院最终认为,夜间新闻节目播放查西尼表演的视频的《第一修正案》"特权"超越了查西尼的合法权利。[50] 该节目放映的视频被推定具有新闻价值。[51] "新闻界有报道合法公共利益事项的特权,即使此类报道可能会侵犯本来是隐私的事项……在声称公开权被盗用的案件中,也存在

---

〔44〕 *Zacchini*, 351 N. E. 2d at 456, 460.

〔45〕 同上,458 (引用 RESTATEMENT (SECOND) OF TORTS § 652C (AM. LAW INST. 1977)).

〔46〕 同上,459(增加了重点)。

〔47〕 同上,460(增加了重点)。

〔48〕 17 U. S. C. § 102 (2018); *Zacchini*, 351 N. E. 2d at 457(结论是未受固定的表演根据州法律不受版权保护,即使受到版权保护,这种保护也会在公开表演时终止)。未发表作品的州层面上的版权保护于1976年版权法生效之日即1978年1月1日被废除。参见 Pub. L. No. 94-553, § 301, 90 Stat. 2541, 2572 (1976) (codified as amended at § 101).

〔49〕 参见 SK&F, Co. v. Premo Pharm. Labs., Inc., 625 F. 2d 1055, 1065 (3d Cir. 1980) (citing Zacchini v. Scripps-Howard Broad. Co., 433 U. S. 562, 576-577 (1977))(注意到根据查西尼案,"州法律可以对不受版权保护的表演提供公开权的保护")。

〔50〕 *Zacchini*, 351 N. E. 2d at 461.

〔51〕 同上,460-462 页。

同样的特权。"[52]

最高法院准许移送本案，以审查这一宪法观点。它按照请求，接受了俄亥俄州法院的结论，即根据州法律，查西尼拥有"对其表演的公开价值的权利"，[53]该权利已经被电视台播放"他全部表演和在电视上（展示）视频供公众观看和欣赏"的行为所损害。[54]但对于《第一修正案》的解释，最高法院与俄亥俄州法院存在分歧。

俄亥俄州法院应用了涉及诽谤和歪曲报道的基于隐私请求的案件的宪法先例，最高法院认为这些案件是为了保护原告免受尊严损害。[55]但尊严损害与查西尼的请求无关。相反，法院将查西尼对其表演的利益视为"专有"利益，这种保护"与专利和版权法的目标非常相似。"[56]俄亥俄州法律保护"个人通过自己的努力获得回报的权利，这与对感情或名誉的保护无关。"[57]

最高法院指出：

播放含有请求人全部表演的视频对该表演的经济价值构成了重大威胁……它的大部分经济价值在于"对其表演的公开享有独家控制权"；如果公众可以在电视上免费观看表演，那么在展会上付费观看的意愿就会降低……在这种情况下，俄亥俄州已经认识到可能是"公开权"最有力的案例——涉及的不是盗用艺人的声誉来提高商业产品的吸引力，而恰恰是盗用艺人最初可以获取声誉的表演。[58]

通过强调与版权的极度相似，最高法院得出的结论是"正如宪法不能给予那些拍摄和播放有版权的戏剧作品的被告免除向版权所有者承担责任的特权一样，宪法也不能阻却一个州要求那些在电视上播放请求人表演的被

---

〔52〕　同上，461页。
〔53〕　*Zacchini*, 433 U.S. at 565.
〔54〕　同上，569页。
〔55〕　同上，573页。
〔56〕　同上。
〔57〕　同上。
〔58〕　同上，575-576页（省略脚注）（省略引文）。

告进行赔偿。"〔59〕

最高法院根据俄亥俄州普通法侵权法的确切目的,恰当地建立起了《第一修正案》的分析。它将法律保护特别地扩张到对查西尼"表演"炮弹行为的复制。〔60〕准确地说,查西尼和新闻台之间的争议涉及发布查西尼表演的控制权,而不是对他的名字或肖像的使用。查西尼可能利用他的身份来创作表演,但他的表演在概念上与他的肖像和身份截然不同。

查西尼的表演是一组在空间和时间上具体的(discrete)行为。版权创造了一种类似的权利,来控制可能传达作者个性但又不同于作者个性的具体的、固定的表达。〔61〕正如社会希望鼓励受版权保护的作品的制作和发行一样,它或许也希望鼓励表演的创作,包括那些可能因为未被固定而不受版权保护的表演。〔62〕"版权法的经济原理——在没有合法权利的情况下会发

〔59〕 *Zacchini*, 433 U.S. at 575. 多数大法官特别担心,在此案中允许《第一修正案》的抗辩将使广播公司能够以新闻为幌子播放不受版权保护的作品,例如一些交响乐和体育赛事。参见 ROTHMAN,前注〔1〕,141-142, 220 n.5(描述了布莱克蒙(Blackmun)大法官在查西尼案中的口头辩论质询、记录和在口头辩论之前的两天晚上对交响乐的参观)。

〔60〕 *Zacchini*, 433 U.S. at 575-576;另见 Guglielmi v. Spelling-Goldberg Prods., 603 P.2d 454, 464 (Cal. 1979) (Bird, C.J., concurring)(将查西尼案解释为与原告的"表演的公开权价值"有关);Carissa Byrne Hessick, *The Right of Publicity in Digitally Produced Images: How the First Amendment Is Being Used to Pick Celebrities' Pockets*, 10 UCLA ENT. L. REV. 1, 12 (2002)("表演权是公开权的必然结果。最高法院在查西尼诉斯克里普斯-霍华德广播公司案中……承认了这项权利)。

〔61〕 参见 Robert C. Post, *Rereading Warren and Brandeis: Privacy, Property, and Appropriation*, 41 CASE W. RES. L. REV. 647, 662-70 (1991);另见 Jennifer E. Rothman, *The Inalienable Right of Publicity*, 101 GEO. L.J. 185, 204-233 & n.205 (2012)("在公开权的情形下……一个人的身份并不像完成的创造性作品那样变成外在的。与作者和受版权保护的作品的联系相比,身份持有者以一种更加重要和持续的方式与公开权保持联系和结合。")。

〔62〕 参见 *Zacchini*, 433 U.S. at 573;另见,同上,576("俄亥俄州的裁判之所以在此保护请求人的公开权,不仅仅是为了补偿表演者在其表演上投入的时间和精力;这种保护为他提供了一种经济激励,使他能够进行必要的投资以为公众创造表演的利益。同样的考虑也是本法院长期执行的专利和版权法的基础。")。

生市场失灵"〔63〕——在表演的情形中同样适用。〔64〕

　　法院和评论者们通常不区分对表演的保护和对原告身份的保护。事实上，对公开权的标准解释是，它更关注"身份和'人格'（identity and 'persona'）"而不是表演。〔65〕然而，正如版权的重点是保护作品的价值而不是作者的人格，因此表演权保护的是表演的价值，而不是创作该作品的表演者的身份。最高法院在强调新闻台盗用了查西尼的"整个表演"时援引了

---

　　〔63〕Stacey L. Dogan & Mark A. Lemley, *What the Right of Publicity Can Learn from Trademark Law*, 58 STAN. L. REV. 1161, 1187 (2006)（描述了版权的主要理由）。

　　〔64〕同上，1187-1188（批评了公开权与版权法的类比，但指出在像查西尼案这样的表演案件中，与版权的类比是"最接近的"）；另见 Rochelle Cooper Dreyfuss, *We Are Symbols and Inhabit Symbols, So Should We Be Paying Rent? Deconstructing the Lanham Act and Rights of Publicity*, 20 COLUM. -VLA J. L. & ARTS 123, 126-127 (1996)（注意到，像查西尼案这样的案件中的保护是"容易理解的"，因为如果不保护这类表演，就会"淡化创作的经济动机，也会造成将来公众能享受的表演变少的结果"，因而会"减少经济收益"。在这种情况下，公开权可以作为版权条款的有益补充"）；K. J. Greene, *Right of Publicity, Identity, and Performance*, 28 SANTA CLARA COMPUTER & HIGH TECH. L. J. 865, 880-884 (2012)（注意到"对表演的知识产权保护方面的差距"，并暗示"最高法院在查西尼案中通过保护未受版权保护的表演而有所作为"）。许多学者对版权的激励原理提出了质疑。参见，例如，Stephen Breyer, *The Uneasy Case for Copyright: A Study of Copyright in Books, Photocopies, and Computer Programs*, 84 HARV. L. REV. 281, 321-322 (1970); Kal Raustiala & Christopher Sprigman, *The Piracy Paradox: Innovation and Intellectual Property in Fashion Design*, 92 VA. L. REV. 1687, 1717-1718 (2006). 如果这些批评是有效的，那它们在表演权的情形下似乎具有同等的分量。

　　如果有创造激励以外的理由来支持版权，那么这种理由也适用于表演权。对比 17 U. S. C. § 106A (2018)（对艺术家赋予精神权利，以防止他们的作品被"扭曲、毁坏或遭到其他修改"，而不论其物理所有权或版权所有权如何）；Shyamkrishna Balganesh, *Privative Copyright*, 73 VAND. L. REV. 1, 3-5 (2020)（记录了版权法中基于作者权利的方面）；Jeanne C. Fromer, *Expressive Incentives in Intellectual Property*, 98 VA. L. REV. 1745, 1759-1764 (2012)（观察到即使在纯粹基于激励的版权法方法下，以促进他们基于人格的利益的方式来奖励作者也具有激励作用）；*Authors, Attribution, and Integrity: Examining Moral Rights in the United States*, U. S. COPYRIGHT OFF. 3-6 (Apr. 2019), https:// www. copyright. gov/policy/moralrights/full-report. pdf [https://perma. cc/8VJ4-F5MR]（记录了美国保护作者的精神权利的方式，包括公开权）。

　　〔65〕1 J. THOMAS MCCARTHY & ROGER E. SCHECHTER, THE RIGHTS OF PUBLICITY AND PRIVACY § 5.45 (2d ed. 2020).

这一差别。[66] 当适用于查西尼的肖像、姓名或声音时，这样的标准将毫无意义。

一旦我们聚焦于对表演的保护，而不是对身份的保护，很明显，原告在提出请求时不需要证明其表演实际的或潜在的商业成功，也不必证实她的身份具备任何预先存在的价值。例如，教人们如何做特定发型或精通复杂的电子游戏的油管（YouTube）红人，即使没有从自己的身份中获利，也应该有权对其表演的不当盗用提出表演权请求。[67] 原告也不需要证明被告进行了商业性使用。被告在非营利目的下的使用也可能构成不当盗用他人表演，例如为非营利组织筹款或在政治运动集会上的使用。[68]

表演权并不保护生活中的普通体验，哪怕这种生活恰好被视频或直播捕捉到，哪怕在某种意义上我们都在公开"表演"。[69] 如果要根据表演权请求保护，原告必须有意地创造一项表演。毫无疑问，这会出现模棱两可的情形，尤其是在"真实"电视和无剧本节目的世界中。各州必须确定生活和表演之间的法律界限。但是，可受保护的表演权的门槛应该高于仅仅记录或传播一个人的生活。原告必须采取积极的步骤来表演具体类型的行为，这将证明法律保护的是一种存在于原告普通生活身份之外的独立的"表演"。

表演权所制止的，不仅仅是像查西尼案中那样的对原告表演未经授权的录制和发布，它还制止未经授权使用在先拍摄的原告表演的视频来创作

---

〔66〕 *Zacchini*，433 U. S. at 564，569-570，574-575（增加了重点）（强调未经授权使用的查西尼的表演是他的"整个表演"，这个词在意见中使用了七次）；另见，同上，579-580（Powell, J., dissenting）（批评"整个表演"标准并"怀疑这个准则是否提供了一个足够清晰的标准，甚至能否解决本案"）。关于是否真的播出了查西尼的"整个表演"，存在争议。正如鲍威尔（Powell）法官在他的异议中指出的那样：

虽然记录并不明确，但"表演"不太可能是从将请愿人发射出去的那声爆炸突然开始，并在几秒钟后他落入网中就结束。人们可能会假设在实际射击之前有一些暖场宣传，可能会持续几分钟，以提高观众的预期；对表演者的介绍、对独特性和危险性的描述、对设备最后一分钟的检查、进入大炮，所有这些都伴随着仪式主持者适当的预言性评论。同上，579 n.1.

〔67〕 我们注意到，在这些情形下的油管表演也可能被版权保护。

〔68〕 尽管我们不打算在本文中主张或反对身后的权利，但我们承认，如果支持表演权的理由与支持版权法的理由相似，那么有限地延长死后的表演权期限可能是有意义的，就像版权在作者死后仍然存在一样。然而，身后表演权不需要（并且可能不应当）对版权的期限亦步亦趋，有许多人批评版权的期限是过长的。对比 WILLIAM M. LANDES & RICHARD A. POSNER, THE ECONOMIC STRUCTURE OF INTELLECTUAL PROPERTY LAW 213-222 (2003)（提出超过25 年的版权条款期限没有充分的理由，但指出对商业上成功的作品的无限展期可能是有意义的）。

〔69〕 对于以固定形式捕捉到的直播，版权保护可能适用于该固定物。

新的表演。无疑乐队诉动视出版公司案（No Doubt v. Activision Publishing，Inc.）就是一个例子。[70] 在无疑乐队案中，一家电子游戏公司通过在其游戏《乐队英雄（Band Hero）》中创建和使用该朋克摇滚乐队的数字形象，侵犯了原告乐队成员的表演权。尽管包括其主唱格温·史蒂芬妮（Gwen Stefani）在内的乐队，已授权动视以数字方式扫描他们的表演，并使用动作捕捉数据将数字形象植入（populate）到游戏中，但动视的使用超出了双方之间的合同条款。因此，放送这些重新创建的表演是未经授权的，并且侵犯了乐队成员的表演权。[71]

如果动视使用不同的表演者来创造"新的"无疑乐队表演，或者在未使用先前捕获的数据的情况下创造了这些表演，那么盗用行为就不涉及表演权，而是涉及商业价值权的请求。尽管新型数字表演会利用原告身份的市场价值，但它们不会侵犯原告的表演权。这种区别很重要，因为我们将在第三部分看到，《第一修正案》教义对商业价值权的限制与它对表演权请求主张的限制是截然不同的。[72]

表演权必须被谨慎地限制，以免压抑新表演的创造。只有表演真正衍生自（以数字方式或其他方式）原告的实际表演时，表演权才应当施加责任。运用汤姆·克鲁斯（Tom Cruise）的原始表演，并以数字方式重新创建或编辑"汤姆·克鲁斯"在《壮志凌云》续集中的新表演（没有他的参与），可能会侵犯克鲁斯的表演权，但聘请新演员来模仿汤姆·克鲁斯则不会如此。[73]

---

〔70〕　122 Cal. Rptr. 3d 397 (Ct. App. 2011).

〔71〕　同上，405-412. 加利福尼亚州上诉法院对该案的分析主要集中在盗用乐队成员身份的问题上，但这种情况也牵涉到我们认定为表演权的完全不同的利益。

〔72〕　参见后文第三部分第（一）章第 1、2 节。

〔73〕　这个例子是基于第九巡回上诉法院的拜比法官（Bybee）在 *In re NCAA Student-Athlete Name & Likeness Licensing Litigation*，724 F. 3d 1268 (9th Cir. 2013) 一案的口头辩论中提出的问题。拜比法官询问，如果第九巡回法院认为《第一修正案》使电子游戏制造商免于为其在游戏中使用学生运动员化身的行为承担责任，那么电影工作室是否可以根据演员的原始表演（例如《壮志凌云》中的汤姆·克鲁斯的表演）自由地重新制作演员的表演。Oral Argument at 9：26，in *In re NCAA*，724 F. 3d 1268 (No. 10-15387)，https://www. ca9. uscourts. gov/media/view_video. php? pk_vid=0000006196 [https:// perma. cc/2RX9-6MAM]. 如果一家工作室通过数字方式改变了克鲁斯的表演，并在《壮志凌云》续集中重新制作了他的表演，那么克鲁斯可能会同时提出表演权和商业价值权请求。然而，正如我们在下文第一部分第（二）章和第三部分第（二）章第 2 节中讨论的那样，商业价值权的请求可能会败诉，除非克鲁斯是否真的在扮演这个角色，或者他是否赞助或认可了重新制作的表演存在混淆。工作室重复使用受版权保护的镜头也可能会引发版权优先性的问题。参见下文脚注〔76〕-〔79〕以及附随的文字。

以这种方式理解,表演权应当制止使用先前获取的表演,来进行数字化重制,随着现在在世和离世演员的化身正在电影中出演,[74]已故表演者的全息影像正在巡演中被展示,数字化重制变得越来越普遍。[75] 然而,如果这些重制的表演在制作时并未使用之前的表演镜头,那么就应当禁止原告

---

〔74〕 参见,例如,Ashley Cullins, *Carrie Fisher*, *"Star Wars" and the Legal Issues of Dead but In - Demand Actors*, HOLLYWOOD REP. (May 1, 2017, 6:45 AM PDT), https://www. hollywoodreporter . com/news/carrie-fisher-star-wars-legal-issues-dead-but-demand-actors-997335 [https:// perma. cc/M26R-GNTY]; Carolyn Giardina, *How "Furious 7" Brought the Late Paul Walker Back to Life*, HOLLYWOOD REP. (Dec. 11, 2015, 5:00 AM PST), https://www . hollywoodreporter. com/behind-screen/how-furious - 7 - brought-late-845763 [https:// perma. cc/ 6TPG-YEKQ]; Benjamin Lee, *Discretion*, *Not CGI*: *How Philip Seymour Hoffman Was Kept in the Hunger Games*, GUARDIAN (Nov. 17, 2015, 7:35 AM EST), https://www . theguardian. com/film/2015/nov/17/philip-seymour-hoffman-hunger-games-mockingjay-2-paul-walker [https:// perma. cc/3G4P-P8HC]; Alex Lee, *The Messy Legal Scrap to Bring Celebrities Back from the Dead*, WIRED (Nov. 17, 2019), https://www. wired. co. uk/article/jamesdean-dead-actors-rights [https://perma.cc/CKZ2-U7B7](讨论制作一部由复活的詹姆斯 · 迪恩(James Dean)主演的电影的计划)。
我们注意到这些问题甚至在现代计算机生成图像技术之前就已经存在。参见 Eriq Gardner, *"Back to the Future II" from a Legal Perspective*: *Unintentionally Visionary*, HOLLYWOOD REP. (Oct. 21, 2015, 3:51 PM PDT), https://www. hollywoodreporter . com/thr-esq/back-future-ii-a-legal-833705 [https://perma. cc/5VSS-Y39P]。
主要的演员工会,即演员工会-美国电视和广播艺人联合会(the Screen Actors Guild-American Federation of Television and Radio Artists, SAG-AFTRA)对这种可能的复活表演表示担忧也就不足为奇了。参见 *Who Owns You*: *SAG-AFTRA Steps Up the Fight to Ensure Members Have Control of Their Own Likenesses*, SAG-AFTRA MAG. , Summer 2018, at 30, 31 http://digital. copcomm. com/i/1012073-summer-2018/37? m4 [https://perma. cc/KZP3-EHUV];另见 Brief for Screen Actors Guild, Inc. et al. as Amici Curiae Supporting Appellee at 2, in *In re NCAA*, 724 F. 3d 1268 (No. 10-15387)(考虑到电子游戏中的数字化身可能"破坏表演者的职业和经济利益");Jennifer E. Rothman, *The Right of Publicity*: *Privacy Reimagined for New York?*, 36 CARDOZO ARTS & ENT. L. J. 573, 575-576, 598 (2018)(讨论了 SAG-AFTRA 在扩大和倡导更广泛的公开权方面的作用)。
〔75〕 参见,例如,Andrew Dalton, *In the Spirit of Whitney*: *Houston Hologram Tour Set to Begin*, SEATTLE TIMES (Feb. 19, 2020, 12:20 AM), https://www. seattletimes. com/nation-world/in-thespirit - of - whitney - houston - hologram - tour - set - to - begin [https://perma. cc/S2A5-U7KF]; Eriq Gardner, *Hollywood Hologram Wars*: *Vicious Legal Feud Behind Virtual Mariah*, *Marilyn and Mick*, HOLLYWOOD REP. (May 28, 2015, 9:00 AM PDT), https://www . hollywoodreporter. com/thr-esq/hollywood-hologram-wars-vicious-legal-798401 [https:// perma. cc/ER4E-LU9B]; Stephen Humphries, *Buddy Holly's Back... as a Touring Hologram. But Is It 'Live' Music?*, CHRISTIAN SCI. MONITOR (Dec. 4, 2019), https://www. csmonitor . com/ The-Culture/Music/2019/1204/Buddy-Holly-s-back-as-a-touring-hologram. -But-isit-live-music [https://perma. cc/9NL9-YSVE]; Gregory Zinman, *Going 'Full Tupac'*, ATLANTIC (Aug. 26, 2016), *https://www. theatlantic. com/science/archive/2016/08/help-ustupac-youre-our-only-hope/497435 [https://perma. cc/RZV2-HG9W]*。

提出表演权请求,即使他们很可能能够提出商业价值请求。

　　对于以固定形式拍摄的表演,问题在于《版权法》是否优先于国家对表演权的保护。[76] 在这种情况下,法院区分了援引州法来保护"形象或肖像"和用其来保护"受版权保护的戏剧或音乐表演"。[77] 如果任何请求的表演权的保护范围不超过构成"受版权保护的材料"的"表演",那么表演者的此类请求很可能是劣后的(be preempted),至少对于合法拍摄然后被版权所

---

　　〔76〕 版权法明确的优先性条款究竟具有何种含义,这并未得到阐明,17 U. S. C. § 301 (2018),这种缺失导致了在评估版权优先性抗辩时的冲突,特别是在公开权案件的情形下。参见 ROTHMAN,前注〔1〕,160-164, 168-75;Jennifer E. Rothman, *Copyright Preemption and the Right of Publicity*, 36 U. C. DAVIS L. REV. 199, 208, 225-236 (2002)〔hereinafter Rothman, *Copyright Preemption*〕(提倡基于至高条款隐含的优先性分析来解决这个困惑);Jennifer E. Rothman, *The Other Side of* Garcia:*The Right of Publicity and Copyright Preemption*,39 COLUM. J. L. & ARTS 441, 445-447 (2016).

　　〔77〕 Fleet v. CBS, Inc. , 58 Cal. Rptr. 2d 645, 651 (Ct. App. 1996)(增加了重点);另见 Downing v. Abercrombie & Fitch, 265 F. 3d 994, 1003-05 (9th Cir. 2001)(认为联邦版权的优先性不适用于因使用照片而产生的公开权请求);No Doubt v. Activision Publ'g, Inc. , 702 F. Supp. 2d 1139, 1143 (C. D. Cal. 2010)(对比了原告"仅基于她的声音"的请求与她基于"她的表演的样本"的优先性请求)。

　　从版权的角度来看,很明显"一个人的肖像——她的外表(persona)——不是创作的,也不是固定的。"Toney v. L'Oreal USA, Inc. , 406 F. 3d 905, 910 (7th Cir. 2005). 同样清楚的是,"声音不受版权保护。声音不是'固定的'。"Midler v. Ford Motor Co. , 849 F. 2d 460, 462 (9th Cir. 1988) (引用 17 U. S. C. § 102(a) (1984));参见 ROTHMAN,前注〔1〕,163-164. 相比之下,固定的表演是受版权保护的。

有者使用或许可的表演而言如此。[78] 但如果表演是未经许可而被固定的
(例如查西尼案),那么录制者所主张的版权优先抗辩不应当成立。[79]

---

〔78〕 参见 Laws v. Sony Music Entm't, Inc. , 448 F. 3d 1134, 1143 (9th Cir. 2006);另见
Balt. Orioles, Inc. v. Major League Baseball Players Ass'n, 805 F. 2d 663, 677 n. 26 (7th Cir.
1986)(区分了"表演……已经被简化为有形形式"的"表演"案件,以及那些涉及"公众人物外表"的
"表演"案件,以进行优先性分析)。一个"对电影拍摄的表演不拥有版权的人,无法阻止拥有版权的
人诉诸州法律来利用它。"*Fleet*, 58 Cal. Rptr. 2d at 652-653. 在最近的一项裁判中,第二巡回法院
认为,实际上仅主张表演权的公开权诉讼,要适用《版权法》隐含的优先性规则。法院建议,相比之
下,主张其他利益的公开权诉讼,例如受商业价值权或尊严权保护的利益,可能不具有劣后性。参
见 Jackson v. Roberts(*In re* Jackson),No. 19-480, 2020 WL 4810706 (2d Cir. Aug. 19, 2020).

我们注意到,当原告试图针对合法的版权持有人或被许可人实施其表演权时,通常会出现版权
优先性的问题。但有些案件也在不同的情形下考虑了这个问题,其中之一是,原告同时拥有表演的
版权和相关的表演权。这种情况出现在第九巡回法院的 *Jules Jordan Video*, Inc. v. 144942
Canada, *Inc.*, 617 F. 3d 1146 (9th Cir. 2010) 案件中。原告是一名成年艺人,他拥有的公司持有
艺人表演的版权。同上,1149 页。当被告复制和散播艺人的视频时,他的公司同时起诉侵犯版权
和侵犯他的公开权。同上,1149-1150 页。虽然第九巡回法院认为《版权法》优先于公开权请求,同
上,1152-1155 页。但是,在表演权请求与《版权法》不发生冲突并致力于保护相关的或相协调的利
益时,我们认为没有理由说明为何表演权请求具有劣后性,正如朱利斯·乔丹视频案(*Jules Jordan
Video*)一样。参见 Rothman, *Copyright Preemption*, 前注〔76〕,241-243;另见 Michaels v. Internet
Entm't Grp. , 5 F. Supp. 2d 823, 836-837 (C. D. Cal. 1998)(认为,原告指控被告使用"他们在广
播、电视和互联网上的姓名、肖像和身份"来宣传一盘磁带的发行,这对原告指控的"侵犯版权的要
件是不相关的")。

〔79〕 版权法要求,在被关联版权之前,(作品)应当"由作者或被作者授权"进行固定。17 U.
S. C. § 101 (2018);另见 1 MELVILLE B. NIMMER & DAVID NIMMER, NIMMER ON
COPYRIGHT § 2.03[B][3] (Matthew Bender, rev. ed. 2020)(表示怀疑表演"本身"是"受版权
保护"的作品)。

如果版权持有人根据版权法行使权利,通过使用受版权保护的数字材料来创作新的表演,准备
衍生作品,此后再创作的表演超出了最初表演被捕获的人所同意的用途,那么可能会引发难题。参
见,例如,ROTHMAN,前注〔1〕,170-178(判断了衍生作品情形下版权优先性的不同处理)。在汤
姆·克鲁斯的假设中,他的受版权保护的表演被续集重复使用,见前注〔73〕以及附随的文字,会引
起这样的问题,因为电影工作室可能拥有原始材料的版权。对比 Lewis v. Activision Blizzard,
Inc. , No. C 12-1096 CW, 2012 WL 5199505, at *2-4 (N. D. Cal. Oct. 25, 2012),*aff'd*, 634
F. App'x 182 (9th Cir. 2015)(当员工的声音表演在没有额外补偿或许可的情况下在电子游戏中
被重复使用时,以优先性为基础驳回了公开权请求);Ahn v. Midway Mfg. Co. , 965 F. Supp.
1134, 1137 (N. D. Ill. 1997)(认为当武术家的表演在新的电子游戏中被重复使用时,他们的公开
权请求就具有了劣后性)。

针对版权持有人和被许可人自愿录制的表演,版权优先于某些表演权请求。此外,版权还可能
优先于妨碍版权"消极空间"的请求,"即版权法明确规定不受所有权或强制执行的空间"。
ROTHMAN,前注〔1〕,177;另见,同上,178(进一步详细说明了这些"消极空间")。

（二）商业价值权

在公开权请求的情形中，经常被主张的第二种利益是保护个人身份的市场价值。我们假定商业价值权是一种以这种利益为导向的理想的侵权行为。与表演权相反，商业价值权旨在保护个人身份的市场价值，该价值独立于其制作的任何特定表演。[80]

有些评论者将保护个人身份的商业价值视作公开权的根本目标。[81]《不正当竞争重述(第三版)》将公开权界定为防止"他人身份的商业价值被盗用"，并将该权利描述为"保护原告名声的商业价值"。[82] 许多学者都强调了公开权的这一商业面向。理查德·波斯纳（Richard Posner）和威廉·兰德斯(William Landes)将公开权描述为"主要对名人有价值"的权利，并且仅关注该侵权行为存在的基于市场的理由。[83] 发表了公开权权威著作的 J. T. 麦卡锡(J. T. McCarthy)将该权利定义为一项"知识产权，对该权利的侵犯属于不正当竞争的商业侵权行为"，它提供了一项"控制对身份的

---

〔80〕 尽管"商业的"一词在各州公开权法中有许多不同的含义，参见 Rothman，前注〔31〕，1950-1955 及 1959-1965，我们在这里使用该术语来表示使用一个人的身份可以在市场上获得的货币价值。

〔81〕 这种商业价值请求从盗用侵权开始时就存在了。ROTHMAN，前注〔1〕，30-35 & nn. 1, 8-10(使用档案研究证明"当隐私权被采纳时，它同样地保护了私人和公众人物，包括那些积极寻求公开并自我宣传的具备有商业价值的身份的人")；参见，例如，Complaint, Case on Appeal at 5-9, Loftus v. Greenwich Lithographing, 182 N. Y. S. 428 (1920); Complaint, Case on Appeal at 4-9, Redmond v. Columbia Pictures, 1 N. Y. S. 2d 643 (App. Div. 1938) (No. 859).

〔82〕 RESTATEMENT (THIRD) OF UNFAIR COMPETITION § 46 cmt. c (AM. LAW INST. 1995)(增加了重点)。《重述(第三次)》虽然认为公开权包括基于人格的利益和基于市场的利益，但得出的结论是该权利"强调商业利益"。同上。一些州要求原告证明被告未经授权的使用是出于"商业或广告目的"，FLA. STAT. § 540.08 (2019)，为了"商业利益"，Doe v. TCI Cablevision, 110 S. W. 3d 363, 369 (Mo. 2003)，"出于广告目的或贸易目的"，N. Y. CIV. RIGHTS LAW § § 50, 51 (McKinney 2019)，或在"产品、商品或货物中，或出于广告、销售或招揽目的"，CAL. CIV. CODE § 3344 (West 2020)。值得注意的是，《侵权行为重述(第二次)》第 652C 条并未将盗用请求限制为涉及盗用个人商业价值的案件。RESTATEMENT (SECOND) OF TORTS § 652C cmt. c (AM. LAW INST. 1977). 许多州法律也不需要这样的证明。参见，例如，Stewart v. Rolling Stone LLC, 105 Cal. Rptr. 3d 98, 111 (Ct. App. 2010)(指出，当使用是"为了被告的商业利益或其他利益"时，加利福尼亚州的普通法公开权侵权允许克以责任(引用 Eastwood v. Superior Court, 198 Cal. Rptr. 342, 349 (Ct. App. 1983)))；另见 Rothman，前注 31,1950-1955 及 1959-1964(讨论了州公开权法中对商业性的不同处理)。

〔83〕 LANDES & POSNER，前注〔68〕，64 及 222 - 228；参见 Richard A. Posner, *Misappropriation: A Dirge*, 40 HOUS. L. REV. 621, 634 (2003).

商业使用……并对非授权使用导致的法庭损害（court damage）和商业价值寻求救济"的权利。[84]

商业价值权请求通常由名人提起，因为他们的身份被盗用更可能产生可衡量的市场损害。知名人士可能会遭受损害，包括失去工作机会和代言合同、薪酬下降、许可和销售合同收入损失，以及声誉的整体下降（可理解为公众对这个人的正面联系）。[85] 然而，正如我们将看到的，完全不为公众所知的普通人有时也可以提出商业价值的权利请求。

表演权旨在鼓励表演的创作，但对于一项侵权行为来说，激励人们将他们的身份投资于商业价值是一种根本不同且不太有吸引力的立法理由。表演具有内在价值；它们丰富了我们的文化。如果没有版权和表演权的保护，它们这些潜在的具有教化性的事物可能不会再存于世。相比之下，具有商业价值的身份并不是一个独特的事物。它是一种生活方式，大多出于名人们的观念。法律没有令人信服的理由将内在价值归因于名人人格的创造。[86] 社会没有理由奖赏名人，仅仅因为他们有名。即使社会注定要鼓励

---

〔84〕 J. THOMAS MCCARTHY, 1 THE RIGHTS OF PUBLICITY AND PRIVACY § 1:3 (2018 ed.)（增加了重点）。罗杰·谢克特（Roger Schechter）最近和麦卡锡（McCarthy）一道成为了该书的作者，但在谢克特 2019 年的合著版之前，这句话就长期存在于这本书中。

〔85〕 参见 LANDES & POSNER, 前注〔68〕, 222-228；ROTHMAN, 前注〔1〕, 110-111；Mark F. Grady, *A Positive Economic Theory of the Right of Publicity*, 1 UCLA ENT. L. REV. 97, 103-104 (1994).

〔86〕 事实上，对名声的激励可能会使行为偏向恶名昭彰，而远离对社会更有意义的贡献。Michael Madow, *Private Ownership of Public Image: Popular Culture and Publicity Rights*, 81 CALIF. L. REV. 125, 215-19 (1993).

这样的明星，商业价值权是否会极大地激励人们成为名人也是值得怀疑的。[87]

因此，有时有人说，商业价值权取决于以下法理前提，即个人仅拥有其身份的商业价值。例如，密苏里州上诉法院在1911年指出：

一个人的外表可能有特殊性，如果它将要被制作成一项商品的内容，为什么这项制作不应该是为了他的利益呢？这是一项他可能希望为自己的利益而行使的权利，为什么他不能限制另一个利用它谋取利益的人呢？如果其中有足以激发他人的贪婪的价值，为什么赋予它价值并成为价值源泉的人不是这项财产的所有者呢？[88]

这些听起来是知识产权的理由，管得实在是太宽了。人们从名人的身份中获取商业利益是很常见的。传记、八卦杂志、电影数据库的作者，甚至社交媒体上的一些粉丝页面的创作者，都从名人的身份中获利。对这项财产权进行如此广泛地解释，会阻碍这些对名人身份的普通和合法的使用，这将是过度的解释。

在实践中，法院以更加具体和微妙的方式承认商业价值权，而不是简单地假定身份中的抽象财产权。我们识别出法院可能保护商业价值权的三种不同情形。每种情形最终都取决于对在商业市场中公平行事意味着什么的

---

[87]　正如塔查(Tacha)法官曾经为第十巡回法院所写的：

[最高]法院在表演权案件中的激励理由，显然比在涉及盗用名人身份的更典型的公开权案件中更具说服力……

……由公开权产生的成就的额外激励通常是无关紧要的，因为大多数具有宝贵商业身份的名人已经获得了丰厚的补偿。

Cardtoons, L. C. v. Major League Baseball Players Ass'n, 95 F. 3d 959, 973-974 (10th Cir. 1996)；另见 C. B. C. Distribution & Mktg., Inc. v. Major League Baseball Advanced Media, L. P., 443 F. Supp. 2d 1077, 1098 (E. D. Mo. 2006), aff'd, 505 F. 3d 818 (8th Cir. 2007)（注意到它对不涉及"实际表演"的情形下的公开权的激励理由持怀疑态度）；LANDES & POSNER，前注68, 223（将任何激励效果描述为可能是"极少的"或"增长的"）。正如理查德·波斯纳所观察到的那样：

一个人不太可能仅仅因为无法从他的名字和肖像的特许权中占有全部收入，就对于成为电影明星或其他类型的名人时投入更少的资金；虽然存在着搭便车，但不是威胁要杀死下金蛋的鹅的那种。

Posner，前注[83], 634。有关公开权法律的激励理由话题的进一步讨论和挑战，参见ROTHMAN，前注1, 99-102；Madow，前注[86], 215-219；以及 Jennifer E. Rothman, The Right of Publicity's Intellectual Property Turn, 42 COLUM. J. L. & ARTS 277, 313 (2019)（质疑了激励理由在查西尼案等基于表演的案例之外的适用性）。

[88]　Munden v. Harris, 134 S. W. 1076, 1078 (Mo. Ct. App. 1911).

说明。[89]

1. 混淆

首先涉及的是对原告的参与或赞助造成混淆的身份使用。此类请求的一个例子是阿卜杜勒-贾巴尔诉通用汽车公司案（Abdul-Jabbar v. General Motors Corp.），[90]其中著名篮球明星卡里姆·阿卜杜勒-贾巴尔（Kareem Abdul-Jabbar）针对通用汽车在奥兹莫比尔（Oldsmobile）汽车广告中使用他的名字而提出公开权请求。阿卜杜勒-贾巴尔的主要控诉是，广告的观众会认为他同意在广告中使用他的名字并为奥兹莫比尔汽车代言。很容易看出这种混淆可能会损害原告身份的潜在商业价值，并干扰原告自己的代言或职业机会。

一个人并不需要成为像阿卜杜勒-贾巴尔这样的名人，就会被这种令人困扰的使用来干扰其商业工作。例如，克里斯廷·丹塞尔（Christine Dancel）等人最近对 Groupon 提起集体诉讼，指控他们在未经许可的情况下抓取他们的 Instagram 帐户并使用他们的肖像和姓名。[91] 他们控诉称，Groupon 这样做是为了"故意制造照片中出现的消费者认可或至少购买了［Groupon］团购本身的错误印象。"[92]他们控诉称，Groupon 这样做是故意地从特定 Instagram 用户的"社交影响"中获利。[93] 实际上，他们的指控是 Groupon 正在干扰丹塞尔或其他集体诉讼成员将其作为潜在社交媒体网红的地位进行货币化的机会。

基于混淆的商业价值权是类似于有关商标侵权和虚假代言的法律。它

---

〔89〕 对比 Dogan & Lemley，前注〔63〕，1190-1208（提出，商标法为理解和限制公开权提供了一个有用的类比，并使用混淆、淡化、抢注和销售等商标的框架分析了公开权）。

〔90〕 85 F. 3d 407，412，415-416（9th Cir. 1996）（结论是，虽然通用汽车公司使用了阿卜杜勒-贾巴尔以前的名字刘·阿尔辛多（Lew Alcindor），但消费者会认为这个名字指向阿卜杜勒-贾巴尔）。

〔91〕 Dancel v. Groupon, Inc. , 940 F. 3d 381（7th Cir. 2019）. 对于地方法院拒绝了丹塞尔和其他人的集体诉讼确认的命令，第七巡回法院最近给予了肯定。Dancel v. Groupon, Inc. , 949 F. 3d 999，1010（7th Cir. 2019）.

〔92〕 Class Action Complaint & Demand for Jury Trial at 7, Dancel v. Groupon, Inc. , No. 2016CH01716（Ill. Cir. Ct. Feb. 5, 2016）［hereinafter Dancel Complaint］.

〔93〕 同上，6 页；同上，6-7 页。

们保护产品和服务的来源或赞助免受混淆。[94] 商业价值权填补了这些法律中的潜在漏洞。大多数普通人将无法针对他们的姓名和肖像设立商标权，他们可能会因为缺乏已建立的商业身份，而无法提出虚假代言主张。即使是一些没有将其身份商业化的公众人物，也可能难以建立足够的商业利益来满足虚假代言请求所要求的原告资格。[95]

2. 减损

责任的第二个基础是对原告身份的不当使用，这种不当使用可能会稀释或降低其现有市场价值。我们使用"减损"一词来表示商业价值权的这种变种。这种请求的一个例子可见于深夜脱口秀节目主持人约翰尼·卡森（Johnny Carson）对"这是约翰尼便携式厕所"的诉讼，该案被告是一家便携式厕所公司，它无耻地使用"世界最著名喜剧演员"的标语。[96] 第六巡回法院认为，尽管消费者不太可能对卡森的商业赞助产生混淆，但卡森"在对其身份的商业利用中受保护的金钱利益"仍然受到侵犯。[97] 法院担心被告的冒犯性使用将卡森与移动厕所联系起来，可能会损害卡森的品牌价值，此外，在获得受处罚的代言的补偿时，未经授权使用的扩散可能会降低卡森的品牌价值。[98]

---

〔94〕　参见 15 U.S.C. §§ 1114, 1125(a) (2018)；另见 Parks v. LaFace Records, 329 F.3d 437, 442 (6th Cir. 2003)（允许针对唱片公司使用罗莎·帕克斯（Rosa Parks）的名字作为歌曲名称的虚假广告请求）；Allen v. Nat'l Video, Inc., 610 F. Supp. 612, 632-633 (S.D.N.Y. 1985)（认为在广告中使用长相酷似伍迪·艾伦（Woody Allen）的人，违反了《兰哈姆法案》并给予强制令救济）。

〔95〕　根据《联邦兰哈姆法案》提出的虚假代言请求不需要确立商标权，但它们确实需要证明足以建立该法下的原告资格所要求的经济利益。参见，例如，*Parks*, 329 F.3d at 446-447（结论是，罗莎·帕克斯可以提出《兰哈姆法案》请求，因为她已经因为她的商业活动，特别是因为她在纪念专辑中的参与，而建立了"她姓名的财产利益"）；Stayart v. Yahoo! Inc., 651 F. Supp. 2d 873, 881 (E.D. Wis. 2009)（以缺乏声望为由驳回虚假代言请求，因为原告——据称是著名的动物权利倡导者和商业人士——"没有参与其身份的商业营销"，并且没有"提出将她的身份商业化的意图"）；对比 Lexmark Int'l, Inc. v. Static Control Components, Inc., 572 U.S. 118, 131-132 (2014)（认为要根据《兰哈姆法案》对虚假代言提起诉讼，原告必须建立"在声誉或销售方面的商业利益"）。但参见 Hauf v. Life Extension Found., 547 F. Supp. 2d 771, 776-777 (W.D. Mich. 2008)（结论是，一个人不需要是"名人"就可以提出虚假代言请求，如果癌症患者的身份是"独特的"，并且他"在癌症患者或替代医学倡导者中"具有"辨识度"或"昭彰的恶名"，"足以在可识别的群体中具备商业价值"，那就允许他提出虚假代言的请求）。

〔96〕　Carson v. Here's Johnny Portable Toilets, Inc., 698 F.2d 831, 833(6th Cir. 1983).

〔97〕　同上，835 页。

〔98〕　同上。

减损与商标淡化法(trademark dilution law)具有类似的功能。正如最高法院所指出的,淡化责任并不取决于可能的混淆。[99] 相反,淡化法力求"保护……商标的独特性"[100]。它们"旨在'保护著名商标免遭模糊其独特性或被玷污或被贬低的后续使用'"[101]。我们认识到,一些学者对淡化法目标的合法性及其实现立法目的的效果表示担忧。[102] 然而,我们的观点是,促使法院和立法机关在商标法的语境中承认淡化请求权的这一动力,在公开权的语境中,同样会发生作用。[103]

减损请求也起到了填补漏洞的作用。不需要原告拥有她自己已设立的商标,也不需要被告将其用作产品或服务的名称,减损请求就可以被提出,而这些是现在的联邦商标淡化法所要求的。[104] 在商业价值权的情形中,类

---

[99] Moseley v. V Secret Catalogue, Inc. , 537 U. S. 418, 429 (2003),部分地被制定法取代,Trademark Dilution Revision Act of 2006, Pub. L. No. 109-312, 120 Stat. 1730(用"可能淡化"要求来代替法院的"实际淡化"要求)。

[100] Frank I. Schechter, *The Rational Basis of Trademark Protection*, 40 HARV. L. REV. 813, 831 (1927).

[101] *Moseley*, 537 U. S. at 431 (引用了 141 CONG. REC. 38,559-61 (1995) (statement of Sen. Hatch));另见 15 U. S. C. § 1125(c) (2018)(提供了"模糊"和"玷污"的法定定义);Starbucks Corp. v. Wolfe's Borough Coffee, Inc. , 736 F. 3d 198, 205-207 (2d Cir. 2013)(对于导致《联邦商标淡化修订法案》通过的联邦商标淡化法律,提供了一个概述)。

[102] 参见,例如,Barton Beebe, *The Continuing Debacle of U. S. Antidilution Law: Evidence from the First Year of Trademark Dilution Revision Act Case Law*, 24 SANTA CLARA COMPUTER & HIGH TECH. L. J. 449, 449 (2007); Barton Beebe, Roy Germano, Christopher Jon Sprigman & Joel H. Steckel, *Testing for Trademark Dilution in Court and the Lab*, 86 U. CHI. L. REV. 611, 612 (2019); Robert N. Klieger, *Trademark Dilution: The Whittling Away of the Rational Basis for Trademark Protection*, 58 U. PITT. L. REV. 789, 795 (1997); Clarisa Long, *Dilution*, 106 COLUM. L. REV. 1029, 1029 (2006); Rebecca Tushnet, *Gone in Sixty Milliseconds: Trademark Law and Cognitive Science*, 86 TEX. L. REV. 507, 507 (2008).

[103] 对比 Barton Beebe, *What Trademark Law Is Learning from the Right of Publicity*, 42 COLUM. J. L. & ARTS 389, 394-395 (2019)(对于反淡化及反玷污保护,和公开权之间进行了对比)。但参见 Dogan & Lemley,前注[63],1198-1200(质疑了对"个人姓名"的模糊和玷污是否可能成为"一种常见之事")。如果商标淡化的实证挑战是理所应当的,那么它们在基于减损的公开权请求的情形中也可能具有同样的作用。参见前注[102]及附随的文字。

[104] 参见 15 U. S. C. § 1125(c) (2018)。我们注意到,在 2006 年《商标淡化修订法》之前,联邦的淡化请求是否要求被告作为标志使用是不清楚的。即使使用不是作为标志,一些州的法律也承认淡化请求。参见,例如,Deere & Co. v. MTD Prods. , Inc. , 41 F. 3d 39, 41 (2d Cir. 1994); Pillsbury Co. v. Milky Way Prods. , Inc. , No. C78-679A, 1981 WL 1402,at ＊14(N. D. Ga. Dec. 24, 1981); Coca-Cola Co. v. Gemini Rising, Inc. , 346 F. Supp. 1183, 1191, 1193 (E. D. N. Y. 1972).

似于商标淡化法，减损可以通过两种方式发生。第一种是以可能会降低身份市场价值的方式"过度曝光"名人，第二种是通过对名人进行负面描述，从而贬损她的身份，进而减损其商业价值。[105]

然而，我们在制定减损诉讼时必须谨慎，因为许多对著名原告身份完全普通的使用也会稀释或降低其市场价值。每一次的小报曝光都有可能减损名人身份的商业价值，每一次的负面评论也是如此。我们认为，很明显，商业价值权没有也不应该覆盖到这种损害。将减损请求限缩为涉及非表达性产品或服务的销售、营销或广告的纯商业情境中的请求，是最有意义的。

这正是国会在商标淡化法中已经这样做的。联邦淡化请求不适用于商标的"非商业使用"，这通常被解释为将淡化请求限缩于商业言论（commercial speech）中发生的情形。[106] 因此，最好将减损理解为救济不公平竞争引发的商业损害，而不是让人们对其身份拥有绝对的（unqualified）财产权。

在混淆中，无论是否出名都会损害一个人身份的商业价值，与之相反，减损的危害主要是（也许仅适用于）那些身份已经在市场上具有声誉的原告。此类身份的商业价值可能确实容易因过度曝光和贬损而受到损害。因此，我们假设原告必须证明，在被授权提出减损请求前，她的身份得到了广泛的认可并被赋予了大量的市场价值。这类似于淡化法要求商标在原告提出请求之前就已"著名"的要求。[107] 为了证明减损请求，原告还需要证明被

---

〔105〕 参见 LANDES & POSNER，前注〔68〕，223-227。有些人质疑了这种过度曝光或玷污实际上会发生且损害名人市场价值的可能性。参见，例如，Mark A. Lemley, *Ex Ante Versus Ex Post Justifications for Intellectual Property*, 71 U. CHI. L. REV. 129, 142-148 & nn. 67-71 (2004)（在公开权的正当化理由之中，质疑了"过度使用"的理由）。

〔106〕 15 U. S. C. § 1125(c)(2018); Radiance Found. v. NAACP, 786 F. 3d 316, 331-332 (4th Cir. 2015); Mattel, Inc. v. MCA Records, Inc., 296 F. 3d 894, 906 (9th Cir. 2002); H. R. REP. NO. 104-374, at 8 (1995), *as reprinted in* 1996 U. S. C. C. A. N. 1029, 1035（表明淡化条款仅适用于"商业言论"，并不旨在限制"消费品的评论"、新闻、电影或电视）; 141 CONG. REC. H14, 317-18 (daily ed. Dec. 12, 1995)(statement of Rep. Moorhead). 但见 Dall. Cowboys Cheerleaders, Inc. v. Pussycat Cinema, Ltd., 604 F. 2d 200, 202-203 (2d Cir. 1979)（将淡化法适用于非商业言论）; *Pillsbury Co.*, 1981 WL 1402, at ＊14（亦同）; *Coca-Cola Co.*, 346 F. Supp. at 1188, 1193（亦同）。关于这类冲突更详细的讨论，参见 Rothman，前注〔31〕，1942-1944。

〔107〕 参见 15 U. S. C. § 1125(c)(2018); Dogan & Lemley，前注〔63〕，1199。

告对他们身份的使用可能(或事实上已经)导致该价值的减损。[108]

3.不当得利(Unjust Enrichment)

除了混淆和减损之外,商业价值权请求还引发了第三种责任理论。法院经常说,被告因"不公正地"盗用原告身份的经济价值而获得了不正当的利益。[109] 他们的意思是,被告在商业上使用了原告的身份,却没有为此支付市场费用。我们将这种商业价值权的分支称为不当得利。

商业价值权的这一分支既不需要证明混淆,也不需要证明减损。未经同意或补偿而在广告或对商品和服务的营销中使用他人身份的被告,事实上盗用了他本来必须为该身份的使用而支付的任何经济价值。因此,被告欠原告一项听起来像是恢复原状的救济措施。[110] 不当得利不适用于非商业环境,因为我们通常不会认为在一般常识性的事件中,提到他人身份会是"不公正的"。

---

[108] 我们注意到,《兰哈姆法案》的联邦淡化条款最初被认为要求原告证明被告的使用实际上淡化了原告的商标,但现在该法已被修订为允许在较少证明的基础上对"可能导致淡化"的使用承担责任。15 U. S. C. § 1125(c)(1)(2018)(增加了重点);Moseley v. V Secret Catalogue, Inc., 537 U. S. 418 (2003), 部分地被制定法取代, Trademark Dilution Revision Act of 2006, Pub. L. No. 109-312, 120 Stat. 1730. 我们认为,在商业言论的情形下,可能或实际减损的标准同样有可能通过宪法审查。见下文第三部分第(二)章第 2 节。对于实体法上各州应该采用何种标准,我们不持任何立场。

[109] McFarland v. Miller, 14 F. 3d 912, 918 (3d Cir. 1994)("'公开权'意味着个人的权利,特别是公众人物或名人的权利,这项权利能控制其姓名和照片或肖像的商业价值和使用,并阻止他人因盗用该价值而不正当地获利")(引用了 Estate of Presley v. Russen, 513 F. Supp. 1339, 1353 (D. N. J. 1981)));另见 Ali v. Playgirl, Inc., 447 F. Supp. 723, 728-729 (S. D. N. Y. 1978)("'公开权'所保护的利益,'直接地说,是防止通过窃取善意(the theft of good will)而获得不当得利。'")(引用了 Harry Kalven, Jr., *Privacy in Tort Law—Were Warren and Brandeis Wrong?*, 31 LAW & CONTEMP. PROBS. 326, 331 (1966)).

[110] 参见,例如,Dancel v. Groupon, Inc., 940 F. 3d 381 (7th Cir. 2019); *In re* NCAA Student-Athlete Name & Likeness Licensing Litig., 724 F. 3d 1268 (9th Cir. 2013); Hilton v. Hallmark Cards, 599 F. 3d 894 (9th Cir. 2010);另见 Wendy J. Gordon, *Of Harms and Benefits: Torts, Restitution, and Intellectual Property*, 21 J. LEGAL STUD. 449, 467 (1992)(提出,对于未经授权使用他人身份而言,恢复原状是一种恰当的救济措施)。关于公开权一些最有争议的案例的基础仅仅是不当得利。参见 ROTHMAN, 前注[1], 156-157; Stacey L. Dogan, Haelan Laboratories v. Topps Chewing Gum: *Publicity as a Legal Right*, in INTELLECTUAL PROPERTY AT THE EDGE: THE CONTESTED CONTOURS OF IP 17, 17-18 (Rochelle Cooper Dreyfuss & Jane C. Ginsburg eds., 2014)(指出当法院"放弃对名人的公开权采取基于损害的方法,转而采取以不当得利为中心的方法"时,公开权请求就脱离了正轨)。

弗莱里诉Facebook案（Fraley v. Facebook，Inc.）[111]是不当得利诉讼的一个很好的例子。弗莱里案的原告都是普通人，其身份没有其他商业价值。Facebook在未经原告同意的情况下，为使用原告身份给产品做广告提供了便利。原告成功地诉称"他们对朋友和熟人进行商品、服务和品牌的个人化、个性化的背书，在整个经济中具有具体的、可证明的价值，这可以通过Facebook从销售"赞助故事"（Sponsored Stories）中获得的高于销售常规广告的额外利润来衡量。"[112]原告声称Facebook不公正地盗用了该价值。

不当得利请求为在市场上被不公正地盗用身份的普通人提供了救济措施。正如减损请求可以防止商业广告商不公正地盗用那些姓名和肖像具有市场价值的人的身份一样，不当得利请求也为那些并不出名但其身份被商业广告商不公正地盗用的人提供了法律救济。在当今的社交媒体时代，利用"无名"的个体来吸引在他们在网络上的"朋友"圈子，有时对广告商来说具有巨大的价值。[113]

商业价值权已经引起了无穷无尽的混乱，因为它很容易与身份商业价值的广义财产权混为一谈。但是，对该权利的任何此类解释都会立即产生令人无法忍受的结果，将毫无争议地合法使用他人身份的行为纳入其范围。因此我们建议，通过将这项侵权行为设想为针对由我们确定的三种特定变体（**混淆、减损**和**不当得利**）造成的基于市场的损害，从而促进更精确的法理和宪法分析。

（三）控制权

我们拒绝在个人身份的一般财产权上建立**商业价值权**，因为这与我们社会中实际使用信息的方式不符。商业价值权在诉讼和立法中过于普遍，以至于我们不能承受这种明显的概念混乱的风险。然而，对法律的公正解

---

[111]　830 F. Supp. 2d 785 (N. D. Cal. 2011).

[112]　同上，799页。

[113]　参见同上；Hauf v. Life Extension Found.，547 F. Supp. 2d 771，776-777（W. D. Mich. 2008）；Dancel Complaint，前注[92]，6-7；另见 JULIE E. COHEN, BETWEEN TRUTH AND POWER：THE LEGAL CONSTRUCTIONS OF INFORMATIONAL CAPITALISM 48，71 (2019)（指出"在信息资本主义的政治经济中，从人身上提取的数据流作为原材料发挥着越来越重要的作用"，而这些"从人身上提取的数据流——以及，引申来说，这些人自身"正在被商品化和货币化，为包括各种社交媒体平台在内的第三方创造财富）。

读表明,尽管如此,公开权的变体实际上最终试图赋予个人控制他人如何使用其身份的一般权利。因此,我们将这种利益隔绝于一种理想的侵权行为中,我们称之为控制权。

控制权经常借由财产的比喻来表达。一般认为,个人拥有自己的身份,因此有权控制他人对其身份的使用。如果我们确切地问,为什么人们应该被赋予这种财产权,那么答案是(尤其是在现代),人们应该能够在充分发展自己的人格所必需的范围内控制自己的身份。因此,我们将控制权理论化为面向人格自主性的保护,而非市场损害。

人们可以在美国隐私权法和公开权法的起源中识别出控制权的主张。从 19 世纪末开始,易于使用的便携式相机的发展使得捕获出现在公共场合的人的图像成为可能。技术升级使得这些图像能够用于广告、产品以及杂志和报纸。这些变化激发了对控制权的呼吁,要求赋权个人来管理他人对其图像的使用。[114]

例如,1894 年,马萨诸塞州的一个地方法院得出结论,私人主体(private individual)"对其图像或照片的复制享有**控制权**。"[115] 1897 年,纽约立法机关提出一项法案,规定"如果没有首先经过书面同意……在任何报纸、论文(paper)、期刊、杂志、小册子或书籍中印刷、出版或传播任何居住在本州的任何自然人或个体的肖像或被指称的肖像"的行为是犯罪。[116] 两年后,加利福尼亚州通过了这样的肖像禁令。[117] 这个时代的文章和论文有时

---

[114] ROTHMAN,前注[1],11-29;*The Right of Privacy*, N. Y. TIMES, Aug. 23, 1902, at 8.

[115] Corliss v. E. W. Walker Co., 64 F. 280, 281 (D. Mass. 1894)(增加了重点)。虽然法院至少对于私人主体而言承认了这一权利,但它驳回了原告的请求,理由是他是已故的公众人物,因此他人在"传记梗概"中使用他的照片是被允许的。同上,283 页。

[116] *New York Legislature*, N. Y. TIMES, Mar. 26, 1897, at 4;另见 ROTHMAN,前注[1],16-20(整理了 19 世纪晚期由于"技术和文化发展"而导致的广泛的"对救济的呼吁")。

[117] Act of Feb. 23, 1899, ch. 29, 1899 Cal. Stat. 28 (codified at CAL. PENAL CODE § 258 (Deering 1915)) (repealed 1991);参见 ROTHMAN,前注[1],19 及 191 n.17.

通过人们对自己的容貌拥有"自然版权"的理论来证明这一权利。[118]

对摄影图像复制的忧虑部分反映了当代的这样一种情绪,即"自己的照片……被他人使用","到处被复制和展出"是一种"蒙羞和耻辱"。[119] 照片的这些使用被认为是"冒犯的",这表明它们也被认为是失礼的和与个人尊严不相符的。[120] 我们将在下一部分研究尊严权时讨论这种具体的利益。然而,就目前而言,我们强调,对摄影图像最初的担忧还包含一种分析上独特的理性张力,新泽西州衡平法院在 1907 年很好地阐明了这一点:"很难理解,为什么一个人独特的长相不是……这个人的财产。"[121]

在罗伯森诉罗彻斯特折叠盒公司案(Roberson v. Rochester Folding Box Co.)[122]中,约翰·克林顿·格雷法官(Judge John Clinton Gray)在异议意见中的言辞颇具影响力:"原告有权阻止被告出于商业目的使用其面容,正如有权阻止被告出版她的文学作品一样,原告对此享有相同的财产权。"[123]一个人对其形象的自然版权在法律上是可识别的,因为"在独占性使用和享受属于自己的东西时,个人始终有权受到保护。普通法认为,他的

---

[118]　J. A. J. , *The Legal Relations of Photographs*, 17 AM. L. REG. 1, 8 (1869);另见 *Portrait Right*, 12 WASH. L. REP. 353, 353 (1884)(思考了对于未经授权使用他人照片的可能的救济,包括使用类似"文学财产"的方法); *The Right to Privacy*, 6 GREEN BAG 498, 499 (1894)思考了是否存在"一种基于个人外表的财产权,可以赋权个人阻止对其照片的公开");对比 *Current Topics*, 24 SOLIC. J. 1, 1-2 (1879)(提出作为版权法的问题,被拍照的人(或其他主顾)应当拥有这张照片,前提是如果照片是出于"良好和有价值的考虑""为了他们的利益或代表他们制作或执行的")。在这种情况下,无法用版权来类比说明它是一项旨在激励人们创作独立作品或奖赏作者的努力的财产权,正如法院在查西尼案中所提出的理论,因为人们不会由于激励措施或通过劳动来创作他们独特的"容貌"。相反,一个人的容貌会自然地演变为他们身份不可避免的维度。因此,对版权的类比很可能是基于玛格丽特·简·拉丁(Margaret Jane Radin)曾经描述的"人格财产"。Margaret Jane Radin, *Property and Personhood*, 34 STAN. L. REV. 957, 961 (1982). 对于版权法基于人格的理论的讨论,参见 Balganesh,前注[64]中各处,以及 Justin Hughes, *The Philosophy of Intellectual Property*, 77 GEO. L. J. 287, 330-365 (1988). 另见 MARK ROSE, AUTHORS AND OWNERS: THE INVENTION OF COPYRIGHT (1993)(整理了版权法中长期存在的基于作者的和基于"人格"的正当化理由的作用);Seana Valentine Shiffrin, *Intellectual Property*, in 1 A COMPANION TO CONTEMPORARY POLITICAL PHILOSOPHY 653, 660 (Robert Goodin, Philip Pettit & Thomas Pogge eds. , 2d ed. 2007)(描述了知识产权法基于人格的理论)。

[119]　Pavesich v. New Eng. Life Ins. Co. , 50 S. E. 68, 80 (Ga. 1905).

[120]　*The Protection of Privacy*, N. Y. TIMES, Mar. 14, 1897, at 16.

[121]　Edison v. Edison Polyform Mfg. Co. , 73 N. J. Eq. 136, 141 (N. J. Ch. 1907).

[122]　64 N. E. 442 (N. Y. 1902).

[123]　同上,450 页 (Gray, J. , dissenting).

人格和财产是不受侵犯的……"[124]

为什么可以说法律应该赋予个人"专有使用"[125]其姓名和肖像的"财产权"呢？保护身份的早期裁判哀叹道，对姓名或肖像的盗用损害了个人自主。例如，1905 年的帕韦希奇诉新英格兰人寿保险公司案（Pavesich v. New England Life Insurance Co.）中颇具影响力的意见有力地指出：

> 知道自己的容貌和外形正在被使用［用于他人的广告］……不仅让天性极度敏感的人，甚至是感受力一般的人，都能意识到他的自由已经被剥夺了；并且，只要广告商将他用于这些目的，他就很难不会意识到他暂时处于另一个人的控制之下，他不再是自由的，他实际上是一个奴隶，没有自由的希望，被一个无情的主人控制着提供服务；如果一个人有真正的天性，甚至是普通的感受力，那么就没有人能比他更清楚自己的奴役。[126]

现代的论者们都坚持认为"所有个人对于自主地定义自己都有着合法利益，"并且"如果个人人格的全貌是由她的各种决定联结起来所传达的信息构成的，那么未经授权使用她的身份会干扰她的自主权，因为第三方至少部分控制了与她联结起来的意义。"[127]潜在的想法是，如果人们不能控制他人对自己身份的使用，他们就会变得他律——受他人控制——并失去充分发展自己的人格所必需的自由。

《重述（第二次）》中的意见可以被理解为对这种控制权的支持。因此，例如，《重述（第二次）》认为"创造的权利"（the right created）"具有财产权的性质。"[128]许多州法令的一般文义以及普通法诉讼，似乎赋予人们以控制他人使用其姓名或肖像（有时仅限于用于广告或贸易目的）的绝对权利，无论他们是否遭受了任何特定可识别的损害。在许多州，原告既不需要提出

---

〔124〕 同上，449 页。

〔125〕 RESTATEMENT (SECOND) OF TORTS § 652C cmt. a (AM. LAW INST. 1977).

〔126〕 50 S. E. 68, 80 (Ga. 1905).

〔127〕 Mark P. McKenna, *The Right of Publicity and Autonomous Self-Definition*, 67 U. PITT. L. REV. 225, 231, 282 (2005)；另见 ROTHMAN，前注〔1〕，111（讨论公开权对于保护个人自由和尊严利益的作用）；Alice Haemmerli, *Whose Who? The Case for a Kantian Right of Publicity*, 49 DUKE L. J. 383, 385, 411-430 (1999)（主张公开权最好被理解为"基于人类自主的财产权利"）；Rothman，前注〔61〕，219（主张公开权在根本上与个人人格交织在一起，因此在其在世时，公开权的可让与性应当被禁止或被严格地限制）。

〔128〕 RESTATEMENT (SECOND) OF TORTS § 652C cmt. a.《重述（第二次）》肯定了"个人对其自己身份的独占性使用的利益。"同上。

请求(plead),也不需要证明商业价值的损失、不当得利的归还或尊严的损害,就可以获得损害赔偿和禁止未经授权使用其身份的禁令。[129]

正如版权持有人可以随意控制他们的作品(除非有各种限制和抗辩)一样,控制权将赋予原告禁止他人使用其身份的权利(除非有各种限制和抗辩)。因此,控制权是强大而宽泛的。如果细究起来,许多现在的公开权案件,可能都显示了对该权利这种变体的主张。当律师反对在未经许可的情况下被列入在线号码簿时,当 Twitter 用户反对在类似于棒球球星卡的在线交易游戏中被绘制肖像时,或者当历史人物反对在电子游戏或电影中被引入时,请思考处于风险之中的究竟是何种利益。[130]

某种像控制权一样的原理,似乎也是全球范围内迅速发展的保护数据隐私运动的基础,这项运动的基本主张是应该建立"个人对其数据的控制权"。[131] 数据隐私最突出地体现在欧盟的《通用数据保护条例》(European Union's General Data Protection Regulation)中,其中确认"自然人应该控

---

[129] 参见,例如,ALA. CODE §§ 6-5-772, 6-5-774 (2020); 765 ILL. COMP. STAT. ANN. 1075/40 (West 2020); N. Y. CIV. RIGHTS LAW § 51 (McKinney 2019); Ainsworth v. Century Supply Co. , 693 N. E. 2d 510, 512-515 (1998). 将法定损害赔偿纳入公开权法案,也适用同样的解释。例如,加利福尼亚州的公开权法案授权在没有任何"实际损失"的情况下对每项违法行为进行 750 美元的法定赔偿。CAL. CIV. CODE § 3344(a) (West 2020).

[130] 参见,例如,Sarver v. Chartier, 813 F. 3d 891 (9th Cir. 2016); Vrdolyak v. Avvo, Inc. , 206 F. Supp. 3d 1384 (N. D. Ill. 2016); De Havilland v. FX Networks, LLC, 230 Cal. Rptr. 3d 625 (Ct. App. 2018); Noriega v. Activision/Blizzard, Inc. , 42 Media L. Rep. 2740 (Cal. 2014); Complaint, Parker v. Hey, Inc. , No. CGC-17-556257 (Cal. Jan. 4, 2017).

[131] Orla Lynskey, *Control over Personal Data in a Digital Age*: Google Spain v AEPD and Mario Costeja Gonzalez, 78 MOD. L. REV. 522, 529 (2015)(省略引文);另见 Avner Levin & Patricia Sánchez Abril, Two Notions of Privacy Online, 11 VAND. J. ENT. & TECH. L. 1001, 1009 (2009)(讨论了西方强调控制是隐私发展的基础);Robert C. Post, *Data Privacy and Dignitary Privacy*: *Google Spain*, *the Right to Be Forgotten*, *and the Construction of the Public Sphere*, 67 DUKE L. J. 981, 993-994 (2018)(比较了被遗忘权下"控制"和"尊严"在数据隐私和社会生活中各自的作用)。

制他们自己的个人数据。"[132]这种控制个人数据的概念最终源于德国联邦宪法法院具有影响力的人口普查法案案例,该案例创造了"个人信息自决的一般权利",保护"个人从根本上决定自己的个人数据何时以及在何种范围内可以被披露的权力。"[133]正如一位评论者所观察到的那样,这种"信息自决源于人类的自主性",因为"在现代信息时代,对信息的控制就是权力。因此,对个人信息的控制是控制一个人命运的力量。这对个性的自由展现是不可或缺的。"[134]

有能力处理海量数据的大型组织能不受限制地访问个人数据,此时权力的压倒性的不平衡就出现了,这也是当代人们努力保护数据隐私的部分动力。[135] 人们认为,这些不平衡"威胁着人类自由,(因为)对一个人了解得越多,就越容易控制这个人。"[136]

如果赋予人们一种控制其个人信息(包括其身份)的权利,那么前述的

---

〔132〕 Regulation (EU) 2016/679 of the European Parliament and of the Council of 27 April 2016 on the Protection of Natural Persons with Regard to the Processing of Personal Data and on the Free Movement of Such Data, and Repealing Directive 95/46/EC, 2016 O.J. (L 119) 1, 2.个人数据,包括姓名和肖像,是一个包含任何"与已识别或可识别的自然人有关的"的信息的广泛的概念。同上,33;另见 The OECD Privacy Framework, ORG. FOR ECON. CO-OPERATION & DEV. 41 (2013), https://www. oecd. org/sti/ieconomy/oecd_privacy_framework. pdf [https://perma. cc / UN8Y-RVNU]("在 OECD（经济合作与发展组织）成员国中,迄今为止,超过三分之一的国家已经颁布了一项或多项法律……旨在保护个人免受与其相关的数据的滥用,并赋予他们访问数据以检查其准确性和适当性的权利。");Joel R. Reidenberg, *Resolving Conflicting International Data Privacy Rules in Cyberspace*, 52 STAN. L. REV. 1315, 1326 (2000)("信息隐私最普遍的定义是个人的'信息自决'权。"(省略引文)).

〔133〕 Edward J. Eberle, *Human Dignity, Privacy, and Personality in German and American Constitutional Law*, 1997 UTAH L. REV. 963, 1001-1002（引用了 Bundesverfassungsgericht ［BVerfGE］［Federal Constitutional Court］Dec. 15, 1983, 65 Entscheidungen des Bundesverfassungsgerichts ［BVerfGE］1 (42) (Ger.)(确保个人享有一项基本权利,即自我决定其个人数据的披露和使用)).

〔134〕 Eberle,前注〔133〕,1002;另见 J. C. Buitelaar, *Privacy: Back to the Roots*, 13 GER. L. J. 171, 185 (2012)("这里被概念化了的信息隐私涉及对自我的破坏,这剥夺了自决的关键要素。");Edward J. Eberle, *The Right to Information Self-Determination*, 2001 UTAH L. REV. 965, 974("拥有个人信息是影响(如果不是操纵)人类行为的力量。").

〔135〕 参见 Daniel J. Solove, *Privacy and Power: Computer Databases and Metaphors for Information Privacy*, 53 STAN. L. REV. 1393, 1398 (2001). 大体上参见 COHEN,前注〔113〕(讨论了"个人数据经济");SHOSHANA ZUBOFF, THE AGE OF SURVEILLANCE CAPITALISM: THE FIGHT FOR A HUMAN FUTURE AT THE NEW FRONTIER OF POWER (2019)(讨论了监控资本主义的发展及其操纵人类行为的能力).

〔136〕 Eberle,前注〔133〕,1001.

某些忧虑可能会被很好地解决。但是,这种控制权当然也会极大地限制信息的自由流通。例如,控制权的某些变体是欧洲采纳"被遗忘权"的基础,这项权利可能从互联网搜索中移除大量公共信息。[137]

(四)尊严权

如果控制权推进了信息自决的目标,那么尊严权则侧重于人格的完整。它想象身份是通过社会化过程形成的,在这个过程中,现有的社会态度被纳入自我的结构中。[138] 通过社会化形成的人不能被简单地描述为自主,因为他们人格的维持取决于他人的态度。[139] 如果自主的价值努力促进了人的独立,那么尊严的价值就预设并保护了他们的相互依赖。

在我们所处的世界中,人们在有些时候和在某些方面是自我塑造的,但他们在其他时候和其他方面依赖于主体之间承认和确认的不间断的过程。[140] 所谓的尊严侵权(隐私是其中的首要例子),保护的是被我们视为脆弱的、主体间的、依赖他人的尊重来维持自己人格的完整性的人。"我们的'尊严'",查尔斯·泰勒(Charles Taylor)写道,"是我们感到自己受人尊重(态度)的感觉。"[141]

尊严侵权通过执行"文明规则"来保护尊严,"文明规则"传达了我们认为对于维护我们人格所必需的尊重。[142] 尊严侵权将个人想象为依赖于一个复杂的社会规范网络,以维持他们作为值得尊重的人的身份。 良好社会

---

[137] Post,前注[131]中各处。

[138] 参见 Robert C. Post, *Community and the First Amendment*, 29 ARIZ. ST. L. J. 473, 475-476 (1997).

[139] GEORGE H. MEAD, MIND, SELF & SOCIETY 162 (Charles W. Morris ed., 1962)("人之所以为人(A person is a personality),是因为他属于一个社群……人只有成为社群成员,才能成为自我。")。

[140] 参见 ROBERT C. POST, CONSTITUTIONAL DOMAINS: DEMOCRACY, COMMUNITY, MANAGEMENT (1995)(设想了宪法的三个社会领域,其中之一——社会——是以共享的规范和习俗为基础的);Robert C. Post, *Between Democracy and Community: The Legal Constitution of Social Form*, in DEMOCRATIC COMMUNITY: NOMOS XXXV 163 (John W. Chapman & Ian Shapiro eds., 1993)(将社会与回应型民主进行了对比,在前者中人是脆弱的,在后者中人是自主的)。

[141] CHARLES TAYLOR, SOURCES OF THE SELF: THEMAKING OFMODERN IDENTITY 15 (1989).

[142] 参见 Post, *Social Foundations*,前注[30],959-968.

化的人将对文明规则的违反视为冒犯、贬低和侮辱。〔143〕我们假设尊严权是一种理想的侵权行为,旨在保护人格完整性免受此类精神痛苦。

当代许多公开权诉讼都涉及尊严权。音乐家汤姆·威兹(Tom Waits)在诉讼中指控,在多力多滋薯片(Doritos)的商业广告中使用了一种听起来像是他的声音和音乐,部分地导致了他遭受到公众羞耻和情绪困扰,原因在于他违反了绝不在广告中出现或演唱的严格政策。〔144〕被逮捕过的人反对在 mugshots. com 上公开发布他们被逮捕的照片——该网站直到最近才提供收费删除这些照片的服务。〔145〕模特反对在脱衣舞广告中出现,他们主张这种使用会让他们感到羞愧和尴尬。〔146〕公开权诉讼还包括反对对性行为的亲密照片和视频进行传播,这些照片和视频使原告感到尴尬、羞愧和耻辱。〔147〕

尊严权于 20 世纪初被提出,当时许多人认为将自己的形象"展示在一个自己永远不会过去看一眼、如果亲自在场那么他天性中的敏感将受到巨

---

〔143〕 同上。

〔144〕 Waits v. Frito-Lay, Inc. , 978 F. 2d 1093, 1103 (9th Cir. 1992)(描述称,多力多滋薯片的商业广告是引发威兹"震惊、生气……尴尬"和"羞耻"的原因)。

〔145〕 参见,例如,Gabiola v. Sarid, No. 16-cv-02076, 2017 WL 4264000, at * 3 (N. D. Ill. Sept. 26, 2017); Second Amended Complaint at 2-3, 38-40, Gabiola v. Mugshots. com, LLC, No. 14-cv-09351 (N. D. Ill. Nov. 20, 2015)(控诉了公众羞耻和尴尬以及工作机会的损失)。反对自己被放置在相当于"流氓画廊(rogues' gallery)"中的反对意见由来已久。参见 Itzkovitch v. Whitaker, 39 So. 499, 500 (La. 1905)("如果一个人没有犯罪[并且]是诚实的……那么他可以获得一项禁令,使得他的照片不被送到流氓画廊中。")。

〔146〕 参见,例如,Complaint at 4-8, Timed Out LLC v. Pajounia, No. BC599207 (Cal. Super. Ct. Oct. 27, 2015).

〔147〕 参见,例如,Bosley v. WildWetT. com, 310 F. Supp. 2d 914, 917-918, 933-934 (N. D. Ohio 2004); Michaels v. Internet Entm't Grp. , 5 F. Supp. 2d 823, 828, 838-840 (C. D. Cal. 1998); Gawker Media, LLC v. Bollea, 129 So. 3d 1196, 1198-1199 (Fla. Dist. Ct. App. 2014); Bullard v. MRA Holding, LLC, 740 S. E. 2d 622, 624 (Ga. 2013); 另见 Doe v. Backpage. com, LLC, 817 F. 3d 12, 22, 24-25 (1st Cir. 2016)(驳回了性交易受害者对在线分类广告的公开权请求,因为这些内容是由第三方发布的)。我们注意到一些州已经开始通过以亲密形象为目标或"色情报复"的法律;这些错误可能属于公开权(特别是我们所称的尊严权)的保护范围。参见,例如,CAL. CIV. CODE § 1708. 86 (West 2020); CAL. PENAL CODE § 647(j)(4) (West 2020); 720 ILL. COMP. STAT. ANN. 5/11-23. 5 (West 2020); VT. STAT. ANN. tit. 13, § 2606 (2019); WIS. STAT. ANN. § 942. 09 (2020). 其中一些条款已被视为符合宪法。参见 People v. Austin, No. 123910, 2019 WL 5287962, * 5-22 (Ill. Oct. 18, 2019); State v. VanBuren, 214 A. 3d 791, 798-814 (Vt. 2019); State v. Culver, 918 N. W. 2d 103, 107-114 (Wis. Ct. App. 2018).

大震撼的场合"是一种"羞耻和屈辱"。[148] 自 20 世纪前十年早期起最著名的公开权案件之一,就涉及到在面粉广告中使用年轻的阿比盖尔·罗伯森(Abigail Roberson)的照片。[149] 罗伯森声称,这些广告"极大地羞辱"了她,因为"那些[已经]在广告中认出她的脸和照片的人的愚弄和嘲笑",并且她经历过"身体和心灵上的巨大痛苦和折磨;她为此而生病,遭受了严重的神经休克,被限制在床上,并不得不聘请医生。"[150] 在纽约上诉法院驳回罗伯森的请求后,该案引发了轩然大波,未经授权而公开他人照片的行为被谴责为"暴行"、"野蛮和可怕的做法,这种做法与社会要求不符,这个社会被称作文明社会却允许他们犯错而不受惩罚。"[151]

回过头看,很难查明这种愤怒的确切来源。这可能仅仅是由于发布了未经授权的罗伯森照片。可能是由于使用该照片为被告的面粉产品做广告。[152] 也可能是被告的广告"显眼地张贴和展示在商店、仓库、沙龙和其他公共场所。"[153] 或者可能是强行使用(commandeer)一位少女的照片是尤为敏感的。[154] 由于种种原因和情形,未经授权的身份盗用可能会让人感到耻辱。

---

[148] Pavesich v. New Eng. Life Ins. Co. , 50 S. E. 68, 80 (Ga. 1905).

[149] Roberson v. Rochester Folding Box Co. , 64 N. E. 442(N. Y. 1902).

[150] 同上,442 页。上诉法院支持罗伯森的请求,理由是未经授权使用她的照片造成了损害,类似于尊严侵权行为中的诽谤所造成的损害,法院明确:

原则上,我看不出这两种行为有什么区别:在不危及人身损害的情况下,通过相关言论损害原告名誉的行为;通过相关言论或行为,使得原告陷入不必要和不合理的关注,损害原告的感受并削弱她在社区中所受到的尊重。

Roberson v. Rochester Folding Box Co. , 71 N. Y. S. 876, 879 (App. Div. 1901).

[151] *The Right of Privacy*,前注[114],8。在罗伯森案裁判两年后,为上诉法院撰写多数意见的奥尔顿·帕克(Alton Parker)获得民主党提名竞选美国总统,他宣称"自己并不希望被摄像师拍照。"*Parker Taken to Task by an Indignant Woman*, N. Y. TIMES, July 27, 1904, at 1. 帕克宣布:"我保留把手放在口袋里并采取舒适态度的权利,而不必一直担心我会被一些拿着相机的人抓拍。"同上。罗伯森给他写了一封长长的、复杂的、愤慨的信,并引用了他自己的观点。"当然,"罗伯森总结道,"这个摄像头恶魔觉得可以按照你自己建议的方式来打扰你和你的家人,至少在这个州的范围内是这样。"*Judge Parker and the Right to Privacy*, ARIZ. REPUBLICAN, Aug. 1, 1904, at 2. 这件令人难堪的龃龉在全美范围内众所周知。

[152] 参见 Flake v. Greensboro News Co. , 195 S. E. 55, 63 (N. C. 1938).

[153] *Roberson*, 64 N. E. at 442.

[154] 罗伯森在该案裁判时的年龄是 17 岁。参见 *Her Beauty a Possession: A New York Court Declares a Woman's Face Property*, EVENING TIMES (D. C.), July 24, 1901, at 5(指出罗伯森在 1901 年时 18 岁);另见 ROTHMAN,前注[1],17-18 及 190 n. 12(讨论了在 19 世纪晚期时性别在隐私权请求中的作用)。

然而,为了找出受尊严权保护的利益,原告必须证明被告盗用其身份对一个有理智的人来说是"非常冒犯的"。《重述(第二次)》中定义的四项隐私侵权中的三项——公开披露私人事实、侵入和歪曲报道——被明确规定为仅惩罚"高度冒犯"的行为,即可以推定行为会导致情感损害,因为它不符合公认的尊重规范。尊严权也应包含这一要求。

如此理解,尊严权将填补现有的尊严侵权的漏洞。被告使用原告的身份可能不是诽谤;可能不是披露私人事实;它可能不会产生强烈的情绪困扰;它可能不会使原告被歪曲报道;但它仍然可能是高度冒犯性的。[155] 与其他隐私侵权行为一样,什么应该被视为"高度冒犯"的使用,这个问题将随着情境和历史而极其多变。[156]

二、当下的《第一修正案》混乱

公开权侵权在美国法律中可能是独一无二的,因为它能保护的各种利益彼此间有着惊人的不同。在任何特定情况下,都可以援引公开权来维护我们所描述的四种利益中的一种或多种。对于努力对公开权请求进行一致和清晰的《第一修正案》分析而言,未能区分这些利益显然会造成混乱。

现代宪法对公开权的分析可以追溯到查西尼案,在该案中,最高法院考虑了"第一和第十四修正案是否豁免了"作为被告的新闻电视台"因涉嫌侵犯请求人在州法上的'公开权'而使请求人受到的损害。"[157]在区分了基于歪曲报道隐私的请求后,法院认为该请求涉及"与'公开权'完全不同的侵权

〔155〕 参见 Jonathan Kahn, *Bringing Dignity Back to Light: Publicity Rights and the Eclipse of the Tort of Appropriation of Identity*, 17 CARDOZO ARTS & ENT. L. J. 213, 213 (1999); Roberta Rosenthal Kwall, *A Perspective on Human Dignity, the First Amendment, and the Right of Publicity*, 50 B. C. L. REV. 1345, 1346 (2009).

〔156〕 参见 Post, *Social Foundations*, 前注〔30〕, 963-964。

〔157〕 Zacchini v. Scripps-Howard Broad. Co. , 433 U. S. 562, 565 (1977).

行为",法院认为《第一修正案》没有提供宪法上的豁免。[158]

通过在新闻(一种通常给予最高宪法保护的媒介)的情形中驳回《第一修正案》抗辩,查西尼案引爆了全国范围内的公开权请求和立法。[159] 尽管查西尼案中的表演权经常无涉公开权请求,查西尼案仍被广泛的主张所引用,即"为商业目的盗用他人的姓名或肖像的行为,并不享有《第一修正案》特权。"[160]

随着公开权请求的激增,很快人们就发现对查西尼案进行如此广泛的解读是站不住脚的。一些法院将查西尼案区别为"并非普通的公开权案件:被告电视台盗用了原告的整个表演。"[161] 尽管"整个表演"的标准在表演权

---

[158] 同上,571 页。查西尼案中,最高法院主要区分的先例是时报公司诉希尔案(*Time, Inc. v. Hill*, 385 U. S. 374 (1967)),该案的依据是纽约的隐私权法令,即《纽约民权法》第 50 条和第 51 条。N. Y. CIV. RIGHTS LAW § § 50, 51 (McKinney 2019). 该法规定,在纽约,公开权和隐私权请求的唯一依据是,如果未经同意"出于广告目的或贸易目的"而使用原告的"姓名、肖像或图片",则产生责任。CIV. RIGHTS § 50. 因此,如果查西尼根据纽约法律起诉,那么他一定会根据与希尔案完全相同的法律提出请求。参见,例如,Welch v. Mr. Christmas, Inc., 447 N. Y. S. 2d 252 (App. Div.)(基于《纽约民权法》第 51 条提起的诉讼),被维持原判,440 N. E. 2d 1317 (N. Y. 1982);Gautier v. Pro-Football, Inc., 106 N. Y. S. 2d 553 (App. Div. 1951)(同上),被维持原判,107 N. E. 2d 485 (N. Y. 1952). 然而,在查西尼案中,最高法院明确指出,希尔案中的侵权行为与查西尼案中的侵权行为有着根本的不同,这说明区分任何公开权请求都要证明的特定利益是多么重要。我们注意到,在本文发表时,纽约可能已经为公开权要求增加了额外的基础。2020 年夏天,纽约立法机关通过了一项法案,增加了身后的公开权。该法案目前正在等待州长签署。参见 S. 5959D, 2019-2020 Leg., 238th Sess. (N. Y. 2020).

[159] 参见 ROTHMAN,前注[1],145-153.

[160] Fitzgerald v. Penthouse Int'l, Ltd., 525 F. Supp. 585, 601-602 n. 79 (D. Md. 1981),被部分维持原判,部分改判,691 F. 2d 666 (4th Cir. 1982). 对于查西尼案的持续影响,参见例如 *Carson v. Here's Johnny Portable Toilets, Inc.*, 698 F. 2d 831, 834 (6th Cir. 1983);*National Bank of Commerce v. Shaklee Corp.*, 503 F. Supp. 533, 540 (W. D. Tex. 1980);and *Doe v. TCI Cablevision*, 110 S. W. 3d 363, 372-374 (Mo. 2003). 另见 ROTHMAN,前注[1], at 143-154 (讨论了查西尼案所唤起的公开权的扩张和激增);Rothman,前注[87],302-315(思考了查西尼案对公开权法律发展的重要影响).

[161] Comedy III Prods., Inc. v. Gary Saderup, Inc., 21 P. 3d 797, 806 (Cal. 2001)(增加了重点);另见 Wis. Interscholastic Athletic Ass'n v. Gannett Co., 658 F. 3d 614, 624 (7th Cir. 2011)("一方面是新闻或报道,另一方面是'整个表演'的播放,这是查西尼案的核心。");ETW Corp. v. Jireh Publ'g, Inc., 332 F. 3d 915, 956 (6th Cir. 2003) (Clay, J., dissenting)("查西尼案被批判为'非常狭隘',因为它涉及对现场'整个表演'的大规模复制……");Peter L. Felcher & Edward L. Rubin, *Privacy, Publicity, and the Portrayal of Real People by the Media*, 88 YALE L. J. 1577, 1591 (1979)(指出查西尼案没有提供"特别清晰的标准,并且在大多数案件中不可能有效(available),"让法院没有充分的指导来在公开权案件中做出《第一修正案》决定,并"事实上不可避免地……得出不一致的意见").

的情形中是有道理的,但在商业价值权、控制权或尊严权的情形下,这几乎是不可理解的。然而,只有少数法院能够准确地阐明查西尼案的内在局限性:"个人身份的价值与其表演的价值之间的区别,解释了为何查西尼诉斯克里普斯-霍华德广播公司案,这件最高法院唯一涉及公开权请求的案例,不过是在转移视线。"[162]

尽管如此,许多法院仍然在不涉及表演的情况下援引查西尼案。[163] 这一常见的错误表明,需要严格区分我们在第一部分确定的四种不同利益。由于查西尼案的"整个表演"标准在其他情形下难以得到解释,法院发现自己很难制定补充性的教义,以在公开权案件中定义适当的宪法抗辩。

结果只能被描述为混乱,有论者甚至将其比作"垃圾箱火灾"。[164] "与公开权法律最相关的困惑之处是它与《第一修正案》的相互作用。"[165]"法院在努力调节""名人的公开权与《第一修正案》中体现的公众的言论自由权"之间的"利益冲突"时,"未能阐明解决冲突的明确标准,这导致了这样一个充斥着不一致的、不完整的或相互排斥的方法、测试和标准的混乱泥潭。"[166]

这种情况远远超出单纯的联邦法院同案不同判(circuit split)。全国各

---

〔162〕 Cardtoons, L. C. v. Major League Baseball Players Ass'n, 95 F. 3d 959, 973 (10th Cir. 1996)(省略引文)。法院也指出"查西尼……控诉的是对他表演的商业价值的盗用,而不是对他身份的商业价值的盗用。"同上。

〔163〕 参见,例如,Toffoloni v. LFP Publ'g Grp., 572 F. 3d 1201, 1207 (11th Cir. 2009)(争辩说查西尼案确立了"当媒体机构在未经该个人许可的情况下盗用个人的'某些方面'时,如果这些方面'具有市场价值并且他通常会为此支付费用',那么媒体机构将在违反公开权的侵权诉讼中进行损害赔偿");Bosley v. WildWetT. com, 310 F. Supp. 2d 914, 927 (N. D. Ohio 2004)("最高法院[在查西尼案中]表示公开权是合宪的,并且确实符合《第一修正案》。");*Comedy III Prods.*, 21 P. 3d at 805(在出售多份平版印刷品和 T 恤的情形下,引用查西尼案驳回《第一修正案》的抗辩);*TCI Cablevision*, 110 S. W. 3d at 372-374(漫画书的情形下亦然)。

〔164〕 William McGeveran, *Selfmarks*, 56 HOUS. L. REV. 333, 362 (2018).

〔165〕 *ETW Corp.*, 332 F. 3d at 954 (Clay, J., dissenting).

〔166〕 Gloria Franke, Note, *The Right of Publicity vs. the First Amendment: Will One Test Ever Capture the Starring Role?*, 79 S. CAL. L. REV. 945, 946 (2006);另见 Roberta Rosenthal Kwall, *The Right of Publicity vs. the First Amendment: A Property and Liability Rule Analysis*, 70 IND. L. J. 47, 48 (1995)(指出"围绕公开权和《第一修正案》之间的冲突而存在的大量混乱")。科瓦尔(Kwall)承认"解决公开权和《第一修正案》之间冲突的有原则和一致的方法"的"缺失""……源于盗用行为的潜在类型是大量的。"同上,第 47 页。

地的法院都采用多种不同的方法进行宪法分析。[167] 对于基本的问题,发布言论的人几乎无法获得任何指导,例如他们何时可以在电子游戏、漫画书、桌游、艺术作品、歌曲名称、祝贺信息、推特转发、关于名人的博客,甚至在新闻报道中合法地使用真人的姓名或肖像。"'法院'在权衡公开权和《第一修正案》权利方面的草率且常常不一致的测试"[168]导致的不可预测性使言论产生了寒蝉效应,并激励了司法上的小动作。[169]

就当下的目标而言,仅勾勒出目前笼罩该领域的混乱就足够了。[170] 法院为调和公开权与言论自由而采取的一种方法是,直率地权衡使用的价值与可能对原告造成的伤害。第八巡回法院在 C. B. C. 分销经销公司诉美国职业棒球大联盟高级媒体案(C. B. C. Distribution & Marketing v. Major League Baseball Advanced Media)中采用了这种方法。[171] 为了平衡使用的宪法价值与可能对原告造成的伤害,法院认为,《第一修正案》使得被告的在线虚拟棒球游戏(fantasy-baseball games)免于承担密苏里州公开权法之下的责任。被告可以使用球员的姓名和统计数据,因为这些信息属于公共领域,而且这种使用不会实质性地削弱棒球运动员从事"生产性活动"的动力。[172]

---

〔167〕 ROTHMAN,前注〔1〕,145-48;Kwall,前注〔155〕,1356-1357(确定了五种不同的"平衡测试,以确定在提出《第一修正案》挑战的案件中应如何适用公开权")。

〔168〕 Martin H. Redish & Kelsey B. Shust, *The Right of Publicity and the First Amendment in the Modern Age of Commercial Speech*, 56WM. &MARY L. REV. 1443, 1472 (2015).

〔169〕 对比 Experience Hendrix LLC v. Hendrixlicensing.com LTD, 762 F. 3d 829 (9th Cir. 2004)(根据华盛顿法律强制执行吉米·亨德里克斯(Jimi Hendrix)死后的公开权,因为该州允许对在其他居住地死亡的人的遗产在该州提出请求,即使死者的居住地否认此类权利);Daniel Klerman & Greg Reilly, *Forum Selling*, 89 S. CAL. L. REV. 241 (2016)中各处(讨论在特定司法管辖区策略性地提交专利请求)。

〔170〕 关于对当前使用的各种《第一修正案》测试的详细分析,以及部分对此的批评意见,参见 ROTHMAN,前注〔1〕,145-153. 有大量的学术文献批评这些测试。参见,例如,F. Jay Dougherty, *All the World's Not a Stooge*:*The "Transformativeness" Test for Analyzing a First Amendment Defense to a Right of Publicity Claim Against Distribution of a Work of Art*, 27 COLUM. J.L. & ARTS 1 (2003);Kwall,前注〔166〕;Mark S. Lee, *Agents of Chaos*:*Judicial Confusion in Defining the Right of Publicity-Free Speech Interface*, 23 LOY. L. A. ENT. L. REV. 471 (2003);Eugene Volokh, *Freedom of Speech and the Right of Publicity*, 40 HOUS. L. REV. 903 (2003).

〔171〕 505 F. 3d 818 (8th Cir. 2007).

〔172〕 同上,824 页。

相比之下,密苏里州最高法院对于根据同一州的公开权法提出的请求,采用了不同的《第一修正案》分析。法院使用了现在所谓的主要目的测试(predominant-purpose test),认为《第一修正案》并没有使漫画书作者免于承担以职业曲棍球运动员托尼·特威斯特(Tony Twist)的名字命名角色"托尼·特威斯特利"(Tony Twistelli)的责任。[173] 法院裁判,作者没有对特威斯特做出"表达性评论",而是"主要利用了"特威斯特身份的"商业价值"。[174] 法院得出结论,以特威斯特命名一个角色是"主要是为了销售漫画书和相关产品,而不是出于艺术或文学的表达。"[175]

在一个看似相似的案例中,加利福尼亚州最高法院采取了不同的方法,适用的是被称为变化性作品测试(transformative-work test)的方法。两个著名的摇滚明星兄弟,约翰尼和埃德加·冬日(Johnny and Edgar Winter),反对在漫画书系列中引用他们的姓名和肖像。与密苏里州最高法院相反,加利福尼亚州最高法院认为该使用受到《第一修正案》的保护。加利福尼亚法院适用变化性作品测试得出结论,漫画书改变了冬日兄弟的身份,将他们置于一个新的情境中,改变了他们的姓名(改为"秋日兄弟")并改变了他们的外貌。[176]

加利福尼亚州的变化性作品测试源于版权法的多因素合理使用原则(multifactor fair use doctrine)中的一项考虑。该测试考虑"所讨论的作品是否添加了重要的创意元素,以使其不仅仅是名人的肖像或模仿。"[177]这种方法首先被加利福尼亚州最高法院应用于喜剧三世制作公司诉加里萨德鲁普公司案(Comedy III Productions, Inc. v. Gary Saderup, Inc.),在该案中,法院认为《三个臭皮匠》的写实肖像侵犯了已故喜剧演员的公开权。法院使用该测试驳回了《第一修正案》的抗辩,因为引发争议的肖像(也被印在多件 T 恤上)是真实的,并且没有添加重要的额外材料或评论(这一特征可能会将作品转化为变化性的)。[178]

适用变化性作品测试的确切含义和方法仍有争议。声称适用这种分析

---

[173] Doe v. TCI Cablevision, 110 S. W. 3d 363 (Mo. 2003).

[174] 同上,374(引用 Lee,前注[170],500)。

[175] 同上。

[176] Winter v. DC Comics, 69 P. 3d 473 (Cal. 2003).

[177] Comedy III Prods., Inc. v. Gary Saderup, Inc., 21 P. 3d 797, 799 (Cal. 2001).

[178] 同上,811 页。

的法院以不同的方式这样做。第六巡回法院表示,它正在应用这种测试(以及其他几种测试)来证明其结论,即老虎伍兹赢得大师赛的写实图画具有变化性,因此受到《第一修正案》的保护。[179] 但很难将这一结论与加州最高法院在喜剧三世案中的分析称为一致。虽然制作伍兹肖像的艺术家里克·拉什(Rick Rush)在他的画中包含了其他高尔夫球手俯视伍兹的形象,但伍兹本人的风格和肖像与《三个臭皮匠》的肖像一样逼真。

一些法院,特别是第三和第九巡回法院,已经制定了一种似乎未被承认的这种变化性作品测试的变体。[180] 这些法院不关注整体作品是否具有变化性,而是关注原告的特定身份是否已经被改变。这种更限缩的方法要求被告"为了讽刺、戏仿或漫画的目的"对一个人的身份进行"扭曲"或"变形"。[181] 这种使用必须"更多的是'幻想的、创造性的角色',而不是一个'模仿性的角色'"。[182] 从表面上看,这种更限缩版本的测试不喜欢更写实的人物形象。

有些司法辖区采用了一种更保护言论的原则,它有时被称为相关性测试(relatedness test)。这种方法在宪法上保护在表达性作品中对个人身份的使用,除非基础作品"与个人'完全无关'"或者该使用是"用于销售商品或服务或相关商业产品的变相广告"。[183] 如果使用"仅是为了引起对作品的注意",一些法院也允许在这种方法下承担责任。[184] 这种方法的某些版本已被第二、第五巡回上诉法院采用,有时也被第六巡回上诉法院采用,以及

---

[179] ETW Corp. v. Jireh Publ'g, Inc. , 332 F. 3d 915, 934-936, 938 (6th Cir. 2003). 关于对这两份图画作品的比较,参见 ROTHMAN,前注[1],149-150。

[180] ROTHMAN,前注[1],146。尽管联邦法院不受州法院对《第一修正案》的解释的约束,但第九巡回上诉法院声称在涉及加州公开权法的案件中使用加州最高法院的方法。

[181] Hilton v. Hallmark Cards, 599 F. 3d 894, 910-911 (9th Cir. 2009).

[182] 同上,911(引用了 Kirby v. Sega of Am. , Inc. , 50 Cal. Rptr. 3d 607, 616, 618 (Ct. App. 2006))。对比下列案件:Hart v. Elec. Arts, Inc. , 717 F. 3d 141, 165-170 (3d Cir. 2013)(将变化性作品分析解释为对所描绘的个人身份的改变)及 In re Student-Athlete Name & Likeness Licensing Litig. , 724 F. 3d 1268, 1276-1279 (9th Cir. 2013)(亦同);Hart, 717 F. 3d at 171 (Ambro, J. , dissenting)(将变化性作品测试解释为对所描绘的个人身份的改变)及 In re NCAA, 724 F. 3d at 1284-1287 (Thomas, J. , dissenting)(亦同)。

[183] Rogers v. Grimaldi, 875 F. 2d 994, 1004-1005 (2d Cir. 1989).

[184] Parks v. LaFace Records, 329 F. 3d 437, 461 (6th Cir. 2003)(引用了 RESTATEMENT (THIRD) OFUNFAIR COMPETITION § 47 cmt. c (AM. LAW INST. 1995))。

被肯塔基州和纽约州法院采用,有时作为州法律规定的公开权的内部限制而被适用,有时作为独立的《第一修正案》测试而被适用。[185]

相关性测试通常也被称为罗杰斯测试(Rogers test),因为它在第二巡回法院审理的罗杰斯诉格里马尔迪案(Rogers v. Grimaldi)中被适用。[186]在该案中,金吉·罗杰斯(Ginger Rogers)针对意大利著名导演费德里科·费里尼(Federico Fellini)在执导的电影《金吉和弗雷德》的片名中使用她的姓名而提起诉讼。这部电影讲述了两位意大利艺人的故事,他们是著名的美国舞蹈搭档弗雷德·阿斯泰尔(Fred Astaire)和金吉·罗杰斯的意大利版。法院认为,在片名中使用罗杰斯的名字与电影内容有关,并非对电影本身以外的其他事物的变相广告。法院严格解释了俄勒冈州的公开权法以避免与《第一修正案》发生冲突,得出的结论是,公开权请求不能继续进行。[187]

另一种方法是适用"严格审查(strict scrutiny)"。在萨弗诉查蒂埃案(Sarver v. Chartier)中,第九巡回法院的一位陪审员认为,在电影的情形下,公开权构成了基于内容的限制,因此应受到严格审查。[188] 该案涉及一

---

〔185〕 同上,460-461;Matthews v. Wozencraft, 15 F. 3d 432, 440 (5th Cir. 1994); *Rogers*, 875 F. 2d at 1004-1005; Romantics v. Activision Publ'g, Inc. , 574 F. Supp. 2d 758, 765-766 (E. D. Mich. 2008); Montgomery v. Montgomery, 60 S. W. 3d 524, 528-30 (Ky. 2001); Frosch v. Grosset & Dunlap, Inc. , 427 N. Y. S. 2d 828, 829 (App. Div. 1980).《不正当竞争重述(第三次)》将这一做法作为对公开权侵权范围的限制,而不是作为一项独立的抗辩。RESTATEMENT (THIRD) OF UNFAIR COMPETITION § 47 (AM. LAW INST. 1995).

〔186〕 在公开权案件中使用的罗杰斯案的相关性测试,不同于在虚假代言和基于商标的请求中根据《兰哈姆法案》"艺术表达"情形下适用《第一修正案》抗辩时的"罗杰斯测试",后者截然不同且被广泛地采用。这两个测试是在同一个案例中发展起来的。参见 Rogers, 875 F. 2d at 999(得出的结论是,根据《兰哈姆法案》,"如果[涉嫌侵权的使用]具有某些艺术相关性,那么就无需承担责任,除非[它]明确误导作品的来源或内容")。我们注意到,尽管《兰哈姆法案》下的罗杰斯测试广泛应用于涉及表达性作品的商标案件,但法院在分析公开权请求中的《第一修正案》抗辩时很少采用它。对比下列案件:Brown v. Elec. Arts, Inc. , 724 F. 3d 1235, 1245 (9th Cir. 2013)(适用罗杰斯测试,作为驳回根据《兰哈姆法案》提起的虚假代言请求的基础),Davis v. Elec. Arts, Inc. , 775 F. 3d 1172, 1179 (9th Cir. 2015)(驳回《第一修正案》对公开权请求的抗辩,以及在布朗案(Brown)中对同样的处于争议中的电子游戏的情形应用罗杰斯分析)。

〔187〕 *Rogers*, 875 F. 2d at 1004-1005.

〔188〕 813 F. 3d 891, 905-06 (9th Cir. 2016)(将加州的公开权法确定为"基于内容的言论限制","除非萨弗能够表现出令人信服的政府利益来阻止被告的言论,否则这种限制是不能成立的");对比 Pooley v. Nat'l Hole-In-One Ass'n, 89 F. Supp. 2d 1108, 1113 (D. Ariz. 2000)(区分了"优先于公开权"和"有权获得《第一修正案》最高级别保护"的"传播性"言论,以及"通常劣于于公开权"的"商业性"言论)。

件由军队中士提起的诉讼,中士主张电影中的角色是基于他的身份和生活故事展开的。[189] 法院得出结论认为,在这种情况下的公开权请求显然是违宪的。然而,萨弗案将严格审查的适用范围限制在原告不是名人的案件上。[190]

从这个简短的调查中可以明显看出,法院正在大量不一致、模糊和无用的《第一修正案》测试的汪洋大海中挣扎。[191] 鉴于《第一修正案》教义谨慎地要求"规制的精确性",这并不令人惊讶。[192] 宪法审查必须始终针对在言论规制里处于危险中的确切的政府利益。我们在第一部分中提出了四种不同的政府利益,其中每一种都需要独特的《第一修正案》审查形式。没有一种放之四海皆准的方法。从当下的混乱中可以很容易地推断出,为分析在"公开权"旗帜下航行的所有各种利益而制定单一的、通用的《第一修正案》测试的努力只会产生混乱。

---

[189]　萨弗还反对在《花花公子》和《读者文摘》中使用他的真实姓名报道他作为炸弹处理专家的经历。*Sarver*, 813 F. 3d at 896.

[190]　同上,904-906。第九巡回法院之前的裁判已经在公开权案件中应用了变化性使用测试,在这些案件中,《第一修正案》的抗辩已经被主张,其中包括电子游戏的情形。Davis, 775 F. 3d at 1177-78(对于涉嫌在电子游戏中使用职业足球运动员肖像的情形,驳回了《第一修正案》的抗辩);*In re* NCAA Student-Athlete Name & Likeness Licensing Litig., 724 F. 3d 1268, 1276 (9th Cir. 2013)(学生运动员的情形亦同)。萨弗案的法院通过将严格审查的适用范围限制在原告不具有先前已确立商业价值的身份的案件中,来试图避免这些先例。关于对萨弗案这方面的批评,参见ROTHMAN,前注[1],151-153。至少在一个案件中,第九巡回法院的全体陪审员也使用了实际恶意测试,以在公开权案件中构建《第一修正案》的抗辩。Hoffman v. Capital Cities/ABC, Inc., 255 F. 3d 1180, 1186 (9th Cir. 2001)。

[191]　关于变化性测试的批评,参见ROTHMAN,前注[1],146-151;Dougherty,前注[170],28-35 及 69-77;Rebecca Tushnet, *A Mask that Eats into the Face: Images and the Right of Publicity*, 38 COLUM. J. L. & ARTS 157, 169-188 (2015);以及Volokh,前注[170],913-925。关于主要目的测试的批评,参见 Hart v. Elec. Arts, Inc., 717 F. 3d 141, 154 (3d Cir. 2013),该案将"主要使用测试"描述为"最多是主观的,最差是随意的,并且在任何一种情况下都要求法官作为公正的法学家和有洞察力的艺术评论家";以及 ROTHMAN,前注[1],147-151。对于相关性测试的批评,参见 *Hart*, 717 F. 3d at 157-58;*Montgomery v. Montgomery*, 60 S. W. 3d 524, 535 (Ky. 2001) (Keller, J., dissenting);*Doe v. TCI Cablevision*, 110 S. W. 3d 363, 374 (Mo. 2003);以及ROTHMAN,前注[1],146-151。

[192]　NAACP v. Button, 371 U. S. 415, 438 (1963).

三、重思《第一修正案》与公开权

在这一部分,我们将分析《第一修正案》的考量应该如何与第一部分中区分的州公开权法保护的不同利益相匹配。我们并不期待区分和指出原告的特定利益能够消除所有的宪法歧义,疑难问题无疑将继续存在。但我们希望,我们的做法能够极大程度上阐明宪法分析,促进法律的有序合理发展。

然而,在进行这项工作之前,我们必须介绍《第一修正案》分析公开权请求的另一个重要维度。正如任何特定的公开权请求可能涉及不同的政府利益一样,它也可能涉及不同的《第一修正案》利益,这取决于州试图规制的确切的言论类型。因此,任何特定请求的解决都需要根据被告主张的相关宪法利益来评估原告主张的政府利益。[193]

在第三部分第(一)章中,我们描述了《第一修正案》之下,接受三种不同形式的宪法审查的三种不同类型的言论。在第三部分第(二)章中,我们将这三项宪法利益与第一部分中确定的四项公开权利益相匹配。

(一)《第一修正案》审查的层次

为了在公开权请求的情形中正确评估《第一修正案》的抗辩,当被告使用某人的姓名、肖像、声音或其他身份标记时,法院必须阐明所涉及的不同宪法价值。原告会对其形象的各种用途——电影、报纸、广告、照片、电子游戏、海报、T 恤、咖啡杯、铅笔橡皮擦等等,提出无止境的公开权请求。就《第一修正案》的目标而言,并非所有这些交流行为都将被同等对待。

许多年前,在小哈里·卡尔文(Harry Kalven, Jr.)建议下,最高法院采纳了他所谓的"两级言论自由理论(two-level free-speech theory)"。[194] 法院认为,似乎所有言论都受到《第一修正案》教义的全部保护,除了某些"律师长期以来熟悉的历史和传统的类别"——诸如挑衅言论或淫秽之类的类

---

[193] 参见 ROTHMAN,前注〔1〕,155 及 157(主张"法院必须评估和审查据称由公开权提供的利益",以及"因执行公开权而受到损害的竞争性言论利益")。

[194] Harry Kalven, Jr. , *The Metaphysics of the Law of Obscenity* , 1960 SUP. CT. REV. 1, 10.

别——法院根本不会为这些类别提供宪法保护。[195] 尽管法院最近重申了两级理论,[196]但该理论对实际的《第一修正案》法理的描述很差且并不准确,长期以来这一点都很明显。

"在受《第一修正案》保护的言论自由的一个或多个核心之外",有许多交流形式接受了各类独特的(和限缩的)的宪法审查。[197] 最引人注意的是,"商业言论"已明确受到规制,即它被《第一修正案》的核心保护所禁止。[198]包括知识产权在内的言论也受到《第一修正案》的限缩性(diminished)审查。[199] 在"历史和传统的类别"之外,还有其他形式的言论似乎根本不会触发任何《第一修正案》的保护,[200]例如产品责任案件中的警告[201]或在职业

---

[195] Simon & Schuster, Inc. v. Members of the N. Y. State Crime Victims Bd. , 502 U. S. 105, 127 (1991) (Kennedy, J. , concurring) (引用 N. Y. Times Co. v. United States, 403 U. S. 747 (1971)); Roth v. United States, 354 U. S. 476, 482-483 (1957); Chaplinsky v. New Hampshire, 315 U. S. 568, 571-572 (1942). 正如法院在卓别林斯基案(Chaplinsky)中的著名论断:这些类别构成了"定义明确且范围狭窄的言论类别,对其的预防和惩罚从未被认为会引起任何宪法问题。"315 U. S. at 571-572.

[196] 参见 United States v. Stevens, 559 U. S. 460, 468-469 (2010).

[197] Frederick Schauer, *Commercial Speech and the Architecture of the First Amendment*, 56 U. CIN. L. REV. 1181, 1185 (1988).

[198] 同上;参见,例如,Cent. Hudson Gas & Elec. Corp. v. Pub. Serv. Comm'n, 447 U. S. 557, 562-563 (1980).

[199] 参见,例如,Eldred v. Ashcroft, 537 U. S. 186, 218-219 (2003)(结论是版权法的情形下可以部分地限制言论,因为这一类法律能够产生更多的言论);S. F. Arts & Athletics, Inc. v. U. S. Olympic Comm. , 483 U. S. 522, 535-541 (1987)(即使对于准商标请求中的非混淆性言论,也驳回了《第一修正案》的抗辩;参见 ROTHMAN,前注[1],143-145 及 220-221 nn. 11-13; Mark A. Lemley & Eugene Volokh, *Freedom of Speech and Injunctions in Intellectual Property Cases*, 48 DUKE L. J. 147, 165-169 (1998); Melville B. Nimmer, *Does Copyright Abridge the First Amendment Guarantees of Free Speech and the Press?*, 17 UCLA L. REV. 1180, 1192, 1203-1204 (1970); Rothman,前注[87],312。

[200] 参见 Ohralik v. Ohio State Bar Ass'n, 436 U. S. 447, 456 (1978)("可以引用许多例子来说明在不违反《第一修正案》的情况下受到规制的言论……"); Frederick Schauer, *The Boundaries of the First Amendment: A Preliminary Exploration of Constitutional Salience*, 117 HARV. L. REV. 1765, 1765 (2004)("尽管《第一修正案》指向'言论'自由,但许多言论完全没有受到它的影响。"); Frederick Schauer, *Categories and the First Amendment: A Play in Three Acts*, 34 VAND. L. REV. 265, 269-272 (1981); Frederick Schauer, *Out of Range: On Patently Uncovered Speech*, 128 HARV. L. REV. F. 346 (2015); Amanda Shanor, *First Amendment Coverage*, 93 N. Y. U. L. REV. 318, 320-321 (2018).

[201] 参见,例如,Moore v. Ford Motor Co. , 332 S. W. 3d 749 (Mo. 2011) (en banc).

过失诉讼中的律师建议。[202]

　　如果不承认这些区别，就不可能针对公开权的复杂形势进行协调。当政府试图将挂在博物馆中的肖像与印在麦片盒上的肖像区别开来时，人们必须了解其中《第一修正案》的独特价值。很大一部分困难在于，《第一修正案》的官方法理分析在进行此类区分时非常粗糙。最高法院倾向于抽象、绝对和过于宽泛的教义声明，这些声明似乎与我们现有的法律环境完全不符。

　　对此，例如，在里德诉吉尔伯特镇案（Reed v. Town of Gilbert）中，法院最近认为：

　　基于内容的法律——针对基于其交流内容的言论的法律——是被推定违宪的，只有在政府能够证明它们被狭窄地限缩为是为极具说服力的政府利益服务而制定的情况下，才可能是有正当理由的。

　　如果法律因讨论的主题或表达的想法或信息而适用于特定的言论，则政府对言论的规制是基于内容的。"基于内容"一词的常识性含义要求法院考虑"表面上"的言论规制是否根据发言者传达的信息进行区分。一些表面上基于信息的区分是显而易见的，（比如）通过特定主题定义受规制的言论，而其他区别则更微妙，（比如）通过其功能或目的来定义受规制的言论。两者都是根据发言者传达的信息做出的区分，因此要受到严格审查。[203]

　　如果从表面上理解里德案提出的原则，那么公开权就会陷入严重的宪法困境。毫无疑问，这项权利是一项基于内容的"根据其交流内容而对言论进行"的规制。[204] 如果原告的姓名、肖像或声音被识别，则它会施加责任，但不会在其他情况下施加责任。因为很少有言论规制能经受住严格的审查，里德案提出的粗糙的教义结构会从根本上限制公开权，也许会使得公开权完全消除，可能那些植根于混乱的公开权请求除外。然而，我们几乎不认为这种结果是可能发生的，因为这项侵权行为在我们的法律体系中根深蒂

---

〔202〕　参见，例如，Estate of Spencer v. Gavin, 946 A. 2d 1051 (N. J. Super. Ct. App. Div. 2008).

〔203〕　576 U. S. 155, 163-164 (2015)（省略引文）；另见 Barr v. Am. Ass'n of Political Consultants, 140 S. Ct. 2335, 2346 (2020) (plurality opinion)（肯定里德案的观点，内容歧视应以法规是否在表面上根据内容对言论进行区别对待来确定，而且，基于内容歧视的法规应受到严格审查）；Reed, 576 U. S. at 169（"[一项]针对特定主题的言论规制是基于内容的，即使它不区分该主题内的观点。"（省略引文））。

〔204〕　Reed, 576 U. S. at 163.

固。将里德案中的言辞视为不精确的夸大其词，才更为合理。

法院尚未制定非常有用的原则来澄清里德案的有力保护将在何时适用，而何时不适用。在公开权的情形下，我们建议将交流行为粗略地划分为三部分，如果将这三部分放在一起，将涵盖绝大多数的公开权诉讼，如果将这三部分分开考虑，将有助于更清晰和更恰当的宪法审查。被告对原告身份的盗用可能发生在公共话语中，[205] 商业言论中，[206] 或商品中（或商品上）。[207] 公开权请求应当接受的宪法审查的性质，将取决于法院将可能的侵害行为归在哪一类中。

1. 公共话语（public discourse）

我们使用最高法院的语言，将获得《第一修正案》所有基本保护的核心言论形式命名为"公共话语"。[208] 在公共话语中，基于内容和观点上的歧视是推定为被禁止的，因为正如首席大法官罗伯茨（Roberts）所宣称的那样，"充满活力的公共话语……是我们民主的基础"。[209]

公共话语不是由其内容定义的，而是由其功能定义的。由于民主本质

---

〔205〕 参见，例如，Snyder v. Phelps, 562 U. S. 443, 460-461 (2011)；Metromedia, Inc. v. City of San Diego, 453 U. S. 490, 515 (1981)；ROBERT C. POST, DEMOCRACY, EXPERTISE, AND ACADEMIC FREEDOM: A FIRST AMENDMENT JURISPRUDENCE FOR THE MODERN STATE (2012)；Post, The Constitutional Concept of Public Discourse, 前注〔30〕, 626-684。

〔206〕 参见，例如，Fla. Bar v. Went For It, Inc., 515 U. S. 618, 622-624 (1995)；Bd. of Trs. v. Fox, 492 U.S. 469, 473-481 (1989)；Cent. Hudson Gas & Elec. Corp. v. Pub. Serv. Comm'n, 447 U. S. 557, 561-566 (1980)。

〔207〕 除了这三个不同的别之外，还有一类独特的交流行为，它们以通常被归类为公共话语的途径或形式发布，但仍被称为关于纯粹私人关注的问题的言论。这类交流行为不完全适合我们讨论的三类言论中的任何一类，它没有很好地融入《第一修正案》的教义，也很少被引用，并且往往只出现于尊严权的情形中。我们将在第三部分第（二）章第 4 节中讨论它。参见下注〔351〕-〔368〕及附随的文字。

〔208〕 参见 Nat'l Review, Inc. v. Mann, 140 S. Ct. 344 (mem.) (2019) (Alito, J., dissenting from the denial of certiorari)；Snyder, 562 U. S. at 460-461；Metromedia, 453 U.S. at 515；Cohen v. California, 403 U. S. 15, 22-23 (1971)。

〔209〕 Citizens United v. Fed. Election Comm'n, 558 U. S. 310, 373 (2010) (Roberts, C. J., concurring)。人们不需要采用《第一修正案》的民主理论，就会相信某些形式的言论比其他形式的言论得到了更多的宪法保护，或者就会支持我们提出的对交流行为的粗略三分法。关于民主、公共话语与内容歧视的关系，参见 Robert C. Post, *The Classic First Amendment Tradition Under Stress: Freedom of Speech and the University*, in THE FREE SPEECH CENTURY 106 (Lee C. Bollinger & Geoffrey R. Stone eds., 2019)。

上是"由民意进行治理",[210]公共话语由被认为形成民意所必需的交流行为组成。基本思想是,只要政府对民意作出反应,只要个人可以自由参与民意的形成,我们的政府就会保持民主合法性。[211]

在现代国家,民意是由公共领域承载的,维持公共领域的"结构上的骨架"是"思想交流媒体",[212]如书籍、电影、杂志、艺术、音乐或报纸。[213] 民意经常是通过在这些和类似的媒体中发生的交流而形成的。此类媒体中的言论被推定为公共话语。[214] 无论言论是出现在低俗媒体中,如《国家调查报》中的八卦文章,[215]还是较新的媒体中,如博客文章[216]或社交媒体,[217]都是如此。

---

[210]　CARL SCHMITT, CONSTITUTIONAL THEORY 275 (Jeffrey Seitzer ed. & trans. , Duke Univ. Press 2008) (1928).

[211]　参见 POST,前注[205],18-22 及 27-28;Jack M. Balkin, *Cultural Democracy and the First Amendment*, 110 NW. U. L. REV. 1053, 1063-1068, 1072-1079 (2016).

[212]　Robert C. Post, *Recuperating First Amendment Doctrine*, 47 STAN. L. REV. 1249, 1276 (1995);同上,1253-1255.

[213]　参见 Joseph Burstyn, Inc. v. Wilson, 343 U. S. 495, 501 (1952)(对电影赋予《第一修正案》保护,因为它们"是思想交流的重要媒介");Post,前注[212],1253-1255.

[214]　这种推定是可推翻的。例如,媒体中的言论可能构成不受保护的淫秽内容。参见 James Weinstein, *Participatory Democracy as the Central Value of American Free Speech Doctrine*, 97 VA. L. REV. 491, 496 n. 35 (2011).

[215]　Eastwood v. Superior Court, 198 Cal. Rptr. 342 (Ct. App. 1983).

[216]　对比 First Amended Complaint, Witherspoon v. Mktg. Advantages Int'l, Inc. , No. 2：13-cv-07847-RSWL-SS (Cal. Super. Ct. July 15, 2013); Jennifer E. Rothman, *L. A. Court Allows Reese Witherspoon to Proceed with Right of Publicity Claim Against Jeweler*, ROTHMAN'S ROADMAP TO THE RIGHT OF PUBLICITY (Dec. 2, 2015, 3：30 PM PT), https://www . rightofpublicityroadmap. com/news - commentary/revised - la - court - allows - reesewitherspoon-proceed-right-publicity-claim-against [https://perma. cc/4HW7-K4SH].

[217]　对比 Complaint, Grande-Butera v. Forever 21, Inc. , No. 2：19-cv-07600 (C. D. Cal. Sept. 2, 2019); Eriq Gardner, *Katherine Heigl Ends Lawsuit over Duane Reade Tweet (Exclusive)*, HOLLYWOOD REP. (Aug. 27, 2014, 12 ： 20 PM PT), https://www. hollywoodreporter. com/thresq/ katherine-heigl-ends-lawsuit-duane-728552 [https://perma. cc/ X5ZC-W7Z3];Julia Jacobs, *Ariana Grande Sues Forever 21 over 'Look-Alike Model' in Ads*, N. Y. TIMES (Sept. 3, 2019), https://www. nytimes. com/2019/09/03/arts/music/ariana-grande-forever-21. html [https://perma. cc/H9EN-JPM8]; Jennifer E. Rothman, *Ariana Grande Sues Forever 21 over Social Media Posts*, ROTHMAN'S ROADMAP TO THE RIGHT OF PUBLICITY (Sept. 10, 2019, 12：30 PM PT), https://www. rightofpublicityroadmap. com/news -commentary/ariana-grandesues-forever-21-over-social-media-posts [https://perma. cc/QA6M-95D4].

公共话语不仅仅被定义为罗伯特·博克（Robert Bork）可能会归类为"政治的"言论，即"与政府行为、政策或人事有关的言论"。[218] 在西方民主国家，什么能成为博克意义上的"政治的"是公众如何选择行使判断的结果。《第一修正案》禁止政府设定公众注意的议程，并以这种方式保护公众舆论形成的过程。[219] 公众舆论通常通过对克林特·伊斯特伍德（Clint Eastwood）和瑞茜·威瑟斯彭（Reese Witherspoon）等名人的讨论来了解自身——更不用说真人秀明星唐纳德·川普了。[220] 因此，公共话语并不仅限于公开的治理问题；它包括更广泛的交流活动，如艺术、音乐和喜剧。[221]

2. 商业言论

然而，并非所有言论都是公共话语。第二种类型的交流包括法院所称的"商业言论"。[222] 商业言论最初被定义为，在宣传非表达性产品或服务的情形下以广告为目的的言论。[223] 最高法院称，公共话语和商业言论之间的

---

[218] Robert H. Bork, *Neutral Principles and Some First Amendment Problems*, 47 IND. L. J. 1, 20, 26-28 (1971).

[219] POST，前注[205]，19-21；Balkin，前注[211]，1063-1068、1072 及 1075-1079（主张公共话语包括参与流行文化）；Post，前注[209]，108-109.

[220] 参见 Balkin，前注[211]，1063-1068、1072 及 1075-1079；Jack M. Balkin, *Digital Speech and Democratic Culture：A Theory of Freedom of Expression for the Information Society*, 79 N. Y. U. L. REV. 1 (2004)；另见 Thomas E. Kadri, *Drawing Trump Naked：Curbing the Right of Publicity to Protect Public Discourse*, 78 MD. L. REV. 899 (2019)（分析了川普可能引发的公开权诉讼）；David S. Welkowitz & Tyler T. Ochoa, *The Terminator as Eraser：How Arnold Schwarzenegger Used the Right of Publicity to Terminate Non-Defamatory Political Speech*, 45 SANTA CLARA L. REV. 651 (2005)（讨论了一位曾经的电影明星、后来的加州州长对于销售使用他的名字和肖像的摇头娃娃而提起的公开权诉讼）；对比 JOHN FISKE, TELEVISION CULTURE 95, 239 (1988)（将电视和其他大众媒体描述为将观众和读者视为"符号民主"的一部分）。

[221] POST，前注[205]，19-20；Balkin，前注[211]，1057、1062、1067-1068、1071-1079 及 1089（主张公共话语包括对文化话语的保护，包括非写实的和非语言的艺术和音乐）。

[222] 关于对商业言论的讨论，参见 Robert C. Post, *The Constitutional Status of Commercial Speech*, 48 UCLA L. REV. 1 (2000) 中各处。

[223] 参见 Va. State Bd. of Pharmacy v. Va. Citizens Consumer Counsel, Inc., 425 U. S. 748, 762-770 (1976).

区别是一种"常识"。[224] 虽然我们认识到这种区别有时难以阐明，[225]但它在公开权案件中通常是决定性的。[226]

交流行为是否构成商业言论的关键决定因素，是法院在该行为中察觉到的可能处于危险之中的宪法价值。[227] 法院对公共话语的保护最终源自布兰代斯法官雄辩的警告，"对自由的最大威胁是怠惰的人民"以及"公共讨论是一种政治责任"。[228] 为非表达性产品和服务打广告而没有任何类似的公民导向感（sense of civic orientation）的言论之所以被视为典型的商业言论，是因为它仅被视为一种销售商品或服务的交流，而不是一种旨在塑造公众对公共事务的态度的交流。在公共话语中，法院保护发言者的自主权，他们被视为民主主权者（democratic sovereigns），有权决定"作为西方民主国家政府最终来源的公众舆论"的内容。[229] 但在商业言论中，发言者传统上不具备这种同样的主权者的特征。[230] 相反，长期以来，人们一直认为商业言论的宪法价值在于它如何为听众的利益服务。法院将商业言论定性为具

---

[224]　Bolger v. Youngs Drug Prods. Corp. , 463 U. S. 60, 64 (1983)（引用了 Ohralik v. Ohio State Bar Ass'n, 436 U. S. 447, 455-56 (1978)）.

[225]　参见，例如，Nike, Inc. v. Kasky, 539 U. S. 654, 676-680 (2003)（Breyer, J., dissenting from the dismissal of certiorari as improvidently granted)（主张，鞋业公司关于其劳工政策和实践的声明不是纯粹的商业言论）；Jordan v. Jewel Food Stores, Inc. , 743 F. 3d 509, 522 (7th Cir. 2014)（推翻地区法院并得出结论认为，杂志中的祝贺页面是商业言论）；Hoffman v. Capital Cities/ABC, Inc. , 255 F. 3d 1180, 1184 (9th Cir. 2001)（"商业言论和非商业言论之间的界限尚未被明确划分……"）；Kasky v. Nike, Inc. , 45 P. 3d 243,258-263 (Cal. 2002)（认为鞋业公司关于其劳工政策和实践的声明是商业言论）；Rothman，前注[31]，1973-1977（描述了在知识产权案件中对商业言论进行分类的特殊挑战）；Jonathan D. Varat, *Deception and the First Amendment: A Central, Complex, and Somewhat Curious Relationship*, 53 UCLA L. REV. 1107, 1130 (2006)（"从一开始，商业言论的学说就威胁要将言论自由理论解体……"）.

[226]　Michaels v. Internet Entm't Grp. , Inc. , 5 F. Supp. 2d 823, 839 (C. D. Cal. 1998)（"提出一项商业交易的言论，与评论涉及公共利益事项的言论，它们之间的区别已经被经常性地适用，以区分受保护的言论与可诉的为了商业利益而滥用某人的姓名或肖像的行为。"）；参见，例如，Brown v. Showtime Networks, Inc. , 394 F. Supp. 3d 418, 437-38 (S. D. N. Y. 2019).

[227]　参见 POST，前注[205]，27-60（结论是《第一修正案》保护商业言论以维持听众的"民主能力"）；Robert C. Post, *Compelled Commercial Speech*, 117 W. VA. L. REV. 867, 871-873 (2015)；Post，前注[222]中各处.

[228]　Whitney v. California, 274 U. S. 357, 375 (1927) (Brandeis, J. , concurring).

[229]　Masses Publ'g Co. v. Patten, 244 F. 535, 540 (S. D. N. Y.),被改判,246 F. 24 (2d Cir. 1917).

[230]　Robert C. Post & Amanda Shanor, *Adam Smith's First Amendment*, 128 HARV. L. REV. F. 165, 171-172 (2015).

有宪法价值,因为它具有"广告的信息功能"。[231]

商业言论如果是虚假的或具有误导性的,则可能因此被压制。[232] 法院明确认定,"对于没有准确告知公众合法行为的商业信息的压制,没有任何宪法上的反对理由。"[233]如果没有这一认定,政府规制欺骗性广告的能力可能会受到极大削弱。相比之下,仅误导性言论不能在公共话语中受到惩罚,即使是不真实的言论,政府也必须为其提供"喘息的空间"。[234] 即使商业言论涉及合法活动并且不具有误导性,内容歧视也会被允许,只要"声称的政府利益是实质性的"且"该法规直接促进了所声称的政府利益,以及……它不会超过为该利益服务所必需的范围。"[235]

我们认识到,法院最近的一些声明建议加强对商业言论的保护,这些言论似乎表达了对商业发言者利益的关切,就好像他们在行使与公共话语参与者相同的自治的民主主权。[236] 但值得注意的是,即使是那些对商业言论和公共话语之间的区别持怀疑态度的人,仍然在商标请求的情形下对这种

---

〔231〕 Cent. Hudson Gas & Elec. Corp. v. Pub. Serv. Comm'n, 447 U. S. 557, 563 (1980).
"商业言论与公共话语具备不同的社会功能。商业言论原则保护的是听众接收信息的能力,而不是广告商表达自己的自主权。"Balkin,前注〔211〕,1084。

〔232〕 Cent. Hudson, 447 U. S. at 566;参见 Gertz v. Robert Welch, Inc., 418 U. S. 323, 339-340 (1974);Post,前注〔222〕,29。

〔233〕 Cent. Hudson, 447 U. S. at 563.

〔234〕 NAACP v. Button, 371 U. S. 415, 433 (1963);参见,例如,N. Y. Times Co. v. Sullivan, 376 U. S. 254,278-282 (1964); 281 Care Comm. v. Arneson,766 F. 3d 774,782-784,786 -796 (8th Cir. 2014).

〔235〕 Cent. Hudson,447 U. S. at 566.尽管最近的几个案例,包括里德案,表明对商业言论的审查可能变得越来越稳健,但中央哈德逊案的中间审查标准仍然存在。

〔236〕 参见,例如,Sorrell v. IMS Health Inc., 564 U. S. 552,566-571 (2011); United States v. United Foods, Inc., 533 U. S. 405, 409-411 (2001); Elizabeth Pollman, *Constitutionalizing Corporate Law*, 69 VAND. L. REV. 639 (2016) 中各处(探索了最近哥伦比亚特区巡回上诉法院的裁判,这些裁判反映了同样的趋势)。

区别给予了充分的尊重,[237]我们预计他们也会在公开权请求的情形下这样做。否则,侵权行为的范围将受到根本上的限制。

3. 商品

还有第三种交流行为,法院似乎认为它们根本没有《第一修正案》的价值。我们将把这类交流行为称为商品。法院以这种方式处理交流行为的一个有启发性的例子来自公开权案件领域之外。在产品责任法的情形下,航图被视为没有任何《第一修正案》的价值,尽管这些航图无疑传达了信息。当此类图表的出版商因传达不准确的信息导致事故而被起诉时,《第一修正案》的抗辩是不相关的。"就产品责任法的目标而言",法院仅将此类图表视为"产品"。[238]

在公开权案件中也存在类似现象。法院经常允许对"大规模生产的非专业化"[239]事项进行规制,而根本不承认任何《第一修正案》的忧虑。这种请求通常出现在商品或者被法院称为"普通产品(mundane products)"的情

---

[237] 参见,例如,S. F. Arts & Athletics, Inc. v. U. S. Olympic Comm. , 483 U. S. 522, 535, 536 n. 15 (1987); Facenda v. N. F. L. Films, Inc. , 542 F. 3d 1007,1015-1018 (3d Cir. 2008); U. S. Olympic Comm. v. Am. Media, Inc. , 156 F. Supp. 2d 1200, 1205-1206 (D. Colo. 2001). 对比 Mattel, Inc. v. MCA Records, Inc. , 296 F. 3d 894, 905-907 (9th Cir. 2002)(对于商标淡化请求,运用了商业/非商业使用的区分), Alex Kozinski & Stuart Banner, *Who's Afraid of Commercial Speech?*,76 VA. L. REV. 627,652-653 (1990)(质疑了商业言论比其他形式的言论值得更少保护的假设)。尽管《兰哈姆法案》在评估是否可以提起淡化请求时,明确考虑了使用是否为"商业的",但大多数法院根据宪法,将这一术语解释为只有在商业言论中的使用才能为淡化承担责任。Rothman,前注[31],1942-1944、1962 及 1968-1969。

[238] Winter v. G. P. Putnam's Sons, 938 F. 2d 1033, 1035 (9th Cir. 1991) (引用了 Brocklesby v. United States, 767 F. 2d 1288, 1294-1295 (9th Cir. 1985)); *accord* Saloomey v. Jeppesen & Co. , 707 F. 2d 671, 676-677 (2d Cir. 1983); Aetna Cas. & Sur. Co. v. Jeppesen & Co. , 642 F. 2d 339, 342-343 (9th Cir. 1981); Fluor Corp. v. Jeppesen & Co. , 216 Cal. Rptr. 68, 71-73 (Ct. App. 1985).

[239] *Commodity*, MERRIAM-WEBSTER'S COLLEGIATE DICTIONARY 250 (11th ed. 2003)(将"商品"定义为"经济商品:[例]如……大规模生产的非专业产品")。

形下,其中原告的身份出现在 T 恤、杯垫和卷笔刀等物品上。[240] 即使它们印有名人身份的独特图画,这类产品也通常被视为缺乏宪法或艺术价值。《不正当竞争重述(第三次)》指出:

> 因此,未经授权盗用他人姓名或肖像用于海报、按钮或其他纪念品,通常可作为一项对公开权的侵犯而提起诉讼。试图以《第一修正案》为理由,通过将这类商品类比为书籍、杂志和其他传统传播媒体的交流,来为此类商品的销售提供抗辩……通常会被驳回。[241]

一个有争议的例子是小马丁·路德·金社会变革中心诉美国遗产产品案(The Martin Luther King, Jr., Center for Social Change v. American Heritage Products),[242]其中该中心作为既存的金的公开权受让人,起诉美国遗产,以阻止其制造和销售批量生产的小马丁·路德·金塑料半身像。佐治亚州最高法院认为,根据佐治亚州的公开权,应该支持该中心的请求,而且,"就保障一个人有权发表他对任何主题的看法的宪法条款的含义而言",在半身像上使用金的肖像并没有引起"表达想法、思想或意见的丝毫外观。"[243]

同样,在罗斯蒙特企业公司诉城市系统公司案(Rosemont Enterprises, Inc. v. Urban Systems, Inc.)中,法院允许霍华德·休斯(Howard Hughes)阻止"对名为'霍华德·休斯游戏'的成人教育职业游戏的营销和经销。"[244]尽管纽约的公开权法令通常以旨在"牢记《第一修正案》"要求的

---

[240] Univ. of Ala. Bd. of Trs. v. New Life Art, Inc., 683 F. 3d 1266, 1279 (11th Cir. 2012)(结论是,"马克杯、茶杯、……旗帜、毛巾、T 恤或任何其他普通的产品"会出于《第一修正案》的目的而被区别对待,并且可能缺乏任何宪法考虑);另见 William K. Ford & Raizel Liebler, *Games Are Not Coffee Mugs: Games and the Right of Publicity*, 29 SANTA CLARA COMPUTER & HIGH TECH. L. J. 1, 3, 14, 98 (2012)(观察到"商品化的使用处于在广告使用和传统表达使用之间的一个有些困难的中间地带",将"咖啡杯、海报和 T 恤"与"书籍、杂志和电影"相区别,并得出"游戏不是咖啡杯"的结论)。

[241] RESTATEMENT (THIRD) OFUNFAIR COMPETITION § 47 cmt. b (AM. LAW INST. 1995).

[242] 296 S. E. 2d 697 (Ga. 1982).

[243] 同上,700 (引用了 Pavesich v. New Eng. Life Ins. Co., 50 S. E. 68, 80 (Ga. 1905)).

[244] 340 N. Y. S. 2d 144, 145-146 (Sup. Ct.),经修改后被维持原判,345 N. Y. S. 2d 17 (App. Div. 1973).

方式被解释,[245]但纽约法院的结论是,被告仅仅是"销售商品、商业产品、娱乐性的机会游戏",而不是"教育公众了解霍华德·休斯的成就。"[246]

　　加州首席大法官罗斯·伯德(Rose Bird)在其在卢戈西诉环球影业案(Lugosi v. Universal Pictures)里颇具影响力的异议中,试图对这些决定背后的直觉进行总结。[247] 伯德认为加州的公开权应该是可继承的,但她向她的读者保证,当原告的肖像被用于"与塑料玩具卷笔刀、肥皂产品、打靶游戏(target games)、糖果分配器和饮料搅拌棒等物品的销售有关"时,不会造成"与言论自由的冲突","这种行为几乎不涉及《第一修正案》。"[248]

　　然而,很明显,在《第一修正案》分析中,并非所有 T 恤、杯垫和其他商品都只是商品。它们有时可以构成公共话语。正如联邦地方法院在霍普克诉克鲁格案(Hoepker v. Kruger)中所观察到的:

　　人体模型和卷笔刀以及其他此类产品也可以被视为艺术品,博物馆有时也会这样收藏和展示它们。判例法明确指出,"《第一修正案》的原则并不排斥非传统的表达媒介"。对于什么可能是艺术的,而什么可能是庸常的,不应当要求法院在它们之间随意地划清界限,作为《第一修正案》提供保护的标准。

　　⋯⋯

---

　　[245] Hoepker v. Kruger, 200 F. Supp. 2d 340, 348 (S. D. N. Y. 2002);另见 Messenger v. Gruner+Jahr Printing & Publ'g, 727 N. E. 2d 549, 553 (N. Y. 2000)("与对具有新闻价值的话题进行不受限制的讨论的法律价值和宪法价值相一致,我们一再认为,如果原告的图片是用于说明有关公共利益的文章,则根据第 50 条和第 51 条不承担任何责任,除非该图片与该文章没有实际关系或该文章是变相广告。")。我们注意到,当一个故事被确定为虚假的、有欺骗性的或虚构的时,纽约的一系列特殊案例拒绝了具有新闻价值的结论,即使在其他场合会被归类为公共话语的情形中也是如此。参见 Messenger, 727 N. E. 2d at 555;另见 Spahn v. Julian Messner, Inc., 233 N. E. 2d 840, 842 (N. Y. 1967)(结论是,对传记出版商的请求是合宪的,因为作者故意虚构和伪造了事件、对话和想法);Binns v. Vitagraph Co. of Am., 103 N. E. 1108, 1110-1111 (N. Y. 1913)(允许原告提出请求,因为描述他的电影是真实事件的虚构版本);Porco v. Lifetime Entm't Servs., LLC, 47 N. Y. S. 3d 769, 772 (App. Div. 2017)(允许针对纪录片提出请求,因为该电视影片对真实事件的描述被指控为"相当的和实质性的虚构")。

　　[246] Rosemont Enters., Inc. v. Urban Sys., Inc., 340 N. Y. S. 2d 144, 144 (Sup. Ct. 1973).

　　[247] 603 P. 2d 423, 434 (Cal. 1979) (Bird, C. J., dissenting).

　　[248] 同上,449;另见 Rosemont Enters., Inc. v. Choppy Prods., Inc., 347 N. Y. S. 2d 83, 84-85 (Sup. Ct. 1972)(认为,主张"对'一个霍华德·休斯'进行滑稽和讽刺评论的 T 恤、运动衫和纽扣的营销"是"受到言论自由的宪法权利保护"的观点是"无效的")。

通常来说,博物馆礼品店出售的商品复制了博物馆中展示的艺术品,从而使博物馆能够以日常生活中可以欣赏的常见和普通的形式来经销艺术品。在形式和数量上对艺术品进行复制并以适当的价格进行销售,使该艺术品流行,并不会改变艺术性表达的本质性质,这是受到《第一修正案》的保护的。[249]

尽管没有灵丹妙药可以区分特定的使用是发生在商品中,还是公共话语或商业言论中,但是一些这样的分类是许多公开权决定的根源。例如,在奥尔德林诉托普斯公司案(Aldrin v. Topps Co.)[250]中,联邦地区法院认定,一组带有"美国著名政治家、演员、运动员、科学家、组织、文物和事件的图像"的交易卡既不是商品,也不是商业言论。[251] 法院驳回了宇航员巴兹·奥尔德林(Buzz Aldrin)关于一张他在月球上的图像的卡片侵犯了其公开权的请求,结论是这些卡片对"奥尔德林的名字"的使用是"在传达有关其历史重大成就的信息的过程之中。此外,卡片没有发起商业交易,也不是任何产品的广告,更不用说与之无关的产品了。倒不如说……言论是产品,并受到保护。"[252]

应当把奥尔德林案与希尔顿诉霍尔马克卡片案(Hilton v. Hallmark Cards)进行对比。[253] 在希尔顿案中,第九巡回法院考虑的是由"一家主要的全国贺卡供应商"制作的幽默生日贺卡,上面有一张照片,是名人帕丽斯

---

〔249〕 Hoepker v. Kruger, 200 F. Supp. 2d 340, 352-54 (S. D. N. Y. 2002)(省略引文);参见 RESTATEMENT (THIRD) OF UNFAIR COMPETITION § 46 cmt. c (AM. LAW INST. 1995)("但是,在某些情况下,特定商品的信息内容或其作为表达手段对购买者的效用可能证明,该使用受《第一修正案》保护的结论是合理的。例如,一个公职人员的候选人,不能援引公开权来禁止经销带有候选人姓名或肖像的海报或纽扣,无论这些海报和纽扣是用来表示支持还是反对。");参见,例如,Cardtoons v. Major League Baseball Players Ass'n, 95 F. 3d 959 (10th Cir. 1996)(认为恶搞棒球球星交易卡受到《第一修正案》的保护);Paulsen v. Personality Posters, Inc., 299 N. Y. S. 2d 501 (Sup. Ct. 1968)(当原告进行模拟总统竞选活动时,对于出售带有原告肖像海报的行为,驳回公开权请求)。

〔250〕 No. CV 10-09939 DDP (FMOx), 2011 WL 4500013 (C. D. Cal. Sept. 27, 2011).

〔251〕 同上,＊1,＊3。

〔252〕 同上,＊3(省略重点)。法院将托普斯的卡片与 Yeager v. Cingular Wireless LLC, 673 F. Supp. 2d. 1089 (E. D. Cal. 2009) 案件中对试飞员查克·耶格尔(Chuck Yeager)姓名的使用进行了对比,后者"构成商业言论,因为它除了与品牌建立积极的联系并利用查克·耶格尔的身份来推广不相关的产品之外,没有提供任何信息的目的。"Aldrin, 2011 WL 4500013, at ＊2(引用了 Yeager, 673 F. Supp. 2d at 1098-1099)。

〔253〕 599 F. 3d 894 (9th Cir. 2010).

·希尔顿(Paris Hilton)的头部"叠加"在卡通女侍者的身体上,为餐厅顾客带来一盘食物。[254] 虚构的希尔顿告诉顾客,"不要碰,热爆了(it's hot)",这是希尔顿著名的口头禅"热爆了(that's hot)",在她的电视连续剧《简单生活》中,每当她发现"有趣或好玩的事情"时,她就会使用这句话。[255] 第九巡回法院在法律上驳回了霍尔马克的《第一修正案》抗辩。[256] 尽管法院表面上应用了变化性使用测试,[257]但似乎更合理的是,它实际上是出于以下信念:霍尔马克对希尔顿身份的使用只是一种商品:"霍尔马克的卡片不是为产品做广告;它就是产品。"[258]在这种分类的基础上,法院判定霍尔马克的卡片不构成对公共话语的贡献——无论是关于希尔顿还是任何其他主题。这张卡片只是为了霍尔马克的商业利益而"盗用"希尔顿的身份。[259]

如果奥尔德林案的法院将宇航员交易卡视为会促进公众讨论"具有历

---

〔254〕 同上,899 页.

〔255〕 同上.

〔256〕 同上,912 页.

〔257〕 同上,909-912 页.

〔258〕 同上,905 n.7.该案的确切问题是,霍尔马克的《第一修正案》抗辩是否可以作为法律问题得到支持,或者它是否如此依赖于事实,以至于只能在充分发达的事实记录的情形下做出决定.同上,900.虽然很明显,将希尔顿重新描绘成具有讽刺意味的卡通人物可以满足任何对艺术变化性的一般理解,但法院的推理仍然是:

希尔顿的基本观点是霍尔马克从《简单生活》的"音速汉堡恶作剧"那一集中提取了卡片上的整个场景.这个节目背后的想法是,让希尔顿和她的朋友妮可·里奇(Nicole Ritchie)进入普通人的生活,包括为谋生而工作.在这一集中,女人们在免下车快餐店工作.她们穿着溜冰鞋巡游到顾客的车前,为他们提供订单.一如既往,希尔顿偶尔会说一个人、一个东西或一件事情"热爆了".

希尔顿声称,霍尔马克的卡片是对这一集的剽窃.霍尔马克坚持认为它的卡片具有变化性,因为环境是不同的,并且"热爆了"这个短语已成为关于一盘食物温度的字面意义上的警告.

可以肯定的是,希尔顿在《简单生活》一集中担任女服务员与霍尔马克卡片中的描绘之间存在一些差异.希尔顿的制服不同,餐厅的风格不同(是免下车服务,而不是堂食服务),食物也不同(是汉堡和薯条,而不是小餐馆式的培根和鸡蛋).在卡片中,希尔顿超大头之下的身体是一幅普通女性身体的卡通画,而不是希尔顿真实身体的照片.最后,希尔顿的口头禅始终以其熟悉的惯用含义出现.然而,尽管存在这些差异,但基本环境是相同的:我们看到帕丽斯·希尔顿,出身优渥,正在担任女服务员.

……关于霍尔马克的卡片是否具有变化性,在我们的判例法下疑窦重重,我们不能说霍尔马克在法律上有权进行抗辩.

同上,911 页.最后,第九巡回法院驳回了霍尔马克的《第一修正案》抗辩,主要是因为一般的读者会将生日贺卡理解为指向希尔顿和她的电视奇遇.同上.但是,如果这种指向性足以打败《第一修正案》关于变化性使用的主张,那么该测试根本无法执行任何宪法工作,因为这种指向性是每项盗用身份请求都具备的必要的要件.

〔259〕 同上,911;前注〔258〕附随的文字.

史意义的成就"的工具,[260]而希尔顿案的法院认为霍尔马克的生日贺卡只是一种商业产品,缺乏引发公众对话的目的或效果,那么这种差异说明了法院如何将宪法意义赋予给特定的交流行为。[261]问题在于,法院是否会将个人身份的使用定性为有助于形成公众舆论或有助于传播有用信息(商业或其他方面)。如果不是,则很可能将这种使用归类为仅仅是商品。[262]

毫无疑问,在公开权的情形下,法院确实将某些交流性用途归类为公共话语,并赋予其《第一修正案》的全部豁免武装;他们将其他用途归类为商业言论,给予其部分而非全部豁免;他们还将剩余的其他用途归类为商品,根本不给予其《第一修正案》的保护。正如我们将在第三部分第(二)章中看到的,这些差异对公开权诉讼的合宪性具有巨大的影响。

(二)《第一修正案》和公开权

我们在第一部分确定的公开权的四个分支中的每一种都保护不同的政府利益。在本章中,我们讨论在公共话语、商业言论和商品的情形下,每种利益如何与《第一修正案》的价值相交融。

1.《第一修正案》和表演权

在查西尼案中,最高法院准确而有力地将保护表演权的政府利益与保护版权的政府利益进行了类比。[263]版权法的执行并未受到更强的宪法审查。

最高法院解释说,版权的主要目的之一是,就像《第一修正案》本身一样,"促进自由表达的创作和出版。"[264]最高法院引用了查西尼案的说法,它

---

[260]　Aldrin v. Topps Co., No. CV 10-09939 DDP (FMOx), 2011 WL 4500013, at *3 (C. D. Cal. Sept. 27, 2011).

[261]　司法调查将部分地通过与特定种类的对象相关的社会实践和惯例来获取信息。参见 Post,前注[212],1253-1255。

[262]　我们将在第三部分第(二)章第2节中进一步讨论做出这种区分的挑战。我们还应当清楚,如果政府出于违宪的目的而试图限制商品,则可以独立触发《第一修正案》的审查。同上,1255-1260。即使印有名人面孔的咖啡杯被视为商品,并因此受到不受宪法限制的公开权的保护,但是,如果政府试图仅仅禁止销售印有反对总统的名人肖像的咖啡杯,那么仍会引发《第一修正案》的担忧。

[263]　参见前注[59]以及附随的文字(讨论了 Zacchini v. Scripps-Howard Broad. Co., 433 U. S. 562, 575 (1977))。

[264]　Eldred v. Ashcroft, 537 U. S. 186, 219 (2003)(省略重点)。

甚至认为可以对试图出版前总统回忆录的主要新闻杂志提起版权诉讼。[265]该出版物是否具有新闻价值,是否涉及典型的公众人物,或者该出版物是否是无可争议的公共话语,都是无关紧要的。关于"公众人物作品中版权保护"的缺席,最高法院的理由是:

创作或资助此类回忆录的行为将几乎没有动力,公众将被剥夺重要历史信息的重要来源。如果仅仅通过把侵权戏称为对该书的合理使用"新闻报道"就可以避免版权的承诺,那么版权的承诺将是空洞的。[266]

如果版权诉讼的适用不受到公共话语、商业言论和商品的宪法限制,那么查西尼案的立场是《第一修正案》不会限制类似的表演权主张。查西尼案本身也支持了对夜间新闻广播的表演权请求。[267]

然而,重要的是,需要注意,最高法院一直谨慎地解释称,版权享有《第一修正案》审查的相对豁免权,因为"版权法的内在是与《第一修正案》通融的(accommodation)"[268]以减少其对交流的影响。这些通融包括想法/表达的二分法和合理使用抗辩,即通过提供"相当大的'学术和评论的空间'"以及"戏仿"的空间,来"允许公众"以保留"传统的《第一修正案》保障措施"的方式"使用……表达自身"。[269]

只要表演权在与版权的相同事项方面享有宪法豁免权,那么表演权也必须被解释为包含类似的"《第一修正案》内在的通融"。[270]似乎很清楚,如果《第一修正案》要求在版权的情形下提供这种通融,那么它也必须在表演权的情形下要求提供这种通融。这种通融要么作为州普通法或成文法的问题而被解读为侵权行为的要件,要么可以作为《第一修正案》限制的问题而

---

[265]　Harper & Row Publishers, Inc. v. Nation Enters. , 471 U. S. 539, 556-557 (1985)(引用了 Zacchini, 433 U. S. at 575).

[266]　同上,557 页。最高法院指出:

在我们匆忙传播新闻的过程中,不应忘记制宪者打算将版权自身作为言论自由的引擎。通过对使用一个人的表达设立可市场化的权利,版权为思想的创造和传播提供了经济激励……

……如果符合公共利益的每本书都可以被竞争的出版商进行盗版,……那么公众[很快]将没有任何值得一读的东西。

同上,558-559(省略引文)(引用了 Lionel Sobel, *Copyright and the First Amendment: A Gathering Storm?*, 19 ASCAPCOPYRIGHT L. SYMP. 43, 78 (1971)).

[267]　参见 Zacchini, 433 U. S. at 575-579。

[268]　Eldred, 537 U. S. at 219.

[269]　同上,219-120 页(引用了 Harper & Row, 471 U. S. at 560).

[270]　同上,219 页。

被外在地施加。[271]

由于表演权尚未得到这样的承认,因此它也尚未得到导致版权发展其自己的合理使用法理的那种有区分能力的普通法和成文法的关注。[272] 然而,无论是通过司法施加的宪法限制的方式,还是通过州普通法或成文法的方式,表演权下的使用都不应当延伸到在版权情形内作为合理使用而免受法律规制的使用。[273]

2.《第一修正案》和商业价值权

在商业价值权的情形下,《第一修正案》关于公开权的混乱状态尤其显得落后。这就是为什么我们会煞费苦心地区分商业价值权可能寻求保护的三种不同类型的损害。我们将第一种类型称为混淆,其目的是防止通过误导来源或赞助来损害原告身份的商业价值的使用。我们将第二种类型称为

---

[271]　在普通法上,版权的合理使用原则首先是为了通融言论利益而发展起来的。参见 Folsom v. Marsh, 9 F. Cas. 342, 344-45 (C. C. D. Mass. 1841) (No. 4901).

[272]　这种合理使用的法理已经被编入 17 U. S. C. § 107 (2018). 第 107 条规定了在评估被告的使用是否合理并因此免责时,法院需要考虑的四个非排他性因素。第一个因素要求法院考虑"使用的目的和特征,包括此类使用是否具有商业性质或出于非营利的教育目的。"同上,§ 107 (1). 与以营利为目的的使用相比,为"批评、评论、新闻报道、教学……学术或研究"而使用更有可能被认为是合理的。同上,§ 107;参见 *Harper & Row*, 471 U. S. at 588; Cambridge Univ. Press v. Patton, 769 F. 3d 1232, 1282 (11th Cir. 2014). 最高法院在第一个因素中增加了使用是否具有"变化性"的考虑。Campbell v. Acuff-Rose Music, Inc. , 510 U. S. 569, 579 (1994). 其他列举的合理使用因素包括考虑"受版权保护作品的性质",17 U. S. C. § 107(2) (2018),"在整体上,与受版权保护的作品相关的使用的部分的数量和实质",同上,§ 107(3),以及"使用对受版权保护作品的潜在市场或价值的影响",同上,§ 107(4). 这些因素中的每一个,都可以相对容易地被引进适用于表演权案例的合理使用类型的分析中。参见 ROTHMAN, 前注[1],222-223 n. 29(注意到许多学者采取了这一立场);另见 Roberta Rosenthal Kwall, *Is Independence Day Dawning for the Right of Publicity?*, 17 U. C. DAVIS L. REV. 191, 229-253 (1983)(描绘了这样的观点,同时注意到它的一些挑战);对比 Pamela Samuelson, *Reviving* Zacchini: *Analyzing First Amendment Defenses in Right of Publicity and Copyright Cases*, 57 TUL. L. REV. 836, 915-918 (1983)(提议在公开权案件中使用类似于版权的合理使用原则).

[273]　我们并不是说合理使用的确定很容易。参见,例如,Pierre N. Leval, Commentaries, *Toward a Fair Use Standard*, 103 HARV. L. REV. 1105, 1105 (1990)("法官对合理使用的含义没有达成共识。");Lloyd L. Weinreb, *Fair's Fair: A Comment on the Fair Use Doctrine*, 103 HARV. L. REV. 1137, 1137 (1990)(分析了围绕着合理使用原则的"混乱");另见 Jennifer E. Rothman, *Copyright's Private Ordering and the "Next Great Copyright Act*," 29 BERKELEY TECH. L. J. 1595, 1601-1603 (2014)(描述了由于合理使用原则中的不确定性而产生的一些实际挑战). 更确切地说,我们的主张是,合理使用原则应该适用于表演权的情形中,并且该原则应该与合理使用在版权中的适用作同等解释。

减损,其目的是防止可能通过过度曝光或贬损而降低原告身份的商业价值的使用。我们将第三种类型称为不当得利,其目的是防止对他人身份的商业价值进行不公平的商业盗用。[274]

《第一修正案》的分析应当根据商业价值权试图保护的这三种损害中的哪一种而有所不同。《第一修正案》的审查也应根据涉嫌侵权使用中所涉及的交流类型而有所不同。例如,如果被告在被视为纯粹商品的使用的情形中,侵犯了原告的商业价值权,则对于原告为证明其身份商业价值受到三种损害中的任何损害而做出的努力,宪法意志(根据定义)不会施加任何宪法限制。相比之下,在公共话语或商业言论中出现的使用需要更进一步的分析。

我们在第一部分第(二)章中建议,根据州法律,基于减损和不当得利的商业价值权请求应当仅适用于在商品或商业言论中发生的未经授权的使用。[275] 但是,如果州法律超出范围并将这些请求适用于公共话语,法院在驳回宪法禁止的此类请求时,应该不会面临《第一修正案》方面的巨大困难。这是因为试图证明减损和不当得利旨在弥补的伤害,从根本上与公共话语的基本结构不相容。

减损诉讼力求维持在市场上已经众所周知的人的身份的商业价值。[276] 这种价值最终取决于第三方的态度。《第一修正案》禁止政府控制人们在公共话语中的想法。减损案件的原告可能具备公众人物的资格,对他们的公开讨论必须是"不受约束的、强健有力的且公开的"。[277] 宪法不允许政府仅仅是因为人们希望"过多地"谈论公众人物从而过度暴露他们的身份,便阻断公众对公众人物的评价。当公众希望通过将公众人物的身份与令人讨厌的关系相联系以诋毁公众人物的声誉时,宪法也不允许政府维护公众人物的声誉。正如在商标淡化的情形下所说的:"只要公众对商标赋予了超越识

---

〔274〕　参见前文第一部分第(二)章第3节。

〔275〕　参见前注〔105〕-〔108〕、〔110〕-〔111〕及附随的文字。

〔276〕　参见前注〔106〕-〔108〕及附随的文字。

〔277〕　N. Y. Times Co. v. Sullivan, 376 U. S. 254, 270 (1964).

别来源的功能的含义时,商标所有人就无权控制公共话语。"[278]

　　不当得利诉讼旨在补偿原告对其身份的商业价值的"不公平"盗用。此类诉讼的前提是,被告应该为使用原告身份的特权支付公平的市场价值,即使该身份要不然也是公开的。[279] 然而,公共话语是一个这样的领域,其中"仅传达容易获得的公共信息的言论"受到宪法保护。[280]

　　与对特定、具体表达的所有权进行分配的版权(和表演权)不同,不当得利旨在赋予个人控制公共信息本身的使用的权利,这些公共信息包括原告姓名或肖像的简单事实。但是《第一修正案》要求在公共话语中,公众在宪法上有权讨论引起其注意的任何公共信息,包括人的姓名和肖像。让发言者为这种特权而付款,这与公共话语的宪法功能相矛盾。[281]

　　因此,《第一修正案》恰当地防止了不当得利请求波及使用大街上拍到的他人形象来创作艺术的摄影师,[282]或在小说中讨论真实的人的作家。[283]公共话语的参与者享有宪法权利,可以"获取生活的原材料——包括真实个体的故事,无论是平凡的还是非凡的——并将它们转化为艺术,无论是文章、书籍、电影还是戏剧。"[284]

　　相比于减损或不当得利诉讼,混淆诉讼不会造成与公共话语结构根本

---

〔278〕　Mattel, Inc. v. MCA Records, Inc., 296 F. 3d 894, 900 (9th Cir. 2002);另见 Jessica Litman, *Breakfast with Batman: The Public Interest in the Advertising Age*, 108 YALE L. J. 1717, 1718, 1731-1735 (1999)(认为商标持有人不应当能够控制其商标超出信息来源识别功能的含义和"干扰")。

〔279〕　参见,例如,New Kids on the Block v. News Am. Publ'g, Inc., 971 F. 2d 302, 309 (9th Cir. 1992). 为了解释这项权利的性质,有人认为"不当得利的观点……假定某个人必须对"身份(persona)"的价值拥有财产权"。Dogan & Lemley,前注〔63〕,1182。

〔280〕　Polinsky v. Bolton, No. A16-1544, 2017 WL 2224391, at * 5 (Minn. Ct. App. May 22, 2017);另见 Cox Broad. Corp. v. Cohn, 420 U. S. 469, 495-496 (1975)(认为媒体不能因公开了公共法庭记录中披露的真实信息而受到处罚);C. B. C. Distrib. & Mktg., Inc. v. Major League Baseball Advanced Media, L. P., 505 F. 3d 818, 823 (8th Cir. 2007)(认为虚拟棒球游戏的制作者不能因在其游戏中使用公共领域中可获取的运动员的姓名和统计数据而受到处罚)。

〔281〕　参见 Haglund v. Sawant, 781 F. App'x 586, 588-590 (9th Cir. 2019)(在将一位房东的姓名用于一项保护承租人立法的标题的公开权请求中,以《第一修正案》为理由进行了驳回)。

〔282〕　参见,例如,Nussenzweig v. DiCorcia, No. 50171(U), 2006 WL 871191, at * 3 (N. Y. Sup. Ct. Feb. 8, 2006), 被维持原判,878 N. E. 2d 589 (N. Y. 2007). 参见,例如,Nussenzweig v. DiCorcia, No. 50171(U), 2006 WL 871191, at * 3 (N. Y. Sup. Ct. Feb. 8, 2006),被维持原判,878 N. E. 2d 589 (N. Y. 2007)。

〔283〕　参见,例如,Matthews v. Wozencraft, 15 F. 3d 432, 436 (5th Cir. 1994)。

〔284〕　Sarver v. Chartier, 813 F. 3d 891, 905 (9th Cir. 2016)。

不相容的效果。总体而言,对于某个特定人物是否是其身份特定用途的来源或者是否赞助了这种用途,如果公众没有被误导,那么公共话语就会得到改善。如果一位政治候选人可以不受惩罚地误导公众,使公众认为他得到了某位名人的支持,那将不符合任何人的利益。[285] "一本书的购买者,就像一罐豌豆的购买者一样,拥有对产品来源不受误导的权利。"[286]

混淆诉讼的目的类似于商标和不正当竞争请求,旨在调整可能导致对商标或广告产生混淆的交流。[287] 尽管此类请求最常出现在商业言论的情形中,但他们也会出现在公共话语的侵权使用情形中。[288] 但由于所有对公共话语的政府规制都存在潜在的问题,因此人们也充分认识到,此类请求与《第一修正案》之间产生了明显的紧张关系。

因此,在适用《兰哈姆法案》(Lanham Act)的情形下,法院恰当地制定了独特的《第一修正案》原则,以调解"《兰哈姆法案》为商标所有人提供的保护与《第一修正案》为表达活动提供的保护之间的紧张关系。"[289] 该原则的确切措辞有所不同,但无论如何,法院试图确保"对混淆可能性的发现必须特别有说服力,以超过《第一修正案》的利益。"[290]

这是在罗杰斯诉格里马尔迪案中发展起来的被广泛采用的测试的要点,该案发生在虚假代言请求的情形下。[291] 由于担心"在所有权(titles)领

---

[285] 参见 Browne v. McCain, 611 F. Supp. 2d 1062, 1070-1072 (C. D. Cal. 2009).

[286] Rogers v. Grimaldi, 875 F. 2d 994, 997-98 (2d Cir. 1989).

[287] 参见 15 U. S. C. §§ 1114, 1125(a) (2018).

[288] 参见,例如,ETW Corp. v. Jireh Publ'g, Inc., 332 F. 3d 915, 918-21 (6th Cir. 2003); Parks v. LaFace Records, 329 F. 3d 437, 461 (6th Cir. 2003); Westchester Media v. PRL USA Holdings, Inc., 214 F. 3d 658, 663-668 (5th Cir. 2000); King v. Innovation Books, 976 F. 2d 824, 829-31 (2d Cir. 1992); Ocean Bio-Chem, Inc. v. Turner Network Television, Inc., 741 F. Supp. 1546, 1553-1554 (S. D. Fla. 1990). 但见 Farah v. Esquire Magazine, 736 F. 3d 528, 540-541 (D. C. Cir. 2013)(结论是,《兰哈姆法案》仅适用于商业言论的使用); Taubman Co. v. Webfeats, 319 F. 3d 770, 774 (6th Cir. 2003)(亦同). 进一步的讨论,参见 Rothman, 前注[31], 1937-1945 及 1989-1992.

[289] *Westchester Media*, 214 F. 3d at 664.

[290] Twin Peaks Prods., Inc. v. Publ'ns Int'l, Ltd., 996 F. 2d 1366, 1379 (2d Cir. 1993); 参见 Univ. of Ala. Bd. of Trs. v. New Life Art, Inc., 683 F. 3d 1266, 1278 (11th Cir. 2012) ("[我们]毫不犹豫地加入我们的姊妹巡回法院,即认为,在决定一部具有艺术表现力的作品是否侵犯了商标权时,我们应当限缩地解释《兰哈姆法案》"); Sugar Busters, LLC v. Brennan, 177 F. 3d 258, 269 n. 7 (5th Cir. 1999)(引用了 *Twin Peaks Prods.*, 996 F. 2d at 1379).

[291] Rogers, 875 F. 2d 994.

域过度扩展《兰哈姆法案》的限制可能会侵犯《第一修正案》的价值",罗杰斯案的法院认为,《兰哈姆法案》应当仅适用于"避免消费者混淆的公共利益超过了自由表达的公共利益"的场合。[292] 这种情况很少发生,只有在发言者"明确地误导消费者。'……使用名人的名字可能暗示对某些人的背书或赞助的轻微风险,要比限制艺术表达的风险更重要,以及[在没有明确地误导的情况下]……不适用《兰哈姆法案》。'"[293]

在公共话语情形下基于混淆的公开权请求,应当适用类似的宪法考虑。防止混淆的合法的政府目的,必须与任何规制公共话语的努力的潜在寒蝉效应相平衡。结果是,正如在《兰哈姆法案》和相关州的请求中一样,《第一修正案》的考虑应防止在涉及公共话语的诉讼中提起基于混淆的请求,除非有非常有力的证据表明发言者严重地或可能明确地误导了公众,使公众认为在原告参与了涉嫌侵权的使用或对这种使用进行了赞助。

在商业言论的情形下,不需要对基于混淆的请求进行如此坚牢的限制。由于商业言论主要是由于其"信息功能"而受到保护,最高法院已经非常明确地表示"没有宪法反对禁止没有准确告知公众合法活动的商业信息。"[294]

---

〔292〕 同上,998-999 页;另见 Girl Scouts of the U. S. v. Bantam Doubleday Dell Publ'g Grp., Inc., 808 F. Supp. 1112,1121 (S. D. N. Y. 1992)(在虚构儿童读物的情形下适用罗杰斯测试)。罗杰斯测试的适用已经扩展到标题以外,并且适用于所有被认为具有"表达性"的作品的实质内容(substance)。参见 New Life Art, Inc., 683 F. 3d at 1275-1279(适用罗杰斯测试以允许在绘画、印刷品和日历中使用原告的标志);E. S. S Entm't 2000, Inc. v. Rock Star Videos, Inc., 547 F. 3d 1095,1099-1101 (9th Cir. 2008)(在电子游戏的情形下适用罗杰斯测试);ETW Corp., 332 F. 3d at 937(将罗杰斯测试适用于在附带描述运动员的照片的材料中使用运动员姓名的情形;另见 VIP Prods. LLC v. Jack Daniel's Props., Inc., 953 F. 3d 1170,1175 (9th Cir. 2020)(认为,罗杰斯测试适用于小狗玩具,因为"坏蛋西班牙猎犬傻乎乎地叫"玩具是一件表达性作品,"使用文字游戏将杰克·丹尼尔(Jack Daniel)瓶子上严肃的短语'老七号品牌'改变为可笑的信息'老二号',传达了'幽默信息'"(省略引文))。

〔293〕 Brown v. Elec. Arts, Inc., 724 F. 3d 1235,1245 (9th Cir. 2013) (引用了 Rogers, 875 F. 2d at 999-1000)。值得注意的是,在布朗案中认可了根据《兰哈姆法案》对虚假代言请求的《第一修正案》抗辩的同一所法院,又在由一组不同原告针对同一个电子游戏提出的公开权请求的情形下,驳回了这一抗辩。Davis v. Elec. Arts, Inc., 775 F. 3d 1172 (9th Cir. 2015). 这导致布朗案的原告在州法院重新提起公开权请求诉讼,法院已允许程序继续进行。Complaint at 1, Brown v. Elec. Arts, Inc., No. BC 520019 (Cal. App. Dep't Super. Ct. Aug. 30, 2013); Darren Rovell, Jim Brown Receives $ 600,000 Judgment to Dismiss Lawsuit vs. EA, ESPN (June 28, 2016), https://www. espn. com/nfl/story/_/id/16589853/jim - brown - gets - 600000 - dismiss - lawsuit - electronic-arts [https://perma. cc/6YSM-VG25].

〔294〕 Cent. Hudson Gas & Elec. Corp. v. Pub. Serv. Comm'n, 447 U. S. 557, 563 (1980).

混淆请求准确地声称，身份可能会以误导公众来源或赞助的方式被盗用。因此，当它们应用于商业言论领域时，不存在合宪性问题，正如在《兰哈姆法案》下不存在执行类似请求的问题一样。

　　然而，即使在商业言论的情形下，商标和不正当竞争法也要与言论自由问题相协调。长期以来，当被告以善意和公平的方式描述自己的商品或服务，或在评论他人的产品时需要参考标记或通用术语或符号时，这些法律一直容忍一定程度的混淆。[295] 同样，商业价值权请求应当像《兰哈姆法案》请求一样，允许描述性和指示性（nominative）的合理使用抗辩。[296] 虽然这些抗辩是商标法内部的，但它们被认为是"内置的《第一修正案》的通融"的类型，[297] 如果没有这种通融，那么《兰哈姆法案》的执行就会出现"严重的《第

---

[295] 参见 15 U.S.C. § 1115(b)(4)(2018)；KP Permanent Make-Up, Inc. v. Lasting Impression I, Inc., 543 U.S. 111, 118-123 (2004)；Champion Spark Plug Co. v. Sanders, 331 U.S. 125, 130-31 (1947)；Kellogg Co. v. Nat'l Biscuit Co., 305 U.S. 111, 121-122 (1938)；New Kids on the Block v. News Am. Publ'g, Inc., 971 F. 2d 302, 308-309 (9th Cir. 1992).

[296] 合理使用的描述性或"经典的"定义是，当被告使用"公平和善意"的术语或符号来描述其商品或服务的各个方面时的抗辩。参见 15 U.S.C. § 1115(b)(4)；*KP Permanent Make-Up*, 543 U.S. at 118-123. 指示性的或指向性的（nominative or referential）合理使用允许使用他人的商标来"适应这样的情况，即'如果不使用商标，在比较、批评、作为参照物或任何其他此类目的时，事实上不可能指向特定产品。'" Am. Soc'y for Testing v. Public. Resource. Org., Inc., 896 F. 3d 437, 456 (D.C. Cir. 2018)（引用了 *New Kids on the Block*, 971 F. 2d at 306). 为了确定此类指向性使用的合理性，被告必须证明：(1)"相关产品或服务必须是不使用商标就不容易识别的产品"；(2)"仅可在识别产品或服务合理必要的范围内使用商标"；(3)被告"必须没有任何行为……表明得到了商标持有人的赞助或背书。" *New Kids on the Block*, 971 F. 2d at 308. 在商业价值权的情形下，原告的身份将在合理使用的分析中替代原告的商标。这些抗辩适用于商业和非商业言论中的使用。参见，例如，Sazerac Brands, LLC v. Peristyle, LLC, 892 F. 3d 853, 855, 857-859 (6th Cir. 2018)；ETW Corp. v. Jireh Publ'g, Inc., 332 F. 3d 915, 918, 920-921 (6th Cir. 2003)；*New Kids on the Block*, 971 F. 2d at 308；另见 *Am. Soc'y for Testing*, 896 F. 3d at 456（"指示性的合理使用的典型例子是'一家专门修理外国车辆的汽车维修店，使用各种品牌和型号的商标名称投放广告，以突出它能修理的汽车。'"（省略引文））.

[297] Eldred v. Ashcroft, 537 U.S. 186, 190 (2003)（结论是，类似的通融使得版权法具有了合宪性）.

一修正案》忧虑"。[298] 这些合理使用抗辩也应适用于减损和不当得利请求。[299]

如果不适用合理使用抗辩,则减损和不当得利请求在商业言论的情形下也可能是有效的。在中央哈德逊案(Central Hudson)中,对商业言论的限制是合宪的,只要"声称的政府利益是实质性的"并且只要"规制会直接促进声称的政府利益,并且……不过分超过保护该利益的必要程度。"[300]在商业言论的情形下,许多人会将维护公众人物的商业声誉描述为实质性的政府利益。减损通过授权原告对其身份的商业用途进行有效的控制,直接推进了这一目标。如此有限的减损诉讼似乎并不过分。许多人还会认为,防止不当得利试图避免的在商业言论中未经授权使用个人身份所造成的"不公平",也是实质性的政府利益。不当得利以一种限缩规定的方式直接促进了这种利益。

尽管基于减损的公开权请求和基于不当得利的公开权请求都减少了商业言论中传播的信息量,[301]但它们都对应于根深蒂固的商业礼节(commercial propriety)概念,并且在美国商业规制史上都有大量先例支持。减损请求基本上类似于商标淡化请求,迄今为止,法院在商业言论的情

---

　　[298] Toyota Motor Sales, U.S.A., Inc. v. Tabari, 610 F. 3d 1171, 1176, 1180 (9th Cir. 2010);另见 Moseley v. V Secret Catalogue, Inc., 537 U. S. 418, 430-431 (2003)(表明,淡化请求充分通融了《第一修正案》的担忧,因为它们豁免了"非商业用途"并提供了"合理使用"的抗辩;*Madrid Protocol Implementation Act and Federal Trademark Dilution Act of* 1995: *Hearing on H. R.* 1270 *and H. R.* 1295 *Before the Subcomm. on Courts & Intellectual Prop. of the H. Comm. on the Judiciary*, 104th Cong. 128 (1995)(国际商标协会执行副总裁 Mary Ann Alford 的陈述)(提出,淡化法如果适用于非商业性言论,将是违宪的)。法院经常根据宪法回避理论采用合理使用原则,而不是直接进行《第一修正案》的分析。参见,例如,Mattel Inc. v. Walking Mountain Prods., 353 F. 3d 792, 808 n. 14 (9th Cir. 2003)。
　　[299] 对比 15 U. S. C. § 1125(c)(3) (2018)(在淡化的情况下明确规定了此类抗辩)。
　　[300] Cent. Hudson Gas & Elec. Corp. v. Pub. Serv. Comm'n, 447 U. S. 557, 566 (1980).
　　[301] 可以提出这样的观点,即虽然减损请求减少了传播的信息的数量,但它们仍然为消费者提高了信息的质量,因为它们保留了原告身份的独特性。在商标减损请求的情形下,也提出了类似的观点。参见 LANDES & POSNER,前注[68],207-209;William M. Landes & Richard A. Posner, *Trademark Law: An Economic Perspective*, 30 J. L. & ECON. 265, 306-308 (1987)(讨论了淡化法下提出的一些经济观点)。但这种淡化法的理由遭到了质疑以及实证上的挑战。参见,例如,Beebe et al.,前注[102];Tushnet,前注[102]。

形下已将商标淡化请求视为合宪。[302] 然而,减损请求只能由众所周知的名人提出。不当得利诉讼确保姓名和肖像没有独立市场价值的普通人也能够控制其身份商业价值的使用。因此,不当得利诉讼消除了这种显著的不公平,即允许名人,却不允许其他人控制对其身份的具有商业价值的盗用。如果在商业言论中允许减损诉讼,消除这种不公平本身可能就是不当得利请求充分的合宪性理由。

对于商业价值权请求可能的宪法处理,表 1 总结了我们迄今为止得出的结论:

表 1

	公共话语	商业言论	商品
混淆	允许 （如果混淆是明确的或严重的）	允许（但合理使用是例外）	允许
减损	不合宪	可能允许（但合理使用是例外）	允许
不当得利	不合宪	可能允许（但合理使用是例外）	允许

表 1 表明,商业价值权请求的合宪性,在很大程度上取决于司法裁判涉及的使用是发生在公共话语、商业言论还是商品中。然而,标准的《第一修正案》教义在协助法院做出如此重要的宪法判决方面,并不是很有帮助。

识别商品的基本先例是斯宾塞诉华盛顿案（Spence v. Washington）,

---

〔302〕 参见 Moseley, 537 U. S. at 430-431;另见 United States v. Alvarez, 567 U. S. 709, 735-736 (2012) (Breyer, J., concurring)(表明了"侧重于可能会淡化商标价值的商业和推广活动"的商标淡化法的合宪性);同上,743-744 (Alito, J., dissenting)(指出淡化法在宪法上是被允许的,因为它通过防止商标的"独特性[的]减少"来保护"与高档手表和设计师手袋相关的声誉"(省略引文));对比 S. F. Arts & Athletics, Inc. v. U. S. Olympic Comm'n, 483 U. S. 522 (1987)(认为在不考虑可能的消费者混淆的情况下禁止使用"奥林匹克"一词,是合宪的)。我们注意到一些学者对淡化的合宪性持怀疑态度。参见,例如,Lisa P. Ramsey, *Free Speech Challenges to Trademark Law After Matal v. Tam*, 56 HOUS. L. REV. 401, 456-461 (2018); Eugene Volokh, *Freedom of Speech and Intellectual Property: Some Thoughts After Eldred*, 44 Liquormart, 以及 Bartnicki, 40 HOUS. L. REV. 697, 732-739 (2003). 关于在 Matal v. Tam, 137 S. Ct. 1744 (2017) 和 Iancu v. Brunetti, 139 S. Ct. 2294 (2019) 这两个案件之后的基于玷污的淡化请求的合宪性挑战的讨论,参见 Jennifer E. Rothman, *Valuing the Freedom of Speech and the Freedom to Compete in Defenses to Trademark and Related Claims in the United States*, in THE CAMBRIDGE HANDBOOK OF INTERNATIONAL AND COMPARATIVE TRADEMARK LAW 537, 553-555 (Irene Calboli & Jane C. Ginsburg eds., 2020). 如果在商标情形下的淡化法是违宪的,那么在基于减损的公开权请求的情形中也同样存在问题。

法院会将其中"呈现出传达特定信息的意图,并且在周围环境中信息极有可能会被查看它的人理解"的任何"活动"定性为"受保护的表达"。[303] 然而,在每一项商业价值权请求中,被告都被假定为成功地传达了原告的身份。因此,在商业价值权的情形下,斯宾塞案测试无法对商品和公共话语或商业言论进行区分。[304] 虽然有旨在指导法院如何区分商业言论和公共话语的教义,[305]但这种教义通常被认为是含糊不清且没有帮助的,并且在帮助法院评估商业价值权请求所依存的无数不同的交流语境方面肯定是无济于事的。[306]

鉴于人的姓名和肖像几乎能以无限的方式被交流,因此,处理商业价值权诉讼的法院在区分我们所确定的三个不同的交流的宪法分支时,事实上是茫然无措的。因此,毫不奇怪,法院一直在努力包装将案件中的争议言论的宪法性质,含糊其辞地归入商业价值权案件的教义。

让我们想想,对于未经授权的商业海报的大规模生产和销售,法院已经处理的许多判决。此类海报,尤其是在描绘名人时,通常认为对它们的限制似乎不会引起宪法问题。[307] 例如,在布尔克莱诉卡萨布兰卡斯案(Brinkley v. Casablancas)中,[308] 模特克里斯蒂·布尔克莱(Christie Brinkley)反对,在未经授权的情况下,对一张最初是经许可拍摄的她的照

---

〔303〕 418 U. S. 405, 410-411 (1974). 相关讨论,参见 Post,前注〔212〕,1250-1260。

〔304〕 对于最近为划清界限所做的其他司法努力,参见,例如 *Masterpiece Cakeshop*, *Ltd. v. Colorado Civil Rights Commission*, 138 S. Ct. 1719, 1742 - 1744 (2018)(Thomas, J., concurring),其中托马斯(Thomas)法官断言定制婚礼蛋糕是表达性的言论,而不仅仅是产品;以及 *Brush & Nib Studio*, *LC v. City of Phoenix*, 448 P. 3d 890, 909 (Ariz. 2019),它将定制婚礼请柬视为完全受保护的"纯粹言论"。

〔305〕 参见 Bolger v. Youngs Drug Prods. Corp. , 463 U. S. 60, 64-68 (1983);Young v. Am. Mini Theatres, Inc. , 427 U. S. 50, 68-69 (1976)。

〔306〕 参见,例如,City of Cincinnati v. Discovery Network, Inc. , 507 U. S. 410, 419 (1993);Zauderer v. Office of Disciplinary Counsel, 471 U. S. 626, 637 (1985);Thomas v. Anchorage Equal Rights Comm'n, 165 F. 3d 692, 709-710 (9th Cir. 1999),批准重审,撤回意见,192 F. 3d 1208 (9th Cir.),在重审中,220 F. 3d 1134 (9th Cir. 2000);Dryer v. Nat'l Football League, 689 F. Supp. 2d 1113, 1117 (D. Minn. 2010)。

〔307〕 参见,例如,Factors Etc. , Inc. v. Pro Arts, Inc. , 496 F. Supp. 1090, 1103 (S. D. N. Y. 1980)("对于将猫王的海报作为猫王销售,不受到〔《第一修正案》〕保护。"),以其他理由被改判,652 F. 2d 278 (2d Cir. 1981);Comedy III Prods. , Inc. v. Gary Saderup Inc. , 21 P. 3d 797, 802-803 (Cal. 2001)(对于被告销售《三个臭皮匠》版画的多份复制品和 T 恤的情形,驳回了《第一修正案》抗辩)。但见后注〔316〕。

〔308〕 438 N. Y. S. 2d 1004 (App. Div. 1981)。

片,在海报中进行复制,之后进行大量生产和销售。一所纽约的法院在海报中没有发现任何"具有新闻价值"的性质,并且认为在裁决其违反纽约公开权法规方面不存在任何宪法上的困难。[309]

布尔克莱案与努森茨韦格诉迪科西亚案(Nussenzweig v. DiCorcia)形成了对比,[310]在后者中,另一所纽约法院裁判称,公开权不适用于未经授权在街道上拍摄的不知名人士的照片。尽管摄影师试图以"2 万至 3 万美元"的价格在一家商业艺术画廊出售这幅照片,但法院仍认为"摄影(术)是'艺术'",并且"艺术在宪法上不能受到纽约隐私法的保护,因为它是受宪法保护的言论。"[311]

努森茨韦格案和布尔克莱案之间的区别是重要但也是神秘的。这取决于法院将使用归类为公共话语("艺术"),还是归类为商业言论或商品。我们的分析表明,商业价值权可以适用于商业言论或商品,但不适用于公共话语(除非使用刚好会造成严重混淆)。但是布尔克莱案中的海报和努森茨威格案中的照片都在商业市场上出售。两者都通过了斯宾塞案测试。如何在宪法上将它们区分开来?

我们在第二部分讨论的有影响力的变化性工作测试,最好被解释为通过确定艺术家"变化性"的存在,来努力区分艺术与商品(或商业言论)。但是,一旦我们意识到任何此类测试的更大目的是确定特定交流行为的宪法

---

[309] 同上,1008-1009 及 1011-1012(区分了将一个演员的裸体照片在成人杂志上重印的案例,因为这种使用是对原告愿意在电影中裸体出现的"具有新闻价值"的评论);另见 Titan Sports, Inc. v. Comics World Corp. , 870 F. 2d 85, 88-89 (2d Cir. 1989)(结论是,如果职业摔跤手杂志中的活页海报是"单独的产品",那它们不会"自动"获得《第一修正案》保护"或根据纽约法规被视为"具有新闻价值")。

[310] No. 50171(U), 2006 WL 871191 (N. Y. Sup. Ct. Feb. 8, 2006),被维持原判,878 N. E. 2d 589 (N. Y. 2007).

[311] 同上,* 4, * 6;另见 Altbach v. Kulon, 754 N. Y. S. 2d 709, 711-712 (App. Div. 2003)("艺术表达……有权根据《第一修正案》获得保护,并被纽约隐私保护所豁免……除了所谓的"新闻价值"例外之外……对于艺术作品和"与受《第一修正案》保护的使用有关的广告",还有一个公认的例外。"(省略引文)。对于布尔克莱案和努森茨韦格案之间的类似对比,可以比较 Young v. Grenerker Studios, Inc. , 26 N. Y. S. 2d 357, 357-358 (Sup. Ct. 1941)和 Simeonov v. Tiegs, 602 N. Y. S. 2d 1014, 1016-1018 (Civ. Ct. 1993)。在前一个案件中,被告制造商未经同意就使用了不知名的(anonymous)艺术家经授权制作的模特图像,用于制造大规模经销的"人体模型",对此法院允许承担责任;在后一个案件中,一位国际知名的雕塑家未经授权制作了一个著名模特的半身像,即使他以营利目的销售多份复制品,法院的结论仍然是《第一修正案》禁止他为此承担责任,因为这是艺术家的"创造性表达"。

价值,我们就也可以看到这种学说有着令人遗憾的不足。正如纽约法院在努森茨韦格案中所正确指出的,艺术的类别不能仅限于"具有变化性,且不具有重复的相似性",[312]否则整个摄影领域都永远无法成为公共话语,但显然并非如此。[313]

根本的困难在于,法院无法通过任何简单或机械的"测试"来区分公共话语、商业言论和商品。商业价值权案件呈现出如此多的不同状态,以至于不可避免地需要具体的、语境化的司法判断。要点在于,交流行为的宪法分类最终取决于宪法价值的归属。如果法院认为特定的交流行为应被定性为对公共舆论形成过程有所贡献,那么法院就会将这种使用归类为公共话语。

当使用出现在传统公认的"思想交流的媒介"中时,[314]例如美术、电影、报纸、广播或书籍,法院很乐意将它们归类为推定的公共话语。[315] 但这些类别的界限并不明显。在画廊中作为美术品出售的照片将被赋予公共话语的宪法尊严,但在大众市场上作为商业海报出售的照片却不太可能获得同样的尊重。[316] 尽管最高法院认为电子游戏应被归类为受保护的思想交流"媒介",[317]但下级法院显然在公开权的情形下对这一结论并未达成一致,有

---

〔312〕 *Nussenzweig*, 2006 WL 871191, at * 7-8.

〔313〕 我们注意到,尽管加州最高法院广泛定义的变化性工作测试似乎允许这一点,但第三和第九巡回法院对该法律的狭义解释却不允许。参见前注〔175〕-〔183〕和随附文本。在实践中,变化性工作测试不支持写实的描述。

〔314〕 Joseph Burstyn, Inc. v. Wilson, 343 U. S. 495, 501 (1952).

〔315〕 Post,前注〔212〕中各处(描述了思想交流媒介的概念,包括电影、游戏、艺术展览等)。

〔316〕 即使在商业海报的情形下,宪法价值的归属也是一个困难的和情境化的问题。例如,在 *Rosa & Raymond Parks Institute for Self Development v. Target Corp.*, 90 F. Supp. 3d 1256, 1263-1265 (M. D. Ala. 2015),以其他理由被改判,812 F. 3d 824 (11th Cir. 2016)一案中,法院认为在塔吉特(Target)出售的大量生产的罗莎·帕克斯牌匾"具有新闻价值或合法的公众关注"并"受到《第一修正案》的保护",因为它欢庆帕克斯及其在民权运动中的作用。同样,在 *ETW Corp. v. Jireh Publishing*, *Inc.*, 99 F. Supp. 2d 829, 835 (N. D. Ohio 2000),以其他理由被改判,332 F. 3d 915 (6th Cir. 2003)案中,体育艺术家出售的 5,000 多份泰格·伍兹的"限量版"印刷品被视为是在"传达"伍兹赢得大师赛冠军的"信息",而不仅仅是对伍兹"现有的照片进行复制"。在 *Montana v. San Jose Mercury News*, *Inc.*, 40 Cal. Rptr. 2d 639, 642-643 (1995)案中,49 人队传奇四分卫乔·蒙塔纳(Joe Montana)的海报被归类为"具有新闻价值",因为它转载了庆祝球队超级碗胜利的头版照片和标题。

〔317〕 Brown v. Entm't Merchs. Ass'n, 564 U. S. 786, 790 (2011)(认为电子游戏是一种受保护的"媒介",有资格"获得《第一修正案》的保护……正如在它之前对书籍、戏剧和电影的保护一样,电子游戏通过许多熟悉的文学策略(例如人物、对话、情节和音乐)和通过媒介特有的特征(例如玩家与虚拟世界的互动)来表达思想——甚至是社交信息")。

时它们将电子游戏中的使用视为在商品或商业言论中进行。关于如何准确地描述近来的电子游戏类型的司法不确定性,可能有助于解释为什么最近几个有争议的裁判会在此类游戏的情形下驳回了《第一修正案》的抗辩。[318]

当使用发生在传统媒体之外时,例如发生在 T 恤或咖啡杯上时,宪法分类的困难变得特别复杂。公开权案件涉及过多的此类非传统使用,也许这在州侵权行为中是独一无二的。在对假定不构成公共话语一部分的交流进行分类的情况下,法院面临的基本宪法问题将是一个有理性的人是否会期望采用相关的交流行为(例如,如果它被印在一个物体上)并将其用于《第一修正案》旨在保护的那种交流。这种交流的先决条件是对话的可能性。对咖啡杯使用的宪法分类不是由杯子本身所单独考虑决定的,而是取决于法院如何确定印在杯子上的交流内容将被社会怎样感知和展开。[319] 同样,宪法保护也不依附于照片本身,而是依附于法院如何想象照片将被观众怎样看待和使用。

法院在公开权案件中遇到的一个明显的宪法困难,是我们可以称之为可分割性的问题。这个问题产生的情形是,作品自身可能会被归类为公共话语,而使用与这个作品有关但又可能与之分离。例如,思考一下我们在第二部分中讨论的罗杰斯诉格里马尔迪案中提出的"相关性"测试。[320] 我们建议,最好将该测试解释为,努力确定电影片名是否可以以一种不同于它所依附的电影的方式被描述,而这种描述是合宪的。

---

〔318〕 参见,例如,Hart v. Elec. Arts, Inc. , 717 F. 3d 141, 148-149, 167-170 (3d Cir. 2013);*In re* NCAA Student-Athlete Name & Likeness Licensing Litig. , 724 F. 3d 1268, 1271 (9th Cir. 2013);另见 Champion v. Take Two Interactive Software, Inc. , 100 N. Y. S. 3d 838, 847 -848 (Sup. Ct. 2019)(区分了叙事性的电子游戏和体育主题的电子游戏,以分析纽约的言论变化要求的含义,即仅在出于"贸易目的"的使用时才承担责任)。法院有时可能倾向于将电子游戏类比为棋桌游而不是电影。关于在公开权情形下对桌游的不确定的司法处理,参见例如 *Uhlaender v. Henricksen*, 316 F. Supp. 1277 (D. Minn. 1970); *Palmer v. Schonhorn Enterprises, Inc.* , 232 A. 2d 458 (N. J. Super. Ct. 1967);以及 *Rosemont Enterprises, Inc. v. Urban Systems, Inc.* , 340 N. Y. S. 2d 144 (Sup. Ct. 1973)。但见 C. B. C. Distrib. & Mktg. , Inc. v. Major League Baseball Advanced Media, L. P. , 505 F. 3d 818, 819 (8th Cir. 2007)(认为《第一修正案》保护运动员姓名和统计数据在虚拟运动游戏中的使用);Aldrin v. Topps Co. , No. CV 10-09939 DDP (FMOx), 2011 WL 4500013, at ＊3 (C. D. Cal. Sept. 27, 2011)(允许在交易卡游戏的情形下进行《第一修正案》抗辩)。

〔319〕 参见 Post,前注〔212〕,1252-1255。

〔320〕 参见 875 F. 2d 994, 1004-1005 (2d Cir. 1989);前注〔183〕-〔187〕及附随的文字。

　　罗杰斯案的问题是,在电影片名中使用金杰·罗杰斯的姓名是否可诉。这部电影本身就是公共话语,但问题在于是否可以脱离电影来规制片名。罗杰斯案认为,除非姓名"与基础作品没有任何艺术相关性",[321]或者可以被描述为"用于销售商品或服务或附带商业产品的变相广告",否则它应该像电影本身一样,受到同样的公共话语保护。[322]

　　可分割性问题取决于法院是否可以将身份在其他公共话语中的使用隔离开来,并将其作为商业言论或商品进行规制。[323] 我们在第二部分讨论过的密苏里州的主要目的测试,在我们看来,对于精确地进行上述工作而言,是一种不成功的努力。[324]

　　在某某诉 TCI 有线电视案(Doe v. TCI Cablevision)中,密苏里州得出结论,在漫画书中使用冰球运动员托尼·特威斯特(Tony Twist)的身份,如果"主要是一种销售漫画书和相关产品的策略,而不是艺术或文学表达",

―――――――――――

　　[321] *Rogers*, 875 F. 2d at 999. 虽然这种语言源自法院对罗杰斯《兰哈姆法案》请求的《第一修正案》抗辩的分析,但我们认为它很好地描述了法院在讨论公开权时援引的原则,该原则表明标题的使用受到宪法保护,除非它与基础作品"完全无关"。同上,1004-1005 页。

　　[322] *Rogers*, 875 F. 2d at 999-1000, 1004-1005(思考了对《兰哈姆法案》和州公开权请求的《第一修正案》抗辩);对比 Am. Dairy Queen Corp. v. New Line Prods. , Inc. , 35 F. Supp. 2d 727, 732, 734-735 (D. Minn. 1998)(认为,因为"新线(New Line)提出的标题不是主要用作表达性作品的一部分,而是用于'营销、广告或识别'电影……在提出的标题中没有这样的艺术概念",并且因为"商业言论"比电影"受到的保护要少一些","对自由表达的公众利益与避免消费者混淆和商标淡化公众利益之间的平衡,倾向于支持避免混淆和淡化"(引用了 Mut. of Omaha Ins. Co. v. Novak, 836 F. 2d 397, 402 (8th Cir. 1987)))。在评估对《兰哈姆法案》请求的《第一修正案》抗辩时,罗杰斯测试最初规定,在表达性作品的标题中使用他人的标志或身份时,只要这些使用具有"一些艺术相关性"并且"没有明确的误导性",在施加责任方面就存在障碍。*Rogers*, 875 F. 2d at 1000. 该测试现已扩展到标题之外,也适用于作品的实质内容。参见,例如,Brown v. Elec. Arts, Inc. , 724 F. 3d 1235, 1241-1242 (9th Cir. 2013)(认可了罗杰斯测试在作品主体和电子游戏中的适用);E. S. S. Entm't 2000, Inc. v. Rock Star Videos, Inc. , 547 F. 3d 1095, 1099 (9th Cir. 2008)(将该测试应用于电子游戏中俱乐部名称的使用);Mattel, Inc. v. Walking Mountain Prods. , 353 F. 3d 792, 807 (9th Cir. 2003) (在芭比的照片中使用该测试);ETW Corp. v. Jireh Publ'g, Inc. , 332 F. 3d 915, 937 (6th Cir. 2003)(将该测试适用于艺术品中的图像)。

　　[323] 参见,例如,Parks v. LaFace Records, 329 F. 3d 437, 461 (6th Cir. 2003)("帕克斯的公开权请求提出了一个真正的议题,即歌曲的标题是否与歌曲的内容"完全无关"。我们认为,在考虑所有证据后,公平的事实发现者可能会认为标题是"变相的商业广告"或"仅是为了引起"对作品的"注意"。"(引用了 Rogers, 875 F. 2d at 1004-1005));Titan Sports, Inc. v. Comics World Corp. , 870 F. 2d 85, 88 (2d Cir. 1989)("例如,《漫画世界》(Comics World)不能在杂志封面之间装订一件带有泰坦摔跤手的 T 恤,然后要求对'摔跤 T 恤杂志'豁免第 51 条和《第一修正案》的保护。")。

　　[324] 见前注[173]-[175]及附随的文字。

那么它就不是公共话语,而应当受到规制。[325] 但这并不是区分公共话语与商业言论或商品的有用的标准。传记、纪录片和文献电视片作为典型的公共话语,很可能是出自对于名人"商业价值的利用"[326]利益的激励。安迪·沃霍尔(Andy Warhol)之所以选择名人作为主题,是因为他们的肖像比不知名个人的肖像更有可能创作出商业上成功的画作,这与他的作品在宪法上是否应归类为艺术的问题无关。

对于公共话语中的可分割性问题,罗杰斯案提出了一种在我们看来更为合理的方法。它本质上认为,只要其"相关性水平""高于零",对于这项使用就将保留《第一修正案》的保护"。[327] 罗杰斯案的测试是恰当的,因为在公共话语中"对艺术和文学的审美和道德判断……应当由个人作出,而不是由政府来命令。"[328]因此,在公共话语中,由法院来评定交流细节的相关性(艺术性或其他方面),本身是非常有问题的。在公共话语中,对可分割性的裁判应该只用于最极端的情况。

3.《第一修正案》和控制权

与商业价值权相反,控制权表达的是一种维护个人人格自主方面的政府利益。控制权基于这样一种观点,即当其他人能够不受限制地谈论我们时,陌生人可以"至少部分控制着"与我们的身份"相关的含义",从而抑制我们发展成为自主的个人的能力。[329]

然而,这种理由与公共话语的宪法价值不相容。公共话语的本质在于,公众可以根据公开可获得的信息,自由地形成自己的判断。对于我们选择公开哪些信息,我们能够控制,但一旦该信息进入公共领域,我们就不能够控制其他人将如何使用这些信息。对于公众如何根据公共信息形成其意

---

[325] 110 S. W. 3d 363,374 (Mo. 2003). 在泰坦运动(*Titan Sports*)案中,第二巡回法院采用了类似的测试,来确定公开权是否适用于装订在杂志页面上的海报:"初审法院必须考虑,这些照片的包含是否主要是为了他们的'公共利益方面',或者是否'仅仅是[经销商的]商业目的附带的'可能涉及的任何公共利益方面。"870 F. 2d at 88-89(原文有所变化)(引用了 Davis v. High Soc'y Magazine, Inc. , 457 N. Y. S. 2d 308, 313 (App. Div. 1982))。

[326] *TCI Cablevision*, 110 S. W. 3d at 374(引用了 Lee,前注[170],500)。

[327] *E. S. S. Entm't* 2000, 547 F. 3d at 1100(解释了罗杰斯测试)。

[328] United States v. Playboy Entm't Grp. , Inc. , 529 U. S. 803, 818 (2000).

[329] McKenna,前注[127],282;见前注[121]-[136]及附随的文字。

见,政府不能干涉和塑造。由此产生的公众关注的"无情的注视(pitiless glare)",[330]只是生活在一个同意由公众舆论治理的世界中的成本。

由于控制权赋予人们以自由决定权来调节公共信息之外的交流,因此将其适用于公共话语中将是违宪的。当一个人的身份是公共信息的情况下,政府不能制定限制其在公共话语中使用的规则,除非有特定的、限缩的和令人信服的原因,例如在背书或参与方面存在严重混淆的可能性。

正是由于这个原因,就像在欧洲被接受的宽泛的"被遗忘权"一样,宽泛的控制权在美国很可能是违宪的。[331]然而,规制私人拥有的数据的存储、销售和处理,与规制基于公开信息之外的公共讨论大不相同。阻止谷歌出售从其对我们在线搜索的监视中收集的数据是一回事;阻止谷歌向公众传达网络上其他可以公开获得的信息完全是另一回事。公共话语的自由需要

---

〔330〕　Ken Newton, *The Transformation of Governance?*, *in* NEW MEDIA & POLITICS 151, 152 (Barrie Axford & Richard Huggins eds. , 2001).

〔331〕　Post,前注〔131〕,1047 - 1054;参见 Eugene Volokh, *Freedom of Speech and Information Privacy: The Troubling Implications of a Right to Stop People from Speaking About You*, 52 STAN. L. REV. 1049, 1068-1070 (2000). 但见 COHEN,前注〔113〕,261(表明欧洲的被遗忘权对言论限制更为温和);ZUBOFF,前注〔135〕,57-61 及 108-112(支持被遗忘权是保护个人"身份和尊严感"的"必要条件",并主张,由监视资本主义者引领的《第一修正案》观点来保护他们对数据的大量收集和使用是"反民主的",与《第一修正案》的价值"背道而驰")。

后者，而不需要前者。[332]

当控制权发生在商业言论的情形下时，它的表现可能会更好。出于论证的目的，我们接受下列观点，即赋予个人控制权符合中央哈德逊案（Central Hudson）所说的"实质性的"政府利益。问题是，假设控制权仅适用于商业言论和商品，它是否仍然"直接促进了"中央哈德逊案中自主权的价值。[333] 任何此类宪法上的计算都必须确定《第一修正案》是否允许这种控制权请求，如果对原告人格的潜在损害只是微不足道的，因为违法的使用是"偶然的"或"短暂的"，[334] 例如，当被告的广告含有一个恰好包括了原告形象的人群场景时。[335]

---

[332]　我们意识到，在索雷尔诉 IMS 健康公司（*Sorrell v. IMS Health, Inc.*）案中存在宽松的语言，它认为"信息的创造和传播是《第一修正案》意义上的言论"。564 U. S. 552, 570 (2011). 这种语言可以被理解为对存储数据的规制涉及对公共话语的规制。但它这种对索雷尔案的解释过于宽泛。对这个案例更好的解释是，意味着政府可能不会对数据传输进行规制，"以便让公众辩论朝着更喜欢的方向倾斜"。同上，578-579 页。因此，索雷尔案的法院特别认可了《健康保险流通与责任法案》（Health Insurance Portability and Accountability Act, HIPAA），尽管 HIPAA 对信息传输的限制比佛蒙特州法律下的索雷尔案判定的违宪行为要严格得多。同上，573 页。索雷尔案明确指出，佛蒙特州可能遵循 HIPAA 的道路，并"通过仅允许在少数限缩且合理的情形下出售或披露信息，来广泛推进其声称的隐私利益。"同上。下级法院以我们建议的更有限的方式解释了索雷尔案。参见，例如，Wollschlaeger v. Governor, 848 F. 3d 1293, 1313-1314 (11th Cir. 2017)（"佛罗里达州可能普遍认为，医生和医疗专业人员不应询问或表达对枪支所有权的不友善观点，但它'可能不会为了让公众辩论朝着更喜欢的方向倾斜而向他人施加言论负担。'"（引用了 *Sorrell*, 564 US at 578-579））；Boelter v. Hearst Commc'ns, Inc., 192 F. Supp. 3d 427, 450 (S. D. N. Y. 2016)（"没有证据表明密歇根州立法机关……不同意使用消费者身份信息的人的信息。"（引用 Sorrell, 564 U. S. at 578-579））；King v. Gen. Info. Servs., Inc., 903 F. Supp. 2d 303, 309 (E. D. Pa. 2012)（"索雷尔案的裁判主要基于这样一个事实，即佛蒙特州仅仅因为该州的不同意而限制某个发言者所传达的某种形式的言论。"）；另见 PRINCIPLES OF THE LAW OF DATA PRIVACY § 1 reporters' n. 7 (AM. LAW INST. 2019)（注意到，下级法院已将索雷尔案解释为认为政府可能不规制"旨在让公众辩论朝着更喜欢的方向倾斜的"数据传输（引用了 *Sorrell*, 564 U. S. at 578-579））。

[333]　Cent. Hudson Gas & Elec. Corp. v. Pub. Serv. Comm'n, 447 U. S. 557, 566 (1980).

[334]　参见，例如，Stayart v. Google Inc., 710 F. 3d 719, 723 (7th Cir. 2013)（结论是互联网搜索引擎对原告姓名的使用与其商业目的之间的联系是"偶然的"而不是"实质性的"）；Candelaria v. Spurlock, No. 08 Civ. 1830, 2008 WL 2640471, at *5 (E. D. N. Y. July 3, 2008)（当原告在被告的纪录片中的出现是"转瞬即逝"的，仅持续三到四秒时，部分基于偶然使用的例外而驳回了公开权请求）；Champion v. Take Two Interactive Software, Inc., 100 N. Y. S. 3d 838, 844, 847 (Sup. Ct. 2019)（驳回了原告的公开权请求，部分原因是他的姓名和肖像在电子游戏中的任何使用"本质上是偶然的"而不是"重要的"）。

[335]　在控制权的情形下，有时所谓的"偶然的使用"豁免或抗辩当然也可以被视为实在的州法。参见，例如 MCCARTHY & SCHECHTER，前注[65]，§ 7.20（"在广告中对某人姓名或形象的无足轻重的或短暂的使用不会引发责任……"）。

从本质上讲,商业言论和商品中的控制权,将赋予人们一项与商业价值权下的不当得利分支相类似的权利,不同之处在于不当得利请求仅适用于被告从未经授权使用原告身份的行为中获取某些商业价值。正如法定损害赔偿的常见权宜之计所表明的那样,控制权可能被普遍认为"直接促进了"人格自主,即使它仅仅与极少数案件相关,即被告在商业言论或商品中盗用了原告身份,但并没有获得商业利益。如果控制权适用于商业言论的情形,那么类似于在商业价值权的情形下被认可的合理使用抗辩,此时适用合理使用抗辩也应该是符合宪法要求的。任何宪法上的约束都不应该限制对商品的控制权。

4.《第一修正案》和尊严权

尊严权禁止极具冒犯性的身份盗用,这意味着盗用与人格完整性所必不可少的尊重的形式不相一致。历史悠久的《第一修正案》学说非常反对在公共话语中执行此类文明规则。[336] "如果《第一修正案》有一个基本原则,那就是政府不能仅仅因为社会发现某种思想自身是冒犯性的或令人不快的,就禁止对这种思想的表达。"[337]因此,在没有表现出"真实恶意(actual malice)"的情况下,法院不允许在公共话语中强制执行诸如歪曲报道或故意精神伤害之类的尊严侵权诉讼,而"真实恶意"大致意味着原告必须证明被告是在故意地传播虚假的事实陈述。[338] 在尊严权方面的真实恶意要求,将有效地要求原告证明被告以故意误导公众的方式使用他们的身份,使得公众以为原告参与了被告的冒犯性使用、或者原告为被告的冒犯性使用背书。[339]

---

〔336〕 Robert C. Post, *Law and Cultural Conflict*, 78 CHI.-KENT L. REV. 485, 486-487, 503 (2003).

〔337〕 Texas v. Johnson, 491 U.S. 397, 414 (1989);另见 Snyder v. Phelps, 562 U.S. 443, 458 (2011)(对该条款引用了 *Johnson*);FCC v. Pacifica Found., 438 U.S. 726, 745-746 (1978)("社会可能认为,言论具有冒犯性的事实并不是压制它的充分理由……因为政府必须在思想市场上保持中立是《第一修正案》的核心原则。")。

〔338〕 Time, Inc. v. Hill, 385 U.S. 374, 387 (1967);参见 Hustler Magazine, Inc. v. Falwell, 485 U.S. 46, 56 (1988).

〔339〕 参见,例如,Douglass v. Hustler Magazine, Inc., 769 F.2d 1128 (7th Cir. 1985)(允许了公开权请求,在哈斯特案(Hustler)中,使用媒体照片可能表明对于出现在该杂志上的同意,以及对错误地反映道格拉斯的性取向的同意);Bullard v. MRA Holding, LLC, 740 S.E.2d 622, 753 (Ga. 2013)(允许了公开权请求,原告可被视为"通过使用她的形象来支持《女大学生变得疯狂》视频")。

在商业言论的语境下,尊严权似乎在中央哈德逊案的审查中幸存下来。该权利所服务的利益显然是实质性的;几个世纪以来,它一直受到尊严侵权的保护。这项权利直接且限缩地促进了这种利益。但在最近的两起涉及联邦商标注册的案件中,法院似乎表明,即使在商业言论的情形下,政府压制或仅仅是不赞成"冒犯性"言论也可能是违宪的。[340] 然而,法院的一些成员暗示,"一项法律不赞成'冒犯性思想'"[341]与一项限制或不鼓励使用"冒犯性"的词语的法律之间存在宪法差异,"……因为他们的表达方式,独立于他们可能表达的任何观点。"[342]

在公共话语的语境下,任何此类区分都应该是无关紧要的。正如法院在科恩诉加利福尼亚州案(Cohen v. California)中指出的,公共话语"旨在并打算"将"关于哪些观点应当被主要表达出来的决定权交给我们每个人……相信没有其他方法能符合我们的政治制度所依赖的个人尊严和选择的前提。"[343]因为"出于情感因素的词语选择往往与出于认知因素的词语选择一样多","宪法将品味和风格的问题……很大程度上留给了个人。"[344]在公共话语中,发言者可以使用冒犯性的表达方式,也可以表达冒犯性的想法。[345]

然而,商业言论主要是为了保护商业交流的"信息功能"。[346] 因此,问题是下列做法在宪法上是否是可接受的,即对商业言论进行规制以排除或限制冒犯性的表达方式,但允许听众接收发言者以不冒犯的方式希望传达的任何信息或想法。由于尊严权仅规定了对身份的高度冒犯性盗用,因此

---

[340]　Iancu v. Brunetti, 139 S. Ct. 2294, 2299-2301 (2019); Matal v. Tam, 137 S. Ct. 1744, 1763-1765 (2017).

[341]　*Iancu*, 139 S. Ct. at 2301 (引用了 Matal, 137 S. Ct. at 1751).

[342]　同上。(省略内部的引号)。一些法官建议,限制"淫秽、粗俗或亵渎的"商标的注册符合宪法,因为会受到限制的只有"表达的方式"而不是此类商标所传达的"思想"。同上,2303 (Roberts, C. J., concurring in part and dissenting in part)(增加了重点);同上,2302 (Alito, J., concurring);同上,2309 (Sotomayor, J., concurring in part and dissenting in part).

[343]　403 U. S. 15, 24 (1971).

[344]　同上,25-26 页。

[345]　对该结论背后推理的讨论,参见 Post, *The Constitutional Concept of Public Discourse*, 前注[30],626-633。

[346]　Cent. Hudson Gas & Elec. Corp. v. Pub. Serv. Comm'n, 447 U. S. 557, 563 (1980).

它可能被概念化为仅规制商业发言者的表达方式。[347] 尽管发言的方式和发言的内容之间的区别是令人困惑的，[348]但它或许可以解释为什么尊严权作为"对一个人对另一个人造成的精神痛苦"[349]的补救措施在商业言论中普遍盛行。[350] 在这一点上应该很明显，如果高度冒犯性的使用被归类为商品，则尊严权请求将是符合宪法的。

尊严权请求也与我们尚未讨论的一类交流行为特殊相关，但准确地说，这类交流行为既不是公共话语，也不是商业言论，也不是商品。这一类别包括的言论行为具有高度冒犯性，以至于即使它们发生在媒体（如视频）上或通过媒体渠道（如新闻网站）传播，也不会受到公共话语的宪法保护，这在其他情形下会被假定归类为公共话语。在学说上，此类言论通常被称为关于"纯粹私人意义的事项"的言论，[351]在这种情况下与"关于'公众关注的事项'的言论形成了对比。"[352]法院并没有非常有帮助地指导我们"决定言论是公众关注的还是私人关注的，需要我们检查言论的'内容、形式和情境'，'正如整个记录所揭示的那样。'"[353]关于受到公共话语保护的公众关注的问题的言论，已被法院认定为"在确定是否存在侵犯隐私的普通法诉讼方面

　〔347〕　但见 Sorrell v. IMS Health Inc. , 564 U. S. 552, 577-578 (2011)（"该州不得通过禁止包含令人印象深刻的背书或朗朗上口的歌谣的真实的、非误导性的广告，来寻求从市场上移除流行的但不喜欢的产品。该州认为，对于过于具有说服力的表达，不允许平息其言论或者加重其信息传达者的负担。"）。

　〔348〕　参见，例如，Peter Jones, *Blasphemy, Offensiveness and Law*, 10 BRIT. J. POL. SCI. 129, 141-143 (1980).

　〔349〕　Flores v. Mosler Safe Co. , 164 N. E. 2d 853, 854 (N. Y. 1959).

　〔350〕　参见，例如，Waits v. Frito-Lay, Inc. , 978 F. 2d 1093, 1102-1103 (9th Cir. 1992); Gabiola v. Sarid, No. 16-cv-02076, 2017 WL 4264000, at ＊4-5 (N. D. Ill. Sept. 26, 2017); Michaels v. Internet Entm't. Grp. , Inc. , 5 F. Supp. 2d 823, 828 (C. D. Cal. 1998); Bullard v. MRA Holding, LLC, 740 S. E. 2d 622, 627 (Ga. 2013); Beverley v. Choices Women's Med. Ctr. , Inc. , 565 N. Y. S. 2d 833 (App. Div.)，被维持原判,587 N. E. 2d 275 (N. Y. 1991).

　〔351〕　Snyder v. Phelps, 562 U. S. 443, 452 (2011)（引用了 Hustler Magazine, Inc. v. Falwell, 485 U. S. 46, 56 (1988)）.

　〔352〕　Dun & Bradstreet, Inc. v. Greenmoss Builders, Inc. , 472 U. S. 749, 758 (1985)（引用了 First Nat'l Bank of Bos. v. Bellotti, 435 U. S. 765, 776 (1978)）. 最高法院已经定义了"处理公众关注的问题"的言论"……[作为与]'与社区有关的任何政治、社会或其他问题'[的言论]，或……'是合法新闻利益的主题;也就是说，一个对公众而言具有普遍利益、价值和关注的主题。'" Snyder, 562 U. S. at 453(省略引文)（首先引用了 Connick v. Myers, 461 U. S. 138, 145 (1983)；然后引用了 San Diego v. Roe, 543 U. S. 77, 83-84 (2004)）.

　〔353〕　*Snyder*, 562 U. S. at 453（引用了 *Dun & Bradstreet, Inc.*, 472 U. S. at 761）.

的标准。"〔354〕显然,法院的意思是,关于公众关注事项的言论最常被认为是被认为具有"新闻价值"的交流,并且这种具有新闻价值的交流通常不受隐私权和公开权请求的影响。〔355〕

尽管法院坚持认为"一份陈述具有的不适当的或有争议的性质,无疑与它是否涉及公众关注的问题无关,"〔356〕在事实上,法院有时将被视为高度有辱人格的言论,尤其是具有性意味的性质的言论,归类为仅仅是私人关注的。〔357〕此类言论可以通过在公共话语中不允许的方式进行规制。因此,众所周知的公众人物摔跤手胡尔克·霍根(Hulk Hogan)在公开权诉讼中取得了著名的胜利,该案中的新闻媒体公开了显示他与朋友妻子发生性关系的录像带,胜诉的确切理由是冒犯性的视频没有"解决任何合法的公众关注的问题"和"高客视频(Gawker Video)的露骨内容是在不存在合法公共利

---

〔354〕 *Connick*, 461 U. S. at 143 n. 5.

〔355〕 参见 Toffoloni v. LFP Publ'g Grp., LLC, 572 F. 3d 1201, 1208 (11th Cir. 2009); Brown v. Showtime Networks, Inc., 394 F. Supp. 3d 418, 438-441 (S. D. N. Y. 2019); Bosley v. WildWetT. com, 310 F. Supp. 2d 914, 923-924 (N. D. Ohio 2004); *Michaels*, 5 F. Supp. 2d at 838. 大多数州都根据州法律对公开权请求提供新闻价值的抗辩或例外。参见,例如,IND. CODE § 32-36-1-1 (2020)(将"有新闻价值的"材料从公开权中免除);Rosa & Raymond Parks Inst. for Self Dev. v. Target Corp., 812 F. 3d 824, 832 (11th Cir. 2016)(认为密歇根州的公开权法不适用于具有新闻价值的使用);Dora v. Frontline Video, Inc., 18 Cal. Rptr. 2d 790, 794-795 (Ct. App. 1993)(根据加利福尼亚州法律驳回盗用身份的请求,因为该使用具有新闻价值并且是"属于公共利益"的事项);Daniels v. FanDuel, Inc., 109 N. E. 3d 390, 393 (Ind. 2018)(承认印第安纳州对其公开权法的新闻价值例外);Messenger v. Gruner+Jahr Printing & Publ'g, 727 N. E. 2d 549, 552 (N. Y. 2000)(将纽约对其法定公开权法的新闻价值例外描述为"广义的解释"并适用于"任何公共利益主题")。加利福尼亚州的责任限制是典型的:

姓名和人格的盗用侵权,无论在形式上被标记为是侵犯隐私权还是公开权,都会援引宪法保护。"以公众知情权和新闻自由为基础的公共利益问题的公开,通常不是可诉的。"

Maheu v. CBS, Inc., 247 Cal. Rptr. 304, 312 (Ct. App. 1988) (引用了 Eastwood v. Superior Court, 198 Cal. Rptr. 342, 349 (Ct. App. 1983))。

〔356〕 *Snyder*, 562 U. S. at 453 (引用了 Rankin v. McPherson, 483 U. S. 378, 387 (1987))。

〔357〕 参见,例如,City of San Diego v. Roe, 543 U. S. 77, 84 (2004)(全体法庭的意见)(认为,由下班的警官制作的性爱视频"在任何公众关注测试的观点下,都不属于公众关注的问题"); *Toffoloni*, 572 F. 3d at 1211("他公开的裸照与'公众关注的事件'或当前的[围绕死者]死亡的'戏剧'毫无关联。"); *Bosley*, 310 F. Supp. 2d at 920(注意到,在原告参加湿 T 恤比赛的图片的情形中,"'公共利益或普遍利益'这个词……并不意味着仅仅是好奇"(引用了 Cason v. Baskin, 20 So. 2d 243, 251 (Fla. 1948) (en banc)));另见 Catsouras v. Dep't of Cal. Highway Patrol, 104 Cal. Rptr. 3d 352, 393 (Ct. App. 2010) (Aronson, J., concurring)(结论是原告女儿在车祸中断头的"事故现场照片的传播"没有新闻价值,因为它们没有提供"任何社会价值",它们的"图像事实"和"血腥"没有服务于任何"公共目的")。

益的情况下对公众好奇心的利用。"[358]

这些案例并不容易解释。通过新闻媒体发布的关于公众人物的非淫秽言论可能会被剥夺公共话语的保护，因为其冒犯性或不雅的特征与权威和明确的最高法院判例不一致，例如德克萨斯州诉约翰逊案（Texas v. Johnson）[359]或科恩诉加利福尼亚州案。[360] 然而，不可否认的是，在这种异常案件的边缘，似乎得到了最高法院自己的鼓励。[361]

例如，在隐私诉讼的语境下，法院长期以来一直认为"合法的公众关注"[362]和"新闻价值"[363]的标准授权他们"对出版物的'社会价值'进行规范性评估。"[364]然而，由于对这一权力的篡夺与公共话语的基本前提非常不相容，法院通过在定义新闻价值时放弃"对记者和编辑相当的尊重"，来试图同时努力避免进行此类评估，[365]毫无疑问，正统的宪法依据是：

在我们的政府系统中，可以容纳最广泛种类的品味和思想。什么是好

---

〔358〕 Permanent Injunction 44, 49, Bollea v. Gawker Media, LLC, No. 12-012447CI-11 (Fla. Cir. Ct. Dec. 9, 2016)（根据多项请求发出强制令，其中一项请求是针对侵犯霍根（Hogan）在佛罗里达州法下的公开权）；参见 Eriq Gardner, *Hulk Hogan Gets $115M Verdict Against Gawker at Sex Tape Trial*, HOLLYWOOD REP. (Mar. 18, 2016 3:56 PM PT), https://www.hollywoodreporter. com/thr-esq/hulk-hogan-gets-115m-verdict-876768 [https://perma. cc/Z95J-MRBS].

〔359〕 491 U. S. 397, 414 (1989).

〔360〕 403 U. S. 15, 19-20 (1971)；参见，例如，Sable Commc'ns of Ca. , Inc. v. FCC, 492 U. S. 115, 126 (1989)（"不雅但非淫秽的性表达受到《第一修正案》的保护。"）。

〔361〕 参见，例如，Roe, 543 U. S. at 84. "并非所有言论都具有同等的《第一修正案》重要性……在涉及纯粹私人意义的问题时，《第一修正案》的保护措施通常不那么严格。"*Snyder*, 562 U. S. at 452（引用了 Hustler Magazine, Inc. v. Falwell, 485 U. S. 46, 56 (1988)）。

〔362〕 RESTATEMENT (SECOND) OF TORTS § 652D (AM. LAW INST. 1977).

〔363〕 Shulman v. Grp. W Prods. , Inc. , 955 P. 2d 469, 478-479 (Cal. 1998)；Judge v. Saltz Plastic Surgery, P. C. , 367 P. 3d 1006, 1012-1013 (Utah 2016)；Crump v. Beckley Newspapers, Inc. , 320 S. E. 2d 70, 83 (W. Va. 1983).

〔364〕 *Shulman*, 955 P. 2d at 483-484 (quoting Kapellas v. Kofman, 459 P. 2d 912, 922 (Cal. 1969)). 相关讨论，参见 Post, 前注〔131〕, 1057-1061. 在隐私方面，新闻价值判断与冒犯性判断密切相关。"冒犯性和新闻价值这两个标准是相关的。当除了穿透围绕着陌生人的隐私壁垒的窥私癖快感之外，社会对私密个人事实不具有利益时，个人，或许更恰当地说，是社会，最容易被这些事实的公开所冒犯。"Haynes v. Alfred A. Knopf, Inc. , 8 F. 3d 1222, 1232 (7th Cir. 1993).

〔365〕 *Shulman*, 955 P. 2d at 485；参见 Harry Kalven, Jr. , *Privacy in Tort Law—Were Warren and Brandeis Wrong?*, 31 LAW & CONTEMP. PROBS. 326, 336 (1966)；Diane L. Zimmerman, *Requiem for a Heavyweight: A Farewell to Warren and Brandeis's Privacy Tort*, 68 CORNELL L. REV. 291, 350-356 (1983).

的文学,什么具备教育价值,什么是精确的公共信息,什么是好的艺术,因人
而异,代代不同……

　　……要求文学或艺术符合官方规定的某种规范,这带有我们体制外的
意识形态的味道……从众多竞争性的供应中,公众将进行挑选。对一个人
来说看似垃圾的东西,对其他人而言可能具有瞬间的甚至持久的价值。[366]

　　在公开权诉讼中,对于通常被归类为公共话语的仅受私人关注的言论
的情形,允许尊严权继续进行的案例仍然是一种明显可以观察到的现
象,[367]这证明了文明规则对司法想象力的控制。[368] 我们提起这些案例,是
因为它们对《第一修正案》学说提出了一个困难的谜题,这个难题会持续存
在,并且可能出现在某些极端的尊严权诉讼中。

结　论

　　通过明确区分公开权可以用来保护的特定利益,我们试图解开长期以
来一直困扰着想要适用公开权的法院的法理难题。我们希望我们已经澄清
了为什么在某些表述中,这项权利只能适用于商业环境中,而在其他表述
中,这项权利可以针对所有形式的言论中的使用而实施;为什么在某些陈述
中,原告必须在实施权利之前建立其身份的商业价值,而在其他陈述中,所

---

　　[366] Hannegan v. Esquire, Inc. , 327 U. S. 146, 157-158 (1946)(省略脚注);参见 Jenkins
v. Dell Publ'g. Co. , 251 F. 2d 447, 451 (3d Cir. 1958).

　　就目前的目的而言,新闻需要被定义为对不超过相对当前的事件的理解,例如在共同经验中可
能具有公共利益的事件。在新闻的言辞性和图像性的发表中,信息和娱乐显然不是相互排斥的种
类。今天出现在报纸和新闻杂志上的大部分内容,并不是因其所传达信息的价值或重要性而被出
版或阅读。一些读者被令人震惊的消息所吸引。其他人则为新闻中的性感到兴奋。还有一些人则
喜欢带有不协调或讽刺意味的新闻。许多新闻在各种方面都很有趣,因此会引发许多人的特别兴
趣。如果不以一种或另一种娱乐价值为基础发布大量新闻,很少有报纸或新闻杂志能够长久地生
存。这可能是对我们文明的令人忧虑的评论,但它仍然是塑造新法学概念的法院所必须考虑到的
现实社会图景。简而言之,一旦确定了新闻的性质,法院在确定发表的特权范围时,在信息新闻和
娱乐新闻之间作出区分,是既不可行也不可取的。

　　Jenkins, 251 F. 2d at 451(省略脚注).

　　[367] 参见,例如,Toffoloni v. LFP Publ'g Grp. , LLC, 572 F. 3d 1201 (11th Cir. 2009);
Bosley v. WildWetT. com, 310 F. Supp. 2d 914 (N. D. Ohio 2004).

　　[368] 关于可以解释这种异常现象的"公共话语悖论",参见 Post, *The Constitutional Concept
of Public Discourse*,前注[30],642-644;以及 Post,前注[131],1008-1009.

有人都可以提起公开权诉讼；或者为什么在某些情况下该权利被称为侧重于市场损害，而在其他情况下，该权利保护权利人免受精神痛苦和情绪困扰。我们现在可以看到，公开权的性质和要件应当有所不同，因为各州使用它来维护我们已经识别出的不同利益中的一种或另一种。

无论各州最终是否选择改变公开权诉讼的初步要件，将这些诉讼保护的利益进行分解，会为如何摆脱目前公开权与《第一修正案》之间纠结的关系提供了重要指导。对侵权行为的宪法处理，在很大程度上应当取决于在特定案件中被主张的是我们识别出的四种利益中的哪一种，以及侵权使用是发生在公共话语中、商业言论中还是商品中。[369] 很明显，许多目前作为《第一修正案》"测试"通过的公开权案件，实际上是在为区分这三类交流隐晦地作出努力。这些测试是不充分的，因为它们是间接的。它们并没有正视宪法为何会对交流进行如此分类的问题。

我们并不认为我们试图阐明公开权的法理和宪法图景的尝试会消除所有困难。毫无疑问，那些重要的问题仍将存在。然而，我们的希望是，通过让困扰着公开权与《第一修正案》之间冲突的宪法和政策利害关系细致地浮出水面，我们勾勒出一张地图，可能会为那些必须在这个晦暗而混乱的领域中探索的人们提供实质性的帮助。

（特约编辑：刘雪鹏）

---

〔369〕 在尊严诉讼的独特情形下，我们还可以加上纯粹私人关注的言论。

平等保护和法律分类

[美]约瑟·塔斯曼 雅各布斯·坦布鲁克[*]著 李志颖^{**}译

内容提要：宪法第十四修正案从强调"法律予以平等保护"，逐步演进到"平等法律予以保护"的理论升华，意味着立法的质量也是平等所考虑的范围之内。对平等法律的关切则会面临分类的难题，一方面源自法律必然涉及分类，分类意味着施以特别的义务或利益，另一方面源自平等法律的要求。为了寻求解决路径，分类应该关注分类特征及其所欲求的立法目的之间的关系，来探讨何为合理分类、禁止性分类和怀疑分类。

关键词：平等保护；法律分类；法律目的；合理分类

一、问题的提出

自美国宪法第十四修正案被通过并树立了平等的宪法要求以来，美国联邦最高法院认为有必要重新确认立法机关的"特殊"立法。法院指出，国家并非必须"以一般性立法来运作所有的法律"，[1]第十四修正案"并不禁

---

* Jospeh Tussman(1914—2005), University of California, Berkeley.

Jacobus tenBroek(1911—1968), University of California, Berkeley.

原文"The Equal Protection of the Laws"载于 California Law Review, vol. 37, no. 3, 1949, pp. 341-381. 本文节选自原文第一章。由于第一章在当代仍然展示出学术价值和理论生命力，并为学者和法官所引用，并出于篇幅的考虑，故笔者选译了第一章。由于 Tussman 和 tenBroek 教授均已辞世，译者已获得加州法律评论的授权。摘要和关键词由译者添加，文责由译者承担。

** 李志颖，复旦大学社会科学高等研究院博士后。

[1] Bachtel v. Wilson(1907) 204 U.S. 36, 41.

止基于特定目的的法律限制,也不禁止法律适用范围的差异",〔2〕"从法律的适用范围和欲达成目的之角度,甚至可以说,大部分法律都是特殊的"。〔3〕

在 Barbier v. Connolly 案中确立了不可置疑的真理,即"从广义且全面的角度来说,无论是第十四修正案还是其他修正案,都并非设计来干预国家权力的,国家权力有时也被称为政治权力,而是确立某种规则来促进健康、和平、道德、教育及美好秩序,通过立法的方式提高国家产能,发展各种资源,增加国家财政。从社会必要性的角度来说,即便携带特别特征的立法指向了上述目的,也必须被置于特定范围予以实施,如抽干湿地和灌溉干旱平原。为了共同利益,有时候特殊的负担是必要的。这一类欲实现特殊目的的规则或多或少会对某人施加额外压力,但是这种设计并非用来对某人施加某种不公平或非必要的限制,而是尽可能施加最少负担的同时去促进共同善(general good)。"〔4〕

差异体现在,一方面为作用于所有人的一般性法律,另一方面为作用于受限群体的特殊法律。很显然,平等保护的需求不等同于让法律普遍和统一地适用于所有人。为了使得法律有效地运用在所有人身上,立法机关必然会施加特殊义务或赋予特殊利益给特定的群体或阶层。

因此本文关于"对平等的需求"的讨论自然而然落脚到分类的权利(right to classify)。分类决定了哪一类人群被科以特殊义务,或哪一类立法利益并非赋予一切群体。1898 年法官布鲁尔(Brewer)指出:"分类的本质就是在于让部分群体的权利或义务区别于一般大众。虽然从极端的角度来说,分类就是不平等。"〔5〕

于是乎,在这里就会产生矛盾:宪法第十四修正案平等保护条款是一种承诺,使得保护人民的法律应当是平等的。但是法律自然会分类,以致于在极端的观念下,分类就是一种不平等。为了解决这份矛盾,法院既没有舍弃平等的需求,也没有否认法律的分类,而是采取折中办法。合理分类理论(doctrine of reasonable classification)成为了立法的特殊性和宪法一般性

---

〔2〕　Hayes v. Missouri (1887) 120 U. S. 68, 71.

〔3〕　Home Insurance Co. v. New York(1890) 134 U. S. 594, 606.

〔4〕　(1885)113 U. S. 27, 31.

〔5〕　Atchison, Topeka & S. F. R. R. v. Matthews(1899) 174 U. S. 96, 106.

之间矛盾需求的解决办法。[6]

合理分类理论的本质可通过"不完整性"（deceptive simplicity）*来说明。宪法并不要求，在法律上要以看起来一样的方式，来对待事实上不同的事情。[7] 但宪法所要求的是，平等关怀下同等情况同等对待。合理分类在同等情况同等对待上取得很大成功。而该理论掩藏下的难题将在下节进行阐述。

二、合理分类

以一个基础命题作为起始点：定义某个阶级就是确定某种品质、特征、性状、关系或其中的任意组合，当某个个体拥有这些属性则决定了他所属的身份和阶级。当立法机关制定法律，并运用在诸如"不具有公民身份的外国人"，或"犯了三次重罪的自然人"或"19 到 25 岁的公民"或"与国家合作的外企"，这时候就是在定义某个阶级或分类。

本文所谈的"分类"区别于"本质论意义上的分类"。不是在本质论上讨论某一个体是否从属于特殊阶级，而是通过个体所具有的特征来定义和建构某一个阶级。"法律分类"则属于建构范畴的理解，因为这些为法律所指向、法院所适用的分类都来自于立法权力的定义和建构。

某一特征定义了相对应的阶级，那么只要拥有了该特征，就成为相对应阶级的一员。也就是说，有且仅当个体 X 拥有定义了阶级 A 的特征，才能成为阶级 A 的成员。无论这个定义该阶级的特征是如何，每个成员必然携带该特征属性。

当转向法律的合理分类，其关键在于前面所谈及的同等情况同等对待的平等需求。自然而然，合理分类的两面分别是具有同等情况的群体和不具有同等情况的群体。那么问题在于，作为关键却含糊的"同等情况"

---

〔6〕 理性分类理论在宪法第十四修正案前早已存在。早期案例可参见 Holden v. James (1814) 11 Mass. 396；Vanzant v. Waddel(Tenn. 1829) 2 Yerger 260, 270.

　　* 译者注：这里 deceptive 应当从论证逻辑的角度进行理解。由于作者后文在谈论分类的正当性以不完整（非演绎）的法律方法为主，故此译者将欺骗性译成不完整性。

〔7〕 Tigner v. Texas(1940) 310 U.S. 141, 147.

(similarly situated)究竟意味着什么？在回答这个问题前有必要处理过去法院司法实践的两个错误。

　　首先，同等情况不能简单理解为"分类特征的相似"。若同等情况被理解为特征的相似，则意味着同一阶级里的所有成员都是同等情况，那么分类无论如何都会被合理化。这种错误的理解曾寄生在法官的判决中。法官哈伦（Harlan）在 Powell v. Pennsylvania 案中认为："宪法第十四修正案的平等要求表达了对一切个体的同等管辖权，州法律对该平等表达的厌恶和反对都是站不住脚的。因此，州法律应当对一切生产者、销售者、供货商施以同等的宪法约束，以及惩罚和责任。涉及同样的商业领域，也应当如此承认和保护平等原则。"[8]

　　第二个对"同等情况"错误理解来自于某些阶级是非自然的或人造的。如果某分类涵盖了其他"自然"特征的个体，那么有时候该分类确实是不合理的。即便不用牵扯到关于阶级的自然地位的传统争论，这必然也是错误。无论法律所相关的定义特征是如何，法律本质上都是人工制品，即所有的法律分类都是人造的。这种人工制品往往在法律目的下显得足够真实，譬如关于日裔的美国公民，或人造黄油制造者，或每日超过一百个牛的牧场，或智障人士等阶级分类。

　　该问题不在于立法机关在定义某个阶级上是否形成自然联合体。如果我们想探知某个分类是否合理，如果我们去考虑某个分类是否与相同"自然"群体一致或分离了"自然"群体，以此来探寻这个分类是否合理，那么这是徒劳无功的。[9]

　　避免了这两个错误之后，那么探寻何为同等情况，什么决定合理分类的路究竟指向何方？必经之路是在分类之外探析法律目的。合理的法律分类系指在欲达成的法律目的下涵括同等情况的所有个体。

　　法律目的既可能是削弱公共危害（public mischief），也可以是促成公共善。为了简化讨论本文将集中在前者削弱公共危害的法律目的，原因是这两个目的讨论的都是相同问题。由于本文拟谈论的是定义特征或法律分类

---

　　〔8〕 (1888) 127 U. S. 678, 687.

　　〔9〕 这种错误可参见 Pacific Express Co. v. Seibert(1892) 142 U. S. 339, 354："在事物的本质上，他们属于不同的阶级。"以及 Gulf, Colorado & S. F. Ry. v. Ellis(1897) 165 U. S. 150, 156,还有 Debrill v. Morris' Heirs（Tenn. 1891）15 S. W. 87, 95,其中写道："如果某个法律试图在国家公民里建立差别和分类，那么该分类的基础必须是自然的和非武断的。"

的特征，所以本文将通过定义特征和公共危害的关系，以此来认识法律分类与法律目的之关系。

问题的症结在于，法律中出现的分类往往没规定定义特征，也没明确法律目的所指向的公共危害。比如，假设某个立法机关建议打击遗传犯罪，并且遗传犯罪是一种被普遍承认的公共危害，那么对遗传犯罪的携带者进行绝育是一种可行的方法。现在通过一部法律旨在消除遗传犯罪，具有遗传犯罪倾向的个体将会被实施绝育。再者，如果行政机关能准确识别遗传犯罪携带者，那么很多问题将会迎刃而解。通过公共危害所定义的阶级，自然地包含了该法律目的之下的同等情况的所有个体。

然而该识别程序要求行政官员享有很大程度自由裁量权，以决定哪些人员应当绝育。立法者本身并不情愿给予这种授权，而是通过定义，明确规定特征的外延，来限缩行政自由的范围，以规范分类来确定具体的内容。假设立法机关通过某部法律，对三种严重犯罪的犯罪人员进行绝育，那么该分类的合理性是基于两个阶级之间的关系，一个是作为遗传犯罪的阶级，另一个则是三种重罪犯的阶级。

换句话来说，我们是在处理这两个阶级之间的关系。第一个阶级，即三种严重犯罪是定义特征；第二个阶级，即遗传犯罪群体，是具有公共危害的阶级，且立法所指向的目的为消除该公共危害。那么，前者就是法律分类（legislative classification），后者则是与法律目的紧密联系，具有同等情况的阶级。我们称这两个阶级为 T 和 M。

现在，因为阶级 T 的合理性完全依赖于它与阶级 M 的关系，所以缺乏对法律目的的考虑和确认就默认个别法律的正当性，这是不可能的。这将会在后文谈及法院在这方面的错误。

通过特征所划分的阶级和通过公共危害所划分的阶级之间存在五种可能性，表达为以下关系图：

情况一：

所有 T 属于 M，同时所有 M 也属于 T。

情况二：

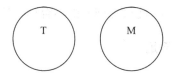

任意 T 都不属于 M。

情况三：

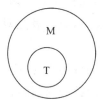

所有 T 都属于 M,但有些 M 却不属于 T。

情况四：

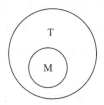

所有 M 都属于 T,但有些 T 却不属于 M。

情况五：

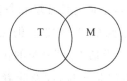

M 不完全是 T,T 亦然。

这五种关系的任意一种都经得起实证的考验,接下来将会探究每一种情况下法律分类的"合理性"。

(一)分类的理想阈值

情况一和情况二分别阐述了合理性和不合理性的理想阈值。在第一种情况,法律分类与同等情况之阶级(与法律目的相关)完全重叠,此时法律分类的设定是完美的合理。第二种情况,法律所定义的阶级与法律目的所指向的公共危害完全不相干,此时为彻底的不合理。这两种情况没必要深究。

(二)分类的囊括不足

法律分类的第三种情况称之为"囊括不足"(under-inclusive)。法律分类里的所有集合都与公共危害密切相关,但在法律分类之外,仍然存在会产生这种公共危害的个体。平等保护要求合理分类,而法律分类没有涵括与法律目的相关的所有同等情况,这显然就是对追求合理分类的平等保护要求之初步侵犯。

但是,法院承认立法机构的现实难处,这种难处来自于立法程序和社会的本质间矛盾,即一方面是解决社会问题的必要性,而另一方面却是立法的正当性和合理性问题。基于此种考虑,立法机关会部分承认,而非拒绝掉所有涵盖不合理分类的歧视性立法。

法院为了捍卫立法机关对歧视部分承认的立场,通过诸如以下方式来拥护"囊括不足":立法机关可能会通过零散的方式来解决某个一般性问题,如"基于国家的联合,某些立法措施应当被允许",[10]"法律法规所指向的是恶,并在经验表明最大概率出现的地方来打击这些恶",[11]"当法律做了一切它能做的,那就会做一切它需要做的",[12]以及对于难以实施的事项,平等保护条款不只是沦为空话的教学性要求,而应该有效应对社会现实。

这些一般性问题,即便得到司法的包容,也并不特别奏效。它们往往缺乏对环境和条件的明确表达,正是这种环境和条件来证明何以包容,来证明某事物为何违反了平等原则的严格要求仍然得到承认。法官霍姆斯(Holmes)认为,为了促进对"囊括不足"分类的包容性,除非缺乏正当理由,"囊括不足"的分类不应当被法院干扰,即意味着法律的平等要求不需要延伸至未归类和触及的部分。[13] 但是,什么才是能够凌驾于平等对待要求的"正当理由"呢?

鉴于面对难以执行事项,平等保护要求或许沦为教学性和理念性诉求

---

〔10〕 Missouri, K. & T. Ry. V. May (1904) 194 U. S. 267, 270.

〔11〕 Keokee Coke Co. v. Taylor (1914) 234 U. S. 224, 227.

〔12〕 Buck. v. Bell (1927) 274 U. S. 200, 203.

〔13〕 参见前注〔10〕第 269 页。

的危害和担忧,以及立法机关不可能完全服从于完美主义的清晰认知,对此,这里有两方面经验性思考,有助于衡量和判断何种程度背离理想标准的法律分类是可以被合理化的。第一个方面是来自于行政方面的,第二个则是政治问题方面的。

对于难以执行的,或者需要一步到位作用于大范围的行政任务,往往不适合立法机关去解决和实施。立法机关不能很好地被要求去实施这一类任务。如果说绝育所有弱智群体是可向往的,那么绝育被送到特殊机构的弱智群体的限制性法律将会得到行政机构的正当化。就好比提前将掌心中的小鸟拔毛,以规避捕鸟陷阱,即便捕鸟陷阱尚未设好。

当立法机关把问题的处理视作一个实验的话,"囊括不足"分类的零散式处理问题的方法就是合理的。当立法机关给出一个特定的立法方案,难以事先断定该方案将会是如何成功,或是会产生何种混乱,或是在解决旧邪恶的同时会产生什么样的新邪恶。但无论如何,一个权宜之计必须形成和运用(虽然可能不完全公平)。立法者在考虑到这些因素之后,是希望方案在审慎下匍匐前行,而法院也必须允许他们这样做。

但这并不是说,任何行政不便和不能的理由都自然得到尊重,也不是说立法权的"实验性"是广泛的。《自由大宪章》对立法的困惑并没有出现在霍姆斯经典名言中"一切生活就是一场实验"。但是,除了权力滥用外,这些因素在证明"囊括不足"分类中都应当被衡量。

第二个方面,即政治考量则更加复杂,也更为重要。我们确信,立法机关已经做了一切力所能及的事情,也做了需要做的事情。问题是何为力所能及呢?其中一个回答是"在法律的框架下已经做了一切能做的了",这相当于说,"除了政治因素所给予的限制外,立法机关已经做了它能做的了,这些政治因素譬如为了赢得总统选举的胜利,又或是对强大的施压集团的妥协。"比如说,在未来大选的民意投票中,为了获得特殊人群的选票,候选人往往会予以特定的承诺,那么实现这些承诺是否立法机关的本分之事呢?立法机关又能否成功抵御政治压力呢?

这些问题的答案则要追溯至立法和国家理论的基本讨论。如果我们接受了压力集团理论(pressure group theory),那么法律则演变为竞争利益的结果。如果真是如此,那么较强的集团不就自然赢得立法的胜利?那么"较强集团"本身不就成了一个备受立法青睐的特征?该特征或许可称之为"不公平"。此时平等法律的要求显得毫无价值。在该脉络下,立法机关成为各种竞争力量的聚焦点,演化为社会的晴雨表如实地反馈着各种团体对立法的压力。法院能否要求作为晴雨表的立法机关将这些压力无视掉呢?

基于立法理论的法律平等显然与压力集团理论旨趣不同。后者往往会提出一些"基本善"的概念,作为立法机关必须追求的"立法公共目的",同时也意味着私人集团或压力集团的胜利。此时,压力集团理论意味着立法程序的崩溃。

这些替代理论的发展和评价已经超出了本文的讨论范围。然而,平等法律保护的承诺是清晰易懂的,且是任何替代理论框架内的应有之义,立法上的压力集团理论与平等保护的要求是不兼容的。就结论来说,立法对政治压力的屈服不存在公平理由,来支持法律延伸到未被触及的相似情况部分。

然而完全无视立法机关所承受的压力状况是不可能的。经过立法讨论的任何议题都会受到政治游说的"污染"。完美立法也不可避免地对政治生活予以让步。问题在于何种程度的让步与妥协是必要的和可接受的呢?当然,提出一个系统性的方案和理解来代替复杂的甚至创造性的判断,并不是本文的目的。正如其他学者所指出的那样,我们仍然需要依赖于司法才能。

也许,对偏离了一般原则的事物,没有任何领域会比平等保护具有更强的包容性了。对现实难题的体谅和怜悯性的包容是必要的。但是,司法人员也有职责强化和保护司法程序的整全性。两者间的冲突要求更高标准的立法检验。对于"囊括不足"的分类,法院应当体谅行政难题这一理由,但也得避免对"行政便利"的过度关注;在承认压力政策的同时,要设法阻止过度同化。

关于"囊括不足"分类这里仍有一话要提。将立法目的设置更小的范围,运用更精悍准确的表达(narrower formulation of the purpose of the law),有助于避免"囊括不足"分类的立法主导。这个立法表达方式可以避免"囊括不足"分类的不合理情形。当然,该表达方式不局限于合理法律分类,还可以运用在其他立法分类。换言之,一切平等问题都应当使用更加精悍准确的目的表达。

(三)分类的"过度囊括"

情况四关于所囊括个体的范围远超于法律目的所指向的对象,称之为

"过度囊括"分类(over-inclusive)。罗马希律王要求处死特定日子国内出生的所有婴儿,因为他深信其中一个婴儿长大后会给他带来噩兆,此时希律王的行为则属于"过度囊括"。"过度囊括"分类往往运用在隔离和拉网式的犯罪搜捕。战时具有日本血统的美国公民则是典型例子,他们被赋予不合理的义务因为他们群体之中有的人被认为是不忠于美国政府的。

对于这一类背离了理想合理分类的案件初步看来往往比"囊括不足"更为恶劣。因为"囊括不足"所涵盖的个体,至少都从属于立法目的所指向的恶,然而"过度囊括"往往会牵扯到无辜的旁观者,从而成为该环境下不幸的受害者。

需要注意的是,"过度囊括"总是以厌恶的形象径直地出现在我们大众视野,去确定大量并及与之相关的恶。我们相信,恶是个体性的,而"过度囊括"却剥夺了个体的正当程序权利。所以法院青睐于运用正当程序条款处理这一境况。但相对的,平等条款合理分类的要求就受到侵害。

尽管"过度囊括"呈现了天大的不公,但是在某些情况下这类法律特征仍然且必须被保留。这类情况往往是紧急性的,该紧急性或表现为严峻的和即将发生的,如战时状态下对日裔美国人的排斥等恶劣的且令人困扰的立法;或表现为没那么严峻但仍然紧迫,譬如警察的道路封锁等相对温和的立法。法院在处理问题时只需要辨明是否存在或曾经存在确切需要紧急性措施的紧急性情况,且该措施是否以美好信念为目的。

维持"过度囊括"分类的正当性引发了更深的思考。面对确切的紧急情况,其应对措施往往通过非立法机构的权力来实施。立法程序本身就不是为了处理和解决紧急性情况而设计的。因此,我们或许会发现,很少现行立法能证成基于紧迫性的过度囊括,甚至有可能发现反对以紧急性为抗辩的立法。

(四)分类的"囊括不足"与"过度囊括"竞合

最后一种情况则同时具有上述所讨论的"过度囊括"和"囊括不足"两种特征。似乎同时具有这两种特征是矛盾的,但事实上,很多分类确实归属于这种类型,同时受到"过度囊括"和"囊括不足"的挑战。

譬如,在 Hiraboyashi[14] 案件中,具有日裔血统的美国公民的立法分类一方面受到"囊括不足"的挑战,因为二战期间德国血统和意大利血统的美国公民应当平等地承受忠诚的压力;另一方面受到"过度囊括"的挑战,因为并非所有的日裔美国公民都是不忠诚的。所以说,这种立法分类,一方面要求充分的紧急性情况以证成为什么可以将立法压力施加在范围更大的阶级,同时要求"正当理由"的建立,来证明法律平等要求不需要延伸至未归类和触及的部分。

目前为止,我们已经探讨了在立法活动上的合理分类,同样的分析也成立在行政行为身上。这是由于,一方面立法机关对行政机关的授权,另一方面当实施立法性政策的时候,对具体分类的范围裁量往往落脚到行政机关。在立法活机关所设定的同一基准下,行政机关的裁量权既可能被视作合理的,也可能是不合理的,所以行政机关的行为也应受到平等保护的要求。事实上,合理分类伴随着"国家行为"。但有趣的是,"国家行为"的含义基于不同的倾向而被扩张。

三、禁止性分类

上述合理分类的讨论并没有详尽平等保护条款关于分类的问题。人类平等主张一切个体在肤色与信仰、出生与身份受到同等对待。平等主义者主张,这些因素在共同的人性面前都是不相关且偶然的。在当事人予以主张之前,法官就会忽视掉这些差异性因素。一部法律若以肤色、信仰、血缘对人进行分门别类,那么该法律是违反平等要求的。所以说这些因素不应当构成法律对个体分类的基础。正如谈及贫穷,法官杰克逊(Jackson)认为,"财富也是一个中立事实,和种族、信仰或肤色一样都属于宪法性不相关因素。"[15]

那么,什么构成"宪法性不相关因素"呢？是否就意味着宪法就不承认人类间确实存在的差异呢？建立在上述不相关因素的分类必然违宪呢？前文的分析已然表明,分类特征应当与法律目的间建立合理性关系。接下来,

[14] Hirabayashi v. United States (1943) 320 U. S. 81.
[15] Edwards v. California (1941) 314 U.S. 160,184.

本文将论证有一些因素必然不能作为宪法性分类的基础。

　　平等条款与正当程序条款具有某种相似性。正当程序的"实质性"理解意味着,存在一些权利,立法者无论通过何种程序都无法僭越的。合理分类理论也存在着类似的表达,即无论某些分类如何合理地服务于公共目的,也不应当被法律正当化。[16]

　　最高法院几乎不明言禁止性分类规范,但是却内在于法院的思考当中。在 Kotch 案件的不同意见中,在法官里德(Reed),道格拉斯(Douglas)和墨菲(Murphy)支持下,法官拉特利奇(Rutledge)认为:

　　"该多数结果无异于使得,关于飞行员等级制度的州宪法相关规定最终沦为血缘制。而事实上,血缘成为了选拔的关键。在我看来,这是被宪法修正案第十四条所禁止的,是对法律平等保护的否认。"[17]

　　"这不足以摆脱第十四条下宪法修正案的束缚,"法官拉特利奇继续补充道,"正如多数意见主张,家族系统具有直接作用,来达成高效的航空系统之目的。基于该立法目的的分类听起来有点抽象。当某个测试涉及种族和血缘,它不能获得宪法支持来排除其他群体,否则完全演变为一种专制的权力。"[18]

　　当法律上承认家族系统是最有效的方式来捍卫"技艺和能力的峰值",法官拉特利奇总结道:"很清楚的是,如果宪法没有筑构起种族、肤色、信仰以及该案的血缘等禁止性立法边界,那么最有效保障'技艺和能力的峰值'的方法就不可能由法律来达成。"[19]

　　法院的结论接近于:立法分类即便合理地指向某个公共善,一旦建立在"禁止性"因素的基础上,也是无效的。即便立法分类于立法公共目的存在紧密的合理性联系,仍然无效。尽管尚未形成一套既有和成熟的司法理论*,但这种观点是具有强烈的理论价值。

　　也许,该理论的首要价值将会落脚在种族隔离法(segregation law)**,

---

　　[16] 按照这种理解,平等条款不是特定分类的唯一宪法性限制。美国宪法第六条第三款主张致力于禁止宗教测试,宗教信仰不能成为决定是否成为适格公职人员的分类因素。

　　[17] Kotch v. Pilot Comm'rs. (1947) 330 U.S. 552, 565.

　　[18] 同上注,565 页。

　　[19] 同上注,566 页。

　　* 译者注:本文写于 1949 年。

　** 译者注:当时该法还没被废除。

给予当头一棒。这类法律一直顽固地坚持"隔离但平等"（segregation but equal），规避了宪法第十四修正案的谴责。而"禁止性分类"提供了一种可行路径。所有类型的种族隔离法，无论是基于种族、宗教还是其他"宪法不相关"因素，都将陨落，任何"隔离但平等"的口号或理论都无济于事。

对于那些长期挣扎在平等斗争的被害者来说，"禁止性分类"是一个诱惑的理论，然而该理论存在一系列未决的问题。首要的是，哪些特征应当被定性为禁止的？答案可能从各种案例中寻找，被归结为种族、外国人、肤色和信仰。当然这几个答案自身也不一定完全站得住脚，同时仍然有其他的可能性答案。

哪些特征应当被归结为"禁止性因素"在理论上似乎是不可攻克的。然而，实质正当程序也恰恰面临同样的问题，但并没有阻碍正当程序理论的繁荣发展。我们可以发现，与平等保护原则和正当程序相比，人们往往在对面自由和财产的追求更为明确，而对平等则略有犹豫。

"禁止性分类"的两种可能形式要予以区分。第一个形式为，某些特征无论如何也不可能与立法公共目的达成合理联系，所以这些特征是"宪法不相关的"。但是这种主张是先验的，难以证实的。更进一步说，即便真的存在这种特征，为什么这些分类无论如何也无法与公共目的建立其合理联系呢？这是无法回答的。对此，该形式的理解是缺乏支撑和站不住脚的。

第二个形式，正是正如法官拉特利奇在 Kotch 案不同意见中所提炼的，更为重要和有价值。其表达为即便立法分类与立法公共目的具有紧密的合理性联系，但基于禁止性特征的分类使得分类行为无效。

四、怀疑分类

如果说禁止性分类理论过于极端以至于不能为司法发展提供一个明确的承诺，那么一个更为温和的理论似乎就成为可能。怀疑分类理论对特定分类的立法提出违宪的质疑，以尝试禁止该立法。

在 Korematsu 案件中，法官布莱克（Black）谈到，"值得注意的是，任何法律如果限制了某个特定种族群体的权利，那么该法律就是值得怀疑的。但这并不是说所有的限制都是不合宪法的，而是说法院必须予以最严格审视(most rigid scrutiny)。"[20]

　　或许说,"严格审查"的运用应当扩至除了种族群体权利受限的其他情形。但是致力于穷尽怀疑分类的清单式工作是无意义的。可以很充分的说,怀疑分类是不周延的,即无法囊括其全部外延。在任何年代,怀疑分类的内容都取决于不断消灭特殊和不平等的状态的平等战役,这些不平等状态可能是种族的、宗教的、经济的甚至是政治的。

　　怀疑分类要求严格审查,那么何为"怀疑"以及何为"严格审查"呢? 这里有两个方向。一是,合理关系的测试必须是严格适用的,并已在上文讨论了。二是,法院必须要证立法律规制的歧视性特征。这时候,要证明某法律是歧视性的,平等条款的范围则不局限于特征与目的之间是否建立了合理联系,更是对立法目的本身的批判。

　　　　　　　　　　　　　　　　　　　　　　　　　（特约编辑:刘雪鹂）

---

　　[20]　Koremastu v. United States (1944) 323 U. S. 214,216.

财产与英国环境法的共生：公法语境下的财产权

［英］埃洛伊丝·斯科特福德　雷切尔·沃尔什　著[*]

马亮　谢咏　译[**]　区树添　校[***]

内容提要：本文认为，环境制度中蕴含着大量自由裁量权，一定程度上起到了语境化和部分构成英国法律中财产权的作用。通过环境规制，土地使用权在不断发展的过程中与土地使用问题相适应，且被不同程度地"民主化"。财产权通过对财产利益进行法律保护来影响环境规制，尽管环境制度中自由裁量权的性质决定了这种共生关系的种类和程度。因此，环境法要求财产权学者从概念、原则和合法性等角度分析行政决策对财产权的影响。同时，环境法学者在分析和适用现代环境法时必须重视财产权的性质和法律地位。

---

[*]　埃洛伊丝·斯科特福德（Eloise Scotford）系伦敦国王学院讲师。在此感谢 Hanoch Dagan 对本文早期草案所提出的宝贵意见，本文草案于 2012 年 6 月在伦敦国王学院举行的"公法和私法中财产权概念的相互关系"研讨会上提出。其次，感谢匿名编辑给出的宝贵意见。最后，感谢悉尼大学法律系对文章的大力支持。本文仅代表作者本人观点。

雷切尔·沃尔什（Rachael Wals）系爱尔兰都柏林圣三一学院助理教授，感谢伦敦国王学院，本文初稿撰写于此。

[**]　中央司法警官学院讲师，武汉大学法学博士。

昆明理工大学环境科学与工程学院博士研究生。

[***]　苏州大学王健法学院教师、武汉大学环境法研究所博士。

基金项目：中央司法警官学院学术创新团队项目"预防性环境公益司法保护研究"阶段性研究成果；2021 年国家社会科学基金青年项目"公私法协动视野下生态环境损害救济机制体系化研究"（项目编号：21CFX076）。

原文载于 2013 年《现代法律评论》（*The Modern Law Review*）2013 年第 76 卷第 6 期；第 1010-1025 页［Eloise Scotford, Rachael Walsh, "The Symbiosis of Property and English Environmental Law – Property Rights in a Public Law Context", Modern Law Review. Volume76, Issue6, November 2013 Pages 1010-1045］；翻译已经获得作者授权。

一、导言

在英国法律中,财产权与环境规制之间存在显著的共生关系。这是一个相对缺乏探索的学术领域,[1]与现代财产法学者和环境法学者息息相关。这种法律共生或"互惠共生"[2]关系主要是由环境规制在管制土地使用和管理方面的规模不断扩张和重要性不断提升所驱动的,环境规制引入了广泛的行政管理手段和创造性的规制战略,包括环境评估、工业许可、土地利用发展规划和自然保护等复杂的行政体系。这些体系为调解财产权与环境法的共生关系提供了一个复杂且重要的机制,是界定财产权范围的重要标准。财产法学者必须认真对待公法中的环境制度,环境法学者也应当掌握在环境管制范围内运作的理论丰富的财产法。此外,这种共生关系还受到包括妨害法、公法和人权法在内的一系列法律问题和理论学说的影响,这些问题和学说是财产权和环境规制相互作用的结果,它们提出了诸如不同领域的法律应该在互动中发挥作用等新的规范性问题。本文不是全面研

---

〔1〕 尽管许多研究英国法律的学者在这方面作了深入研究。参见 S. Coyle and K. Morrow, *The Philosophical Foundations of Environmental Law: Property, Rights and Nature* (Oxford: Hart Publishing, 2004); R. Walsh, 'The Evolving Relationship Between Property and Participation in English Planning Law' in N. Hopkins (ed), *Modern Studies in Property Law*, *Volume* 7(Oxford: Hart Publishing, 2013); W. N. R. Lucy and C. Mitchell, 'Replacing Private Property: The Case for Stewardship' (1996) 55 CLJ 566; K. Gray, 'Can Environmental Regulation Constitute a Taking of Property at Common Law?' (2007) 24 EPLJ 161 and 'Pedestrian Democracy and the Geography of Home' (2010) 1 JHRE 45; C. Rodgers, 'Nature's Place? Property Rights, Property Rules, and Environmental Stewardship' (2009) 68 CLJ 550. 在美国,环境法和财产权之间的关系受到学术界的广泛关注,参见 D. W. Large, 'This Land is Whose Land? Changing Concepts of Land as Property' (1973) Wis L Rev 1039; D. B. Hunter, 'An Ecological Perspective on Property: A Call for Judicial Protection of the Public's Interest in Environmentally Critical Resources' (1988) 12 Harv Envtl L Rev 311; J. A. Humbach, 'Law and a New Land Ethic' (1989-1990) 74 Minn L Rev 339; E. T. Freyfogle, 'Owning the Land: Four Contemporary Narratives' (1997-1998) 13 J Land Use & Envtl L 279; L. Butler, 'The Pathology of Property Norms: Living Within Nature's Boundaries' (1999-2000) 73 S Cal L Rev 927; C. A. Arnold, 'The Reconstitution of Property: Property as a Web of Interests' (2002) 26 Harv Envtl L Rev 281.
〔2〕 F. Philbrick, 'Changing Conceptions of Property in Law' (1938) 86 Univ of Penn L Rev 691, 695.

究财产权与环境规制间相互关系的法律,而是试图证明财产法与环境法之间存在着重要的、结构性的联系,这一联系可以从一系列法律子学科的发展中体现。

本文从财产权与环境法的互动关系和发展关系两个方面探讨其共生关系。[3] 首先研究了土地管制使用的环境规制对与土地使用相关财产权的塑造。本质上,这些财产权是由作为实施和适用环境规制基础的行政法规部分构成的,这些制度决定了土地产权人何时以及在多大程度上把握土地的使用。由于许多环境规制都是通过政府官员行使法律上的自由裁量权来确定和执行的,因此,了解环境法对财产权的影响有助于理解行政层面上公法的发展。但是,法律影响不是单一的。其次分析了环境法与财产权关系的第二个方面,即财产权的法律保护如何调解环境法对这些权利的影响,特别是通过私人妨害法和 1998 年的《人权法案》(Human Rights Act),以及通过让财产权人在土地使用决定中享有发言权的独特参与方式。在适用这些法理和管制措施时,财产权也会对环境制度产生影响。

为了揭示和分析环境规制与土地产权之间的共生关系,本文第二节分析了资源(土地)的特殊性,并在此基础上阐述了环境法如何建立与财产权相互作用的重要场所,以及这种相互关系独特的原因。[4] 第三节研究了英国通过引入不断发展的行政管理制度来控制土地活动的"规制转向",主要分析了三种制度:《环境许可条例》(Environmental Permitting Regulations)(2010)中的污染控制制度、地方开发规划控制制度和特殊科学意义基地制度(SSSI 制度)。这些制度通过以法律为指导的行政程序来研究与土地使用相关的竞争利益(个人、集体利益为中心、社区驱动),为公民参与土地使

---

〔3〕 实际上,这种关系正在以不同的方式呈现并发展。在环境规制中构建的权利具有"财产权类型"属性;例如,根据欧盟碳排放交易体系构建的"配额";以及规划许可的授予,环境规制引发了关于财产权是否存在的争议;参见 *Deutsche Bank AG v Total Global Steel Ltd* 〔2012〕EWHC 1201 (Comm);〔2012〕Env LR D7;'renewable energy certificate' (ROC) entitlements under feed-in-tariff schemes (*R* (*Infinis Plc*) *v Gas and Electricity Markets Authority*〔2011〕EWHC 1873 (Admin); *Pine Valley Developments Ltd v Ireland* (1992) 14 EHRR 319; T. Rule, 'A Downwind View of the Cathedral; Using Rule Four to Allocate Wind Rights' (2009) 46 San Diego L Rev 207.

〔4〕 环境法并非构建财产权的唯一影响因素。现有制度说明了土地产权的范围和性质,包括租户保护措施和补偿金的规定。参见 *James v United Kingdom* (1983) 5 EHRR 440; *Public and Commercial Services Union v Minister for the Civil Service*〔2011〕EWHC 2041 (Admin);〔2012〕1 All ER 985.

用决定提供了重要机会；同时推动了土地使用权决策的"民主化"，对土地使用权的范围具有重大影响。

当作出土地使用决定的行政程序越多地考虑到各方利益、专家意见、相关政策以及其他相关因素时，环境规制对财产权构成的影响就越大。第四节分析了这种影响，探讨了财产权和行政决策相互影响的法理基础。这种相互关系在分析私人妨害案件以及涉及对侵犯私人财产权的行为进行法律审查的案件中都有所体现，这些案件主要得益于《人权法案》和传统普通法中的法定解释原则的适用。这表明，随着时间的推移，财产权是如何通过环境规制进行重塑；以及环境法如何与财产权共生，并在某些情况下受到法律保护的限制。

最后，结合所研究的理论实例，对财产权与环境规制互动的性质进行反思。这涉及了一个相对缺乏探索的问题，即行政决策程序如何影响与土地使用相关财产权的具体内容。第五节界定了与英国法律中环境规制相关联的财产权的一个动态概念。在这方面，与土地使用相关的财产权是适应和演变的，是对一系列利益的回应和调整，而不是作为受保护的静态个人权利。它们经过复杂的行政程序在个案中确定，从根本上受到行政行为合法性的影响，特别是这种行为的参与性因素。在公法背景下，环境法对财产权的范围产生重大影响。

二、环境法与土地规制——与财产权相联系的独特场所

环境法是规制环境问题的法律。[5] 本文在定义"环境法"时，重点关注与土地产权或土地使用相关的环境问题，这些问题涉及对环境产生影响的土地冲突和潜在有害的土地使用。本文探讨的环境法范围包括规划法和各种形式的土地使用管制，包括环境保护制度。为了进一步明确环境法的定义，突出环境法与财产法之间互动的原因，需要明确环境法的四个基本特征。

第一，"环境"（与土地相关）的定义并不明确，它包含了复杂的生态系

---

〔5〕　E. Fisher, B. Lange and E. Scotford, *Environmental Law: Text, Cases and Materials* (Oxford: OUP, 2013) ch 1.

统、环境影响的科学不确定性,以及自然环境和建筑环境。[6] 确定与环境相关的法律问题涉及对其范围的选择,这是一项不断变化和发展的工作,尤其是随着对环境知识(以及如何更好地保护或管理环境)的深入了解。[7] 土地使用权涉及一个复杂且不断演变的客体,我们既可以从科学的角度理解其特征,也可以从法律的角度对其进行改革或引入适用于环境的管制措施。

第二,除了环境保护外,环境法还涉及土地的竞争性使用以及对这些使用的社会选择;包括旨在对土地使用作出决定并管理执行的治理结构。[8] 这些决定有的促进了环境保护,也有的是为了达到其他目的(开发社区基础设施、经济需求、公共设施和安全因素等);总体而言,它们反映了与土地相关政策和利益的协调。这些利益包括财产利益,在环境法的决策程序中有所涉及。

第三,大量的环境法本质上都属于行政法,与政府机构的法律体系及其行为的合法性息息相关。[9] 许多环境法律制度将权力赋予政府官员,包括政府部门及其相关负责人、环境规制机构(如环境署、作为政府咨询机构的"自然英格兰"(Natural England))以及地方政府,以制定环境标准、作出土地使用决定并执行。这些制度(由一级和二级立法确立)建立了包含开放性标准在内的决策框架,供行政人员在涉及环境问题和土地使用争议时适用。环境法以这种方式与行政法相结合,有两个主要原因。首先,自20世纪中叶以来,英国的政治发展催生了一个庞大的行政国家,它提供了福利国家所提供的广泛社会服务,通过半自治的行政机构规范了私有化产业以及集体行动问题,例如土地使用冲突和环境损害问题,这些机构与部长级的规制有一定区别。[10] 其次,环境问题往往涉及多个、相互重叠且不确定的原因,这

---

〔6〕 关于环境问题的复杂性,参见 J. S. Dryzek, *The Politics of the Earth* (Oxford: OUP, 2nd ed, 2005)8-9.

〔7〕 关于环境知识的本质,参见 Fisher, Lange and Scotford,前注〔5〕,32-45.

〔8〕 适用于解决环境纠纷的私法原则在某些情况下起到一定作用:参见注释〔106〕-〔119〕; Henry E. Smith, 'Exclusion versus Governance: Two Strategies for Delineating Property Rights' (2012) 31 J Leg Stud S453.

〔9〕 Fisher, Lange and Scotford,前注〔5〕, chs 3.2 and 7.

〔10〕 参见 G. Drewry, 'The Executive: Towards Accountable Government and Effective Governance?' in J. Jowell and D. Oliver (eds), *The Changing Constitution* (Oxford: OUP, 7th ed, 2011).

些原因包含了各个政策领域、政治观点以及代表各种利益(包括财产利益)和社会价值观的参与者。环境问题的规制反应既要有专家判断,也要有经过深思熟虑的选择,需要具体案件具体分析,且涉及行政人员的自由裁量权。[11] 正如伊丽莎白·费舍尔(Elizabeth Fisher)对重叠领域规制风险的解释:此类规制活动需要一个公共管理的"灵活的制度空间",以便资料的收集与整理、专家意见、决策程序中各方之间的沟通以及对规制活动的持续监督。[12]

环境法的第四个重要特征强调了它与财产法的内在联系,环境法本质上是一门法律交叉学科。适用于环境问题的法律还包括私法学说,这些学说为环境制度的运作提供了法律背景,并与之相互作用。财产法(适用于土地产权的法律)是适用于与土地相关环境问题的法律的一个方面,与环境法相互交叉。妨害和非法侵入的"财产侵权"(property torts)传统上被理解为普通法对私人财产的关键性补救和保护。如下文所示,[13] 这些学说(尤其是妨害说)目前正以复杂的方式与环境规制相互作用,包含并反映了财产权与环境规制之间的共生关系和相互作用。

环境法的四个基本特征都表明了其与财产法相互作用的关键点,环境法对土地产权的影响是独特的。因为与土地相关的环境法强调并解决了土地的稀缺性和脆弱性,以及土地使用的相对性和争议性等问题。[14] 考虑到土地使用决定的持久性和深远影响以及土地的有限性,环境法极大减轻了财产权对这些土地特征作出反应的必要性。[15] 爱德华多·彭纳尔维(Eduardo Peñalver)指出:

> 土地的局限性增加了土地使用决定的重要性,因为在所有条件均等的情况下,一种用途的土地越多,另一种用途的可用土地就

---

〔11〕 R. Baldwin, *Rules and Government*(Oxford: OUP, 1995) 29.

〔12〕 E. Fisher, *Risk Regulation and Administrative Constitutionalism* (Oxford: Hart Publishing, 2007)19-21.

〔13〕 参见注释〔107〕-〔119〕。

〔14〕 参见 R. Barnes, *Property Rights and Natural Resources*(Oxford: Hart Publishing, 2009) 54; Large,前注〔1〕; L. Caldwell, 'Rights of Ownership or Rights of Land – The Need for a New Conceptual Basis for Land Use Policy' (1974) 14 William and Mary L Rev 759, 768; Humbach,前注〔1〕; Butler,前注〔1〕.

〔15〕 Humbach,同前注,341-342.

越少。结合土地的恢复力,一旦土地使用到位,未来很长一段时间内都会限制我们对土地使用的选择范围。因此,土地仍然是人和人(包括子孙后代)以及人和其他物种之间众多冲突的诱因。[16]

彭纳尔维强调了土地作为一种重要自然资源的脆弱性。无论是从土地的生产力和特定自然资源保护,还是土地在广泛自然生态系统中作用的角度,土地使用均可能对自然环境产生不利影响。[17] 正如琳达·巴特勒(Lynda Butler)所言:"维护生态系统的完整性所要考虑的整体规模大于单个土地所有人或单个地块。"[18]她强调了生态系统不断发展、不可预测的性质,主张财产权应当对此作出反应和适应措施。[19]

土地使用是相对的,土地使用者使用土地的行为往往会对其他土地使用者造成影响;[20]土地上的权利相互关联,财产权人对其土地没有绝对的支配权和控制权。这意味着特定的土地使用纠纷可能多次涉及多种财产权。[21] 不同财产权的相互竞争,构成了确定土地使用纠纷所应当考虑的利益之一。

这印证了彭纳尔维提出的土地使用存在争议这一观点。不同社会参与者考虑的土地用途不同,从发展工业到促进绿色空间和保护野生动植物,从建设社区基础设施到享有安静私人空间。土地使用决定中的利益冲突使决策者在任何情况下都难以把握"公共利益"。

财产权受其客体(本文指土地)以及在特定背景下行使的广泛(社会和环境)影响。通过环境规制及公法的相关规定,使财产权能够回应公共、集体和竞争的需要,[22]对土地作为一种资源固有的脆弱性等方面作出回应。

----

〔16〕　E. A. Peñalver, 'Land Virtues' (2009) 94 Cornell L Rev 821, 832.

〔17〕　Large,前注〔1〕,1040,1081.

〔18〕　Butler,前注〔1〕, 986.

〔19〕　同前注, 936 页.

〔20〕　J. W. Singer, *Entitlement: The Paradoxes of Property* (New Haven, London: Yale University Press, 2000) 203; J. Penner, 'Nuisance, the Morality of Neighbourliness, and Environmental Protection' in J. Lowry and R. Edmunds, *Environmental Protection and the Common Law* (Oxford: Hart Publishing, 2000) 31.

〔21〕　私人财产在很多时候都会牵涉其中,例如在出售或使用土地的纠纷中。

〔22〕　M. Davies, *Property: Meanings, Histories, Theories* (Abingdon, New York: Routledge-Cavendish, 2007) 11; Large,前注〔1〕,1081; Humbach,前注〔1〕,341-342.

三、环境法的规制转向:行政体系法治化和民主化背景下的财产权

　　本节分析了为规制环境问题而进行的行政管理程序如何成为财产权语境化的重要法律场所。首先研究了现代环境法的规制转向,这意味着当下与土地使用相关的决策在法律管制层面的间接"民主化"。[23] 其次研究了环境法中不同领域的三种环境制度:根据《环境许可条例》对工业场地进行的综合污染控制制度;城乡规划体系下的地方开发控制制度;特殊科学意义基地制度。三种制度的运作使得与土地使用相关的财产权不断与相互竞争的利益相适应,并通过公众参与加以确定。每一种制度都提供了不同的示例,证明了文中法律现象的普遍性以及影响财产权的环境制度之间的重大差异。

　　上文概述了现代英国环境规制中行政管理制度的一般性质。这些制度构成了一个"规制转向",它们代表着不同时期处理环境问题的法律方式的进步。[24] 在 19 世纪,环境法支持个人就当地的河流和空气污染所造成的财产损失提起诉讼,[25] 以及针对个别严重损害环境行为进行立法定罪,这些罪行得到最低限度或特别行政规定的支持。[26] 相比之下,20 世纪环境法的规制转向涉及两个方面的发展。首先,规制方式普遍发生变化,建立了与土地和环境使用相关的行政决策程序。其次,在这些新制度的行政程序中采用了越来越"开放"的环境标准,权衡了"实质性因素"并确定了"最佳可用技术",赋予了行政人员自由裁量权和空间,以考虑与土地使用特定情况

---

〔23〕 "财产权民主化"一词参见 Gray, 'Pedestrian Democracy and the Geography of Home' 前注〔1〕, 48; Walsh,前注〔1〕.

〔24〕 有人认为,随着环境问题越来越多地依靠战略、市场和自愿机制(voluntary mechanisms)来处理,英国现行环境法进一步转向不同类型的规制。但大多数"创新"形式环境规制的实施仍然依赖于公共行政。参见 T. Jewell, 'Public Law and the Environment: The Prospects for Decision-Making' in T. Jewell and J. Steele (eds), *Law in Environmental Decision-Making: National, European and International Perspectives*(Oxford: Clarendon Press, 1998).

〔25〕 例如 *AG v Birmingham Corporation* (1858) 4 K&J 528; *St Helen's Smelting Co v Tipping*(1865) 11 HLC 642.

〔26〕 关于此类早期立法的示例,参见 Fisher, Lange and Scotford,前注〔5〕, 87.

相关的一系列利益。

　　尽管规制者在实施现代环境制度时有权考虑和权衡相关的目的、政策、利益和其他事项,他们将这些事项的相互作用和竞争关系作为法定行政程序的一部分,并在此基础上对土地使用作出选择。法律的需求和特征决定了这种结构化的自由裁量权。最明显的限制因素是公法中的司法审查原则,[27]行政人员必须在法定范围内理性采取措施,并在决策中(仅)考虑相关因素和合理期望,以适当的动机和自然正义原则原则行使。[28]这些法律限制主要依据个别制度的规定。环境制度的法律框架包含着错综复杂的指令和要求,这些指令和要求又以各种不同的方式制约着土地使用决策。

　　这种对土地使用决策的结构化法定控制的关键特征是"民主"。尽管民主的概念是多元且有争议的,[29]但环境制度构建的土地使用制度体现了"土地使用民主化"的理念。在这种制度下作出的土地使用决定反映了与土地使用相关的各方利益,包括但不限于所有人在其土地上进行管制活动的利益。此外,尽管环境制度的直接决策者(管理者)不是民主选举产生的,但其至少在三个方面对土地使用决定负有责任。

　　第一,环境制度的管理者必须在经议会批准的法定范围内行事。这些范围包括对特定制度运作中规制机构权力的实质性限制、[30]制度的法定框

---

　　〔27〕 对行政决策有"利害关系"的个人可以在诉诸法院时援引这些原则:Senior Courts Act 1981, s 31(3). 行政人员还受到其他方面的限制——从内部程序议定书到政府监察专员的外部审查,详见注释〔160〕-〔168〕。

　　〔28〕 *Council of Civil Service Unions v Minister for the Civil Service*〔1985〕AC 374 (Lord Diplock).

　　〔29〕 从选举和代议制度民主到参与、协商和对话式民主,不同的民主模式一直以来都存在较大的理论争议。关于在环境政策和规制背景下对这些观点的讨论,参见 J. S. Dryzek, *Deliberative Democracy and Beyond: Liberals, Critics, Contestations*(Oxford: OUP, 2000); B. Richardson and J. Razzaque, 'Public Participation in Environmental Decision-Making' in B. Richardson and S. Wood, *Environmental Law for Sustainability*(Oxford: Hart Publishing, 2006) 165,170-174; J. Freeman, 'Private Parties, Public Functions and the New Administrative Law' in D. Dyzenhaus (ed), *Recrafting the Rule of Law: The Limits of Legal Order*(Toronto: Hart Publishing, 1999) 331-333 and generally on the persistent challenge of reconciling regulation and administrative power with ideas of democracy.

　　〔30〕 例如,指导规制者明确行使权力的目的,参见英国《环境保护法》第4条第1款和第5条地1款。

架规定或潜在的强制性考虑因素、[31]强制性程序(通常包括对决定的审查)[32]以及各种形式的行政监督。[33]

第二,这些制度的决策程序通常需要听取并考虑各利益相关方(包括个人和集体利益)的意见和建议。公众参与是环境规制中日益重要的环节,[34]尽管人们对公众参与的影响力和代表性表示担忧,[35]但利益集团的参与为规制自由裁量权提供了重要的补充监督,并增加了问责制和民主层面的投入。[36]

第三,与立法机关一样,行政人员在影响私人财产权方面受到法律限制,下文将进一步讨论。[37]在这方面,普通法和《欧洲人权公约》(通过《人权法案》)都对财产权产生不利影响的立法解释和适用作出限制,要求议会必须通过立法明确这种影响,强化自由裁量权的民主约束性。这三个方面的民主约束相结合,明确了环境规制行政程序在定义财产权含义和范围时

───────────────

〔31〕 例如,根据《城乡规划法》第70条第2款的规定:规划决策者有义务在授予或拒绝授予规划许可或对此类许可施加条件时考虑相关发展规划的规定。

〔32〕 例如,《环境许可条例》(SI 2010/675)第5条、第6条规定了环境许可的申请条件和程序,以及诉诸法院的相关规定。

〔33〕 例如,根据《规划与强制收购法》第20条、第21条规定的审查和通过发展规划,以及根据《城乡规划法》第77条要求确定的申请,国务大臣对城乡规划享有重大管制权。

〔34〕 参与式治理是现代环境法的重要特征,根据《关于在环境问题上获得信息、公众参与决策和诉诸法律的公约》(1998年6月,奥胡斯)第6和第7条的规定,签署国应当就可能对环境产生重大影响的拟议活动以及与环境相关的规划、方案和政策进行有意义的协商和参与程序。参见 P. McAuslan, *The Ideologies of Planning Law* (Oxford: Pergamon Press, 1980); S. R. Arnstein, 'A Ladder of Citizen Participation' (1969) 35 *Journal of American Planners* 216; N. P. Spyke, 'Public Participation in Environmental Decision-making at the New Millennium: Structuring New Spheres of Public Influence' (1999) 26 Boston College Envtl Affairs L Rev 263; J. Steele, 'Participation and Deliberation in Environmental Law: A Problem Solving Approach' (2001) 21 OJLS 415; M. Lee and C. Abbot, 'The Usual Suspects? Public Participation under the Aarhus Convention' (2003) 66 MLR 80; Richardson and Razzaque,前注[29]; Walsh,前注[1]。

〔35〕 参见 A. Davies, 'Hidden or Hiding? Public Perceptions of Participation in the Planning System' (2001) 72 TPR 193; S. Herbert, 'The Trapdoor of Community' (2005) 95 *Annals of the Association of American Geographers* 850; C. Allen and L. Crookes, 'Fables of the Reconstruction: a Phenomenology of "Place Shaping" in the North of England' (2009) 80 TPR 455; A. Layard, 'Law and Localism: The Case of Multiple Occupancy Housing' (2012) 32 LS 551.

〔36〕 这反映了一种协商或参与式的民主模式(Dryzek,前注〔29〕; J. Habermas, *Communication and the Evolution of Society*(London: Heinemann, 1979)),或使一种"'利益代表'多元化的行政模式",其民主化效果可以从不同的角度理解(J. Freeman, 'The Private Role in Public Governance' (2000) 75 NYULR 543,559-560)。

〔37〕 详见注释〔120〕-〔132〕。

的结构性作用。

下文将详细讨论了三种环境制度,论证公法程序如何以这种方式构成与土地使用相关的财产权。三种制度不同程度上实现了民主化,涉及利益相关方不同程度的参与决策者的自由裁量权。例如,规划制度具有高度民主化特点,要求广泛平衡规制机构、财产权人、利益相关公众和专家对土地使用的意见,并将一系列社会目标和政策因素考虑在内。环境制度中民主化进程的差异是不可忽视的。第四节探讨的理论发展表明,法官往往会对经广泛包容的审议程序作出的土地使用相关行政决定给予更多的法律承认。

公法程序允许财产权人在内部维护自己的利益,并将此作为土地使用决定行政层面上的考虑因素。财产权在三种制度内部受到了不同程度的重视。例如,SSSI 制度下的管理协议是规制机构和土地占有人谈判的结果,土地管理的既得利益者在决定适当的土地使用方面拥有较强的话语权。但较强的话语权并不意味着赋予其财产权优先地位,在此示例中,规制机构赋予规划土地使用的权力和促进自然保护的法定义务,在管理协议谈判中具有强大的谈判资本。这意味着环境规制对财产权的影响是特定决策制度下许多方面共同作用的结果。此外,三种制度并非相互排斥,它们可以且经常适用于同一块土地,这意味着它们在构成财产权方面的作用是可以累积的。

(一)控制污染物排放许可制度

《环境许可条例》[38]建立了一项污染物排放许可制度,根据该制度,在陆地上从事某些重度污染作业(从废物处理厂到重工业再到地下水开采设施)的人员必须获得许可。尽管土地所有权不是获得此类许可的先决条件,但财产权人按照其意愿(无论是亲自还是通过另一方)处理土地的权利受《环境许可条例》的管制。

《环境许可条例》的核心是第 12 条,该条要求个人不得在未获得环境许可的情况下经营受规制场地,[39]限制了土地所有人的使用权。在决定是否

---

〔38〕 EPRs,前注〔32〕.

〔39〕 《环境许可条例》涵盖的"受规制场地"范围广泛——作为一项规制措施,《环境许可条例》适用于所有场地申请环境许可的行政程序(主要根据欧盟指令)。《环境许可条例》规定了一个单一的许可管理机制,并在附录中详细列出不同类型的场地(填埋场作业、大型燃烧厂、系列重工业用地等)。

以及在什么条件下授予许可时,不能推定相关经营者有权使用相关场地。规制机构(环境署或地方当局)仅负责审议正式提交的申请,并有权对"其认为合适的条件"签发污染物排放许可证。[40] 签发许可证后,规制机构将继续规制受规制场地的土地用途,在规制许可条件的适当性方面持续发挥作用。[41]

规制机构必须在法定条件下通过行使自由裁量权作出是否许可的决定。首先,根据英国 1995 年《环境保护法》(Environment Act)第 4 条第 1款,环境署应当履行其职能,其总体目标是"保护和改善生态环境",为实现[部长级指南(Ministerial guidance)规定的]可持续发展目标作出贡献。通过行使污染控制权,"以防止或减少、补救或减轻环境污染所造成的影响。"[42] 在《环境许可条例》中,环境保护的目的对大多数许可决定起到了重要的指导作用。[43]

第二,《环境许可条例》规定了授予许可证的标准和必要条件,并要求规制机构依法行使自由裁量权。例如,某些大型工业装置必须在操作中使用"最佳技术"(best available techniques),[44] "最佳技术"的信息主要包括不同工业部门的专业技术知识。[45] 但如果当地的地理条件或场地技术导致使用"最佳技术"的成本高于其所带来的环境效益时,则可以网开一面。[46] 因此,规制机构必须评估和权衡高技术要求和场地等因素,为特定装置运行

---

〔40〕 EPRs, sch 5, para 12. 如果规制机构认为申请人不是土地的使用者或没有在许可范围内使用土地,必须拒绝申请:同前注,para 14.

〔41〕《环境许可条例》第 34 条要求规制机构定期检查受规制场地,并审查其许可证;第 20 条规定了不同的许可授予程序。规制机构对场地的实施拥有广泛的监督权,这再次延伸出规制许可对财产权影响的问题。由于篇幅所限,本文没有涉及制度的执行。

〔42〕 Environment Act 1995, s 5(1).

〔43〕 EPRs, sch 7, para 3; sch 7A, para 3.

〔44〕 'Part A' 装置应当符合这个要求,即符合欧盟综合污染和预防控制指令(IPPC)的规定,同时也应当符合《环境许可条例》第 7 条、第 7A 条的规定(《环境许可条例》第 7A 条规定了关于工业排放(综合污染预防和控制)的欧洲议会和欧盟理事会指令(2010/75/EU)[2010]OJ L334/17(IED)的最新标准,取代了先前关于综合污染预防与控制的指令(2008/1/EC[2008]OJ L24/8)(IPPC 指令))。

〔45〕 "最佳技术"主要由各相关部门的技术最佳实践协议(BAT 参考文件或 BREFs)制定,是指经欧盟专家委员会同意并由经欧盟委员会批准的旨在最大限度减少环境污染的最新技术,该技术具有先进性和成本低等特征。IED, art 13.

〔46〕 同前注,art 15(4).

的许可设定条件(特别是特定污染物的排放限值)。〔47〕此外,规制机构还须赋予许可证持有人"封闭后责任"(post-closure responsibilities),确保其有能力将场地恢复到"令人满意的状态"(另一种开放性标准),同时要考虑相关项目开始前场地的实际情况。

第三,《环境许可条例》要求规制机构在行使许可权时应当考虑某些特定因素。〔48〕规制机构在作出授予或变更许可决定时,必须考虑经营者和"公共咨询机构"(public consultees)(规制机构认为该申请的受影响者或利益相关方)的意见。〔49〕经营者有机会在申请许可时就许可的授予提出意见。规制机构对自身所引起的实质性变更,应当邀请经营者就拟议的变更提出意见。〔50〕"公共咨询机构"应当就环境许可的授予、涉及许可的重大变更或规制机构认为应当进行公众咨询的情况下发表意见。〔51〕规制机构在决定申请或实施变更之前,"必须考虑"相关公众或经营者代表的意见。〔52〕这是一项强制性要求,在不考虑任何相关因素的情况下增加了司法审查的可能性。规制机构在将申请或拟议的变更告知"公众咨询机构"和经营者的方式以及提出意见的时间方面都拥有较大的自由裁量权。〔53〕此外,规制机构可以自由地赋予其认为合适的主体以代表权。尽管《环境许可条例》执行了欧盟法律中公众参与的相关要求(要求相关公众"尽早和有效地"参与许可决定),〔54〕但迄今为止,英国法院仍不愿承认该条例存在缺陷。〔55〕一定程度上是因为在实践中,环境署的公众参与活动面向广泛的公众群体,为公

---

〔47〕《环境许可条例》规定了许多缺乏弹性的条件,例如某些受规制土地的固定污染物排放限值或禁令。参见《环境许可条例》第 10 条关于垃圾填埋场的规定。此外,《环境许可条例》第 27 条规定了标准规则适用于某些场地的条件。

〔48〕 对于新的综合污染和预防控制装置或对该装置进行的实质性变更,在授予许可时,必须考虑在进行环境评估时获得的资料或得出的结论:IED, art 5(3).

〔49〕 公众参与条款不适用于某些受规制场地,包括根据欧盟法律不需要授予许可的场地:EPRs, sch 5, para 5(1) and (4).

〔50〕 同前注,para 8(2).

〔51〕 同前注,sch 5, para 5.

〔52〕 同前注,para 11.

〔53〕 同前注,para 6(1).

〔54〕 例如 IED, art 24.

〔55〕 *Yates-Taylor v Environment Agency*[2010] EWHC 3038 (Admin);[2011] Env LR 14 at [30]-[36].

众提出意见提供了充足的时间,且包含了多个协商阶段(包括作出决策草案)。[56]

总体而言,虽然规制机构在许可决定时应当与社区利益受影响者以及经营者进行磋商,但这些决定是由立法目的指导的,并受上述强制性考虑因素的限制。因此,《环境许可条例》制度通过在追求一般环境目的过程中平衡利益、考虑因素和技术要求的规制决定,部分构成了土地使用权,并在一定程度上通过法律规定和公众参与实现规制决定的民主化。

(二)城乡规划

《环境许可条例》并不是英国环境制度构成土地使用权的最普遍方式。英国的城乡规划制度是一个历史悠久的土地使用管制制度,[57]在财产权构成方面具有广泛影响。《环境许可条例》中的工业场地通常符合 1990 年《城乡规划法》(Town and Country Planning Act)第 55 条中的"开发",需要根据第 57 条获得许可。规划制度在履行关键的规制职能(确定规划申请)时进行了广泛的咨询和利益考量。

现行英国规划控制制度是在人们为获得必要的财产权益而申请进行某项开发许可时适用的。[58]《城乡规划法》第 55 条将"开发"一词定义为"在土地内、土地上、土地上方或土地下方进行建筑、工程、采矿或其他作业,或对任何建筑或其他土地的使用进行任何重大变更。"在考虑和确定开发申请时,地方规划部门必须"充分考虑开发计划的相关规定、对申请有实质性影响的任何地方财务因素以及其他相关实质性因素"。[59]这赋予规划部门相当大的自由裁量权,同时对该权力加以限制,详细的规划程序法律法规和不断发展的且已纳入《国家规划政策框架》(National Planning Policy

---

〔56〕 同前注 at〔34〕.尽管在决定是否授予环境许可时无需再次考虑公众在规划程序中提出的意见,但对于需要规划许可的受管制土地,必须要有广泛的公众参与(见下文):同前注 at〔17〕-〔22〕.

〔57〕 英国的城乡规划制度是在 1909 年《住房和城镇规划法》提出的,通过 1947 年《城乡规划法》得到了广泛确立,并通过《城乡规划法》作了进一步修订和合并。该地区随后颁布的重要法令包括 1991 年《规划补偿法》、《规划与强制收购法》、《规划法案》、《地方主义法案》以及 2013 年《增长与基础设施法案》。

〔58〕 *Hanily v Minister of Local Government and Planning*〔1952〕2 QB 444.

〔59〕 TCPA,s 70(2).

Framework)的规划政策体系将进一步管制和指导规划部门的具体运作。[60]

规划程序的重要特征是供公众和一系列其他利益集团参与的广泛且创新的程序,对这一自由裁量权的行使产生重大影响。这些利益包括财产权人(规划许可申请者和相关者)的利益,再次表明土地使用问题可能涉及多种相互冲突的财产权。申请人的利益在行政程序中得到了充分的表达和考虑,并在某些方面被赋予特权。[61] 它们与其他各种各样的利益处于同等位阶,在规划决策程序中不能凌驾于其他利益之上,因为规划决策旨在协调各方利益,从而使土地开发权民主化。[62] 规划决策需要考虑的其他相关利益包括社区利益、各政府机构的利益以及由政府确定并在国家和地方规划政策中规定的"公共利益"。[63]

这种适应程序主要发生在规划框架内。例如,在准备规划申请时,土地开发者应当表明并与邻里协商申请规划许可的意图,充分考虑他们的担忧。[64] 申请人和其他受影响的人在规划程序开始前应当考虑到土地所有人和占有人的财产权。此外,我们必须根据 2004 年《规划与强制收购法》(Planning and Compulsory Purchase Act)第 38 条第 6 款来理解规划当局就有关发展规划的重要方面作出决定的义务,其中规定:"根据《城乡规划法》作出的任何决定都必须考虑到发展规划,必须根据发展规划作出决定,除非另有说明。"发展规划作为规划程序中制约地方政府权力行使的主要依据,是将民主投入进一步纳入规划程序的重要文件。发展规划规定了特定地区的土地使用政策,这些政策是由当地社区居民、[65] 相关法定机构[66] 以

〔60〕 Department of Communities and Local Government, *National Planning Policy Framework*(2012).

〔61〕 根据《城乡规划法》第 78 条,规划许可申请人对规划决定享有特定上诉权。

〔62〕 下文将阐明如何在规划程序中考虑自然保护因素。

〔63〕 关于英国规划系统参与机制的综合分析,参见 Walsh,前注〔1〕.

〔64〕 TCPA, ss 61W and 61X (inserted by Localism Act 2011).

〔65〕 地方规划当局制定的咨询政策必须在社区参与声明中阐明,该声明旨在创造与参与相关的执行预期:PCPA, s 18; R (*on the application of Majed*) v Camden LBC〔2009〕EWCA Civ 1029;〔2010〕JPL 621; R (*on the application of Kelly*) v Hounslow LBC〔2010〕EWHC 1256 (Admin).

〔66〕 Town and Country Planning (Local Planning) (England) Regulations 2012 (SI 2012/767) reg 18.

及其他希望为发展规划进程作出贡献的公众共同协商制定的。[67] 发展规划必须与《国家规划政策框架》保持一致，并且以实现可持续发展为目标。[68]

英国2011年《地方主义法》(Localism Act)通过引入社区发展规划、社区发展命令[69]以及与开发和保留财产相关的社区权利，[70]在规划程序中进一步扩大了公众参与。这些措施对与土地使用相关的地方群体利益具有正式的法律效力。他们试图将"基层"投入纳入规划进程，进而促进土地使用的民主化。[71]

除了协助制定规划申请和参与指导地方开发决定计划外，个人还可以就特定规划申请提出意见，以回应该申请的相关公告或发给业主、租户或占有人的通知。公民在法定期限内发表的意见，当地规划部门必须予以考虑。[72] 任何意见提出者都有权了解规划部门的决定。[73] 一旦确定申请，该部门的角色将受到更多的限制。《城乡规划法》第78条允许申请者就拒绝规划许可提起诉讼，[74]第三方不能就此类案件提起上诉，尽管他们有资格和理由提起司法审查诉讼，但他们可以参加申请人提出的上诉。

在就开发申请作出决定时，规划当局、检查人员和国务大臣（在相对罕见的情况下）还应当考虑国家规划政策，该政策目前已包含在《国家规划政策框架》内。[75] 对《国家规划政策框架》的研究超出了本文的范围，但该框

---

〔67〕 PCPA, ss 17, 38. See further the Town and Country Planning (Local Planning) (England) Regulations 2012 (SI 2012/767).

〔68〕 PCPA, ss 19(2)(a) and 39(2).

〔69〕 关于社区发展规划，参见 PCPA, s 38A（经《地方主义法案》(2011)）。关于社区发展命令，参见 TCPA, s 61E and sch 4B.

〔70〕 TCPA, s 61Q and sch 4C; Localism Act 2011, ss 88-95.

〔71〕 《地方主义法案》在某些情况下会产生排他性影响。参见 Layard，前注〔35〕；Walsh，前注〔1〕，285-286.

〔72〕 Town and Country Planning (Development Management Procedure) Order 2010 (SI 2010/2184), art 28.

〔73〕 同前注，art 28(2).

〔74〕 对国务大臣根据《城乡规划法》第288条作出的规划决定提出上诉存在较多的限制，尽管原则上这些上诉既可由第三方提出，也可由申请人提出，这取决于各种不同的因素，包括第三方利益的性质、早期阶段的决定及其参与程度：*Ashton v Secretary of State for Communities and Local Government*〔2010〕EWCA Civ 600 at [53]; [2011] 1 P&CR 5, 131.

〔75〕 *Gransden & Co Ltd v Sec of State for the Environment* (1987) 54 P&CR 86.

架包含了一个关键但模棱两可、有利于可持续发展的设想,[76]以及政府确定的与规划决策和社区建设相关的广泛社会、经济和环境优先事项。规划方面的自由裁量权受到国家政策的极大限制,政府往往会通过将广泛的社会问题优先提上政治议程的方式实现民主化。

总体而言,《城乡规划法》通过立法指导的审议考虑了各种相关利益和政策目标因素,进而促进了土地使用决定的民主化。涉及建筑物或其他业务的土地使用权,或土地使用的重大变更,大都通过参与性管理程序逐案确定。这些权利具有社会结构性和动态性,它们取决于社会背景、利益冲突和不断发展的政策因素,最重要的是行使受限制的自由裁量权。

(三)自然保护制度:特殊科学意义基地

SSSI 制度是英国自然保护法中的重要制度,不仅在确定土地使用形式的许可方面拥有自由裁量权和审议权,而且涉及立法指导下规制机构与财产权人之间的土地使用谈判。SSSI 制度本身并没有以规划制度的方式纳入和平衡广泛的利益和政策基础。它在确定土地用途时提出了一个重要的立法目标,即在确定土地使用方面促进某些自然利益的保护。在涉及土地使用范围的协商方面,SSSI 制度对土地所有人或占有人产生重大影响。SSSI 制度包括财产权人与环境规制机构以及其他政府之间谈判合作的其他层面,以及管理土地使用的行政管制措施;根据强有力的立法和规制政策,应当优先考虑自然保护地。该制度提供了一个示例,说明环境规制是如何以普遍而又特殊的方式影响土地使用权的构成并促进其民主化。

SSSI 制度采用"飞地技术"(enclave technique)[77]来保护特殊科学意义基地(建立特殊保护区和特殊防护区),[78]通过设定特定的土地目标区域(特殊科学意义基地),以维持和恢复重要野生动植物物种及其地质特征的有利保护状态。根据 1981 年《野生动植物和乡村法案》(Wildlife and Countryside Act),如果规制机构认为相关场地"因其动植物群、地质或地理

---

〔76〕 NPPF,前注〔60〕. 参见 G. Jones (ed), *A Guide to the National Planning Policy Framework* (Oxford: Hart Publishing, 2013).

〔77〕 "飞地技术"是指在特定区域内实施保护性管制的技术。

〔78〕 特殊科学意义基地主要由英国法律确定,野生鸟类及其栖息地特别保护区主要由欧盟法律确定,包括:关于野生鸟类保护的理事会指令(2009/147/EC)(〔2010〕OJ L20/7)以及欧盟委员会保护野生动植物自然栖息地指令(92/43/EEC)(〔1992〕OJ L206/7)。

特征而具有特殊利益","自然英格兰"会首先通知 SSSI,并依据该法案作出指定。[79] 在英国,依靠专业科学知识作出判断是至关重要的。[80] 实施 SSSI 制度的首要职责是"进一步保护和增强"SSSI 的特殊功能。[81] 参与指定程序的利益相关方(土地所有人或占有人、地方规划部门和国务大臣)有权在收到拟议的 SSSI 通知后三个月内提出意见,在确认任何场地指定前,"自然英格兰"必须对利益相关方所提出的意见加以考虑。[82]

对财产权人而言,经确认的 SSSI 指定的主要限制性后果是,禁止土地所有人和占有人在其土地上从事有损场地特殊性的作业,[83]此类破坏性作业在 SSSI 通知中有所规定。[84] 禁止的活动范围从限制开发到限制活牲畜,再到禁止某些娱乐活动。此外,在 SSSI 持续存在问题的情况下,土地所有人和占有人将依据"自然英格兰"提出的"管理规划"承担积极的管理义务。"自然英格兰"在正式通知拟议的管理规划之前,必须先咨询相关的土地所有人或占有人,土地所有人或占有人有权在收到规划通知后(三个月内)发表意见或提出异议。[85] 鉴于其促进保护和增强 SSSI 特殊特征的一般责任,"自然英格兰"在决定是否实施或修订管理规划前,必须考虑此类意见。[86]

SSSI 的决策程序涉及通过行政管理来确定土地使用权,这将考虑到各种利益和最为重要的立法考虑因素,从而导致了财产权的民主重塑。土地所有人或占有人可针对因在 SSSI 内从事违法行为而承担的刑事责任进行三个层面辩护。就每一项辩护而言,促进自然保护的立法授权以及某些情况下利益相关方的参与程序,都通过行政决策确定了 SSSI 合法使用土地的范围并将其民主化。当从事破坏自然活动的土地所有人或占有人获得了

---

〔79〕　Wildlife and Countryside Act 1981 (WCA), s 28(1).

〔80〕　*R v Nature Conservancy Council*, *ex p London Brick Co Ltd* [1996] Env LR 1; R (Fisher) v English Nature [2004] EWCA Civ 663; [2005] Env LR 10.

〔81〕　WCA, s 28G(2).

〔82〕　同前注,s 28(3).

〔83〕　SSSI 制度对土地所有人和占有人都会造成影响。在 *Southern Water Authority v Nature Conservancy Council* 案中,上议院将 SSSI 制度中的占有人描述为'尽管不能享有所有人的权利,但与土地保持着全面稳定联系的与实际所有人一样可以合理地适用(SSSI)制度的人:[1992] 1 WLR 775, 782.

〔84〕　WCA, s 28(4). Engaging in listed operations is a criminal offence: WCA, s 28P(1).

〔85〕　同前注,s 28J(7).

〔86〕　同前注.

"自然英格兰"的许可,则存在抗辩事由。但只有在不过度损害土地完整性的情况下,"自然英格兰"才会授予许可,且优先考虑立法规划的保护目的。

其次,土地所有人或占有人可以与规制机构签订了管理协议。[87] 管理协议与管理规划的不同之处在于,它是规制机构与土地所有人或占有人之间真正的谈判对象,是作为合同而不是由规制机构在协商后强制执行的,违反管理协议的后果是强制执行协议,而不是在刑事制裁基础上发出的管理通知。[88] "自然英格兰"只有在无法达成管理协议的情况下才会实施管理规划。[89] 过去对管理协议的谈判为土地所有人提供了一个机会,要求规制者以支付大笔资金为条件,让土地所有人放弃土地使用,[90] 从而使 SSSI 制度下财产权人的利益得到了特殊保护。但该制度已作修订,鼓励土地占有人以合理条件签订此类协议;包括要求从事限制经营或违反管理通知的行为人承担严格的刑事责任,以及在管理协议未达成或未遵守的情况下强制征用土地。[91] 受到 SSSI 制度保护目的驱动,这些功能鼓励了相关当事人通过谈判的方式与规制机构就管理协议达成一致。[92] 受此类协议不利影响的占有人可通过规制机构(自由裁量)的财政支付得到补偿。[93] 在这一程度上,通过一般管理协议的谈判,土地占有者的利益在确定与 SSSI 相关的土地使用决定方面具有重要意义。其结果是通过规制机构和土地所有人之间就 SSSI 指定土地使用权的范围和性质达成的法定协议,在财产权范围内考虑了更为广泛的自然保护因素。

第三,土地占有人可能已获得规划许可,因为这些破坏性行为相当于"开发",需要规划许可。[94] 在这种情况下,规划制度确定了拟议土地使用

---

〔87〕 WCA, s 28E(1).

〔88〕 同前注,s 39; National Environmental and Rural Communities Act 2006, s 7. 关于管理通知,参见 WCA, s 28K and 28P(8).

〔89〕 Natural England, Sites of Special Scientific Interest: *A Brief Guide for Land Owners and Occupiers* (August 2012) 6.

〔90〕 S. Bell, D. McGillivray and O. Pedersen, *Environmental Law* (Oxford: OUP, 2013) 735.

〔91〕 WCA, s 28N.

〔92〕 同前注,s 28G(2).

〔93〕 同前注,s 28M; Department of Environment, Transport and the Regions, *Guidelines on Management Agreement Payments and other Related Matters* (February 2001)(已向土地使用者支付放弃土地使用权赔偿的,仅在特殊情况下才给予奖励)。

〔94〕 WCA, s 28P(4).

的合法性,所考虑的范围比 SSSI 同意的决定或管理协议更为广泛。尽管通常不应对 SSSI 产生不利影响的项目许可开发,[95]但如果拟议开发的收益"明显大于"对 SSSI 制度和国家 SSSI 体系的影响,则可以授予规划许可。[96] 因此,涉及 SSSI 的土地使用决定在 SSSI 制度内以相对狭义的方式民主化,并十分重视自然保护目的和占有人的参与。相比之下,对 SSSI 造成影响的土地开发提案涉及更具包容性和审议性的民主程序,因为这些提案不仅要考虑 SSSI 制度法定的环境目标,还要考虑更广泛的利益和代表。通过相互作用,SSSI 制度和规划制度以多样、复杂但基本的方式促进土地使用权民主化。

(四)小结

　　总体而言,本节中的三种环境制度阐述了现代英国环境制度建立的行政框架,为审议和以民主的方式确定土地使用的许可提供了空间。[97] 这些制度以不同的方式影响财产权,取决于通过参与程序将财产权或其他利益考虑在内的程度,以及规制机构在决策中的自由裁量权或受法规限制的程度。它们的内部结构以及在特殊情况下的适用方式,对与土地使用相关的财产权产生结构性影响。这些程序在某些程度上实现了民主化,因为它们反映了立法机构、行政部门以及一系列个人和团体利益对土地使用行政决定的投入;突出了当下公共行政部门在确定所有人或占有人使用其土地的权利范围方面的重要作用。实践中,财产权是由环境法中的系列广泛行政管理制度塑造和部分构成的,这些制度通过其程序界定了关于土地使用的社会价值和选择。[98] 第四节通过考虑发展中的法理示例以加强这一点,这些理论说明了环境制度在形成普通法财产权概念方面的影响;并展示了保护财产权的法律原则对环境制度的回应,强调了财产权与环境规制之间的

---

　　[95] 规划当局受 WCA s 28G(2)中 SSSI 保护义务的限制,当拟议的开发可对 SSSI 造成损害时,"自然英格兰"就成为规划程序的法定咨询机构(WCA, s 28I)。

　　[96] NPPF,前注[60] at [118].

　　[97] 参见 J. Steele, 'Private Law and the Environment: Nuisance Law in Context' (1995) 15 LS 236, 239.

　　[98] 一些环境法学者对这种复杂规制形式的反应是发展管理理论,并建议通过重新定义财产权以适应环境保护措施(M. Raff, 'Environmental Obligations and the Western Liberal Property Concept' (1998) 22 Melb L Rev 657; Rodgers,前注[1]),或以社区管理义务替并或取代财产权(Lucy and Mitchell,前注[1])。

共生关系。

四、环境制度与财产权共生的理论表现

本节从法理层面探讨了财产权与环境规制的共生关系。许多案件的司法推理都反映了环境制度中的行政决策对与土地使用相关财产权的确定，同时证明了财产权对环境制度运作的影响。本节没有对判例法中环境规制与财产权之间的相互作用进行全面分析，而是强调了两个特定示例，这种相互作用导致了微妙的司法推理和法律结果，这些结果回应并反映了财产权与环境法之间复杂的法律关系——妨害案件和保护财产权的法律规则应当以《人权法案》和普通法的法定解释原则为基础。在这种情况下，财产权的执行受环境规制的影响，这种影响又反过来制约环境规制。

（一）财产权与环境规制的共生——妨害法

妨害法提供了一个法律上复杂但令人信服的示例，说明了财产权与环境规制的共生关系是如何挑战并反映在普通法学说中。本小节的示例表明，私人妨害原则可以通过环境制度适用于土地使用权的建设。如果行政决定是参与性和包容性程序的产物，那么法官可以赋予它们更大的法律效力。私人妨害原则有助于保护财产权人的利益，调解环境制度对财产权的影响。进一步说明了土地使用纠纷可能涉及多种相互冲突的财产权。[99] 此处考虑的妨害案件主要涉及环境规制对受规制土地相邻人猜测权的影响，因为它们在受规制土地上或多或少享有相应的权利。

私人妨害本质上是一种普通法诉讼，当其他财产权人实施了损害或不正当使用土地的行为对财产权人的土地使用造成负面影响时，财产权人[100] 有权提起限制损害或要求赔偿的诉讼。妨害纠纷通常涉及两个（或多个）不同财产权人之间对土地用途的竞争。"不合理使用人"的判断涉及一系列考虑因素的司法平衡，以确定被告的土地使用行为是否合理，包括行为的性

---

〔99〕 前注〔21〕.

〔100〕 仅指享有财产权益的人：*Hunter v Canary Wharf*〔1997〕AC 655 (Hunter).

质、[101]干扰的程度、[102]损害的可预见性[103]以及在丧失适宜性(但不是人身伤害)的情况下邻里的利益。[104] 私人妨害是一种保护和界定财产权的学说。[105] 从以往看,妨害法具有准规制功能,可通过合理的使用检验来控制对环境有害的土地使用。[106] 这是环境法对财产权近期影响的普通法先兆,妨害法平衡了相互竞争的财产利益以及某些情况下的社区利益,以确定土地使用许可范围。然而,现代妨害法面临着更为复杂的任务,即处理来自受规制土地的所谓妨害。这种情况下,问题在于由环境制度(例如《环境许可条例》许可或规划同意的情况下)确定和批准的土地使用是否构成"不合理"使用,邻里的财产权益是否可以依据普通法提出诉讼,以保护其土地权利。

规划法对于应对这一挑战有一个表面上简单的起点。正如库克(Cooke)勋爵在 *Hunter v Canary Wharf* 案中所言:"遵守规划管制本身不构成对妨害行为的辩护"。[107] 这表明,相邻财产权人的私法补救办法可以凌驾于环境制度对土地的使用决定之上。玛丽亚·李(Maria Lee)强调,这一结论过分简化了公法和私法之间的关系:

侵权行为和规制都过于多样化和复杂,任何简单的权力分配都无法抓住这一点。法院不会简单地全面适用另一法院的判例标准,但他们也不能忽略其他判例的存在和合法性。这些案例告诉我们,尽管规划许可原则上不会损害第三方权益,但规划法和私法并不完全独立。没有简单的层次体系。[108]

在这个问题上,玛丽亚·李的观点得到了回应。一方面,在 *Watson v Croft Promo Sport*[109] 案中,尽管该电路获得了规划许可,但由于噪声过

---

　　[101]　*Christie v Davey*[1893] 1 Ch 316.

　　[102]　*Walter v Selfe*[1851] 64 ER 849.

　　[103]　*Cambridge Water Ltd v Eastern Counties Leather Plc*[1994] 2 AC 264.

　　[104]　*St Helen's Smelting Co v Tipping* (1865) 11 HLC 642.

　　[105]　H. E. Smith 深入探讨了作为"排除规则"补充的"治理规则"在妨害法中的作用:H. E. Smith, 'Exclusion and Property Rules in the Law of Nuisance' (2004) 90 Va L Rev 965.

　　[106]　前注[25]. 详见 B. Pontin, 'The Secret Achievements of Nineteenth Century Nuisance Law' (2007) 19(6) ELM 271.

　　[107]　*Hunter* 前注[100], 722. 与此形成对比的是,在土地上活动的法定权利一定情况下可以为妨害行为提供辩护:*Allen v Gulf Oil Refining Ltd*[1981] AC 1001.

　　[108]　M. Lee, 'Tort Law and Regulation: Planning and Nuisance' [2011] JPEL 986, 989 (emphasis added).

　　[109]　[2009] EWCA Civ 15. 详见 *Wheeler v Saunders*[1996] Ch 19 (Wheeler).

大,汽车电路的运行对附近住宅物业构成妨害。这类案例表明,受影响人的财产权可以限制规划制度授权的效力,同时意味着财产权可以通过私法学说限制公法的决定。但在规划许可决定了财产权范围的情况下,业主可以根据其意愿(连同邻里和社区的相关考虑意见以及规划政策)开发或使用物业,[110]沃森案中妨害法的实施也对财产权产生了不利影响。这再次反映了妨害法涉及多个不同财产权的事实,同时表明,财产权与环境规制的共生关系是复杂的,尤其是在普通法保护财产权的背景下,财产权保护旨在适应土地的相对使用,从而与财产利益相重叠。

某些规划许可决定(在某些情况下被称为"战略"规划决定[111])一旦实施,就会被认为是通过地区主义原则改变社区场地的特征。[112] 这影响到邻里成功提起损害赔偿诉讼以保护其财产权的能力,进而影响规划过程中对土地使用权的确定。在 Lawrence v Fen Tigers Ltd. (Lawrence)案[113]中,将土地用作汽车运动场的规划许可被认为随着时间的推移改变了场地的性质,因此不存在可诉的噪声滋扰。在这种情况下,规划许可可以被视为影响其他业主权利的土地使用的行政决定。确定合理使用的平衡方式考虑到环境制度是如何通过改变社区场地特征来重塑赔偿请求人的个人权利。

沃森和劳伦斯的解释延伸出一个问题,即相互作用的财产权何时以及如何受到土地使用行政决定的影响。[114] 从规划案例的角度看,另一种环境管制形式的妨害行为有助于阐明这一问题。在 Barr v Biffa Waste 案中,当地居民对根据《环境许可条例》设立的废物处理厂提起了妨害诉讼。一审法官库尔森(Coulson J)认为,废物处理厂在许可范围内合法运行时,不存在妨害索赔。在上诉程序中,上诉法院对被告在规制体系内的合法性经营

---

〔110〕 在本案中,法院的审理涉及该场地规划许可的复杂历史,从 1963 年对该场地授予一项开放式赛车许可开始,该许可对场地的使用是有限的,考虑到赛车活动的增加,为了进一步限制噪声,1998 年对该许可进行了修订。我们不能将在授予规划许可时曾考虑到其自身利益的邻里和提出妨害索赔请求的人等同起来。此外,1963 年和 1998 年规划制度的参与性和包容性不如当下。

〔111〕 例如 *Wheeler* 前注〔109〕,30 (Staughton LJ). 详见 *Barr v Biffa Waste Services Ltd* [2012] EWCA Civ 312; [2012] WLR 795 at [78] - [80].

〔112〕 正如 Buckley J 在 *Gillingham v Medway Dock*([1993] QB 343, 359)案中指出,在权衡财产权的合理使用时,应当考虑到足以改变邻里特征的开发项目的规划许可。

〔113〕 [2012] EWCA Civ 26, [2012] 1 WLR 2127.

〔114〕 正如玛丽亚·李所言,"一些规划许可在确定私人妨害方面比其他许可具有更大的规范性影响。问题在于如何根据不同的规范性影响来制定标准。"Lee,前注〔108〕,989.

缺乏令人信服的证据而感到惋惜,[115]并指出,由于缺乏一项利用该地区进行废物处理的"战略",当地居民参与协商的积极性大大增加。[116] 卡瓦思(Carnwath LJ)大法官指出,"从原则或权威的角度看,使用这种法定规划来削减私法权利没有任何依据[法定效力不足]"。[117] 卡瓦思为"合理使用"原则辩护,认为这为适应原告和被告的相对财产权提供了一个适当而灵活的基础。

巴尔认为,行政决策程序的性质(尤其是考虑广泛利益的程度,包括通过参与提出意见的邻里的利益[118])将影响确定环境制度是否对受规制土地附近财产权人的土地使用权造成影响以及它们的财产权是否限制了受规制土地操作和使用的司法裁决。[119] 环境制度越是考虑到广泛的利益并反映出政治上达成一致的政府政策,其土地使用决定就越有可能在法律上被视为对财产权的确定。私人妨害原则仍然是一项独立的法律原则,在法律层面为财产权人提供了强有力的话语权,在他们的利益受到不合理妨害时予以保护,这包括通过没有充分考虑财产权人利益的规制性土地使用决定。这些妨害案件表明,财产权和环境规制在土地使用的规制以及财产权构成方面是平衡且相互交织的。

(二)财产权与环境法的共生——英国公法语境下的财产权保护

目前为止,我们已经确定了财产权是由环境法中的行政管理制度塑造的,同时受到私人妨害原则的影响。妨害法调节了环境规制对财产权的影响。在英国公法中,财产权受到普通法和成文法原则的保护,这些原则会影响环境规制的解释和适用,在财产权和环境法之间产生显著的相互影响。[120] 通过允许财产权人对环境规制的解释和适用提出质疑,这些原则既

---

[115]　[2012] EWCA Civ 312 at [32]-[35](许可范围最初没有涵盖现场散发的气味)。

[116]　同前注 at [82],[85]. Carnwath LJ 指出,规划法中的 Gillingham 与环境许可无关。

[117]　同前注 at [46]. 正如 Carnwath LJ 在注释76中指出:"遵守规则是睦邻相处的一方面,但不是全部,法律和生活也是如此。"

[118]　*Wheeler* 前注[109],35E-G (Peter Gibson LJ).

[119]　这反映了玛丽亚·李的观点,即妨害行为所涉及的规制程序性质对解决侵权法和环境规制之间的相互作用有着重要意义:参见 M. Lee, 'Nuisance and Regulation in the Court of Appeal' [2013] JPEL 277; Lee,前注[108],989.

[120]　关于通过环境规制调解重新定义财产权机制的示例,参见 C. M. Rose, 'Property and Expropriation: Themes and Variations in American Law' (2000) Utah L Rev 1,20-22.

是对行政管理制度赋予规制者自由裁量权的重要监督，又是保护权利人利益的手段。

　　英国法律对财产权的公法保护有两个渊源，即普通法和《人权法案》。两者都涉及一个关键问题的解释，即在建立规制制度的环境法中，财产权人是否能因其土地使用权的限制或变更而获得补偿。一般而言，普通法要求法官假定立法机关无意无偿取得私人财产权，除非法官有相反的意图，并根据该假定对立法进行解释。[121]《人权法案》要求法官以与《欧洲人权公约第一议定书》（A1 P1）兼容的方式解释立法，即根据《欧洲人权公约第一议定书》第 1 条规定的对财产享有的保护。《欧洲人权公约第一议定书》保证每个自然人或法人和平享有自己的财产，"除非出于公共利益并受法律和国际法一般原则的限制，"不得剥夺其财产。除了处理法律解释问题外，《人权法案》还规定政府机构有义务以符合《欧洲人权公约第一议定书》中权利的方式行使其权力。[122] 因此，财产权人可以根据《欧洲人权公约第一议定书》就过度影响其财产权的行政决定提出意见。

　　尽管这些法律原则在环境规制中为保护财产利益提供了重要机制，如妨害法，但在将土地使用的管制决定定义为广泛民主程序的结果时，这些原则的适用则受到限制。在这种情况下，法官在适用《欧洲人权公约第一议定书》中保护财产权和普通法的原则时往往会赋予土地用途的行政决定以重大法律效力。如果环境制度管理者的决定是根据看似公平和包容的程序作出的，且平衡了一系列利益（包括财产权），那么以财产权保护为由对这种决定提出的质疑是不成功的。[123] 这些公法原则的司法适用说明了财产权与环境规制之间复杂的共生关系。一方面，它们明确规定了环境规制对财产权影响方式和程度的重要限制。另一方面，用于决定土地使用许可的行政程序的性质（包括如何平衡财产权人利益在内的各种利益）会影响这些限制土地使用的行政决定。

　　就普通法中支持赔偿的推定而言，普通法法官一贯的做法是，只有在立

---

[121]　参见 *London and North Western Ry Co v Evans* ［1893］1 Ch 16, 28；*Inglewood Pulp And Paper Company v New Brunswick Electric Power Commission* ［1928］AC 492, 498-499；*R (Lord Chancellor) v Chief Land Registrar*［2005］EWHC 1706（Admin）at［35］；［2006］QB 795, 805.

[122]　HRA, s 6.

[123]　参见 *Buckland v Secretary of State*［2001］EWHC Admin 524.

法解释侵犯私人财产的情况下才适用推定。[124] 法院接受了在环境规制范围内对使用私人财产的无补偿限制,[125]这表明法院将财产权理解为非绝对权利,特别是在土地使用方面,这主要是由立法干预中所反映的不断变化的公共利益观念所塑造的。

在适用《人权法案》时,英国法院没有要求在限制私人财产使用的立法中规定赔偿条款,在 R(Trailer and Marina (Leven) Ltd) v Secretary of State for the Environment(Trailer and Marina)案中,高等法院和上诉法院均驳回了申请人根据《欧洲人权公约第一议定书》提出的改变自然保护制度的诉求,同时取消了因限制使用而受影响的财产权人获得赔偿的权利。它们受到导致这一改变的程序的民主性质、[126]财产权需要适应不断变化的环境状况以及不断变化的公众和对这种情况的立法反应等因素影响。[127]

财产权人除了可以质疑与《欧洲人权公约第一议定书》规定的财产权不符的环境规制外,还可以对个别其认为违反《欧洲人权公约第一议定书》的规制决定提出质疑。例如,在 Fisher v English Nature 案中,上诉法院承认,原则上 SSSI 的指定可以构成财产权人依据《欧洲人权公约第一议定书》提出质疑的基础,因为该指定对财产权人产生了不相称的影响,而管理者并未将其考虑在内。法院认为,这并非基于具体的案件事实。[128]

在涉及广泛利益的行政审议案件中,对环境制度中的行政决定提出质疑往往是失败的。[129] 根据《欧洲人权公约第一议定书》,英国法院将构成规

---

〔124〕 Gray, 'Can Environmental Regulation Constitute a Taking of Property at Common Law?' 前注〔1〕,165-166.

〔125〕 Belfast Corporation v OD Cars[1960] AC 490,523-525(Lord Radcliffe 认为,规划管制不是需要补偿的"财产征用")。Viscount Simmonds 提出了类似观点,认为限制或剥夺以某种特定方式使用财产的权利不能被理解为一种"征用":同前注,517.上诉法院依据 1920 年《爱尔兰政府法案》解释了"征用"。该法案要求对"征用"进行补偿。

〔126〕 Trailer and Marina (Leven) Limited v The Secretary of State for the Environment, Food and Rural Affairs[2004] EWHC 153 (Admin) at [62].

〔127〕 R (Trailer & Marina (Leven) Ltd) v Secretary of State for the Environment, Food and Rural Affairs[2004] EWCA Civ 1580 at [63];[2005] 1 WLR 1267, 1283. 参见 Arnold,前注〔1〕,348.

〔128〕 R (Fisher) v English Nature 前注〔80〕at [141];[2005] 1 WLR 147, 183.

〔129〕 参见 Walsh,前注〔1〕,280.

划系统的行政程序定义为平衡财产权与土地使用竞争利益的重要场所。[130]
他们强调，负责实施管理规划的管理者必须在其决策程序中考虑《欧洲人权
公约第一议定书》规定的权利。[131] 我们必须在相关的行政程序中对保护私
有制的人权原则（例如《欧洲人权公约第一议定书》中的原则）进行讨论和审
议，明确对财产利益潜在吸引力最强的程序阶段。鉴于法官对包容性和审
议性行政程序的尊重，以《欧洲人权公约第一议定书》为依据提出质疑的成
功率较小。

财产权和环境规制在法律层面的共生关系与私人妨害原则的适用一
样，在理论层面被视为是在环境规制负担分配上寻求的平衡，在不断发展的
土地使用管制方面，财产权人具有适当程度的可预见性。[132] 英国法官运用
公法原则保护财产权的方式则反映了另一种正在发展的规范，即将财产权
理解为由环境法程序部分构成的。因为在环境规制对财产权的影响受到质
疑的情况下，英国法官有效地将财产权定义为通过行政程序适应不断变化
的环境需求。在相关决策程序具有包容性和透明性的情况下，他们认为这
种适应是公平的。

五、财产权与环境法接轨的反思

在本文的法律和理论性示例中，与环境规制土地使用相关的财产权受
到环境规制管理的语境定义和重新定义的制约。这是一个不断发展的过
程，因为环境问题的性质要求规制机构能够应对不断变化的情况、信息和政
策。因此，环境规制也是适应和调整财产权以回应不断变化的社会需求和
优先事项的重要手段。本节将研究如何根据现有的财产权理论将环境法对
财产权的影响进行概念界定，并根据相关公共行政程序和责任制的讨论来
探讨这种影响的合法性。

---

[130]　参见 R（Burnley Borough Council）v First Secretary of State［2006］EWHC 798
(Admin) at［8］.

[131]　Lough v First Secretary of State［2004］EWCA Civ 905 at［48］；［2004］1 WLR 2557,
2574.

[132]　参见 Freyfogle，前注［1］，306（"土地使用法律法规应当缓慢地发展和改变，让财产权人
感到足够安全"）.

(一)财产权的理论构思:环境法对财产权影响的概念界定

本小节研究了财产权与环境规制共生关系对财产法的影响,并考虑了与英国环境法接轨的财产权概念。在财产权理论学界,关于财产权的结构和性质及其产生的权利至少存在四个基本分歧。第一,在财产权语境中,对"财产"的意义存在分歧。普通法通常淡化事物的重要性,将财产权作为人与人之间的法律关系;[133]对其他人而言,这些法律关系所涉及的"财产"非常重要。[134] 第二,有人认为财产权是一个完全由社会建构和可变、可分解的"权利束"(bundle of rights),[135]有认为所有财产权都有一个核心本质,[136]有人则认为这两种观点在现代财产法背景下都不适用。[137]

第三,理论界对奥诺雷(A. M. Honoré)所指的财产权"社会方面"的程度和意义持不同见解,后者指财产权作为社会制度以及个人权利的一种功能。[138] 一些学者甚至把财产权的社会方面视为其核心的、决定性的特征,[139]将财产权理解为一种社会建构的制度,服务并受制于人类的价值观念,因此赋予所有人权利和义务。[140] 第四,理论界对影响财产权范围的措施(如环境规制)的适当性持不同意见。一些学者认为这种规制制约或限制

---

[133] Davies 引用了普通法的观点,即"'财产权'不是一种事物,而是人与人之间关于事物的关系":Davies,前注[22],19.

[134] 参见 S. R. Munzer, *A Theory of Property* (Cambridge: CUP, 1990) 31-36; J. W. Harris, *Property and Justice* (Oxford: OUP, 1997) 10-13, ch 8.

[135] 参见 W. N. Hohfeld, 'Some Fundamental Legal Conceptions as Applied in Judicial Reasoning' (1913) 23 Yale LJ 16; T. C. Grey, 'The Disintegration of Property' in R. A. Epstein (ed), *Liberty, Property and the Law* (New York: Garland Publishing, 2000).

[136] 参见 J. Penner, *The Idea of Property in Law* (Oxford: OUP: 1997); H. E. Smith and T. W. Merrill, 'What Happened to Property in Law and Economics?' (2001) 111 Yale LJ 357; L. Katz, 'Exclusion and Exclusivity in Property Law' (2008) 58 UTLJ 275.

[137] 参见 H. Dagan, *Property Values and Institutions* (New York: OUP, 2011) 40-44.

[138] A. M. Honoré, 'Ownership' in A. G. Guest (ed), *Oxford Essays in Jurisprudence* (Oxford: OUP, 1961), 145.

[139] 参见 J. W. Singer, 'Democratic Estates: Property Law in a Free and Democratic Society' (2009) Cornell L Rev 1009; G. S. Alexander, 'The Social Obligation Norm in American Property Law' (2009) 94 Cornell L Rev 745; G. S. Alexander, E. M. Peñalver, J. W. Singer, L. S. Underkuffler, 'A Statement of Progressive Property' (2009) 94 Cornell L Rev 743; G. S. Alexander and E. M. Peñalver, 'Properties of Community' (2009) 10 Theoretical Inq L 127.

[140] 同前注.

了已被明确定义的财产权,[141]另一些学者则认为这是定义财产权的内在要求。[142] 例如,哈里斯(Harris)认为环境法由"财产权限制规则"(property limitation rules)组成,[143]这些规则限制了与土地使用相关的表面权利。相比之下,亚库夫勒(Underkuffler)并不认为财产权是静态,而是主张采用一种"有效的"财产权概念,根据该概念,"人们将变化假定为财产权概念的一部分",从而允许规制在财产权概念中内化。[144]

英国法律中与土地使用相关的财产权与环境法的相互作用,在这些概念性辩论中至少体现了三个相互关联点。一是它证明了与财产权相关的客体或"财产"对这些权利的性质产生了决定性影响。环境规制的行政程序认识到土地作为一种有限的、有价值的、能够被拥有的"财产"的重要性,并提醒财产法学者在构建影响其使用的财产权时,不应忽略土地的特殊性质。环境法不仅是简单地从可替代性价值的角度理解财产权,还必须考虑到财产权的不可替代性,以及由此产生的个人权利必须响应公共、集体和竞争的要求。[145] 因此,来自环境法的挑战促使人们从财产权理论的主导趋势转向对财产权商品化的理解,[146]并引发人们对土地产权内在语境的反思。正如亨特(Hunter)所言,"从生态的角度看,当前关于财产的经济学观点是短视

---

[141] Freyfogle 将这种观点追溯到 19 世纪中叶,并指出"土地使用法规和条例逐渐被视为一个独立的法律领域,一个不同于私有制规范的公共领域,其作用不是优化和更新这些规范,而是为了追求公共目的对其进行限制";参见 E. Freyfogle, 'Water Rights and the Common Wealth' (1996) 26 Envtl L 27, 44. For examples of modern adoptions of this understanding; Harris,前注〔134〕; R. A. Epstein, 'Property, Speech, and the Politics of Distrust' (1992) 59 Uni Chi L Rev 41; Penner,前注〔136〕,72.

[142] 参见 Large,前注〔1〕,1041; Freyfogle,同前注; Arnold,前注〔1〕,351-353; J. P. Byrne, 'The Public Nature of Property Rights and the Property Nature of Public Law' in R. P. Malloy and M. Diamond (eds), *The Public Nature of Private Property* (Farnham, Burlington: Ashgate, 2011) 1; L. S. Underkuffler, *The Idea of Property: its Meaning and Power* (Oxford: OUP, 2003)39-40,48.

[143] Harris,前注〔134〕, 41, 129. Harris 确定了一项"财产权独立禁令"(property-independent prohibitions),其影响并不取决于某人是否财产权人,而是取决于财产权以外的机制(例如合同和刑法);同前注,32-33. 尽管《环境许可条例》和 SSSI 制度分别适用于经营者和占有人,并不一定适用于财产权,但它们与财产权密切相关,因为它们直接涉及对土地使用的管制。此外,它们认为不法行为者是否享有财产权与他们的决策程序相关。

[144] Underkuffler,前注〔142〕.

[145] Davies,前注〔22〕; Large,前注〔1〕,1081; Humbach,前注〔1〕,341-342.

[146] A. Bell and G. Parchomovsky, 'Pliability Rules' (2002) 101 Mich L Rev 1, 23; N. Graham, *Lawscape: Property, Environment, Law* (Abingdon: Routledge-Cavendish, 2011) 7.

的"，本文的环境制度极大改变了这一观点。[147]

　　二是土地使用权的行政决定和司法处理表明，财产权在实践中是具有重要内在"社会意义"的权利。被语境化的财产权一定程度上由管理土地使用的行政管理制度部分构成。这些制度的管理程序确定了土地使用权的期限、范围和分配对象。此外，财产权的内部"社会意义"是主要通过这种民主的管理程序确定的，因为私人财产权是通过公法平衡相互竞争的土地用途和利益而形成的。环境规制者不会简单地运用规则或禁止条款来限制已明确定义的土地使用权，这些土地使用权的内容和范围是固定的，除非经过修订或废止。相反，规制机构参与了复杂的决策程序，其中涉及对一系列利益的考量（包括但不限于财产权）、不断变化的政策和信息以及法律规定的标准。[148]

　　三是我们可以从环境规制与土地使用权之间的共生关系和相互作用中得出这一点。环境规制的影响可以理解为财产权的内在影响，而不是这些权利的限制，在财产权与环境法的关系中，我们可以看到一种"有效的"财产权概念。[149] 这一点在环境规制中显而易见，环境规制在广泛、日常的基础上决定了英国法律中财产权的自由和权限。无论是在财产权与环境规制的互动还是妨害法在公法原则的适用上，都可以体现对财产权的司法处理。在这些理论背景下，法官主要采用的原则是调解（反映）环境规制导致的财产权范围变化。作为使财产权适应环境因素的主要、适当的仲裁者，法官的这种做法主要是为了与行政领域相呼应。此外，他们将环境规制的发展视为随着时间的推移而改变财产权含义的因素，具有结构性而非对立的作用。[150] 例如，在 *Trailer* 和 *Marina* 案中，上诉法院认为英国 SSSI 的土地在一段时间内受到立法管制，这意味着在该案中，土地所有人应该意识到"这种立法管制可能会增加而非减少"。[151]

---

〔147〕　Hunter，前注〔1〕，334.

〔148〕　Freyfogle 认为，财产权"是在每个人都能够参与的程序中，通过考虑所有相关因素而构建的最佳制度"：E. Freyfogle, 'Private Ownership and Human Flourishing, with Notes on a Progressive Theory of Property' (unpublished manuscript, on file with authors) 14.

〔149〕　Underkuffler，前注〔142〕.

〔150〕　Jeremy Waldron 笼统地指出："当下人们在确定自己的财产权时，考虑到了实际和潜在的对开发使用的限制"：J. Waldron, *The Rule of Law and the Measure of Property* (Cambridge: CUP, 2012) 69.

〔151〕　*Trailer and Marina* 前注〔127〕 at〔63〕.

　　无论是通过《欧洲人权公约第一议定书》还是妨害法对财产利益的相对调解,对环境制度的司法尊重都受到财产权的重要保护,这为土地所有人提供了质疑土地使用行政决定的法律依据。财产权与环境规制之间的共生关系和相互作用意味着,通过环境规制改变财产权的速度和成本对财产权人而言应尽可能公平。但是,[152]对财产权的保护应主要在环境制度的内部运作中,而不是通过对抗性的事后法律管制,这再次加强了"有效的"财产权概念。因此,每个制度的特定程序结构都会影响其构成财产权的方式,因为它决定了财产权人何时、如何在行政方面捍卫与土地使用相关的权益。

　　鉴于这种与环境管制相关的"有效的"财产权概念,将此类规制视为对财产权的限制会过分简化财产权与环境规制之间的复杂共生关系。这种方法未能在环境"规则"应用程序中体现环境规制的行政管理本质,也未能解决财产权对这种行政管理的反向影响,它倾向于将环境规制的影响静态化,而实际上这些影响在不断发展和变化。在第四个基本分歧中,环境规制对财产权影响概念上的理论分歧并非完全不可调和。例如,哈里斯(他采用了以限制为基础的环境规制概念)将通过"财产权限制规则"的轻微限制定义为不可补偿的和"内部限制"(internal to the institution)。[153] 他承认,特定所有权包含的权利可以通过"财产权限制规则的长期内化"来改变。[154] 环境规制的结构性影响得到了理论界的认可,他们认为环境法涉及到对财产权的限制。

　　承认环境规制对与土地使用相关的财产权的结构性影响,不仅仅是财产权理论的复杂问题。它还衍生出一系列环境规制所涉及的行政程序质量和性质的法律问题。特定行政程序的性质、适用方式以及考虑并重视土地所有人利益的程度,均会对土地产权的内容和范围产生潜在的重大影响。这一事实将财产权概念纳入复杂的法律领域,因为土地使用权的构成取决于这种规制程序的问责和合法应用程度。这种质疑是公法学者长期以来争论的问题,下文将探讨行政行为的合法性如何从根本上影响环境规制和财产权的共生关系。

---

　　[152] 参见注释[130]-[131] above;同前注 at[70].

　　[153] Harris,前注[134],97. 奥诺雷将禁止有害使用财产的行为定性为所有权事件。Honore,前注[138],123.

　　[154] 同前注,77 页.

(二)行政自由裁量权和土地使用权的民主结构：行政法与合法性问题

蕴含大量行政自由裁量权的环境制度往往会通过确定所有人或占有人何时以及在何种程度上可以使用其土地来促进财产权的构成和语境化。行使自由裁量权的性质会影响财产权保护对这种规制影响力的限制程度。鉴于自由裁量权在部分构成财产权方面的重要作用，人们可能对未经选举产生的规制者对财产权行使权力的合法性提出质疑。[155] 这是公法中一个深奥的问题，一旦土地使用权被视为由环境制度部分构成，这一问题就与财产法学者高度相关。如果管理者行使自由裁量权的性质影响到环境制度在构成财产权方面的法律影响力，行政权力的合法性则成为分析土地使用权存在和范围的核心问题。本小节总结了行政法的机制和问题，这些机制和问题为环境制度中公权力的行使提供信息并使其合法化。鉴于此，我们得出的结论是，文中的法律现象(土地使用权由民主化的环境制度部分构成)主要依赖于公共行政参与程序的合法性。

与通过环境制度构建土地使用权的行政法总体上无争议的一点是，行政人员在法定框架内行使自由裁量权并非不受法律管制和问责。英国拥有一个丰富的行政法体系来界定环境决策。规制者在适用环境制度时，实际上受到一系列法律约束，诸如建立相关规制程序的法定制度条款，以及保护财产权的普通法和法定原则。然而，管制自由裁量权法律要素的性质、重要性和混合性一直是行政法学者和规制理论界争论的焦点，且存在许多不同观点。[156] 广义上讲，有两种管制措施可以使公共决策者承担(外部和内

---

〔155〕 参见 T. W. Frazier, 'Protecting Ecological Integrity within the Balancing Function of Property' (1998) 28 Envtl L 53,72-74.

〔156〕 参见 K. C. Davis, *Discretionary Justice: A Preliminary Inquiry* (Urbana: University of Illinois Press, 1971); J. Mashaw, *Bureaucratic Justice: Managing Social Security Disability Claims* (New Haven: Yale UP, 1983); R. Baldwin, 前注〔11〕, ch 3; P. Craig, 'Theories and Values in Public Law: A Response' in P. Craig and R. Rawlings (eds), *Law and Administration in Europe: Essays in Honour of Carol Harlow* (Oxford: OUP, 2003); M. Adler, 'Understanding and Analysing Administrative Justice' in M. Adler (ed), *Administrative Justice in Context* (Oxford: Hart Publishing, 2010); T. Prosser, 'Regulation and Legitimacy' in J. Jowell and D. Oliver (eds), *The Changing Constitution* (Oxford: OUP, 7th ed, 2011).

部〔157〕)责任,它们可以(应该)结合使用。〔158〕

首先,外部行政法管制要求行政人员遵守司法审查原则(考虑到相关的物质因素和合理期望,不得出于不正当目的或不合理性地行事等)。〔159〕 除此之外,还存在其他的行政决策外部审查形式,包括就行政决定向政府官员或法庭提出上诉、〔160〕监察专员的审查、〔161〕议会的监督〔162〕等,非政府组织在某些情况下还可以向社会和媒体施压。

第二,近几十年来,公法学者已经确定并分析了"内部行政法",即适用于日常行政决策的规范体系。〔163〕 许多学者建议,一系列内部机制措施(当下确实)有助于提高英国行政决策的质量和问责制。这些措施包括:开放性和透明度、〔164〕"善政原则"(principles of good administration)的官方指南、〔165〕在公共行政管理中促进"被管理者视角"和"适当的争议解决"〔166〕以及程序创新,例如规制委员会(包括环境署)的公开会议和"消费者参与"的咨询委员会。〔167〕 一些学者认为,非正式的行政决策可以形成更好、更一致的决策,因为"模式化、理性的程序在这方面发挥着重要作用"。〔168〕

---

〔157〕 参见 Craig,同前注.

〔158〕 参见 C. Scott, 'Accountability in the Regulatory State' (2000) 27 *Journal of Law and Society* 38; House of Lords Select Committee on the Constitution, *The Regulatory State: Ensuring its Accountablity* (6th Report of Session 2003-04) (London: The Stationery Office Limited, 2004) 19 - 25.

〔159〕 参见注释〔27〕-〔28〕.

〔160〕 如根据《城乡规划法》第 78 条向国务大臣或规划监察局提出规划上诉.

〔161〕 英国卫生服务监察专员:1967 年《议会监察专员法》.

〔162〕 例如英国下议院环境审计委员会;环境、食品和农村事务部.

〔163〕 Mashaw,前注〔156〕,1.

〔164〕 参见 Davis,前注〔156〕,ch 4;Jewell,前注〔24〕;Prosser,前注〔156〕,322-323.

〔165〕 参见 A. Le Sueur, 'People as "Users" and "Citizens": The Quest for Legitimacy in British Public Administration' in M. Ruffert (ed), *Legitimacy in European Administrative Law: Reform and Reco - struction* (Groningen: Europa Law Publishing, 2011) 39; Better Regulation Executive, *Code of Practice on Consultation* (2008).

〔166〕 参见 Department for Constitutional Affairs, *Transforming Public Services: Complaints, Redress and Tribunals* (July 2004); Le Sueur,同前注,36-38.

〔167〕 Prosser,前注〔156〕,324.

〔168〕 参见 Baldwin, 前注〔11〕,24-27;功能性、非正式的"准官僚"决策形式有助于政府在决策中优先考虑强大的战略利益:C. Offe (and J. Keane (ed)), *Contradictions of the Welfare State* (Tiptree, Essex: Hutchinson and Co Publishers Ltd, 1984)167-168 and ch 7 generally.

　　然而,判断"良好"行政决策所依据的规范框架是不确定的。[169] 公法学者和规制学者就这一问题展开了辩论,试图确立行政决策的"公正性"、"合法性"或"正当性"。这些概念主要基于行政法的价值、[170]模式[171]和法治理念[172]。但此类价值、模式和理念必须依赖于国家的特定政治愿景及其构成方式,现代英国的特定政治愿景及其构成方式还有待进一步确定。[173] 法治理念反映了一种传统的宪法观点,这种观点没有为现代国家行政决策的自由裁量权性质提供充分细致的框架。[174] 一些学者试图通过承认一系列行政行为的合法性来避免这一棘手的宪法问题,这一定程度上有利于提高行政行为的可接受性;[175]另一些学者则试图剖析自由主义的理论基础,建立评估行政行为合法性的规范性框架。[176] 例如,托尼·普罗瑟(Tony Prosser)[177]主张建立一种基于真正参与、审议和问责制的民主治理模

---

　　[169] Fisher,前注[12],24-25.

　　[170] 参见 D. Galligan, *Due Process and Fair Procedures*：*A Study of Administrative Procedures*(Oxford：Clarendon Press, 1997) 33-38; D. J. Galligan, *Discretionary Powers*：*A Legal Study of Official Discretion* (Oxford：Clarendon Press, 1986); P. Cane 'Theory and Values in Public Law' in P. Craig and R. Rawlings (eds), *Law and Administration in Europe*：*Essays in Honour of Carol Harlow* (Oxford：OUP, 2003).

　　[171] 参见 Mashaw,前注[156];另见 Adler 以英国现行政治制度为基础对这些模式的扩展:前注[156].

　　[172] 包括法定权利;以法律为标准的一致性、公开性的问责制;最小自由裁量权等。参见 T. Bingham, *The Rule of Law*(London：Penguin, 2011).

　　[173] P. Craig, *Public Law and Democracy in the United Kingdom and the United States of America*(Oxford：Clarendon Press, 1990); M. Loughlin, *Public Law and Political Theory* (Oxford：Clarendon Press, 1992); C. Harlow and R. Rawlings, *Law and Administration* (Cambridge：CUP, 3rd ed, 2009) ch 1.

　　[174] 参见 Prosser,前注[156],330-331; R. A. Cass 指出:"法治的目标不是消除自由裁量权,而是寻求一个可把握且受约束的自由裁量权";R. A. Cass, 'Property Rights Systems and the Rule of Law' Working Paper No 03-06, Boston University School of Law Working Paper Series, Public Law & Legal Theory, 28 at http://ssrn.com/abstract_id=392783 (last visited 19 August 2013); B. Ackerman, 'The New Separation of Powers' (2000) 113 Harv L Rev 633,696-697.

　　[175] 例如,Baldwin 列举了五项合法性主张:立法授权、问责或管制、正当程序、专业知识;效率(每项主张都有其缺陷,但同时反映了国家的一系列政治愿景):参见 Baldwin,前注[11],41-46.; Mashaw,前注[156],ch 1; Adler,前注[156].

　　[176] 使行政行为合法化的不同学术方法也反映了不同的法律文化,尤其是在不同的司法管辖区之间:参见 Fisher,前注[12].

　　[177] 参见 Dryzek,前注[29].

式。[178] 对普罗瑟而言,此模式必须"通过参与式对话程序以促进学习的方式",[179]并在此基础上达成共识。就行政程序而言,至少需要利益相关方(规制机构、受规制机构以及其他机构)的实质性参与,并针对一系列现实选择进行信息交流和讨论,这些决定一旦被确定,就可以得到合理解释。[180]

普罗瑟关于行政程序中参与和审议的讨论与本文观点高度相关。因为其关于制度合法性的观点与以下事实相呼应:许多与土地使用相关的环境制度都是为了在决策的各个阶段充分考虑广泛的利益。在某种程度上,财产权民主化建立在实质性协商和广泛公众参与的基础上,这符合行政法的相关规定;且与上文讨论的理论发展产生了共鸣,表明广泛包容的审议制度(即具有某种行政合法性的制度)将促使法律进一步承认环境规制对土地使用权的结构性影响。

如果确定环境制度对财产权构成影响的关键是其程序的参与性和审议性,那么建立广泛参与性程序制度的法定框架与制度实施之间仍然存在潜在差异,这超出了本文的研究范围。在实践中,这些制度的管理可能受到自我选择或优先参与者以及个人利益或政治制度等因素的影响,[181]这些因素破坏了其"参与性对话程序"(processes of participatory dialogue)。即使正式遵守了参与性程序,系统性问题也会导致高度关注的各方被排除在决策程序之外,参与性程序有助于巩固具有代表性的观点。[182] 我们应该听取各

---

〔178〕 Habermas 对"民主"国家的理解是,一国的社会制度和政治决定允许公民平等地参与"话语意志形成",且广泛被公民所接受:Habermas,前注〔36〕,186.

〔179〕 T. Prosser, *Nationalised Industries and Public Control: Legal, Constitutional and Political Issues*(Oxford: Blackwell, 1986) 10.

〔180〕 同前注,第 12 页.

〔181〕 参见 D. Robinson, 'Regulatory Evolution in Pollution Control' in T. Jewell and J. Steele, *Law in Environmental Decision - Making: National, European and International Perspectives* (Oxford: Clarendon Press, 1998) 53-54; W. Howarth, 'Aspirations and Realities under the Water Framework Directive: Proceduralisation, Participation and Practicalities'(2009) 21 JEL 391; 前注〔35〕.

〔182〕 参见 Allen and Crookes,前注〔35〕; B. Nevin, 'Housing Market Renewal in Liverpool: Locating the Gentrification Debate in History, Context and Evidence'(2010) 25 *Housing Studies* 715; Walsh,前注〔1〕,285-286.

方的不同观点,慎重考虑它们之间的区别。[183] 总而言之,环境制度何时以及如何通过参与性和审议性制度部分构成土地使用权这一规范性问题涉及复杂的法律社会调查和法学理论。

六、结　论

本文探讨了当代英国法律中环境制度与财产权在法律层面的重要互动关系,并研究了这种互动所主要涉及的主要行政领域。与土地使用相关的财产权基本上是由公法,尤其是由环境规制中的行政管理制度决定的,环境规制决定了这些权利的范围及其在各种对环境具有重大意义的背景下的分配。大量与土地使用相关的自由通过行政管理被视为一种取决于具体情况的或有权利。正如弗雷福格尔(Freyfogle)所言,"自主、安全的财产权在很大程度上让位于相互关联、相互关联的权利。"[184]财产权公共和私人方面的冲突通过与环境法的相互作用,以及作为所有权客体的土地的独特重要性质,得到了极大的缓解。

科伊尔(Coyle)和摩洛(Morrow)认为,"环境法作为与一系列责任和正义相关的法律,是对财产、权利和自然之间关系持续反思的产物。"[185]研究表明,环境规制延伸出可以持续反思的各个领域,广泛的利益相关方(政府政策、公众参与,以及行政管理方面的专业知识)通过反思,推动了确定部分财产权范围的土地使用决定的产生。通过这种自由裁量的行政程序来确定和分配土地使用权一定程度上是"民主"的,目的是适应相互竞争的利益和政府政策。行政决策以及公众参与决策的性质和合法性,是评估环境规制在构成财产权方面作用和影响的关键因素。同时,财产权仍对环境规制的

---

〔183〕 参见 J. Rossi, 'Participation Run Amok: The Costs of Mass Participation for Deliberative Agency Decision-Making' (1997) Nw U L Rev 173; C. Coglianese, 'Is Consensus an Appropriate Basis for Regulatory Policy?' in E. W. Orts and K. Deketelaere, *Environmental Contracts: Comparative Approaches to Regulatory Innovation*(Boston: Kluwer Law International, 2000), as cited in Lee and Abbot,前注〔34〕,85.

〔184〕 E. Freyfogle, 'Context and Accommodation in Modern Property Law' (1989) 41 Stan L Rev 1529, 1530.

〔185〕 Coyle and Morrow,前注〔1〕,212.

范围和适用产生影响,进而形成一种"互惠共生"关系,应当受到更多财产法和环境法学者的关注。本文认为,对财产法与环境法之间的共生关系进行深入思考是一项广泛而复杂的法律探究过程,它揭示了现代英国背景下公法和私法各个不同领域之间关系的基本问题。

(特约编辑:刘雪鹍)

程序规定作为主观公权利

——发展史的考察

[德]沃尔夫冈·卡尔*著　王世杰**译

内容提要：在欧洲化的背景下，从发展史的角度对德国的程序权教义学进行反思十分必要。20世纪50年代和60年代，程序是实体法的实现模式，德国的程序权裁判主要限于国家与公民之间的二元法律关系。20世纪70年代，联邦行政法院第四庭针对多元行政法律关系中提出了"全有全无式的"程序权构想。20世纪70和80年代，受联邦宪法法院裁判的影响，德国的程序权保护进入到宪法化阶段。随后，第七庭提出的相对程序权与第四庭提出的绝对程序权融合称为统一的程序权理论。20世纪90年代，行政程序在加速立法中贬值，瑕疵治愈和瑕疵可忽略不计规定逐步扩张。在程序权理论的欧洲化和国际化阶段，欧盟法院慷慨地承认绝对程序权对德国的程序权理论提出了挑战。总体上看，德国程序权教义学所具有的开放性、灵活性和适应性能够有效应对欧盟法的冲击。在德国和欧盟程序法相互趋同的背景下，尽管程序价值有所提升，但原则上仍不存在可独立实施的程序权。

关键词：程序规定；程序权；主观公权利；保护规范理论

---

　* 沃尔夫冈·卡尔（Wolfgang Kahl），德国海德堡大学教授，法学院院长，德国和欧洲行政法研究所所长。原文 Verfahrensvorschriften als subjektive öffentliche Rechte – Eine entwicklungsgeschichtliche Betrachtung 载于 Markus Ludwigs（Hrsg.），Regulierender Staat und konfliktschlichtendes Recht. Festschrift für Matthias Schmidt-Preuß zum 70. Geburtstag, Duncker & Humblot, 2018, S.135-160. 经作者同意，部分内容与脚注略有删减，部分脚注次序有所调整。摘要和关键词为译者所加。

　** 王世杰，法学博士，中央财经大学法学院讲师。本文系中国博士后科学基金资助项目"法典化时代行政法的请求权构造研究"（2022M713657）阶段性成果。

一、引 言

德国行政法立足于程序的"服务功能"。[1] 服务功能这种说法并非贬义,[2]而是中立性和分析性的。理论界经常将其与外国法(比如法国、[3]美国[4])[5]和欧盟自主行政法(EU-Eigenverwaltungsrecht)[6]中"程序的独立价值"进行对比。最近,这种比较由于太过粗糙而被摈弃。实际上,

---

〔1〕 对此,可见 BVerfGE 105, 48 (60 f.); BVerwGE 64, 325 (333 f.); 85, 368 (373); 139, 11 (18); 141, 171 (173); VGH BW, NVwZ - RR 2007, 82 (93); Burgi/Durner, Modernisierung des Verwaltungsverfahrensrechts durch Stärkung des VwVfG, 2012, S. 29 ff.; Maurer, Allgemeines Verwaltungsrecht, 18. Aufl. 2011, § 19 Rn. 8; Pöcker, Stasis und Wandel der Rechtsdogmatik, 2007, S. 35 ff.; Schmidt/Kahl/Gärditz, Umweltrecht, 10. Aufl. 2017, § 5 Rn. 23 f.; Schoch (Fn. 2), Rn. 170, 298; Wolff, FS Scholz, 2007, S. 977;有关批评,可见 Schmidt-Aßmann, Das allgemeine Verwaltungsrecht als Ordnungsidee, 2. Aufl. 2004, Kap. 6 Rn. 46, 149; ders., NVwZ 2007, 40 (41); Kluth, in: Wolff/Bachof/Stober/ders., Verwaltungsrecht I, 13. Aufl. 2017, § 58 Rn. 13;关于程序的服务功能的历史背景,可见 Bickenbach, LKRZ 2009, 206 (207).

〔2〕 Schmidt-Preuß, NVwZ 2005, 489 (490); Schoch, in: Hoffmann-Riem/Schmidt-Aßmann/Voßkuhle (Hrsg.), GVerwR III, 2. Aufl. 2013, § 50 Rn. 298. 正如阿斯曼(Schmidt-Aßmann (Fn. 1), Kap. 6 Rn. 46)正确指出的那样,裁判和部分文献(如 Dolde, NVwZ 2006, 857 [858])的理解相反。

〔3〕 基础性的介绍,可见 Ladenburger, Verfahrensfehlerfolgen im französischen und deutschen Verwaltungsrecht, 1999. 也可参见 v. Danwitz, Europäisches Verwaltungsrecht, 2008, S. 52 ff.

〔4〕 Jarass 认为,德国法和美国法对于程序的理解形成"鲜明对比",Jarass, FS Battis, 2014, S. 467 (468). 更进一步的研究,可见 Pünder, in: Ehlers/ders. (Hrsg.), Allgemeines Verwaltungsrecht, 15. Aufl. 2016, § 13 Rn. 31 f.

〔5〕 比较法的详细分析,可见 Epiney, VVDStRL 61 (2002), 362 (370 ff., 377 ff., 385 f.); Punder (Fn. 2), § 13 Rn. 26 ff.

〔6〕 详细介绍,参见 Fehling, in: Leible/Terhechte (Hrsg.), Europäisches Rechtsschutz- und Verfahrensrecht, 2014, § 3 Rn. 13 ff.; Nehl, Europäisches Verwaltungsverfahren und Gemeinschaftsverfassung, 2002, S. 184 ff.; Quabeck, Dienende Funktion des Verwaltungsverfahrens und Prozeduralisierung, 2010, S. 92 ff.; 也可参见 Ehlers, VerwArch 84 (1993), 139(也包括美国法); Kahl, VerwArch 95 (2004), 1 (8 ff.); Kluth (Fn. 1), § 58 Rn. 40; Schlacke, UPR 2016, 478 (478 f.); 总体上具有启发性,有关程序主导图像的角色,可见 Saurer, Der Einzelne im europäischen Verwaltungsrecht, 2015, S. 318 ff.

在德国,行政程序也有独立价值。[7] 这主要是因为,程序为国家决定提供事实基础,有助于决定者(国家机关)尽可能广泛地获取信息、生产知识,以确保决定的合理性。[8] 这一点越是成功,程序作为正确性保证的说法就越有道理。[9]

　　长久以来,欧洲化[10]是德国公法创新最重要的动力来源。欧洲化几乎涵盖了行政(程序)法[11]和行政诉讼法[12]的所有内容,特别是诉权(主观公

---

〔7〕 参见 Appel, NVwZ 2012, 1361; Fehling, VVDStRL 70 (2011), 280 (281 ff. , 286 f.); Gurlit, VVDStRL 70 (2011), 227 (238 ff.); Burgi, DVBl. 2011, 1317 (1318 f.); ders. / Durner (Fn. 1), S. 31 ff. ; Reimer, Verfahrenstheorie, 2015, S. 186 ff. ; Schmidt-Aßmann, in: Hoffmann-Riem/ders. /Voßkuhle (Hrsg.), GVerwR II, 2. Aufl. 2012, § 27 Rn. 65;也有学者的观点过于片面,可见 Stelkens, DVBl. 2010, 1078.

〔8〕 Appel/Singer, JuS 2007, 913 (915 f.); Schmidt-Preuß, NVwZ 2005, 489 (489 f.); Schneider, in: Hoffmann-Riem/Schmidt-Aßmann/Voßkuhle (Fn. 7), § 28 Rn. 4 f. , 36 ff. , 43, 45;也可参见 Schmidt/Kahl/Gärditz (Fn. 1), § 5 Rn. 24. 此外,还有其他的非工具性功能,如保证可接受性和参与,参见 Appel, NVwZ 2012, 1361 (1362); Ramsauer, in: Kopp/ders. /Wysk (Hrsg.), VwVfG, 17. Aufl. 2016, Einfuhrung I Rn. 36b; Kluth (Fn. 1), § 58 Rn. 44 f. ;详细介绍,可见 Schneider, a. a. O. , Rn. 1ff.

〔9〕 Schmidt-Preuß, FS Maurer, 2001, S. 777 (785); Hoffmann-Riem, in: ders. /Schmidt-Aßmann/Voßkuhle (Hrsg.), GVerwR I, 2. Aufl. 2012, § 10 Rn. 101; Schmidt-Aßmann (Fn. 2), Kap. 4 Rn. 75; Kap. 6 Rn. 46, 149 提到了 BayVGH, DVBl. 1994, 1199; ders. , VBlBW 2000, 45 (49).

〔10〕 关于欧洲化的概念,可见 Siegel, Europäisierung des Öffentlichen Rechts, 2012, Rn. 68 ff. 专门对于环境法的欧洲化进行分析的,可见 Knopp/Hoffmann, Progredientes Europäisierungsphänomen im Umweltrecht, 2010.

〔11〕 详细分析,参见 Kahl, VerwArch 95 (2004), 1. 基础性的介绍,可见 Schmidt-Aßmann, FG 50 Jahre BVerwG, 2003, S. 487;概览性介绍,可见 Kluth (Fn. 1), § 58 Rn. 37 ff. ; Kahl, NVwZ 2011, 449.

〔12〕 Burgi, Verwaltungsprozeß und Europarecht, 1996; Classen, Die Europäisierung der Verwaltungsgerichtsbarkeit, 1996; Dörr/Lenz, Europäischer Verwaltungsrechtsschutz, 2006; Dünchheim, Verwaltungsprozeßrecht unter europäischem Einfluß, 2003; Ehlers, Die Europäisierung des Verwaltungsprozessrechts, 1999; Epiney, VVDStRL 61 (2002), 362 (362); Huber, BayVBl. 2001, 577; Knauff, in: Gärditz (Hrsg.), VwGO, 2013, Einführung Teil B; Saurer (Fn. 6), S. 364 ff. ; Schoch, Die Europäisierung des verwaltungsgerichtlichen Rechtsschutzes, 2000; ders. , FG 50 Jahre BVerwG, 2003, S. 507; Guckelberger, Deutsches Verwaltungsprozessrecht unter unionsrechtlichem Anpassungsdruck, 2017.

权利)教义学。[13] 环境法更是如此。[14] 环境法向来是欧洲法中程序友好型方法的"试验场",[15] 但是这些方法的普遍性仍未有定论。[16]

正是在欧洲化的背景下——特别是自 2006 年《环境权利救济法》(Umwelt-Rechtsbehelfsgesetz)生效以来,欧洲化进程进一步加快——德国程序权理论的重新自我确证(Selbstvergewisserung)更加迫切,因为它可以成为对传统保护规范理论的改革需求进行批判性自我反思和审视的基础。[17] 对于这种自我反思而言,除法理论和比较法的观察外,法律史的分析也尤为重要。[18] 因此,本文尝试从发展史的角度分析德国个人[19]程序地位的主观化理论。本文将对联邦德国的历史进行分期,需要注意的是,各

---

〔13〕 Classen, VerwArch 88 (1997), 645; v. Danwitz (Fn. 3), S. 519 ff.; Gärditz, NVwZ 2014, 1; Kahl/Ohlendorf, JA 2011, 41; Kokott, Die Verwaltung 31 (1998), 335; Masing, in: Hoffmann-Riem/Schmidt-Aßmann/Voßkuhle (Fn. 12), § 7 Rn. 88 ff.; Ruffert, DVBl. 1998, 69; Ruthig, in: Kluth/Rennert (Hrsg.), Entwicklungen im Verwaltungsprozes. 对欧盟法中主观权利的概念和功能(以及更为常见的术语——个人权利)的全面介绍,可见 Masing, Die Mobilisierung des Bürgers für die Durchsetzung des Rechts, 1997;诸多不同的分析,参见 Saurer (Fn. 6), S. 64 f., 67 ff., 318 ff. (334 ff.); v. Danwitz, DVBl. 1996, 481; Frenz, DVBl. 1995, 408; Kadelbach, Allgemeines Verwaltungsrecht unter europäischem Einfluß, 1999, S. 409 ff.; Nettesheim, AöR 132 (2007), 333; Triantafyllou, DÖV 1997, 192.

〔14〕 详细分析,可见 Epiney/Sollberger, Zugang zu Gerichten und gerichtliche Kontrolle im Umweltrecht, 2002; Kahl, Umweltprinzip und Gemeinschaftsrecht, 1993, S. 145 ff.; Krüper, Gemeinwohl im Prozess, 2009; Ruffert, Subjektive Rechte im Umweltrecht der Europäischen Gemeinschaft, 1996; Wegener, Rechte des Einzelnen, 1998; instruktiv ferner Epiney, NVwZ 2014, 465; Schoch, NVwZ 1999, 457; Winter, NVwZ 1999, 467;代表性的裁判,可见 EuGH, Rs. C-237/07, Slg. 2008, I-6221 Rn. 37 ff. (Janecek),对此分析,可见 Hofmann, EurUP 2015, 266 (271, 275).

〔15〕 Gärditz, EurUP 2015, 196;相似立场,可见 Schmidt-Aßmann, EurUP 2016, 360 (363 ff.).

〔16〕 见本文第八部分。

〔17〕 代表性文献,可见 Gärditz, in: ders. (Hrsg.), VwGO, 2013, § 42 Abs. 2 VwGO Rn. 54 ff.; Kluth (Fn. 1), § 43 Rn. 9 ff. (12 ff.); Masing, GVerwR I (Fn. 13), Rn. 106 f., 111; Wahl/Schütz, in: Schoch/Schneider/Bier (Hrsg.), VwGO, Stand: Okt. 2016, § 42 Abs. 2 Rn. 94 ff. 相关的国家理论的背景,可见 Schaefer, Die Umgestaltung des Verwaltungsrechts, 2016, S. 384 f.

〔18〕 最近,这在环境法上具有典范性,但对整个行政法来说却是相当普遍的,可见 Reimer, JbUTR 2017, 79 (79 f.).

〔19〕 限于篇幅,本文不讨论社团的程序地位。关于社团的程序地位,参见第 129 个脚注以及其中的文献。

个阶段无法截然划分,经常相互重叠。[20]

二、第一阶段:程序作为实体法的实现模式,但主要限于二元关系

　　联邦德国早期(20 世纪 50 年代和 60 年代)有关程序权的裁判主要涉及重度伤残者法(Schwerbeschädigtenrecht)和公务员法。联邦行政法院(第二庭)在 1957 年 1 月 31 日的裁判中首先认为,当行政机关违反程序规定时(没有依据旧版《重度伤残者法》第 35 条第 2 款听取主要福利局(Hauptfürsorgestelle)的意见[21]),利害关系人具有受保护权(Schutzrecht)(如今称为主观程序权)。[22] 不久后,联邦行政法院第六庭也确认和证实了该条款的主观内容。[23] 可以看到,联邦行政法院不要求程序瑕疵与实体决定之间存在因果关联,用今天的术语来表达的话,这是"绝对的"程序瑕疵。[24] 第六庭在 1964 年 8 月 28 日的判决中主张,公务员主管机关仅进行正式的调查和讨论(并未澄清事实),没有出具法律要求的官方医疗意见,这违反了程序规定的保护功能,因此应该被评价为程序瑕疵。[25] 少有的与第三人相关的案例是联邦行政法院在 1960 年 4 月关于劳动行政部门和司法行政部门就解雇劳动法官未达成一致的裁判。[26] 同样,联邦行政法院没有讨论可独立实施的程序法律地位,而是直接从程序规定保护原告的目的中推导出撤销请求权。这里已经让人联想到了后来的观念:[27]通过程序弥补实体法的不足。[28]

---

　　[20]　Müller 也这样认为,Müller, Verfahrensartfehler, 2005, S. 95.

　　[21]　Gesetz über die Beschäftigung Schwerbeschädigter (SBG (a. F.)) v. 16.6. 1953, BGBl. I, S. 389.

　　[22]　BVerwGE 5, 18 (21).

　　[23]　BVerwGE 9, 69 (71 ff.);也可参见 BVerwG, MDR 1959, 687;相关评价,也可见 Müller (Fn. 20), S. 92 f.

　　[24]　Müller, Verfahrensartfehler, 2005, S. 93.

　　[25]　BVerwGE 19, 216 (221 ff.).

　　[26]　BVerwGE 11, 195 (199 ff., 205 f.).

　　[27]　也可见 Müller (Fn. 20), S. 93 f.

　　[28]　对这一争议性制度的研究,可见 Müller (Fn. 20), S. 161 ff.

　　早期主观程序权教义学发展的另外一个参照领域是建筑指导规划(Bauleitplanung),特别是建筑监督程序中市镇的同意权(das Recht der Gemeinden auf Erteilung ihres Einvernehmens)。在 1967 年 12 月 6 日的裁判中,就受到影响的土地所有权人是否可以依据《联邦建设法》第 36 条第 1 款(如今为《建设法典》第 36 条第 1 款),以市镇未参与为由撤销建设许可,联邦行政法院第四庭认为:

> 尽管一般来说,程序规定也是为了可能受到行政活动影响的公民而制定,因为就其本质而言,程序规定原则上是整理权利和义务的主张,确保在合理的时间内得出正确的结果,以实现实体法。但这并不排除在个别情况下,某项程序规定不是为了公民的利益,因此不承认程序权。[29]

　　虽然现在看来,这一论证的"进步性"听起来令人感到惊讶(关键词:程序作为实体法的实现方式[30]),尽管其中表达了原则—例外的关系("一般来说"/"个别情况下"),[31]但是不能过早进行概括。因为 20 世纪 60 年代,关于第三人参与的程序权裁判非常少,即使有,也表现出对于程序权的明显怀疑。[32]

　　联邦德国早期阶段,负担(裁量)行政行为应说明理由是从法治国家原则中推导而来的(现在是《联邦行政程序法》第 39 条第 1 款第 3 句)。[33]但也要注意,说明理由原则在裁判中受到限制——现在看来似乎是值得怀疑

---

　　〔29〕 BVerwGE 28, 268 (270).

　　〔30〕 瓦尔(Wahl)对这一概念的形成发挥了重要作用,Wahl, VVDStRL 41 (1983), 151 (153)。也可参见 Schmidt-Preuß, NVwZ 2005, 489 (490 f.); Schneider (Fn. 8), Rn. 1; Schoch (Fn. 2), Rn. 298.

　　〔31〕 参见 Müller (Fn. 20), S. 94 f., Müller 认为这是早期程序权裁判的"主观法的高峰"。

　　〔32〕 例如 BVerwGE 28, 131 (134);在此,法院根据《营业法》第 16 条以下条款(现在为《联邦污染防治法》第 4 条以下条款)对于排放设备的权利进行裁判;第三人按照规定正式参与程序不能得出,第三人具有通过诉讼主张这一利益的权利,这仅仅是行政机关获取信息的一种手段。

　　〔33〕 BVerwGE 8, 234 (238).

的——例如在"政务类公务员"的退休、[34]解雇[35]或者拒绝录取公务员[36]的情形中。在听证权（Anhörungsrecht）中，也可以看到说明理由原则的相对化。[37]

总之，联邦德国早期既没有比现在更慷慨地肯定绝对程序权*,[38]绝对程序权与纯粹客观的程序规范之间也不存在"全有全无式的"[39]对立。一方面，20世纪50年代和60年代关于程序权的讨论涉及国家与公民之间的二元垂直法律关系;[40]水平维度的第三人诉讼仍不具有实践意义。[41]然而，在普罗伊斯的基础性研究之后，[42]如今存在一个基本共识，即程序规定是否成立了可诉权利，主要在第三人诉讼中具有重要意义（因为相对人理

---

〔34〕 BVerfGE 7, 155 (166 f.); 8, 332 (356); BVerwGE 5, 95 (98); 19, 332 (336 f.); Bachof, Verfassungsrecht, Verwaltungsrecht, Verfahrensrecht in der Rechtsprechung des Bundesverwaltungsgerichts, Bd. 2, 1967, S. 330; Wolff, Verwaltungsrecht I, 5. Aufl. 1963, S. 287. 现在的法状况可见:Stelkens, in: Stelkens/Bonk/Sachs (Hrsg.), VwVfG, 8. Aufl. 2014, § 39 Rn. 65.

〔35〕 BVerwGE 19, 332 (336) 参照了 BVerfGE 7, 155 (166 f.); 8, 332 (356).

〔36〕 BVerwGE 12, 20 (26).

〔37〕 例如 BVerwG, DVBl. 1957, 650 (651 f.); 1958, 174 (175-提及了 BVerfG, NJW 1956, 1026); VGH BW (Senat Karlsruhe), VwRspr 1965, 477 (478); OVG NRW, DVBl. 1950, 674 (677); Forsthoff, Lehrbuch des Verwaltungsrechts, Allgemeiner Teil, 6. Aufl. 1956, S. 209 f.

* 译者注：绝对程序权（absolute Verfahrensrechte）和相对程序权（Relative Verfahrensrechte）是德国行政法中的一组概念。绝对程序权是指不依赖于实体法，可单独主张的程序地位。相关主体可以仅因绝对程序权受到侵害而请求撤销行政行为或要求行政机关为给付。至今为止，德国联邦行政法院仅在某些情形承认绝对程序权，例如特定的征收法的相关程序规定，航空法许可程序中市镇（Gemeinde）和市镇联合体的参与权，以及根据《联邦自然保护法》第29条第1款第4项在规划确认程序中自然保护社团的参与权。与绝对程序权相比，相对程序权是一种更弱的程序地位，因为它主要服务于实体权利的实现。在行政诉讼中，只有能证明程序瑕疵可以影响实体法律地位，才能承认权利侵害和诉权。参见 Wahl/Schutz, in: Schoch/Schneider (Hrsg.), Verwaltungsgerichtsordnung, Werkstand: 39. EL Juli 2020, § 42 Abs. 2 Rn. 73 ff.

〔38〕 相反观点，可见 Müller (Fn. 20), S. 92.

〔39〕 相反观点，可见 Wahl/Schütz (Fn. 17), Rn. 74 Fn. 250; 赞同观点，可见 Greim, Rechtsschutz bei Verfahrensfehler im Umweltrecht, 2013, S. 48; Müller (Fn. 20), S. 92.

〔40〕 Wahl, in: Schoch/Schneider/Bier (Hrsg.), VwGO, Stand: Okt. 2016, Vorb. § 42 Abs. 2 Rn. 68.

〔41〕 当时很少关注多元行政法律关系，具有代表性的观点如 Bachof (Fn. 34), S. 238。同样值得注意的是，在 BVerwGE 11, 195 (199 f.)中，对于相关规定保护第三人的内容也只进行附带审查（就违反该规定是否只导致决定违法的问题）。一般来说，20世纪50年代，程序（权）在理论上意义不大，也可见 Schmidt-Aßmann, AöR 142 (2017), 325 (345).

〔42〕 关于多元行政法律关系中程序权的实现，可见 Schmidt-Preuß, Kollidierende Privatinteressen im Verwaltungsrecht, 2. Aufl., 2005, S. 9 ff., 30 ff.

论[Adressatentheorie]并不适用)。[43] 另一方面,20 世纪 50 年代和 60 年代有关程序瑕疵的裁判也并未提供充分的完整图像。而穆勒(Müller)的评价之所以相反,[44]是因为他过度关注旧版《士兵参与法》(Soldatinnen-und Soldatenbeteiligungsgesetz)第 35 条第 2 款的裁判。尽管这些裁判显示了程序友好型的倾向,但是从中却无法看到当时对于程序权的整体理解。程序权教义学仍然具有探索性和个案性,而且也并不一致。[45]

三、第二阶段:联邦行政法院第四庭向"全有全无式的"司法实践过渡

第二阶段的重点是 20 世纪 70 年代,联邦行政法院第四庭[46]提出了多元法律关系中处理程序权的构想,它被称作"全有全无式的司法实践"[47]。[48] 在 1973 年 12 月 14 日的判决中,第四庭为进一步处理多元法律关系中的程序权奠定了基础。[49] 该判决指出,从规划确认(Planfeststellung)程序中无法得出第三人的主观程序权。规划确认程序的目的是基于其集中效果以达成统一、全面的行政决定。联邦行政法院的结论是:规划确认"甚至比批准和许可更不在于为第三人提供程序保障,而仅仅是服务于合理的行政程序这一公共利益"。[50] 在这种二元结构中,没有相对程序权存在的余地。如果尊重程序规定是为了程序自身,并且违反程序规定在诉讼中必然触发制裁,那么就会承认——以保护规范理论为基础

〔43〕 Appel/Singer, JuS 2007, 913 (914); Schneider (Fn. 8), Rn. 89.

〔44〕 Muller (Fn. 20), S. 92.

〔45〕 一般性地认为,裁判具有不一致性和不确定性,可见 v. Danwitz, DVBl. 1993, 422 (425); Greim (Fn. 39), S. 45 f.; Hufen, DVBl. 1988, 69 (69 f.); Quabeck (Fn. 6), S. 69.

〔46〕 Müller 认为并无差别,他基本上(仅)从第四庭的裁判就得出了联邦行政法院的"判例",可见 Müller (Fn. 20), S. 96 ff。

〔47〕 Wahl/Schütz (Fn. 17), Rn. 74 Fn. 250.

〔48〕 也可见 Müller (Fn.20), S. 95 ff.; 简要介绍:Held, DVBl. 2016, 12 (14)。

〔49〕 BVerwGE 44, 235 (239 f.).

〔50〕 BVerwGE 44, 235 (240)。当时具有代表性的文献:Groschupf, DVBl. 1962, 627 (630)。

通过解释而被识别的——不依赖程序结果的、可独立实施的程序地位。[51]
否则,程序规定就归为仅涉及公益的领域,被排除在法院保护之外。[52] 结
果就是,尽管有些程序规定保护个人,但是它们通常仅是为了尽可能地实现
实体法,也就是间接保护个人,所以应被排除在法院保护之外。[53] 1972 年
10 月 20 日的判决已经如此,该判决标志着联邦行政法院开启了对程序权
予以限制的裁判路线:

> 此外,第三人的程序地位也能作为法律所确定的实体法保护
> 地位的证据而发挥重要作用;但只有当法律明确规定,参与程序的
> 第三人在不考虑决定结果的条件下,仅援引影响他的程序瑕疵来
> 撤销机关决定时,程序规定才具有自己的保护功能。[54]

在随后的裁判中,第四庭仅在有限的例外情形中才承认绝对程序
权,[55]如征收法上的某些程序规定,[56]市镇和市镇联合体对建筑法[57]和
航空法[58]许可程序的参与权,以及被认可的环保团体的参与权。[59] 除此
之外,在未履行核能法许可程序的情况下,联邦行政法院也肯定了许可撤销
请求权。[60]

---

〔51〕 关于这种绝对程序权,参见 Guckelberger, JA 2014, 647 (650 f.); Haller, VBlBW
2017, 133 (134); Ramsauer (Fn. 8), § 46.

〔52〕 参见 Guckelberger (Fn. 12), S. 158 ff.; Ladenburger (Fn. 3), S. 359 ff.; Quabeck
(Fn. 6), S. 54.

〔53〕 Quabeck (Fn. 6), S. 54.

〔54〕 BVerwGE 41, 58 (65);在此基础上引入的更具限制性的裁判,可见 v. Danwitz,
DVBl. 1993, 422 (424); Müller (Fn. 20), S. 96;也可见 BayVGH, DVBl. 1979, 673(677 f.).

〔55〕 这导致文献普遍指责程序法被边缘化,参见 Quabeck (Fn. 6), S. 56 ff.; Groß, Die
Verwaltung 43 (2010), 349 (359 f.).

〔56〕 BVerwG, 13. 2.1970, Buchholz 11 Art. 14 GG Nr. 106.

〔57〕 持续性裁判,可见 BVerwG, NVwZ 1986, 556; Emmenegger (Fn. 54), Rn. 129.

〔58〕 BVerwGE 56, 110 (137); BVerwG, VerwRspr 1979, 990 (991); DÖV 1980, 135
(137); BVerwGE 81, 95 (106).

〔59〕 BVerwGE 87, 62 (71); 102, 358 (361 f.); OVG Schl. -Hol., NVwZ 1994, 590
(591). 根据联邦行政法院——值得怀疑的——的观点,在 2002 年引入利他型的团体诉讼后(旧版
《联邦自然保护法》第 61 条,现在是《联邦自然保护法》第 64 条),这不再适用,参见 BVerwG,
NVwZ 2002, 1103 (1105); 2004, 1486 (1488 f.);不同观点,可见 Schmidt/Kahl/Gärditz (Fn. 1),
§ 5 Rn. 23; Erbguth/Schlacke, Umweltrecht, 6. Aufl. 2016, S. 141.

〔60〕 BVerwGE 85, 54 (56); 85, 368 (371); Sparwasser/Engel/Voßkuhle, Umweltrecht,
5. Aufl. 2003, § 5 Rn. 15. 对于整体状况的详细介绍:Greim (Fn. 39), S. 33 ff.;简要介绍:
Schoch (Fn. 2), Rn. 304.

自此之后,尽管形式可能会略作修改,[61]但程序地位的独立功能[62](作为承认绝对程序权的前提)成为持续的司法实践。以此为基础,绝对程序权以非常相似的理由,并且大部分是在参考 BVerwGE 44, 235 (239 f.)这一指导判决而在诸多专业法领域中被拒绝,比如远程道路法、[63]水资源法、[64]航空法、[65]垃圾法、[66]规划法(例如建筑指导规划程序[67])以及设备法[68](例如污染防治法[69]或者核能法[70]许可程序、环境影响评价法[71])等。在这些情形中,并未区分程序行为被遗漏、违章建筑和程序种类

---

〔61〕 参见 BVerwG, DÖV 1980, 135 (137); DVBl. 1980, 996 (997 f.); BVerwGE 64, 325 (331 f.); VGH BW, NVwZ 1986, 663 (664); BVerwG, NVwZ-RR 1999, 556; 也可见 Müller (Fn. 20), S. 99 Fn. 132.

〔62〕 BVerwGE 44, 235 (239 f.).

〔63〕 BVerwG, VerwRspr 1979, 990 (991); DVBl. 1980, 996 (998); BVerwGE 64, 325 (331 f.); BVerwG, NVwZ-RR 1999, 556.

〔64〕 BVerwGE 62, 243 (246 f.); 78, 40 (41 f.).

〔65〕 BVerwG, NVwZ 2002, 346 (348); VGH BW, VBlBW 1994, 62; NVwZ-RR 2003, 412 (413).

〔66〕 VGH BW, NVwZ 1986, 663 (664).

〔67〕 BVerwG, DVBl. 1982, 1096.

〔68〕 整体介绍,可见 Czajka, FS Feldhaus, 1999, S. 507.

〔69〕 BVerwGE 85, 368 (377); OVG Rh.-Pf., LKRZ 2009, 227 (228); 批评性的意见,可见 Bickenbach, LKRZ 2009, 206 (208 ff.).

〔70〕 BVerwGE 61, 257 (275); 75, 285 (291).

〔71〕 BVerwGE 98, 339 (361); 100, 238 (250); 100, 370 (376); 104, 236 (242); 122, 207 (213); 130, 83 (94); 解释性的观点,可见 Hien, NVwZ 1997, 422 (424 f.); 对此保持开放性的观点,可见 BVerwGE 132, 352 Rn. 16. 对于整体进行介绍的,可见 Schlacke, UPR 2016, 478 (479); 批评性的观点,可见 Erbguth, UPR 2003, 321; Saurer (Fn. 6), S. 336 f. 为了论证这一点,通说援引了环境影响评价所具有的单纯的和非独立性的程序性质,参见 BVerwGE 100, 238 (242 ff.); 100, 370 (376); 104, 337 (342); BayVGH, DVBl. 1994, 1198; OVG Rh.-Pf., ZUR 1995, 146; Meßerschmidt, Europäisches Umweltrecht, 2011, § 8 Rn. 14, 26, 32, 135; Schmidt-Preuß, DVBl. 1995, 485; Wahl/Dreier, NVwZ 1999, 606 (612). 无论如何,这都不再正确,因为欧盟法院已经承认对实体内容也要履行《环境影响评价指令》第3条所包含的评价义务,参见 EuGH, Rs. C-50/09, Slg. 2011, I-873 Rn. 37 ff., 40 ff. (Kommission/Irland); Breuer/Gärditz, Öffentliches und privates Wasserrecht, 4. Aufl. 2017, Rn. 1195; Erbguth, NVwZ 2011, 935; ders., ZUR 2014, 515 (518 ff.); ders./Schlacke (Fn. 59), S. 105, 141 m. Fn. 86; Gärditz, ZfU 2012, 249 (256); Kahl, JZ 2012, 667 (671); Schmidt/Kahl/Gärditz (Fn. 1), § 4 Rn. 82, 95; Wemdzio, NuR 2008, 479 (482); 不同观点,可见 Bickenbach, LKRZ 2009, 206 (210).

瑕疵[72]，[73]受征收法预先效力(Vorwirkung)影响的利害关系人也不享有任何优先权。[74]

总之，联邦德国早期重视二元关系中程序规定的倾向，在第三人诉讼中转变为一种例外情形。[75]这也是因为，有关绝对程序权的审查标准发生了转变或者进一步分化：尽管20世纪50年代和60年代，为了证成某项规定的绝对内容，重点仍然是关注程序的服务功能，但如今在三方行政法律关系中，为了承认绝对程序权，需要孤立观察相应的程序规定及其保护目的。[76]回过头来看，这一阶段没有公正地对待程序的功能，而是将程序规定保护第三人的内容与实体法相剥离。[77]

四、第三阶段：程序权保护的宪法化

第三阶段与第二阶段部分重叠。由于联邦宪法法院的裁判对于程序法的主观化产生了重要影响，[78]所以我们可称第三阶段为程序权保护的宪法化阶段。这一阶段大体上可以追溯至20世纪70和80年代。[79]

基本权利保护必须通过程序来进行，而且基本权利保护也影响程序。这一理论首先是由联邦宪法法院依据《基本法》第14条第1款[80]以及第

---

〔72〕通说认为，原告不具有要求遵守正确程序类型的请求权，仅参见 BVerwG, NVwZ 1991, 369；2014, 365；Kluth (Fn. 1)，§ 60 Rn. 23；§ 62 Rn. 180.但这种观点也是有疑问的，参见 v. Danwitz, DVBl. 1993, 422 (424 f.)；Hufen (Fn. 54)，§ 14 Rn. 90.

〔73〕详细介绍，可见 Müller (Fn. 20)，S. 99 ff.，102 f.

〔74〕BVerwGE 98, 339 (361 f.)；Müller (Fn. 20)，S. 103 f.

〔75〕代表性裁判：BVerwGE 41, 58 (64 f.)；44, 235 (239 f.).

〔76〕即使现在，保护目的也具有基准性，可见 Kluth (Fn. 1)，§ 43 Rn. 10 ff.

〔77〕Held, DVBl. 2016, 12 (14)；也可参见 Greim (Fn. 39)，S. 44 f.

〔78〕Müller 认为，除了20世纪70年代环境法中规制密度增加外，部分学说认为提升程序的价值也是联邦行政法院"转变方向"的理由，可见 Müller (Fn. 20)，S. 104。相反的发展，可见 v. Danwitz, DVBl. 1993, 422 (423).

〔79〕参见 Mangold/Wahl, Die Verwaltung 48 (2015), 1 (2 f.)；Wollenschläger, VVDStRL 75 (2015), 187 (190 ff.).对于较早的根源，特别是在一般法律中的根源，可见 Schmidt-Aßmann, AöR 142 (2017), 325 (340 ff.).

〔80〕持续性裁判，可见 BVerfGE 37, 132 (141, 148)；46, 325 (334)；49, 220 (225)；51, 150 (156).

12 条第 1 款[81]提出,然后才适用于由第 2 条第 2 款第 1 句、[82]第 16a 条、[83]以及第 2 条第 1 款与第 1 条第 1 款[84]所导出的保护义务。

学术讨论的核心几乎都是 1979 年 12 月 20 日的米尔海姆一凯尔利希裁定(Mülheim-Kärlich-Beschluss)。[85] 作为联邦宪法法院的一个重要的"标志性裁判",该裁定为联邦德国的整个法律发展阶段贴上了"标签"。[86] 在该裁定中,联邦宪法法院认为:

> 原则上,只有实体法规定才具有保护第三人的功能。只有当基础法规范的目的是保障听证权或参与权时,行政程序规定才具有保护第三人的功能。行政程序规定中的通知第三人和第三人参与,明显是为了程序有序推进,目的是使许可机关考虑到与决定相关的所有情形。[87]

与第四庭有关绝对程序瑕疵的裁判不同,[88]联邦宪法法院强调:

> 基本权利保护也可以受到程序设计的深远影响,基本权利不仅影响全部实体法,而且只要程序法对有效的基本权利保护是重要的,那么基本权利也影响程序法。[89]

宪法法院进一步认为:

> 这并不意味着,在核能法的大众程序(Massenverfahren)中,所有的程序瑕疵都必须视为基本权利侵害。但当许可机关无视国家为履行保护《基本法》第 2 条第 2 款法益的职责而制定的程序规定时,就可以认为是基本权利侵害。[90]

---

〔81〕 持续性裁判,可见 BVerfGE 39, 276 (296);44, 105 (119 ff.);45, 422 (430 ff.).

〔82〕 持续性裁判,可见 BVerfGE 52, 214 (219);53, 30 (65).

〔83〕 持续性裁判,可见 BVerfGE 56, 216 (236).

〔84〕 持续性裁判,可见 BVerfGE 63, 131 (143);65, 1 (58 f.).

〔85〕 BVerfGE 53,30.

〔86〕 参见 Bredemeier, Kommunikative Verfahrenshandlungen im deutschen und europäischen Verwaltungsrecht, 2007, S. 296 f.; Brönneke, Umweltverfassungsrecht, 1999, S. 362 ff.

〔87〕 OVG Rh.-Pf., 3.5.1977-I B 15/77-, Rn. 36-juris,可见 BVerwGE 41,58(65).

〔88〕 BVerfGE 53,30 (63 f.)提及了 BVerwGE 41,58 (63 ff.).

〔89〕 BVerfGE 53, 30 (65).

〔90〕 BVerfGE 53, 30 (65 f.).

　　"米尔海姆－凯尔利希理论"得到了学界的普遍赞同,引起了广泛的程序亢奋。[91] 这种程序思维成为国家与"负责任的"公民之间"合作的公益具体化的秩序理念"。[92] 法院权利保护的部分失灵应通过有效的程序保护,或者通过一素来具有指引性的一"主动程序地位"[93]进行弥补。在米尔海姆－凯尔利希裁定之后,出现了大量以行政程序与基本权利保护为主题的文献。[94] 除了程序中的基本权利保护(Grundrechtsschutz im Verfahren)外,[95]通过程序的基本权利保护(Grundrechtsschutz durch Verfahren)的理念也获得了关注。然而,也有人警告,不要过早地诉诸基本权利,而且宪法规定的程序制度是优先从法治国家原理中推导而来的。[96]

　　第三阶段末期达成的共识是,基于宪法的决定,应确保最低限度的程序

---

〔91〕 对此的详细报告,可见 Pünder (Fn. 4), § 13 Rn. 7.

〔92〕 Schmidt-Aßmann, in: Isensee/Kirchhof (Hrsg.), HStR, Bd. V,3. Aufl. 2007, § 109 Rn. 4.

〔93〕 Häberle 的观点具有基础性,因此也为米尔海姆－凯尔利希裁定提供了理论准备,Häberle, VVDStRL 30 (1971), 43 (80, 86 ff.). "主动程序地位"在之后,直至现在都被广泛认可,代表性的立场,参见 Stober, in: Wolff/Bachof/ders./Kluth, Verwaltungsrecht I, 13. Aufl. 2017, § 32 Rn. 23 f. 在米尔海姆－凯尔利希裁定之前阶段,具有开拓性的,也可见 EuGRZ 1978, 427 (434 ff.).

〔94〕 这里无法列举全部文献,首先要列出一些基础性的专著:Goerlich, Grundrechte als Verfahrensgarantien, 1981; Held, Der Grundrechtsbezug des Verwaltungsverfahrens, 1984; Hill, Das fehlerhafte Verfahren und seine Folgen im Verwaltungsrecht, 1986; Hufen, Fehler im Verwaltungsverfahren, 1. Aufl. 1986; Lerche/Schmitt Glaeser/ Schmidt-Aßmann, Verfahren als staats-und verwaltungsrechtliche Kategorie, 1984. 当时重要的文章包括 Bethge, NJW 1982, 1; Grimm, NVwZ 1985, 865; ders., JZ 1986, 30; Hufen, NJW 1982, 2160; ders., DVBl. 1988, 69; Laubinger, VerwArch 73 (1982), 60; Ossenbühl, DÖV 1981, 8; ders., NVwZ 1982, 465; Redeker, NJW 1980, 1593. 也可参见 Geist-Schell, Verfahrensfehler und Schutznormtheorie, 1988; Hoffmann-Riem, VVDStRL 40 (1982), 187 (211 ff., 220 ff.); Kunig, Das Rechtsstaatsprinzip, 1986, S. 373 ff.; Pietzcker, VVDStRL 41 (1983), 193 (207 ff.); Wahl, VVDStRL 41 (1983), 151 (166 ff.). 总结性的介绍,可见 Bredemeier (Fn. 89), S. 276 ff.; Schuppert, Verwaltungswissenschaft, 2000, S. 791 ff.

〔95〕 富有启发性的:Held (Fn. 94), S. 64 f., 161 ff., 241.

〔96〕 Schmidt-Aßmann (Fn. 92), § 109 Rn. 28 提及了 BVerfGE 60, 253 (297);也可参见 ders., AöR 142 (2017), 325 (347). 基于不同理由对基本权利为程序加载进行批评,可见 Laubinger, VerwArch 73 (1982), 60 (83 ff.); Rauschning, DVBl. 1980, 831 (832); Dolde, NVwZ 1982, 65 (68 ff.); Ossenbühl, DÖV 1981, 8 (9); Schenke, VBlBW 1982, 313(319).

标准,[97]但并非所有的程序违法都能被视作基本权利侵害。[98]

五、第四阶段:第七庭的相对程序权及其与第四庭裁判之间的关系

作为对米尔海姆—凯尔利希裁定的回应,第七庭在第四阶段提出了旨在尽可能实现实体法的相对程序权。据此,在诉权方面,程序瑕疵的主观法意义取决于,从原告的主张中能否得出,若侵害未明显且一义性地被排除,程序瑕疵是否有可能影响原告的实体法律地位。[99] 相对程序权的作用只是减轻原告在主张实体权利受影响方面[100]的证实责任(Substantiierungslast),但相对程序权却不能成立独立诉权。[101] 在理由具备性方面,撤销请求权的存在至少需要,程序瑕疵具有影响实体决定的具体

〔97〕 典范性的裁判是 BVerfGE 56, 216 (242). 文献中的观点: Ramsauer (Fn. 8), Einführung I Rn. 21; Hufen, NJW 1982, 2160 (2168); Ossenbühl, NVwZ 1982, 465(470).

〔98〕 Grimm, NVwZ 1985, 865 (870 f.); Kloepfer, Umweltrecht, 4. Aufl. 2016, § 8 Rn. 69; Hill (Fn. 94), S. 233 ff. ; Schoch, Die Verwaltung 25 (1992), 21 (26).

〔99〕 BVerwGE 61, 256 (275); 75, 285 (291 f.); 85, 368 (375); OVG NRW, ZUR 2008, 97; Breuer, FS Sendler, 1991, S. 382 (387 f.); Held, DVBl. 2016,12 (14); Schoch (Fn. 2), Rn. 170 f. ; 也可见 Ladenburger (Fn. 3), S. 361, 371; Quabeck (Fn. 6), S. 57 ff. 有太过限制性的观点认为,立法者必须"以突出的、适格的方式"承认程序权,可见 Wahl/Schütz (Fn. 17), Rn. 78. 有学者对此进行了合理批评,可见 Hufen/Siegel, Fehler im Verwaltungsverfahren, 5. Aufl. 2013, Rn. 850; Scherzberg, in: Ehlers/Pünder (Hrsg.), Allgemeines Verwaltungsrecht, 15. Aufl. 2016, § 12 Rn. 24. 目前仅在核能法(BVerfGE 53, 30 [59 ff.]; BVerwGE 61, 256(275); 75, 285 (291 f.)以及《联邦污染防治法》第 10 条第 2 款第 2 句(BVerwG, NJW 1983, 1507(1508); BVerwGE 85, 368(373 ff.))中,将程序地位定性为具有保护第三人的性质(相对程序权),参见 Sparwasser/Engel/Voßkuhle (Fn. 60), § 5 Rn. 16.

〔100〕 BVerwGE 75, 285 (291 f.); 117, 93 (115); BVerwG, NJW 1983, 1507 (1508); Schmidt-Preuß (Fn. 42), S. 566; Schwerdtfeger, Der deutsche Verwaltungsrechtsschutz unter dem Einfluss der Aarhus-Konvention, 2010, S. 76; Sparwasser/Engel/Voßkuhle (Fn. 60), § 5 Rn. 16; Wahl/Schütz (Fn. 17), Rn. 75.

〔101〕 Held, DVBl. 2016, 12 (15); Quabeck (Fn. 6), S. 56 f. , 70. 至少对于处于欧洲化背景下的环境法来说,这一点是值得怀疑的,可见本文第七部分。

可能性;不同决定的单纯的抽象的可能性并不足够。[102]

　　第七庭与第四庭在程序权的推导和审查方案方面[103]存在根本差异。[104] 第四庭否认从实体法中推导主观程序权,并致力于将程序权的重要考量与实体法脱钩。[105] 而第七庭则明确接续了米尔海姆—凯尔利希裁定,[106]并由此发展出一套体系。这一体系包含了区分化的审查方案,既具有灵活性,也更利于实现个案正义。比如,根据第七庭为相对程序权设置的条件,肯定性诉权开放了容许性层面的权利保护。但在理由具备性层面,由于实体决定的因果关系有具体可能性的要求,这可以提供一种修正机会,从而给法院留下了充足的余地。相反,如果按照第四庭的做法,那么就不存在类似余地,侵害绝对程序权会直接导致诉讼具备理由。

　　第七庭提出的相对程序权理论在联邦行政法院内部被广泛接受;第九庭[107]和第十一庭[108]尤其支持该理论。但第四庭的绝对程序权理论并未获得这种待遇。[109] 文献中,尽管第七庭和第四庭的构想不同,但是二者融合成为由相对程序权与绝对程序权共同组成的具有层级次序的统一体系。[110]

---

　　[102] BVerwGE 100, 238 (252); 141, 171 Rn. 68; BVerwG, NVwZ 1996, 1011; 2015, 79 Rn. 7; 2016, 844 Rn. 39; Held, NVwZ 2012, 461 (463 f.); Schoch (Fn. 2), Rn. 302; Sparwasser/Engel/Voßkuhle (Fn. 60), § 4 Rn. 202;更为严格的是 BVerwG, NVwZ 2004, 1486 (1488):不同决定的"具体的盖然性";Schmidt-Preuß (Fn. 42), S. 526 的观点并不相同(有"充分的盖然性"来证明,合理地推进程序会改善第三人的实体法律地位)。

　　[103] Quabeck (Fn. 6), S. 54 (m. Fn. 238), 60; Wahl/Schütz (Fn. 17), Rn. 74.

　　[104] 参见本文第三部分。

　　[105] 参见 Greim 对此的批评,Greim (Fn. 39), S. 41 ff. (45); Müller (Fn. 20), S. 198 f.

　　[106] BVerwGE 61, 256 (275).

　　[107] BVerwG, NuR 2013, 184 Rn. 14; NVwZ 2014, 365 Rn. 3; BVerwG, BeckRS 2012, 50133 Rn. 6 f 承认了第 4 庭有关绝对程序权的构想。

　　[108] BVerwG, NVwZ-RR 1999, 725 (726).

　　[109] 参见 BVerwG, NVwZ-RR 1999, 556. 整体性介绍,也可见 Baumeister, Der Beseitigungsanspruch als Fehlerfolge des rechtswidrigen Verwaltungsakts, 2006, S. 64 f.; Quabeck (Fn. 6), S. 54.

　　[110] 参见 Müller (Fn. 20), S. 87 ff.; Wahl/Schütz (Fn. 17), Rn. 73 f.; Kleesiek, Zur Problematik der unterlassenen Umweltverträglichkeitsprüfung, 2010, S. 49.

六、第五阶段:程序在加速立法中贬值

20 世纪 90 年代,对程序的认识进入到清醒阶段。主要是在政治层面,许可程序(特别是与德国统一有关的基础设施项目)被认为有可能会造成不当延误,危及德国的经济地位。[111] 于是,讨论的重点转向加速、放松规制、瘦身国家、私有化与全球化等等。在这种"时代潮流"的推动下,立法者在 20 世纪 90 年代明确规定了大量没有公众参与的许可程序,[112] 将预防性的许可保留转变为单纯的通知义务(Anzeigepflicht)或者登记保留(Anmeldevorbehalt)。[113] 与此同时,针对行政决定的法律保护——特别是程序法方面的法律保护——受到限缩。这主要涉及一在功能上对《联邦行政法院法》第 44a 条第 1 句进行补充的——瑕疵治愈规定和可忽略不计规定的扩张;[114] 新《联邦行政程序法》第 45 条第 2 款规定,原则上,在最后事实审之前,第 1 款所列的程序瑕疵都可被治愈。[115] 由于加入了明显性标准,程序瑕疵(《联邦行政程序法》第 46 条)可忽略不计的条件进一步

---

[111] 参见 Bericht der Unabhängigen Expertenkommission zur Vereinfachung und Beschleunigung von Planungs - und Genehmigungsverfahren, in: Bundeswirtschaftsministerium (Hrsg.), Investitionsförderung durch flexible Genehmigungsverfahren, 1994, S. 37 ff., 171 ff. 总结性的介绍,可见 Kahl, VerwArch 95 (2004), 1 (6 ff.).

[112] 只有《交通道路规划加速法》(1991)、《便利投资和居住用地法》(1993)、《规划简化法》(1993)和《许可程序加速法》(1996)。对此,可见 Pünder (Fn. 4), § 13 Rn. 8; Schmitz/Wessendorf, NVwZ 1996, 955.

[113] 这主要涉及的是各州的建筑法,参见 Ortloff, NVwZ 1995, 112.

[114] 由此产生了诸多规定,这些规定广泛地屏蔽了程序违法行为的后果,从而使程序权利保护边缘化,而且对宪法和欧盟法的框架规定关注太少,这一点受到了批评。可见 Ekardt, NVwZ 2012, 530(532); Hatje, DÖV 1997, 477; Hufen, JuS 1999, 313; Kluth (Fn. 1), § 58 Rn. 13; Quabeck (Fn. 6), S. 61 ff.; Schmidt-Aßmann, DVBl. 1997, 281 (288); Wahl, DVBl. 2003, 1285 (1292); Jochum, Verwaltungsverfahrensrecht und Verwaltungsprozessrecht, 2004, S. 144 ff.

[115] 例外情形下,如果决定作出后,程序行为的目的无法实现(比如环境影响评价的情形),那么这一规定并不适用,参见 BVerwGE 131, 352 Rn. 26.

松动。[116]

与立法层面的发展相对应,司法裁判根据程序的服务功能对主观程序权进行狭义解释,而对治愈可能性或忽略不计规定的解释则较为宽松。[117]因此,《联邦行政程序法》第45条第1款被类推适用于该条未提及的程序瑕疵(如公众未参与),[118]或者——与文义相反——将瑕疵与结果之间积极因果性所需的"具体可能性"解读到《联邦行政程序法》第46条之中。[119]除了核能程序法外,联邦行政法院几乎没有接受米尔海姆—凯尔利希裁定的程序友好型方法。

七、第六阶段:主观程序权理论的国际化与欧洲化

早在2005年,普罗伊斯就认为,"程序权面临的巨大挑战与创新的型塑过程不是自制的(hausgemacht),而是国际法与欧洲法发展的结果"。[120]他的判断是正确的,现在更加适用。[121]

"通过欧洲化的程序化"已经持续30多年,它可细分为两个阶段:第一个阶段是德国程序法的欧洲化("欧洲化Ⅰ"),这开始于20世纪80年代中期,主要与《环境影响评价指令》(UVP-Richtlinie [1985])、[122]《污染预防和

---

[116] 在文献中,这种由效率驱动的程序瑕疵后果的相对化受到了批评,代表性的文献为Hufen/Siegel (Fn. 99), Rn. 918 ff. , 934 ff. , 978 ff. ;积极进行反对的是 Schmidt-Preuß, NVwZ 2005, 489 (492).

[117] Schoch, Die Verwaltung 25 (1992), 21 (41 ff.); Erbguth, DÖV 2009, 921 (927 ff.).

[118] BVerwGE 131, 352 (359); OVG NRW, NVwZ-RR 1995, 314; DVBl. 2010, 719 (720).

[119] BVerwGE 98, 339 (361 f.); 130, 83 (94 f.); 141, 171 Rn. 68; BVerwG, NVwZ 2012, 448 Rn. 39; 2015, 79 Rn. 7; 2016, 844 Rn. 39.

[120] Schmidt-Preuß, NVwZ 2005, 489 (492).

[121] 同样立场,参见 Gurlit, VVDStRL 70 (2011), 227 (267):"欧洲法再次提供了现代化的潜力"。

[122] 之后是《环境影响评价修改指令》(1997)。对整体进行说明的是 Saurer (Fn. 6), S. 336 ff.

控制综合指令》(IVU-Richtlinie [1996])[123]有关。[124] 第二个阶段,也是更强化的阶段("欧洲化 II"),始于 2000 年。之后持续的"程序权的复兴",[125]一方面是由《环境影响评价修订指令》和《战略环境评价指令》(SUP-Richtlinie [2001])转化为德国法(条款立法 Artikelgesetz [2001],《建筑法典适应欧盟指令条例》Europarechtsanpassungsgesetz Bau[2004])而引发的。[126] 强制程序化的主要引擎是《奥尔胡斯公约》(1998)[127]和《欧盟公众参与指令》(2003)。[128] 在落实《奥尔胡斯公约》第 9 条第 2 款时,[129]《欧盟公众参与指令》吸纳了《环境影响评价指令》第 10a 条(现在为第 11 条)和《污染预防和控制综合指令》第 15a 条(现在为《工业排放指令》第 25 条),而这些指令由——其后多次修正的——《环境权利救济法》(2006)转化到德国

---

[123] 之后是 2008 年版(Richtlinie 2008/1/EG),现在称为《工业排放指令》(RL 2010/75/EU).

[124] 相较之下,《环境信息指令》(1990/2003)或者为执行该指令而颁布的《环境信息法》严格来说不属于这种情况,因为《环境信息法》第 3 条规定的是实体请求权。

[125] Ziekow, NVwZ 2005, 263.

[126] Schmidt-Preuß, NVwZ 2005, 489 (490); Schmidt-Aßmann (Fn. 2), Kap. 6 Rn. 150; 关于战略环境评价:Schink, NVwZ 2005, 615.

[127] 正如 Saurer 正确指出的那样,《奥尔胡斯公约》再次将程序主观化"提高到新的水平",Saurer (Fn. 6), S. 339. 也可参见 Karge, Das Umwelt-Rechtsbehelfsgesetz im System des deutschen Verwaltungsprozessrechts, 2010, insbes. S. 90 ff.; Wiesinger, Innovation im Verwaltungsrecht durch Internationalisierung, 2013, S. 31 ff., 117 ff., 199 ff., 322 ff.

[128] 概览性介绍:Guckelberger, JA 2014, 647 (651 ff.).

[129] 《奥尔胡斯公约》第 9 条第 3 款的潜力不仅有利于社团(关键词:根据《联邦行政法院法》第 42 条第 2 款后半句的检察官式的诉权;对此:BVerwGE 147, 312 Rn. 46; Masing, GVerwR I (Fn. 13), Rn. 112 ff., 119, 128; Schmidt-Aßmann (Fn. 3), S. 113 ff。太过宽泛的是 Franzius, EurUP 2014, 283 (288 ff., 290 ff.);相关批评,可见 Kahl, JZ 2014, 722 (730);不同观点,可见 Schlacke, NVwZ 2014, 11 (16),而且在理论上也建立了有利于个人的新的主观程序权,可见 Gärditz, NVwZ 2014, 1 (6); Held, DVBl. 2016, 12 (17); Schink, DÖV 2012, 622 (624);总结性的介绍,可见 Seifert, ZEuS 2016, 49. 更详细地研究这个问题是一个单独的话题。然而,至少应该指出,《奥尔胡斯公约》第 9 条、《环境影响评价指令》第 11 条,根据其文义和体系,(仅)允许环境社团的单方特权,对个人构成不平等对待,正确的说法是这种不平等对待是"体系所固有的",参见 Skouris, DVBl. 2016, 937(942).

法中。此后,通说认为,[130]《环境权利救济法》第 4 条(与第 3 款和第 1 款相结合)规定了一个特别条款,它免除了根据《联邦行政程序法》第 46 条的因果性审查和违法性关联。由此,通过确定绝对的撤销请求权,该条在理由具备性层面使得《环境权利救济法》第 4 条第 1 款所提到的程序瑕疵成为绝对程序瑕疵。然而,司法裁判[131]以及文献[132]中存在的一种强烈的反对意见,不想只在理由具备性阶段对于程序瑕疵进行——一种破坏体系的[133]——"被裁减了的"绝对化,而是也希望在容许性阶段(《联邦行政法院法》第 42 条第 2 款后半句),赋予《环境影响评价指令》第 11 条和《工业排放指令》第 25 条适用范围内的所有程序规定以绝对程序权的性质。此外,这也具有事实上的"溢出"效果,至少对环境法来说是这样。[134]《环境权利救济法》的形

---

[130]　BVerwG, NVwZ 2012, 573 Rn. 20 ff.; BauR 2013, 2014 Rn. 10; NVwZ 2014, 367 Rn. 21 ff.; BVerwGE 148, 353 Rn. 41; 151, 138 Rn. 34 f.; BVerwG, NVwZ 2016, 308 Rn. 23; VGH BW, NVwZ-RR 2014, 634 Rn. 41 ff. (45, 50); 30. 10. 2014-10 S 3450/11-juris, Rn. 40; BayVGH, ZUR 2017, 309 (310); HessVGH, 2. 3. 2015, Az. 9 B 1791/14, Rn. 9 - juris; OVG Nds., NuR 2013, 132 (133); Appel, NVwZ 2010, 473 (477 ff.); Beier, UPR 2016, 48; Haller, VBlBW 2017, 133 (141); Held, DVBl. 2016, 12 (19); Kment/Lorenz, EurUP 2016, 47 (54 f.); Ludwigs, NVwZ 2016, 314 (315); Rennert, DVBl. 2015, 793 (796); Siegel, DÖV 2012, 709 (715).

[131]　OVG NRW, NWVBl. 2014, 472 (473 f.); ZUR 2015, 492 (493 ff.); OVG LSA, NVwZ 2009, 340 (341); VG Aachen, EurUP 2015, 70 Rn. 11 ff.

[132]　Franzius, UPR 2016, 281 (291); Gärditz, JuS 2009, 385 (390); ders. (Fn. 3), S. D 84; ders., NVwZ 2014, 1 (3); Gurlit, VVDStRL 70 (2011), 227 (267 m. Fn. 188); Kahl, JZ 2016, 666 (668 f.); Keller, NVwZ 2017, 1080 (1081); Kment, NVwZ 2007, 274 (276, 279); Murswiek/Ketterer/Sauer/Wöckel, Die Verwaltung 44 (2011), 235 (259 f.); Ogorek, NVwZ 2010, 401 (402 f.); Sauer, ZUR 2014, 195 (200); Scherzberg (Fn. 99), Rn. 26; Schlacke, ZUR 2006, 360 (362); dies., NVwZ 2014, 11 (15); dies., in: Gärditz (Hrsg.), VwGO, 2013, § 4 UmwRG Rn. 42; Schlecht, Die Unbeachtlichkeit von Verfahrensfehlern im deutschen Umweltrecht, 2010, S. 223 ff.; Schmidt/Kahl/Gärditz (Fn. 1), § 5 Rn. 24, 35 f.; Schoch (Fn. 2), Rn. 172 f.; Seibert, NVwZ 2013, 1040 (1045); Steiger, VerwArch 107 (2016), 497 (517); Ziekow, NVwZ 2007, 259 (261); ders., NuR 2014, 229 (234).

[133]　参见 Greim (Fn. 39), S. 120; Seibert, NVwZ 2013, 1040 (1045); Steiger, VerwArch 107 (2016), 497 (520). 然而通说将其与《联邦行政法院法》第 47 条进行比较,参见 Held, DVBl. 2016, 12 (18).

[134]　参见 Gärditz, Gutachten 71. DJT, 2016, S. D 84,Gärditz 称之为"对于整个程序权利保护的辐射效果",但这主要是指《联邦行政程序法》第 46 条。

成史（或其修正案[135]）在这方面并不明确，[136]而且由于缺少机会，欧盟法院也尚未就这一问题表达立场。[137] 欧盟法院间接的相关裁判[138]仍有待解释。立法层面"欧洲化第二阶段"的最后一块基石是，在 2011 年制定并于 2014 年 4 月 16 日修订的《环境影响评价指令》。2017 年 5 月 4 日，德国通过法律转化实施该指令，但在程序权方面没有任何重大创新。[139]

当然，欧洲化阶段不仅涉及立法，[140]而且也伴随着欧盟法院关于直接执行的司法裁判（欧盟自主行政法，可见《欧盟运行条约》第 263 条第 2 款："违反重要的程序规定"），这大体上可被总结如下：欧盟法院比德国行政法院更慷慨地承认绝对（独立可诉的）程序权。[141] 具体而言，根据欧盟法院的裁判，如果程序规定承认个人的参与权，或者强制性的程序进程以保护人格化的法益为目的，[142]那么个人可以援用该程序规定。如果欧盟法规定可以直

---

[135]　Schlacke, ZUR 2013, 195; dies., UPR 2016, 478（480 ff.）；新的修正：G. zur Anpassung des UmwRG und anderer Vorschriften an europa-und völkerrechtliche Vorgaben v. 29. 5. 2017, BGBl. I S. 1298; Schlacke, NVwZ 2017, 905（第 910 页有专门针对《环境权利救济法》第 4 条的讨论）。

[136]　通说援引的是 BT-Drs. 16/2495, S. 7 f., 14; BT-Drs. 17/10957, S. 17, 相反观点援引的是 BT-Drs. 16/2495, S. 13; BT-Drs. 17/10957, S. 17.

[137]　有待法院澄清：Hofmann, Die Verwaltung 50（2017），247（252）；此外也有学者对于欧盟法院进行批评，Dietz, UPR 2016, 469（474）。

[138]　EuGH, Rs. C-201/02, Slg. 2004, I-723 Rn. 54 ff., 62 ff.（Wells）；Rs. C-72/12, NVwZ 2014, 49 Rn. 46 ff., 52 ff.（Altrip）；Rs. C-570/13, DVBl. 2015, 767 Rn. 36 ff., 46, 50 （Gruber）；Rs. C-137/14, NVwZ 2015, 1665 Rn. 31 ff., 54 ff., 60 ff.（Kommission/ Deutschland）。

[139]　概览性介绍：Battis/Mitschang/Reidt, NVwZ 2017, 817; Schmidt/Kahl/Gärditz（Fn. 1），§ 4 Rn. 76 ff.（78）。

[140]　欧盟立法者越来越多地创设绝对程序权，以及其中所表达的欧盟程序自身价值的增加，可见 Schoch, VBlBW 2013, 361（369 f.）。

[141]　虽然在细节上有所差异，但是原则上和通说一致，参见 Classen, NJW 1995, 2457 （2459）；Gärditz（Fn. 134），S. D 83; Guckelberger（Fn. 12），S. 158 ff.; Kahl, VerwArch 95 （2004），1（23 f.）（关于听证权和说明理由的义务）；Kluth（Fn. 1），§ 58 Rn. 40; Lepsius, Die Verwaltung, Beih. 10, 2010, 179（186）；Mangold/Wahl, Die Verwaltung 48（2015），1（11）； Ramsauer（Fn. 8），§ 46 Rn. 5a; Saurer（Fn. 6），S. 375 ff.; Schlacke, NVwZ 2014, 11（17）； Schmidt/Kahl/Gärditz（Fn. 1），§ 5 Rn. 24; Schoch（Fn. 2），Rn. 173; Steiger, VerwArch 107 （2016），497（516, 518 f.）；Wahl（Fn. 40），Rn. 122 ff.; Wollenschläger, VVDStRL 75（2016）， 187（226 ff.），但他也警告要避免夸大其词。

[142]　Epiney/Sollberger（Fn. 17），S. 280; Guckelberger（Fn. 12），S. 158 ff.; Winter, NVwZ 1999, 467（470）；也可参见 Kment, NVwZ 2012, 481（482）；不同观点，可见 Saurer（Fn. 6），S. 336 ff.; Epiney, EurUP 2017, 223（232 f.）。

接适用该程序规定,那么无需考虑成员国的程序自治,这些程序规定必须基于等价原则(Äquivalenzprinzip),特别是有效性原则(Effektivitätsprinzip),[143]在成员国法中也可实施,[144]即程序规定必须能够成立单独诉权。因此,至少在环境法中,即使按照欧盟法的解释,相对程序权原则上也并不足够,绝对程序权需要更广泛地获得承认。[145]

八、总结

本文的历史之旅表明,德国主观程序权的教义学并非一成不变,它不断变化发展,有时也具有周期性。迄今为止,德国教义学毋宁是以犹豫的或者"最低限度的"姿态来应对外部的"刺激"(宪法化、欧洲化)。[146] 然而,尽管有路径依赖[147](如程序的服务功能[148]),[149]但德国教义学仍展现出一定的开放性、灵活性[150]和适应性。这种适应性未来在合乎欧盟法的解释、特别

---

〔143〕 参见《欧盟条约》第 4 条第 3 款、第 19 条第 1 款和第 2 款。关于等价原则和有效性原则:Franzius, in: Pechstein/Nowak/Häde(Hrsg.), Frankfurter Kommentar EUV - GRC - AEUV, 2017, Bd. I, Art. 4 EUV Rn. 124 ff., 139; Kahl, in: Calliess/Ruffert (Hrsg.), EUV/AEUV, 5. Aufl. 2016, Art. 4 Abs. 3 EUV Rn. 65, 79 ff. 与成员国程序自治之间的紧张关系,可见 Saurer (Fn. 6), S. 325 f.

〔144〕 也可参见 Fehling (Fn. 6), Rn. 59; Franzius (Fn. 143), Art. 4 EUV Rn. 138 f., 141; Gärditz (Fn. 134), S. D 78 f.; Sommermann, DÖV 2002, 133 (133 f.); 也可见 Classen, in: Schulze/Zuleeg/Kadelbach (Hrsg.), Europarecht, 3. Aufl. 2015, Rn. 107, 113.

〔145〕 Kahl/Ohlendorf, JA 2011, 41 (43); Hofmann, Die Verwaltung 50 (2017), 247 (251 f.) 可能也持这种立场。不同观点,Greim (Fn. 39), S. 243 ff.:对相对程序权进行合乎欧盟法的解释。

〔146〕 Hofmann 批评其为"防御姿态",可见 Hofmann, EurUP 2015, 266 (271).

〔147〕 关于法中发展路径的构想,可见 Wahl, JZ 2013, 369;也可参见 Volkmann、Münkler 和 Hartmann 的文章,in: Wagner u. a. (Hrsg.), Pfadabhängigkeit hoheitlicher Ordnungsmodelle, 2016, 27; 29; 71.

〔148〕 BVerwGE 64, 325 (331 f.); 92, 258 (261), 自那之后直至现在都是持续性裁判。

〔149〕 Schlacke 的观点可能有点太过宽泛,可见 Schlacke, NVwZ 2014, 11 (17):在欧洲法中,"行政程序的服务功能"被"结果合法化的功能"所"取代"。与其说是"取代",不如说是"强化补充"。

〔150〕 同样也适用于保护规范理论,Schmidt - Aßmann, Verwaltungsrechtliche Dogmatik, 2013, S. 110 f.; Schoch (Fn. 2), Rn. 139, 173a;《基本法》第 19 条第 4 款第 1 句也为立法者在确定诉权主体方面留下了充分的灵活性,参见 BVerfGE 22, 106 (110); Kloepfer (Fn. 98), § 8 Rn. 44; Skouris, NVwZ 1982, 233 (233 f.).

是合乎指令的解释方面是不可或缺的。如果理解得当,这种适应性也是为了欧洲行政法的协调性,超越之前适应欧洲法的"最低限度的"策略("一对一"),以积极的方式接纳欧盟层面程序友好型价值("溢出"效果)。程序的基本目的是实现实体法,只要不将它与错误的、程序低价值的观点联系起来,那么它就不必也不应被改变。[151] 不论国际法、欧洲法和宪法的影响如何,[152] 未来仍然不可能仅从程序法中推导出实体的主观公权利。[153] 即便不改变德国诉权(保护规范理论[154])或者撤销请求权(违法性关联)[155]教义学,甚至不必放弃权利受侵害者诉讼(《基本法》第 19 条第 4 款第 1 句)而采

---

[151] 施密特－普罗伊斯早就正确指出了这一点,Schmidt-Preuß, NVwZ 2005, 489 (490).

[152] 在不考虑实体法的条件下,从基本权利(具体而言,就是《基本法》第 2 条第 2 款第 1 句)中,无法得出绝对的撤销请求权,可见 BVerfG, NVwZ-RR 2000, 487; Held, NVwZ 2012, 461 (464); Schmidt-Preuß, DVBl. 2000, 767 (771);不同观点,可见 Scherzberg (Fn. 99), Rn. 26; Appel/Singer, JuS 2007, 913 (916).

[153] Schmidt-Preuß (Fn. 42), S. 174 f., 520. 关于核能法,也可参见 BVerwG, NVwZ 1989, 1168.

[154] 保护规范理论也适用于程序权,尽管在针对个人利益的保护目的方面,有关程序权的解释经常很困难,可见 Held, DVBl. 2016, 12 (14); Kluth (Fn. 1), § 43 Rn. 17 f.; Schmidt-Aßmann (Fn. 150), S. 122. 也正因此,施密特－普罗伊斯提出的"利害调整公式"仍然有用,特别是考虑到宪法友好型和欧洲法友好型、合乎欧盟法解释,关于基本权利对于一般法律的程序规范的效力,可见 Schmidt-Preuß (Fn. 42), S. 41 ff., 49 ff.; Schmidt-Aßmann, in: Maunz/Dürig, GG, Stand: Dez. 2016, Art. 19 Abs. 4 Rn. 123 ff.; Wahl, DVBl. 1996, 641 (642, 647 f.); Ramsauer, AöR 111 (1986), 501 (527 ff.); Huber, Konkurrenzschutz im Verwaltungsrecht, 1991, S. 278 ff.

[155] EuGH, Rs. C-137/14, NVwZ 2015, 1665 Rn. 32 ff. (Kommission/Deutschland); Ludwigs, NJW 2015, 3484 (3485).

用利益者诉讼模式(Interessentenklagemodell),[156]德国与欧盟程序法也呈相互趋同之势(施密特－普罗伊斯称之为"接近"[157])。[158] 借助初级法的有效性原则、次级法的规定和欧盟法院的慷慨裁判,这种趋同之势会导致,在德国间接执行欧盟法的领域中,至少在环境法领域中,[159]要谨慎地提升绝对程序权的价值。[160] 但这并不意味着范式转换,即程序权在未来具有纯粹的独立价值,被界定为"绝对的"主观权利。[161] 换句话说,受到欧盟法的影响,虽然主观程序权是为了实现实体法这种立场在特定领域中有所松动,但是主观程序权对于实体法的附属性未被消除。[162] 原则上,仍不存在可独立

---

[156] 如 Epiney, VVDStRL 61 (2002), 362 (413); Fellenberg, AnwBl. 2016, 648 (649); Frenz, NuR 2015, 832 (833); Gärditz, NVwZ 2014, 1 (3); ders. (Fn. 134), D 20 ff. (D 27 f.), D 84; Guckelberger (Fn. 12), S. 67 ff. (69 ff.), 165 f.; Kahl, VerwArch 95 (2004), 1 (29, 34 ff.); Kluth (Fn. 1), § 43 Rn. 27 ff.; Schmidt-Preuß, NVwZ 2005, 489 (494 f.)(提到了根据《环境影响评价指令》第 11 条第 1 款、《工业排放指令》第 25 条第 1 款的"选择模式");Rennert, DVBl. 2015, 793 (797 ff.); Schmidt-Aßmann, EurUP 2016, 360 (366); Schoch (Fn. 2), Rn. 161, 173a; ders., VBlBW 2013, 361 (365); Stern, JuS 1998, 769 (771); Wahl (Fn. 40), Rn. 128; Wollenschläger, VVDStRL 75 (2016), 187 (224 ff.); Steiger, VerwArch 107 (2016), 497 (524); Ziekow, NuR 2014, 229 (234);在诉权方面也是如此,但在违法性关联方面则不同,可见 Hofmann, Die Verwaltung 50 (2017), 247 (251 f., 263 ff.). Schlacke 将保护规范理论整合到利益者诉讼之中,可见 Schlacke, DVBl. 2015, 929;也可参见 Kluth, a. a. O., § 43 Rn. 29 ("利益者规范理论");Berkemann 认为应支持利益者诉讼,告别权利受侵害者诉讼(保护规范理论),可见 Berkemann, DVBl. 2011, 1253 (1257, 1261); Bruckert, NuR 2015, 541 (546); Classen (Fn. 12), S. 82 ff.; Ekardt, NVwZ 2012, 530 (534); Epiney, EurUP 2017, 223 (232 f.); Wegener, JZ 2016, 829 (833); ders. (Fn. 14), S. 284 f.; Winter, NVwZ 1999, 467 (472 f.). 关于权利受侵害者诉讼和利益者诉讼之间的区分:Epiney, NVwZ 2014, 465 (467 f.); Kloepfer (Fn. 101), § 8 Rn. 40 ff.;基础性介绍,可见 Skouris, Verletztenklagen und Interessentenklagen im Verwaltungsprozess, 1979.

[157] Schmidt-Preuß, NVwZ 2005, 489 (493). Kahl, VerwArch 95 (2004), 1 (29 ff., 31 ff.) 同样早已指出这一点。

[158] 参见 Epiney/Sollberger (Fn. 17), S. 303 ff.; Groß, Die Verwaltung 33 (2000), 415 (432 ff.); Huber, in: v. Mangoldt/Klein/Starck (Hrsg.), GG, Bd. 1, 6. Aufl. 2010, Art. 19 Abs. 4 Rn. 544 f.; Schwarze, DVBl. 1996, 881; Sommermann, DÖV 2002, 133 (139 ff.).

[159] Jarass (Fn. 4), S. 473; Saurer (Fn. 6), S. 376 f.; Schoch (Fn. 2), Rn. 172 ff. (173a).

[160] Gärditz (Fn. 134), S. D 79 在不同语境中提到了"欧盟法的温和的履行压力"与"某些重点转移",而不是"功能变迁"。这种说法也适用于本文的研究对象。

[161] 与之相反,一般性并且也具有合理性的观点,可见 Scherzberg (Fn. 99), Rn. 24; Schmidt-Aßmann (Fn. 154), Art. 19 Abs. 4 GG Rn. 151; Schoch, VBlBW 2013, 361 (368).

[162] Siegel (Fn. 10), Rn. 224 f.; Steinbeiß-Winkelmann, NJW 2010, 1233 (1235)则太过宽泛。

实施的程序权,[163]但相对程序权与绝对程序权之间的关系将"更多地向后者偏移"。[164]

九、展望

关于欧盟主观程序权与德国主观程序权教义学之间相互的[165]趋同过程,目前有以下四个问题尚待解决:

首先,源自《环境权利救济法》第 4 条第 3 款和第 1 款的绝对诉权。欧盟法院会接受联邦宪法法院目前限制程序权的(强调[166]成员国程序自治[167]以及以"限制欧洲化"为目标的)司法实践吗?也就是将《环境权利救济法》第 4 条第 3 款和第 1 款的效果仅仅限制在理由具备性层面,排除作为《联邦行政程序法》第 46 条特别规定的、[168]绝对的(不依赖于结果的)制裁请求权?还是说欧盟法院认为这种做法违反了《奥尔胡斯公约》第 9 条第 2 款、《环境影响评价指令》第 11 条第 1 款(以及程序法的合法性)、第 3 条第 1 句(目标是保障受影响的公众广泛的进入法院)以及有效性原则?[169] 即使在纯粹对于成员国法进行解释的过程中,联邦行政法院的立场也不能让人充分信服。特别是《环境权利救济法》第 4 条第 3 款规定,能够进行法律

---

[163] 这向来是通说,参见 BVerwGE 85, 368 (377);98, 339 (361 f.);BVerwG, NVwZ-RR 1999, 556;v. Danwitz, DVBl. 1993, 422 (423);Schoch (Fn. 2), Rn. 170;Wahl/ Schütz (Fn. 17), Rn. 73;Müller (Fn. 20), S. 101.

[164] Guckelberger (Fn. 12), S. 166. 也可参见 dies., Verhandlungen des 71. DJT, Bd. II/1, 2017, S. N 52 f.

[165] 在欧洲行政诉讼法领域,特别是程序权领域,这种趋同过程不是单向的,而是相互的,可见 Kahl, VerwArch 95 (2004), 1 (29 ff., 31 ff.);Sommermann, DÖV 2002, 133 (143).

[166] 欧盟法院近来的裁判特别强调成员国的程序自治:Held, DVBl. 2016, 12 (20 f.).;Skouris, DVBl. 2016, 937 (941 f.).

[167] 参见《欧盟运行条约》第 291 条第 1 款、《环境影响评价指令》第 291 条第 1 条第 1 款和第 3 款第 1 句。

[168] 除了《环境权利救济法》第 4 条第 1 款提到的程序瑕疵外,其他的都是"相对的"程序瑕疵。对于这些瑕疵,具体的因果性要求(根据《行政程序法》第 46 条)仍然存在;现在,《环境权利救济法》第 4 条第 1a 款具有宣示性;对此,可见 BT-Drs. 18/5927, 9 f.;BVerwG, NVwZ 2016, 844 Rn. 41 f.;BVerwGE 155, 91 Rn. 36;Keller, NVwZ 2017, 1080 (1082 f.);Ludwigs, NJW 2015, 3484 (3486).

[169] 不同观点,可见脚注 130 以下。

救济的是《联邦行政法院法》第 61 条第 1 项和第 2 项规定的具有参与能力的主体。据此，不要求主张自身的(实体)权利受到侵害(类似于团体诉讼)，便可以就《环境权利救济法》第 4 条第 1 款规定的所有程序瑕疵提起诉讼。[170] 即使对之前欧盟法院有关《环境影响评价指令》和《环境权利救济法》的裁判进行全面评估，人们也必须要考虑到，欧盟法院很可能会利用第一个出现的机会(特别是预先裁决程序)，对程序权的可诉性表达立场。[171] 与《联邦行政法院法》第 42 条第 2 款后半句有关的下一步的欧洲化迫在眉睫。[172] 这给人的印象还是，德国行政法院和传统教义学正在以一种宿命般的僵硬姿态等待卢森堡的(进一步的)改革动力。[173]

其次，源自《环境影响评价指令》的绝对诉权。在不考虑《环境权利救济法》第 4 条第 3 款和第 1 款的效力射程的条件下，根据欧盟法承认个人可诉性权利的一般要件，[174] 以及欧盟法院在 Wells 案[175] 和 Leth 案[176] 中所表达的倾向，必然可以得出如下结论：《环境影响评价指令》的重要参与条款由于与人格法益(人的健康、财产，参见《环境影响评价法》第 2 条第 1 款第 1 项和第 3 项)之间存在非常密切的、直接性的和目的性的关联，[177] 所以存疑时——与通说相悖，[178]承认其具有保护在事项上一空间上受到影响的利害

---

[170]　Keller, NVwZ 2017, 1080 (1081).

[171]　在这个方向上，已经有 GA Kokott, Schlussantr. in Rs. C-570/13, Rn. 53；dies. / Sobotta, DVBl. 2014, 132 (136).

[172]　关于以前的：Berkemann, DVBl. 2016, 205，Berkemann 在谈到《环境权利救济法》时说到，到目前为止，在欧洲法院"德国人的争吵"有三个回合。也可参见 Saurer (Fn. 6), S. 342 ff.

[173]　相似趋势，也可参见 Meitz, ZUR 2014, 496 (499).

[174]　可见脚注 142 以下。

[175]　EuGH, Rs. C-201/02, Slg. 2004, I-723 Rn. 56 ff. (Wells).

[176]　EuGH, Rs. C-420/11, NVwZ 2013, 565 Rn. 32 (Leth).

[177]　可见 Gärditz, JuS 2009, 385 (390)；Greim (Fn. 39), S. 219 ff.；Held, DVBl. 2016, 12 (14)；ders., NVwZ 2012, 461 (465)。那些根据个人的功能主观化，不管个人利益是否受到影响，就想承认主观程序权的观点，太过宽泛，例如 Kokott (Fn. 171), Rn. 48 ff.；dies./Sobotta, DVBl. 2014, 132 (136).

[178]　VGH BW, NVwZ-RR 2014, 634 Rn. 50；HessVGH, ZUR 2009, 87 (88 ff.)；OVG NRW, 29. 8. 2012-2 B 940/12-juris, Rn. 53 ff.；Appel, NVwZ 2010, 473 (474)；Dolde, NVwZ 2006, 857 (861)；Held, DVBl. 2016, 12 (14, 20 ff.)；Spieth/Appel, NuR 2009, 312 (315 f.)；Wahl/Schütz (Fn. 17), Rn. 214.

相关人(《环境影响评价指令》第 1 条第 2 款 e 项意义上的利害关系人)[179]
的目的(《联邦行政法院法》第 42 条第 2 款后半句意义上的绝对程序
权)。[180] 如果欧盟法院要求,在《环境影响评价指令》和《工业排放指令》的
适用范围内,原则上可在法院主张所有的程序瑕疵,[181]那么在依据《欧盟条
约》第 4 条第 3 款、《欧盟基本权利宪章》第 47 条、第 51 条第 1 款、[182]《欧盟
条约》第 19 条第 1 款第 2 项进行合乎欧盟法解释的过程中,可以得出如下
结论:所有目的在于尽可能地实现基本权利所(特别是《基本法》第 2 条第 2
款第 1 句、第 14 条第 1 句)保护的第三人人身法益(生命、健康和财产)的欧
盟法的重要程序规定(特别是《环境影响评价指令》和《工业排放指令》,尤其
是《环境影响评价指令》第 11 条、《工业排放指令》第 25 条、《奥尔胡斯公约》
第 9 条第 2 款)——为了在诉讼中有效执行程序规定——都是主观公权利

---

[179] 为了避免利益者诉讼或者民众诉讼,有必要在人的保护范围方面肯定这种限定性,如
OVG NRW, ZUR 2015, 492 (495); Dietz, UPR 2016, 469 (474); Gärditz, NVwZ 2014, 1 (4
f.); Keller, NVwZ 2017, 1080 (1081); Seibert, NVwZ 2013, 1040 (1045); Stüer/Stüer, DVBl.
2014, 1601 (1604);更为严苛的立场:Greim (Fn. 39), S. 217 ff. 根据本文的观点,关键是原告自
己的利益(如健康、财产)是否受到侵害且他们是否与项目的影响范围在空间上相关。

[180] OVG NRW, ZUR 2015, 492 (494); Erbguth/Schlacke (Fn. 59), S. 141 f. ; Gärditz,
JuS 2009, 385 (390); ders. (Fn. 17), § 42 VwGO Rn. 82; Hofmann, Die Verwaltung 50
(2017), 247 (251 f.); Kahl, VerwArch 95 (2004), 1 (26 ff.); Murswiek/Ketterer/Sauer/
Wöckel, Die Verwaltung 44 (2011), 235 (250 ff.); Scheidler, NVwZ 2005, 863 (868); Schlacke,
ZUR 2006, 360 (362); dies. , in: Gärditz (Hrsg.), VwGO, § 4 UmwRG Rn. 42; Schmidt/
Kahl/Gärditz (Fn. 1), § 5 Rn. 24, 36; Schoch (Fn. 2), Rn. 172 ff. , 312; Steinbeiß -
Winkelmann, NJW 2010, 1233 (1235). Vgl. auch bereits BayVGH, NVwZ-RR 2000, 661 (662);
OVG Rh. -Pf. , NVwZ 2005, 1208 (1210 f.); tendenziell auch OVG NRW, NVwZ-RR 2007, 89
(95 f.).

[181] EuGH, Rs. C-72/12, NVwZ 2014, 49 Rn. 48 (Altrip); vgl. auch a. a. O. , Rn. 46,
52, 54; EuGH, Rs. C-240/09, NVwZ 2011, 673 Rn. 47, 50 (Slowakischer Braunbär); Rs. C-
570/13, DVBl. 2015, 767 Rn. 40 ff. (Gruber), 在此看到欧盟法院的"折衷",可见 Guckelberger
(Fn. 12), S. 170 f. 关于 Altrip 裁判对于环境影响评价瑕疵的司法审查的特殊意义:Böhm, in:
Ziekow (Hrsg.), Aktuelle Probleme des Luftverkehrs-, Planfeststellungs-und Umweltrechts 2014,
2015, S. 65 (70 ff. , 74 ff.); dies. , UPR 2014, 201; Greim, NuR 2014, 81;对于剩下的不明确之
处,也可参见 Bunge, NuR 2014, 305.

[182] 这些规范作为欧洲化的杠杆:Epiney, EurUP 2017, 96 (97);一般性的介绍,可见
Reimer (Fn. 10), S. 81.

（绝对权），因为它们赋予利害关系人以要求国家采取特定行为的法律上的力。[183]

再者，程序化的射程。国际法和欧盟法的程序友好型的刺激在多大程度上只具有领域限定性，即源自环境法的特殊性，或者更准确地说，只限于《环境影响评价指令》和《工业排放指令》的适用领域。[184] 还是说它表达了一种非限定性，也与特别行政法的其他领域（例如经济行政法，如公共采购法或[185]补贴法[《欧盟运行条约》第 108 条第 3 款第 1 句和第 3 句]）有关？简言之，欧盟法所引起的德国行政法程序化的射程有多远？[186] 有一点是肯定的：我们必须要对于全面的一般化予以警醒；应进行区分化[187]与更精准的研究。

最后，理由具备性层面出现了对立调控。欧盟法导致主观程序权升值，但也需要对立的调控策略或者补偿机制，以防止过度程序化破坏风险平衡，同时避免不具实践性的、在《基本法》第 19 条第 4 款第 1 项和行政法院过度负担（特别是由于难民危机）背景下会产生"审查过度"的危险。[188] 具体来说，应考虑是否要坚持《联邦行政程序法》第 46 条不适用于绝对程序瑕疵这

---

[183] 如 Gärditz, NVwZ 2014, 1 (3)；Gellermann, DVBl. 2013, 1341 (1345)；Kahl, JZ 2014, 722 (732)；Schoch, VBlBW 2013, 361 (369)；Steiger, VerwArch 107 (2016), 497 (521 f.)；Ziekow, NuR 2014, 229 (234)；ders., NVwZ 2005, 263 (267)（"范式转换"）；Schlacke, NVwZ 2014, 11 (16 f.)；Ogorek, NVwZ 2010, 401 (402 f.)；一般性地也具有此种倾向，v. Danwitz, DVBl. 1993, 422 (425)。关于主观（公）权利的概念和类型，参见 Kluth (Fn. 1)，§ 43 Rn. 31 ff.，52 ff.

[184] 在此意义上，可见 Classen, NJW 2016, 2621 (2624)；Gärditz (Fn. 134), S. D 83, 85 ff.；ders., EurUP 2015, 196 (198)；保守性的，也可见 Fehling, VVDStRL 70 (2011), 280 (309 f.，317 ff.，329)；ders. (Fn. 6), Rn. 60 ff.，64 ff.，70(仅在环境法和公共采购法中提升程序的价值，加强程序的正式性)；Stelkens (Fn. 34), EuR Rn. 222.

[185] Saurer (Fn. 6), S. 350 ff.

[186] 关于这一趋势，可见 Kahl, VerwArch 95 (2004), 1 (8 ff.，19 ff.)；Kim, EurUP 2017, 233 (242)；Nöhmer, Das Recht auf Anhörung im europäischen Verwaltungsverfahren, 2013, S. 145 ff.，231 ff.；Schmidt-Aßmann (Fn. 2), Kap. 6 Rn. 150；Schoch, in: Schmidt-Aßmann/ Hoffmann-Riem (Hrsg.), Strukturen des Europäischen Verwaltungsrechts, 1999, S. 279 (311 ff.)；Steiger, VerwArch 107 (2016), 497 (516, 523 f.).

[187] Pietzcker 已经有这样的观点，可见 Pietzcker, FS Maurer, 2001, S. 695 (702 ff.).

[188] Saurer 已经明确提及了这种关联，可见 Saurer (Fn. 6), S. 382 ff.

条教义，[189]或者是否应放弃这一教义[190]。[191] 此外，法院的审查密度也成为焦点：[192]尽管——与有的观点相反[193]——欧盟法并未要求法院降低审查密度（审查密度仍交由成员国依据程序自主原则自行决定），[194]但面对第三人诉讼准入的扩张，从法政策的角度来看，可以考虑由立法者承认行政机关的判断余地，[195]以谨慎、逐步降低审查密度。[196] 除了已提及的《联邦行政程序法》第 46 条外，第 45 条和第 44a 条也属于有效的（程序）权利保护的杠杆。因此，也必须要考虑它们之间的相互作用（"整体的审查环境"）与诉讼经济。正如莱纳·瓦尔（Rainer Wahl）所言，这最终取决于"行政与行政诉讼的不同问题领域间有一个协调的整体构想"。"决定性的是动议权

---

[189] BVerwGE 105, 348 (353 f.); Guckelberger (Fn. 12), S. 161, 167; Schemmer, in: Bader/Ronellenfitsch (Hrsg.), VwVfG, 2. Aufl. 2016, § 46 Rn. 26; Schwerdtfeger (Fn. 103), S. 87.

[190] 例如 Gärditz, NVwZ 2014, 1 (3 f.); ders. (Fn. 17), § 42 Abs. 2 VwGO Rn. 354; Kahl, JZ 2014, 722 (731 f.).

[191] 即使对《联邦行政程序法》第 46 条进行既注重文义，又符合欧盟法和宪法的（限制性）解释(EuGH, Rs. C-137/14, NVwZ 2015, 1665 Rn. 55 ff. [Kommission/Deutschland]; Bredemeier [Fn. 89], S. 313 ff., 368 ff.; Gärditz, NVwZ 2014, 1 [2]; Ludwigs, NJW 2015, 3484 [3486]; Kment/Lorenz, EurUP 2016, 47 [48 f., 53 f.]),其结果(特别是在行政机关具有判断余地的情况下)也将是，在绝大多数绝对程序瑕疵的情况下，绝对程序瑕疵具有重要性，以此会给予撤销请求权。

[192] 一般性介绍，可见 Schmidt - Aßmann/Schenk, in: Schoch/Schneider/Bier (Hrsg.), VwGO, Stand: Okt. 2016, Einleitung Rn. 181 ff.

[193] Brenner, Der Gestaltungsauftrag der Verwaltung in der Europäischen Union, 1996, S. 407 ff.; Neidhardt, Nationale Rechtsinstitute als Bausteine europäischen Verwaltungsrechts, 2008, S. 86 ff., 170 ff.; Kment 也具有这种倾向, Kment, UPR 2013, 41 (44 f.).

[194] Gärditz (Fn. 134), S. D 79 ff.; Ludwigs, Die Verwaltung 44 (2011), 41 (68); Schoch, NVwZ 1999, 457 (466); Stelkens (Fn. 34), EuR Rn. 220, 222, 225.

[195] 对规范授权理论的基础性介绍，可见 Schmidt-Aßmann (Fn. 154), Art. 19 Abs. 4 GG Rn. 185 ff. 从《基本法》第 19 条第 4 款第 1 句中得出的全面司法审查的实质原则，可见 BVerwGE 94, 107 (109); 106, 263 (266 f.); Schmidt-Aßmann, a. a. O., Rn. 181 ff.; 不同观点，可见 Eifert, ZJS 2008, 336 (337).

[196] 有关降低审查密度的不同程度，可见 Franzius, DVBl. 2014, 543 (550); Kahl, Die Verwaltung 42 (2009), 463 (474); ders., VerwArch 95 (2004), 1 (32 f.); Kokott, Die Verwaltung 31 (1998), 335 (368 f.); Nöhmer (Fn. 186), S. 329 f.; Saurer (Fn. 6), S. 385 f.; Schoch (Fn. 186), S. 311 f.; Schröder, Gesetzesbindung des Richters und Rechtsweggarantie im Mehrebenensystem, 2010, S. 264; Wegener, JZ 2016, 829 (832). 不同观点, Gärditz (Fn. 134), S. D 83 f.; Rennert, DVBl. 2015, 793 (798); Schlacke, NVwZ 2014, 11 (18); Stelkens (Fn. 34), EuR Rn. 220, 225.

(Initiativberechtigung)、延宕效力以及审查密度视角的结合。未经反思地要将法国和欧盟诉讼法中的慷慨的动议权,与德国法中的延宕效力与审查密度最大化地相互结合,将缺乏协调性。"[197]

(特约编辑:刘雪鹂)

---

[197] Wahl, in: Schoch/Schneider/Bier (Hrsg.), VwGO, Stand: Okt. 2016, Vorb. § 42 Abs. 2 Rn. 128,Rennert 是在正当化的视角下进行考察的,Rennert, DVBl. 2015, 793 (799 ff.), Rn. 128 (vgl. auch a. a. O., Rn. 3);此外 ders., NVwZ 1991, 409 (418);Saurer, Der Einzelne im europäischen Verwaltungsrecht, 2015, S. 380 ff. ("沟通管道系统");Schmidt - Aßmann, VBlBW 2000, 45 (51); ders., DVBl. 1997, 281 (285 f.); Sparwasser, in: GfU (Hrsg.), Umweltrecht im Wandel, 2001, S. 1017 (1035); Gärditz (Fn. 134), S. D 19 f., D 73;关于行政程序和法院程序在功能上的关联,可见 Siegel, ZUR 2017, 451 (451 f.).

行政法上意思表示的法律问题

——解释 拘束 撤回 撤销

［德］温弗里德·克卢特*著　王思睿**译

　　即使在行政法中，意思表示（Willenserklärung）也是法律形成的一项普遍手段。由于行政法上有关意思表示的解释、拘束效力、撤回以及撤销的独立规范（Regelung）***在很大程度上缺失了，因此必须求助于民法对以上问

---

　　* 温弗里德·克卢特（Winfried Kluth）教授，德国著名公法学者，自 1999 年来在马丁路德·哈勒维滕贝格大学担任公法学教职，2000 年至 2014 年担任萨克森-安哈特州宪法法院法官，同时担任马丁路德·哈勒维滕贝格大学医学伦理法跨学科研究所所长。自 1986 年起，克卢特教授在《德国公行政期刊》《行政》《公法期刊》《新行政法杂志》等德国法学期刊发表文章 90 余篇，并著有《欧盟民主正当性》《功能性自治行政》《基本法权》等论著。自 2011 年起，与沃尔夫、巴霍夫、施托贝尔一并续写《行政法》三卷本。

　　** 王思睿，南京师范大学法学院宪法学与行政法学硕士研究生。本文发表于 1990 年《新行政法杂志》。译文受到国家社科基金青年项目"网络空间治理的行政处罚问题研究"（项目号：18CFX054）资助。

　　*** 译者注：有关 Regelung 含义的正确理解需结合 Regel、Norm 一并进行。首先，虽然有将 Regelung 与 Regel 均译为"规则"的例子，但两者所指向的对象具有不同性质。从对英文对应词的考察中可发现，德文 Regel 对应于英文 rule，因此 Regel 一词具有"一般性、普遍性"的特征。参见《柯林斯中阶德英·英德词典》，上海外语教育出版社 2007 年版，第 272 页。Regelung 一词事实上更多与 Norm 一词交替适用，而 Norm 作为规范，既可指向一般、普遍规范，亦可指向具体、特殊规范。因而，Regelung 的实际指向亦为规范，且需集合具体情形分析其所指的究竟是一般、普遍规范还是具体、特殊规范。后者在法律行为理论中极为重要，弗卢梅即将法律行为视为一种规范。参见［德］弗卢梅著：《法律行为论》，迟颖译，法律出版社 2013 年版，第 28、91 页。德国《联邦行政程序法》第 35 条更是直接明确了具体行政行为所具有的规范性质。同时，结合学者对规范是一种"对于法律效果或法律状态原则上独立的，具有拘束性的确定"的认识，Vgl. Hans Meyer/ Hermann Borgs, Verwaltungsverfahrensgesetz, 2. Aufl. 1982, § 35 RdNr. 33. 以及规范所具有的"构成要件＋法律效果"的逻辑特征，也有学者从动词角度对 Regelung 进行理解。在这一角度中，为了将 Regelung 与 Regulierung 相区别，学者多采取"调整"的译法。参见王锴：《论行政事实行为的界定》，载《法学家》2018 年第 4 期。综上，Regelung 一词可能存在三种含义。第一，名词层面的一般、普遍规范，多指制定法规范；第二，名词层面的具体、特殊规范，多直接指具体行政行为本身；第三，动词层面的调整活动。译者统一采"规范"这一译法。原因在于，"规范"究指一般、普遍规范抑或具体、特殊规范容易根据具体情形与上下文联系判断；而根据效果，Regelung 虽有"调整"的实际作用，但这不过是一种引申理解，没有落实于词义本身，且采"调整"的译法可能会使"具体行政行为本身即是一种规范"这一点受到忽视。

题所定之规则。笔者的研究是,由于《联邦行政程序法》业已存在,这样的一种求助在何种程度上已经过时以及行政法上的意思表示的特殊性需被何种关注。同时,记录这些问题在司法以及学理上的现状。

一、引言

"只要法律对此事先规定,当事人的意思就是法律效力产生的依据。"[1]这在意思表示的多种形式中得到表达,同时意思表示可以被视为吾人法秩序的普遍形成手段。尽管回溯历史,居于首要地位的,并非作为抽象概念的意思表示,[2]而更多是具体行为类型形式(Form der Geschäftstypen)与活动形式的不同表现。然而法学仍不失正确地发展了意思表示的一般学说——在民法中作为法律行为理论的一部分——并且堪称典范地使其受到《德国民法典》(BGB)中一般规范的约束。如果不考虑一些对(意思表示的)到达(Zugang)与形式问题的个别规定,[3]一个相似的法典化规则(Kodifikation)在公法中是不存在的。[4]这存在许多原因。其中之一在于,凭借私法自治以及根据《德国民法典》第305条规定的合同自由,私法无疑是作为法律形成基础的意思表示得以获得巨大意义的法领域。[5]与此相对,公法长期以来保持着私法过去[6]所采用的严格形

---

[1] Sachs, VerwArch 76 (1985), (400). 同时可参见温德莎伊德:"法律行为就是意思表示。人们表达了发生特定法律效果的意思,法律秩序之所以承认该法律效果,是因为法律行为的行为人希望发生这一法律效果"。引证自 Flume, AT des Bürgerlichen Rechts, Bd. Ⅱ, 3. Aufl. (1979), S. 33.

[2] 参见 Flume(o. Fußn. 1), S. 31 f.

[3] 例如,就到达,参见《社会法典-总则部分》第14、15条;就形式,参见《联邦行政程序法》第10条。

[4] 然而,有关具体行政行为已经有了一项范围广泛的规范,于此具体行政行为被归为行政法上意思表示之表现形式。就此参见本文第二部分。

[5] 这同样反应在诉讼法中,即在民诉中原则上适用处分原则,而在刑诉和刑诉中适用调查原则。

[6] Flume(o. Fußn. 1), S. 224. 同时可参见 Mittels-Lieberich, Dt. Rechtsgeschichte, 18. Aufl. (1988), S. 21f. 以及由《普鲁士普通邦法》向体系化的《德国民法典》的转变。

式。[7] 因此,特殊的行为形式占据了实践关注和学术工作的首要位置。然而,此处同样存在着发现更多形成自由的需要,这一需要在"非正式行政行为"[8](informales Verwaltungshandeln)＊的类型下,并通对行政法律关系[9]而声名鹊起。以及,尽管在行政法中,法律拘束下的裁量空间(Entscheidungsspielräume)取代了私法自治,[10]意思表示仍然在这里具有越来越大的意义。

在学术文献中,行政法上的意思表示一直不受重视。[11] 最近的成果[12]首推克劳泽(Krause)、[13]米德尔(Middel)[14]和施内尔(Schnell),[15]这些颇具代表性的成果把这一问题限制在了公民的意思表示上。此外,他们论述的主要围绕《联邦行政程序法》第9条中的行政程序相关的意思表示的作出(Abgabe),也即旨在作出某一具体行政行为以及缔结行政协议的程序。这一局限导致了如下后果,当行政机关在《联邦行政程序法》第9条规定的程序之外作出意思表示时,一系列的问题和角度没有得到论述。因此,此处应进行如下尝试,即记录司法与文献上的讨论状况,指出未解决的问题并且在教义学研究的框架下掌握处理此类意思表示的原则。

在深入理解这一问题前,有必要对行政法上意思表示给出一个形式层

---

〔7〕 对此类行为形式(Handlungsform)的意义:Schmidt-Aßmann, Das allg. VerwaltungsR als Ordnungsidee und System, 1982, S. 27ff.；Krause, Rechtsform des Verwaltungshandelns, 1974 各处。

〔8〕 对此参见 Erichsen, in: Erichsen-Martens, All. VerwR, 8. Aufl. (1988), §35.

＊ 译者注:非正式行政行为不等同于单纯行政行为(schlichte Verwaltungshadeln),其不仅是非法律形式行为,更体现的是一种与正式行政行为相对的"代替性"。相关介绍参见阿斯曼:《秩序理念下的行政法体系建构》,林明锵等译,北京大学出版社2012年版,第325页以下;王锴:《论行政事实行为的界定》,载《法学家》2018年第4期。

〔9〕 对此参见 Erichsen, (o. Fußn. 8), §10Ⅱ.

〔10〕 Erichsen, (o. Fußn. 8), §23aⅡ.；Krause, VerwArch 61(1970), (303).

〔11〕 在对于行政法总论的教科书中,对于意思表示较为详细的论述只能在 Wollf-Bachof(§36Ⅱb)以及 Erichsen-Martens(§23a)中看到；Forsthoff, Maurer, Achtenberg, Püttner 仅在有关(行为体系)划界划分问题上略微处理了意思表示。评论文献(Kommentarliteratur)在对《联邦行政程序法》第22条以及第35条对具体行政行为划分的评述中讨论了行政法上的意思表示问题。

〔12〕 早期成果主要见 Künchenhoff, BazVBl 1958, 325. 以及 ders., in: Festschr. f. Laforet, 1952, S. 317ff.

〔13〕 VerwArch 61(1970),(303).

〔14〕 Öffentlichrechtliche Willenserklärung von Privatpersonen, 1971.

〔15〕 Der Antrag im Verwaltungsverfahren, 1986.

面的概览。分别列举行政机关与公民的表示如下：有关行政机关的意思表示：具体行政行为(Verwaltungsakt)、[16]以《行政法院法》第80条第2款为根据的执行表示、许诺(Zusage)与保证(Zusicherung)、[17]抵消、[18]留置权利的行使、[19]通常意义上的支付要求、[20]具体行政行为的附款(只要他们不是具体行政行为本身)、[21]公务员薪资通知、[22]行政内部规则(Verwaltungsvorschriften)、[23]缔结行政协议的表示、[24]同意(Zustimmung)或者说需协力具体行政行为中的批准[25]以及合议机构的部分决定。[26]

公民的意思表示可展现如下：在行政程序中和实体法中的申请、[27]纳税申报(Steuererklärung)、[28]形成权(Gestaltungsrecht)的行使如选举

---

〔16〕 Erichsen,(o. Fußn. 8), § 11 II 4; Hoffmann‐Becking, DöV 1972, 196 (197f.); Löwer, DVBl 1980, 952(955); J. Martens, DöV 1987, 992(995). A. A.: Forsthoff, VerwR, 10. Aufl. (1972), S. 205ff.; Rüping, Verwaltungswille und VA, Diss. Bohn, S, 31.

〔17〕 有争议的仅是,在何种前提条件下保证被归为具体行政行为;作者的意见可参见 Kopp, VwVfG, 4. Aufl. (1986), § 38 Rdnr. 6.(译者注:根据联邦宪法法院的意见,许诺是行政机关以拘束的意思对将来的作为和不作为自我设定主权性义务的行为;而根据《联邦行政程序法》,保证是许诺的一种,即作出或不作出某一具体行政行为的许诺。)

〔18〕 BVerwGE 66, 218 (220)＝NJW 1983, 776＝NVwZ 1983, 347; BVerwG, DVBl 1986, 146; Appel, BayVBl 1983, 201; Ehlers, NVwZ 1983, 446; Kopp, VwGO, 8. Aufl. (1989), Anh. § 42 Rdnrn. 19 u. 35 m. w. Nachw.

〔19〕 OVG Münster, DVBl 1983, 1074.

〔20〕 Kopp, VwVfG (o. Fußn. 17), § 35 Rdnr. 35.

〔21〕 就此 Schachel, Nebenbestimmungen zu Verwaltungsakten, 1979.(译者注:需注意的是,一些附款,如期限、条件,属于行政行为本身,无独立性,而另一些附款,如负担,其本身即是一个具体行政行为。)

〔22〕 BVerwGE 48, 283; VG München, DÖV 1974, 599.

〔23〕 BVerwGE 52, 193 (199).

〔24〕 就此问题,由于目前丰富的文献、判决及其特殊性,本文并不作探讨。

〔25〕 VGH Mannheim, VBlBW 1988, 151.

〔26〕 BayObLG, BayVBl 1986, 155.

〔27〕 Schnell (o. Fußn. 15).

〔28〕 Middel (o. Fußn. 14), S. 26.

(Wahl)、[29]放弃的表示、[30]抵消的表示、[31]需协力具体行政行为中的同意、[32]在行政诉讼中形塑程序(Verfahrensgestaltende)的表示。[33]

上述列举生动形象地说明了行政法上意思表示可被作出之情形的多样性,同时也表明,根据利益状况(的不同),针对法律制度会有完全不同的要求被提出。当人们考虑到表示可以在授益性行政程序或负担性行政程序的框架下作出,以及与在私法中不同,行政机关与公民在不同的法律框架条件下活动时,这一点将变得尤为明显。因为行政机关在宪法层面上受到法、制定法以及公共利益的拘束,而公民则要追求其个人利益。[34]当在多次实践采纳民法规则的框架中存在有多种可供选择的规范,且民法也因此进行区分时,对这些差异的考虑就尤为重要。

另一个需要澄清的问题是区分意思表示与事实行为(Realakt),特别是所谓的告知(Auskünfte)和观念通知(Wissenserklärung)。这首先可以在所谓的非正式行政行为框架下找到。在定位时,还必须检查行政法律关系理论在多大程度上可以有效地用于法律审查。

二、概念确定

在对具有法律意义之事实的描述框架下,沃尔夫(Wolff)和巴霍夫(Bachof)将法律上的意思表示定义为"目的(final)在于指向法律效果的意思外化,其效果由法秩序根据被表达出的意思而决定"。[35]具体到行政法

---

[29] Krause, VerwArch 61 (1970). 选举提案的联名亦同,BVerwGE 69, 63 ff.

[30] Middel (o. Fußn. 14), S. 30 ff.; Erichsen (o. Fußn. 8), § § 23a I, 10 II 7 b; OVG Münster, DÖV 1986, 526 (驾驶许可的放弃);VGH Mannheim, NVwZ 1983, 229 (在建筑许可程序中邻人的放弃).

[31] S. Fußn. 18.

[32] Heiß-Habitzel, DVBl 1976, 93; Pappermann, JuS 1980, 35; Middel (o. Fußn. 14), S. 26 ff.

[33] 对此存在诉讼法上的特别原则,就此不能在本文中予以展现和研究.

[34] 对于行政机关与公民的不同利益状况,特别是与民法的区分,参见 Sachs, VerwArch 76 (1985), 398 各处.

[35] Wolff-Bachof, VerwR I, 9. Aufl. (1974), § 36 IIb 2. 这同样为 Wallerath 所强调,见氏著, Allg. VerwR, 3. Aufl. (1985), § 8 I 1 a:"行政法上的意思表示是指向特定法律效果的意思外化,在行政法领域上,其效力源自被外化的且为法律所承认的意思."

上的意思表示正如埃里希森(Erichsen)所言:"就一个行政法上的意思表示
而言,其应被理解为一个由行政机关或者公民作出的,旨在公法领域中直接
产生法律后果的表示。"〔36〕这一定义遵循了具体行政行为的法律定义,〔37〕
聚焦到具体行政行为的规范与公法特质之上。但该定义也在以下方面进行
了扩张,即公民的表示同样被包含以及直接的外部效力已经可有可无。因
此行政机关内部的意思表示亦被考虑在内。

　　有关规范的特征〔38〕需思考如下问题:是应限缩于直接产生法律效果还
是应将间接产生法律效果也纳入考量。就此,具有决定性意义的是,如何理
解"直接导致法律效果"以及人们期待从"直接导致法律效果这一特征"中产
生什么样的界分效力。法律效果应被理解为法律状态的改变,通常与一个
具体的行政法律关系相关联。与此相对应,在具体行政行为中,"直接性"意
为在"行政机关与公民"关系中法律效果的产生并且意图排除在行政机关内
部领域所作出的事先决定,这种(内部)决定产生的法律效果虽然也可以产
生在外部关系中可得显示的法律效果,但必须经由进一步的媒介决定。〔39〕
然而此种区分对于意思表示的定义而言无足轻重,对其而言重要的并非外
部效力和内部效力的差别。事实上,对于意思表示而言,通过意思表示的作
出使得法律状态得到改变已然足够。〔40〕但如果仅仅通过法秩序使得一个
活动(如表示)与法律效果相连接,比如一个损害赔偿义务,则还不够。更多
情况下表示必须要旨在引起一个法律效果(所谓的目的性)。人们可以将其
称之为"规范内容"。由此意思表示便可与事实行为相区分,事实行为在许
多情况下也会有法律上的效果,然而其不旨在改变法律状态,而是仅仅旨在
产生事实上的后果。但在所谓的告知和观念通知中,区别非常困难。一方
面,关于这些行为,行政机关的主要意图是不作出任何规范,也不对法律状
态施加影响。这就又产生了一个问题,于此存在的是否并非某种规避行

---

〔36〕　Erichsen (o. Fußn. 8), § 23a I.

〔37〕　单纯的意思表示由于单方性质以及可强制执行性质的缺失得以与具体行政行为相分
离,参见 Ehlers, NVwZ 1983, 446 (448); OVG Münster, NVwZ 1987, 608 (609 f.).

〔38〕　就此 Erichsen (o. Fußn. 8), § 11 II 4.

〔39〕　参见 Erichsen (o. Fußn. 8), § 11 II 5 a.

〔40〕　有关与自主执行规范中事实行为的区别,参见 Kluth, NVwZ 1987, 960 f.

为 *,因此根据制定法仍包含意思表示。由于只有在彻底评估每个个案的特殊性后才能清楚这一点,似乎不可能就此发展出一般规则。

屈兴霍夫(Küchenhoff)已进行了有关行政法上意思表示的进一步系统化工作。他区分出了仅仅具有内部效力的意思表示,主要是程序法上的申请,他将其称之为方向表示(Richtungserklärungen)。具有有限外部效力的意思表示,他将之称为行为表示(Betätigungserklärungen)。最后,具有一般效力的意思表示,如捐助(Widmung)**,称之为所谓的效力表示(Wirkungserklärungen)。[41] 上述区分对意思表示并不具有定义上的特别意义,而是有助于确定其所适用的法律原则,正如在对具体问题的研究中所看到的那样。[42]

三、解释原则

(一)决定性法律原则的确定

在行政法中只能找到很少与行政法上意思表示相关的规定,以及因此大规模诉诸《德国民法典》规定[43]的事实,这使得对类似"法律适用"框架的精确划定显得十分必要。同时,必须指出两大法律体系间的结构性差别。根据类推(Analogie)适用的一般原则,在参考其他制定法前,必须首先寻找该制定法内的其他规则。[44] 具体来说就是首先要调查,行政程序法与行政法各论在何种程度上包含相应的规定。[45] 如果没有相关规定,方可审查是否可以求助于其他(部门)制定法,尤其是《德国民法典》以及编纂于其中的一般法律原则。[46] 由于这样的求助是必不可少的,因此应当就此事先讨论

---

　　* 译者注:查士丁尼《学说汇纂》(D 1,3,29)对规避的评注:实施违反法律规定行为的人,违反了法律;然而,那些虽然严格遵守法律,却规避法律本意的人,规避了法律。

　　** 译者注:一国政府表示某物旨在服务于特定的公共目的。

〔41〕 Küchenhoff, BayVBl 1958, 325 (326 f.).

〔42〕 特别见本文第四部分。

〔43〕 在司法与学术文献中情况同样如此,参见后文对具体问题的讨论。

〔44〕 Middel (o. Fußn. 14), S. 67 f.

〔45〕 Forsthoff (o. Fußn. 16), § 9 (S. 167).

〔46〕 Maurer, Allg. VerwR, 6. Aufl. (1989), § 3 Rdnrn. 29 f.

其先决条件。

　　与此相关,首先要注意的是,吸收民法规则的做法在本世纪初多次被反对。首先要提的就是由现代德国行政法的创始人之一奥托・迈耶(Otto Mayer)所提出的反对意见,即法律上的相似性在公法与私法间并不能被发现,类推在此是不被允许的。[47] 就此要明确的是,虽然在基本结构中存在着公法与私法的本质区别,[48]但当在特定事实中存在着相似利益状态或者民事规则被证明是对普遍有效的法律思想之表达时,这一区别不与类推相矛盾。[49]

　　为了简化在个别问题上相似利益状态的确定,就此可以指出以下体系性差异:民法主要涉及在类型化的法律行为形式框架下,平衡通过法律主体私法自治方式所发展的利益。《民法典》的规则以双方的、合同式的法律形成为基础,并区别对待单方法律行为。法律行为理论的基础规则首先以利益平衡为目标,进一步旨在确立法律关系的高度明确性和约束性。特别是,具有法律意义的行为原则上应具有拘束力。"法律交往"对尽可能信任具有法律意义之行为的关切要求了这一点。非要式行为越来越大的拘束力对应着对要式行为的抛弃。民法的交往定位还有如下的进一步结果,即受领人的(可受领)视野是原则上决定性的评估视角。[50] (行为人的)行为需与交往习惯相符合并采用对方可得期待的方式,任何人参与法律交往就必须如此行为并且让他的行为如此生效。

　　所有这些均适用于行政法只不过要进行大的限缩。在此必须首先强调,行政机关与公民的立场存在着本质区别。行政机关被要求一并维护公

---

　　〔47〕 Otto Mayer, VerwR, Bd. 1, 3. Aufl. (1924), S. 117. 同时代进一步的反对来自 Middel (o. Fußn. 14), S. 59 ff.

　　〔48〕 就此 Ehlers, Verwaltung in Privatrechtsform, 1984, S. 33 ff.; Schmidt, Die Unterscheidung von privatem und öffentlichem Recht, 1985; Stolleis 提供了学术史上的概览, Geschichte des öffentlichen Rechts in Dtschld., Bd. 1, 1988.

　　〔49〕 有关一般法律思想上类推与回溯的区别见 Middel (o. Fußn. 14), S. 74 ff., 83 ff.; Forsthoff (o. Fußn. 16), § 9 (S. 168).

　　〔50〕 这特别塑造了根据《德国民法典》第133条与第157条进行的对意思表示的解释。(译者注:《德国民法典》第133条,意思表示的解释,应探求其真意,不得拘泥于辞句字面之文义;第157条,契约之解释,应斟酌交易习惯,依诚实信用原则为之。进一步的阅读可参见[德]卡尔・拉伦茨著:《法律行为解释之方法—兼论意思表示理论》,范雪飞、吴训祥译,法律出版社2018年版,第72页以下。)

共利益与公民具体利益,尽管两者间的关系根据具体任务可能有很大不同。[51] 因此公民利益在社会行政时完全居于首位,它被浓缩为密集的照顾义务,例如在社会法的恢复原状请求权(Wiederherstellungsanspruch)中得到了体现。与此相对应,在有关风险预防、环境保护等任务中,对公共利益的维护就位于首要位置了。由此产生的法律上的后果同样影响到了意思表示。加之行政机关由于受法律约束,从一开始就划定了"自由的"意志活动的边界。由于不借助具体例子很难一般性地展开这些原则,因此进一步的深化将在处理具体问题时进行。

被认定的、不同的利益状态使得在对具体问题的讨论中,区分行政机关的意思表示和个别公民的意思表示显得十分有必要。就此,首先应讨论解释的一般原则,其次是拘束与撤回的问题。

(二)行政机关的表示

根据当下在司法[52]与学理[53]上已确定的观点,《德国民法典》第 133 条对私法上意思表示解释所具有的决定性法律思想,[54]在行政法上也能被观察到。这就产生了以下结果,即在对行政机关意思表示进行解释时,原则上具有决定性的是受领人的视角或者说客观的表示内容。[55] 然而,行政机关的意思表示在多个方面需遵守特别规则,在这点上一般法律思想的差异化适用得到了显现。这些特别规则从对行政机关意思表示的法律拘束中产生,尤其当该意思表示被作出于使公民受负担之措施的过程中。法律拘束导致了如下的解释规则,即行政机关的意思表示在疑似存有歧义之处均应进行符合法律的解释。[56] 就一项资助(Zuwendung)批准的通知而言,如有

---

〔51〕 Forsthoff (o. Fußn. 16), § 9 (S. 160) 表明,在民法由利益法学占统治地位,而在行政法则由目的论方法占统治地位。也由此他们在一般法律思想适用上产生了不同。

〔52〕 BVerwGE 67, 305 (307 f.) = NVwZ 1984, 518; BVerwGE 49, 244 (247) = NJW 1976, 303; BVerwG, NVwZ 1984, 36 (37); BVerwG, DVBl 1982, 195 (197); 1972, 40; VGH München, BayVBl 1986, 24 (25); 1985, 530 (531).

〔53〕 Krause, VerwArch 61 (1970), 297 (322); Erichsen (o. Fußn. 8), § 23a III; Forsthoff (o. Fußn. 16), § 9 (S. 161). 这些文章论及的是诠释学的一般原则,其效力不局限于民法。

〔54〕 参见 Medicus, BGB-AT, 3. Aufl. (1988), S. 116 ff. ——仅就其解释原则部分。

〔55〕 不依据文义的解释参见 BSGE 63, 140 (143) = NJW 1989, 796.

〔56〕 OVG Münster, DVBl 1984, 1081; VGH München, BayVBl 1980, 501 (502); DVBl 1977, 394 (395).

疑问时应如此解释,即其不能违反强制性的预算规定;[57]而有关营业法上的许可主要应根据比例原则进行解释,这有赖于法院对全部相关事实(Umstände)的考虑。[58]此种解释的边界可参考慕尼黑行政法院(的判决),即解释不允许与被明确表达出来的意思相违背。[59]此外,相关外部事实[60]在行政法中可以作为间接证据加以考虑。例如,行政机关的一封公函应被归类为单纯的附款要求还是给付通知,在这个问题上,法律救济手段告知(Rechtsmittelbelehrung)*的存在与否具有重要意义。[61]

这一原则可以从更广泛的意义上理解,与民法类似,在行政法上必须对具体行政行为进行客观评断。例如,关于一个不符合批准条件的建筑物,行政机关以一个附期限或可撤回的建筑证件为外在形式签发了一个容忍义务处分(Duldungsverfügung)。该项目在建筑法上的不适法性在这一证件上得到体现,因此尽管有着外在要件样式(Formularmäßig)的外观,此处涉及的也并非一个"将会违法的"建筑许可,而是一个"合法"的容忍义务处分。[62]

合法性解释的规则同样允许对行政机关的意思进行推论。[63]这表明,机构负责人之可能事实上指向一个违法目标的意思可以由为法律所指引(Gesetzesdirigiert)的机构意思所修正。换句话说:只要存在解释空间,法院——在存疑时被赋予解释的任务——便可以设法形成符合法律意志的效力。由法院对行政机关意思进行的更正,通过行政行为法律拘束的宪法性原则得到充分保障。从相同的法律原则出发,司法已推导出进一步的规则,

---

〔57〕 OVG Münster, DVBl 1984, 1081.

〔58〕 VGH München, BayVBl 1980, 501.

〔59〕 VGH München, BayVBl 1977, 394, 这一判决附带性地暗示了《德国民法典》第157条的界限。

〔60〕 在解释中对于内部指示的考虑参见 BVerwG, Buchholz 310 § 68 VwGO Nr. 29:"根据既定的司法判例,具有决定性意义的是具体行政行为的客观表达内容,于此通常情况下内部指示本身是无意义的;然而,这并不排除当此种性质的指示可以被了解时,于其中看到《德国民法典》第133条意义上进一步的解释要素,在对事实背景进行合理评估时应考虑到这一点。"

* 译者注:Rechtsmittel 亦可译为"上诉"或"上诉程序"。

〔61〕 BVerwGE 29, 310 (312 f.);一并参见 BVerwGE 57, 26 (29 f.).

〔62〕 对于表格的适用可参见 BVerwGE 9, 219＝NJW 1960, 213; BVerwGE 16, 198 (205).

〔63〕 批判意见参见 Rüping (o. Fußn. 16).

即(事实上的,而非法律上的)歧义应由行政机关负担。[64] 然而,这一规范
在适用时必须十分谨慎,因为即使是在这些情形中,行政机关的法律拘束仍
处于优先地位。因此,不能以纯粹的利益导向方式来适用这一规则。

还需关注到行政内部规则(Verwaltungsvorschriften)中的一处特殊
性。作为国内法,行政内部规则免于法院的解释与审查。法院仅仅可以查
明,平等原则与促进目的(Förderungszweck)是否得到遵守。[65] 然而,联邦
最高行政法院在别处已经承认了实用性(Praktikabilität)原则是独立的解
释原则,根据这一原则应使解释合乎行政实践。[66] 然而这在结果上就意
味着,具有决定性的,是当时的行政实务而非行政内部规则,即使这一行政
实践没有产生在外部关系中能观察到的拘束。由此,行政内部规则隐含着
其可以通过一个新的行政实践被修改。[67]

(三)公民的表示

行政法的特殊性同样可见诸公民的意思表示或所谓的非官方意思表
示。在以受领人视野中,主要以"真意"为导向的做法占据首要地位。[68] 这
一导向主要为主导行政程序法的调查与照顾(Betreuung)原则所要求。以
上原则在各州与联邦《社会法典》的总则部分第 13、14、15 和 16 条第 3 款以
及《行政程序法》第 25、26 条中得到体现。[69]

照顾与提示(Hinweispflicht)义务的基础在于法治国和社会国原
则。[70] 此类义务是行政机关在社会法治国中所负担的服务功能的产物。

---

〔64〕 BVerwG, NVwZ 1984, 36 (37); BVerwGE 60, 223 (229); 48, 279 (281, 282); 41,
305 (306); OVG Münster, DVBl 1979, 732 (733).

〔65〕 BVerwGE 58, 45 (51 f.)＝NJW 1979, 2059; VGH Mannheim, VBlBW 1987, 468;
Redeker-v. Oertzen, VwGO, 9. Aufl. (1988), § 42 Rdnr. 150; 有关具有外部效力的方针
(Richtlinien)的解释,参见 BVerwGE 75, 365＝NVwZ 1988, 69.

〔66〕 BVerwG, DVBl 1982, 195 (197); 一并参见 BVerwG, Buchholz 421.0 Prüfungswesen
Nr. 47.

〔67〕 BVerwG, NZWehrR 1989, 106.

〔68〕 对于根据《德国民法典》第 133 条与第 157 条进行解释时,"真意"之含义参见 BGH,
NJW 1984, 721.

〔69〕 参见 Erichsen (o. Fußn. 8), § 23a III. 进一步 Krause, VerwArch 61 (1970), (306
ff.).

〔70〕 Clausen, in: Knack, VwVfG, 3. Aufl. (1989), § 25 Rdnr. 2. 1; Kopp, VwVfG (o.
Fußn. 17), § 25 Rdnr. 1, zu Gegenstand und Umfang Rdnr. 3.

通过照顾和给付,国家和行政机关为创造和保障下述条件而服务,这些条件使得公民得以发展其由基本权利所保障的自由空间。[71] 在保障给付或授权某些行为或活动时,必须遵守的程序规则往往很复杂,这对公民行使其自由权利而言可能是一个障碍。因此,为公民提供建议并使其能够进行相关的申请和程序处理就成为了行政机关的任务。[72] 如果需要公民的特定说明与其他协力行为[73],以便贯彻实施某一程序,[74]且当公民违反其被进一步规定于《联邦程序法》第 26 条第 2 款中的协力义务时,行政机关也就发现了其上述义务的边界。还要注意,在行政程序中不存在举证责任(Beweislast)。[75] 这些原则使得对行政法中的非官方意思表示的解释有如下要求。

在解释时,行政机关不能满足于客观解释和从受领人的视角来解释。更确切地说,行政必须贯彻调查原则以查明公民的"真意"。[76] 从技术上讲,例如,一旦行政机关有依据表明公民的表示并没有准确反映其意思时,行政机关可以转变申请之含义。[77] 因为根据《联邦行政程序法》第 24 条、25 条以及《社会法典》总则部分之规范,存在一项照顾公民的官方义务,而在行政机关"照顾"不周的情况下,公民可以因官方义务的违反而要求损害赔偿。[78] 在社会法中,对(公民)必要申请等的提示之不履行,将为司法所承认的社会法上的恢复原状请求权(Wiederherstellungsanspruch)所制

---

[71] 对此 Erichsen, DVBl 1983, 289.

[72] 具体方面见 Krause, VerwArch 61 (1970), (307).

[73] 对已由法律规范化了的特殊协力义务的概览可见 Clausen (o. Fußn. 70), § 27 Rdnr. 7.

[74] 参见 Kopp, VwVfG (o. Fußn. 17), § 24 Rdnr. 19; Clausen (o. Fußn. 70), § 26 Rdnr. 7.

[75] Kopp, VwVfG (o. Fußn. 17), § 24 Rdnrn. 24 ff.; Clausen (o. Fußn. 70), § 24 Rdnr. 4.

[76] Krause, VerwArch 61 (1970), (322); Erichsen (o. Fußn. 8), § 23a III.

[77] 参见 BVerwGE 25, 191 (194); Krause, VerwArch 61 (1970), (322 f.); Erichsen (o. Fußn. 8), § 23a III. 然而在解释的框架下,是否要从利益最大原则出发,就像 Krause 在 VerwArch 61 (1970), (323) 中所认为的,是有疑问的,特别在这种原则的内容很难确定的情况下更是如此。

[78] Krause, VerwArch 61 (1970), (307); Kopp, VwVfG (o. Fußn. 17), § 25 Rdnrn. 12 f.; Clausen (o. Fußn. 70), § 25 Rdnr. 3.3; Jochum, NVwZ 1987, 460.

裁。根据该请求权,应恢复如根据正确指导提出申请后本应存在的状态。[79]

四、拘束和撤回*

(一)行政机关的表示

根据"类推首先应在相关法领域的内部进行"[80]之原则,在探寻对于行政法上意思表示之到达(Zugang)、拘束以及撤回时,应当首先考虑《联邦行政程序法》。该法明确包含了具体行政行为有关上述问题的诸项规范。具体行政行为在这里被视为行政法上意思表示的一种形式。仅仅当这些规范被证明不可适用或不完善时,方可求助于《德国民法典》等规范。

1. 到达**

在送达(Zustellung)的程序法视角下,具体行政行为的到达被规定于联邦与各州的行政送达法(Verwaltungszustellungsgesetz)并且对应于由

---

〔79〕 参见 BSGE 51,89 (94);49,76 (78);Rüfner, in: Erichsen-Martens (o. Fußn. 8),§ 53 V 4. 一并参见 Ebsen, DVBl 1987, 393;Schoch, VerwArch 79 (1988),56 f.各自都有针对该请求权的不同理由与分类。

* 译者注:下文将出现"Anfecht"、"Widerruf"与"Rücknahme"三个关联概念,三者均旨在使得先前作出的意思表示不(再)产生原本所意欲的效果。《德国民法典》采用"Anfecht"与"Widerruf",我国学者将其翻译为"撤销"与"撤回"。民法学界认为,两者差别有二:第一,"撤回"针对未生效的意思表示,而"撤销"针对已生效的意思表示;第二,"撤销"需有法定理由,如重大误解、受欺诈、受胁迫等。《联邦行政程序法》采用的则是"Rücknahme"与"Widerruf",我国学者一般将前者翻译为"撤销"而将后者翻译为"撤回"或"废止"。行政法学界认为,两者差别主要在于所针对的原行为是否合法。译者将"Anfect"与"Rücknahme"均翻译成"撤销",将"Widerruf"翻译成"撤回"。原因有二,首先,尊重学界已有翻译习惯,本文中 Widerruf 同样适用于公民的意思表示,如果将其翻译为"公民意思表示的废止"则与我国学术习惯不符;其次,克卢特教授在讨论此问题时,将目光聚焦于"意思表示是否对表意人产生拘束力",若采用"废止"的译法,这一关系难以充分显现。同时要注意,克卢特教授并不将"意思表示生效"等同于"意思表示产生拘束力"。下文在出现上述概念时,译者会特别指出其对应的德文。

〔80〕 参见本文三、(一)部分。

** 译者注:意思表示的到达(Zugang)与意思表示之生效节点相关。参见《德国民法典》第 130 条第 1 款:向非对话人为意思表示,其意思表示以到达(Zugeht)相对人时,发生效力。但撤回(Widerruf)之通知先时或同时到达者,不在此限。进一步参见《中华人民共和国民法典》第一百三十七条第二款前段:以非对话方式作出的意思表示,到达相对人时生效。

《行政程序法》第 43 条以及第 41 条共同规定的外部效力的产生。除非在个别情况下需遵守如《行政程序法》第 62 条第 2 款和第 74 条第 1 款的特别形式规则,《联邦行政送达法》允许邮寄(第 3、4 条)以及行政机关(第 5、6 条)进行的送达。特别规定涉及在国外(第 14 条*)的送达以及公告方式(第 15 条**)的送达。然而由于行政法上的意思表示很少依据法律规定而被送达,《联邦行政送达法》的适用范围看起来像是受到了严格限制。口头甚至是推定的通知,对于那些其送达并未受制定法规定的具体行政行为的到达而言,在今天也仍被允许。就此而言,行政机关所必须选择的,仅仅是给予受领人足够的、适当的机会形式。[81] 到达时点的确定适用民法规则。[82] 因此,具有重要意义的是在正常活动或者说行为过程中的知悉可能性。[83] 因为没有证据表明有必要进行不同的评价,该原则对于行政机关的其他意思表示而言同样适用。

　　2.拘束和撤回

　　如果受领人——公民或国家机构以这种方式收到意思表示,就会产生拘束力的问题。以下适用于具体行政行为,即以根据《联邦行政程序法》第 48 条以下采取的某种措施之保留为条件,行政机关在通知后受其意思表示约束。[84] 但这同时意味着,在所有那些缺乏信赖保护的案件中,行政机关可以通过撤销(Rücknahme)或撤回(Widerruf)的方式来取消具体行政行为——或者用更一般的术语来说——意思表示的作出(Erlaß)。更进一步说,上述情况下,即使具体行政行为是被合法作出的,行政机关亦可根据《联邦行政程序法》第 49 条实施相应行为。因此,对于具体行政行为而言,说其

---

　　* 译者注:原文如此,查《联邦行政送达法》应为第 9 条。

　　** 译者注:原文如此,查《联邦行政送达法》应为第 10 条。

　　〔81〕 Kopp, VwVfG (o. Fußn. 17), § 41 Rdnr. 22; Clausen (o. Fußn. 70), § 41 Rdnr. 5.3.

　　〔82〕 于国家机构,到达时点的确定见下文二、(二)。

　　〔83〕 参见 Palandt-Heinrichs, BGB, 48. Aufl. (1989), § 130 Erl. 3.

　　〔84〕 Kopp, VwVfG (o. Fußn. 17), vor § 35 Rdnr. 18;详细解说一并见 Knoke, Rechtsfragen der Rücknahme von Verwaltungsakten, 1989, S. 92 ff.

一经通知便对发布机关具有拘束力并不正确。[85] 在更多的情况下,法律规定具有重要意义的是,信赖之事实构成是否被建立、具体行政行为被合法抑或是被违法作出以及一个具有相同内容的具体行政行为是否必须被再次作出。不言而喻,对其他的行政法上意思表示同样适用上述区别。也就是说,当信赖之事实构成被建立或某一具有相同内容的表示必须被再次作出时,拘束力才通过通知产生。因而对于仅仅是负担性且行政机关并无义务作出之表示,可以自由撤回。就此,向民事规则的回溯是不必要的,同时由于缺乏规则漏洞也是被排除了的。

(二)公民的表达

1.到达

在行政法上,公民意思表达的到达向来适用特殊的、与民事规定不同的规则。同样,于此具有决定意义的是,在书面表达的情况中,这一意思表示到达行政机关的支配力(Verfügungsgewalt)之下。然而,采取书面形式并不以对通常行为流程的认知为基础,而旨在赋予公民充分利用期限之权利,[86]以便在行政机关下班后到达仍然是可能的。[87]

2.拘束与撤回

关于由公民作出的行政法上意思表示的拘束力,司法与学理讨论的主要是根据《联邦行政程序法》第 22 条所作出的申请(Antrag)。(讨论的)结

---

〔85〕 此处涉及一个概念问题,因为在拘束力下有许多非常不同之物被一并纳入思考。例如 Maurer (o. Fußn. 46),§ 11 Rdnr. 6 认为拘束力是指由法律效力所产生的义务,它不妨碍可废除性。一并参见 Knoke (o. Fußn. 84),S. 100,对此正确地指出,此处所涉及的并非一个被明确界定的法律制度。然而对当前的研究而言,不需要求助于实质存续力(materielle Bestandskraft)这一为具体行政行为所偏好的概念,盖因这一概念并不为意思表示所熟悉。

〔86〕 就此 BVerfGE 52, 203 (207) = NJW 1980, 580;BVerfGE 51, 352 (355);41, 323 (327) = NJW 1976, 747;BVerfGE 40, 42 (44) = NJW 1975, 1405;Kopp, VwVfG (o. Fußn. 17),§ 31 Rdnr. 27.

〔87〕 具体参见 Kopp, VwVfG (o. Fußn. 17),§ 31 Rdnrn. 26 f.(译者注:相反,在私人交往中,将信件于午夜投入私人信箱或在非营业时间段送至营业场所,虽已送至受领人支配力之下,但仍视为未到达。)

果是,原则上,自由撤回在直至"终结程序"的具体行政行为作出前,[88]部分情况下甚至在其产生存续力[89]之前都是可行的。[90] 相反,对其他主要不是程序性的意思表示,通过与《德国民法典》第130条相一致的适用,拘束力会伴随着表示的到达而产生,[91]由此只剩下了撤销(Anfechtung)的可能性。[92]

联邦行政法院参照诉讼法论证了申请的可自由撤回性。在诉讼法中,上诉直到具有既判力(Rechtskräftig)的判决产生前,都可以撤回。[93] 在这些案件中,不可逆的效力的产生除了明确的法律限制外,[94]也被作为一种界线加以处理。[95] 就需协力之具体行政行为,联邦社会法院论证到,公民的意思表示在行政决定(Verwaltungsentscheidung)生效以前没有产生外部效力,而只代表公民与行政机关的内部事务,所以有关《民法典》第130条第1款后段之法律思想于此不能适用。[96] 学理则求助蕴含于《德国民法

---

〔88〕 BVerwG, NJW 1988, 275; NJW 1980, 1120; BVerwG, Buchholz 406.11 § 19 Nr. 31; BVerwGE 69, 63 (64); 37, 162 (165); BVerwG, Buchholz 436.36 § 15 Nr. 9; BVerwGE 30, 185; BSGE 60, 79 (82 f. m. w. Nachw.)＝NZA 1987, 68; OVG Koblenz, NVwZ 1984, 316; VGH München, DVBl 1982, 1011(根据《联邦行政法院法》第80条第5款和第6款作出的申请); Kopp, VwVfG (o. Fußn. 17), § 22 Rdnr. 33; Clausen (o. Fußn. 70), § 22 Rdnr. 4.8; Badura, in: Erichsen-Martens (o. Fußn. 8), § 39 II; Meyer-Borgs, VwVfG, § 22 Rdnr. 8; Stelkens-Bonk-Leonhardt, VwVfG, § 22 Rdnr. 15 a; Schnell (o. Fußn. 15), S. 107; Stelkens, NuR 1985, S. 216.

〔89〕 参见 VGH München, DVBl 1982, 1012; Ule-Laubinger, VerwaltungsverfahrensR, 3. Aufl. (1986), § 22 II 2.

〔90〕 整体的详细解说见 Schnell (o. Fußn. 15), S. 101 ff. 如今可一并参见 Hartmann, DÖV 1990, 8 ff.

〔91〕 VGH Mannheim, VBlBW 1983, 22 ff. und 74 ff.; OVG Saarlouis, BauR 1979, 135 ff. und BRS 38 Nr. 179; Pietzner-Ronellenfitsch, Das Assessorexamen im Öffentlichen Recht, 6. Aufl. (1987), § 29 Rdnr. 5 mit Fußn. 11.

〔92〕 见下文 3.

〔93〕 参见 BVerwG, Buchholz 436.36, § 15 Nr. 9.

〔94〕 从有关费用的法规中,并不能得出关于撤回可能性的推论,这些法规规定,如参见《北威州公共服务费用法》第15条第2款,如果在实质处理开始后撤销申请则可以收取部分费用。这些规则以存在撤回可能性为前提,并且只确定了违反费用法之后果。

〔95〕 BVerwG, NJW 1988, 275; vgl. auch BSGE 60, 79 (82)＝NZA 1987, 68; J. Martens, NVwZ 1988, 685.

〔96〕 BSGE 60, 79, (82 f. m. w. Nachw.)＝NZA 1987, 68. 一并参见 BSGE 9, 7 (12); 10, 257 (259).

典》第 183 条 * 中的法律思想，根据这一思想，在实施法律行为前，允许（Einwilligung，即事前同意）是可以撤回的。除《德国民法典》第 145 条** 通过《联邦行政程序法》第 62 条*** 而对其具有决定意义之合同缔结情形外，符合行政法中利益状态的是《德国民法典》第 183 条而非第 130 条。[97]

反对意见认为，《德国民法典》第 130 条的法律思想在公法中也同样有效，因为在公法中同样必须取得与意思表示相联结的法律效力的清晰性。[98] 这也符合其他适用于程序法中的法律原则。[99] 最后（反对观点认为）可根据下述理由排除源自《德国民法典》第 183 条之法律思想的可适用性，即在第 183 条中效力是从被允许的法律行为中产生的，但在公法中，至少就实体法上的表示而言，情况并非如此。[100]

仔细观察可发现，这两种立场几乎没有什么不同。允许自由撤回的判决无一例外涉及行政程序，其中除了通过意思表示启动行政程序外，没有带来进一步的法律后果。因此这是一个"方向表示"（Richtungserklärung）的问题。此外，从广义上解释对不可逆的法律效力的保留与法院在适用《德国民法典》第 130 条时对第三人影响的说明相符合。如果法律状态的改变（形成）是由意思表示导致的，那么国家或第三人已经在法律上受到了影响。唯一不幸的是，"不可逆"这一表达在法律上是模糊的。联邦社会法院注重外部效力的想法更可取。这一观点正确的原因在于，一般来说，申请不会产生任何外部法律效果。在撤回之前，行政机关支出的费用在费用法上可以由公民负担，就像《北威州公共服务费用法》第 15 条第 2 款所规定的那样。因此，尚无需要接受拘束，换言之排斥撤回之利益存在。在这些情形中，对照诉讼法以及参照《德国民法典》第 183 条同样引致可自由撤回的结果。

就具有外部效力的形成表示（Gestaltungserklärung），即所谓的行为表示和效力表示，生效后的嗣后撤回（ein ex nunc wikrender Widerruf）因其

---

　　* 译者注：《德国民法典》第 183 条：事前之同意，于未为法律行为前，得撤回之。但基于允许所生之法律关系发生其他效力者，不在此限。撤回得向当事人之一方表示。

　　** 译者注：《德国民法典》第 145 条：向他人为缔结契约之要约者，因要约而受拘束。但要约人排除受拘束者，不在此限。

　　*** 译者注：相当于《中华人民共和国行政诉讼法》第一百零一条。

〔97〕 Middel (o. Fußn. 14), S. 101 ff.

〔98〕 参见 VGH Mannheim, VBlBW 1983, 75 (76).

〔99〕 VGH Mannheim, VBlBW 1983, 75.

〔100〕 OVG Saarlouis, BauR 1979, 135 (138).

性质被排除在外。此处类推适用《民法典》第 130 条似乎具有利益正当性；于此只有撤销（Anfechtung）可供考虑。[101] 但是，即便是申请或者说方向表示，在程序结束或者说在"不可逆效力"产生前，也并不总能自由撤回。有关这一点的理由已经从基于第 183 条的文义中找到了——"但基于允许所生法律关系发生其他效力者，不在此限"。[102] 除了制定法的明确规定外，自由撤回还可依下列理由被排除，例如某项依职权执行的行政程序已由申请而启动。这一点根据联邦社会法院给出的理由也是合理的。在这些情况下，由于公民有义务让某些措施得到执行，在外部关系中已经存在法律义务，从而形成了由申请建立的行政法律关系。在这些情况下，为了公共利益，申请人自始便受到拘束并且行政机关在一开始也不必通过行政强制的方式来保证行为的实施。[103] 但是，这需要一项由其产生执行行政程序之义务的制定法规则。然而，一个进一步可以从中产生对申请之拘束的独立规则并不是必需的，盖因这一拘束产生于对法律一般原则的适用。就像在民法上，在《德国民法典》第 130 条中对要约的拘束以及第 183 条中的可撤回性都是取决于各自的利益状态，在行政法上拘束也同样取决于利益状态。因此，即便事实的确如此，也不能假定存在着自由撤回的原则和拘束的例外。因此，自由的可撤回性并不构成公民的法律地位，在负担拘束时，这种地位将受到干预。更确切地说，拘束效力时间节点的确定，取决于一般法律原则和具体利益的状态，因此它仅仅涉及对法条的适用而不涉及对法条的改变和突破。例如，根据《北威州测量与地籍法》第 10 条，土地所有人有义务允许测量的进行，并有义务为此目的委托测量员。此类在法律上属于《联邦行政程序法》第 22 条意义上之申请的委托，由于程序的强制性，在因整个程序所涉及的特殊利益需继续测量的情况下，具有拘束力。

　　3. 撤销可能性*

　　在作出行政法上意思表示时，表示与意愿之间的不一致同样是可能的，由此就产生了可撤销性（Anfechtbarkeit）的问题。由于在行政机关这边已

---

　　[101]　见下文 3.

　　[102]　参见 Middel（o. Fußn. 14），S. 107.

　　[103]　是否在特殊情况下，允许某种"基于特殊事由的终止（Kündigung）"，必须由法院在个案中借助在行政法中同样有效的诚实信用原则加以权衡。就此参见 Forsthoff（o. Fußn. 16），§ 9（S. 169 f.）.

　　*　译者注：下文若无特别说明，撤销均指德文"Anfecht"。

经很难确定(表达)应与何种"意思"相符,此外还由于撤销(Rücknahme)规则、撤回(Widerruf)规则以及一些特别规则如《联邦公务员法》第 12 条第 1 款已经提供了其他解决模式,故而排除向撤销(Anfechtung)规则的回溯。[104] 因此,问题于此只涉及公民的意思表示以及行政机关之间的表示。[105]

　　帝国法院已经毫无疑虑地确定了公法上意思表示的可撤销性。[106] 高等法院的判例[107]和学理[108]都遵循了这一观点,但在细节上存在不同。在这种情况下,《德国民法典》第 119 条**以下的规定被视为对一般法律思想的表达,这些思想在公法中同样有效。[109] 在表示具有的主要是程序法上意义的情况下,撤销权被排除——这主要是为了与民事诉讼法相一致。[110]

　　然而,在学理上也有批评意见。例如克劳泽和屈兴霍夫认为撤销规则仅能部分适用于公法。屈兴霍夫希望,虽然因欺诈和因胁迫而产生的撤销一般可以允许,但因重大误解而生的撤销只应限于例外情形,即当第三人的利益不会因撤销而被影响时。[111] 米德尔以《德国民法典》第 122 条为由,将

---

〔104〕 参见 Erichsen (o. Fußn. 8),§ 23a IV.

〔105〕 对此 VGH Mannheim, VBlBW 1988, 151.

〔106〕 RGZ 134, 162 (171 f.).

〔107〕 OVG Saarlouis, BRS 38 Nr. 179;VGH Mannheim, BRS 32 Nr. 164;OVG Koblenz, DVBl 1984, 281;VGH Mannheim, VBlBW 1988, 151;NJW 1985, 1723;VBlBW 1983, 22;VBlBW 1983, 75.

〔108〕 Forsthoff (o. Fußn. 16),§ 14 (S. 282);Wolff-Bachof (o. Fußn. 35),§ 44 IIIa;Erichsen (o. Fußn. 8),§ 23a IV;Stelkens, in: Stelkens-Bonk-Leonhardt, VwVfG,§ 35 Rdnr. 118 a;Kopp, VwVfG (o. Fußn. 17), Vorb. § 9 Rdnr. 12;Middel (o. Fußn. 14), S. 112 ff.;Schnell (o. Fußn. 15), S. 142 ff.;Küchenhoff, BayVBl 1958, 325 (327);Heiß, BayVBl 1973, 260;Stichelberger, BayVBl 1980, 393;Kurz, BayVBl 1980, 587.

** 译者注:《德国民法典》第 119 条:意思表示之内容有错误,或不欲为该内容之表示,如表意人知其情形,且依合理之判断,即可认为其不欲为该表示者,得撤销之。关于人或物之性质,交易上认为重要者,其错误视为意思表示内容之错误。

〔109〕 VGH Mannheim, VBlBW 1983, 22 (23);OVG Lüneburg, OVGE 16, 355 (359);Stichelberger, BayVBl 1980, 383 f.;Heiß, BayVBl 1973, 260 (263 f.).

〔110〕 VGH Mannheim, VBlBW 1983, 22 (23);Erichsen (o. Fußn. 8),§ 23a IV. 对此指的是复议程序中的程序性表示,不包括任何申请,参见 Schnell (o. Fußn. 15), S. 145 ff.

〔111〕 BayVBl 1958, 325 (327 f.);dagegen Middel (o. Fußn. 14), S. 134 ff.;Stichelberger, BayVBl 1980, 393 (395). 一并参见 Bulling, DÖV 1962, 378 f. 该文认为,在需协力的具体行政行为中没有需要提出撤销,因为在行为作出前均可撤回并且(在具体行政行为作出后)随即表示放弃。

捐助(Widmung)表示的撤销限制于受欺诈和重大误解中,该条规定,不可使表示受领人的利益落空。[112] 与《德国民法典》第 119 条相比,克劳泽的论点一定程度上限制了撤销范围,但一定程度上又将其扩张。[113] 为此,他主张区分有责的意思瑕疵和无责的意思瑕疵,[114] 还要关注动机错误[115]并考虑行政机关的行为,[116]然而他对此并无明确立场。

在此不能就有关细节继续讨论了。然而应指出的是,在这个问题上肯定也有迹象表明,以偏离民法原则的方式发展蕴含于撤销规则中的一般法律原则看上去是适当的。这项工作应留给司法进行,其有足够的空间针对个案进行适当评估并且进一步系统化地创造素材。同样,他们应该明确地认识到,他们不被限于对民法原则的机械采纳,而可以对其进行限缩与扩张。决定性的标准可以是,一项意思表示是否像在民法上一样只针对一个受领人,因而在一个具体行政法律关系中生效,抑或其会产生对第三人效力或干脆是普遍性效力。后者在《德国民法典》没有得到考虑,并且可能因此引致对公法中撤销可能性的限制,因为公法相较私法具有更全面的平衡利益的任务。

最后的问题产生在撤销期间上。主流的观点是,公法上的撤销,如《德国民法典》第 121 条所规定的,必须尽速实现,[117]即并非适用《德国民法典》第 124 条,而是适用更短的期间。[118] * 同样,于此也不可以用相同方式确定所有法律领域上相关期间的确切规定,这必须交由司法,在个案中确定合适的期限。

---

[112] Middel (o. Fußn. 14), S. 138 f. 参照 OVG Lüneburg, OVGE 16, 355 (359 f.);反对观点见 Stichelberger, BayVBl 1980, 393 (395).

[113] VerwArch 61 (1970), 295 (326 ff.).

[114] VerwArch 61 (1970), 295 (329).

[115] VerwArch 61 (1970), 295 (335).

[116] VerwArch 61 (1970), 295 (336).

[117] OVG Saarlouis, BRS 38 Nr. 179 (S. 398);VGH Mannheim, BRS 32 Nr. 164 (S. 299);VBlBW 1983, 151 (153);Schnell (o. Fußn. 15), S. 157.

[118] VGH Mannheim, VBlBW 1983, 22 (23);Stichelberger, BayVBl 1980, 393 (394);Schnell (o. Fußn. 15), S. 157.

* 译者注:《德国民法典》第 121 条与第 124 条均是对撤销期间的规定。区别在于,前者针对的是因重大误解与传达不实而生之撤销期间,后者针对的是因欺诈或胁迫而生之撤销期间。两者最长除斥期间规定相同,均为 10 年。但就短期除斥期间,前者规定撤销应尽速发出,后者规定撤销得于 1 年内进行。

五、总结

上文论述表明,行政法中的意思表示存在于多种语境中并且意义重大。特别是对于公民来说,它们是在公法领域产生法律后果的最重要的工具。在介绍适用于其解释、约束、可撤回性和可撤销性的原则时,已经表明需要进行各种区分,从而排除简单诉诸《德国民法典》的可能性。此外,由于《联邦行政程序法》的发布和其中包含的对于具体行政行为的诸规范,在行政法领域内已具备了一部法典,在追溯法律思想时应以其为首要材料。解释和撤回规则被证明是有很大区别的,其中必须明确区分行政和公民的表示,以及纯粹形成程序的表示和在实体法上生效的表示。还应指出的是,公民的意思表示在程序结束之前并不总是可以自由撤回的。最后应指出,在个案中以符合利益的方式运用行政法和《德国民法典》中的一般法律思想,以便在审理过程中为行政法各论的不同领域塑造适合的原则,仍是法院的重要任务。

(特约编辑:吕正义)

摹绘公共卫生治理的法律新蓝图

——评《公共卫生法：伦理、治理与规制》

邹　志*

内容提要：在法学研究版图中，公共卫生法研究曾长期处于边缘化地位。突发重大公共卫生事件发生后，更多学者开始关注到这个尚待开拓的研究领域。《公共卫生法：伦理、治理与规制》一书为公共卫生法研究描绘了一幅清晰的学术地图。该书以公共卫生治理为视角，首先阐述了公共卫生法的伦理维度与历史源流，然后从功能角度界定了公共卫生法的范围，解释了如何利用硬法和软法工具来保护和促进公众健康权，最后分析了政经社文与全球化背景对公共卫生法律制度改革的影响。这个主题明确、逻辑清晰的分析框架，对于我国公共卫生法治体系的科学建构颇具启发意义。

关键词：新公共卫生；公共卫生法；公共健康法；公共卫生治理；领域法学

引　言

国际公共卫生领域的巨匠查尔斯·温斯洛在一百年前，曾将公共卫生描述为一个尚待开拓的领域。[1] 时至今日，公共卫生领域经历了巨大变

---

* 南开大学法学院宪法学与行政法学专业博士研究生。本文受国家社会科学基金重大项目"突发重大公共卫生事件防控的法治体系研究"（编号：20&ZD188）资助。

　〔1〕 参见 Charles-Edward Winslow, *The Untilled Fields of Public Health*, 1306 Science 23 (1920).

化,微生物学研究突飞猛进,健康的社会决定因素受到重视,健康促进运动蓬勃发展,全球卫生治理影响广泛。[2] 然而,与实践不相匹配的是,无论教学还是科研,公共卫生法甚至卫生法在法科院系和法学研究中,长期处于相对边缘化的状态。[3] 相较于医疗服务法与药品法而言,在公共卫生法领域,缺少清晰简明的教科书,[4] 也少有探讨公共卫生治理的体系化专著。近年来,公共卫生法的研究呈现出相对繁荣的局面,但学者大多关注突发公共卫生事件防控中的具体法律问题,对公共卫生法的性质、范围与体系建构等整体性问题探讨不多。似可认为,公共卫生法相对而言也是一个尚待开拓的法律领域。这个新兴领域首先需要解决的关键问题是,如何为公共卫生法的体系建构提供一套系统而完整的理论,从而消解公共卫生法学者面临的融贯性焦虑与质疑。[5]

为了进一步推动公共卫生法治建设,夯实公共卫生法的理论根脉,宋华琳教授、李芹副教授、李鸽博士合作翻译出版了《公共卫生法:伦理、治理与规制》一书。[6] 该书原著是由英国布里斯托大学法学院约翰·科根教授、基思·赛雷特教授和时任英国南安普顿大学法学院 A. M. 维安副教授共同撰写,并于 2017 年由全球知名的劳特利奇出版社出版发行。作者的理论关切是,如何运用法律和治理,来帮助人们创造健康生活的条件,法律、政治、伦理和社会等限制因素,又是如何构成对潜在公共卫生议程的约束。(页34)为了回答这个问题,作者首先从历史、伦理和规范三个角度系统阐释了公共卫生法的基本原理,然后从私法、刑法、公法、国际法与公共政策等多个维度仔细考察了公共卫生法的宽泛领域,最后从政经社文背景、全球化

---

〔2〕 参见刘民权:《公共卫生百年回望与未来之思考》,《人文杂志》2020 年第 7 期。

〔3〕 参见 Keith Syrett and Oliver Quick, *Pedagogical Promise and Problems: Teaching Public Health Law*, 123 Public Health 222, 223 (2009). 瞿宏丽:《法科院校卫生法学学科建设的研究与实践》,载黄进主编:《中国法学教育研究》第 1 辑,中国政法大学出版社 2016 年版,第 108-109 页。

〔4〕 目前主要有一本聚焦美国公共卫生法的知名教科书,参见[美]劳伦斯·高斯汀、林赛·威利:《公共卫生法:权力·责任·限制》,苏玉菊、刘碧波、穆冠群译,北京大学出版社 2020 年版。国内学者的专著参见李燕、金根林:《公共健康法原论》,中国政法大学出版社 2014 年版。后者受到《公共卫生法:权力、责任与限制》一书的较大影响。

〔5〕 参见 Theodore W. Ruger, *Health Law's Coherence Anxiety*, 96 Georgetown Law Journal 625 (2008).

〔6〕 [英]约翰·科根、基思·赛雷特、A. M. 维安:《公共卫生法:伦理、治理与规制》,宋华琳、李芹、李鸽等译,译林出版社 2021 年版。(以下简称《公共卫生法》,引用只注页码)

与研究方法三个方面初步勾勒了公共卫生法理论与实践的发展方向。

这本论著最主要的理论贡献在于,从功能角度界定了公共卫生法的范围,并以部门法为核心,搭建了一个公共卫生治理体系的分析框架,从而显著增强了公共卫生法的体系性与融贯性。在看似晦涩无垠的公共卫生法领域,作者以公共卫生治理为视角,采用跨学科的研究方法,阐明了公共卫生法的基本原理,澄清了公共卫生法的广阔范围,解释了如何通过各个部门法的运作,来推进或限定公共卫生的议程。这个主题明确、逻辑清晰的分析框架,对于我国公共卫生法治体系的科学建构颇具启发意义。以下笔者将从公共卫生领域的范围界定、治理工具以及法律变革三个方面,展开对这本论著的评析,希冀能求教于方家。

一、公共卫生领域的范围界定

公共卫生领域的范围涉及到公共卫生治理对象的确定,决定了公共卫生法发挥作用的空间和场域。因而,界定公共卫生领域的范围是研究公共卫生法的前提问题。作者开篇就阐述了公共卫生领域的群体视角,并将公共卫生划分为医疗服务体系、公共卫生基础设施、健康的社会决定因素这三个责任领域。然而,我们在论著中很难找到作者对公共卫生的清晰界定。作者认为,最关键的不是找到公共卫生的准确定义,而是理解社会和自然环境如何影响公众健康,以及这种理解可能对不同的治理形式及其正当性带来怎样的影响。(页33)质言之,作者对公共卫生秉持一种宽泛的理解,凡是可能对公众健康产生实质影响的领域,都可以划入公共卫生的范围。

(一)公共卫生的群体视角

对公共卫生领域的确切范围,学界聚讼纷纭,但是大家对于公共卫生的显著特征却有基本共识。学者普遍认为,相较于以患者个体为中心的医疗服务,群体(populations)处于公共卫生的中心,具体表现在以下三个方面(页12-13):第一,公共卫生采用一种群体视角,更关注整体层面的公众健康,而非聚焦于治疗患者的疾病。第二,在实施层面,公共卫生旨在通过集体的组织化手段来改善群体健康。也正因如此,法律尤其是行政法成为公共卫生治理活动中必不可少的手段。第三,在研究方法上,公共卫生采用流行病学方法,对人群展开研究,试图寻找特定疾病发病率反常的原因。流行病学研究可以将群体健康状况与社会环境因素联系起来,并在此基础上推出有针对性的预防措施,从而在总体上遏制疾病的发生。[7]

　　以个体疾病为对象的医疗活动针对的是下游问题,而以公众健康为目标的公共卫生则是以清理上游和中游问题为主要任务,注重从源头上化解健康威胁。[8]公共卫生与医疗服务的这种区别,对于卫生资源的分配政策或有启发,公共卫生有助于从源头上减少疾病的发生,资源投入的健康收益远大于成本,可以显著提高群体层面的健康公平性。因而在卫生政策制定中,或许可以适当提高公共卫生资源的分配比重,落实预防为主的健康方针,真正促成以治病为中心向以健康为中心的转变。

(二)对公共卫生的诸种理解

　　要理解公共卫生法,首先就需要理解公共卫生的定义与范围。论著中罗列了在英国最具代表性的四种定义,包括"美国公共卫生之父"查尔斯·温斯洛、英国公共卫生学会、英国政府、世界卫生组织对公共卫生的界定。其中,作者尤其强调了温斯洛在界定公共卫生概念上的贡献。

　　公共卫生先驱温斯洛对公共卫生的界定具有开创性,使得公共卫生超越了纯粹治安权(police power)的范畴。他认为,公共卫生是通过有组织的社区努力来预防疾病、延长寿命、促进身体健康和提高效益的科学与艺术,包括改善环境卫生、控制社区感染、个人卫生教育、组织医护人员开展疾病的早期诊断和预防治疗、发展社会机制以确保每个人拥有足以维持健康的生活水准。[9]该定义揭示出公共卫生的目标不仅是保持环境卫生与预防传染性疾病,还包括促进群体健康,实现健康公平。在早期,公共卫生的传统范式旨在处理瘟疫和社会失序之间的关系,因而主要依赖行使治安权来

　　[7]　参见 Geoffrey Rose, *Sick Individuals and Sick Populations*, 14 International Journal of Epidemiology 32 (1985).
　　[8]　参见王晨光:《为完善我国公共卫生法治提供参考》,载《北京日报》2021年3月15日,第012版.
　　[9]　参见 Charles-Edward Winslow, *The Untilled Fields of Public Health*, 1306 Science 23, 30 (1920).

维持社会稳定。[10] 譬如,国家运用治安权来授权行政机关采取强制性预防和限制措施,如检验检疫、强制医疗、隔离、接种疫苗、扩大社交距离等,这些措施显然涉及对人身自由的限制。温斯洛对公共卫生职能的理解,显然超出了秩序行政的范围,而具有了给付行政的意涵。如今,"公共卫生"这个概念经过学者的阐释,已经储藏了积极健康与健康公平的价值理念,政府在公共卫生领域不仅需要被动地维持社会秩序,还需要积极地采取措施,来促进公众健康。

四种主流的公共卫生定义均认可公共卫生范围的广泛性。作者赞同这种主流意见,认为公共卫生活动关注整体自然环境和社会环境、环境对健康的影响,并关注如何可能通过公共卫生的调试来改进健康,具有正当性。(页28)作者对公共卫生的界定,相对聚焦生活环境对健康的影响,并且将影响健康的环境因素,划分为三个责任领域(页9-10):

第一,基本医疗服务体系。政府有责任为公民提供基本医疗服务,通过对疾病的预防、诊断和治疗,来改善人们的身体和心理健康。英国政府通过建立免费的国民医疗服务体系,来保障公众健康。在中国,基本医疗服务并非一种纯粹的公共物品,而是一种准公共物品。政府负责建立公益性质的医疗卫生机构,公民有义务参加基本医疗保险,医疗保险基金按比例支付基本医疗服务项目的费用,此外,公民还需要自行承担部分费用。或可认为,基本医疗服务体系属于公共卫生范围,但是超出基本保障水平的医疗服务难以完全划入公共卫生范围。

第二,公共卫生基础设施。政府有责任为人们提供为健康所必须的基础设施条件,如良好的城市排水系统、适当的废弃物处理体系。

第三,健康的社会决定因素。随着社会经济的发展,现代公共卫生法愈发关注健康的社会经济决定因素与公平性,这正是新公共卫生与传统公共卫生的区别所在。[11] 政府有责任通过流行病学和相关学科获得知识,考察社会经济环境对健康的影响,然后采取相应的预防措施,如查找青少年近视的原因、分析收入因素对健康状况的影响。当然,公共卫生还涉及私人主体

---

〔10〕 英美法上的治安权,是指政府用以调整私人利益和公共利益的权力,地方政府可以通过制定法律法规,来捍卫、维护和促进人民的健康、安全、道德和一般福利。[美]劳伦斯·高斯汀、林赛·威利:《公共卫生法:权力·责任·限制》,苏玉菊、刘碧波、穆冠群译,北京大学出版社2020年版,第90页。

〔11〕 参见杨彤丹:《公共卫生法之现代阐释》,《学习与探索》2012年第12期。

的活动和责任,如企业应当为职工提供安全、清洁的工作环境。

概言之,在作者看来,只要能够对公众健康产生实质性影响的外部环境、条件和因素,都可以纳入到公共卫生范围之中。"健康的社会决定因素"涉及面广,具有很强的包容性,可以将影响公众健康的各种社会经济条件、法律制度与公共政策容纳进来。作者之所以对公共卫生作出宽泛界定,是因为这可以驱使政府和社会去寻找全面的手段,来预防疾病或者应对突发公共卫生事件,从而确保整个人群的健康。(页18)在我国,《基本医疗卫生与健康促进法》第六条要求政府将健康理念融入各项政策,建立健康影响评估制度,这或许也可以印证公共卫生不局限于特定领域,而是遍布于政府活动之中。

(三)我国对公共卫生的界定

温斯洛对公共卫生的界定影响深远,被世界卫生组织沿用,而且也对中国的公共卫生理论与实务界产生了显著影响。2003 年,时任国务院副总理吴仪在全国卫生工作会议上提出了公共卫生的中国版定义:公共卫生就是组织社会共同努力,改善环境卫生条件,预防控制传染病和其他疾病流行,培养良好卫生习惯和文明生活方式,提供医疗卫生服务,达到预防疾病,促进人民身体健康的目的。[12] 该定义描述了公共卫生的基础内容,在内涵上与 1920 年温斯洛的定义趋于一致。中国疾病预防控制中心前首席科学家曾光也推崇广义的定义,认为公共卫生是以保障和促进公众健康为宗旨的公共事业,通过国家和社会共同努力,预防和控制疾病与伤残,改善与健康相关的自然和社会环境,提供基本医疗卫生服务,培养公众健康素养,创建人人享有健康的社会。[13] 该定义对公共卫生的理解更为深刻、全面,强调公共卫生是国家和社会的共同责任,其目标是保障和促进公众健康,关注与健康相关的社会决定因素,并倡导健康公平。国内官方与学界对公共卫生的定义均表明,保护和促进公众健康是公共卫生的目标,公共卫生不局限于疾病预防,还包括改善健康环境与健康促进等内容,而且非常强调健康的人

---

〔12〕 吴仪:《加强公共卫生建设 开创我国卫生工作新局面》,《中国卫生质量管理》2003 年第 4 期。

〔13〕 曾光、黄建始、张胜年主编:《中国公共卫生·理论卷》,中国协和医科大学出版社 2013 年版,第 5 页。

民性和公平性。

之所以要着重探讨公共卫生领域的范围界定问题,是因为它既关系到政府的公共卫生职责范围,也关系到公共卫生治理对象的确定。

第一,政府的健康促进职责渐趋扩大。随着健康中国战略的实施,公共卫生的重要性逐渐凸显,健康促进工作开始提上政府议程。例如,2017年党中央、国务院发布的《"健康中国2030"规划纲要》把促进公众健康和强化公共卫生服务摆在首位。立法者也于2017年将"基本医疗卫生法"草案更名为"基本医疗卫生与健康促进法",主要就是增加了健康促进的内容。[14]由此可见,随着对公共卫生认识的深化,以及国家和社会对健康的日益重视,政府的公共卫生职责范围由传统的疾病预防控制服务,逐步向健康促进等涉及公众健康的其他领域扩展。在这种情境下,公共卫生显然已不仅仅是卫生健康部门的职责,而是必须采用多部门、整体政府的进路,将公共卫生职责也分配给其他部门,从而真正贯彻"将健康理念融入各项政策"的法律要求。

第二,公共卫生治理对象扩展至生活方式诱发的非传染性疾病。新公共卫生范式的关注对象,不局限于疾病控制,而是侧重于对健康风险因素的预防,并对健康的社会决定因素秉承一种情境化的理解。(页121)当前,慢性病、肥胖、近视、心理健康等风险因素时刻威胁着公众的生命健康,这些非传染性疾病构成新公共卫生范式的核心关切。心脑血管疾病、癌症、慢性呼吸系统疾病、糖尿病等慢性非传染性疾病导致的死亡人数占总死亡人数的88％,导致的疾病负担占疾病总负担的70％以上。[15] 面对非传染性疾病、不良生活方式带来的健康威胁,国家需要采取措施,控制这类影响健康的危险因素。[16] 目前我国正在实施健康中国行动,要求各级政府全方位干预健康影响因素,维护全生命周期健康。

需指出,基本公共卫生服务在公共卫生范围之内,二者是包含关系,而不是等同关系。基本公共卫生服务是与经济发展水平相适应,公民可公平获得的疾病预防服务。它是政府公共卫生职责范围中最基础的部分,属于

---

〔14〕　参见许安标:《加强公共卫生体系建设的重要法治保障——〈基本医疗卫生与健康促进法〉最新解读》,《中国法律评论》2020年第3期。

〔15〕　《国务院关于实施健康中国行动的意见》(国发〔2019〕13号)。

〔16〕　《基本医疗卫生与健康促进法》第十六条。

纯粹的公共物品,由政府免费提供。[17] 具体的服务项目由国务院卫生健康部门会同财政、中医药主管部门共同确定,并实行动态调整。[18] 目前政府提供的基本公共卫生服务项目主要包括健康教育、预防接种、特殊人群健康管理、传染病及突发公共卫生事件报告和处理、地方病防治、职业病防治等三十余项。[19]

二、公共卫生领域的治理工具

在公共卫生领域,政府负有保护和促进公众健康的首要责任,政府应当使用各种治理工具来保障公众健康权的实现。作为一种社会权利的健康权,不仅要求国家提供必要的给付,还要求国家采取措施,为公众健康权的实现提供组织、制度和程序方面的保障。要完成这两项基本权利保障任务,法律就成为公共卫生治理必不可少的工具,这是公共卫生法产生的基础。不过,法律的强制干预失之于生硬,公共卫生政策、助推、伦理指南以及自律性规范等"软法"工具,也可以引导公众的健康观念和行为,从而改善公众健康状况。简言之,硬法与软法工具都具有为公众创造健康生活条件的潜力。

(一)法律

在界定公共卫生法的范围时,作者对高斯汀和威利教授的见解进行了批判性的分析。高斯汀和威利教授将公共卫生法的研究内容概括为,为了实现最高水平的公众健康,政府应当拥有哪些权力与职责,为了公共利益而限制个人自由、隐私、财产权以及其他合法权益时,政府权力又应受到何种限制。[20] 这两位著名学者对公共卫生法范围的界定,并不局限于任何单一的法律领域。相反,他们是从宏观上考察,法律如何赋予公共卫生主体以权力,又是如何限制公共卫生主体执行任务的能力。鉴于公共卫生范围的广

---

[17] 《基本医疗卫生与健康促进法》第十五条。

[18] 《基本医疗卫生与健康促进法》第十六条第二款。

[19] 国家卫生健康委等:《关于做好 2019 年基本公共卫生服务项目工作的通知》(国卫基层发〔2019〕52 号)。

[20] 参见[美]劳伦斯·高斯汀、林赛·威利:《公共卫生法:权力·责任·限制》,苏玉菊、刘碧波、穆冠群译,北京大学出版社 2020 年版,第 4 页。

阔性,作者也认为,不能将公共卫生法研究局限在特定的部门法领域,而是应当了解完整的法律"武器库",考察每一个可能影响公众健康的法律领域。(页128-129)

秉承这种法律进路,作者依次选择了私法、刑法、宪法与行政法、国际法、公共卫生政策等五个宽泛的法律领域,以理论阐述和案例分析的方式,解释了不同部门法如何有助于公众健康权的实现,或者如何构成对公共卫生规制权力的约束。分别叙述不同部门法与公共卫生的关系,虽有助于读者快速概览公共卫生法的面貌,但在公共卫生法的适用、研究与实务中,可能需要组合使用不同的法律工具,并考虑不同部门法之间的相互制约作用。(页136)以下笔者仅以私法、刑法与行政法为例,简要勾勒法律在公共卫生治理中的作用。

1.法律作为保护和促进公众健康权的工具

第一,私法的作用。合同法与公共卫生的关系较不明显,但并非不能发挥作用。国家可能会基于公共卫生的目的,通过强制性条款的形式,来限制私人缔结协议的自由。[21]当事人之间的协议内容违反公共卫生方面的效力性强制性规定,也会导致该部分约定无效。侵权法可以设定行为标准,允许个人在健康权利受到侵犯时,通过侵权诉讼来获得赔偿。侵权诉讼具有威慑与预防的功能,譬如,让生产经营不符合食品药品安全标准的民事主体承担惩罚性赔偿责任,可以促进其他社会成员合规开展生产经营活动。

第二,刑法的作用。我国《刑法》第六章第五节规定了"危害公共卫生罪",主要包括妨害传染病防治罪、妨害国境卫生检疫罪、非法组织卖血罪等。作者倾向于将刑法作为一种必要的终极的规制工具,只有在较软的控制手段不起作用时,才可以实施带有压制性的刑法规制。(页192)我们应当思考的是,将对公共卫生构成负面影响的行为犯罪化,是否有充足的正当化根据,是否可以使用干预程度更低的治理工具。

第三,行政法的作用。自英国于1848年颁布《公共卫生法》以来,行政法始终构成公共卫生法的主轴。[22]首先,通过在行政法上设定法律权利与

---

〔21〕譬如,《民法典》第四百九十四条新增规定,国家根据疫情防控需要下达国家订货任务、指令性任务的,民事主体应当依照法定的权利和义务订立合同。

〔22〕从狭义的角度看,公共卫生法也被视作行政法。参见[美]爱德华·P.理查兹:《作为行政法的公共卫生法》,李广德译,《法治社会》2022年第2期。

义务,可以强制个人和企业遵守公共卫生方面的规制要求。譬如,要求个人系安全带、佩戴摩托车头盔、采取检疫隔离措施等。其次,行政法可以提供一套资源的汲取与分配框架。（页224）譬如,对烟草、酒精征收消费税,引导医疗卫生资源向基层倾斜[23]。最后,建设机构能力也是行政法的显著功能之一。行政法可以在宪法秩序内,创设服务于公共卫生目标的机构,赋予其保护和促进公众健康的具体职权,并确保该机构及官员对其决定负责。（页218）例如,我国新近组建了国家疾病预防控制局,它负有制定并组织落实传染病预防控制规划、国家免疫规划以及严重危害人民健康公共卫生问题的干预措施等多项职责,未来还可能在《传染病防治法》中赋予其与履行职责相匹配的职权。虽然在传染病防治领域,行政法起到了权力工具箱的作用,但是,它的核心功能始终是规范公权力的运行。

2. 法律作为约束公共卫生规制权力的工具

公共卫生规制旨在监测健康危险因素,并采取干预措施减少公众面临的健康风险或伤害。但是,这种规制权力也可能会侵犯公民的隐私、个人信息、人身自由与财产权等权利。因而国家需要设计一套精巧的法律制度,避免政府权力和私人权利的滥用。私法上对个人自主决定权、个人信息权的认可,可以避免公权力肆意侵犯私人领域。刑法上的罪刑法定原则要求区分罪与非罪,轻罪与重罪,即使在突发公共卫生事件的背景下,也不能突破罪刑法定原则的界限。

行政法的基本功能是规范和控制公权力的行使。为了保护和促进公众健康,公共卫生权力可以合法且正当地限制个人权利,但是这种权力的行使不仅要符合科学原则,还要受到行政法对政府权力的约束。执行公共卫生任务的机构必须依据法律授权,履行法定程序,才能采取限制公民人身自由的隔离措施。否则可能被认定为违法行为,造成公民损失的,可能需要依法承担行政赔偿责任。如今,政府预防和控制健康风险的权力,在数字监测技术的加持之下迅速蔓延,因此更有必要突出行政法的监督功能。即使是基于控制传染病传播的目的,行政机关也不能秉持一种零风险思维,而是应当将公共卫生风险控制在可接受水平,否则可能会导致规制资源的严重浪费,

---

〔23〕《基本医疗卫生与健康促进法》第十条规定,国家合理规划和配置医疗卫生资源,以基层为重点,采取多种措施优先支持县级以下医疗卫生机构发展。

甚至过度限制公民的人身和财产自由。

综上所述,法律可以赋予政府权力,施加政府职责,分配医疗卫生资源,也可以为个人和企业设定权利与义务,从而确保公共卫生目标的实现;反之,法律和私人权利也可以对政府的公共卫生规制权力进行限制。这两种法律功能之间,存在一定的紧张关系。化解这种紧张关系是公共卫生法的永恒课题,即如何在法律上设计一套精巧的利益权衡机制,使得个人权利与保障公众健康的公权力之间达成公正的平衡。

(二)自愿协议与干预阶梯

公共卫生制度的历史发展,经历了从政府管理到社会治理的转变。(页110)英国现代公共卫生法起源于19世纪的维多利亚时代,当时国家主要采用官僚行政的模式,使用命令控制型规制工具来达成公共卫生目标。譬如,隔离与检疫、建设清洁卫生设施、强制公民接种疫苗。进入20世纪后,这种干预模式无法满足日益增长的慢性疾病防治需求,在国民医疗服务体系建立之后,公共卫生立法趋于边缘化。在20世纪70年代,人们发现行为方式和社会环境会对群体健康产生重大影响,而社会环境又决定了人类行为方式,进而影响到公众健康。因而改善社会环境就成为新公共卫生范式的重点议题。在1986年《渥太华健康促进宪章》中,[24]概括了新公共卫生范式的核心观点。该宪章提出,影响健康的社会环境包括和平、住所、教育、食物、收入、稳定的生态环境、可持续的资源、社会正义与公平等八个方面。解决这些健康的先决条件,不能仅仅依靠卫生健康部门,还需要将其他政府部门、非政府组织、企业、专业人士以及公民个人都纳入其中。新公共卫生范式关注社会协作与合作治理,主张能对公众健康产生影响的利益相关者都有责任参与公共卫生治理活动,从而促进健康公平。[25]

新公共卫生范式更强调协商、互动与合作,治理工具也更注重柔性、弹性、灵活性与非强制性。[26]英国于2010年发布的公共卫生战略白皮书,就

〔24〕参见 *Ottawa Charter for Health Promotion*, First International Conference on Health Promotion, Ottawa, 21 November 1986-WHO/HPR/HEP/95.1.

〔25〕参见 Theodore Tuchinsky & Elena Varikova, *What is the "New Public Health"*, 32 Public Health Reviews 25, 26 (2010).

〔26〕参见苏玉菊:《"新公共卫生"法律规制模式研究——基于治理的视角》,法律出版社2015年版,第226页。

引入了新公共卫生治理模式，推崇使用干预阶梯框架，并主张在政府介入之前，优先通过责任协议的方式，鼓励企业自愿承担公共卫生治理责任。[27]

第一，鼓励企业自愿签署责任协议，主动承担促进公众健康的社会责任。在英国政府的引导之下，政府、产业界和志愿组织共同达成了"公共卫生责任协议"，在酒精、食品、身体活动、职业健康等领域，产业界和志愿组织签署了开展自愿行动的保证书。[28] 譬如，企业承诺不使用人工反式脂肪、减少卡路里、食品包装正面贴营养标识、不生产大罐装的高度数酒类饮品。作为一种柔性规制手段，责任协议干预程度低，执行成本也低，具有相当的价值。不过，虽然企业社会责任开始兴起，但是企业的目标是利润最大化，这与公共卫生法的公益性要求不无扞格。因而需要分析企业的利益和诚信问题，评估责任协议实效性，警惕企业借助责任协议规避更严格的规制控制形式。（页313）

第二，如果自愿协议未能奏效，政府可考虑沿着干预阶梯提高干预程度。自愿协议是一种鼓励自我规制的策略，在自我规制失灵且不能达到预期目标时，政府可以及时介入。[29] 英国纳菲尔德生物伦理委员会针对政府的介入方式，提出了干预阶梯理论，它为公共卫生治理工具的选择给出了导引。一般而言，规制者应当从干预程度最低的方式着手，随着梯级的上升，国家干预逐渐增强，个人自由受到更多限制。基于对自由的尊重，规制者干预的梯级越高，就越需要有力的正当化根据。干预阶梯的具体内容如下所示：[30]

---

〔27〕 参见 HM Government, *Healthy Lives, Healthy People: Our Strategy for Public Health in England*, The Stationery Office, 2010, p. 30.

〔28〕 参见 Department of Health, *The Public Health Responsibility Deal*, Department of Health, 2011.

〔29〕 自愿协议与干预阶梯框架的组合使用，充分体现了回应性规制的理念。回应性规制的理论贡献是提出了执法金字塔模型。按照执法金字塔的设计，行政机构在选择规制工具时，应该首先选择金字塔底部强制力最弱的劝导机制或者自我规制机制，只有在该机制失灵时，才依次拾级而上，采取干预程度更高的规制工具，以提高规制执法的威慑效力。参见 Ian Ayres and John Braithwaite, *Responsive Regulation: Transcending the Deregulation Debate*, Oxford University Press, 1992, p. 49-53.

〔30〕 参见 Nuffield Council on Bioethics, *Public Health: Ethical Issues*, Nuffield, 2007, p. 42.

表 1 政府行为可能的阶梯

规制工具	说　明	示　例
排除选择	通过彻底排除选择来进行规制	强制隔离传染病患者、强制预防接种
限制选择	通过限制人们选择的方式来进行规制	中小学附近不得出售香烟
通过抑制措施引导选择	通过财政和其他抑制措施,减少人们从事特定活动的频次	对香烟、酒精征税;通过收费机制或限制停车位来减少在市中心开车
通过激励引导选择	通过财政和其他激励措施进行规制	为购买自行车提供税费减免、为农村"厕所革命"提供财政补助
通过更改默认政策来引导选择	让最佳选项成为人们最容易作出的选择	餐厅更改菜单,将更健康的食品作为标准配菜,高热量食品仅作为备选项
让选择成为可能	为人们改变行为提供便利条件	修建自行车道、在社区修建健身体育设施
提供信息	让公众知晓信息,教育公众	鼓励人们饭后散步、说明过度饮用含糖饮料的风险
什么都不做或仅仅对当前情况进行监测	/	对疾病流行情况进行监测

　　作为理解公共卫生治理模式的框架,干预阶梯具有很好的解释力。在公共卫生政策制定过程中,我们可以借鉴干预阶梯框架的理念,优先使用干预程度低的规制工具。不过,不能僵硬地直接套用,具体的政策制定还是应当考虑本国的政治、经济、法律、伦理以及文化方面的约束条件。作者以助推策略为例,认为它只是对公民的行为施加了有限干预,仅凭助推方式,可能对改善公众健康影响甚微。(页320)与英国不同的是,在中国的公共卫生治理中,健康教育或者命令控制是最常见的两种干预方式,治理工具还相对单一,似乎也没有设计出清晰的助推政策。未来或许可以在餐饮行业尝试推行助推政策,帮助餐饮企业设计更为健康科学的菜单,鼓励单位食堂提供低油低脂低盐的套餐。

(三)伦理指南和伦理规制

　　公共卫生干预的正当化根据问题,是公共卫生伦理学关注的核心议题之一。为了促进公众健康,政府可以行使权力强制限制个人自由,但应当充分说明和论证其采取干预措施的正当化根据,以避免权力的滥用。在伦理层面对公共卫生展开反思和分析,就是依据不同的政治理论、伦理价值和原则,对国家干预的正当化根据与干预限度,展开评判性的评估。例如,可以为了减少肥胖而对高糖饮料征税吗? 作者在论著中没有指明伦理价值的优先次序,相反,作者侧重于检视伦理价值和政治价值的作用,讨论这些价值如何构成公共卫生伦理争论的基础。(页47)换言之,公共卫生干预应当符合伦理原则,但是这些伦理原则究竟包括哪些实体内容,对此存在诸多分歧。

公共卫生伦理是提升群体健康水平的行为准则,它主要涉及三个方面的伦理问题:一是公共卫生专业人员的职业伦理;二是在公共卫生情境下如何作出决策的应用伦理;三是针对推动公共卫生议程者的倡导伦理。[31] 为了解决公共卫生专业人员、实务人员与政策制定者遇到的伦理挑战,确保他们的行为符合伦理,并尽可能化解伦理争议,通常采用的形式是提供伦理指南与伦理规制。(页57-58)

第一,提供伦理指南。伦理指南既可以由国际组织、专业组织、卫生健康部门制定,也可以由机构自身制定。例如,世界卫生组织于 2017 年发布了《公共卫生监测伦理指南》。[32] 提供伦理指南的目标一般包括提升伦理意识、伦理行动指南、促进伦理审议、解释公共卫生措施的正当化根据。治理目标不同,伦理指南的内容也有所不同。因此,需要根据手边的任务和目标,来选择适当形式的指南。例如,要确保所有人遵循统一行动时,可以提供伦理行动指南,告诉人们面对特定的伦理情形,应当如何行动。

第二,伦理规制。伦理规制是从外部强加的义务,一般会在法律中作出明确要求,由有权机关负责监督实施。我国《基本医疗卫生与健康促进法》第三十二条第三款规定,开展医学研究应当遵守医学伦理规范,依法通过伦理审查。根据法律要求,中国疾病预防控制中心设立了伦理委员会,具体职责包括审查涉及人的公共卫生与生物医学研究、对已批准的科学研究进行

---

〔31〕 参见 Lawrence Gostin, *Public Health*, *Ethics*, *and Human Rights*: *A Tribute to the Late Jonathan Mann*, 29 Journal of Law, Medicine and Ethics 121 (2001).

〔32〕 参见 *WHO guidelines on ethical issues in public health surveillance*, World Health Organization, 2017.

持续监督检查、受理涉及伦理问题的各类咨询与投诉、加强伦理能力建设。[33] 公共卫生伦理委员会一般由公共卫生、生物医学、管理学、伦理学、法学或社会学等领域的专家组成,必要时可邀请临床医生、社会群体利益代表等参与审查。[34] 从法规范上看,伦理审查工作主要由机构内设伦理委员会负责,研究机构是伦理委员会的管理责任主体,[35] 而研究机构又受到行政部门的监管,由此可见,我国对科研伦理问题采用的是受规制的自我规制策略。未来或许可以为机构伦理委员会的工作提供指南,从而更好地指导公共卫生研究活动与机构伦理审查活动。

三、公共卫生领域的法律变革

本国公共卫生法律制度的变革,既深受国内社会和政治因素的限制,同时又受到区域和国际因素的影响。公共卫生事业能够获取的资源比重,取决于本国的经济社会发展水平与政府重视程度。而国际条约的规定与国际组织的倡导,也可能构成推动公共卫生议程的外部力量。在推进公共卫生制度的法律改革时,规制机构必须认识到,在国内与国际监管政策之间,存在相互促进或制约的关系。[36] 作者在论著的最后部分,勾勒了公共卫生法的未来方向,他首先从政经社文背景因素出发,分析了本国公共卫生制度适用与改革的约束条件,然后将公共卫生置于全球化背景之下加以审视,探讨了公共卫生全球治理模式的兴起,以及它对国内公共卫生法律框架的影响。

---

〔33〕《中国疾病预防控制中心伦理委员会工作管理办法(试行)》第六条,载中国疾病预防控制中心官网,https://www.chinacdc.cn/kjxm/kyxm_6054/201407/t20140715_99516.html,2023年6月23日访问。

〔34〕《中国疾病预防控制中心伦理委员会工作实施细则(试行)》第一章第一条,中国疾病预防控制中心官网,https://www.chinacdc.cn/kjxm/kyxm_6054/201407/t20140715_99515.html,2023年6月23日访问。

〔35〕国家卫生健康委等《涉及人的生命科学和医学研究伦理审查办法》(国卫科教发〔2023〕4号)第五条。

〔36〕参见〔美〕马克·艾伦·爱斯纳:《规制政治的转轨》(第二版),尹灿译,钱俞均校,中国人民大学出版社2015年版,第238页。

(一)公共卫生法的改革背景

公共卫生法的适用与改革具有复杂的政治与社会背景。公共卫生需要与政府的其他公共事务一起,争夺有限的公共资源,政府必须在政治过程中作出资源分配的决策。因此,公共卫生并不完全是科学知识的运用,它还涉及社会资源的分配,这是它政治性的一面。[37] 作为推进公共卫生议程的核心工具,公共卫生法同样具有高度的政治性,受到强大的社会、伦理与经济力量的影响。[38] 随着社会健康观念、政治力量与经济条件的变化,公共卫生法律制度也会作出相应的改变和调适,以回应不同时代、不同情境下的健康挑战。正如作者所言,要解决公共卫生问题,不能局限于纯粹的法律分析,而是要深入理解社会、政治、经济、伦理与专业方面的限制条件。具体而言,这些限制条件包括公众可接受性、伦理可接受性、政治优先次序、法律支持和法律约束、政治法律与专业意愿、经济可行性、治理策略等七个方面。(页329-330)

以上七个限制条件或可作为公共卫生规制政策的分析框架,这对于我国公共卫生政策的制定与改革不无启发意义。以我国的烟草控制政策为例,吸烟严重危害身体健康,这几乎已成为共识,但对于是否要在公共场所和工作场所全面禁止吸烟,却依然存在很大分歧。中央层面确立的任务目标是,到 2022 年全面无烟法规保护的人口比例达到 30% 及以上。[39] 然而,截至 2021 年 8 月,全面无烟法规保护人口比例仅 14%,尚不足 30% 目标的一半。[40] 针对我国公共场所控制吸烟政策的困境,可参照作者提供的分析框架,从如下角度展开分析:

第一,公众支持。公共场所全面禁止吸烟政策是否得到了公众支持?
第二,伦理基础。禁止在公共场所吸烟的正当化根据,是减少对他人的伤

---

〔37〕　参见[美]劳伦斯·高斯汀、林赛·威利:《公共卫生法:权力·责任·限制》,苏玉菊、刘碧波、穆冠群译,北京大学出版社 2020 年版,第 560 页。

〔38〕　参见[美]劳伦斯·高斯汀、林赛·威利:《公共卫生法:权力·责任·限制》,苏玉菊、刘碧波、穆冠群译,北京大学出版社 2020 年版,第 569 页。

〔39〕　《国务院关于实施健康中国行动的意见》(国发〔2019〕13 号)。

〔40〕　全面无烟法规保护人口,是指受到无烟立法保护,避免在室内公共场所、室内工作场所和公共交通工具遭受烟草烟雾危害的人群数量。参见任波:《全面无烟法规仅覆盖 14% 人口 健康中国控烟目标能否如期达成?》,载财新网,https://www.caixin.com/2021-09-03/101768053.html,2023 年 6 月 24 日访问。

害,但这种政策是否超越了必要干预限度?修建吸烟室可以避免他人受到二手烟的伤害吗?第三,政治博弈。公共场所禁止吸烟政策缘何暂未成为政府的优先事项?[41]公民尤其是民间控烟团体是否可以平等参与控烟政策的形成?我国烟草业能以政府部门身份参与制定控烟政策,这是否存在利益冲突,是否需要将烟草部门排除在控烟立法之外?第四,法律规定。《基本医疗卫生与健康促进法》第七十八条规定,公共卫生控制吸烟,强化监督执法。然而,法律并未针对公共场所的吸烟行为设定法律责任。这种宣示性的规定,为地方控烟立法预留了裁量空间,目前各市的公共场所控烟政策并不一致,有的允许设立吸烟区,有的则全面禁止。针对公共场所吸烟行为,该如何分配执法职责?如何设定行政处罚的种类与幅度?第五,遵从意愿。是否可以通过风险交流方式,来获取烟民对控烟政策的理解?第六,经济因素。行政机构是否有足够的执法力量和经费推行公共场所禁止吸烟政策?公共场所禁止吸烟政策会对财政税收造成多大影响?第七,治理工具。公共场所控烟政策的治理工具包括赋予公共场所管理者制止吸烟的职责、图片警示标签、赋予公民制止吸烟的权利并允许提起侵权诉讼、提高烟草消费税、行政处罚等,哪一种更有效且执行成本更低?

(二)全球卫生法的新兴课题

21世纪的公共卫生法研究不能忽视全球化的背景。从公共卫生角度看,病原体、大气、水、食品、烟草等健康决定因素并不完全来自于国内,本国的健康威胁因素也很容易透过全球化网络蔓延至周边国家和地区。传统的国际法以国家为中心,可执行性相对较差,而且它不足以发挥国际组织、基金会、跨国企业以及社会组织的作用,因而需要突破国际法的局限性,把公共卫生法放在全球治理的框架之下加以审视。[42]为更好维护本国人民的健康,也为推动构建更公平的人类卫生健康命运共同体,国际组织、各国政府、跨国企业与非政府组织等主体,需要加强协调配合,共同治理公共卫生

〔41〕　2014年国务院法制办曾就《全国公共场所控烟条例》公开征求意见,但是此后陷入停滞,一直未有进展。参见《公共场所控制吸烟条例公开征求意见》,载中国政府网,https://www.gov.cn/xinwen/2014-11/25/content_2782942.htm,2023年6月26日访问。
〔42〕　参见[美]劳伦斯·O.戈斯汀:《全球卫生法》,翟宏丽、张立新主译,中国政法大学出版社2016年版,第56页。《公共卫生法》一书在探讨全球卫生法问题时,大量引用了戈斯汀教授的观点,戈斯汀教授在全球卫生法领域的影响力可见一斑。

领域的跨国界问题。

　　时代呼唤全球卫生治理,全球卫生法研究方兴未艾,涌现出诸多值得关注的课题。全球卫生法是一个涵盖法律规范、程序和机构的新兴研究领域,旨在为全世界人民创造条件,以实现尽可能最高水平的身心健康。[43]正是鉴于全球化对公共卫生法独有的重要意义,作者对全球卫生法给予了特别关注,并分别从本国视角和外部视角出发,指明了全球公共卫生治理的重点课题。循着作者提供的思路,笔者将公共卫生全球治理的研究课题分为如下两类:

　　第一,全球化对本国公共卫生法的影响。以烟草控制为例,可以探究世界卫生组织《烟草控制框架公约》在本国的扩散机制;实际履约效果以及存在差距的原因;世界卫生组织、跨国基金会与本国民间控烟组织的互动关系;控烟倡导者如何利用世界卫生组织的硬性或软性规范来质疑国内的控烟政策。对这些问题展开精细研究,有助于管窥健康观念全球化与国家治理之间的关系。

　　第二,本国在全球公共卫生治理中的作用。我国日益走向世界舞台的中央,这使得我们承担了更多的全球卫生治理责任。对外卫生援助制度的完善、全球卫生合作伙伴关系的建构、全球健康资源的公平分配、全球大流行病的应对策略以及世界卫生组织的能力重塑等,均是未来值得探究的课题。

四、结语:从功能角度界定公共卫生法的范围

　　公共卫生风险呈现出复杂性、相互关联性与不确定性的特点,要解决公共卫生风险带来的重大挑战,不是单个部门法能完成的任务,故应以"问题"和"领域"为导向,重新定位公共卫生法的性质和范围。公共卫生法是卫生

---

　　[43]　参见 Lawrence Gostin & Allyn Taylor, *Global Health Law: A Definition and Grand Challenges*, 1 Public Health Ethics 53, 55 (2008).

法的分支。在卫生法这个领域法之下,公共卫生法也具有自己的体系,[44]可以构成一个相对独立的领域法(Field of Law)。领域法学是围绕问题来展开研究的,并将法律视为解决问题、增进福祉和防范风险的重要工具。问题在于,作为领域法的公共卫生法,它可以使用哪些法律工具来达成目标呢?换言之,公共卫生法的范围确定了吗?[45]作者的回答是,公共卫生法是一个研究与实务领域,它涉及法律、政策和规制的诸多方面,这些方面推进或者限制了保护和促进群体健康的议程。(页132)质言之,作者主张从功能主义的角度来界定公共卫生法的范围,用于保障公众健康的法律、政策和规制等治理工具,共同构成了公共卫生法的范围。

对公共卫生法采取功能主义的理解,契合公共卫生法的领域法定位,有助于准确把握公共卫生法的范围。公共卫生的内涵外延相对模糊,导致对于何种法律法规应当纳入公共卫生法的范围,存在着诸多分歧。在功能主义视角下,法律是实现政府目标,完成行政任务的工具,因而功能主义者更关注法律的规制和便利功能,并且在具体问题上采取一种法政策学的研究路径。[46]从功能角度界定公共卫生法的范围,就没有必要在形式上区分何为"真正的"公共卫生法,而是应该关注,不同法律和治理进路的成本、收益及其实效性。具体而言,公共卫生法既包括明示的公共卫生法,如《基本医疗卫生与健康促进法》,也包括那些虽不是有意针对公共卫生的立法,但是与公共卫生实践密切相关的法律,如侵权法。除了法律工具以外,还可以通过其他干预方式来改善公众健康状况,例如助推政策、专业指南、自我规制以及自愿协议等治理手段,这些也属于公共卫生法的研究范围。多样化的治理工具也会引发问题,作为公共卫生风险的终极管理者,政府要从箭囊中取出哪一支箭,来达成保护和促进公众健康的目标呢?[47]这需要在具体的公共卫生情境下对不同的治理工具进行比较和权衡。总之,对公共卫生法

---

〔44〕　参见王晨光:《疫情防控法律体系优化的逻辑及展开》,《中外法学》2020年第3期。公共卫生法在广义上可以理解为国民健康法,与卫生法的核心区别是,公共卫生法侧重保护公众健康权,其范围不仅包括法律,而且融入了大量的卫生方针与政策。参见申卫星主编:《卫生法学原论》,人民出版社2022年版,第117—120页。

〔45〕　行政法作为传统部门法,也存在范围界定的问题。参见[新西兰]迈克尔·塔格特编:《行政法的范围》,金自宁译,钟瑞华校,中国人民大学出版社2006年版。

〔46〕　参见[英]马丁·洛克林:《公法与政治理论》,郑戈译,商务印书馆2002年版,第85页。

〔47〕　参见[英]朱利娅·布莱克:《"哪一支箭?"规则类型与规制政策》,卢超译,载宋华琳、傅蔚冈主编:《规制研究:食品与药品安全的政府监管》(第2辑),格致出版社2009年版,第193页。

采取"目标—手段"式的理解,就可以将所有影响公众健康的法律、政策与规制工具,纳入到公共卫生法的范围之中,从而拓宽了公共卫生法的研究视野。

最后,笔者也想就本论著的标题提出一些粗浅和不成熟的看法。在理论与实务界,通常约定俗成地将"public health law"译为"公共卫生法"。这种传统见解可能会束缚人们的视野,容易让人以为公共卫生只关注传染病防治与环境卫生,以为公共卫生法完全是公法。其实不然。卫生是手段,健康是目的。如今健康变得日趋重要,将健康理念融入各项政策也已得到立法确认。或许在未来的学术研究中,可以将"public health law"理解为"公共健康法"。这更有助于从功能主义的角度理解公共卫生法的范围:公共健康法的目标是保护和促进公众健康,而实现公众健康权的各种治理工具则构成公共卫生法的范围。

（特约编辑：叶敏婷）

公共卫生法的建构基础

——《公共卫生法：伦理、治理与规制》书评

薛家熙 *

内容提要：《公共卫生法：伦理、治理与规制》作为立志于检视与解释法律和规制进路是否可以以及如何推进或约束公共卫生议程的书籍，无论从比较法的角度，还是从丰富基础理论的角度，此书都是国内外公共卫生法领域的重要参考书。其问题意识在于研究如何运用法律和其他规制进路，来帮助人们创造健康生活的条件，以及法律、政治、伦理和社会的限制，如何有可能构成对潜在公共卫生议程的限制。此书为我国公共卫生法基础理论以及法治体系建设提供了丰富的外部视角以及理论补充。

关键词：公共卫生法；伦理；规制；治理

一、引 言

从历史上看，与战争、饥荒相比，传染病对人类生命健康与生活质量的影响更为剧烈。[1] 从霍乱、黄热病、天花等困扰人类数个世纪的近代传染病，到"非典""埃博拉""艾滋病"等依然对人体健康具有巨大威胁的现代传染病，人类对危害公共卫生的威胁的抗争从未停止。在现代法治背景下，公

---

* 薛家熙，浙江大学光华法学院宪法学与行政法学专业博士研究生。

〔1〕 申卫星：《公共卫生法治建设：意义、价值与机制》，《暨南学报（哲学社会科学版）》2022年第1期。

共卫生法作为公共卫生治理的基本框架成为了国内外政府与学者关注的焦点。[2] 尽管我国公共卫生法治体系建设已初具雏形，但依然存在法律制度间难以衔接、配套法律不完备等问题。关于公共卫生法基础理论，如何为公共卫生、如何理解公共卫生法中的规制与治理等问题也尚需学术界予以深入研究。《公共卫生法：伦理、治理与规制》一书为国外高水准公共卫生法学著作，可为我国公共卫生法法治建设以及公共卫生法研究提供外部视角和理论补充。

二、公共卫生法的基础概念及范围

"公共卫生"与"个人卫生"或"个人健康"相对，如何解释"公共"是理解公共卫生的关键。有学者认为"公共"有三层含义：第一，"公共"限定了公共卫生事业的工作对象，即人群而非特定的病人。第二，"公共"一词说明了公共卫生事业的行动主体，即政府以及相关政府机构。第三，"公共"更为广义地指社会或社区所从事的各种形式的活动。按照世界卫生组织的定义，健康是一个人在生理、心理和社会上都处于功能完好的状态。故公共卫生可以定义为：由政府、社会或社区采取的旨在通过改善社会条件来促进人群健康、预防和控制疾病在人群中流行的干预措施。[3] 1988 年美国医学研究所认为，公共卫生就是我们作为一个社会，为保障人人健康的各种条件所采取的集体行动。[4] 2003 年 7 月 28 日，时任国务院副总理兼卫生部长吴仪在全国卫生工作会议上指出："公共卫生就是组织社会共同努力，改善环境

---

〔2〕 参见李广德：《我国公共卫生法治的理论坐标与制度构建》，《中国法学》2020 年第 5 期；李筱永：《公共卫生法治的制度逻辑》，《医学与哲学》2021 年第 11 期；陈云良：《促进公共卫生法律体系向公共卫生法治体系转化》，《法学》2021 年第 9 期；申卫星：《公共卫生法治建设：意义、价值与机制》，《暨南学报（哲学社会科学版）》2022 年第 1 期；陈云良：《高质量发展的公共卫生法之道》，《求索》2023 年第 2 期；[美]爱德华·P. 理查兹：《作为行政法的公共卫生》，李广德译，《法治社会》2022 年第 2 期；[美]劳伦斯·O. 戈斯汀、小詹姆斯·G. 霍祺：《阿拉斯加州公共卫生改革：迈向模范公共卫生法》，李文军译，载谢晖、陈金钊、蒋传光主编：《民间法》第 26 卷，研究出版社 2021 年版，第 431-464 页。

〔3〕 邱仁宗：《公共卫生伦理学刍议》，《中国医学伦理学》2006 年第 1 期。

〔4〕 鲁琳、胡晓燕：《公共卫生伦理学的研究内容及伦理思考》，《中国医学伦理学》2016 年第 2 期。

卫生条件,预防控制传染病和其他疾病流行,培养良好卫生习惯和文明生活方式,提供医疗服务,达到预防疾病,促进人民身体健康的目的。"〔5〕可见,公共卫生事业的行动主体不仅包括政府及其相关机关,还包括私人、社区以及其他社会组织。

作者对公共卫生中的核心定义进行分析,以查尔斯—爱德华·温斯洛的界定为基础,〔6〕参考了与英格兰公共卫生法特别相关的三种定义,即公共卫生学会、〔7〕英格兰公共卫生局〔8〕和世界卫生组织〔9〕的定义。三种定义之间存在诸多实质性差异,重点也有所不同,但也存在共同的重要特质。通过总结上述定义的共同特质,作者认为公共卫生应具有以下特征:第一,应通过预防措施和健康促进来保护健康,这里的健康包括精神健康。第二,由于公共卫生关乎对人群采取的措施,故需要通过组织化的方式来实施促进公共卫生的措施,这里的组织化不仅包括政府的组织,还包括公共卫生从业人员的协调。第三,单一主体难以彻底维护公共卫生,而是需要多主体多学科共同参与。第四,公共卫生的特征聚焦于决定健康状况的广泛因素。第五,公共卫生活动和责任不能简化为强制手段或"治安权"的使用。〔10〕

综上,作者认为应对公共卫生下宽泛定义,包含全社会的行为主体、实践和进路。对于这种宽泛界定,学界主要存在两种质疑:第一,自由论式的批评。此种观点认为从国家有限权力与经验性论据来看,将公共卫生活动定位于更广泛射程的合法性不足。第二,管辖范围批判。该论点最著名的

〔5〕 李洪河:《中国共产党领导卫生防疫事业的基本经验》,载党建网,http://www.dangjian.cn/djw2016sy/djw2016djlt/202003/t20200310_5467423.shtml♯∶~∶text＝2003％E5％B9％B47％E6％9C％882,％E8％BA％AB％E4％BD％93％E5％81％A5％E5％BA％B7％E7％9A％84％E7％9B％AE％E7％9A％84％E3％80％82,2023年5月10日访问。

〔6〕 查尔斯—爱德华·温斯洛认为:"公共卫生是一门预防疾病、延长寿命和促进身体健康与体能的科学和艺术。"

〔7〕 公共卫生学会将公共卫生定义为:是通过社会的有组织努力,促进并保护健康与福祉,预防疾病和延长寿命的科学和艺术。

〔8〕 英国政府对公共卫生的定义如下:公共卫生旨在帮助人们保持健康,并保护他们的健康免受威胁。政府希望每个人无论在何种情况下都想作出更健康的选择,并让疾病的风险和影响趋于最小化。

〔9〕 世界卫生组织以如下方式来界定公共卫生:公共卫生是指为了预防疾病、促进健康并延长寿命,针对整个人群采取的有组织的措施,可能是公共措施或者私人措施。

〔10〕 [英]约翰·科根、基思·赛雷特、A.M.维安:《公共卫生法:伦理、治理与规制》,宋华琳、李芹、李鸻等译,译林出版社2021年版,第25-26页。

支持者马克·罗斯坦认为若对公共卫生持更宽泛的理解,则无法对其施加妥当的控制,公共卫生若延伸至整个政府部门和社会部门,则其要求得太多了。另外出于公众接受性的考量,不能对公共卫生有过于宽泛的构想。

尽管存在批评声音,作者依然认为应对公共卫生持宽泛理解,理由在于:第一,在对公共卫生持宽泛理解的情况下,最相关的公共卫生行为者能够开展工作。英格兰公共卫生局在实践中与许多利益相关方有密切联系,从实践角度考虑,应承认政府各个层次和部门对公共卫生的宽泛介入。第二,从学术角度考虑,作者认为不能将公共卫生法的研究囿于被规范性的自由论者理想化的领域。一部公共卫生法教科书应考虑其他视角,倾听多种观点学说。第三,从功效角度考虑,检视不同的规制模式对于如何理解人口健康状况的成因等公共卫生事项具有显著功效。[11]

如上所述,作者认为公共卫生是由全社会的行为主体采取的旨在为人类提供健康生存条件的科学与艺术。

由于公共卫生活动的广度,公共卫生法的研究和实践不能局限于单一的法律领域或法律分析。从实践角度观察,公共卫生议程的演进不仅是为了应对疾病等不良状态,还旨在促进积极的健康状态。从规制手段来看,不仅是诸如治安权这样的强制性法律,其他法律和政策,甚至更温和的社会控制手段,都会调控公共卫生的议程。故作者认为,公共卫生法的领域要胜任其任务,就必须能够涵盖这一系列截然不同的实践进路。[12]

作者对公共卫生法的界定过程既借鉴了诸多学者的不同观点,也融合了自己的理解。《公共卫生法:权力、责任与限制》一书的作者劳伦斯·戈斯汀以及林赛·威利对公共卫生法的表述对作者产生了较大影响,后者在此基础上进行了继承与反思。继承之处在于:首先,公共卫生法需要纵观整个法律领域。其次,公共卫生法的规制形式不限于法律,还包括其他规制形式。[13] 反思之处在于:戈斯汀和威利设定了公共卫生法的首要目标,即在符合社会正义价值观的情况下,追求人群身心健康可能达到的最高水平。而作者认为,尽管政治道德和伦理实践构成了公共卫生法的基础问题,但并没有哪一种特定的正义理论可以构成公共卫生法的基础。换言之,作者认

〔11〕 同上,第 32 页。
〔12〕 同上,第 122 页。
〔13〕 同上,第 128-129 页。

为公共卫生法背后的价值是多元的,并不是单一的追求公众身心健康的最高水平。[14]

综上,作者提出并使用了以下对公共卫生法的界定:

> 公共卫生法是一个研究领域和实务领域,它涉及法律、政策和规制的一些方面,无论如何理解,它们或者推动了人群中、人群之间和跨人群的健康保护与促进,或者构成了相应的约束。

三、公共卫生法中的伦理、治理与规制

公共卫生伦理是公共卫生活动的正当化的根据。通过对不同价值予以廓清、批判、整合与再评估,指导公共卫生治理中的规制措施得以顺利开展。由于公共卫生法实际上是一个极其宽泛的领域,并不仅限于正式立法,应将政策、自我规制、专业指南等规制手段都囊括其中。故在公共卫生治理过程中,不同的规制措施能够发挥何种作用以及如何根据政治与现实情景选择适用规制措施是本书的主要研究内容。

(一)公共卫生中的伦理及思维方式

尽管公共卫生在大众眼中通常是一项与科学调查和统计评估相关的客观事业,即公共卫生涉及的多数问题应是描述性问题,但不同伦理视角或规范视角塑造了要提出的问题,而解决问题的方式与途径显然仅靠描述性事实难以应对,价值取向在应对公共卫生问题上必不可少。换言之,公共卫生不仅涉及事实描述,同时还涉及到价值判断,故需要基于伦理学分析作出判断。伦理学是指人类行动的社会规范,科学告诉我们能干什么,伦理学告诉我们该干什么。伦理学根据人类的经验确定一些规范或标准来判断某一行动是否应该做,应该如何做。但伦理学并不是提供一个现成答案,而是提供一个框架(理论、方法)来帮助对具体情况进行分析,根据案情衡量各种价值,得出自己的结论。[15]基于此,我们可以给公共卫生伦理下一个定义:所

---

〔14〕 同上,第131页。
〔15〕 同前注〔3〕,邱仁宗文。

谓公共卫生伦理是指为公共卫生事业行动提供依据的价值分析框架。公共卫生伦理的影响开始于对规范性考量的阐明,以及这些考量如何以不同的方式与公共卫生产生相关性。[16] 公共卫生提出了许多需要认真思考的哲学问题,如个人是否需要对自身健康负责、公众健康与经济效益之间的矛盾等。

　　为了厘清公共卫生中的伦理价值冲突并作出合理判断,作者提出了一套检视公共卫生背景下兴起的伦理和法律问题的分析模式。首先是价值的廓清。这项任务涉及能识别境况中的所有相关价值,并调查这些价值的性质、强度和范围。[17] 虽然价值廓清关乎阐明和解释,但其认可一套相关的价值,并不意味着必然带来任何特定的结果。在廓清价值后的下一项任务是价值批判。一旦明确所涉及的相关价值,需要检视这些价值是否正确,以及是否以正确的方式考量了这些价值。而在价值批判的基础上,需要进行价值整合这项任务以展望能够解决冲突并实现价值的行动或政策。最后的任务是对价值的再评估。伦理探究的过程对公共卫生事业的展开无疑是至关重要的,应不断对它的前提和结论进行评估及再评估。在评估与再评估的过程中可能出现的新事实会改进知识、坚实价值,同时需要考虑公共卫生议题和问题背景下出现的伦理概念和价值是否在特定情境下被本土化。

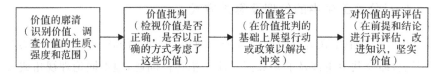

借用劳伦斯·戈斯汀的三分法,我们可以对公共卫生伦理对公共卫生事业进行批判性分析和评估的主要内容加以框定。首先是公共卫生伦理,其关注的是专业主义的伦理维度以及社会赋予公共卫生专业人员以道德信任,令其为共同福祉而行动。[18] 换言之,公共卫生伦理关注的是"公共"二字,厘清为何某一卫生事业成为公共卫生事业是公共卫生伦理要解决的最重要的问题之一。其次是公共卫生中的伦理,其更多地关注特定应用情境下出现的伦理问题。在这一领域,重点是从哲学层面解释哪些有正当化根

---

〔16〕　同前注〔10〕,〔英〕约翰·科根、基思·赛雷特、A. M. 维安书,第 38 页。

〔17〕　同上,第 48 页。

〔18〕　同上,第 53 页。

据或没有正当化根据。[19] 最后是面向公共卫生的伦理,其关注的是阐明一种"倡导"的伦理。公共卫生活动应采取积极的手段促进公众的健康利益,但公共卫生中所使用的倡导范围和进路也引发了重要的伦理问题,[20] 如公共卫生事业所倡导的"健康"是否是最重要、首要的价值。伦理价值的冲突与衡量决定我们最终需要选择哪些政策和干预措施。

为了完成公共卫生伦理的最终任务,即为公共卫生活动提供正当化根据以及决定最终选择哪些政策和干预措施,公共卫生伦理最普遍运用的两种方式为提供伦理指南和伦理规制。[21] 伦理指南倾向于以内部指示的方式发布,来帮助公共卫生实务人士和政策制定者以有正当化根据的方式行事。[22] 伦理规制是从外部强加的,它以机构为基础,是制定政策和指导集体行动的方法,其更接近法律和治理而非哲学。[23] 伦理指南和伦理规制可呈现为包括理论、框架和模型在内的多种形式。[24]

在我国,公共卫生伦理问题主要是在 2003 年 SARS 之后开始产生的。有学者提出公共卫生伦理包括促进健康公平、平衡公共善与个人自由的张力、团结互助、协同合作、信息公开透明,公众知情、最小伤害,适度干预等核心价值。[25] 公共卫生伦理学的重要任务便在于对不同价值予以廓清、批判、整合与再评估,根据不同情景具体分析不同价值的优先顺位,以作出具有正当化根据的公共卫生活动。

(二)公共卫生法中的规制与治理

1.规制与治理纳入公共卫生法中的必要性

首先需要明确一个问题,即公共卫生法为何要讨论规制、治理等措施,而不是仅仅局限于正式立法。作者认为公共卫生法实际上是一个极其宽泛的领域,医生不仅要遵守正式制定和公认的法律规则或原则,还有义务遵守医学总会的规则和指南,患者有义务遵守国民医疗服务体系规定的禁止吸

---

〔19〕 同上,第 55 页。
〔20〕 同上,第 55 页。
〔21〕 同上,第 56 页。
〔22〕 同上,第 57 页。
〔23〕 同上,第 51 页。
〔24〕 同上,第 67 页。
〔25〕 丛亚丽:《公共卫生伦理核心价值探讨》,《医学与哲学》2015 年第 36 卷第 10A 期。

烟等政策。[26] 由于公共卫生法涉及影响人群健康的社会协同机制,这就要求我们对并非基于法律的社会控制加以考量,如一些间接的、侵入性较低的、非强制性的干预方式等。从公共卫生领域的实践观察,长期以来,法律以外的规制技术已成为有关健康或其他公共治理策略的一部分。[27] 作者认为若只分析硬法,那么其只能为公共卫生法的基础提供一幅不完整的图景。[28]

对于规制的理解,作者采取了比较宽泛的层面,其认为规制涵盖了所有社会控制方式,实施主体不限于国家,还包括其他社会组织。以大型超市为例,尽管它们的问责机制和激励机制不同于公共机构,但它们在制定标准、监督活动以及切实修正行为方面发挥着作用。从治理的角度观察,作者强调不能仅观察政府和立法者的行为,许多其他主体和机构也会影响人们的行为进而影响公共卫生。治理不同于规制强调一个主体对其他主体的控制,其更强调不同主体的相互合作,关注政府权力和责任范围内的各种促成治理主体共同行动的途径。[29] 本书并未严格区分规制与治理,但在论述过程中,可见作者提倡公共卫生活动应采取社会协同进路。

2.公共卫生政策的"标尺"

作者引用了纳菲尔德生物伦理委员会提出的"干预阶梯"来考量不同公共卫生政策的可接受性和正当化根据。

"干预阶梯"为考量不同公共卫生政策的可接受性和正当化根据提供了一种思维方式,政策制定者所采取的干预方式梯度越高,即干预程度越深,就需要更有力的正当化根据。政府行为可能的阶梯如下:

排除选择:通过彻底排除选择来进行规制,例如强制隔离传染病患者。

限制选择:通过限制人们选择的方式来进行规制,达成保护人们的目的,例如,对食品的成分予以明确限制,不得添加对健康有害的成分。

通过抑制措施引导选择:通过财政和其他抑制措施,影响人们不去从事特定活动。如对香烟征税以引导人们选择不去吸烟。

通过激励引导选择:通过财政和其他激励进行规制,引导选择。如为节

---

〔26〕 同前注〔10〕,〔英〕约翰·科根、基思·赛雷特、A.M.维安书,第 288 页。

〔27〕 同前注〔10〕,〔英〕约翰·科根、基思·赛雷特、A.M.维安书,第 289 页。

〔28〕 同前注〔10〕,〔英〕约翰·科根、基思·赛雷特、A.M.维安书,第 289 页。

〔29〕 贾路南:《公共政策工具研究的三种传统》,《国外理论动态》2017 年第 4 期。

能减排,对购买自行车提供税费减免。

通过更改默认政策来引导选择:如餐厅不再将油炸食物作为标准配菜,换成更健康的食物。

让选择成为可能:为人们改变行为提供便利条件。如在大学免费发放水果,在校园中免费修建体育器材等。

提供信息:让公众知晓信息,教育公众。如制作公益广告,鼓励人们多吃水果蔬菜等。

什么都不做或仅仅对当前情况进行检测。[30]

"干预阶梯"理论简洁地概括了公共卫生法情境下可能使用的一系列治理进路,这为后续分析采用何种规制措施提供了"标尺"。

3.公共卫生治理中的个人责任与企业责任

公共卫生治理中规制者、不同价值之间存在紧张冲突。规制者的类别各异,这使得他们在实现社会协同过程中的动机和效果可能有鲜明差别,甚至互相冲突。政策制定过程中会触发不同的声音,各方的力量不仅与占主导地位政党的政治观点有关,也涉及不同利益相关者的相对权力。[31]倡导健康无疑在公共卫生治理政策讨论过程中占据重要地位,但对其他利益的倡导也会在政策讨论过程中发挥作用,这些利益可能与健康利益冲突。

需要注意的是,这种价值冲突的博弈可能受主流政治意识形态的影响。如在英国,人们极其关注个人自由,还关注私人主体达成公共目标的能力,主流政治意识形态高度重视个人的选择和责任。故在英国,官方政策尤为强调个人对健康的责任,却很少通过政治或法律手段强迫人们追随"健康生活方式"。作者认为从伦理视角出发,未征得人们同意便进行父爱主义式的干预,通常很难为此找到政治上可接受的正当化根据。以《英格兰国民医疗服务体系章程》为例,该章程属于公法,其对公众权利规定较多,对公众义务规定较少,且语气温和。尽管英国医学会和参与卫生政策的学者均认为《英格兰国民医疗服务体系章程》应当包含个人的健康责任,但章程中涉及患者和公众的责任的规定所占比重较少。[32]章程对个人责任的规定缺乏执行

---

〔30〕 同前注〔10〕,[英]约翰·科根、基思·赛雷特、A. M. 维安书,第296页。

〔31〕 同前注〔10〕,[英]约翰·科根、基思·赛雷特、A. M. 维安书,第298页。

〔32〕 《英格兰国民医疗服务体系章程》用五页的篇幅阐明公众权利,但仅用一页篇幅对患者和公众的责任予以规定。

机制，尽管某种意义上也会把个人责任视为政治责任，但这些责任并不以任何形式的威慑或制裁为基础。[33] 作者认为为了使人们作出有益于健康的决定，政府层面通过提供法律支撑让人们承担更大的责任这一方式可能因政治敏感性而遭到抨击，利用其他规制手段可能更有利于达到目的。

企业与自然人一样具有法律人格，但企业与自然人不同的是，因其性质和规模，它们可以产生显著的社会影响。故政府对企业的道德关切以及干预企业决定的政治正当性会与对自然人的干预有所不同。不过在英格兰和威尔士等地区，占支配地位的共识是，在可行的情况下，自我规制才是最适合的策略。当然，由于企业利益与公共卫生目的和公共利益很有可能相悖，故对企业而言，运作良好的做法可能并不符合公共卫生目的，甚至有违一般认为的共同利益。英国《健康生活、健康国民》白皮书推行了责任协议，其直接提及纳菲尔德生物伦理委员会的干预阶梯，指出——同时也是慎重承诺，只有在产业界失灵时，政府才会采取严格措施，以确保促进健康。换言之，政府信任产业界可以推进卫生政策，通常与企业和其他合作伙伴签订自愿协议而非采取规制或自上而下的训令，但如果协议实效或企业和合作伙伴未能遵守协议规定，政府在必要时会考虑沿着干预阶梯提高干预程度。[34] 这里以食品领域为例，合作伙伴需要做出承诺，包括不使用人工反式脂肪酸，减少卡路里以及包装正面贴营养标识等。

当然责任协议并非万能，其效果并非想象中那么理想。英国公共卫生学会认为酒类零售商签订的有关酒精的责任协议难以实现与饮酒有关的公共卫生目标，其认为有必要考虑采取带来更重负担的干预方式，如设定最低定价等。酒精研究所同样质疑责任协议的有效性，其认为这种治理进路既缺少证据支持，又未获得公共卫生机构和学术界的认可，还忽视了更为有效的措施。[35] 可见，责任协议对公共卫生的作用显然需要进一步讨论与明晰，同时其规避更严格规制的正当性问题也值得讨论。

4. 柔性规制进路

在探寻公共卫生目标时，除了强硬的法律外，还可以通过较为柔性的方式提供让人们能健康生活的条件。公共政策同样作为政府干预形式之一，

---

〔33〕 同前注〔10〕，〔英〕约翰·科根、基思·赛雷特、A. M. 维安书，第307页。

〔34〕 同上，第309-311页。

〔35〕 同上，第311-312页。

有时能达到法律难以实现的目标。作者引用"助推"理论,其由理查德·泰勒与卡斯·桑斯坦提出。所谓"助推"是指通过可预见的方法改变人们的行为,既不会禁止任何选择,也不会显著改变人们的经济激励。某项干预要想被视为单纯的助推,则必定是可以被容易且成本低廉地避免的。助推并非命令,宣传吸烟对健康有影响是助推,禁止吸烟则不是助推。当然,助推也同其他重大决策一样,背后需要仰仗科学知识,以理解人们如何对所处环境作出反应。助推理论的前提是人们是有瑕疵的决策者,而非所谓具有完全的理性。

助推并不是万能的,只有在助推作为更宽泛干预体系的一部分时,助推才能有效发挥作用。换言之,既要有"猛推",也要有助推。柔性规制进路不能穷尽公共卫生治理之责,只是公共政策制定者在依赖强制性措施的同时,采取部分鼓励而非命令、柔性而非强制的规制手段可以有效减少政治争议。

综上,无论是强硬的法律规范、限制性政策还是柔和的"助推""责任协议",均难以单一解决公共卫生领域的所有问题。作者希望在公共卫生领域建立多元化、多层次的规制体系以应对现实中千变万化的难题。

(三)多元路径下的公共卫生法架构

1.公共卫生法的刑法规制路径

刑法规制作为规制手段中最严厉的一种,与公共卫生活动相互交叠、相互影响,如在毒品规制、生化武器规制等高风险活动中需要频繁运用刑法规制以促进公共卫生事业。但刑法规制本身所追求的价值目标与公共卫生政策并不相同。如在毒品规制中,公共卫生进路的主导价值聚焦于健康安全和赋权,而刑法规制进路传统的聚焦点在于对毒品消费行为予以惩罚。由此可见,刑法规制与公共卫生政策有时有着共同的目标和正当化根据,有时却存在紧张关系。两者都关注损害个人利益和集体利益的行为或现象,也力图维护能改进个人和集体境况的共同价值,但刑法规制的职责在于惩罚公共的违法行为,公共卫生政策的职责则在于防止危害公众健康的行为。[36] 同时还需注意到,刑法规制趋于被动地采取措施,聚焦于对违法行

---

〔36〕 同上,第185页。

为的惩罚性制裁,而公共卫生主要采取预防性进路。[37]

刑法和公共卫生政策之间另一个比较点在于,哪些价值为这两种进路提供了引导。尽管方式不同,但刑法和公共卫生政策都旨在保护人们享有美好生活。"健康是美好生活的一部分"这一理念是公共卫生政策的核心价值,而刑法显然还会被其他价值所导引,包括和平、秩序、安全等,当然其他价值可能也会直接或间接促进健康。不同价值之间既有重叠也存在冲突,公共卫生活动中健康与人身自由、财产权等可能存在冲突,需要进行价值衡量以作出最有利于社会的政策与决定。因此尽管刑事禁令限制了部分人的人身自由,但其可能也促进了社会福祉,实现诸如自治和幸福等其他价值。如《最高人民法院、最高人民检察院关于办理妨害预防、控制突发传染病疫情等灾害的刑事案件具体应用法律若干问题的解释》(法释〔2003〕8号)第一条第二款规定,"患有突发传染病或者疑似突发传染病而拒绝接受检疫、强制隔离或者治疗,过失造成传染病传播,情节严重,危害公共安全的依照刑法第一百一十五条第二款的规定,按照过失以危险方法危害公共安全罪定罪处罚。"

当然,并非任何促进公共卫生事业的行为均应由刑法规制。刑事司法系统中的定罪和对行为者的规制,通常被视为规制理论中最高程度的控制手段。[38]

2.公共卫生法的公法规制路径

公法显然是公共卫生法的核心。公法具有两重功能:公法既能促进政府活动,也会在认为其侵犯个人权利的情况下,约束政府活动。[39]借用"交通信号灯"的隐喻,作者介绍了三种公法功能的理论。"红灯"理论即控权论,这种观点认为法律的作用主要是控制政府活动,以维护不受国家干预侵扰的个人自治范围。"绿灯"理论认为对政府工作而言,法律是补充而非对抗的关系,这种观点秉持更为积极的立场看待国家在现代社会中的作用。作者认为用"黄灯"来记述当代公法的大量实践更为合适,"黄灯"理论认为尽管法律应适当赋予行政一定程度的裁量权,但裁量权依然要限于可控制

〔37〕 同上,第186页。
〔38〕 同上,第192页。
〔39〕 同上,第210-211页。

的程度,仍可成功地通过法律来限制国家。[40]

(1)公法对公共卫生的作用

公法为阐明政府在公共卫生方面的使命提供了途径。如《2015 年威尔士未来世代福祉法》确定了公共卫生的使命,该法第 4 条规定了一系列目标,其中包括"一个更健康的威尔士",具体描述为"这样一个社会,令人们的身心福祉得到最大化,并让人们知晓哪些选择与行为有益于未来健康"。这些目标的特定作用在于,令公共机构有义务去设定、公布并采取合理步骤,来努力实现目标,同时还会通过指标和年度报告的公布来衡量各方面的绩效。我国《基本医疗卫生与健康促进》第一条规定:"为了发展医疗卫生与健康事业,保障公民享有基本医疗卫生服务,提高公民健康水平,推进健康中国建设,根据宪法,制定本法。"该法确定了我国公共卫生的使命之一,即提高公民健康水平,推进健康中国建设。

公法为设立针对公共卫生目标的机构提供了方式。英国《2006 年国民医疗服务体系法》和《2012 年医疗和社会照顾法》均体现了公法的"能力建设"面向,前者规定了英格兰国民医疗服务体系的组织架构,后者相比前者更为彻底地介入了公共卫生。[41] 公法也确保了公共机构及官员对其行为和决定负责。《2006 年国民医疗服务体系法》针对地方当局履行公共卫生职能的行为设置了监督和控制机制。我国《突发事件应对法》详细规定了国务院、地方各级人民政府、中国人民解放军等组织在突发事件应对上的职责分配。

公法为公共卫生领域内行为主体和活动的资源配置提供了法治框架。《1689 年权利法案》第四条阐明了宪法的一项基本原则,即政府要筹集资源,就必须获得议会的批准。该原则由财政法案落实,财政大臣列出以立法形式发布的财政建议,其中便包括力图实现公共卫生目标的措施,如针对购买烟草制品和酒精饮料的行为征收消费税等。此类行为往往不会受到行政法上司法审查程序的质疑,因为法院认为此类决定属于"宏观政治领域",若法院予以干预,则会导致其担当起无法肩负的政策制定者角色,换言之,这会违反权力分立原则。而作者认为通过司法审查挑战如决定应资助哪些公共卫生服务、在多大程度上予以资助这样的"中观层面"的资源分配更为合

[40]　同上,第 216-217 页。

[41]　同上,第 218 页。

理,如当政府停止对公共卫生教育的资助时,可以请求法院就此类决定的合法性进行裁决。但实践中这个领域的法律先例有限,几乎所有涉及卫生资源分配问题的案件都与医疗服务裁决主题有关,换言之,实践中法院审查的多是质疑针对某个患者是否有权利获得特定治疗或服务的"微观"决定。当然这种诉讼也会影响人群健康,但这代表着司法考量的重点在于个体性和治疗性,而非集体性和预防性的卫生措施。[42]

关于医疗服务资源分配案件的可诉性问题,一种可能的回应是,认为这些事项本质上不具有可裁判性,即不适合由法院来解决,故司法会拒绝干预资源分配决策者的选择。而在 1980 年 R 诉社会服务大臣亨克斯案判决后,法院更愿意去审查医疗服务资源分配的案例。作者总结出两种法院审查情形,其一是考虑与公共服务(包括卫生服务)重组相关的协商程序是否合法,其二是撤回或限制公共卫生服务方面的出资,可能会违反平等立法规定的公共部门义务,特别是违反英国 2010 年《平等法》设定的义务。

由此可见,公法为公共卫生领域内行为主体和活动的资源配置提供了框架:其一,公法为资源配置过程框定程序,资源配置需要遵循合法的协商程序。其二,公法为资源配置主体设定的义务,行为主体应履行预先设定义务进行资源分配活动。

(2)公法作用的变迁

从英格兰和威尔士在传染病控制方面的立法变迁上看,公法作用发生了变化。最初的《1984 年公共卫生(疾病控制)法》符合"红灯"范式,该法对权力和职责作出了极为具体的规定,几乎没有为诸如地方政府机构之类的公共当局留下什么灵活性或裁量空间。因此可将《1984 年公共卫生(疾病控制)法》定性为"命令—控制"型规制形式。此模式以法律的强制力为实现特定目标的基础。《2008 年医疗和社会照顾法》开始由"红灯"范式转向更具促进性的功能。首先,《2008 年医疗和社会照顾法》没有将权力行使范围限定于已列明的特定疾病,相反,国家可以更灵活地行使权力,以应对"对人类健康带来或可能带来严重伤害的感染或污染"。其次,与之前立法包含的规定相比,对权力本身给予更为宽松的表述。例如,基于针对英格兰和威尔士发生或传播的感染或传染来实施预防、保护、控制或提供公共卫生相应措

---

〔42〕 同上,第 225-226 页。

施的目的,卫生大臣享有广泛的条例制定权。

当然,这并不意味着《2008 年医疗和社会照顾法》直接从"红灯"范式转向了"绿灯"范式。该法规定了某些"黄灯"保护措施,旨在确保与人权原则兼容。如治安法官可以发布要求某人留在医院、隔离或检疫的命令,但该命令最长只能持续 28 天。此类规定要求作出的限制或要求与应对公共卫生威胁所要实现的目标和比例相适应,以实现在维护人群健康利益和保护个人自治之间的平衡。

(3)个人自治与集体责任

尽管消极权利在西方民主国家的传统中往往受到法律的最高程度保护,但其并非必然优于集体目标。更准确的表述是,"权利会优于缺乏充分正当化根据的集体目标"。换言之,如果当事人的行为构成对个人自治的干预,在围绕权利作出裁决时,会对当事人强加说明正当化根据的义务。在人权法这一进路下,法律的作用在于为某项审查决定或行动的正当化根据提供框架,明确旨在追求的目标,而且是以政治共同体内广泛接受的价值为根据。[43]

3.公共卫生法的私法路径

以上涉及立法机关和行政机关行为的规制,是出于预防损害、防治疾病以及促进公共卫生的目的。侵权责任同样是公共卫生规制的一种间接但有效的手段。[44] 尽管侵权法的重点在于从个体层面上证明因果关系并进行责任分配,但其仍然是促进公共健康的重要手段。[45] 作为直接规制的补充,侵权法具有一些目标:让危险产品从市场中退出,降低其他消费者购买这些产品的意愿,阻止不安全或具有误导性的商业活动,并使高风险行为的社会成本内部化。另外在原告未能让被告承担损害赔偿金或不能得到法定救济的侵权案件中,诉讼可以提高问题意识,并产生支持立法或管制对策的政治意愿。[46]

〔43〕 同上,第 235-236 页。

〔44〕 [美]劳伦斯·O.高斯汀、艾琳·L.泰勒:《全球卫生法:一个定义和重大挑战》,郭晓明译,《法治社会》2022 年第 2 期。

〔45〕 Jon S. Vernick, Julie Samie Mair, Stephen P. Teret&Jason W. Sapsin, *Role of Litigation in Preventing Product-Ralated Injuries*, Epidemiologic Reviews, 25, no. 1((2003): 90-98.

〔46〕 同前注〔44〕,[美]劳伦斯·O.高斯汀、艾琳·L.泰勒文。

以多诺霍诉史蒂文森案和费尔柴尔德诉格伦哈文丧葬公司案为例。多诺霍因饮用产品质量存在问题的啤酒生病，后要求生产商史蒂文森赔偿。上议院认为生产者和消费者之间足够接近，因此存在注意义务，应当做到合理注意，避免对消费者造成伤害。[47] 费尔柴尔德案涉及在工作期间患间质瘤的工人们的损害与他们的雇主之间是否存在因果关系，上议院的法官认为尽管该案中因果关系难以判断，但法律有时允许不适用关于因果关系的一般过失规则。从原则、权力、政策角度，该案法官认为雇主未履行告知义务实质上增加了原告患病的风险。多诺霍诉史蒂文森案确立了当代与过失相关原则和规则的基础，费尔柴尔德案表明了可将侵权法作为公共卫生法武器库中的重要组成部分。[48] 我国《民法典》第七编第六章对医疗损害责任进行了规定，从这个方面理解，侵权法为私主体保障生命健康权、财产权等提供了救济途径。

四、结语

本书以英国公共卫生法理论与实践为例，从伦理、政策制定与规制三个维度界定公共卫生法，同时考察了公共卫生与私法、刑法、公法以及其他规制手段的影响，框架清晰，脉络清楚。结合案例分析是本书的一大亮点，通过分析在公共卫生史上具有较大影响力的案例以及论述这些案例对公共卫生法后续发展的影响，真正做到理论与实践相结合。该书在框架设计上采用进路导向而非问题导向的分析模式，一方面降低了此书的阅读难度，即便无法学背景的读者也可了解本书主旨与至少一部分的论证方式，另一方面，以进路为导向的分析模式也适合于实践中司法人员、执法者、政策制定者借鉴本书中的论证逻辑与知识。可以说，这是一本适合所有对公共卫生法感兴趣的读者阅读的法学著作。

从我国公共卫生法治发展看，我国公共卫生法研究相较英国起步较晚，当前公共卫生领域立法主要采取单行法模式，如《基本医疗卫生与健康促进法》《传染病防治法》《突发事件应对法》等，尚无类似英国《公共卫生法》这样

---

〔47〕 同前注〔10〕，〔英〕约翰·科根、基思·赛雷特、A. M. 维安书。
〔48〕 同上，第 154 页。

的统一法典。习近平明确提出："要积极推进国家安全、科技创新、公共卫生、生物安全、生态文明、防范风险、涉外法治等重要领域立法。"[49]可见公共卫生立法是我国亟须加强的重点领域立法。从全球卫生法的角度看,公共卫生法研究应当重视全球化带来的影响。全球化可以被广泛地理解为一个进程,其特点体现在经济、政治、技术、文化和环境等一系列社会领域的变化之中,全世界的社会成员在卫生安全方面相互依存和相互依赖。[50]美国学者戈斯汀将全球卫生法定义为:"一个包括法律规范、程序和机构在内的领域,它为全世界人民达到尽可能最高水平的身心健康创造必要条件。"[51]这一定义暗含着全球卫生法具有统一的公共卫生伦理,即追求尽可能最高水平的身心健康。但从本书作者界定公共卫生法的过程可知,其认为公共卫生法中的伦理并非统一,在世界不同地区,公共卫生法的核心伦理并不相同。通过全球卫生法有效治理国际公共卫生机制,存在公共卫生伦理价值难以统一的困境。因此在公共卫生法研究过程中我国需更多结合法律、政治、历史文化、经济等因素,选择适合自身国情的公共卫生法制度。

(特约编辑:叶敏婷)

---

〔49〕 习近平:《坚定不移走中国特色社会主义法治道路 为全面建设社会主义现代化国家提供有力法治保障》,《求是》2021年第5期。

〔50〕 同前注〔44〕,[美]劳伦斯·O.高斯汀、[美]艾琳·L.泰勒文。

〔51〕 同上。

领域法学的研究与公共卫生法研究的开拓

——对两篇书评的回应与思考

宋华琳*

内容提要：《公共卫生法：伦理、治理与规制》是一部公共卫生法的体系性、原理性著作，它开拓了公共卫生法研究的新范式，堪称领域法学研究的典范之作。公共卫生法研究逡巡于伦理、规制与治理之间，其内容不仅涉及宪法、行政法，也涉及民法、刑法、国际法等多学科的前沿议题。因而不能仅将公共卫生法视为部门行政法，而是应将其视为一个新兴的领域法学。该书穿透了公共卫生法中因科学、政策与法律交织而呈现出的云涛晓雾，将大多数公共卫生法课题归约为传统部门法需因应、能因应的课题。这种研究进路彰显出夯实部门法学根基的重要性，即熟谙公共卫生法的前提，并非仅是熟悉公共卫生法的具体问题，而仍然是熟谙传统部门法的一般理论。

关键词：公共卫生法；公共卫生治理；部门法学；领域法学

笔者组织学术团队于 2021 年翻译了这部《公共卫生法：伦理、治理与规制》，[1]这部公共卫生法经典作品的作者是三位英国著名的卫生法学者，他们分别是约翰·科根、基思·塞雷特、A. M. 维安，这部译著在国内出版后，获得了较好的学术反响，获《法治周末》"2021 年十大法治图书奖"。这是一部公共卫生法的体系性、原理性著作，蒙浙江大学光华法学院博士生薛家熙、南开大学法学院博士生邹志同学分别撰写书评，在此深表感谢。两篇书

---

* 宋华琳，南开大学法学院院长、教授、博士生导师，第十届全国杰出青年法学家。本文受国家社会科学基金重大项目"突发重大公共卫生事件防控的法治体系研究"（编号：20&ZD188）资助。

〔1〕 ［英］约翰·科根、基思·赛雷特、A. M. 维安：《公共卫生法：伦理、治理与规制》，宋华琳、李芹、李鸻等译，译林出版社 2021 年版。（以下简称《公共卫生法》，引用仅在文中夹注页码）

评都涉及综合运用不同部门法知识研究公共卫生法,涉及如何从规制治理角度研究公共卫生法,笔者作为此书的主译者,对两篇书评的基本主张都表示认同。但笔者认为,这部著作的意义,一方面在于开拓公共卫生法研究范式,另一方面还在于,这部著作也可谓领域法学研究的典范之作,对我们从事新领域法学研究,具有方法论意义。此方法着重于不同部门法理论和知识的协同运用,着重于融规制、治理与法律于一炉。这也是笔者组织翻译此部佳作的初衷之一。

一、作为领域法学的公共卫生法

(一)领域法学的兴起与部门行政法论的修正

在我国传统的法学思维中,法律部门构成了一种规范集成方式。根据其调整对象或调整方法,相同性质的法律规范被聚合在一起,形成不同的法律部门或部门法。[2] 作为法律规范分类与集成的方式,我国现行的部门法体系是以我国的法律体系为基础、以苏联和西方国家的法学和法律体系为参照而构建的,例如宪法、行政法、民商法、经济法、社会法、环境法、民事诉讼法、刑法、刑事诉讼法等。部门法学试图根据调整对象来划定边界,让同一种性质的法律规范集合为一个群体,通过厘定不同部门法的"楚河汉界",来尽量避免彼此之间的重叠或交叉。但毋庸讳言,这一部门法体系已经在一定程度上滞后于建设中国特色社会主义法治体系的实践。[3]

近年来,"领域法学"也为我国法学学者所提倡,领域法学相对更为关注的并非被调整对象的法律性质,而是所涉事务的性质。财税法学者刘剑文、熊伟等探讨了作为领域法学的财税法学,认为财税法学固然要利用各相关部门法学知识,但其最根本的任务仍在于探索财税现象的规律,将其与法治

〔2〕　参见熊伟:《问题导向、规范集成与领域法学之精神》,《政法论丛》2016年第6期。
〔3〕　参见张文显:《论建构中国自主法学知识体系》,《法学家》2023年第2期。

原则相融合。[4] 吴凯、汪劲等论述了作为领域法学的环境法学研究范式。[5]

笔者作为行政法学者,难免有"行政法帝国主义"的倾向,有时也会从行政法学的视角,关注具体事务领域的法律问题。笔者也曾是"部门行政法"或"行政法学分论"的积极倡导者之一,笔者在 2000 年指出,"对部门行政法展开深入系统、分门别类的研究对于我国行政法制建设具有极其重要的实践意义。"[6]笔者在 2010 年指出,"部门行政法研究绝非为了猎奇,而是要力图直面和回应转型中国现实中的真问题。这种研究进路使得研究对象更具限定性,展开的论述更为绵密,研究结论往往具有更为普遍的学术意义。"[7]笔者在 2015 年指出,我们的潮流或许不是崇拜"高深",而是秉承"研究真实世界"的质朴手法,去关注真实世界中具体行政领域的问题。[8]

但"部门行政法"或"行政法分论"的称谓能否涵盖具体领域、具体事务所指涉的所有法律问题? 日本学者兼子仁教授曾提出行政法的"特殊法论",他认为随着现代都市化、信息化进程与现代科技的兴起,法律关系和社会关系日趋复杂,会从诸多行政法学分论中孕育出诸如环境法、土地法、消费者法、建设法、能源法、交通法、医事法、教育法、文化法、财政法、信息法、都市法、学术法、空间法等独特的法律领域,应探究这些特殊领域的特别法律原则、权利保障、特别原理。[9] 日本学术振兴会发布的研究分科目录中,明确将环境法、医事法、信息法、知识产权法、欧盟法、法律与性别研究、法学教育、法律职业等列入"新领域法学"项下,且"新领域法学"在"法学"细目之中与"基础法学""公法学""社会法学""刑事法学""民事法学"并列。[10]

我国余凌云教授也曾以警察法为例,指出随着特定行政法学分论的进

---

〔4〕 参见刘剑文:《论领域法学:一种立足新兴交叉领域的法学研究范式》,《政法论丛》2016 年第 5 期;熊伟:《问题导向、规范集成与领域法学之精神》,《政法论丛》2016 年第 6 期。

〔5〕 参见吴凯、汪劲:《论作为领域法的环境法:问题辨识与规范建构》,《辽宁大学学报(哲学社会科学版)》2019 年第 1 期。

〔6〕 宋华琳:《部门行政法研究初探》,《浙江省政法管理干部学院学报》2000 年第 2 期。

〔7〕 宋华琳:《部门行政法与行政法总论的改革》,《当代法学》2010 年第 2 期。

〔8〕 参见宋华琳:《药品行政法专论》,清华大学出版社 2015 年版,第 8 页。

〔9〕 参见杨建顺:《日本行政法通论》,中国法制出版社 1998 年版,第 121 页;刘宗德:《行政法基本原理》,学林文化事业有限公司 1998 年版,第 57-63 页。

〔10〕 该研究分科目录参见日本学术振兴会网站,https://www.jsps.go.jp/file/storage/general/j-pd/data/shinsa/keyword/rpd/keyword_rpd_shakai.pdf,2023 年 6 月 8 日访问。

一步发展,可能会出现多角度、多学科的融合,乃至产生独立的新学科。[11]
笔者逐步认识到,"部门行政法"的称谓无法回应新兴领域的法律制度供给
需求,无法回应新兴领域给法治、法律和法学提出的挑战。虽然"领域法学"
相当一部分内容是行政法原理的具体化,但也有相当多的内容已经超越了
"部门行政法"所能涵盖的范围。

以公共卫生法研究为例,尽管美国也有学者提出"作为行政法的公共卫
生法",其讨论议题包括州际贸易条款、司法审查标准、治安权、正当程序、行
政搜查、强制接种疫苗、检测、报告、人身限制等,[12]但客观而言,公共卫生
法的内容不仅涉及宪法、行政法,也涉及民法、刑法、国际法等多学科的前沿
议题。在此情形下,不能执念于对"公共卫生行政法"的研究,公共卫生法研
究具有"领域法学"特征,很难将公共卫生治理中的所有论题都归入行政法
总论中的某个坐标。未来如能在这个具有"领域法学"特征的法律、科学、政
治、政策交汇的领域继续深耕,暂时抛却体系化思维,循着发现问题、解决问
题的思路,总结和提炼规则及制度,[13]并对具有综合性、交叉性、应用性的
公共卫生法问题进行彻底性的研究,也会有独特的实践价值和学术
贡献。[14]

(二)公共卫生法著作的不同理路

相对于如火如荼的公共卫生法治实践而言,我国公共卫生法的体系性
学术著作可谓尚付阙如。这凸显了对国外公共卫生法体系性著作加以学
习、借鉴、译介的意义。根据笔者对国内外公共卫生法著作的收集,或许可
以将已有的公共卫生法著作分为如下三类:

1.对公共卫生法研究方法的探究

公共卫生法研究应秉承何种方法论? Alexander C. Wagenaar 与 Scott

---

[11] 余凌云教授以警察领域为例,指出交通肇事事故认定和对机动车的管理属于行政法问
题,但如果构成交通肇事罪,则变为刑法问题;有关赔偿问题又涉及民法问题。参见余凌云:《部门
行政法的发展与建构——以警察(行政)法学为个案的分析》(代二版序),载其著:《警察行政强制的
理论与实践》,中国人民公安大学出版社 2007 年版,第 17-18 页。

[12] 参见[美]爱德华·P.理查兹:《作为行政法的公共卫生法》,李广德译,《法治社会》2022
年第 2 期。

[13] 参见熊伟:《问题导向、规范集成与领域法学之精神》,《政法论丛》2016 年第 6 期。

[14] 参见宋华琳:《药品监管制度的法律改革》,译林出版社 2023 年版,第 502-503 页。

Burris 在 2013 年,共同主编了《公共卫生法:理论与方法》一书,此书将公共卫生法研究界定为与人群健康有关的法学和法律实践的科学研究,[15]认为不应只研究"书本中的法",还要研究"行动中的法",它将研究方法界定为政策制定型研究、法律适用型研究、法律实施型研究、法律干预研究、法律机制研究五类。[16] 此书探讨了法社会学、刑法理论、程序正义论、经济理论在公共卫生法研究中的作用,特别探讨了随机试验等实证方法在公共卫生法研究中的应用。

2. 问题导向的公共卫生法研究

长期在国家卫生健康委员会从事卫生法实务工作的汪建荣先生,于 2023 年 6 月出版专著《中国公共卫生法》,这部专著实务性较强,将中国公共卫生法分为传染病防治法、妇幼卫生法、慢性病防治法、职业卫生法、食品安全法、公共卫生应急法、环境卫生法、学校卫生法和放射卫生法。 此书重点介绍了公共卫生法的主要内容,并结合有关条文和背景对公共卫生法若干实践和理论问题进行了阐释。[17] 笔者认为,此种著作在实务层面具有相当价值,这样的著作不是太多而是太少了,法学的研究不应仅仅是评价性的,首先或许应是描述性的,讲述公共卫生法是什么,涵盖哪些内容,让人能够对此有概括和具体的了解,也非常有意义。

3. 领域法学视角对公共卫生法的审视

包括公共卫生法在内的领域法学研究,仍需以传统部门法学科的基石范畴与学术传统为主轴,去集合各法学学科的理论资源。[18] 如果离开了传统法学学科体系、知识体系、话语体系的支撑,所谓的"新领域法学"或"新兴领域立法"可能会在"陌生的道路上狂奔",过于强调有效实现任务,解决问题,而忽略了法治的基本原理与价值,乃至有导向"越多法律,越少正义"的危险。

以领域法学视角审视公共卫生法的力作有二,其一是美国卫生法知名

---

〔15〕 See Alexander C. Wagenaar & Scott C. Burris, *Public Health Law Research: Theory and Methods*, Wiley, 2013, p.4.

〔16〕 See Alexander C. Wagenaar & Scott C. Burris, *Public Health Law Research: Theory and Methods*, Wiley, 2013, p.11.

〔17〕 参见汪建荣:《中国公共卫生法》,法律出版社 2023 年版。

〔18〕 参见吴凯:《论领域法学研究的动态演化与功能拓展——以美国"领域法"现象为镜鉴》,《政法论丛》2017 年第 1 期。

学者劳伦斯·高斯汀与林赛·威利合著的《公共卫生法：权力·责任·限制》，[19]此书已由苏玉菊教授等移译为中文，它不仅对公共卫生法给予了科学界定，论证了法律在公共卫生领域能够发挥的作用和方式，而且涉及宪法、行政法、人权法、侵权法、契约法等多个部门法，讨论了公共卫生权力行使的宪法限制、公共卫生风险行政规制、侵权法与公共卫生间接规制、隐私法与公共卫生监测等，是一部不可多得的公共卫生法体系性、理论性佳作。

　　另一部以领域法学视角审视公共卫生法的力作，即为我与翻译团队的各位老师、同学共同翻译的《公共卫生法》，本书对公共卫生法领域加以界定，放弃了问题导向的公共卫生法研究进路，未对烟草规制、酒精控制、肥胖症治理等特定的公共卫生问题展开专门探讨，而是选择对不同领域的法律加以解释，并以例证方式，说明私法、刑法、公法、国际法等与公共卫生法的关联性。（页2）

　　《公共卫生法》一书的特点在于，无论从哪一部门法出发，都能勾勒出相应部门法进路的关切所在和实现方式；都能针对相关实体性规则、原则和规范，展示出相应的公共卫生法实例；都能将部门法理论与公共卫生法治实践结合。对公共卫生法了解不多的法律人，读完此书，也可以对公共卫生法的学理体系、问题流脉与分析思路形成大致认识。此书可谓删繁就简，作者以法律人思维，穿透了公共卫生法中因科学、政策和法律交织而呈现出的云涛晓雾，将大多数公共卫生法课题归约为传统部门法需因应、能因应的课题。因此可以说，这部著作首先是一部"法学"著作，其次才是一部"公共卫生法"著作。

（三）译介《公共卫生法》一书的旨趣

　　近年来，法学界对公共卫生法的关注逐渐加强。习近平总书记指出，要深入研究如何强化公共卫生法治保障，完善公共卫生法律法规，健全权责明确、程序规范、执行有力的疫情防控执法机制。[20] 在我国法学研究中，相对更为关注宪法、法理、民法、刑法、行政法、国际法等传统法学学科门类，作为

---

〔19〕　参见［美］劳伦斯·高斯汀、林赛·威利：《公共卫生法：权力·责任·限制》，苏玉菊、刘碧波、穆冠群译，北京大学出版社2020年版。

〔20〕　参见习近平：《构建起强大的公共卫生体系　为维护人民健康提供有力保障》，《求是》2020年第18期。

"领域法学"的卫生法学兴起较晚，高质量研究成果还相对较少。长久以来，卫生法的研究成果相对聚焦于医事法，公共卫生法研究成果相对寂寥。[21]

在我国，公共卫生法的"道"与"术"都不能充分满足现实需求。在"术"的层面，我国公共卫生法治体系建设已经初具雏形，已颁布了《基本医疗卫生与健康促进法》《传染病防治法》《突发事件应对法》《动物防疫法》《进出境动植物检疫法》等专门法律；还有《药品管理法》《疫苗管理法》《职业病防治法》《献血法》《渔业法》《食品安全法》等十余部与公共卫生相关的法律。此外，在有关生态环境、职业安全、社会管理、国家安全等法律中，也有涉及公共卫生的法律条款。但我国公共卫生立法依然存在法律制度不健全、法律制度不衔接、制度滞后或虚置、配套法律制度不完备等问题。2020年4月17日第十三届全国人民代表大会常务委员会第五十次委员长会议通过了《十三届全国人大常委会强化公共卫生法治保障立法修法工作计划》，旨在从保障人民群众生命安全和身体健康、防范化解重大公共卫生风险、提升国家治理体系和治理能力现代化、维护国家安全和长治久安的高度，推动强化公共卫生法治保障立法修法工作。[22]

在学理层面，更需探寻我国公共卫生法的"道"，探寻其中的事理与法理。例如，何为公共卫生，如何理解公共卫生的概念与特征，如何理解公共卫生中的"公共"，如何理解公共卫生法的功能与范围？如何考虑公共卫生中的规范性问题与描述性问题？如何理解公共卫生伦理对公共卫生法律和规制的影响？如何从私法、刑法、公法、国际法角度审视公共卫生法？如何理解"新公共卫生"的范式转型，如何审视公共卫生中的行政规制、自我规制与治理的关系，实现公共卫生规制工具的革新？在我国医学学科中，公共卫生学科已有完备建制，但"公共卫生"与"法律"却还似两条互不交错的单行道，无论是公共卫生学界还是法学界，都未能对公共卫生法的基础理论问题加以深入研究。

---

〔21〕 参见汪劲：《第一讲 公共卫生法概述》，《中国公共卫生管理》1990年第1期；杨彤丹：《公共卫生法之现代阐释》，《学习与探索》2012年第12期；徐国栋：《罗马公共卫生法初探》，《清华法学》2014年第1期等。

〔22〕 全国人大常委会法制工作委员会主任沈春耀：《全国人民代表大会常务委员会法制工作委员会关于强化公共卫生法治保障立法修法工作有关情况和工作计划的报告》，载中国人大网，http://www.npc.gov.cn/npc/c30834/202005/92ae17a6545648409716bb0dceb5bf44.shtml，2023年7月10日访问。

《公共卫生法》是一部不可多得的公共卫生法体系性与原理性著作。这本书对公共卫生法给出了权威、全面、深刻的勾勒。本书描述了当代公共卫生的立法、公共政策、司法判决和公共卫生实践,勾连法律与伦理,探讨规制与治理,勾连国内卫生法与全球卫生法,从哲学层面阐释了公共卫生法的理论,回溯了公共卫生漫长的立法与规制史,从法律和公共政策层面探讨了行政规制、自我规制与治理的关系,考察了私法、公法、刑法及国际法在公共卫生领域中的作用,提出了公共卫生法的未来方向。翻译此书,也是希望拓展我们对公共卫生法的认知,以及从研究方法论上给予同仁更多的启示。

二、部门法学的关照与公共卫生法领域研究的深化

(一)公法与公共卫生法

在公共卫生等具体行政领域中,公法何为? 诚如作者指出的,公法在根本上关乎政府机构权力的行使,这涉及政府机构之间的关系,以及政府机构与个人之间的关系。但公法的功能为何? 作者提及了英国著名行政法学者哈洛和罗林斯所提出的行政法"红灯"、"绿灯"与"黄灯"理论。公法的范式与功能不同,其相应的法治理念、立法调控重心、制度设计价值取向也不同。

1."红灯"理论

从"红灯"理论出发,法律主要是控制政府活动的手段,法律作为政府运行的外在监督机制,根本在于确保政府的可问责性。(页*216*)"红灯"理论的代表学者是英国公法历代先哲戴雪(Dicey)、史密斯(DeSmith)和韦德(Wade),其核心观点在于,行政法旨在"节制或控制国家",将自由视为行政法的价值准则,将"合法性"视为行政法的核心原则。[23]"红灯"理论认为,保障公民个人权利与自由应成为行政法的题中之义,[24]这在某种意义上体现了一种个人主义、自由放任经济政策和忠于法律人的价值观。[25]

---

〔23〕 参见陈端洪:《中国行政法》,法律出版社 1998 年版,第 52 页。
〔24〕 参见沈岿:《平衡论:一种行政法认识模式》,北京大学出版社 1999 年版,第 94 页。
〔25〕 参见[英]卡罗尔·哈洛、理查德·罗林斯:《法律与行政》,杨伟东、李凌波、石红心、晏坤译,商务印书馆 2004 年版,第 143 页。

在"红灯"理论关照下,本书不乏对行政权保有戒惧之心,以捍卫个人自由为依归的讨论。例如在英国《1984 年公共卫生(疾病控制)法》中,赋予政府尽可能狭窄的权力,以防止特定控制措施违法限制个人自由。(页230)本书关注了公共卫生措施对公民基本权利的限制,认为这潜藏了侵犯隐私、身体完整性、迁徙自由、结社自由及宗教信仰自由的风险。(页233)本书也指出,实施强制隔离行为等干预措施,需符合比例原则的要求。(页241)

在笔者看来,在现代行政国家下,"红灯"理论依然有其现实意义。在中国,"红灯"理论的对映体或许是行政法的"控权论",例如张树义教授在1991 年即认为,"没有行政法的维护和保障,行政权力仍然存在。它不因没有行政法保障而减少,也不因有了行政法保障而增加。而行政法所以要存在的原因,恰恰是因为行政权力的存在或其运用有可能损害他人的利益,需要有行政法加以约束、控制,使其在法律划定的界限、范围内运行"。[26] 孙笑侠教授则指出,行政法应当是综合性多元控权法。[27]《行政诉讼法》《行政复议法》《国家赔偿法》《行政许可法》《行政处罚法》《行政强制法》等法律的制定和实施,都体现了以法律规范和控制行政权的关怀。[28] 中国行政法学总论体系并非特别关注具体行政任务的实现,而是更关注以法治的确定性、稳定性、可预期性等形式理性要求,来约束行政。[29]

就中国的公共卫生法治建构而言,公共卫生行政权的行使,不论是权力的作用,还是非权力的作用,都应受现行法律的拘束,不得有违反法律的活动。公共卫生防控措施的设定和实施,应当依照法定的权限、范围、条件和程序,不得逾越法律的边界。在采取公共卫生防控措施时,应秉承比例原则的要求,在有效防控公共卫生风险与保护相对人权益的目标之间寻求平衡,尽可能将对相对人人身权、财产权、隐私权等权利或权益的不利影响限制在尽可能小的范围之内。

〔26〕 张树义:《我国行政诉讼制度刍议》,《政治学研究》1987 年第 4 期。
〔27〕 参见孙笑侠:《论新一代行政法治》,《外国法译评》1996 年第 2 期。
〔28〕 参见宋华琳:《中国行政法学总论的体系化及其改革》,《四川大学学报(哲学社会科学版)》2019 年第 5 期。
〔29〕 参见沈岿:《监控者与管理者可否合一:行政法学体系转型的基础问题》,《中国法学》2016 年第 1 期。

2."绿灯"理论

本书也提及了英国行政法上的"绿灯"理论,此种理论以更为积极的立场,来审视国家在现代社会中的作用,认为法律构成了对良好政府的推动,法律以更有益、最佳、更具前瞻性的方式展开运作,有助于决策者以更有利于共同体利益的方式,来履行职能。(页216)这或许体现为如下三方面的关怀:

第一,本书讨论公法的"能力建设"面向,法律创设出致力于公共卫生治理的行政机构,对其权力加以配置,界定公共卫生治理的目标,并确保行政机构及官员对其行为和决定负责。例如法律为卫生部门配置了健康促进职责。(页218-224)在中国的制度语境下,也在关注"国家治理体系和治理能力现代化",这涉及治理能力的强大、治理能力的多元化、不同治理能力之间的协调、治理机制的制度化与法治化。[30] 这要求形成边界清晰、分工合理、权责一致、运行高效、法治保障的政府机构职能体系,推进政府机构职能优化协同高效。就公共卫生治理而言,我国于 2021 年组建了国家疾病预防控制局,其旨在强化对各级疾病预防控制机构的业务领导和工作协同,建立健全疾病预防控制工作体系和网络,为维护人民健康提供有力保障。[31] 但还需思考,如何通过修改《传染病防治法》等法律法规,明确有关行政机关、专业技术机构在公共卫生治理中的法律地位、职责权限、决策程序和责任归属,建立上下联动、部门协调的分工协作机制。还需着力提升我国公共卫生治理能力,例如构建资源联动、统一质控、信息共享的公共卫生实验室检测网络,健全公共卫生风险监测预警体系,加强重大疫情防控救治体系和应急能力建设,加强疾病预防控制能力和队伍建设。

第二,本书指出,公法还构成了公共卫生资源配置的框架,这有助于决定如何将资金配置给卫生行政部门,如何针对特定的公共卫生活动配置资金。[32] 在我国,或可将《基本医疗卫生与健康促进法》视为将社会权加以具

---

〔30〕 参见张长东:《国家治理能力现代化研究——基于国家能力理论视角》,《法学评论》2014年第 3 期。

〔31〕《国家疾病预防控制局职能配置、内设机构和人员编制规定》,载中国政府网,https://www.gov.cn/zhengce/2022-02/16/content_5674041.htm,2023 年 7 月 10 日访问。

〔32〕 参见《中共中央办公厅 国务院办公厅印发〈关于进一步完善医疗卫生服务体系的意见〉》,载中国政府网, https://www.gov.cn/zhengce/2023-03/23/content_5748063.htm? dzb＝true,2023 年 7 月 10 日访问。

体化的社会立法。国家提供给付的范围、方式和种类,涉及对有限资源的配置,不应超过立法目的所需的立法限度,给予过度的给付。在我国,基本公共卫生服务由国家免费提供。[33] 而基本公共卫生服务的范围与水平,对基本公共卫生服务的投入,都要以财政预算为基础,其与国家财政政策关系密切,具有相当的裁量空间。法律也要求"建立与经济社会发展、财政状况和健康指标相适应的医疗卫生与健康事业投入机制,将医疗卫生与健康促进经费纳入本级政府预算",来保障公共卫生服务。[34]

第三,本书指出,法律提供了一个权力的"工具箱",使国家能采取它认为更有效的方式,来施加特定的限制和要求,以应对传染病威胁。(页230)在中国,突发公共卫生事件是指突然发生,造成或者可能造成社会公众健康严重损害的重大传染病疫情、群体性不明原因疾病、重大食物和职业中毒以及其他严重影响公众健康的事件。[35] 当突发公共卫生事件发生时,行政权的行使或应秉承应急行政的法理,其行使具有效率性、强制性、裁量性,行政机关可以依法采取"干预阶梯"中的多种措施,例如可开展个人信息收集、检验、检测、诊断、流行病学调查等行政调查,还可采取隔离治疗、医学观察、强制检疫、封闭场所、限制公共场所活动等行政强制措施。但正如书中所指出的,规制者始终应优先选用干预程度最低的方式,干预程度"越重",就必须有更为充分的正当化根据。(页294)在我国,政府及其部门采取的应对突发公共卫生事件的措施,应当与突发公共卫生事件可能造成的社会危害的性质、程度和范围相适应;有多种措施可供选择的,应尽可能选择对当事人侵害程度较低、成本较低的干预方式,或者说应当选择有利于最大程度地保护公民、法人和其他组织权益的措施,[36]这也是比例原则的体现。

(二)私法与公共卫生法

在本书第五章,作者讨论了私法与公共卫生的关联性,私法目标和私法进路有可能构成人群健康进路的一部分。私法为私人设定民事义务,从而推进或限制公共卫生目的。(页138-140)作者继而讨论了合同法、侵权法、

---

[33] 参见《基本医疗卫生与健康促进法》第十五条第二款。
[34] 参见《基本医疗卫生与健康促进法》第八十条。
[35] 参见《突发公共卫生事件应急条例》第二条。
[36] 参见《突发事件应对法》第十一条第一款。

家事法、私人生活、个人选择在公共卫生领域中的作用。作者以 *Donoghue* 案为例,讨论了公共卫生与消费者保护的关联;作者以 *Fairchild* 案为例,讨论了石棉暴露风险认定中因果关系的判定;作者以精神病院内禁烟、个人疫苗接种意愿为例,讨论私人选择与公共卫生之间的紧张关系。

在我国,也需要系统思考私法在公共卫生法中的作用。《民法典》第四百六十五条第一款规定,"依法成立的合同,受法律保护。"《民法典》第七编规定了侵权责任,其中专门规定了损害赔偿、产品责任、医疗损害责任。《民法典》第五条规定,民事主体从事民事活动,应当遵循自愿原则。《未成年人保护法》第十九条规定,在作出与未成年人权益有关的决定前,应听取未成年人的意见,充分考虑其真实意愿。在我国公共卫生法治实践中,应思考私法自治与国家强制之间的关系,更多发挥民法的机能,让民法原则、民事法律责任机制发挥更多作用。

(三)刑法与公共卫生法

本书第 6 章聚焦于刑法与公共卫生的关系,并将刑法规制与公共卫生政策相比较,指出就缓解或解决社会问题而言,刑法规制与公共卫生政策各有自己的任务、目标和方式,两者相互交叠、相互影响。(页*180*)刑法规制的职责在于惩罚公共的违法行为,公共卫生政策的职责则在于防止危害公共健康的行为。刑法趋于被动地采取措施,聚焦于对违法行为的惩罚性制裁,而公共卫生政策主要采取预防性进路。(页*185-186*)刑法规制主要关注构成危害行为的公共违法行为,这涉及本质上违法的行为,也涉及法律禁止的违法行为。当"较软"的手段不起作用时,有可能采取"较硬"的控制手段。对于公共卫生领域的某一行为是否被归为犯罪,将涉及到对关键价值观的判断,但需要考虑,这些价值观能否构成将危害公共卫生的行为加以犯罪化的依据。(页*189-190*)本书还对传染病传播、疾病控制、道路安全、生物恐怖主义犯罪加以剖析,讨论了与公共卫生有关的刑法目标、议程。

在我国,《刑法》第六章第五节题为"危害公共卫生罪",在《刑法》第三百三十条至第三百三十七条中,以 8 条的篇幅,规定了"妨害传染病防治罪""传染病菌种、毒种扩散罪""妨害国境卫生检疫罪""非法组织卖血罪"、"强迫卖血罪"、"非法采集、供应血液、制作、供应血液制品罪""采集、供应血液、制作、供应血液制品事故罪""医疗事故罪""非法行医罪""非法进行节育手术罪""妨害动植物防疫、检疫罪"等罪名,在 2020 年 12 月 26 日通过的《刑法修正案(十一)》中,进一步完善了妨害传染病防治罪的犯罪构成要件,增设了"非法采集人类遗传资源、走私人类遗传资源材料罪"、"非法植入基因编辑、克隆胚胎罪"。[37]

除了对我国公共卫生罪名的犯罪构成加以审视之外,我们还需反思,刑法谦抑原则与积极主义刑法观之间的紧张关系,思考刑法介入公共卫生的限度。我国刑法学界以付立庆教授为代表,主张积极主义刑法观,认为在强调刑法预防属性的场合,刑法的提前介入就顺理成章;[38]认为在中国这样一个规则意识薄弱的国度里,需要通过刑法的介入以及刑罚的威慑或惩戒来"倒逼"基本的规则遵守。[39] 但另一位代表性学者何荣功教授质疑积极主义刑法观,对"过度刑法化"的病态加以批评,指出国家必须努力以最小的恶实现最大的社会福利。所以,国家应将刑法禁止的行为限定在绝对必要性的限度内,刑法的适用要强调"最后手段性"或"最小化原则"。[40]

笔者较为同意何荣功教授、梁根林教授等的见解,当刑事立法决定是否将公共卫生领域的特定行为犯罪化,并赋予刑事制裁的法律效果时,应渐次考量的是,如何首先发挥道德伦理规范体系、私法规范体系、行政法规范体系等作用,[41]只有当这些规范体系不能很好发挥作用时,才能将公共卫生领域的特定行为予以犯罪化。切不可因过度倚重刑罚的威慑功能,进而将原本应归为行政违法的行为不当地纳入刑事犯罪的范围。

(四)国际法与公共卫生法

本书第 8 章指出,国际公共卫生法是一个复杂、多元、迅速演化、影响日益广泛的领域。(页270-272)本书以《国际卫生条例》《烟草控制框架公约》及国际贸易协定为例,探讨了国际法在公共卫生治理中的作用,并提出了"全球卫生法"的图景。

本书指出,《国际卫生条例》旨在"以与公共卫生风险相称且限于这种风

---

〔37〕 参见冯军:《危害公共卫生行为的刑法防治——以〈刑法修正案(十一)〉的相关规定为中心》,《法学》2021 年第 2 期。

〔38〕 参见付立庆:《论积极主义刑法观》,《政法论坛》2019 年第 1 期。

〔39〕 参见付立庆:《论积极主义刑法观》,《政法论坛》2019 年第 1 期。

〔40〕 参见何荣功:《社会治理"过度刑法化"的法哲学批判》,《中外法学》2015 年第 2 期。

〔41〕 参见梁根林:《刑事法网 :扩张与限缩》,法律出版社 2005 年版,第 5 页。

险的方式,预防、抵御和控制疾病的国际传播,并给出公共卫生应对措施",
(页273-274)它要求各成员国发展公共卫生监测能力,向世界卫生组织通报
可能构成"国际关注的突发公共卫生事件"的情况。(页273)需要指出,《国
际卫生条例》并未列入对不遵守条例的国家的强制执行机制,缔约国可以对
条例的履行提出拒绝或保留。近年来全球公共卫生的实践,凸显出《国际卫
生条例》在内容及履行层面的缺失,许多缔约国并未完成核心能力建设,也
有不少缔约国未能履行向世卫组织通报疫情信息的义务,"国际关注的突发
公共卫生事件"启动机制欠缺规范和透明。世卫组织目前正在着手修订《国
际卫生条例》。在"国际卫生条例修正问题工作组"2023 年 4 月举行的第 3
次会议上,各国就公共卫生应对、核心能力建设、合作与援助以及遵约条款
进行了磋商,工作组将在 2023 年 7 月举行的第 4 次会议上,继续就"国际关
注的突发公共卫生事件"的评估、通报、核实以及紧急事件委员会
(Emergency Committee)等条款加以讨论。[42]

　　本书讨论了《烟草控制框架公约》的实效性。此公约是世卫组织主持谈
判的第一项全球性卫生条约,于 2005 年 2 月生效,该公约的目标是"保护当
代和后代免受烟草消费和接触烟草烟雾对健康、社会、环境和经济造成的破
坏性影响",要求各缔约方提供并资助国家烟草控制协调机制,采用和实行
有效的立法、执法或其他措施,并酌情与其他缔约方合作,去制定适当的政
策,防止和减少烟草消费、尼古丁成瘾和烟草烟雾接触。(页276-278)需指
出,中国于 2003 年 11 月 10 日正式签署《烟草控制框架公约》,成为该公约
第 77 个缔约国,2005 年 8 月,全国人大常委会表决批准了该公约,并于
2006 年 1 月生效。2007 年 4 月,国务院批准成立烟草控制框架公约履约工
作部际协调领导小组;2018 年 11 月,原来由工业和信息化部牵头的《烟草
控制框架公约》履约职责,被划入国家卫生健康委员会。根据《中华人民共
和国对外关系法》第三十条的规定,国家依照宪法和法律缔结或者参加条约
和协定,"善意履行"《烟草控制框架公约》规定的义务,但所缔结公约不得和
宪法相抵触。有学者认为,此公约在中国应当有低于宪法、高于法律的效

〔42〕 在清华大学万科公共卫生与健康学院任教的张怡博士参与了相关会议及讨论,感谢她
无私提供宝贵信息。

果。[43] 这也是全球行政法和全球卫生法的生动写照。

在此,笔者试着引入"全球行政法"(global administrative law)理论,来解释全球公共卫生治理和全球卫生法的现象。全球行政法的形成过程是累积式、渐进式的,它涵盖了国内、跨国和国际框架中同全球治理相关的行政法问题,已经超出了原有国际法承载的规范密度。所谓全球行政法,是指在全球行政去中心化的空间中,跨国界的各种规范构成的网络体系中所浮现的共同法律原则和规范要求。[44] 全球行政法努力在全球层面发展出新的行政法机制,以应对政府间机制形成的决策和规则。因此,全球行政法包括相应的机制、原则、管理和支持性的社会认同,从而促进或影响全球行政机构的可问责性,并发展出透明、参与、合理决策和合法性方面的充分标准,来对全球行政所形成的规则和决定提供有效审查。[45]

应当看到,在国际公共卫生事件应对过程中,全球组织、各国政府、非政府组织、企业、专家及不同类型的利益相关方参与其间,构成了公共卫生的全球治理网络。在国际公共卫生事件应对过程中,有全球、多边、双边等不同层面的全球公共卫生合作,这也可视为一个全球公共卫生政策扩散和相互学习的过程。需要进一步思考的是,在我国公共卫生法治建设中,如何以强化全球卫生治理为导向,来对我国相关法律、法规、标准和指南进行必要的修正;国家卫生健康委、国家国际合作发展署、外交部、商务部等部门之间如何建立相应的协调机制,并以制度化、程序化的方式,参与到全球公共卫生治理之中;如何与其他治理主体围绕治理目标的确定,治理规则的协调与实施,展开更为积极的互动,从而在全球公共卫生治理网络中捍卫我国的主权,表达我国的利益。[46]

---

〔43〕 参见赵建文:《〈烟草控制框架公约〉及其实施准则的国内法效力》,《法治论丛》2010 年第 4 期。

〔44〕 林春元:《气候变迁全球行政法的演变、形貌与影响》,台湾大学 2012 年博士论文,第 116 页。

〔45〕 参见[美]本尼迪克特·金斯伯里、尼科·克里希、理查德·B. 斯图尔德:《全球行政法的产生》(上),范云鹏译,《环球法律评论》2008 年第 5 期。

〔46〕 参见宋华琳:《全球规制与我国政府规制制度的改革》,《中国行政管理》2017 年第 4 期。

三、逡巡于伦理、规制与治理之间的公共卫生法研究

（一）伦理与公共卫生法

本书第二章讨论了公共卫生、哲学与伦理之间的关系。作者指出，公共卫生伦理关乎专业主义的伦理维度，使得社会赋予公共卫生专业人员以信任，令其为共同福祉而行动。因而公共卫生伦理可以促进公共卫生的专业主义、政策及活动。（页53）公共卫生伦理要解决的问题之一是"什么使卫生成为公共的"，这关乎公共卫生干预措施的正当化根据。伦理的规范性问题涉及道义性和评价性两个层面，涉及对不同价值的评判与衡量。面对公共卫生问题，可以提升伦理意识、提供伦理行为指南、促进伦理审议。（页57-58）作者以纳菲尔德生物伦理委员会发布的公共卫生伦理报告为例，讨论了该报告提及的公共卫生干预阶梯，指出不同程度的干预措施涉及不同的伦理考量，要接受不同程度的伦理审查。（页65）

在中国，一般认为公共卫生伦理应秉承效用、公正、尊重、社会团结、比例等原则，需关注健康责任、公共卫生与个人自由、健康公平、卫生资源配置等问题。[47] 第一，在我国的诸多立法中，已确立伦理规范、伦理原则的法律地位。例如《民法典》第一千零九条规定，从事与人体基因、人体胚胎等有关的医学和科研活动，"不得违背伦理道德"；《生物安全法》第三十四条规定，从事生物技术研究、开发与应用活动，"应当符合伦理原则"。第二，立法并未致力于将共识性的、核心性的伦理规范提升为法律规则，而是概括性地要求与公共卫生相关的活动应遵守伦理规范。伦理规范以行业准则为主，其内容较为概括性，它主要提供思考问题的方向而非明确的行为指南。[48] 第三，在公共卫生伦理治理中，强调对社会自我规制的程序化规范，这体现于完善伦理委员会的伦理审查程序。例如《涉及人的生物医学研究伦理审查办法》规定了伦理委员会制度，从事涉及人的生物医学研究的医疗卫生机构

---

〔47〕　参见翟晓梅、邱仁宗编著：《公共卫生伦理学》，中国社会科学出版社2016年版，第55-80页。

〔48〕　参见赵鹏：《生物医学研究伦理规制的法治化》，《中国法学》2021年第6期。

应当设立伦理委员会,并采取有效措施保障伦理委员会独立开展伦理审查工作,伦理委员会的职责包括保护受试者合法权益,维护受试者尊严等,伦理委员会对相应项目进行伦理审查。[49]

(二)规制治理与公共卫生法

本书第九章聚焦于公共卫生法中的规制、治理与政策活动。本书所使用的规制概念,是指公共和私人主体用以制定标准、收集信息,以及监督体系运行及发挥行为修正作用的方法。(页292-293)公共卫生规制的"干预阶梯"包括排除选择、限制选择、通过抑制措施引导选择、通过激励引导选择、通过更改默示政策来引导选择、让选择成为可能、提供信息等方式。(页295-296)规制还涉及个人的公共卫生责任,企业签署的公共卫生责任协议。(页302-313)在规制与治理的理路下,将政府政策、专业指南、自我规制以及协调行为的"私"手段都囊括进来,这可以更好把握在正式立法之外那些能切实有效实现社会控制的方式。(页287)

在中国学术界,逐步认为规制是以解决市场失灵、维持市场经济秩序为目的,基于规则对市场主体的经济活动,以及伴随经济活动产生的社会问题,所施加的干预和控制。[50]我们应理性看待政府规制的限度与不足,不能走向"规制万能主义",不能将行政规制视为解决社会问题的"万灵丹",有必要从政府规制走向公共治理,不同治理主体共同组成具有思想、利益和机构的"混合规制体系"。由于规制和治理的主体多元,工具多元,因此使用"规制治理"(regulatory governance)这一名词来指代此种现象,或许更为妥当。[51]"规制治理"意在强调利用多元的治理主体,引入多元的治理工具,通过更好、更公平、更有效率、更具参与性的治理体系,来实现规制任务。[52]我国公共卫生立法也逐渐受到规制治理观念的影响。《基本医疗卫生与健康促进法》第六十九条规定:"公民是自己健康的第一责任人",《基本医疗卫

---

〔49〕《涉及人的生物医学研究伦理审查办法》(国家卫生计生委第11号令),2016年10月12日公布,2016年12月1日实施。

〔50〕 参见马英娟:《政府监管机构研究》,北京大学出版社2007年版,第22页。

〔51〕 参见宋华琳:《迈向规制与治理的法律前沿——评科林·斯科特新著〈规制、治理与法律:前沿问题研究〉》,《法治现代化研究》2017年第6期。

〔52〕 See David Levi-Faur(Editor), *Handbook on the Politics of Regulation*, Edward Elgar, 2011, p.16.

生与健康促进法》第八十六条则规定,国家建立健全机构自治、行业自律、政府监管、社会监督相结合的医疗卫生综合监督体系,这体现了行政规制与自我规制的结合,有助于勾连行政、市场、社会、个人等子系统,降低治理成本,有效实现公共卫生治理目标。

四、结语

　　尽管公共卫生法与伦理学、公共管理学、政治学、经济学等都有着密切关联,但是,熟谙公共卫生法的前提,并非仅仅是熟悉公共卫生法的具体问题,而是熟谙传统部门法的理论根基。法律的解释和适用,或许构成了法律人的"独门暗器"和"看家本领"。所谓"操千曲而后晓声,观千剑而后识器",只有夯实部门法学的马步,才有可能对新兴领域法学的课题加以条分缕析,给出法律解释、适用乃至法律制度改革的方案。

　　不同学者在研究公共卫生法时,会基于自己已有的学科视角,选择相应的学术主题。例如清华大学王晨光教授以深厚的法理积淀为依托,关注健康权与健康法治的基本问题;清华大学申卫星教授、华东政法大学满洪杰教授等则选择以民法视角切入公共卫生法研究,关注医疗侵权、健康数据隐私等课题;广东外语外贸大学陈云良教授的知识底色是经济法学,其研究每每体现出对政府与市场、国家与社会的关切;武汉大学冯洁菡教授、清华大学张怡博士等则以国际法等学科背景为支撑,关注全球卫生法与全球公共卫生治理的课题;笔者与赵鹏、高秦伟等行政法学者,则关注公共卫生风险治理、公共卫生干预措施合法性等行政法课题。笔者认为,这些研究进路都是有意义的,我们所翻译的这部《公共卫生法》,恰恰也展示了公法、私法、刑法、国际法等不同的研究进路。在我国的法学学科建制下,一个人无法具有"无情的渊博学识",能汇通若干部门法来研究公共卫生法。但这不妨在有专攻之余,还对其他部门法的制度与原理有所涉猎,从而有可能调动不同部门法的智识资源,来研究公共卫生法的学术课题,使得公共卫生法研究更具有"法"味,使得研究成果不仅对实践有裨益,而且能为法学界所理解,乃至为反哺部门法一般理论做出自己的贡献。如果在公共卫生法研究中忽视了对领域一般规律的提炼与发掘,也就忽视了法学研究的"源头活水"。[53]

同时,宋朝陆游曾云"汝果欲学诗,工夫在诗外"。公共卫生法的公法色彩较为浓厚,它也充满复杂的政治话语,并深植于它所处的社会、政治、经济和历史背景之中。[54] 如果不关注复杂的政治、经济、社会、文化、历史背景,也很难对包括公共卫生法在内的新领域法学有真正深入的研究。这部《公共卫生法》译著,不仅从制度史的视角,梳理了英国公共卫生立法与规制的演进,也从哲学角度讨论了公共卫生伦理与法律的关联,也从规制治理理论出发讨论了公共卫生法中的政策、自我规制与治理,尤其是还对公共卫生领域的法条、案例和实践信手拈来。正如作者指出的,法律学人要研究公共卫生法,恐怕要以公共卫生实务人员为师,关注真实世界的公共卫生治理现象,了解更多的事实。我们在研究公共卫生法制度设计和立法改革时,也需要更多地考虑法律、政治、经济、社会、政策、历史、文化等约束条件,通过对不同备选方案的比较衡量,选择可能的制度改革之道。

这本小书虽然立足于英国公共卫生法治实践,但其间流淌的洞见,阐发的原理,对我国公共卫生法理论研究的体系化,对我国回应公共卫生法治建设的实践难题,都有诸多裨益。这也是笔者组织学术团队,合力翻译此书的初衷。"嘤其鸣也,求其友声",希望更多学人投入到公共卫生法的学术研究之中,共同为我国公共卫生法治建设添砖加瓦,共同为我国公共卫生法的学理体系化贡献绵薄之力。

(特约编辑:叶敏婷)

---

〔53〕 参见吴凯:《论领域法学研究的动态演化与功能拓展——以美国"领域法"现象为镜鉴》,《政法论丛》2017 年第 1 期。

〔54〕 [英]马丁·洛克林:《公法与政治理论》,郑戈译,商务印书馆 2002 年版,第 8 页。